商末周初文化变迁的考古学研究

李宏飞／著

U0831861

文物出版社

图书在版编目（CIP）数据

商末周初文化变迁的考古学研究 / 李宏飞著. —北京：文物出版社，2021.4

（考古新视野）

ISBN 978－7－5010－6633－9

Ⅰ. ①商…　Ⅱ. ①李…　Ⅲ. ①考古学－研究－中国商周时代
Ⅳ. ①K871.34

中国版本图书馆 CIP 数据核字（2021）第 053663 号

商末周初文化变迁的考古学研究

著　　者：李宏飞

责任编辑：张朔婷
装帧设计：肖　晓
责任印制：张　丽

出版发行：文物出版社
社　　址：北京市东直门内北小街 2 号楼
邮　　编：100007
网　　址：http：//www.wenwu.com
经　　销：新华书店
印　　刷：宝蕾元仁浩（天津）印刷有限公司
开　　本：710mm×1000mm　1/16
印　　张：26.5　插页：1
版　　次：2021 年 4 月第 1 版
印　　次：2021 年 4 月第 1 次印刷
书　　号：ISBN 978－7－5010－6633－9
定　　价：108.00 元

本书版权独家所有，非经授权，不得复制翻印

内容提要

本研究首先运用考古学文化研究方法及文化因素分析法对商、周两系文化特征进行归纳总结。在此基础上，以西周早期的文化分布为空间范围，以相当于殷墟文化第三期至西周早期为时间范围，对时空范围内的考古学文化遗存进行较为全面系统的梳理，考察商、周两系文化因素的变动现象，归纳总结各区域不同的文化融合模式。在全面占有材料的基础上，尝试分时段对文化面貌变迁的动因进行探讨。在商周更替研究案例的基础上，将其与夏商更替的文化变迁进行比对，尝试归纳总结中国早期王朝更替的规律性认识。

本研究认为商周双方在灭国战争之前的敌对状态在物质文化层面（特别是陶器群层面）形成了鲜明可辨的族际边界，灭国战争导致文化面貌上的族际边界被打破，文化因素彼此互现，双方仍然保持自身的主体文化特征，但上层文化已呈现出此消彼长的兴衰态势。西周早期的关中地区的“宗周文化”与商人故地的“殷遗文化”在面貌上仍然存在较为明显的差异，王朝更替以及政策措施仍然无法完全对商人故地的物质文化面貌彻底干预，根深蒂固的“殷遗文化”对西周文化的形成及早期发展做出了巨大贡献。

作者简介

李宏飞，历史学博士，毕业于北京大学考古文博学院。现就职于中国社会科学院考古研究所，主要从事夏商周考古及青铜器研究。已出版学术专著《小双桥遗址的商与夷》（中国社会科学出版社，2018 年），并发表学术论文《二里头文化第四期晚段遗存年代下限的探讨》《试论商式联裆鬲》等。

专家推荐意见（一）

《王朝更替与文化异同——商末周初文化流变的考古学观察》是李宏飞在北京大学考古文博学院攻读博士学位时撰写的毕业论文。我作为指导老师，在选题及撰写过程中，就其中涉及的一些学术问题与他多有讨论。

论文的选题基于以下两个方面的考虑：

一、首先是考虑到李宏飞此前的学术训练及研究基础。他硕士期间在社科院考古研究所随唐际根先生学习，对商代的考古材料较为熟悉，并做过比较深入的研究。到北大之后，又系统并强化学习了西周考古的内容，及考古学的理论与方法。因此，有可能在更大的时空范围开展学术研究。

二、通观以往的三代考古研究，关于各王朝的考古学断代似乎一直是关注的重点。最为典型的是夏商分界、商周断代的争论，数十年来聚讼纷纭，迄今无有定论。这一方面是囿于所发现考古材料的限制，同时也受限于考古学自身的特点。因此，我希望他能够运用考古学方法的优势，以“周革殷命”为历史背景，对商文化晚期（先周晚期）至西周早期之间的文化变迁过程做长时段的观察，并在此基础上对王朝更替在考古学文化面貌上的反映、考古学文化与族群之间的关系、考古学文化的内部结构及变化原因等重大学术问题展开探讨。

本书首先对商周两系文化特征进行归纳总结，在全面系统占有考古材料的基础上，展开分区考察，梳理不同区域的文化演变过程，特别是商周两系文化特征的融合过程，揭示了商周王朝的更替对考古学文化造成的不同影响，及其背后所蕴含的历史背景和文化动因。

本书将殷墟四期晚段以及关中地区以沣西 H18 为代表的阶段定义为“文化融合阶段”，在这一特殊的历史阶段，殷墟遗址出现了少量周文化因素，关中地区也出现了少量殷墟文化因素。这个“文化融合阶段”大体相当于邹衡先生在《论先周文化》中划分的“瓦鬲墓第二期”，学术界以往通常认为属于先周晚期，但本书则倾向于“文化融合阶段”已部分进入西周初年。我们知道，商周王朝已步入较为发达的复杂社会，此时的考古学文化远比新石器时代更为复杂，王朝更替对于考古学文化的影响绝非“一刀切”，本书的分区考察也表明各地在殷墟文化晚期（先周晚期）至西周早期存在不同的文化融合模式，要在殷墟文化晚期（先周晚期）和西周早期之间划分出一条清晰的界线，这恐怕是考古学难以完成的。以往对于商周之际的考古学文化分期通常采取“两分法”，“文化融合阶段”的提出，将这一特殊阶段独立出来，提出了新的“三分法”方案，这或许可为我们考察王朝更替前后的文化变迁提供新的维度。商周鼎革究竟发生于哪些“典型单位”与“典型单位”之间，我们可能永远也无法确定，但考古资料所呈现的文化演变过程清晰可见，因为政体的改变而引发的文化变迁脉络亦是可以把握的。这样的研究，对未来中国考古学研究的发展或许也具有重要的启示作用。

本书中的有些观点或许还有可待商榷之处，但不失为一部具有重要学术价值的著作。因此推荐此书出版。

徐天進

2018 年 7 月 1 日

专家推荐意见（二）

王朝更替在考古学文化面貌上的反映是夏商周考古研究的重大学术问题。纵观数十年来的学术史，“夏商文化分界”曾是学界热议的经典论题，至今仍是夏商考古研究不可回避的重要前提。“商周文化分界”在学界的讨论热度虽不及前者，却是“中国政治与文化之变革”的关键节点。李宏飞君所著《商末周初文化变迁的考古学研究》是近年来关于商周文化研究的全新成果，认真、仔细和系统地梳理了商代晚期至西周早期的考古学材料，对“商周文化分界”提出了全新的认识。

武王伐纣、周公东征等重大历史事件是毋庸置疑的历史事实，考古调查与发掘所获材料是研究商周史的客观材料。王朝更替造成的文化变迁并非不可辨识，而是在何种考古背景（Archaeological Context）之下进行辨识的问题。本书首先对商周两系文化特征进行了归纳总结，提炼出属于商文化和周文化的特质因素，将其作为文化融合考察的前提标准。在商代晚期，殷墟文化与关中地区诸地方文化之间缺乏彼此互现的特质因素，至“文化融合阶段”在彼此的文化核心区出现了少量来自对方的特质因素，至西周早期则在关中地区和商人故地出现了大量特质因素的互现与融合。尽管各区域在由商入周的过程中存在不同的文化融合模式，但基本不出上述商代晚期、“文化融合阶段”和西周早期的阶段划分。

“文化融合阶段”的划分尤为值得关注。本书认为，周原礼村H8的年代略早于沣西H18，尚属先周晚期，沣西H18与殷墟文化第四期晚段遗存则被归入“文化融合阶段”，并将殷墟遗址在该阶段出现的周系文化特质因素与二里头遗址在二里头文化第四期晚段出现的东方系统文化因素进行类比，得出相似的规律性特征。这实际上涉及到我们以往关于“商周文化分界”的那条界线是否有可能提早的问题。这一认识非同小可，若是此说成立，将会促使我们重新考虑商周考古的分期年代体系。

本书在不少地方都可以看到一些值得注意的闪光点。例如，针对郑州地区长期未发现典型特征殷墟文化第四期遗存的现象，本书认为这是区域间文化融合模式的不同导致，由于郑州地区靠近洛阳地区，在“文化融合阶段”相比安阳地区受到了更多的周文化影响。

随着考古新材料的不断涌现，学术观点随时面临着修正的可能，但根据现有材料得出阶段性认识，正是考古学科的本质特点以及不断向前发展的推动力量，我们更乐于聆听来自年轻人的不同声音。这是关于“商周文化分界”研究的一本有价值的著作，本书的出版将对相关领域考古研究起到积极的理论借鉴意义。

雷兴山

2018 年 7 月 2 日

目录

插图目录

第一章　绪论

中国政治与文化之变革，莫剧于殷、周之际。

——王国维《殷周制度论》

周因于殷礼，所损益可知也。

——《论语·为政》

第一节　选题缘起及其意义

对于王朝更替在考古学文化面貌上的考察是夏商周考古学研究的重要任务之一。与之相关的一系列问题，诸如考古学文化与族群之间的关系、考古学文化的内部结构及变化原因等都是考古学界十分关心的问题。九十余年来的殷墟科学发掘已证实其商代晚期的都邑地位。随着考古材料的日益丰富和研究水平的不断提高，以殷墟遗址为代表的殷墟文化能够为探究商代晚期社会提供丰富的物质文化材料。西周王朝是继商王朝之后的另一政治实体，兴起于商文化西部边际之外的关中地区。从"小邦周"到"赫赫宗周"的转变，承续了中国青铜文化的高峰。半个多世纪以来，西周文化的材料积累和研究成果同样十分丰富。学科发展已不能停留在商文化或周文化的各自研究，也不能止步于商、周文化的对比研究。探索商周鼎革在考古学文化面貌上的体现是研究大历史的客观需求，并需要以全面、系统的研究为基础，上升至方法论层面。

学术界以往关于商末至周初阶段的研究主要致力于运用考古学研究方法探讨商周分界问题，但考古学研究并不擅长于对具体事件或具体时间点的把握，而更擅长对一定时段内文化变迁的历时性考察。本研究选取商末至周初作为特定的时段，试图通过文化变迁的历时性考察，探索王朝更替在考古学文化面貌上的反映，并为其他时段的相关研究提供启示。

第二节 相关研究成果评述

一 商周分界研究

“先周”是与“商”并行的历史概念，“先周文化”的概念用于探索周人在灭商之前使用的考古学文化遗存。

邹衡首次提出“先周文化”的概念①，将斗鸡台瓦鬲墓结合新中国成立后新发现的材料分为四期，“第二、三期之间的年代界限正是商代与西周的分水岭，即第二期的年代应该属于商代末期，而第三期的年代已经是西周的开始”。邹衡指出联裆鬲的年代亦可早到先周时期，并辨识出一批先周铜器。

几乎同时，徐锡台提出了“早周文化”的概念，并对“早周陶器”的特征进行了总结：“第一，夹砂粗灰（红）陶，方唇，高斜领，带把手，或附加锯齿状泥条双横耳以及无耳空心分裆袋足鬲，或圆唇高卷领瘪裆尖足鬲。第二，有些盆、罐的壁中部饰方格纹。……第三，泥质灰（红）陶盆的腹壁比较薄，肩腹上部为素面磨光，但也有个别器物腹下磨光。第四，在早周文化层内不见豆、盂等器物的出现，特别在贺家村清理五十四座周墓，但未见簋、豆、盂等随葬物，这些器物在张家坡西周墓葬中经常出现。第五，贺家村周墓中无腰坑和狗架现象，这大概反映周族的固有文化特点。”②

梁星彭曾针对“先周文化”讨论中的考古学理论和方法问题进行商榷③，邹衡针

---

① 邹衡：《论先周文化》，《中国考古学会第一次年会论文集 1979》，文物出版社，1980 年；邹衡：《论先周文化》，《夏商周考古学论文集》，文物出版社，1980 年。

② 徐锡台：《早周文化的特点及其渊源的探索》，《文物》1979 年第 10 期。

③ 梁星彭：《〈论先周文化〉商榷》，《考古与文物》1982 年第 4 期。

对先周与西周之间文化面貌的变化指出："在武王前后，甚至就在武王之时，即灭殷前（先周）和灭殷后（西周），尽管因政权的变换而反映在物质文化上可能有某些较大的变化，但要全部改变是绝对不可能的。……在三千年前的西周初，又是同一周族文化，竟改变得如此迅速和彻底，简直是难以想象的。"①

针对邹衡"先周文化"的概念以及郑家坡等遗址的发掘，胡谦盈②、张长寿及梁星彭③在承认先周晚期高领袋足鬲与联裆鬲共存的前提下，结合传世文献中关于周先公活动的地望，尽可能地将联裆鬲的年代压晚至先周晚期甚至西周早期。张长寿④和徐良高⑤均曾对沣西的先周晚期遗存进行过梳理和研究，判断先周遗存的标准为出土高领袋足鬲。

雷兴山对壹家堡、周公庙、孔头沟、岸底、郑家坡等遗址商末至周初阶段的居址遗存以及北吕、西村、丰镐等遗址商末至周初阶段的墓葬进行了系统讨论，确定礼村 LH8 为先周文化探索的又一典型单位，并提出"周公庙遗址卜甲坑 04H45 年代为西周说"和"西安袁家崖墓葬年代为西周说"⑥，还指出了先周晚期与西周早期联裆鬲的区别标准："先周时期联裆鬲所饰绳纹印痕模糊，条理不清，而西周早期联裆鬲所饰绳纹印痕深，条理非常清晰。"⑦

是否出土高领袋足鬲是以往关中地区商周分界的重要判断标准，但随着材料的日益丰富和研究的逐渐深入，学界逐渐意识到高领袋足鬲的年代下限可晚至西周初年。张天恩将高领袋足鬲分为五期，根据林家村墓葬和 83 沣毛 M1 的材料推测"第五期的下限应在商周之际或略晚"⑧。雷兴山根据葬俗和高领袋足鬲的形制特征推测

---

① 邹衡：《关于考古学理论和方法上的几个问题——与梁星彭同志讨论》，《考古与文物》1982 年第 6 期。

② 胡谦盈：《试谈先周文化及相关问题》，《中国考古学研究——夏鼐先生考古五十周年纪念文集》（二），科学出版社，1986 年。

③ 张长寿、梁星彭：《关中先周青铜文化的类型与周文化的渊源》，《考古学报》1989 年第 1 期。

④ 张长寿：《沣西的先周文化遗存》，《考古与文物》2000 年第 2 期。

⑤ 徐良高：《丰镐遗址内先周文化遗存的发现与研究》，《三代考古》（二），科学出版社，2006 年。

⑥ 雷兴山：《先周文化探索》，科学出版社，2010 年。

⑦ 雷兴山：《先周文化探索》。

⑧ 张天恩：《高领袋足鬲的研究》，《文物》1989 年第 6 期。

83SCKM1、83 沣毛 M1 和 67SCCM89 的年代进入西周初年①。路国权曾撰专文论证 67SCCM89 年代进入西周②。石鼓山考古队将宝鸡石鼓山 M3、M4 的年代定为西周早期③，其中的西周早期铜器与高领袋足鬲共出。

除将高领袋足鬲视为分界标准外，殷墟文化因素的出现也是判断关中地区商周分界的重要标准之一。夏商周断代工程专家组根据沣西 H18 的发掘，认为“商代末期典型单位的 H18 和作为灭商后西周初期文化典型单位的 T1 第四层，为从考古学上划分商周界限，提供了理想的地层依据”④。沣西 H18 是沣西地区目前发现年代最早的周系文化遗存，压在沣西 H18 之上的 T1 第④层出现较为明显的殷墟文化因素。

刘绪指出，肥袋足无实足根鬲和侈口厚唇簋“这两种商式器物是关中地区区分晚商（或先周）时期考古学文化与西周早期周文化的标志性器物。商式陶器不见于先周而突现于西周早期，这显然与周灭商有关，很可能是周初分迁殷遗民在考古学文化方面的反映。与此类似的现象还见于晋西南和京津地区，前者无晚商文化，然西周早期晋文化中出现商式器，以天马—曲村遗址为代表。后者晚商属围坊三期文化分布范围，不属商文化分布区，不见商式器，然在西周早期燕文化中出现较多商式器，以北京琉璃河遗址为代表。关中地区再度出现商式器，又如关东突然出现周式器（如联裆鬲）一样，具有同等重要的断代意义”⑤。肥袋足无实足根鬲和侈口厚唇簋出现于关中地区，以及关东地区出现联裆鬲，反映的实际上都是商周文化的融合现象。

相对而言，尽管商人故地的西周早期遗存具有浓厚的殷墟文化遗风，仍然在考古学文化层面存在可供把握的特征。邹衡在对殷墟文化系统分期后指出：“殷墟文化第四期的铜器墓和洛阳地区的西周早期铜器墓接近，两者所出的铜器（或铅器）已

---

① 雷兴山：《先周文化探索》。

② 路国权：《张家坡 M89 年代为西周说——论西周高领袋足鬲》，《文博》2009 年第 4 期。

③ 石鼓山考古队：《陕西宝鸡石鼓山西周墓葬发掘简报》，《文物》2013 年第 2 期；陕西省考古研究院、宝鸡市考古研究所、宝鸡市渭滨区博物馆：《陕西宝鸡石鼓山商周墓地 M4 发掘简报》，《文物》2016 年第 1 期。

④ 夏商周断代工程专家组：《夏商周断代工程 1996－2000 年阶段研究成果报告简本》，世界图书出版公司，2000 年。

⑤ 刘绪：《西周早期考古学文化与周初分封》，《文化的馈赠——汉学研究国际会议论文集·考古学卷》，北京大学出版社，2000 年。

较难区分。这自然可以用周人直接接受了商文化的原因来解释。又若把殷墟文化第四期的陶器墓与洛阳地区的西周早期陶器墓比较，则可看出：后者绝没有发现陶觚、爵；而前者，陶觚、爵是极为常见的。就是两者共有的陶器，如鬲、大口簋（盂）、罍、瓿、罐、壶等，在形制上也有些不同。可见殷墟文化第四期与洛阳西周早期仍然可以区分。在小屯的上层中，也包括有西周层，YM18.6 即其例。该墓所出 3 件陶器——鬲、豆、罐都是在邯郸龟台寺西周遗址中常见的；从其形制看，大率相当于龟台寺西周遗址第一、二期之间。又若把龟台寺西周遗址第一期与殷墟文化第四期相比，则可看出：两者的鬲、大口簋（盂）、圆腹罐等器都十分接近；但仍然可以区分。例如前者的陶鬲，缘面上有旋纹而起棱，殷墟者则无旋纹，不起棱。可见殷墟文化第四期与冀南、豫北的西周文化早期也并不相同。总之，殷墟文化第四期与西周早期已经十分接近，但两者间仍然有些差别。这也就说明：两者在年代上已接近，而在文化面貌上还有所不同，即殷墟文化第四期还应该属于商文化的范畴。”①

邹衡首次提出：“殷墟文化第四期有个别的单位的具体年代也有可能延续到西周初年。”② 随着认识的逐渐深入和材料的日益丰富，殷墟遗址的商周分界问题也得到了学术界的重视，唐际根等进一步认为殷墟文化第四期Ⅳ5 段已进入西周纪年：“翻读历年的发掘报告，常常可见考古工作者在给一些遗址或墓葬定年时犹豫不决，最后不得不使用‘商末周初’‘商周之际’这样比较模糊的时间概念。其实这类遗存不少是属于西周初期的。它们往往已有周初文化因素露头，但因主体文化特征类同于殷墟文化第四期晚段（通常情况下应是Ⅳ5 段），从而被笼统定为‘商末周初’或‘商周之际’，甚至错误地提早到商代末年。其原因就在于忽视了部分遗存尽管性质仍属殷商文化，但年代则可以晚至西周初年。”③

李伯谦曾对王朝更替在考古学文化面貌上的影响方式展开讨论：“商、周王朝的建立是通过大规模的族际战争行为实现的，在考古学文化上产生突变是正常现象。……商、周政权更迭和夏、商政权更迭之间这种大同之间的小异，不能不在各自的

---

① 邹衡：《试论殷墟文化分期》，《北京大学学报（人文科学）》1964 年第4、5 期。

② 邹衡：《试论殷墟文化分期》。

③ 唐际根、汪涛：《殷墟第四期文化年代辨微》，《考古学集刊》第 15 集，文物出版社，2004 年。

考古学文化变迁上打上不同的烙印。……夏商王朝更迭抑或商周王朝更迭，都是通过异族入侵和大规模战争而实现，但政权建立后，推行了不同的统治方略，却对考古学文化变迁产生了不同的影响。”① 可见，除大规模战争以外，王朝更替后的统治政策也会对考古学文化面貌产生影响。

刘绪指出，先秦时期与秦以后的历史时期存在文化变迁上的不同方式：“中国历代王朝形成的历史背景并不相同，其统治方式也有区别。概括而言则以秦汉两朝之交为分界。秦及以前的王朝实行的是宗族统治，即以宗族势力作为统治基础，具有原始社会末期的某些特点。在该王朝建立之前，以血缘为纽带的宗族集团已经存在，并且相当强大，有着自己的活动地域及统治手段。……汉代及其以后的王朝则完全不同，汉以来实行的是家族加官僚统治。多数王朝在建立之前，王室成员及其家族都是前一王朝的臣民（少数王朝如辽、金、元等例外），当然不可能形成自身的文化。在新王朝建立后，只能在承袭前朝大部分旧制的基础上加以改造。”②

就商周更替的具体历史事件而言，周初分封是对考古学文化面貌影响最大的事件之一。刘绪从考古学材料出发，对周初分封反映的文化现象提出了理论层面的思考：“商文化因素在西周早期周人占领地区内的普遍存在不能简单理解为周承商制，其在各地不均衡的现象以及在本不属于商人占领地区内的出现表明有着特殊的背景，这就是周初分封是对殷遗民的分授迁移。”③ 刘绪还针对“王朝的更替、政权的取代不能立即引起文化的变更”的观点指出：“周灭商并完成对商土的占领没有用多长时间，放宽说，不出西周早期。那么按照上述观点，在西周早期这段时间内，原商土之地还不可能出现周文化，仍应为‘后商文化’或其他后什么文化。可考古材料表明，在周初分封的东土诸国中，都有周文化发现。”④

此外，近藤はる香指出商代晚期的高标准铜器生产线集中存在于殷墟遗址，

---

① 李伯谦：《关于早期夏文化——从夏商周王朝更迭与考古学文化变迁的关系谈起》，《中原文物》2000年第1期。

② 刘绪：《早商文化的考古学横向观察》，《远望集（上）》，陕西人民美术出版社，1998年。

③ 刘绪：《西周早期考古学文化与周初分封》，《文化的馈赠——汉学研究国际会议论文集·考古学卷》，北京大学出版社，2000年。

④ 刘绪：《西周早期考古学文化与周初分封》。

当全国各地出现面貌比较统一的高标准青铜器，便可认为是青铜器的商周分界①。张天宇认为："在商代晚期非商文化分布内出现‘一墓多族徽’墓葬或商文化控制区内出现族徽构成‘多而杂’的墓葬，其年代进入西周时期。"② 这些研究侧重于以某一特殊现象进行商周分界的判断，在一定情况下具有较为有效的断代作用。

二 商周文化分区研究

由于文化发展的多线性和地区间的不平衡性，商、周文化通常在不同地区呈现出一定的地方特点，尽管以都邑为代表的文化中心能够反映文化的主要特点，仍然不能完全涵盖各地区的地域特点，分区研究尤为必要。

邹衡将早商文化分为二里冈型、台西型、盘龙城型和京当型③。囿于材料限制，邹衡并未对晚商文化进行分型。

宋新潮概括论述了商代各地区考古学文化体系及相关问题，按照各地文化的发展序列和关系，将商代的考古学文化分为商文化中心区、商文化亚区和商文化影响区，对商王朝的政治版图及周边区域的方国进行初步研究，并对各地文化交流、传播、涵化和融合的形式及其作用进行论述④。

徐良高将各地西周时期考古学文化的不同文化因素组合⑤归纳为：关中地区：传统周文化因素 + 商文化因素；洛阳及邢卫鲁地区：周文化因素 + 商文化因素（保留得更多更浓）；燕齐晋地区：周文化因素 + 商文化因素 + 土著文化因素；弶吴地区：周文化因素 + 土著文化因素。

王力之在分期的基础上，通过对周文化分布范围内典型遗存的文化因素定性定量分析，横向考察各典型遗存在不同时期的分布范围，将西周早期的周文

---

① 近藤はる香：《「考古背景」法かまみむ殷周境界问题—王朝交替と「もの」・现象—》，《中国考古学》第 14 号，2014 年。

② 张天宇：《一墓多族徽与商周分界》，《江汉考古》2016 年第 6 期。

③ 邹衡：《试论夏文化》，《夏商周考古学论文集》，文物出版社，1980 年。

④ 宋新潮：《殷商文化区域研究》，陕西人民出版社，1991 年。

⑤ 徐良高：《周文化演进模式的考古学考察》，《苏秉琦与当代中国考古学》，科学出版社，2001 年。

化分为11个文化区，结合历史文献和铜器铭文的记载，对各文化区的形成原因进行了分析①。

三 商周复杂社会研究

商王朝和西周王朝都属于高度发达的复杂社会，都邑聚落反映了最为复杂的社会结构。就目前的材料而言，商代晚期都邑的殷墟遗址以及西周时期的丰镐、周原遗址数量众多的墓葬为探讨商周时期的社会结构提供了重要材料。

唐际根对殷墟13个地点发掘的2000余座商代晚期墓葬进行了分析②。从横向的社会组织来说，这些墓葬可以划分为甲类簇（A－level Cluster）、乙类簇（B－level Cluster）和丙类簇（C－level Cluster）。大多数甲类簇由“对子墓”组成，可能代表了由一对夫妻所组成的核心家庭（Nuclear family）；乙类簇由一个或多个甲类簇组成，可能代表了一个延展家庭（Extended family）；丙类簇由若干个乙类簇组成，可能代表了一个支族（Lineage），丙类簇的墓地中往往有若干大型墓葬，墓主人有可能是卜辞中所谓的“族尹”。纵向社会结构方面，晚商社会是一个高度发达的等级社会，至少可以按照社会地位的高低划分出6个社会阶层：（1）作为统治者的王，以亚字形大墓作为代表；（2）王室成员，以中字形大墓和甲字形大墓为代表；（3）族尹，以平民墓地中的甲字形大墓为代表；（4）族精英阶层，以大型竖穴土坑墓为代表；（5）平民，以小型竖穴土坑墓为代表；（6）社会最底层居民，以小型竖穴土坑墓或废弃的灰坑为代表。其中，包括族尹以上的社会阶层占到人口总数的不足1%，宗族精英阶层占到7%～10%，平民占到82%～87%，社会最底层居民占到3%～7%。平民应是卜辞中所谓的“众”或“众人”。

张礼艳将丰镐遗址的西周墓葬分为五个等级③：第一等级为带一条或两条墓道的墓葬，身份为王朝卿士；第二等级为大型长方形竖穴土坑墓及T字形墓葬，身份为

---

① 王力之：《周文化分区研究》，北京大学博士研究生学位论文，2003年。

② Tang Jigen. *The Social Organization of Late Shang China——A Mortuary Perspective*. A Thesis Submitted to the University of London for the Degree of Doctor of Philosophy. 2004

③ 张礼艳：《丰镐地区西周墓葬研究》，社会科学文献出版社，2015年。

大夫一级的贵族；第三等级为中型长方形竖穴土坑墓，第四等级和第五等级为小型长方形竖穴土坑墓，第三等级的身份为士或与士相当的阶层，第五等级基本属于平民。丰镐地区的主体人群为以士或与士相当的阶层，其次为平民。

马赛对周原遗址西周墓葬反映的周原人群构成进行了分析①。在人群构成方面，先周和西周时期的等级结构有比较大的差别，先周时期贵族阶层的数量相对较少，西周时期贵族数量较多，尤以西周早期最多，在西周中、晚期达到了比较稳定的金字塔结构。在族群结构方面，先周时期先有京当型商文化代表的人群，后出现碾子坡文化和刘家文化为代表的两类人群，葬俗方面有比较大的差异。西周时期随着殷遗的涌入，周原形成广义的殷遗和周人为主的基本族群格局。

四　殷遗文化研究

郭宝钧等根据洛阳摆驾路口等地发现的墓葬提出“殷人墓”的概念②，尽管在概念上可供商榷③，却是首次辨识出“殷遗文化”遗存。杨宝成④提出遗民文化的概念，根据殷墟及江陵地区的实例指出王朝更替与文化变迁并非完全同步，而是保留了一定的旧有文化传统。

雷兴山根据琉璃河遗址的个案研究指出：“遗民文化因素同其原来的文化相比，可能有较多的继承，但往往在器物种类上有所减少，有时甚至仅保留一两种特质因素。……无论各种文化因素的比例如何，遗民文化因素总是和后继文化因素相伴共存，并相互交流、融合，绝不是其原来文化一成不变的发展。……后来文化可能对遗民的原型文化因素有所吸收，甚至把一些器物作为自己文化中有机的组成部分，但对对方的特质文化因素却排斥。”⑤

关于“殷遗文化”的研究主要集中于丰镐、洛阳和琉璃河地区。张礼艳以丰镐

① 马赛：《聚落与社会——商周时期周原遗址的考古学研究》，北京大学博士研究生学位论文，2009 年。

② 郭宝钧、林寿晋：《一九五二年秋洛阳东郊发掘报告》，《考古学报》1955 年第 9 期。

③ 胡谦盈：《关于“殷人墓”的商榷》，《考古通讯》1956 年第 3 期。

④ 杨宝成：《试论遗民文化》，《武汉大学学报（人文科学版）》，2004 年第 6 期。

⑤ 雷兴山：《试论西周燕文化中的殷遗民文化因素》，《北京文博》1997 年第 4 期。

遗址的墓葬材料对殷遗的社会地位及其变迁进行探讨[①]。周立、张剑[②]、刘富良[③]、郜向平[④]、高振龙[⑤]、余黎星等[⑥]对洛阳地区的殷遗墓葬进行了梳理和研究。印群对琉璃河地区的殷遗墓葬进行多个视角的研究[⑦]。任伟通过考古发现对西周燕国殷遗的社会状况进行了考察[⑧]。李宏等根据西周时期的殷系铜器对殷遗的流迁进行了考察[⑨]。

五 商周铜器断代

殷墟文化代表了商代晚期的最先进生产力，西周初年的铜器较多地延续了殷墟文化的铜器生产线，因而在铜器群面貌上更多地呈现出了“一脉相承”的发展态势。尽管如此，周初铜器也呈现出一些较为明显的全新时代特征，因而铜器断代问题成为以往商周分界研究的热点。

陈梦家指出：“灭殷以前的周人若是铸造铜器，它们和殷人铜器应该有一些不同；这些差异应该是部分的、不重要的，而在大体上它们还是相同的。”[⑩] 周初铜器的特色有：“（1）四耳的簋；（2）带方座的簋和独立的方座或长方座（所谓禁）；（3）挹酒器之斗（旧称勺）的曲折形的柄；（4）向外飞射的棱角；（5）某些殷代器类的不存在，如觚、爵和斝的渐少；（6）某些异于殷代器类的组合，如同铭尊、卣

---

① 张礼艳：《沣西地区殷遗民的社会地位及其变迁》，《考古与文物》2013 年第 2 期。

② 周立、张剑：《洛阳史前与夏商周考古探索》，中州古籍出版社，2012 年。

③ 刘富良：《洛阳西周陶器墓研究》，《考古与文物》1998 年第 3 期。

④ 郜向平：《洛阳地区西周墓葬研究》，吉林大学硕士学位论文，2003 年。

⑤ 高振龙：《洛阳西周时期殷遗民墓葬的考古学观察》，中国社会科学院研究生院硕士学位论文，2014 年。

⑥ 余黎星、高南定、余扶危：《洛阳殷人墓与殷遗民墓葬俗研究》，《洛阳理工学院学报（社会科学版）》2011 年第 3 期。

⑦ 印群：《试析琉璃河遗址商代陶器分期及其殷遗民之来源》，《2004 年安阳殷商文明国际学术研讨会论文集》，社会科学文献出版社，2004 年；印群：《谈琉璃河遗址殷遗民墓之随葬车马坑》，《三代考古（三）》，2011 年。

⑧ 任伟：《从考古发现看西周燕国殷遗民之社会状况》，《中原文物》2011 年第 2 期。

⑨ 李宏、孙英民：《从周初青铜器看殷商遗民的流迁》，《史学月刊》1996 年第 6 期。

⑩ 陈梦家：《西周铜器断代》，中华书局，2004 年。

的组合；（7）某些殷代划纹的不存在，如蝉纹。”①

王世民等在陈梦家研究的基础上认为：“年代明确或比较明确的西周早期铜器，当时器形的基本特点约略如下：①细长柱足的方鼎和分裆鼎；②腹部微垂的椭方形鼎和圆鼎（圆鼎的口部俯视常呈桃形）；③四耳和带方座的簋，耳下往往有珥；④腹部圆突的觚形尊和垂腹的觯形尊；⑤提手盖的扁圆体卣，有的盖上长角；⑥柱足、折裆的四柱足盉。”②

岳洪彬“以殷墟最晚期青铜器和西周早期青铜器进行比较（简称A组比较），着重考察两者之间的共性”，“再以代表西周青铜器成熟风格的西周中期青铜器与代表晚商青铜器成熟风格的殷墟青铜器第二期晚段和第三期器物进行比较（简称B组比较），着重考察两者的差异”，认为“‘B组比较’的结果在‘A组比较’中也有部分存在，只是这些差异还不太明显。这种早在西周早期就已存在的差异，实际上就是西周青铜器自身的特色”③。

岳连建通过对殷墟文化第四期至西周早期早段青铜容器的类型学研究，进行器类、形制、纹饰、铭文及组合对比，认为商末青铜器的特点是“1. 深腹柱足较粗的圆鼎和方鼎；2. 收腹高圈足的盆形无耳或双耳簋；3. 深腹高裆的甗；4. 瘦体高圈足的觚和粗体深腹的爵；5. 侈口长径圆腹的高圈足尊；6. 球腹双耳（无垂珥）高圈足的大兽面纹簋；7. 浮雕感强的夔龙纹和兽面纹装饰的铜器；8. 有‘祀’和‘翌日’纪年日铭文的铜器”④，周初青铜器的特点是“1. 四耳圈足或方座的簋；2. 垂腹柱足的圆鼎；3. 带方座的提梁卣；4. 方体的提梁罍；5. 带附耳的圈足盘；6. 带四出戟式或折角式长扉装饰的方罍或卣；7. 有锥刺状乳钉纹、蜗身龙（兽）纹、羽身凤鸟纹装饰的铜器；8. 有‘年’和‘月相’字词铭文的铜器”⑤。

张懋镕提出“西周青铜器断代两系说”⑥，认为西周青铜器可以分为商系和周系，

---

① 陈梦家：《西周铜器断代》。

② 王世民、张亚初：《殷代乙辛时期青铜容器的形制》，《考古与文物》1986年第4期。

③ 岳洪彬：《殷墟青铜礼器研究》，中国社会科学出版社，2006年。

④ 岳连建：《商末周初青铜容器的整理与断代研究》，陕西师范大学博士学位论文，2014年。

⑤ 岳连建：《商末周初青铜容器的整理与断代研究》。

⑥ 张懋镕：《西周青铜器断代两系说刍议》，《考古学报》2005年第1期。

此说实际上建立在“周人不用日名说”① 和“周人不用族徽说”② 的基础上，更多地关注青铜器的铭文信息。

内田纯子对商末至周初阶段铜器断代问题及其产地进行讨论：“以往被认为属于周初时期的青铜器当中，分布地点广及南方与西方。而孝民屯铸坊遗址在此时仍铸造此种大量青铜器。再者，安阳孝民屯新发现的这批陶范涵盖了以往被认为属于周初时期的青铜器，如类似柉禁成套青铜器群、陕西宝鸡㺇国纸坊头墓地的青铜器以及陕西、山西、甘肃、湖北、湖南等遗址出土的青铜器型式。这样的现象应是商周革命后，赏赐于各地领主的青铜器。……随着历史上政治和经济活动中心的移动，商末到西周早期的青铜器铸造作坊也随之移动，但是殷墟四期晚段（商末周初期），成王迁到成周以前，铸造作坊仍然在安阳。”③

以往关于商周铜器断代取得了较为丰富的研究成果，这些成果中的绝大多数是可靠的，但随着新的考古发现，又往往出现不同于固有认识的“例外”。“例外”的不断出现促使我们思考这样的问题：是否真的可以依据某些细部特征对铜器的商周之别进行判断？

六　相关历史学研究成果

王国维指出：“以族类言之，则虞、夏皆颛顼后，殷、周皆帝喾后，宜殷、周为亲；以地理言之，则虞、夏、商皆居东土，周独起于西方……殷、周间之大变革，自其表言之，不过一姓一家之兴亡与都邑之移转；自其里言之，则旧制度废而新制度兴，旧文化废而新文化兴。”④ 白川静从殷周革命前后殷人的动向及军事关系的演变进行考察，对殷周社会及殷周革命的时代特征进行了论述⑤。王晖从神权崇拜、思想文化、制度礼仪文化、习俗文化和文化渊源等方面对商、周文化进行比较研究，

① 张懋镕：《周人不用日名说》，《历史研究》1993 年第 5 期。

② 张懋镕：《周人不用族徽说》，《考古》1995 年第 9 期。

③ 内田纯子：《商末周初青铜彝器的断代及其制作地》，《殷墟与商文化》，科学出版社，2011 年。

④ 王国维：《殷周制度论》，《观堂集林》，中华书局，1959 年。

⑤ 白川静：《周初殷人之活动》，《日本学者研究中国史论著选译》第三卷，中华书局，1993 年。

认为两者的差异更大[①]。张懋镕通过商周之际字词的演变[②]、女性地位的变迁[③]及诸兄地位的变迁[④]对商周文化进行比较研究。宫长为、徐义华对商王朝的覆亡、周代的殷遗及商周制度的演绎进行了探讨[⑤]。

夏商周断代工程专家组曾试图运用历史学、考古学、天文学等多学科合作重建公元前841年以前的年代学年表。“武王克商之年是商、周的分界，确立这一年代定点，就可以安排西周王年，并上推商年和夏年，因而是三代年代学的关键”[⑥]，最终选取公元前1046年作为武王克商之年。

第三节　理论探讨

工欲善其事，必先利其器。研究的展开需要理论探讨作为前提，相关概念的清晰界定及相关理论的深入讨论将有助于本研究接下来的展开。

一　考古学文化与王朝文化

考古学文化是考古学研究中最重要的概念之一。夏鼐等将其定义为“考古发现中可供人们观察到的属于同一时代、分布于共同地区、并且具有共同的特征的一群遗存”[⑦]。从命名上看，考古学文化与王朝、族属等概念并无直接关联，“同一时代”并不等同于某王朝时期，“共同地区”也并不等同于某王朝的统治地域，“可供人们观察到的”表明其属于人为设定的主观概念。这一概念最强调的是“共同的特征”，

① 王晖：《商周文化比较研究》，人民出版社，2000年。

② 张懋镕：《商周之际字词的演变——商周文化比较研究之一》，《西部考古》第4辑，2009年。

③ 张懋镕：《商周之际女性地位的变迁——商周文化比较之二》，《西部考古》第2辑，2007年。

④ 张懋镕：《金文所见商周之际诸兄地位的变迁——商周文化比较研究之三》，《古文字研究》第28辑，2010年。

⑤ 宫长为、徐义华：《殷遗与殷鉴》，中国社会科学出版社，2011年。

⑥ 夏商周断代工程专家组：《夏商周断代工程1996—2000年阶段研究成果报告简本》，世界图书出版公司，2000年。

⑦ 夏鼐、王仲殊：《中国大百科全书·考古学》，中国大百科全书出版社，1986年。

这是考古学文化判断过程中的最重要依据。

在中国考古学研究中，存在两种文化命名方式①，一种是以初次发现或最具代表性的小地名命名，如二里头文化②，另一种是历史学意义的命名，如商文化、西周文化。两种命名方式在夏商时期存在一定的重合性，如二里冈文化和殷墟文化被合称为商文化，但在中原王朝的周边使用第一种方式命名，如吴城文化③。殷墟文化之后基本以王朝或方国名称作为文化的命名方式，如西周文化、秦文化，第一种命名方式仍应用于中原以外的周边地区，如可乐文化④等。

夏鼐指出："历史时期中的'殷周文化'、'秦汉文化'，或'隋唐文化'，这里所用的'文化'一词，严格言之，是指一般用语中的'文化'，便是指汉族在特定的时期中各方面的总成就，包括物质文化以外的一切文字记录上所提及的各方面的总成就。这与考古学上含有特定意义的'文化'，严格说来，是要加以区别的。"⑤ 严格意义上说，殷墟文化之前的二里冈文化和二里头文化尚属于"原史时代"⑥，更适宜采用小地名命名方式，由于殷墟文化的最晚阶段已进入西周纪年，不适宜以"晚商文化"直接指代殷墟文化。

"西周文化"并非严格意义上的考古学文化，而是若干考古学文化的集合体。通常所说的"西周文化"指的是西周王朝统治范围内考古学文化遗存的总和，以丰镐和周原为代表的"宗周文化"与商人故地（特别是太行山东麓地区）的"殷遗文化"的面貌差异显著，"殷遗文化"不同于殷墟文化，却又遗留有较多的殷墟文化因素，还新出现了少量的"宗周文化"因素。实际上，"宗周文化"与"殷遗文化"可以认为是两种不同的考古学文化，豫北冀南地区、淮河中上游地区及海岱地区的"殷遗文化"又存在一定的地域差异，可视为"殷遗文化"的各个地方类型。

由于殷墟文化和"西周文化"在文化命名方式上并非同一话语系统，如何较好

---

① 夏鼐：《关于考古学上文化的定名问题》，《考古》1959 年第 4 期。

② 夏鼐：《新中国的考古学》，《考古》1962 年第 9 期。

③ 李伯谦：《试论吴城文化》，《文物集刊》第 3 集，文物出版社，1981 年。

④ 杨勇：《试论可乐文化》，《考古》2010 年第 9 期。

⑤ 夏鼐：《关于考古学上文化的定名问题》，《考古》1959 年第 4 期。

⑥ 刘文锁：《论史前、原史及历史时期的概念》，《华夏考古》1998 年第 3 期；吴晓筠：《中国的"原史时代"》，《华夏考古》2005 年第 1 期。

地处理两者之间的关系便显得尤为重要。基于考古学研究本位而言，本研究以殷墟文化作为第一位，“西周文化”作为第二位，引入“文化融合阶段”的概念，包含一批面貌上仍然具有殷墟文化（或关中地区先周时期诸文化）特征，却又包含少量周系文化因素（或殷墟文化因素）的遗存，其年代有可能跨商周两代。将晚于“文化融合阶段”西周王朝统治范围内的文化遗存归为西周文化遗存。

二　考古学文化与灭国战争

王朝更替的主要形式有战争手段和相对和平的禅让手段。根据文献记载，夏商周三代的变革都是通过军事战争手段进行的。对于战争在考古学文化面貌上的反映通常集中在遗迹和遗物两方面。

冈村秀典认为，考古材料所见中国新石器时代的战争，首先是镞、钺等武器的出现，其次是城防设施的出现①。

夏商周时期战争造成的遗迹主要是杀殉遗存，如小双桥遗址ⅤH66为东夷战俘坑②、殷墟西北冈王陵区的祭祀坑与杀殉羌人有关③、山西高平市发现长平之战的战俘杀殉坑④、燕下都人头坑⑤等。战场遗存较少被辨识，如小双桥遗址Ⅴ区第④A层中所出部分散乱人骨，有可能系因由内乱导致的伤亡事件所致⑥。此外，杨泓⑦、郭妍利⑧、井中伟⑨、吕学明⑩等分别对古兵器进行过考察，但更多关注古兵器本身，缺乏古兵器所在遗迹单位的背景分析。

① 冈村秀典：《中国新石器时代的战争》，《华夏考古》1997年第3期。

② 李宏飞、王宁：《小双桥遗址的商与夷》，中国社会科学出版社，2018年。

③ 唐际根、汤毓赟：《再论殷墟人祭坑与甲骨文中羌祭卜辞的相关性》，《中原文物》2014年第3期。

④ 山西省考古研究所、晋城市文化局、高平市博物馆：《长平之战遗址永录1号尸骨坑发掘简报》，《文物》1996年第6期。

⑤ 河北省文物研究所：《燕下都》，文物出版社，1996年。

⑥ 李宏飞、王宁：《小双桥遗址的商与夷》，中国社会科学出版社，2018年。

⑦ 杨泓：《中国古兵器论丛》（增订本），文物出版社，1980年。

⑧ 郭妍利：《商代青铜兵器研究》，社会科学文献出版社，2014年。

⑨ 井中伟：《早期中国青铜戈·戟研究》，科学出版社，2011年。

⑩ 吕学明：《中国北方地区出土的先秦时期铜刀研究》，科学出版社，2010年。

理论上讲，战争在考古学文化面貌上的最直接反映是战场遗存。然而在被认为是“夏都”的二里头遗址并未辨识出与亡国战争直接相关的文化遗存①。有学者认为殷墟遗址存在周人灭商的文化遗存，如杜金鹏指出小屯东北地丙组基址存在武王克商之后的祭社活动②，但李伯谦警醒地指出：“得出这一论断非同小可，看来想要得到大家认同就需要拿出更多的材料予以证明了。”③ 就目前的情况而言，不论二里头遗址还是殷墟遗址，均缺乏与亡国战争直接相关的文化遗存。

战争胜利之后的杀殉遗迹是军事战争在考古学文化面貌上的另一重要物质载体。值得注意的是后冈圆形祭祀坑 HGH10④，赵佩馨曾推测属于杀殉戍嗣子率领戍卒的遗存⑤。然而，后冈圆形祭祀坑与周边遗迹之间的背景关系并不清楚，该坑所反映的历史信息相对有限，是否与武王伐纣后的杀殉有关，尚有待于进一步的深入研究。

由此可见，现阶段尚无法确切辨识出哪些遗存与灭国战争有关，很难通过战争及杀殉遗存确定王朝更替在考古学文化面貌上的反映。

三 考古学文化与政策变动

李伯谦曾指出：“夏商王朝更迭抑或商周王朝更迭，都是通过异族入侵和大规模战争而实现，但政权建立后，推行了不同的统治方略，却对考古学文化变迁产生了不同的影响。”⑥ 相比军事战争，政策变动对考古学文化面貌的影响更为显著。

政策对考古学文化面貌的改变在夏商周时期较为常见。梁云的研究成果表明，秦文化在战国中期出现了断裂性的变化，“秦从东方接受了矮足鼎、圆壶等铜容器，小口圆肩罐、茧形壶等日用陶器，从巴蜀吸收了釜、鍪等实用铜器，再加上陶釜的广泛使用，其文化面貌发生巨变……秦文化的转型是在没有外力的干预下自行完成

---

① 许宏、刘莉：《关于二里头遗址的省思》，《文物》2008 年第 1 期。

② 杜金鹏：《殷墟宫殿区建筑基址研究》，科学出版社，2010 年。

③ 李伯谦：《序二》，《殷墟宫殿区建筑基址研究》，科学出版社，2010 年。

④ 中国社会科学院考古研究所：《殷墟发掘报告》，文物出版社，1987 年。

⑤ 赵佩馨：《安阳后冈圆形坑葬坑性质的讨论》，《考古》1960 年第 6 期。

⑥ 李伯谦：《关于早期夏文化——从夏商周王朝更迭与考古学文化变迁的关系谈起》，《中原文物》2000 年第 1 期。

的，没有剧烈的社会变革不可能酿此巨变，求诸文献，战国中期在秦国发生的大事莫过于商鞅变法”①。江雨德认为：“商的政治和礼制制度出现了一次全面的改良。这些变化体现在殷墟三期/甲骨文三期（祖甲以后）的占卜、祭祀、墓葬和战争与政治等各个方面”②。考古学文化研究中的文化变动最终还是需要从文献记载中寻找线索，问题在于如何将两者进行更为确凿的关联。

军事征伐仅仅是周人夺取天下的手段，王朝更替带来的文化变动更多的是由于周人夺取天下之后采取的一系列全新政策措施导致，包括分封、怀柔政策等。刘绪曾对周初分封导致的考古学文化面貌变化进行过系统梳理，周初分封在考古面貌上的“具体反映就是以联裆鬲为代表的典型周文化因素于西周早期突然在东方诸封国出现”，“在京津、晋西南和关中西部未曾有过晚商文化的地区突然于西周早期出现商文化器物，肯定也与部分殷遗民的到来有关”③。安阳洹河流域的区域系统调查结果显示：“调查所获资料，在一定程度上反映了西周灭商后殷人文化的延续方式和特点。……周初在对待殷人文化习俗这一问题上，采取了容许至少是放任自流的政策而未加摧毁。”④ 这些研究成果均是分封、怀柔政策在考古学文化面貌上的重要表现。

分迁殷遗是周初的重要政策性措施。克商之后，基于怀柔政策，周人容许武庚率殷遗“俾守商祀”（《逸周书·作雒解》），并派管叔予以监视。尽管如此，周人对此并不放心，因而在文献中常见到“王在管”（如《逸周书·大匡》）的记载，“管”所在的郑州西北部属于商人故地，西邻洛阳，北达殷都，地理位置十分重要。在颇具威望的武王死后，东方势力发起了复辟行动，周公随后的平叛最终导致殷人整体迁出，大邑商突然衰落，殷墟文化随之终结。与之形成鲜明对比的是，洛阳的“新邑”突然兴起，在文化面貌上具有浓厚的殷墟文化遗风，关中地区及外围地域诸封国也新出现了较为明显的殷墟文化因素。

禁酒政策也是周初实施的重要政策。在怀柔政策容许下，殷墟文化第四期晚段墓葬仍然保留随葬陶觚、爵的葬俗，但至西周早期，安阳地区的陶器墓放弃了随葬

---

① 梁云：《战国时代的东西差别》，文物出版社，2008 年。

② 江雨德：《国之大事：商代晚期中的礼制改良》，《殷墟与商文化》，科学出版社，2011 年。

③ 刘绪：《西周早期考古学文化与周初分封》，《文化的馈赠——汉学研究国际会议论文集·考古学卷》，北京大学出版社，2000 年。

④ 中美洹河流域考古队：《洹河流域区域考古研究初步报告》，《考古》1998 年第 10 期。

陶觚、爵，改以陶鬲（主要是柱足鬲）为核心，辅以厚唇簋等器类，构成具有“同形”现象的随葬陶器组合。墓葬随葬陶器组合核心由陶觚、爵向陶鬲的转变应与周公东征后的禁酒政策有关，是辨识安阳地区进入西周早期的重要标志。但在周初的高等级墓葬中，仍然频繁可见酒器的大量存在，文献中也有对手工业者饮酒网开一面的记载：“又惟殷之迪诸臣惟工乃湎于酒，勿庸杀之，姑惟教之。”（《尚书·酒诰》）表明禁酒政策并不具有普适性。

由此可见，政策能够在一定程度上对考古学文化面貌产生影响，但其改变方式却并不总是广域范围的，也不总是具有普适性，更多地需要采取具体问题具体分析的策略。

四　考古学文化与族群的对应关系

运用考古材料讨论古代族群一直是考古学者致力研究的重要课题。

新中国考古学者关于考古学文化与族群关系的认识，受到了来自苏联考古学者的影响。《苏联大百科全书》关于“考古学文化”的概念认为：“在苏联考古学家中普遍地流行着这样一种见解，即认为考古学文化是在不同的族的共同体的形成过程中产生的，在不同地域内独特地存在着的不同族的共同体，促使了物质文化上的地方特征的出现。”① 苏联学者 A. Я. 勃留索夫指出：“新石器时代的考古学文化不仅代表居民的文化共同体，而且除了少数例外，看来也代表族的共同体。”②

20 世纪 50 年代，夏鼐指出：“作为历史科学的一部门，考古学不仅要研究全人类的社会发展史的共同规律，还要研究各地区各个族的共同体的发展的特殊性。……有时几个小的族的共同体拼合成为一个较大的共同体，产生了混合文化。有时一个共同体人口和分布扩大之后，分散成不同的共同体，有些移住在另外一些新的自然环境中形成了生产方式、生活方式和生产物不同的各个文化。……苏联的考古学家们便是认为‘考古学文化’是在不同的族的共同体的形成过程中产生的，在不同的地域内独特地存在着的不同的族的共同体，促使了物质文化上的地方特征

① 华平：《考古学文化·苏联大百科全书选译》，《考古通讯》1956 年第 3 期。

② A. Я. 勃留索夫：《考古学文化与族的共同体》，《考古》1961 年第 8 期。

的出现。”[1] 可见，来自苏联考古学的影响是中国考古学将考古学文化与族群进行直接对应的理论来源之一。

徐旭生基于对古代文献的梳理，对如何辨识“夏文化”提出了理论层面的分析：“当日的中国远非统一，那夏氏族或部落活动的范围就相当有限制，我们就可以从它活动的范围以内去研究夏文化有什么样的相同的或相类的特征，再到离它活动中心较远的地方看看这些地方的文化同前一种有什么样的差异。用文化间的同异来作比较，就渐渐地可以找出来夏氏族或部落的文化的特点。”[2] 徐旭生的观点同样是在潜意识中认为“夏氏族”使用的文化应独具特色，其他人群使用的文化应与其存在差异，这是将考古学文化与族群进行直接对应的另一理论来源。

在这样的理论来源下，夏鼐进一步对“夏文化”进行了定义，即“夏王朝时期夏民族的文化”，将概念局限于“夏王朝”和“夏民族”两个概念的限定之下。但从严格意义上说，“夏文化”对应的考古学文化未必有唯一选项。

邹衡基于前人的理论基础，认为“夏文化”应有唯一选项。在对年代和地域加以排除后，并与商系文化进行对比，邹衡认为“夏文化”的唯一选项即为二里头文化，将夏王朝时期的夏民族与二里头文化进行完全对应[3]。在此前，学术界流行的夏商文化年代框架为“二里头文化晚期（早商）—二里冈文化（中商）—殷墟文化（晚商）”，夏代相当于河南龙山文化晚期至二里头文化早期，邹衡的全新年代框架对旧有年代框架提出了挑战。

李伯谦认可二里头文化属于“夏文化”，但认为二里头文化的测年跨度短于文献记载中的“夏年”，故将“夏文化”的上限追溯至河南龙山文化晚期[4]。这便重新承认同一族群可以在不同时期使用不同的考古学文化。

另一个需要重点讨论的问题是，同一族群有无可能同时使用不同的考古学文化？夏鼐等曾举例“根据民族学的资料，同一部落或民族所用的物件，有时有着两种完

---

① 夏鼐：《再论考古学上文化的定名问题》，《夏鼐文集》，社会科学文献出版社，2000 年。

② 徐旭生：《1959 年夏豫西调查“夏墟”的初步报告》，《考古》1959 年第 11 期。

③ 邹衡：《试论夏文化》，《夏商周考古学论文集》，文物出版社，1980 年。

④ 李伯谦：《二里头类型的文化性质与族属问题》，《中国青铜文化结构体系研究》，科学出版社，1998 年。

全不同的类型（如爱斯基摩人在夏季营地和冬季营地所遗的两套不同的用品）”①，但这应属于同一文化中的不同方面，而非两种考古学文化之间的差异。根据中国夏商周考古的实践经验，不同族群有可以使用面貌相近的考古学文化，如安徽寿县蔡侯墓②随葬铜器明确属于蔡而非楚，但在文化面貌上却受到了楚文化的强烈影响。

就目前的材料看，同一族群在前后不同时期可以使用不同的考古学文化，不同族群在同一时期可以使用面貌相近的考古学文化，尚无法确证同一族群在同一时期使用不同的考古学文化。

五 考古学文化与族群边界

巴斯提出“族群边界”理论③，认为族群是由人群自身界定的，族群依靠保持社会性的边界来维持。由于属于意识形态的自我界定，便会在反映意识形态的文化遗存，特别是墓葬遗存中有所反映。卡尔指出，墓葬材料在一定程度上可以反映意识形态④。

相比夏商西周时期，东周时期丰富的文献材料能够为考古学文化与族群边界的研究提供重要启示。陕西省考古研究所等曾在丹江上游的陕西省丹凤县发掘一批春秋中期至战国中期的楚墓⑤，其特征与江陵地区楚墓存在较多的相似之处，同时存在一定的自身特点，却与关中地区的秦墓及毗邻的洛南县发现的东周晋墓和魏墓在文化面貌上差异显著。至战国晚期，该地成为秦国商鞅的封地，楚文化也被秦文化所取代。

考古学者也曾试图寻找夏商时期考古学文化的边界，《豫东杞县发掘报告》便是一次有益尝试。杞县西部的段岗属于二里头文化，杞县东部的鹿台岗属于漳河型先

① 夏鼐、王仲殊：《中国大百科全书·考古学》，中国大百科全书出版社，1986 年。

② 安徽省文物管理委员会、安徽省博物馆：《寿县蔡侯墓出土遗物》，科学出版社，1956 年。

③ 巴斯：《族群与边界——文化差异下的社会组织》，商务印书馆，2014 年。

④ Carr，Christopher. *Mortuary Practices：Their Social Philosophical - religious Circumstantial and Physical Determinants.* Journal of Archaeological Method and Theory，Vol2，No2. 1995.

⑤ 陕西省考古研究所、商洛市博物馆：《丹凤古城楚墓》，三秦出版社，2006 年。

商文化，两者在杞县曾共存过一段时间①。

在安阳殷墟西部的黑河路修建中，发现多处商代聚邑，聚邑内“居葬一体”，聚邑之间在两百余年间均为空白地带，这些聚邑的居址遗存呈现出一定的自身特点（如包边鬲集中发现于黑河路中部聚邑），不同聚邑的随葬陶器组合方式也明显差异②。

周原遗址东部的姚家墓地分为南北两区，北区墓葬均为南北向，具备周人墓葬特征，南区墓葬均为东西向，具有殷遗墓葬特征③。这表明西周时期仍然存在以群相聚的居葬方式，族群边界正是以各自集中的方式得以表现。

炊格尔曾提出的“社区”概念④，殷墟黑河路和周原姚家墓地的考古发现似乎符合这样的“社区”概念。“聚族而居”一方面表现为族群自我认同的各自集中，但也具有较为鲜明的地域因素，因为空间地理范围是“社区”存在的前提基础。

在夏商周时期，饮食行为是日常生活中的重要内容。不同的饮食习惯会在炊煮器上有所反映。丹凤古城楚墓和豫东杞县诸遗址的例子表明，考古学文化的边界通常是十分清晰的。殷墟黑河路和周原姚家墓地的例子也表明，同一聚落内部的不同人群也呈现出清晰的边界。

考古学文化的边界并非一成不变，存在两种不同情况的变动。一种属于文化范围的此进彼退，另一种属于文化之间的融合。前一种情况相对简单，属于边界范围的变化，后一种情况相对复杂，属于打破边界的变化，反映的是族群认同的改变和族群边界的模糊。

族群认同通常可以选取放弃原有族群认同融入全新的族群认同，以及坚持原有的族群认同等两种情况。二里冈文化属于二里头文化与漳河型有机融合的产物，文化因素的彼此互现表明族群边界被打破，形成更为广义的商人群体。尽管人群来源复杂，一旦使用同一种考古学文化，便属于一种广域范围内的共同认知。从考古学

---

① 郑州大学文博学院、开封市文物工作队：《豫东杞县发掘报告》，科学出版社，2000 年。

② 李宏飞：《商代晚期的居与葬及其社会意义——以殷墟为例》，中国社会科学院研究生院硕士研究生学位论文，2012 年。

③ 陕西省考古研究院、北京大学考古文博学院、宝鸡市周原博物馆：《周原遗址东部边缘：2012 年度田野考古报告》，上海古籍出版社，2018 年。

④ 布鲁斯·炊格尔著，蒋祖棣、刘英译：《时间与传统》，三联书店，1991 年。

文化层面看，二里冈文化似乎难以辨识所谓“夏遗民”的文化遗存（但也并非完全没有线索），可能与原本使用二里头文化的人群放弃原有的族群认同，进而融入广义的商人群体有关。但在武王克商后，与殷遗有关的文化遗存却可较为明显地被辨识出来，如洛阳地区殷人墓的腰坑比例甚高，这很有可能与周人的怀柔政策以及殷人族群意识的强化有关。

另外需要特别说明的是安徽大部、江苏中南部等地西周遗存的性质问题。文献记载此地属于淮夷和吴国所在地域。信阳孙砦、平寨古城等遗址所出陶鬲已呈现明显的“淮式鬲”特征，在考古学文化及文献记载等层面均表明安徽大部并不属于西周王朝的统治范围。至于苏南的吴国，王明珂认为其属于春秋时期吴国试图融入华夏体系的努力①，本研究亦持此观点，故不将其纳入讨论范围。

六 考古学文化与社会分层

民族学调查表明，彝族的社会上层与下层属于不同人群②，彝族的社会分层实际上是不同人群之间社会地位的差异。周人灭商也属于周人集团凌驾于商人集团之上，周人贵族吸收了殷人贵族组成了全新的社会上层，社会下层包括周人平民以及数量众多的殷遗。

文化层面的落后民族战胜先进民族的例子在中国历史上屡见不鲜。商灭夏、周灭商都属于这样的例子，后世的蒙元、满清等也属于类似的例子。这些落后民族在战胜后都主动性地融入了被征服者的先进文化之中。从周灭商的具体情况看，周人在铜器群层面几乎全盘承袭殷墟文化铜器群特征，并有所损益。但相对而言，周人在陶器群层面受到来自殷墟文化的影响较少，仍然坚持使用联裆鬲、折肩罐等传统器类。

在东方的商人故地，殷遗使用的铜器群仍然保留有较为浓厚的殷墟文化遗风。在陶器群层面，尽管受到了来自关中地区联裆鬲的影响，商人故地的陶器群面貌仍然具有浓重的殷墟文化遗风，形成了较为独特的“殷遗文化”陶器群，

① 王明珂：《华夏边缘：历史记忆与族群认同》，台北：允晨文化实业股份有限公司，1997 年。

② 潘蛟：《试论凉山彝族社会等级制度的起源》，《中央民族学院学报》1990 年第 5 期。

甚至在一定程度对这一地区社会上层的周人统治集团产生了物质文化层面的影响。

七　考古学文化与文化因素分析

邹衡在“夏文化”研究中的分组研究①实际上是文化因素分析的成熟运用。此后，李伯谦②、俞伟超③在各自研究领域提出了文化因素分析法，成为考古学文化研究中的重要方法。

由于人群相对固定地制作和使用一定特征的陶器群，一旦文化因素出现在距离较远的异文化分布区，很有可能意味着人群的流动。退一步说，即使仅代表了技术的流动，也表明两地人群开始发生了文化交流。商周时期的统治者重视对手工业者的控制，对于不同特征器物的选择也反映着人们的族群认同。

在以往的文化因素分析实践操作中，通常以占据主导地位的文化因素决定文化的性质。然而由于夏商周时期已属于高度发达的复杂社会，复杂动因造成的人口流动会对文化变迁产生不同程度的影响，如何正确认识这些所占比例相对较低的文化因素便显得十分重要。在灭商后，周人将殷人迁往洛阳、关中等地，由于洛阳在商代晚期几近“无人区”，迁来此地的殷人便保留了浓厚的殷墟文化遗风，但迁入关中地区的殷人则相对较多地受到了周系文化的影响，因此并不能完全根据文化因素所占比例的多寡决定其族群归属，而是更多地需要考虑到对考古背景的适当把握。

考古材料表明，商代晚期的殷墟遗址较少见到外来文化因素影响，关中地区诸文化也几乎不见殷墟文化因素。刘绪曾指出在关中地区出现肥足鬲、厚唇簋等商式器物表明年代进入西周，联裆鬲在商人故地的出现也表明年代进入西周④，这实际上

① 邹衡：《试论夏文化》，《夏商周考古学论文集》，文物出版社，1980 年。

② 李伯谦：《论文化因素分析方法》，《中国文物报》1988 年 11 月 4 日。

③ 俞伟超：《楚文化的研究与文化因素的分析》，《俞伟超考古学理论文选》，中国社会科学出版社，1996 年。

④ 刘绪：《西周早期考古学文化与周初分封》，《文化的馈赠——汉学研究国际会议论文集·考古学卷》，北京大学出版社，2000 年。

就是文化因素分析法的成功应用。由于商代晚期的殷墟文化分布区与关中地区诸文化之间较为缺乏陶器群层面的文化交流，特定器型一旦彼此互现，年代应已进入西周纪年。基于这种文化因素分析的理念，需要总结殷墟文化和关中地区先周时期诸文化的特点，再观察两者的融合过程及其融合方式，有望对王朝更替在考古学文化面貌上的反映进行全面系统的考察。

八　考古学文化与天命观

《尚书·西伯勘黎》中商王帝辛曾说："我生不有命在天乎。"表明商人相信天命。周人也相信天命，所以会有文王受命的记载。《尚书·无逸》："非我小国敢弋殷命，惟天不畀，允罔，故乱弼我，我其敢求位?"也表明周人试图以天命的转换来维护自身夺取天下的正当性。

夺得天命的人，需要匹配以最先进的文化和生产力。众所周知，商代晚期的殷墟遗址代表了当时最先进的文化和生产力。对于承接天命的周人，在克商之后最重要的就是控制安阳的先进文化和生产力，并据为己有。武王克商的军事行动获取了绝对权力，先进文化和生产力的转移，实际上是财富与贵族、手工业者的转移。贵族具有一定的威望和先进文化知识，手工业者是先进生产力的代表，两者是殷墟最重要的两批人群。人群迁移会导致其使用的文化因素在异文化分布区出现，殷人贵族和手工业者携带到关中及洛阳地区的文化因素是天命观转换在考古学文化面貌上的重要反映。

九　考古学分期与绝对年代维度

以往关于考古学文化的年代通常是以碳十四测年数据获知绝对年代。例如，以往二里头文化的年代被测定为公元前1900年~前1500年[①]，二里头文化被分为4期，平均每期大约100年。随着认识的深入，学者们逐渐意识到考古学文化分期的绝对年

---

① 仇士华、蔡莲珍、冼自强、薄官成：《关于所谓"夏文化"的碳十四年代测定的初步报告》，《考古》1983年第10期。

代长度未必是平均的。

夏商周断代工程专家组认为盘庚迁殷为公元前 1300 年，武王伐纣发生于公元前 1046 年①，但仍有学者坚持陈梦家认为的公元前 1027 年②。无论如何，殷墟文化大体相当于两百余年是学术界普遍认可的。具体到殷墟文化第四期，以往推测相当于乙辛时期③，进而认为早段相当于帝乙时期，晚段相当于帝辛时期。甚至有人试图根据文献中帝乙、帝辛在位年份给出殷墟文化第四期早段和晚段的具体年份。这类研究并非建立在充要条件基础上，殷墟文化第四期早段究竟相当于哪些商王在位时期，殷墟文化第四期晚段的绝对年代究竟有多长，目前并没有确切的定论。

从帝辛失国至殷墟衰亡大约有将近 10 年的间隔④，或许有学者也会认为这段时间不可能在考古学文化面貌上有所反映。事实上，考古学文化面貌的改变及其变化速率与绝对年代并无直接关联，数年之间“大兴土木”的事件在中国历史上屡见不鲜，短时间内同样可以遗留大量的物质文化遗存。

十　小结

武王伐纣的历史事件很难通过战争遗迹反映，更多的是通过克商之后的政策反映。克商之后为了更好地控制殷人，发生了远距离的人口流动，随之出现考古学文化因素的互现及融合。由于克商之前的商、周文化面貌（特别是陶器群面貌）差异显著，文化因素的互现表明年代已进入西周纪年，那么对于商系文化和周系文化特征的总结就显得尤为重要。在对商、周两系文化特征进行总结的基础上，两者的文化交融将是接下来的重要考察内容。

---

① 夏商周断代工程朝歌遗址调查组：《1998 年鹤壁市、淇县晚商遗址考古调查报告》，《华夏考古》2006 年第 1 期。

② 陈梦家：《殷虚卜辞综述》，中华书局，1959 年。

③ 邹衡：《试论殷墟文化分期》，《北京大学学报（人文科学）》1964 年第 4、5 期；郑振香：《论殷墟文化分期及其相关问题》，《中国考古学研究》，文物出版社，1986 年。

④ 唐际根、汪涛：《殷墟第四期文化年代辨微》，《考古学集刊》第 15 集，文物出版社，2004 年。

第四节　研究思路及预期目标

本研究的时间范围是殷墟文化第三期至西周早期，大体相当于历史学话语系统下的商王祖甲以降，直至西周昭穆之际，空间范围是西周王朝的统治地域（商王朝的统治地域涵盖其中），大体范围北至京津及晋中南，西至陇东南，南至长江中游，东至胶东半岛。

本研究立足于对学界以往关于商末至周初阶段研究的回顾与反思，提出相关的理论准备。在总结商周两系文化特征的基础上展开分区研究，对文化变迁的动因进行讨论，并尝试上升到理论层面。拟重点讨论的三大问题分别为：一、考古学文化与族群之间的关系；二、考古学文化的内部结构及变化原因；三、王朝更替在考古学文化面貌上的反映。

一　考古学文化与族群

本研究对考古学文化与族群之间的关系探讨将主要关注于商、周两系文化特征。灭商之前，安阳地区与关中地区在陶器群面貌上泾渭分明，铜器群面貌也存在一定程度的差异。灭商之后，商、周两系文化开始融合，关中地区出现殷墟文化因素，商人故地出现周文化因素，在陶器群和铜器群方面均有体现。尽管文化藩篱被打破，通过葬俗和器用制度等一系列考古背景仍可清晰辨识西周早期的周系文化特征与殷遗系文化特征。

以往关于商人故地的研究，重点关注洛阳地区，但洛阳作为商周两系文化融合的前沿舞台，对于清晰辨识西周早期的周系文化特质因素及殷遗系文化特质因素并非最佳的考察地点。安阳地区作为商人故都，尽管在周公东征后陶器群面貌发生了一定程度的变化，但相比洛阳地区更能够反映相对单纯的殷遗系文化特质因素。安阳地区殷墟文化第三期至西周早期的陶器分期年代序列为判断商人故地西周时期考古学文化遗存的年代提供一把较为精准的标尺。

殷墟遗址的殷墟文化晚期遗存所出铜器为探索商系铜器群面貌提供了最为主要的材料，但在周公东征后，大邑商的繁荣不再，对于殷遗使用的铜器群面貌需要对鹿邑太清宫 M1①、前掌大墓地②的铜器群进行讨论。

目前学界关于“先周文化”的认识仍然存在诸多分歧。尽管如此，各家的先周文化均将考查范围集中在关中地区。在先周晚期，关中地区的文化面貌呈现出了大融合的趋势，为西周早期关中地区“宗周文化”的形成奠定了基础。对关中地区先周晚期至西周早期考古学文化谱系的梳理有望从文化演进的视角重点考察殷墟文化因素是如何进入关中地区的，究竟对关中地区的文化面貌带来了怎样的影响，是否意味着与武王克商的重大历史事件有关。

就以往的研究成果而言，周人灭商之前的铸铜业水平及铜器群面貌尚不清楚，因而成为本研究需要重点考察的方面之一。西周初年进入关中地区的殷遗工匠为西周王朝的铸铜业水平带来了有目共睹的提升，也带来了铜器群层面的商周两系文化融合。借助不同的葬俗及器用制度，有望辨识属于周系特质因素的铜器群面貌。

二　考古学文化的内部结构及变化动因

社会是人与人之间关系的总和，考古学文化的发展和变迁离不开其所在的社会背景，考古学的研究目的是为了复原古代社会，对于考古材料的研究需要上升到社会层面。以往运用考古学材料进行的社会研究主要着力于横向社会组织和纵向社会分层，横向社会组织更多地反映不同族群的文化面貌，纵向社会分层主要通过墓葬材料加以考察。

商王朝和西周王朝都属于高度发达的等级社会，社会上层与社会下层在物质文化层面存在较大差异。以往的研究或以陶器群代替考古学文化，或将青铜器脱离考古学文化背景进行单纯的器物研究。就商周更替的具体情况而言，具有考古学文化背景的陶器与青铜器反映出了不同的演变轨迹与发展模式，都邑与鄙邑在考古学文

---

① 河南省文物考古研究所、周口市文化局：《鹿邑太清宫长子口墓》，中州古籍出版社，2000 年。

② 中国社会科学院考古研究所：《滕州前掌大墓地》，文物出版社，2005 年；滕州市博物馆：《滕州前掌大村南墓地发掘报告（1998－2001）》，《海岱考古》第 3 集，科学出版社，2010 年。

化面貌上也呈现出了各异的演变轨迹与发展模式。究其根源，皆因复杂社会在考古学文化面貌上呈现出了不同的反映。以往将考古学文化笼统视为物质文化材料的总和，对于其内部结构，尤其是复杂社会背景下的内部结构需要进行专题探讨。

考古学擅长对文化变迁进行长时段历时性考察，对文化变迁动因的讨论相对有限。究其原因，一方面与考古学者相对保守的治学态度有关，另一方面也是由于缺乏足够的文献材料。商末至周初阶段的文献资料相对丰富，武王灭商、分殷之器物、周公东征、分迁殷遗、禁酒等历史事件具有可靠的历史基础。考古学文化的变迁是否与这些重大历史事件相关？究竟对考古学文化造成了什么样的影响？将考古学文化的变迁与历史事件进行整合的初步尝试是深入理解社会与考古学文化之间关系的重要内容。

三 王朝更替在考古学文化面貌上的反映

学界已意识到早期王朝与考古学文化在概念上属于不同范畴，两者很难进行直接对应。在考古学研究的实践操作中，往往会出现“商末周初”或“商周之际”等相对模糊的时间概念。这样的时间概念在一定情况下是合理存在的。本研究选取“商末”至“周初”（殷墟文化第三期至西周早期）这一时间段，主要是为了将其作为考古学文化变化过程中的特殊阶段进行专门考察。

对于商末至周初阶段的考察需要进行分区研究，分区的原因是各区域在商周更替的过程中呈现出了考古学文化发展的不同演进轨迹和发展模式。根据殷墟文化晚期（先周晚期）以来的政治地理格局，可将研究区域分为商人故地的华北平原、周人故地的关中地区以及周初新开拓的外围地域。

商人故地的华北平原又可细分为豫北冀南地区、洛阳及淮河中上游地区和海岱地区。豫北冀南地区为商人旧畿，进入西周之后在考古学文化面貌上仍保留有浓厚的殷墟文化遗风，以长期沿用肥袋足无实足根鬲为最大特色。洛阳及淮河中上游地区尽管在商代晚期仍为商王朝所控制，但在考古学文化面貌上已呈现出一定的地方特色，地方特色在进入西周后得以更加凸显。海岱地区自二里冈上层时期以来逐步纳入商王朝的版图，在商代晚期呈现出以殷墟文化为主，兼有地域因素的文化特征，进入西周后仍然保持较为浓厚的殷墟文化遗风和地域文化特征。

周人本土的关中地区在先周晚期呈现多种文化类遗存的大融合趋势，最终形成了西周文化核心基础的“宗周文化”。随着灭商及东征，西迁殷遗携带的殷墟文化因素对于“宗周文化”的形成起到了十分重要的作用。关中地区的文化演进呈现出了与商人故地不同的另一种演进轨迹和发展模式。

西周王朝在灭商后不但占领了商人故地，还在东方将疆土拓展至更遥远的外围地域——京津冀地区、晋南地区、胶东半岛和长江中游地区。商末的京津冀地区为围坊三期文化分布地域，进入西周后涌入商、周文化因素。商末的晋南地区在考古学文化面貌上尚不清楚，但在西周早期与关中地区的“宗周文化”面貌接近，但缺乏属于殷遗的文化遗存。胶东半岛原本属于珍珠门等土著文化分布区，随着商王朝的灭亡和周人势力的到来，出现了商、周两种文化因素，与土著因素共同构成了当地特殊的文化面貌。长江中游地区在殷墟文化晚期已非商文化分布区，在西周早期呈现周文化与殷遗文化交错分布的态势，反映出长江中游地区独特的文化分布态势。

第五节　相关问题说明

本研究以陶器分期为主，采用邹衡的殷墟文化分期①、雷兴山的周原遗址商时期考古学文化分期②、黄曲的周原遗址西周时期考古学文化分期③以及笔者的安阳地区西周时期考古学文化分期④。

考古所安阳队曾将殷墟西区发现的殷墟文化第四期墓葬按照陶觚、爵的尺寸分为 5 个小段⑤。其中，殷墟文化第四期第 4 段陶觚、爵的尺寸与第 3 段陶觚、爵的尺寸接近（表 1.1），区分度不大，可以考虑合并。因此，本研究对“殷墟文化第四

---

① 邹衡：《试论殷墟文化分期》，《北京大学学报（人文科学）》1964 年第 4、5 期。

② 雷兴山：《先周文化探索》，科学出版社，2010 年。

③ 黄曲：《周原遗址西周陶器谱系与编年研究》，北京大学硕士研究生学位论文，2003 年。

④ 李宏飞：《安阳地区西周时期考古学文化分期研究》，《南方文物》2014 年第 3 期。

⑤ 中国社会科学院考古研究所安阳工作队：《1969—1977 年殷墟西区墓葬发掘报告》，《考古学报》1979 年第 1 期。

期”的细节划分进行调整，原第1段、2段改称第1、2组，第3、4段合并为第3组，第5段改称第4组。第1、2组属于殷墟文化第四期早段，第3、4组属于殷墟文化第四期晚段。

表1.1 殷墟文化第四期分组与分段对应关系

<table>
<tr><th rowspan="2">分组</th><th rowspan="2">分段</th><th colspan="2">陶觚</th><th>陶爵</th></tr>
<tr><th>通高（厘米）</th><th>口径（厘米）</th><th>通高（厘米）</th></tr>
<tr><td>第1组</td><td>第1段</td><td>13.2～14.3</td><td>9～9.5</td><td>9.5～9.9</td></tr>
<tr><td>第2组</td><td>第2段</td><td>10.6～11.3</td><td>7.6～8.8</td><td>8.1～8.3</td></tr>
<tr><td rowspan="2">第3组</td><td>第3段</td><td>7.7～9.7</td><td>7.5～8.6</td><td>6.3～6.5</td></tr>
<tr><td>第4段</td><td>7.3～7.4</td><td>7～7.2</td><td>5</td></tr>
<tr><td>第4组</td><td>第5段</td><td>4.8～5.3</td><td>5.4～6</td><td>2.8～2.9</td></tr>
</table>

本研究提出“文化融合阶段”的概念，相当于殷墟文化分布区的殷墟文化第四期晚段，又相当于关中地区及其邻域的沣西H18阶段。特别需要说明的是，本研究认为周原礼村LH8的相对年代略早于沣西H18，归入先周晚期。上述年代关系如表1.2所示：

表1.2 本研究时间概念对应关系

<table>
<tr><td>殷墟文化第三期</td><td>殷墟文化第四期早段</td><td rowspan="2">文化融合阶段
（殷墟文化第四期晚段、沣西H18）</td><td rowspan="2">西周早期</td></tr>
<tr><td colspan="2">先周晚期（年代下限为礼村LH8）</td></tr>
</table>

行文简洁起见，文中提及诸位先生时省略“先生”称谓，敬请谅解。

行文简洁起见，文中所引“中国社会科学院考古研究所”（1977年之前称“中国科学院考古研究所”）简称为“考古所”，其下属各队也使用简称，如“中国社会科学院考古研究所安阳工作队”简称“考古所安阳队”等。

第二章　商周两系文化特征

考古与文献材料均表明，在西周灭商之前，特别是相当于殷墟文化第三期至第四期早段的时段内，殷墟文化与关中地区诸文化的面貌具有迥然的差异。尽管西周灭商之后，商周两系文化出现了彼此互现的融合现象，仍能从考古学文化面貌上较为清晰地判别周系遗存和商系遗存。因此，需要对商周两系文化特征进行归纳总结，以便更好地认识王朝更迭导致的文化变迁。

第一节　商系文化特征

一　安阳地区殷墟文化第三期至西周早期陶器分期年代序列

殷墟遗址是商代晚期规模最大、规格最高的都邑聚落，是商代晚期商文化的典型遗址。殷墟文化的考古学分期主要有邹衡①和考古所安阳队②两套方案，两者关于殷墟文化第三、四期的划分基本相同。以往的殷墟文化分期更多地关注常见器类及器型，另有部分较为常见器类及器型的演变规律及式别特征并不甚明晰，有必要在以往分期方案的基础上，结合近年来新发表的考古材料，对殷墟文化的考古学分期进行完善和补充。

尽管洛阳、邢台、琉璃河等地的西周遗存具有较为浓厚的殷墟文化遗风，但这些地点因由周初分封造成文化面貌呈现出商周有机融合的复杂面貌，对于探析“殷

① 邹衡：《试论殷墟文化分期》，《北京大学学报》（人文科学）1964 年第 4、5 期。

② 郑振香：《论殷墟文化分期及其相关问题》，《中国考古学研究》，文物出版社，1986 年。

遗文化”的面貌特征并非最理想的选择。帝辛失国和周公东征之后的安阳地区相比商代晚期明显衰落，文化面貌仍然属于相对单纯的商系文化特征。故本研究将把安阳地区西周时期考古学文化分期[①]与以往的殷墟文化分期续接起来，以完整呈现安阳地区由商入周在陶器群面貌上的演进，为探讨商人故地的文化变迁提供一把较为精准的年代标尺。

（一）考古材料与典型单位

近年来发表的材料中，以《安阳大司空》最为重要，较多地报道了居址材料[②]，刊发了一批进入西周纪年的重要典型单位[③]。殷墟以往的简报和报告以墓葬材料为主，《安阳小屯》是为数不多的以报道居址材料为主的报告[④]。殷墟墓葬的材料以《1969—1977 年殷墟西区墓葬发掘报告》的材料[⑤]最为全面且分期最为详细，特别是提出了殷墟文化第四期分为 5 个小段的方案，为探讨殷墟文化第四期晚段遗存的细节问题提供了重要的精细年代标尺。《安阳殷墟郭家庄商代墓葬》是另一部较为系统报道殷墟墓葬的发掘报告[⑥]，其中刊发的郭家庄 M160 为讨论商末铜器群提供了重要基点。此外，戚家庄 M269[⑦]、M231[⑧]、殷墟西区 M1713[⑨]、小屯西地 GM233 和后冈圆形祭祀坑[⑩]等一批典型单位为完善和补充殷墟文化偏晚阶段的考古学文化分期提供了重要材料。

西周早期的安阳地区呈现明显的衰落态势，在刘家庄北地（电业局）[⑪]、侯

---

① 李宏飞：《安阳地区西周时期考古学文化分期研究》，《南方文物》2014 年第 3 期。

② 中国社会科学院考古研究所：《安阳大司空》，文物出版社，2014 年。

③ 李宏飞：《殷墟大司空村“商末周初”遗存浅析》，《三代考古》（六），科学出版社，2015 年。

④ 中国社会科学院考古研究所：《安阳小屯》，世界图书出版公司，2002 年。

⑤ 中国社会科学院考古研究所安阳工作队：《1969—1977 年殷墟西区墓葬发掘报告》，《考古学报》1979 年第 1 期。

⑥ 中国社会科学院考古研究所：《安阳殷墟郭家庄商代墓葬》，中国大百科全书出版社，1998 年。

⑦ 安阳市文物工作队：《殷墟戚家庄东 269 号墓》，《考古学报》1991 年第 3 期。

⑧ 安阳市文物考古研究所：《安阳殷墟戚家庄东商代墓地发掘报告》，中州古籍出版社，2015 年。

⑨ 中国社会科学院考古研究所安阳工作队：《安阳殷墟西区一七一三号墓的发掘》，《考古》1986 年第 8 期。

⑩ 中国社会科学院考古研究所：《殷墟发掘报告》，文物出版社，1987 年。

⑪ 安阳市文物工作队：《1995—1996 年安阳刘家庄殷代遗址发掘报告》，《华夏考古》1997 年第 2 期。

家庄①、西高平②发现西周早期居址和墓葬，在刘家庄北地（抗震大楼）③、刘家庄南地④、孝民屯⑤发现西周早期墓葬。这些西周早期遗存受到的周文化影响相对有限，较多地保留了商系文化特征，成为商人故地“殷遗文化”年代判断的典型单位。

选取典型单位的原则：（1）所出陶器的种类和数量丰富；（2）内涵单纯。据此选取的典型单位有大司空村 F30、H91、H126、H277、H305、H333、H374、H416、M21、M34、M111、M166、M179、M206、M220、M225、M230、M278、M303、M348、M360、M448，小屯西北地 H10、H14、H71、H72、H111、H144、G5，戚家庄 M231、M269，郭家庄 M160、M172、M264，83 郭家庄 M1，小屯 GM233，后冈圆形祭祀坑 HGH10，苗圃北地 PNⅣT3B 第④层，殷墟西区 M507、M1713，刘家庄北地（抗震大楼）M64、M85、M97，刘家庄北地（电业局）96T2 第⑧层、96T1 第⑥层，刘家庄南地 M64，孝民屯 M788、M882，西高平 M4 等。

（二）陶器形制分析

用于分期的器类及器型主要照顾到本研究的进行。选取的器类包括鬲、簋、盆、甑、尊、器盖、觚、爵、豆、盘、罍、罐等。由于居址与墓葬均可见的器型形制相似，故不分开讨论。

鬲

根据口沿、裆部、足根及腹部所饰纹饰可分为五型。

A 型　折沿，分裆，抹光尖足逐渐变小直至无足尖，腹部饰绳纹。即通常所说的典型商式鬲。根据器体特征分为两亚型。

Aa 型　扁方体。根据裆部和足尖特征分为四式。

Ⅰ式　裆部较高，足尖粗大。标本大司空村 M278∶3（图 2. 1. 1）。

---

① 梁思永、高去寻：《侯家庄第二本 · 1001 号大墓》，历史语言研究所，1962 年；梁思永、高去寻：《侯家庄第三本 · 1002 号大墓》，历史语言研究所，1965 年；梁思永、高去寻：《侯家庄第四本 · 1003 号大墓》，历史语言研究所，1967 年；梁思永、高去寻：《侯家庄第五本 · 1004 号大墓》，历史语言研究所，1970 年；梁思永、高去寻：《侯家庄第八本 · 1550 号大墓》，历史语言研究所，1976 年。

② 河南省文物考古研究所：《安阳市西高平遗址商周遗存发掘报告》，《华夏考古》2006 年第 4 期。

③ 中国社会科学院考古研究所安阳工作队：《河南安阳殷墟刘家庄北地殷墓与西周墓》，《考古》2005 年第 1 期。

④ 安阳市博物馆：《安阳铁西刘家庄南殷代墓葬发掘简报》，《中原文物》1986 年第 3 期。

⑤ 殷墟孝民屯考古队：《河南安阳市孝民屯遗址西周墓》，《考古》2014 年第 5 期。

Ⅱ式　裆部稍矮，足尖稍小。标本大司空村 H305：11（图 2.1.2）。

Ⅲ式　裆部近平，足尖矮小。标本小屯西北地 H14：5（图 2.1.3）。

Ⅳ式　裆部近平，足尖消失。标本后冈圆祭坑 HGH10：28（图 2.1.4）、刘家庄南地 M64：2（图 2.1.5）。

Ab 型　扁体。此型为西周早期新出现。标本孝民屯 M788：2（图 2.1.6）。

B 型　卷沿，分裆，抹光尖足，腹部饰绳纹。根据裆部及足尖特征分为四式。

Ⅰ式　裆部较高，足尖较粗大。标本小屯西北地 H111：9（图 2.1.7）。

Ⅱ式　裆部稍矮，足尖稍小。标本大司空村 M448：2（图 2.1.8）。

Ⅲ式　裆部较矮，足尖较小。标本小屯西北地 H14：36（图 2.1.9）。

Ⅳ式　裆部较矮，足尖近消失。标本小屯西北地 H71：23（图 2.1.10）。

C 型　折沿，联裆，抹光尖足，素面或饰旋纹。根据口沿及颈部特征分为四式。

Ⅰ式　宽斜折沿，无领。标本小屯西北地 H111：6（图 2.1.11）。

Ⅱ式　宽斜折沿，有领。标本大司空村 M360：3（图 2.1.12）。

Ⅲ式　窄斜折沿，有领。标本小屯西北地 H14：37（图 2.1.13）。

Ⅳ式　窄平折沿，有领。标本小屯西北地 H72：16（图 2.1.14）。

D 型　折沿，分裆近平或联裆，柱足饰绳纹或经刮削，腹部饰绳纹。根据是否为仿铜陶鬲分为两亚型。

Da 型　非仿铜鬲。根据颈部、柱足特征分为二式。

Ⅰ式　无颈，矮小柱足饰绳纹。标本刘家庄北地（抗震大楼）M85：1（图 2.1.15）。

Ⅱ式　高束颈，高柱足外部经刮削。标本孝民屯 M872：2（图 2.1.16）。

Db 型　仿铜鬲，颈部饰附加堆纹，腹部饰扉棱。根据颈部特征分为二式。

Ⅰ式　无颈。标本西高平 M4：2（图 2.1.17）。

Ⅱ式　高束颈。标本刘家庄北地（抗震大楼）M97：3（图 2.1.18）。

E 型　折沿，联裆，绳纹饰至足尖，腹部饰绳纹。即周式联裆鬲。根据腹部所饰纹饰分为二式。

Ⅰ式　腹部饰交叉绳纹。标本大司空村 M111：3（图 2.1.19）。

Ⅱ式　腹部饰纵向绳纹。属于周式联裆鬲的典型特征。标本刘家庄北地（电业局）96T2⑧：1（图 2.1.20）。

簋

根据腹部所饰纹饰可分为三型。

A 型　腹部饰三角划纹内填绳纹。即通常所说的典型“商式簋”，殷墟文化时期通常见于居址中，西周时期常见于墓葬中。根据口沿、颈部及圈足特征分为六式。

I 式　窄折沿，颈部饰小三角纹和兽首，高圈足。标本大司空村 H126：11（图 2.1.21）。

II 式　窄折沿，颈部饰小三角划纹，兽首消失，高圈足。标本大司空村 H305：16（图 2.1.22）。

III 式　窄折沿，颈部简化为两道旋纹，高圈足。标本小屯西北地 H14：42（图 2.1.23）。

IV 式　窄折沿，颈部简化为一道旋纹，矮圈足。标本后冈圆形祭祀坑 HGH10：26（图 2.1.24）。

V 式　宽折沿，颈部饰一道旋纹，高圈足。标本孝民屯 M788：3（图 2.1.25）。

VI 式　宽折沿外侈更甚，高圈足。标本孝民屯 M882：2（图 2.1.26）。

B 型　腹部饰三角划纹不填绳纹。殷墟文化时期通常见于墓葬中，至西周早期较为少见。根据口沿、腹部特征分为五式。

I 式　直沿外侈，微鼓腹。标本大司空村 M278：2（图 2.1.27）。

II 式　卷沿外侈，鼓腹。标本戚家庄 M269：53（图 2.1.28）。

III 式　卷沿外侈较甚，鼓腹。标本小屯西北地 H14：45（图 2.1.29）。

IV 式　卷沿外侈较甚且唇部向外形成另一窄平折沿，鼓腹。标本大司空村 M21：9（图 2.1.30）。

V 式　直沿外侈，鼓腹。标本刘家庄北地（电业局）96T1⑥: 1（图 2.1.31）。

C 型　腹部饰旋纹。根据口沿、腹部和圈足特征分为五式。

I 式　直沿外侈，微鼓腹，矮圈足。标本小屯西北地 H111：7（图 2.1.32）。

II 式　卷沿外侈，鼓腹，矮圈足。标本大司空村 H416：8（图 2.1.33）。

III 式　卷沿外侈较甚，鼓腹，矮圈足。标本小屯西北地 H14：46（图 2.1.34）。

IV 式　直沿外侈且唇部向外形成另一窄平折沿，鼓腹，矮圈足。标本大司空村 F30 垫土层: 3（图 2.1.35）。

V式　鼓腹，高圈足。标本刘家庄北地（电业局）96T1⑥：3（图2.1.36）。

甗

根据口沿、腹部和穿的特征可分为五式。

I式　窄折沿外侈，微鼓腹，柳叶形穿。标本大司空村H277：4（图2.1.37）。

II式　窄折沿微侈，腹部近直，柳叶形穿。标本大司空村H374：2（图2.1.38）。

III式　宽折沿外侈，微鼓腹，柳叶形穿。标本小屯西北地H10：6（图2.1.39）。

IV式　窄折沿外敞近平，腹部近直，柳叶形穿。标本后冈圆形祭祀坑HGH10：31（图2.1.40）。

V式　腹部近直，三角形穿。标本刘家庄北地（电业局）95T1⑧：4（图2.1.41）。

盆

根据腹部及所饰绳纹特征可分为两型。

A型　腹部微鼓或斜直腹，腹中部饰旋断绳纹或饰旋纹。根据口沿、腹部及所饰纹饰可分为五式。

I式　窄折沿外侈，微鼓腹，腹部饰旋断绳纹。标本大司空村H126：10（图2.1.42）。

II式　宽折沿微侈，斜直腹，腹部饰旋断绳纹。标本大司空村H305：4（图2.1.43）。

III式　宽折沿微侈，微鼓腹，上腹部饰旋纹。标本大司空村H91⑥：1（图2.1.44）。

IV式　宽折沿近直，鼓腹，腹部素面。标本苗圃北地PNⅣT3B④：68（图2.1.45）。

V式　斜直沿，微鼓腹，上腹部饰旋纹。标本刘家庄北地（电业局）95T1⑧：3（图2.1.46）。

B型　颈部以下饰绳纹。根据口沿、颈部和腹部可分为二式。

I式　窄卷沿，高束颈，鼓腹。标本大司空村H333：19（图2.1.47）。

II式　宽折沿，微束颈，微鼓腹。标本西高平H17：4（图2.1.48）。

红陶绳纹罐

此类器物流行于殷墟文化晚期，主要用途是作为瓮棺葬具，与殷墟文化早期常见的瓮棺葬具灰陶绳纹罐似有替代关系。此型器物常出现于“文化融合

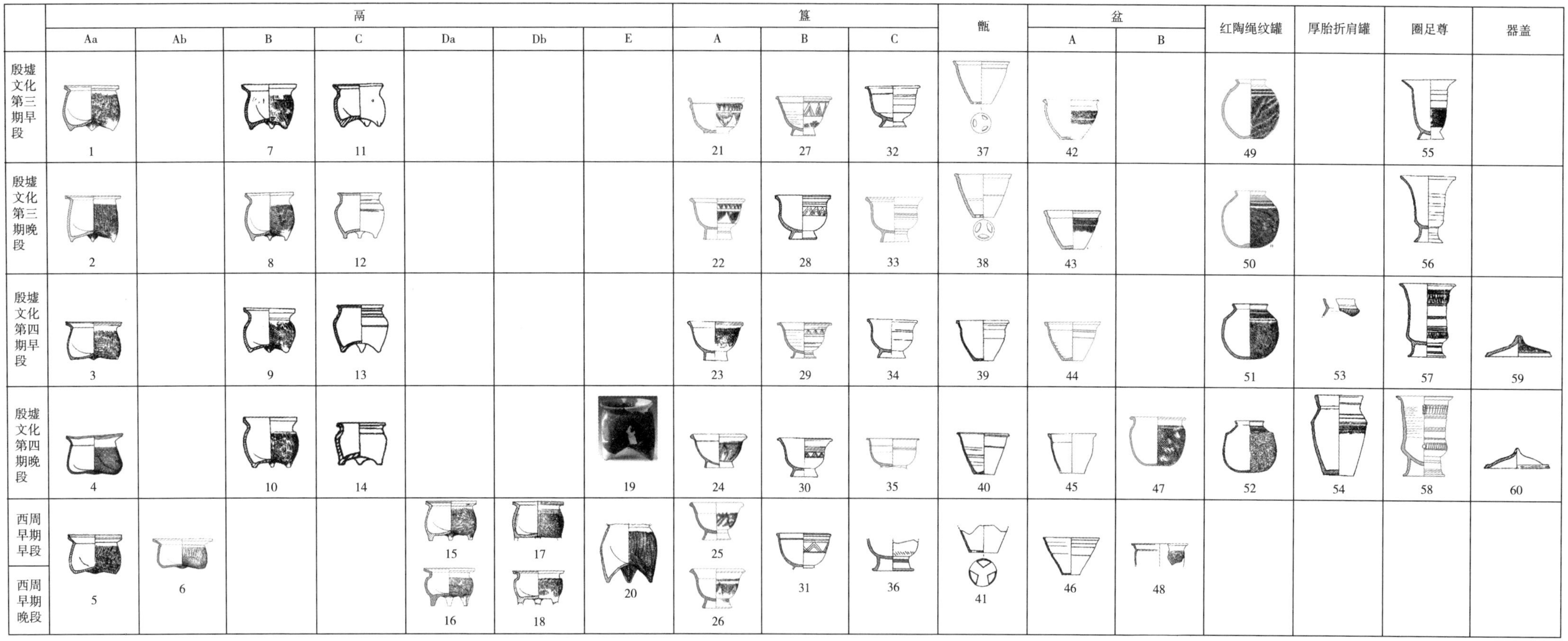

图 2.1　安阳地区殷墟文化第三期至西周早期陶器分期（一）

1.大司空村 M278：3　2.大司空村 H305：11　3.小屯西北地 H14：5　4.后冈圆形祭祀坑 HGH10：28　5.刘家庄南地 M64：2　6.孝民屯 M788：2　7.小屯西北地 H111：9　8.大司空村 M448：2　9.小屯西北地 H14：36　10.小屯西北地 H71：23　11.小屯西北地 H111：6　12.大司空村M360：3　13.小屯西北地 H14：37　14.小屯西北地 H72：16　15.刘家庄北地（抗震大楼）M85：1　16.孝民屯 M872：2　17.西高平 M4：2　18.刘家庄北地（抗震大楼）M97：3　19.大司空村 M111:3　20.刘家庄北地（电业局）96T2⑧:1　21.大司空村 H126:11　22.大司空村 H305：16　23.小屯西北地 H14：42　24.后冈圆形祭祀坑 HGH10：26　25.孝民屯 M788：3　26.孝民屯 M882：2　27.大司空村 M278：2　28.戚家庄 M269：53　29.小屯西北地 H14：45　30.大司空村 M21：9　31.刘家庄北地（电业局）96T1⑥：1　32.小屯西北地 H111：7　33.大司空村 H416：8　34.小屯西北地 H14：46　35.大司空村 F30垫土层：3　36.刘家庄北地（电业局）96T1⑥：3　37.大司空村 H277：4　38.大司空村 H374：2　39.小屯西北地 H10：6　40.后冈圆形祭祀坑 HGH10：31　41.刘家庄北地（电业局）95T1⑧：4　42.大司空村 H126：10　43.大司空村 H305：4　44.大司空村 H91⑥：1　45.苗圃北地PNⅣ T3B④：68　46.刘家庄北地（电业局）95T1⑧：3　47.大司空村 H333：19　48.西高平 H17：3　49.大司空村 H277：11　50.大司空村 H305：17　51.小屯西北地 H144:23　52.苗圃北地 PNT3B④：29　53.小屯村南 02H54：2　54.后冈圆形祭祀坑 HGH10：18　55.小屯西北地 H111：9　56.小屯西北地 G5：13　57.小屯西北地 H71：27　58.大司空村 M58：7　59.小屯西北地 H157：6　60.小屯西北地 H137：5

阶段”的重要典型单位，具有重要的断代意义。根据肩部、腹部特征可分为四式。

I 式　鼓肩，腹部呈橄榄状。标本大司空村 H277：11（图 2. 1. 49）。

II 式　鼓肩，腹部浑圆。标本大司空村 H305：17（图 2. 1. 50）。

III 式　斜肩，腹部浑圆。标本小屯西北地 H144：23（图 2. 1. 51）。

IV 式　肩部下塌，腹部下垂。标本苗圃北地 PNT3B④：29（图 2. 1. 52）。

厚胎折肩罐

属于非典型器类，但由于其具有较为鲜明的断代意义，故纳入排比。根据肩部所饰纹饰分为二式。

I 式　肩部饰绳纹。标本小屯村南 02H54：2（图 2. 1. 53）。

II 式　肩部饰旋纹。标本后冈圆形祭祀坑 HGH10：18（图 2. 1. 54）。

圈足尊

殷墟文化早期尚可见到形体甚高的大口尊，但至迟在殷墟文化第二期开始流行圈足尊，两者似有替代关系。圈足尊的变化敏感，常见于典型单位中，故对其进行形制分析。根据口沿、腹部及圈足特征可分为四式。

I 式　折沿，下腹部饰绳纹，矮圈足。标本小屯西北地 H111：9（图 2. 1. 55）。

II 式　卷沿外侈，腹部饰粗弦纹，高圈足。标本小屯西北地 G5：13（图 2. 1. 56）。

III 式　卷沿微侈，颈部及下腹部饰纵向三角划纹，高圈足。标本小屯西北地 H71：27（图 2. 1. 57）。

IV 式　窄折沿，颈部及腹部饰窗棂纹，高圈足。标本大司空村 M58：7（图 2. 1. 58）。

蓑笠形器盖

殷墟的器盖至少可分为华盖形、子母口形和蓑笠形。蓑笠形器盖仅出现于殷墟文化晚期，常见于典型单位中，故仅对其进行分析。

I 式　钮凸起较高，饰绳纹。标本小屯西北地 H157：6（图 2. 1. 59）。

II 式　钮凸起较矮，素面。标本小屯西北地 H137：5（图 2. 1. 60）。

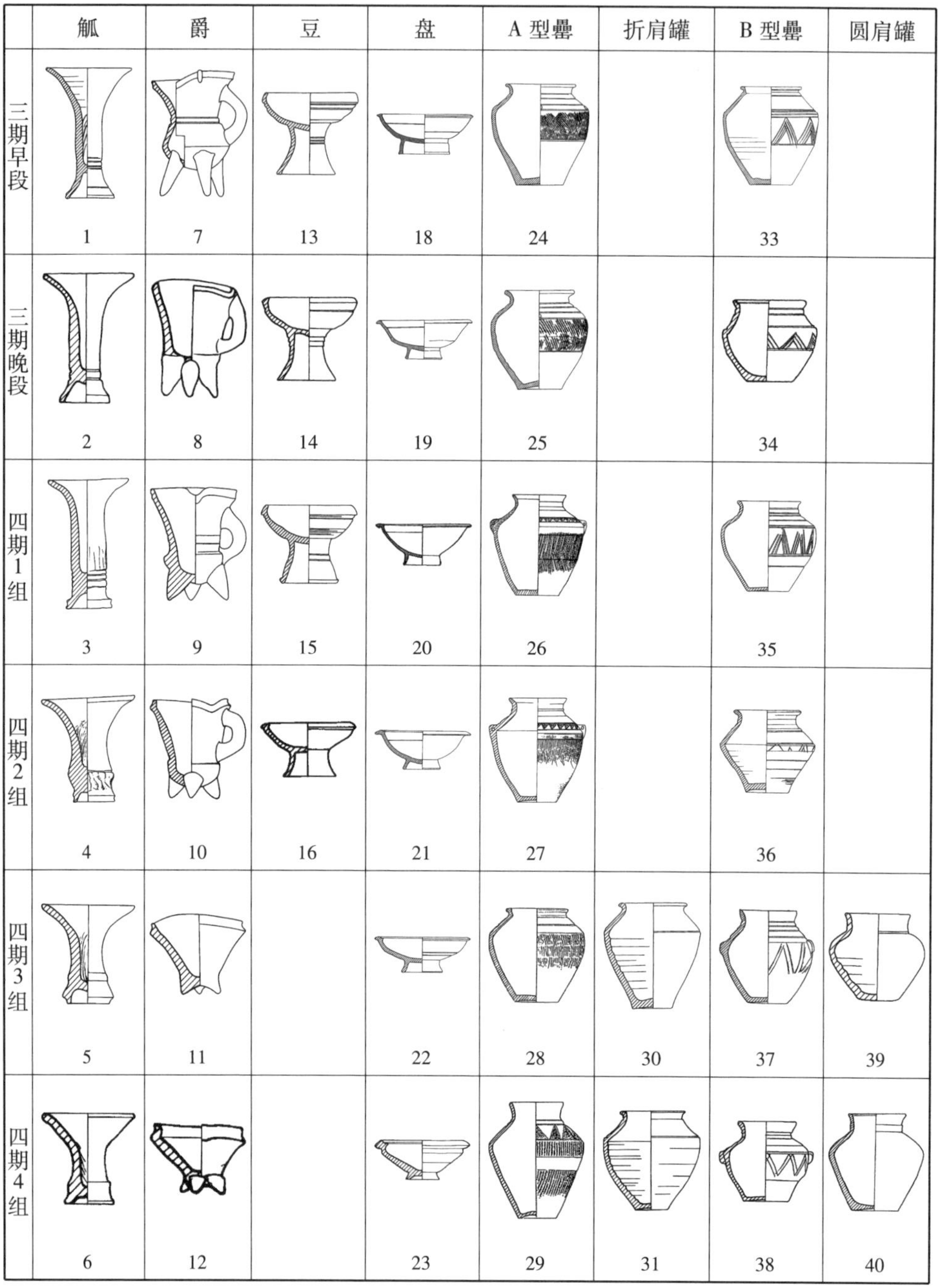
觚
爵
豆
盘
A 型罍
折肩罐
B 型罍
圆肩罐
三期早段
1
7
13
18
24
33
三期晚段
2
8
14
19
25
34
四期1组
3
9
15
20
26
35
四期2组
4
10
16
21
27
36
四期3组
5
11
22
28
30
37
39
四期4组
6
12
23
29
31
38
40

续图

	觚	爵	豆	盘	A 型罍	折肩罐	B 型罍	圆肩罐
西周早期早段			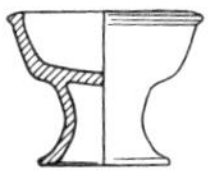 17					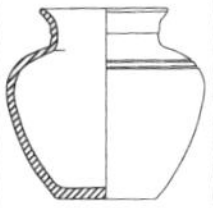 41
西周早期晚段						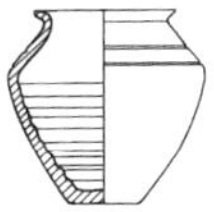 32		 42

图 2.2　安阳地区殷墟文化第三期至西周早期陶器分期（二）

1. 大司空村 M278：5　2. 郭家庄 M160：4　3. 大司空村 M230：19　4. 大司空村 M348：4　5. 大司空村 M111：8　6. 刘家庄北地（抗震大楼）M64：3　7. 大司空村 M278：6　8. 郭家庄 M160：1　9. 大司空村 M179：4　10. 大司空村 M303：162　11. 大司空村 M111：9　12. 刘家庄北地（抗震大楼）M64：4　13. 大司空村 M278：4　14. 郭家庄 M160：2　15. 大司空村 M179：1　16. 郭家庄 M172：5　17. 西高平 M4：1　18. 大司空村 M278：1　19. 大司空村 M206：9　20. 殷墟西区 M507：3　21. 大司空村 M348：8　22. 大司空村 M21：4　23. 刘家庄北地（抗震大楼）M64：4　24. 大司空村 M166：11　25. 大司空村 M206：2　26. 83 郭家庄 M1：15　27. 大司空村 M303：75　28. 殷墟西区 M1713：2　29. 戚家庄 M231：7　30. 大司空村 M34：8　31. 刘家庄北地（抗震大楼）M64：1　32. 刘家庄北地（抗震大楼）M97：2　33. 大司空村 M220：4　34. 郭家庄 M160：168　35. 大司空村 M230：6　36. 大司空村 M303：77　37. 殷墟西区 M1713：56　38. 戚家庄 M231：25　39. 大司空村 M34：10　40. 小屯西地 GM233：6　41. 孝民屯 M788：1　42. 孝民屯 M882：3

觚

殷墟文化晚期的陶觚、爵的演变规律是由高到矮，由大变小，由于陶觚、爵为标准化生产制品，故尺寸可作为式别特征。尺寸可依照《殷墟西区墓葬发掘报告》发表 III—IX 式陶觚、爵的尺寸作为参考标尺。根据口径和通高可分为六式。

I 式　通高 20～20.8、口径 14～14.4 厘米。标本大司空村 M278：5（图 2.2.1）。

II 式　通高 18～19.7、口径 10.7～11.2 厘米。标本郭家庄 M160：4（图 2.2.2）。

III 式　通高 13.2～14.3、口径 9～9.5 厘米。标本大司空村 M230：19（图 2.2.3）。

IV 式　通高 10.6～11.3、口径 7.6～8.8 厘米。标本大司空村 M348：4（图 2.2.4）。

V 式　通高 7.3～9.7、口径 7～8.6 厘米。标本大司空村 M111：8（图 2.2.5）。

VI 式　通高 4.8～5.3、口径 5.4～6 厘米。标本刘家庄北地（抗震大楼）M64：3（图 2.2.6）。

爵

陶爵与陶觚同理，根据通高以及是否带鋬可分为六式。

I 式　通高 12.8～13 厘米，有鋬。标本大司空村 M278：6（图 2.2.7）。

II 式　通高 10.3～10.5 厘米，有鋬。标本郭家庄 M160：1（图 2.2.8）。

III 式　通高 9.5～9.9 厘米，有鋬。标本大司空村 M179：4（图 2.2.9）。

IV 式　通高 8.1～8.3 厘米，有鋬。标本大司空村 M303：162（图 2.2.10）。

V 式　通高 5～6.5 厘米，有鋬或无鋬。标本大司空村 M111：9（图 2.2.11）。

VI 式　通高 2.9～2.8 厘米，无鋬。标本刘家庄北地（抗震大楼）M64：4（图 2.2.12）。

豆

陶豆是殷墟文化的常见器类，但在殷墟文化第四期晚段似已消失，西周早期又重新出现。根据口部及柄部特征分为五式。

I 式　敛口，细柄。标本大司空村 M278：4（图 2.2.13）。

II 式　敛口，柄稍粗。标本郭家庄 M160：2（图 2.2.14）。

III 式　敛口，柄较粗。标本大司空村 M179：1（图 2.2.15）。

IV 式　直口外侈，柄粗矮。标本郭家庄 M172：5（图 2.2.16）。

V 式　直口微侈，高柄外撇。标本西高平 M4：1（图 2.2.17）。

盘

新出现于殷墟文化第三期，最初形体较大，至殷墟文化第四期形体逐渐变小，也属于标准化生产，可引入尺寸作为式别特征。根据口径大小可分为六式。

I 式　口径 33.7 厘米左右。标本大司空村 M278：1（图 2.2.18）。

II 式　口径 32 厘米左右。标本大司空村 M206：9（图 2.2.19）。

III 式　口径 25 厘米左右。标本殷墟西区 M507：3（图 2.2.20）。

IV 式　口径 28 厘米左右。标本大司空村 M348：8（图 2.2.21）。

V 式　口径 22.6 厘米左右。标本大司空村 M21：4（图 2.2.22）。

VI 式　口径 15.8 厘米左右。标本刘家庄北地（抗震大楼）M64：4（图 2.2.23）。

罍

殷墟文化的陶罍形制复杂，本研究仅选取墓葬中最常见到的两型陶罍进行形制分析。

A 型　体型较大，腹部通常饰绳纹。根据肩部、腹部特征分为五式。

I 式　肩部及下腹部均折，肩部饰旋纹，无环耳。标本大司空村 M166：11（图 2.2.24）。

II 式　肩部及下腹部缓折，肩部饰旋纹，无环耳。标本大司空村 M206：2（图 2.2.25）。

III 式　肩部缓折，饰小三角划纹，有环耳。标本 83 郭家庄 M1：15（图 2.2.26）。

IV 式　折肩，饰小三角划纹，有环耳。标本大司空村 M303：75（图 2.2.27）。

V 式　肩部缓折，饰旋纹或小三角划纹，无耳。标本殷墟西区 M1713：2（图 2.2.28），戚家庄 M231：7（图 2.2.29）。

B 型　体型稍小，腹部通常饰三角划纹。根据口沿、肩部及腹部特征可分为五式。

I 式　窄折沿，肩部微鼓，下腹均折。标本郭家庄 M264：11（图 2.2.33）。

II 式　窄折沿，肩部略下塌，下腹缓折，标本郭家庄 M160：168（图 2.2.34）。

III 式　窄折沿，鼓肩，下腹部缓折。标本大司空村 M230：6（图 2.2.35）。

IV 式　窄折沿，折肩，下腹内收。标本大司空村 M303：77（图 2.2.36）。

V 式　宽折沿，下腹外鼓。通常形体较小。标本殷墟西区 M1713：26（图 2.2.37），戚家庄 M231：26（图 2.2.38）。

折肩罐

殷墟文化罕见素面或饰旋纹的折肩罐。殷墟文化第四期晚段出现的折肩罐源自 A 型陶罍。根据肩部及腹部特征分为三式。

I 式　下腹僵直。标本大司空村 M34：8（图 2.2.30）。

II 式　下腹微鼓。标本刘家庄北地（抗震大楼）M64：1（图 2.2.31）。

III 式　下腹外鼓。标本刘家庄北地（抗震大楼）M97：2（图 2.2.32）。

圆肩罐

尽管殷墟文化的陶罐流行圆肩作风，但通常在颈部以下饰绳纹，罕见素面或肩部饰旋纹的圆肩罐。殷墟文化第四期晚段新出现的圆肩罐源自B型陶罍。根据器体、颈部、肩部特征分为四式。

Ⅰ式　器体较矮小，高直领，肩部素面。标本大司空村M34∶10（图2.2.39）。

Ⅱ式　器体较高，高直口，肩部素面。标本GM233∶6（图2.2.40）。

Ⅲ式　器体较高，高直领外侈，肩部饰旋纹。标本孝民屯M788∶1（图2.2.41）。

Ⅳ式　器体较高，矮领外侈，肩部饰旋纹。标本孝民屯M882∶3（图2.2.42）。

（三）分组及分段

根据上述器物形制分析，可将典型器物中式别特征相同、文化面貌近似的典型单位归为8组。

第Ⅰ组：大司空村H126、H277、M166、M206、M220、M278，小屯西北地H111；

第Ⅱ组：大司空村H305、H374、H416、M206、M360、M448，小屯西北地G5，戚家庄M269、郭家庄M160；

第Ⅲ组：大司空村M179、M230，83郭家庄M1，殷墟西区M507；

第Ⅳ组：大司空村M303、M348，郭家庄M172；

第Ⅴ组：大司空村M21、M111、M225、M34，郭家庄M264、殷墟西区M1713；

第Ⅵ组：戚家庄M231、小屯西地GM233、刘家庄北地（抗震大楼）M64；

第Ⅶ组：刘家庄北地（抗震大楼）M85、刘家庄南地M64，孝民屯M788，西高平M4；

第Ⅷ组：刘家庄北地（抗震大楼）M97，刘家庄北地（电业局）M27，孝民屯M882。

根据殷墟文化分期①，可将上述分组合并为六段。

第一段：第Ⅰ组。相当于殷墟文化第三期早段。

第二段：第Ⅱ组。相当于殷墟文化第三期晚段。

---

①　邹衡：《试论殷墟文化分期》，《北京大学学报》（人文科学），1964年第4、5期。

第三段：第Ⅲ、Ⅳ组。相当于殷墟文化第四期早段。

第四段：第Ⅴ、Ⅵ组。相当于殷墟文化第四期晚段，即本研究的“文化融合阶段”。

第五段：第Ⅶ组。相当于西周早期早段。

第六段：第Ⅷ组。相当于西周早期晚段。

由于殷墟文化分期自提出以来经过多年的考古实践证明其科学可靠，故本研究不再对其重复检验。

（四）绝对年代判断

安阳地区的考古学文化在“文化融合阶段”与西周早期之间发生了较为明显的变化，殷墟文化终结。判断安阳地区进入西周早期的标准有8项[①]：

1. 西周早期周式联裆鬲的出现；
2. 绳纹柱足鬲的出现；
3. 扁体肥袋足无实足根鬲的出现；
4. 高圈足侈口厚唇簋的复出；
5. 敞口薄唇簋的出现；
6. 豆的复出；
7. 圆肩旋纹罐的出现；
8. 墓葬随葬单鬲或鬲、罐组合的出现。

需要补充说明的是：

其一，至西周早期，安阳地区所出联裆鬲刘家庄北地96T2⑧：1与关中地区所出者几乎完全相同（图2.3），表明安阳地区已进入文化面貌较为稳定的西周文化时期。但在整个西周时期，“宗周文化”典型形制的周式联裆鬲在安阳地区较为罕见。

其二，殷墟文化晚期有少量柱足鬲（图2.4），可分为两型。A型的特征是高束颈、盘口、沿面近平，沿面有凹槽、体型巨大，在荥阳关帝庙的殷墟文化遗存中也发现有此类器物[②]。B型是在肥袋足无实足根鬲的袋足下附加柱足而成。这两型柱足鬲均为粗大素面柱足，素面的实足根属商文化典型特征。安阳地区西周早期早段新

① 李宏飞：《安阳地区西周时期考古学文化分期研究》，《南方文物》2014年第3期。

② 承蒙河南省文物考古研究院李素婷女士惠允得见，此致谢忱！

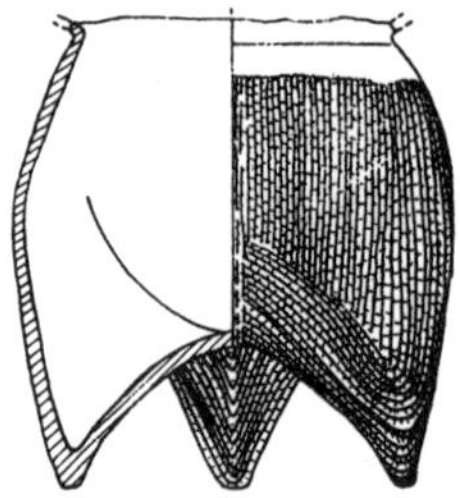

图 2.3　殷墟出土联裆鬲

出现的柱足鬲为矮小绳纹柱足，足部饰绳纹属周文化典型特征，刘家庄北地（抗震大楼）M85：1 是目前考古材料所见年代最早的西周早期柱足鬲，不仅柱足饰绳纹，据笔者的实物观察，足根底部也饰有绳纹①。另据笔者调研，在陕西武功郑家坡遗址先周文化墓葬中出有绳纹柱足陶鬲，柱足矮小且绳纹饰至足根底部②，表明安阳地区新出现的矮小绳纹柱足应是受到了郑家坡文化的影响。

文化融合阶段		西周早期
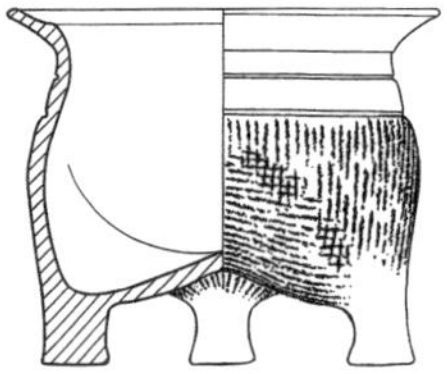	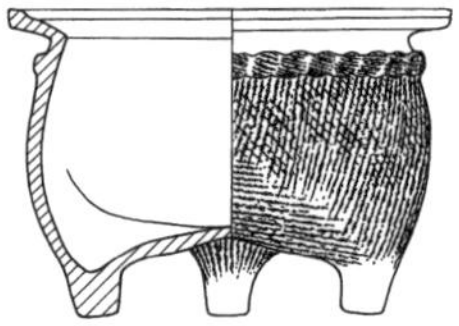	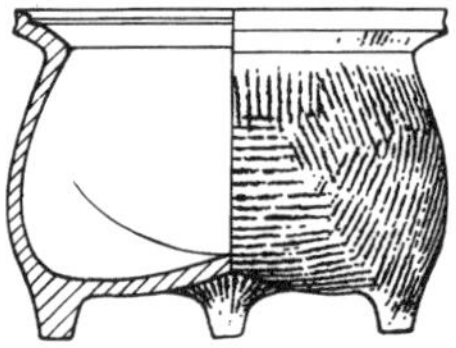
A 型（大司空村 M442：3）	B 型（大司空村 H91④：1）	刘家庄北地（抗震大楼）M85：1

图 2.4　殷墟出土柱足鬲

其三，扁体肥袋足无实足根鬲属于典型肥袋足无实足根鬲向柱足鬲发展的中间形态。由于添加柱足会导致器体增高，为了保持器体的高度不变，故将陶鬲腹部压扁。扁体肥袋足无实足根鬲在孝民屯墓地中仅存在于西周早期早段，至西周早期晚段随着束颈作风的兴起，在保持器体高度不变的前提下，陶鬲腹部被进一步压扁（图 2.5）。此类扁体肥袋足无实足根鬲亦见于洛阳北窑③、辉县孟庄④、邢台南小汪⑤等地。

---

① 承蒙中国社会科学院考古研究所唐际根先生惠允得见，此致谢忱！

② 承蒙宝鸡市考古研究所刘军社先生惠允得见，此致谢忱！

③ 洛阳市文物工作队：《1975－1979 年洛阳北窑西周铸铜遗址的发掘》，《考古》1983 年第 5 期。

④ 河南省文物考古研究所：《辉县孟庄》，中州古籍出版社，2003 年。

⑤ 河北省文物研究所：《邢台商周遗址》，文物出版社，2011 年。

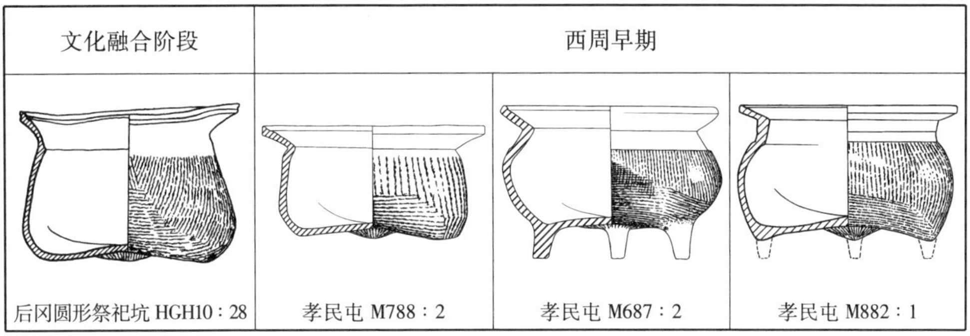

图 2.5　肥足鬲向柱足鬲的演变

其四，殷墟文化第三期至第四期早段的侈口厚唇簋为高圈足，“文化融合阶段”为矮圈足，西周早期又恢复为高圈足（见图 2.1）。进入西周早期，侈口厚唇簋的口沿变宽，逐渐外侈。此外，部分进入西周早期的侈口厚唇簋腹部不饰三角划纹，而是在腹部满饰绳纹。

其五，敞口薄唇簋的原型是“文化融合阶段”墓葬中随葬的仿铜陶簋，联系到鹿邑太清宫 M1 所出腹部饰 S 形卷云纹的陶簋，可清晰勾勒其形成及演变（图 2.6）。敞口薄唇簋、圈足尊①等腹部饰 S 形卷云纹是进入西周早期的重要标志。

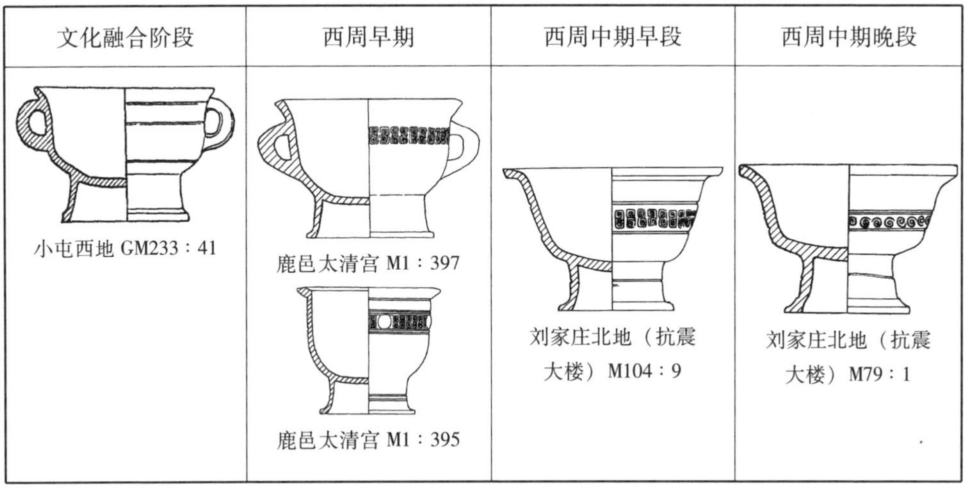

图 2.6　仿铜陶簋向敞口薄唇簋的演变

① 安徽省文物考古研究所、怀宁县文物局：《安徽省怀宁县孙家城遗址 H29 发掘简报》，《江汉考古》2015 年第 2 期。

其六，殷墟文化第四期早段墓葬仍然可见陶豆，但在“文化融合阶段”墓葬中陶豆似已绝迹，陶豆至西周早期再次复出（图2.2）。明器化的陶盘可能在殷墟文化第四期晚段取代了陶豆，但至西周早期陶盘消失。

其七，圆肩罐出现于“文化融合阶段”，肩部基本不见旋纹，颈部和器体较高。西周早期的圆腹罐肩部饰数道旋纹，颈部和器体变矮。安阳地区及关中地区的情况基本相同（图2.7）。

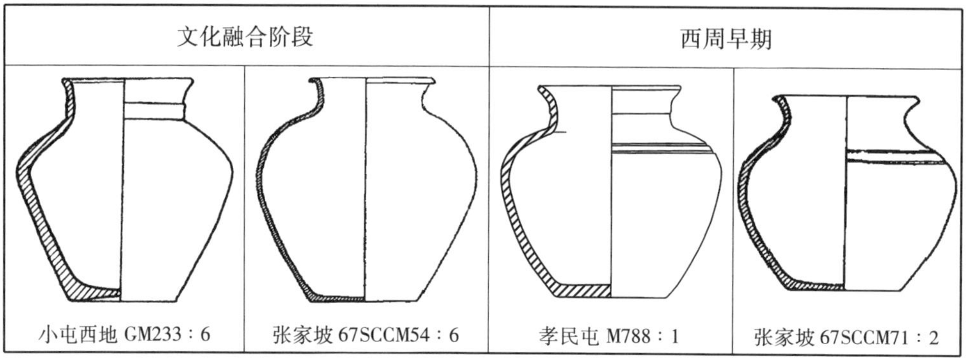

图2.7 “文化融合阶段”至西周早期的圆肩罐

其八，安阳地区西周早期受到周文化的影响出现了单鬲①、单罐或鬲罐组合，但组合仍然呈现多样化特征。在刘家庄北地（抗震大楼）和西北冈发现西周早期的单鬲和鬲、罐组合墓葬，其中随葬的陶鬲为肥袋足无实足根鬲或由其衍生的柱足鬲，陶罐为由陶罍演变而来的圆肩旋纹罐，也有少量折肩罐。孝民屯发现的西周早期墓葬为鬲、簋、罐组合，在鬲罐组合的基础上，仍延续侈口厚唇簋。至西周中期，刘家庄北地（抗震大楼）的墓葬出现了鬲、簋、豆、罐组合。可见，周文化对安阳地区殷遗墓葬随葬陶器组合的影响相对有限，其最为强烈的影响发生于西周早期，随着时间的推移，“殷遗文化”在鬲、罐组合的基础上又衍生出自身特色的鬲、簋、罐和鬲、簋、豆、罐等组合方式。

其九，陶觚、爵、盘及泥质弧裆小鬲②等器类的消失可作为进入西周早期的标志。但由于考古学的学科特点决定了证有容易证无难，故此项标准仅供参考。至于

---

① 殷墟文化墓葬也有随葬单件陶鬲者，但通常为典型特征的商式鬲。

② 泥质弧裆小鬲在安阳地区的西周遗存中尚未发现，但在洛阳等地的西周遗存中仍然少量可见。

陶觚、爵消失的原因，可能与周公东征之后的禁酒政策有关。文献记载在周公东征后曾将殷遗大举迁出大邑商，进入西周早期，墓葬中的陶觚、爵不见，以变体商式鬲作为随葬组合的核心。就目前的材料看，“文化融合阶段”与西周早期早段之间陶器群面貌的巨大变化应与周公二次东征及禁酒政策有关。

“文化融合阶段”与殷墟文化第四期早段之间陶器群面貌也出现了较为明显的变化：

1. 口沿外侧抹光的联裆鬲进入殷墟居址和墓葬陶器群

先周晚期与西周时期联裆鬲最为显著的差异在于口沿外侧是否抹光[①]，但在“文化融合阶段”，存在口沿外侧绳纹未抹与抹光的两类联裆鬲的共存现象。根据文献记载，先周时期的周人与商人存在文化交流，但从考古材料上看，两者之间的文化交流可能主要体现在铜器群层面的上层文化交流，关中地区见不到殷墟文化晚期流行的肥袋足无实足根鬲和侈口厚唇簋，此类典型商式器物出现在关中地区表明年代在克商以后[②]。尽管殷墟作为商王朝的都邑具有众多外来文化因素，但在相当于先周晚期的殷墟文化第三期至第四期早段也几乎不见关中地区的文化因素，关中地区与安阳地区在先周晚期缺乏陶器群层面的文化交流。在这样的文化背景下，安阳地区在“文化融合阶段”出现了周文化特征的联裆鬲（特别是口沿外侧绳纹抹光者），甚至在商系墓葬中取代典型商式鬲的地位（如大司空村 M111）。

2. 窄折沿旋纹簋的复出

窄折沿旋纹簋在二里冈文化时期较为流行，至殷墟文化第一期（商文化早商期第四段第Ⅷ组）仍然保持典型的二里冈文化特征。至殷墟文化第二期，旋纹簋变为微鼓腹、侈口，形成全新的器物形制。至殷墟文化第三期至第四期早段，侈口旋纹簋出现卷沿、鼓腹的特征，与殷墟文化第二期形制相比又有显著变化。至“文化融合阶段”，以往旋纹簋侈口、卷沿的特征消失，重新出现了窄折沿旋纹簋，相似形制的陶簋亦出现在周原遗址的西周早期早段遗存中。相比二里冈文化的窄折沿旋纹簋，“文化融合阶段”的旋纹簋似有“复古”特征，但下腹部及底部不饰绳纹，高圈足为全新特征（图2.8）。

---

① 雷兴山：《先周文化探索》，科学出版社，2010年。

② 刘绪：《西周早期考古学文化与周初分封》，《文化的馈赠——汉学研究国际会议论文集·考古学卷》，北京大学出版社，2000年。

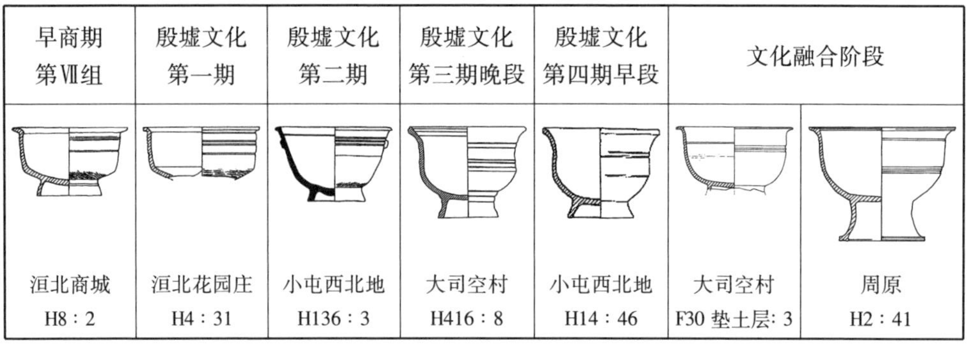

图 2.8　殷墟出土陶簋及对比器物

3. 鼓腹绳纹盆的复出

二里冈文化的深腹盆通常下腹部饰绳纹，上腹部饰旋纹。至商文化早商期第四段第Ⅶ组，绳纹越过旋纹饰至折沿处。至殷墟文化第一期（商文化早商期第四段第Ⅷ组），陶盆下腹部开始不饰绳纹。殷墟文化晚期流行斜直腹的陶盆。至殷墟文化第三期，陶盆的腹部由鼓腹变为微鼓腹，绳纹仅保留在上腹部。至殷墟文化第四期早段，陶盆腹部仅饰旋纹不饰绳纹，腹壁微鼓近直。至“文化融合阶段”，新出现了另一种鼓腹绳纹盆，与早商期第四段第Ⅶ组略有相似之处，但其高束颈、鼓肩为全新特征（图 2.9）。

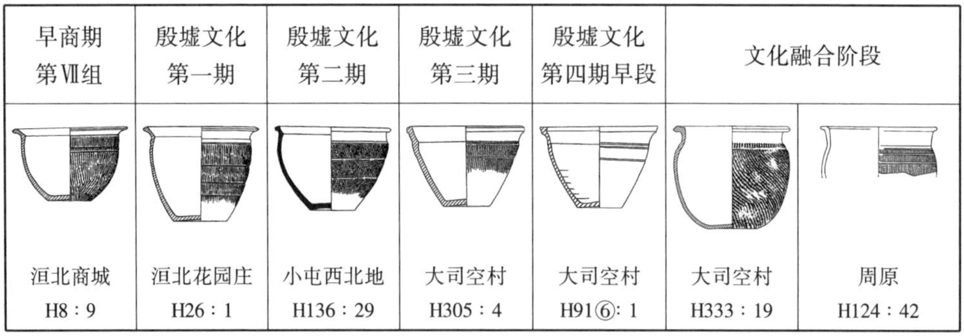

图 2.9　殷墟出土陶盆及对比器物

4. 小口矮领瓮的出现

殷墟文化的罐类主要流行圆肩、颈部以下通体饰绳纹的特征，有的肩部还会增加几道旋纹。在殷墟文化早期，主要流行瘦高体的灰陶圆肩绳纹罐。至殷墟文化晚期出现红陶罐，肩部饰瓦楞纹，肩部以下饰斜向绳纹，两者作为瓮棺葬具似有替代关系。瓦楞绳纹罐在殷墟遗址的年代下限可至“文化融合阶段”①，也出现在了沣西及漆水河下游的“文化融合阶段”遗存中，以马王村 H11、岸底 H18 等为代表。在殷墟遗址“文化融合阶段”的典型单位后冈圆形祭祀坑 HGH10 中，出现了一种体形更大的小口矮领瓮，颈部矮直，肩部外鼓且通常饰一道附加堆纹，腹部近直，下腹亦外鼓，近底部处内收。小口矮领瓮最早出现于“文化融合阶段”，与瓦楞绳纹罐的年代下限大体相同，作为瓮棺葬具似乎同样存在替代关系（图 2. 10）。在随后的西周

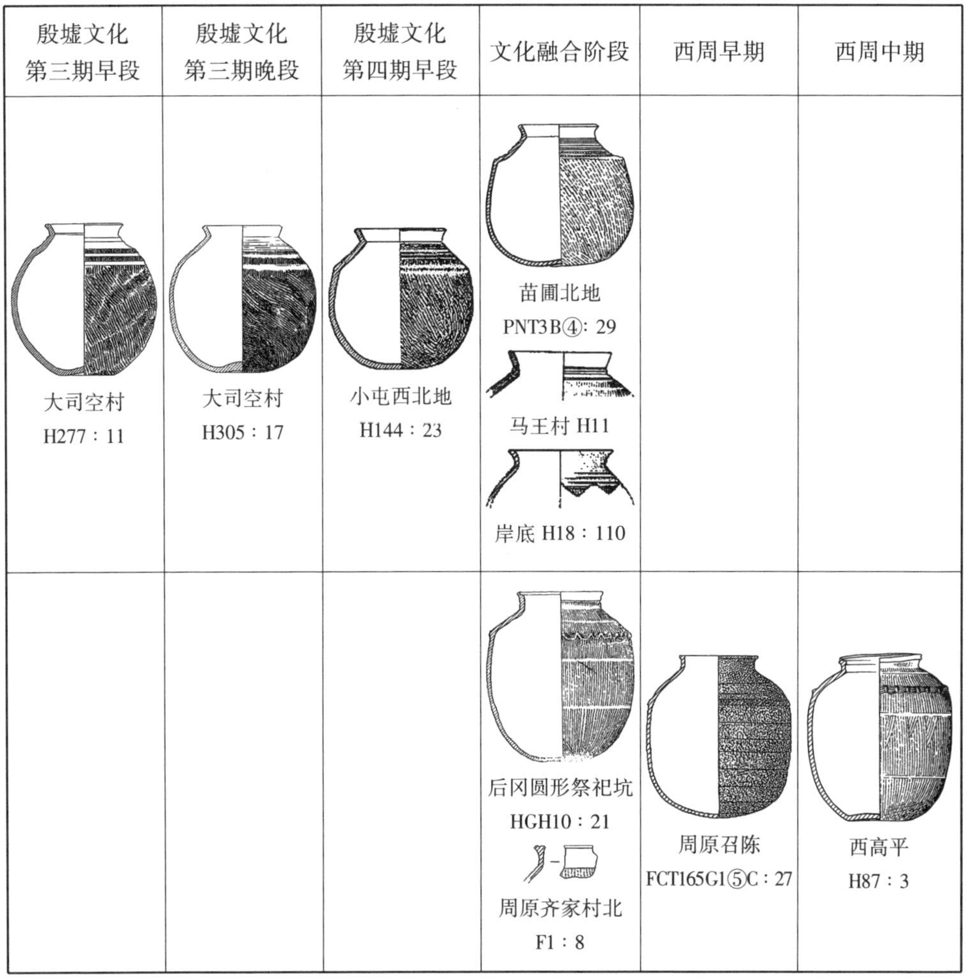

图 2. 10　瓦楞绳纹罐与小口矮领瓮的替代关系

① 刘家庄北地 J31 内出有瓦楞绳纹罐，与西周早期的圆肩旋纹罐共出，不排除少量此类器物的年代晚至西周早期，但由于水井的埋藏过程较为复杂，尚待更多的西周早期单位予以进一步确认。

时期，小口矮领瓮常见于商人故地的殷遗居址陶器群中，成为“殷遗文化”的标志性器物，在关中地区也较常见到。雷兴山将此型器物称为“矮直领瓮”，认为“西周早期文化中的矮直领瓮也应是来源于殷墟商文化”①，本研究对其源自殷墟文化不存异议，但需要指出此型器物仅见于“文化融合阶段”。

5. 圆肩罐的出现

圆肩罐源自殷墟文化墓葬中的陶罍②。“文化融合阶段”新出现的圆肩罐源自本文划分的B型罍（图2.2），通常为素面，器体较高，高直领。

通过上述对安阳地区殷墟文化第三期至西周早期陶器群面貌的梳理，进一步补充和完善了殷墟文化分期和安阳地区西周时期考古学文化分期，明确了殷墟文化第四期早段、“文化融合阶段”、西周早期早段之间陶器群面貌的差异。

二 商系铜器特征

以往殷墟文化铜器的分期多等价于陶器分期③。由于陶器更能够精准地反映出时代的变化，故本研究对于铜器的讨论也将依附于陶器分期年代序列。

殷墟文化的铜器特征大体可分为三个阶段：

第一阶段：殷墟文化第一期（商文化早商期第四段第Ⅷ组）。尽管已出现殷墟文化早期特征，但仍保留有浓重的二里冈文化遗风，单层花纹仍然较为常见。

第二阶段：殷墟文化第二期至殷墟文化第三期早段。形成了成熟的殷墟文化风格，三层花、满花、浅浮雕作风处于最为发达的时期。

第三阶段：殷墟文化第三期晚段至殷墟文化第四期。仍然延续三层花作风，但满花、浅浮雕作风已不甚流行，纹饰平面化和简化作风成为主流。

本研究涉及第二阶段的尾声以及第三阶段。

---

① 雷兴山：《先周文化探索》。

② 李宏飞：《安阳地区西周时期考古学文化分期研究》，《南方文物》2014年第3期。

③ 邹衡：《试论殷墟文化分期》，《北京大学学报（人文科学）》1964年第4、5期；郑振香、陈志达：《殷墟青铜器的分期与年代》，《殷墟青铜器》，文物出版社，1985年；岳洪彬：《殷墟青铜礼器研究》，中国社会科学出版社，2006年。

目前发现保存最好的殷墟文化第三期早段铜器墓中，以戚家庄 M269① 的规格最高。所出圆鼎 M269：37 腹部大兽面之上加一窄栏兽面、方鼎 M269：41 腹部大兽面之上加一窄栏小鸟纹、铜簋 M269：40 的满花作风、铜甗 M269：36 的宽方唇特征均为第二阶段典型特点，但觯 M269：78、圈足罍 M269：35、觚形尊 M269：14、卣 M269：10 等流行于殷墟文化晚期，属于新出现的器型。簋 M269：40 的满花作风流行于第二阶段，双半环耳却属于第三阶段的流行特征。可见，戚家庄 M269 属于第二阶段向第三阶段过渡的典型单位（图 2. 11）。

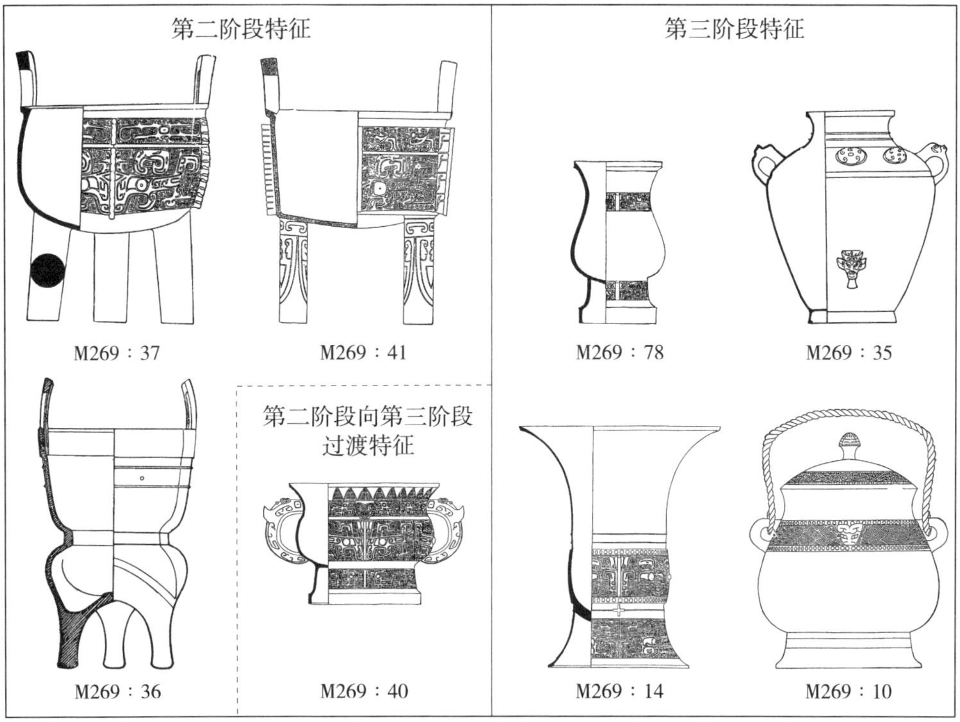

图 2. 11　殷墟戚家庄 M269 随葬铜器

殷墟文化第三期晚段的郭家庄 M160② 所出铜器群属于第三阶段的成熟代表。分裆鼎 M160：123、M160：135 大兽面之上已不见流行于第二阶段的窄栏，甗 M160：51 已摆脱第二阶段的宽方唇特征，呈现侈口、卷沿的全新特征，形体也相应小型化。

① 安阳市文物工作队：《殷墟戚家庄东 269 号墓》，《考古学报》1991 年第 3 期。

② 中国社会科学院考古研究所：《安阳殷墟郭家庄商代墓葬》，中国大百科全书出版社，1998 年。

分裆斝 M160∶174、三棱足盉 M160∶74 为流行于第三阶段的新器型。

郭家庄 M160 所出部分铜器风格在“文化融合阶段”甚为流行（图 2.12）。觯 M160∶126 为满花和浅浮雕作风，但已放弃三层花作风，呈现出全新的风格。圆角方鼎 M160∶32 的相似器型亦见于西周早期。凤鸟卣 M160∶172 更为引人瞩目，戴家湾和石鼓山的发现表明，西土集团在“文化融合阶段”对此型铜卣似乎有特殊的偏好。由于郭家庄 M160 的年代接近殷墟文化第四期，已萌生流行于“文化融合阶段”的文化因素。

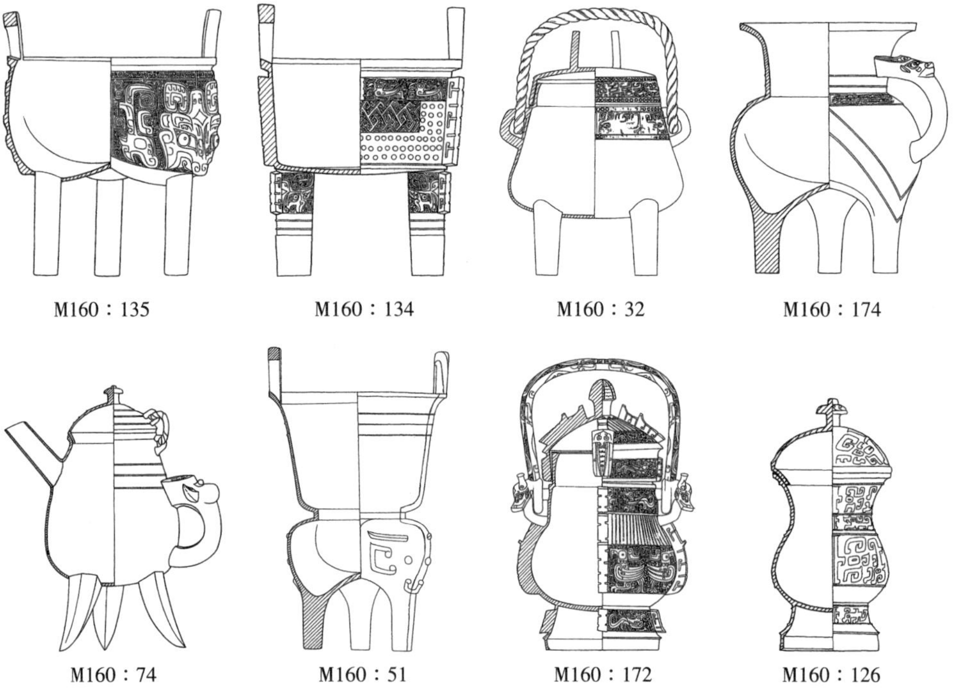

图 2.12　殷墟郭家庄 M160 随葬铜器

孝民屯 2003AXST1930M17① 出有一件带钩状小珥的铜簋（图 2.13），是目前所见年代最早的环耳下有钩状小珥的铜簋，该墓年代为殷墟文化第三期，这表明钩状小珥在殷墟文化中即已萌发。至殷墟文化第四期，出现了典型特征的钩状小珥铜簋，

① 殷墟孝民屯考古队：《河南安阳市孝民屯商代墓葬 2003～2004 年发掘报告》，《考古》2007 年第 1 期。

如殷墟西区 GM1573：2。

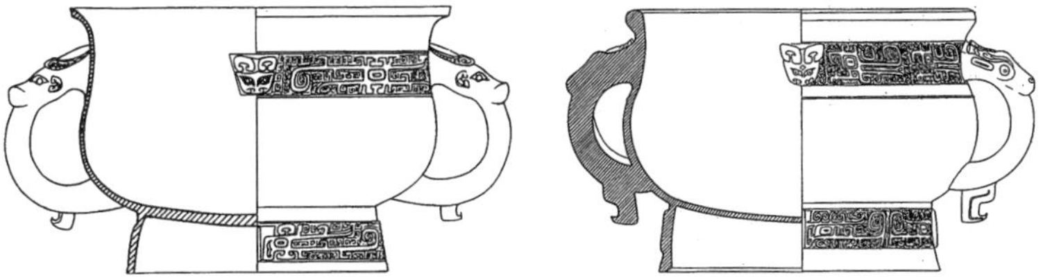

图 2.13　殷墟出土钩状小珥的铜簋

大司空村 M303① 的年代为殷墟文化第四期第 2 组，所出铜器群整体风格与郭家庄 M160 相似，但铜器纹饰呈现出明显的平面化和简化特征，以往满花、浅浮雕风格已不流行（图 2.14）。卣 M303：119、M303：120、M303：58 等均饰带状纹饰，器物的主体部分留白。分裆斝 M303：108 的口沿之上出现立柱。大司空村 M303：57 所出铜甗有箅，说明铜甗有无箅并非商、周青铜器的差别。卣 M303：58 已出现捉手钮盖，说明捉手钮盖也不是商、周青铜器的差别。

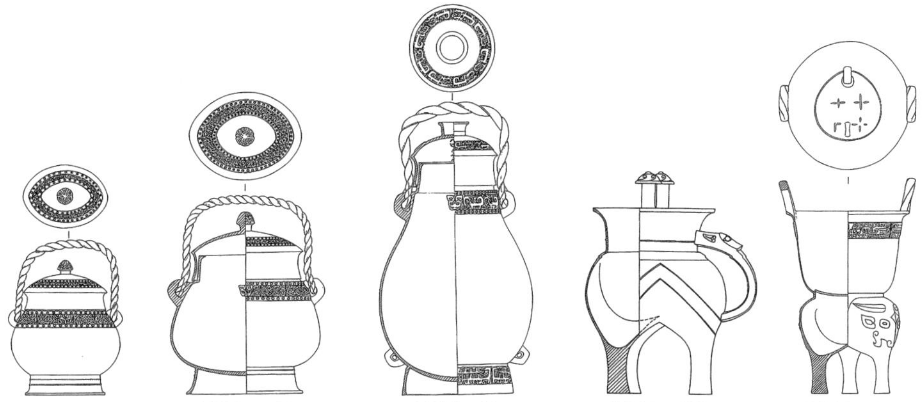

图 2.14　殷墟大司空村 M303 随葬铜器

大司空村 M303 和 M225 均位于 2004 年发掘区 C 区 F38 的上下层夯土之间。发掘者首先在 1949 年以前的探沟壁上发现 M225，随后根据殷墟墓葬常见的“异穴

① 中国社会科学院考古研究所：《安阳大司空》，文物出版社，2014 年。

并葬”[①] 规律，在其东侧2米处发现年代略早的M303。大司空村M225根据随葬陶器特征可知为殷墟文化第四期第3组，但两者随葬器物组合发生了巨大变化。M303随葬铜器为整套定制，制作较精良，M225却随葬一套质量极差的铅器，包括鼎、簋、觚、爵、尊、卣。随葬陶器方面也出现了重大变化，陶罍转变为圆肩罐。M303属于殷墟文化第四期第2组，M225属于稍晚的第3组，两者属于“异穴并葬”，极有可能属于一对夫妇，但两者在随葬器物方面的显著差异。

刘家庄北M1046[②] 的年代为殷墟文化第四期第3组，随葬铜器组合的最大变化是出现了西土系风格的铜鼎M1046：71和铜簋M1046：60（图2.15）。据岳洪彬研究，腹部饰菱格乳钉的铜簋流行于殷墟文化第二期，殷墟文化第三期早段以后已基本不见[③]。殷墟文化铜簋流行束颈鼓腹簋，盆形铜簋M1046：60的形制少见于殷墟遗址而多见于先周晚期至“文化融合阶段”的关中地区。殷墟文化晚期虽有腹部饰菱格乳

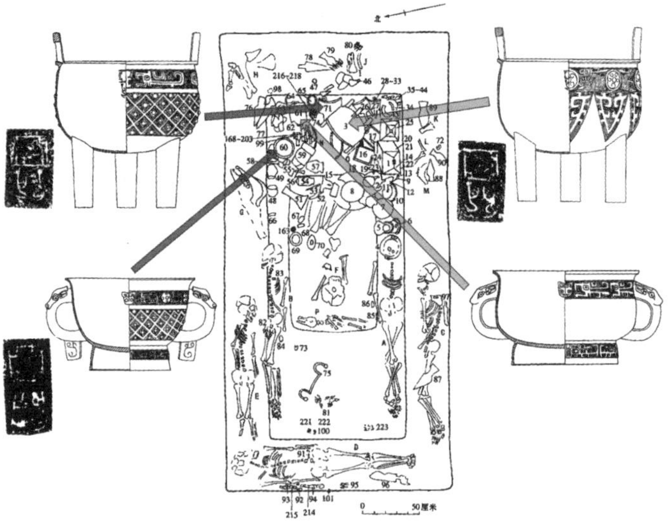

图2.15　殷墟刘家庄北M1046随葬商器及西土系风格铜鼎、簋

① 孟宪武：《试析殷墟墓地“异穴并葬”墓的性质——附论殷商社会的婚姻形态》，《安阳殷墟考古研究》，中州古籍出版社，2003年。

② 中国社会科学院考古研究所安阳工作队：《安阳殷墟刘家庄北1046号墓》，《考古学集刊》第15集，文物出版社，2004年。

③ 岳洪彬：《殷墟青铜礼器研究》，中国社会科学出版社，2006年。

钉的铜鼎，但其上的窄栏多饰蝉纹等纹饰，直躯鸟首夔纹与菱格乳钉的纹饰组合是“文化融合阶段”关中地区铜鼎的最重要纹饰组合。流行于关中地区的西土系风格铜器进入殷墟墓葬的随葬铜器组合中，并且铸上了族徽，表明殷人已接受西土系风格铜器，并将其接纳为自身的文化因素。

除西土系风格的铜鼎 M1046：71 和铜簋 M1046：60 外，刘家庄北 M1046 所出铜器仍然基本保持了大司空村 M303 以来的纹饰平面化特征（图 2.16）。铜簋 M1046：61、卣 M1046：10、M1046：5、壶 M1046：6、四足盉 M1046：21 等仅在颈部饰窄带纹饰，继承了大司空村 M303 以来的简化纹饰，器物主体部分留白。方罍 M1046：25、分裆斝 M1046：20、觯 M1046：22 仅以弦纹、涡纹、人字形纹等简单纹饰进行装饰。

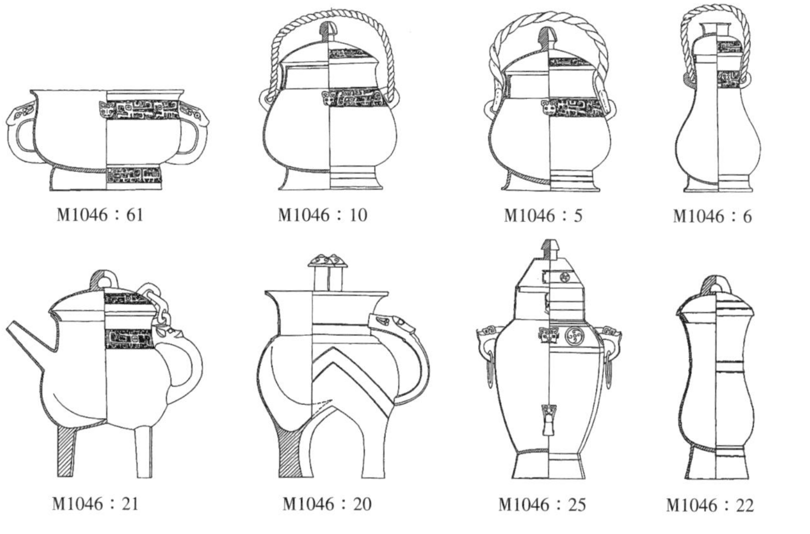

图 2.16　殷墟刘家庄北 M1046 随葬铜器

殷墟遗址发现的年代最晚的商器多是墓葬出土，居址中的铜器应已被以“分器”的方式流散各地。殷墟刘家庄北 M1046 与宝鸡石鼓山 M3 的对比为探讨最晚的居址商器提供了重要材料。通过对比可知，殷墟刘家庄北 M1046 与宝鸡石鼓山 M3 所出铜器特征与组合十分相近，反映了相同的时代特征（图 2.17）。

石鼓山 M3 所出铜器可以明显分为两类，其中一类为西土系风格铜器，另一类为铸有族徽、日名的殷墟文化典型风格铜器。此类器物的族徽、日名十分繁杂（图 2.18），

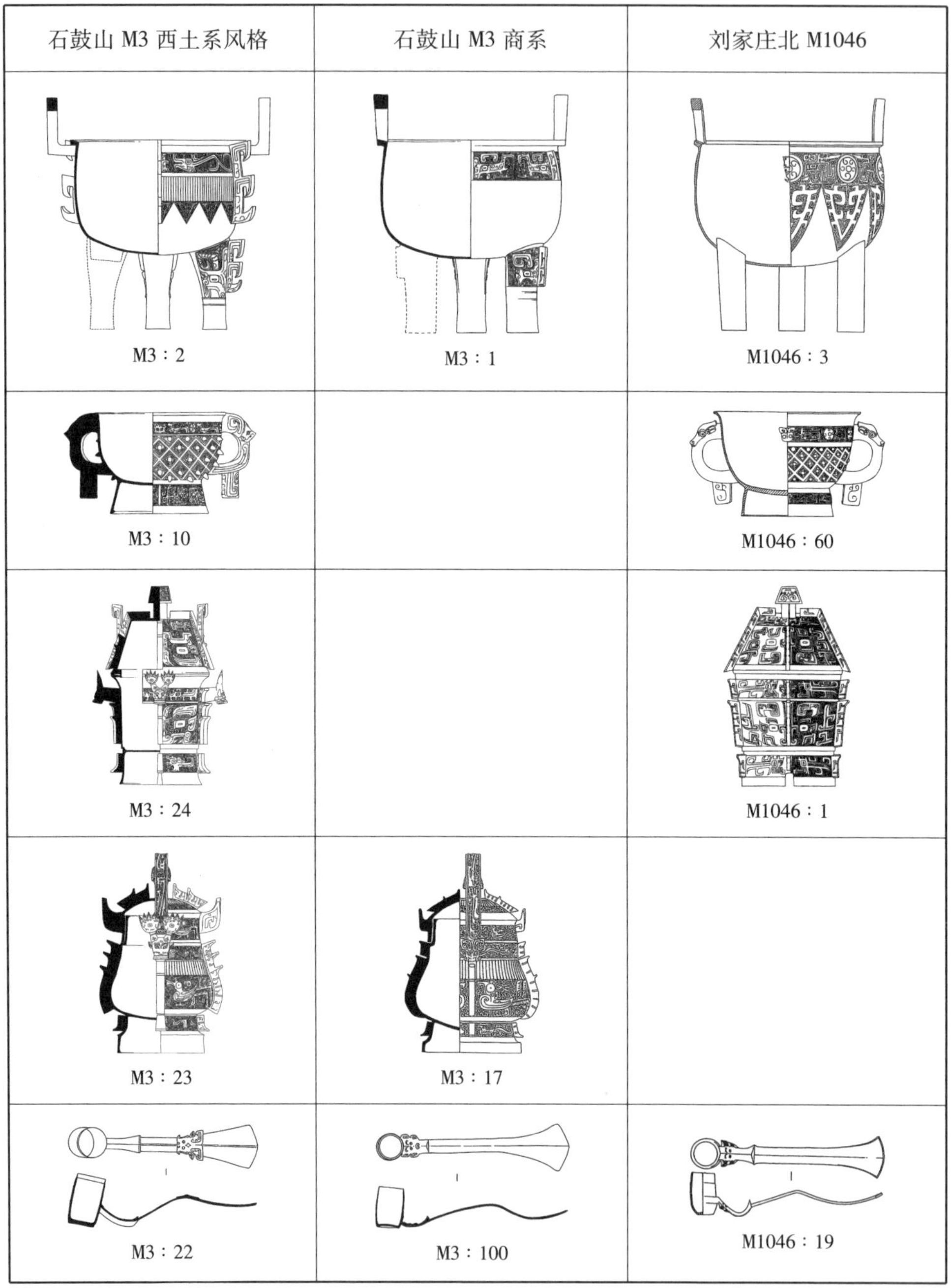

图 2. 17　宝鸡石鼓山 M3 与殷墟刘家庄北 M1046 铜器对比

图 2. 18　宝鸡石鼓山 M3 随葬铜器铭文

很有可能系“分器”而来。若此，则石鼓山 M3 所出殷墟文化典型风格铜器即为最晚的居址商器①。

此外，传世品中仍有一批重要的商末铜器（图 2. 19），如版方鼎、肆簋等。结合考古发掘及传世品中可以确定年代为商末的铜器，可对最晚的商器特征进行探讨。商末铜器按照风格可分为甲、乙两组，甲组为通常认为的殷墟文化典型风格，乙组的铜器风格流行于西周早期。

对比可见，以往认为的部分“周初”特征实际上在商末即已出现（图 2. 20）。

乙组中的版方鼎上部窄栏所饰蛇首双身纹饰在帝辛二十二年即已出现，湖北随州叶家山墓地所出曾侯方鼎与之风格几乎完全相同。

肆簋为帝辛二十年器，仍然保持殷墟文化第四期早段典型形制，但腹部饰直棱纹的特征在商末即已出现，至周初开始广泛流行，宝鸡石鼓山所出方座簋M3∶27即是在肆簋的基础上添加方座而成，属于对殷墟文化因素的增益。

殷墟西区 M1713∶50 腹部饰窄带纹饰以及内填的连体夔纹均为流行于周初的风格，但此种纹饰在商末即已出现。

① 李宏飞：《论宝鸡石鼓山 M3 的商器周用现象及其背景》，《三代考古》（七），科学出版社，2017 年。

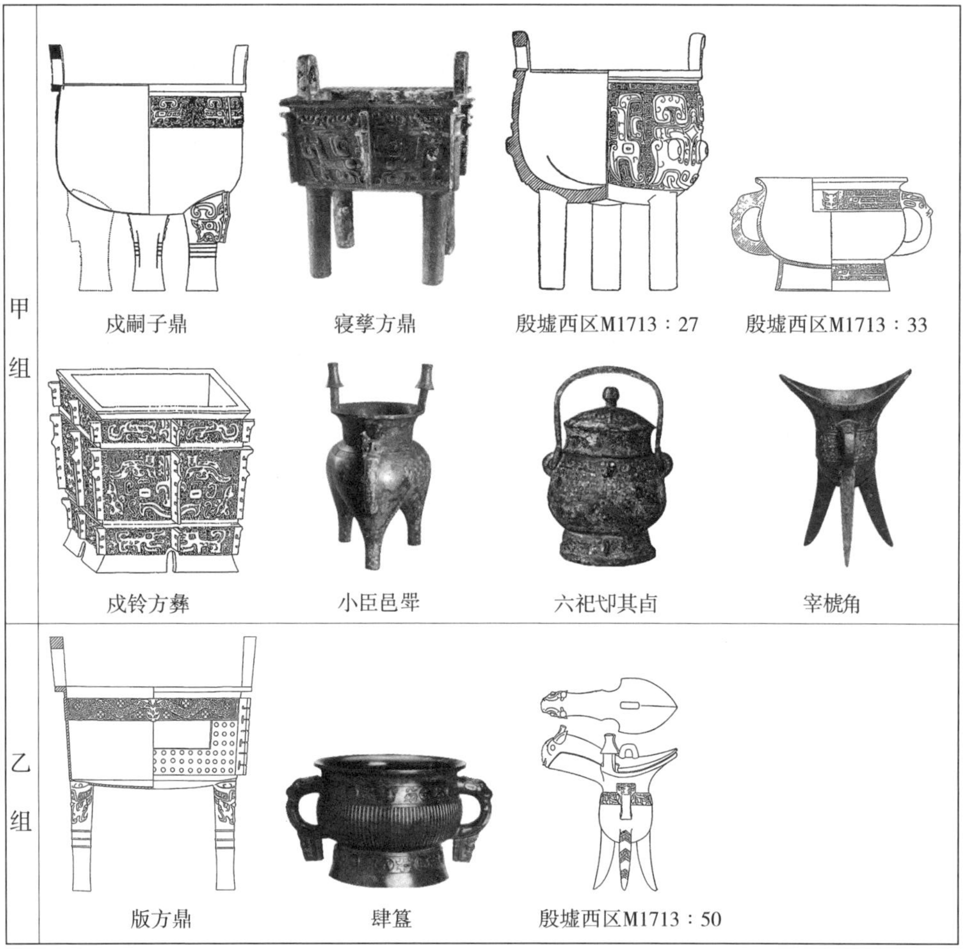

图2.19　传世及出土的商末铜器

随着考古工作的进展，应该还会有通常认为属于周初的铜器风格在商末即已出现，这是由考古学的学科特点所决定的。但并非凡是殷墟遗址出土的铜器或陶范均属于商风格。与殷墟刘家庄北 M1046 年代大体同时，殷墟孝民屯铸铜作坊开始生产西土系乙类风格铜器（图2.21），此类风格实际上是西土系甲类风格与殷墟文化铜器风格的文化融合产物。

孝民屯东南地铸铜作坊所出西土系乙类风格陶范集中出土于2000AGH31之中，根据共出的陶器特征可知年代为殷墟文化第四期晚段（图2.22）。殷墟文化第四期第3组的刘家庄北 M1046 显示安阳仍然能够生产铜器（包括西土系风格铜器），可知两

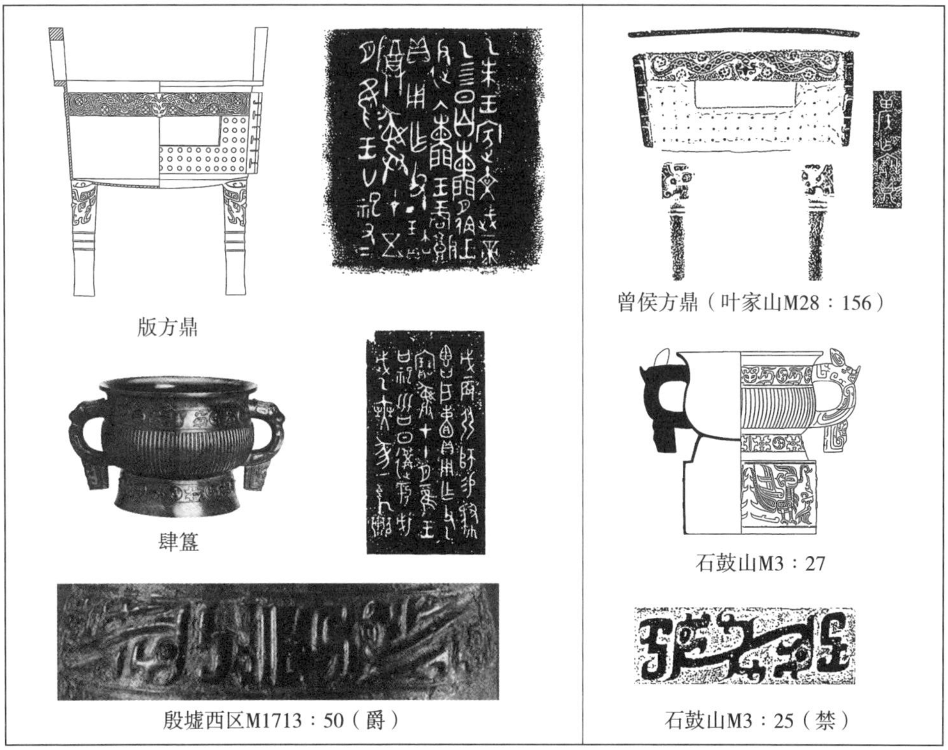

图2.20　商末已出现的“周初”铜器流行特征

者的年代相当。

殷墟西区 M1713① 的年代接近殷墟文化第四期第4组，所出铜器可以明显分为两组（图2.23）。其中一组制作精良，器壁较厚，其中包括一件铸造于“隹王七祀”的分裆鼎 M1713：27，应铸造于商末。另一组制作较差，器壁较薄，包括西土系风格铜鼎 M1713：31，可能系亡国之后铜料短缺或工匠离散所致。这两组器物组成一套完整的随葬铜器组合。与殷墟西区 M1713 情况相似的还有小屯 82M1②、郭家庄北 M6③、刘家庄北 M9④、戚家庄 M231⑤ 等。

① 中国社会科学院考古研究所安阳工作队：《安阳殷墟西区一七一三号墓的发掘》，《考古》1986 年第 8 期。

② 中国社会科学院考古研究所：《殷墟青铜器》，文物出版社，1985 年。

③ 安阳市文物工作队：《河南安阳郭庄村北发现一座殷墓》，《考古》1991 年第 10 期。

④ 安阳市文物工作队：《1983—1986 年安阳刘家庄殷代墓葬发掘报告》，《华夏考古》1997 年第 2 期。

⑤ 安阳市文物考古研究所：《安阳殷墟戚家庄东商代墓地发掘报告》，中州古籍出版社，2015 年。

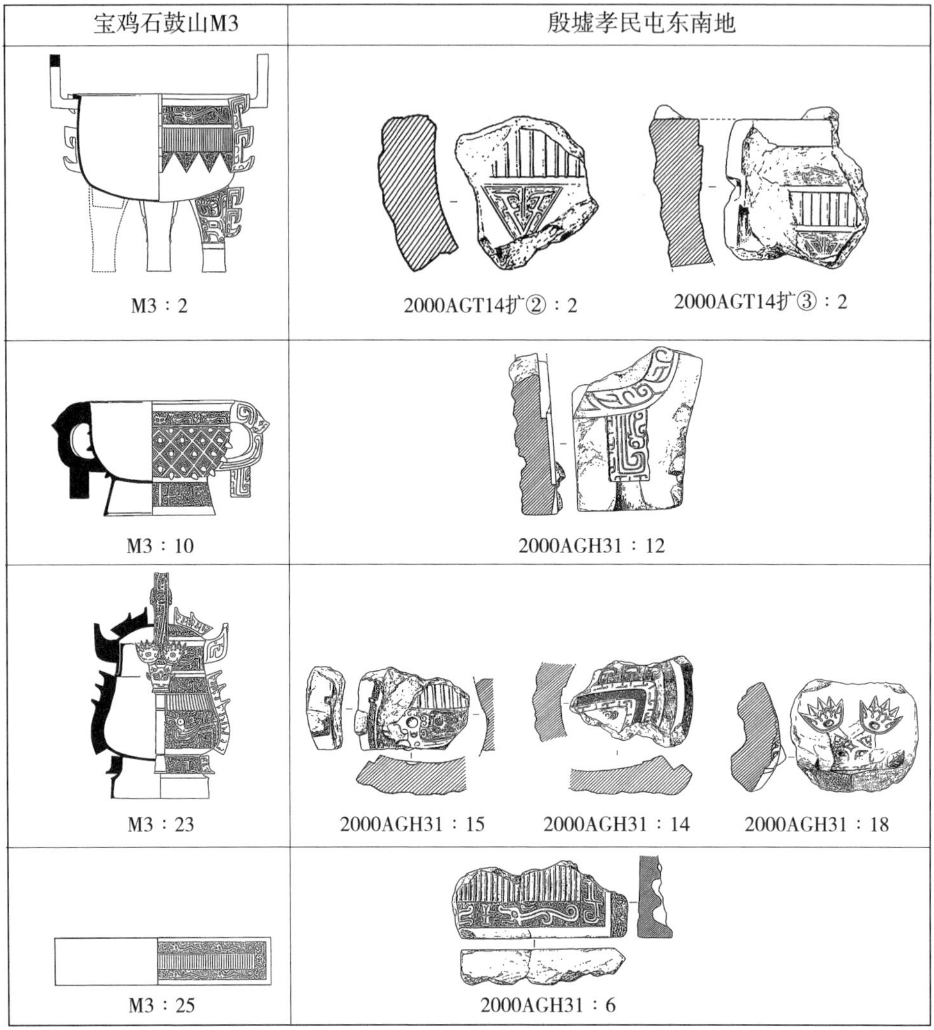

图 2.21　宝鸡石鼓山 M3 随葬西土系乙类风格铜器与殷墟孝民屯 2000AGH31 出土陶范对比

需要强调的是，“文化融合阶段”之前的低等级铜器墓确实随葬有制作较差的铜器，但这些铜器尽管制作较差，仍然不及 M1713 所出者的低劣程度，且在“文化融合阶段”之前，铜器墓随葬铜器风格通常较为一致，罕见将制作精良铜器与制作低劣铜器埋在同一座墓葬中的情况。

至殷墟文化第四期第 4 组，由于铜料资源的短缺，殷墟的铜器墓已被仿铜陶礼器墓取代，以小屯西地 GM233 为代表。GM233 所出陶器可分为两组（图 2.24），其中一组为仿铜陶礼器，另一组是殷墟铜器墓通常随葬的陶觚、罍等。小屯西地

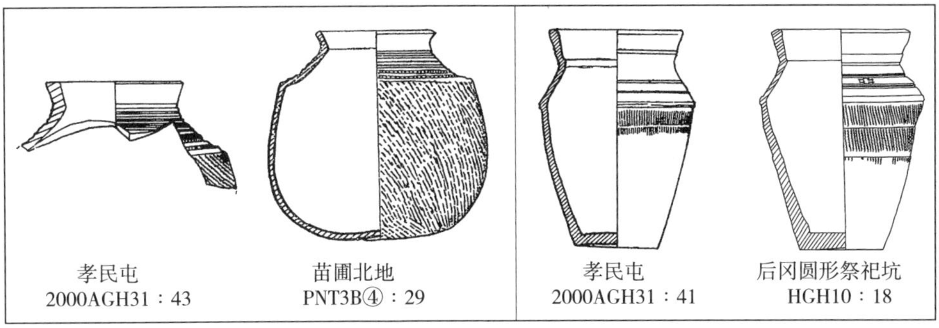

图 2.22　殷墟孝民屯 2000AGH31 出土陶器及对比器物

GM233 随葬的圆肩罐 GM233：17 自陶罍演变而来，又是西周早期圆肩旋纹罐的原型，属于过渡形态特征。

由此可知，安阳地区在殷墟文化第四期第 3 组仍然生产铜器，墓葬仍然随葬成套青铜礼器，以刘家庄北 M1046 为代表，由于“先周文化”仅有单调的菱格乳钉纹铜鼎、簋等器类，对于安阳地区墓葬随葬铜器组合的影响有限。但不久之后，安阳地区的墓葬不得不将制作低劣的铜器与铸造精良的铜器组成一套完整的器物组合进行随葬，最终只得随葬仿铜陶礼器。在“文化融合阶段”，殷墟遗址的铸铜业逐渐衰微，由于缺乏青铜器作为礼仪制度的物质载体，安阳地区两百余年来的复杂社会难以为继，西周王朝对大邑商“釜底抽薪”的干预最终导致了安阳地区复杂社会的瓦解。

大约在殷墟文化第四期第 3、4 组之际，殷墟遗址的铸铜作坊已迁至洛阳等地，但商人故地东南部的海岱地区、淮河中游地区及长江流域，商系铜器生产线仍在殷墟文化最晚风格铜器群的基础上延续生产。

三　商系建筑

杨锡璋提出“殷人尊东北方位”①，商城、商代大型宫殿建筑均为南偏西的“商方向”，此说进而被用于对比偃师商城和二里头遗址发现的“两个不同族属的文化遗

① 杨锡璋：《殷人尊东北方位》，《庆祝苏秉琦考古五十五年论文集》，文物出版社，1989 年。

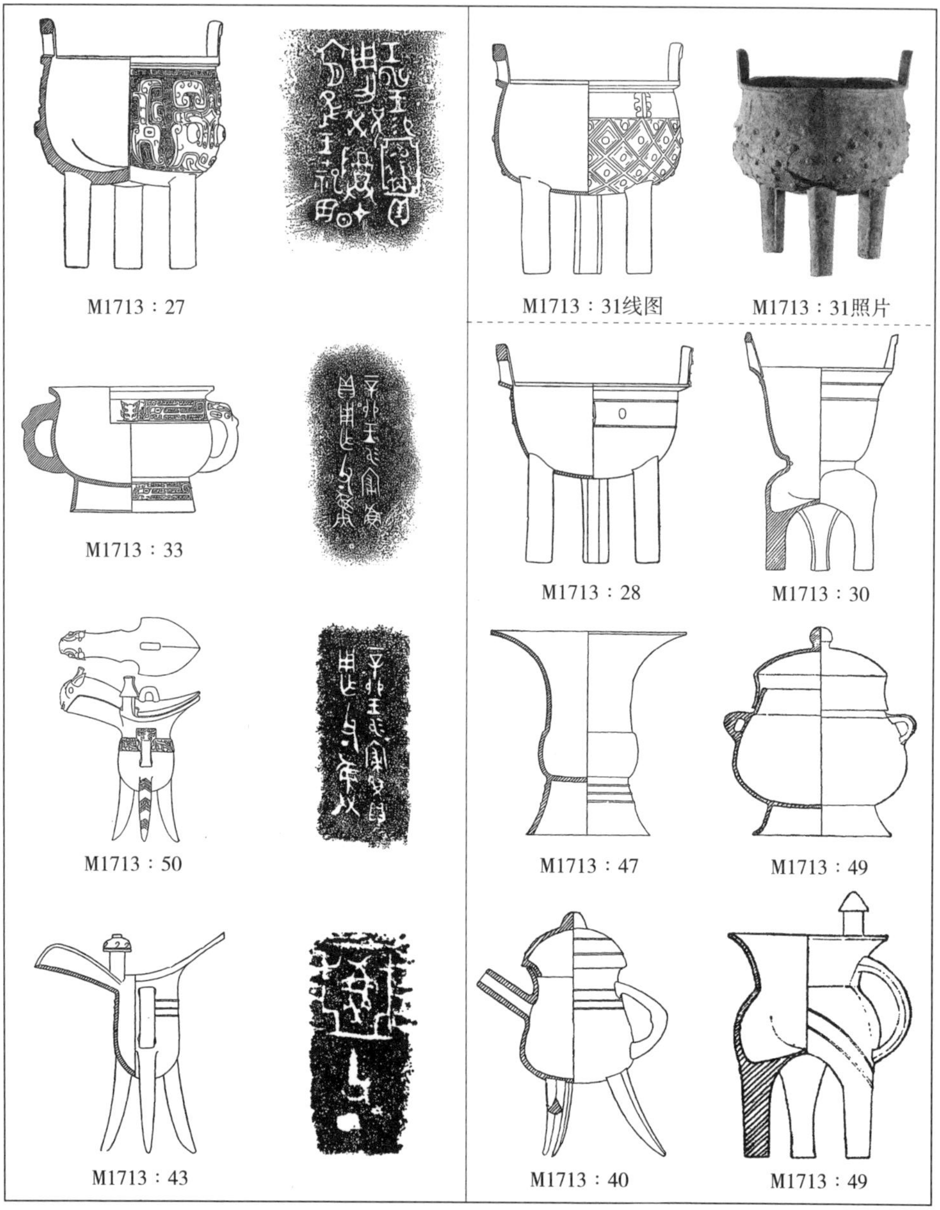

图 2.23　殷墟西区 M1713 随葬铜器

迹”①。考古发现表明，郑州商城、偃师商城、洹北商城及殷墟的城墙、宫室建筑及大墓的方向往往属于“商方向”，但例外的情况也存在，如小双桥遗址的宫室建筑呈

① 高炜、杨锡璋、王巍、杜金鹏：《偃师商城与夏商文化分界》，《考古》1998 年第 10 期。

现出南偏东的“非商方向”①。

图 2.24　殷墟小屯西地 GM233 随葬陶器

尽管郑州商城曾发现少量与宫室建筑有关的二里冈文化板瓦②，但洹北商城③及殷墟④的宫室建筑发掘表明，商代宫室建筑的屋顶主要由稻草铺成。

以往关于西周时期商系建筑的讨论主要围绕陕西周原凤雏甲组建筑基址展开。杜金鹏曾指出凤雏甲组建筑“从建筑风格和卜辞内容看，与殷人关系密切”⑤。郭明指出“堂庑一体式”院落是商代大型院落建筑的典型形制，主体殿堂为进深仅为一间的排房，两侧不开门，建筑外围多使用檐柱围成回廊⑥。

---

① 李宏飞：《小双桥遗址与白家庄期商文化研究三题》，《夏商都邑与文化》（二），中国社会科学出版社，2014 年。

② 河南省文物考古研究所：《郑州商城北大街商代宫殿遗址的发掘与研究》，《文物》2002 年第 3 期。

③ 中国社会科学院考古研究所安阳工作队：《河南安阳市洹北商城宫殿区 1 号基址发掘简报》，《考古》2003 年第 5 期；中国社会科学院考古研究所安阳工作队：《河南安阳市洹北商城宫殿区二号基址发掘简报》，《考古》2010 年第 1 期。

④ 石璋如：《小屯第一本·遗址的发现与发掘乙编·殷墟建筑遗存》，历史语言研究所，1959 年。

⑤ 杜金鹏：《周原宫殿建筑类型及相关问题探讨》，《考古学报》2009 年第 4 期。

⑥ 郭明：《周原凤雏甲组“宗庙说”质疑》，《中国国家博物馆馆刊》2013 年第 11 期。

四 商系墓葬

关于商系墓葬，郜向平[①]已在各个方面进行了全面系统论证。关于商周墓葬的对比研究，张明东[②]也进行了详尽的对比。本研究对商系墓葬特点的概述将不再展开论述，而是将学术界以往关于商系墓葬的重要特征加以归纳总结。

（一）居葬一体

殷墟遗址（小屯东北地和西北冈以外区域）的墓葬通常位于共时居址的近旁[③]，呈现出“居葬一体”的特质因素。所谓的“殷墟西区”实际上仅发掘了墓葬而未发掘居址[④]。居葬一体的特质因素在周原遗址的殷遗居民点仍然延续体现[⑤]。相比之下，周人的居葬关系通常呈现出居葬分离的特点。

（二）墓向的“商方向”

商墓中最常见的是北偏东的“商方向”[⑥]，但也存在一定数量的东西向墓葬。进入西周，东西向成为殷遗墓葬相当流行的墓向之一[⑦]。

（三）曲尺形墓道

殷墟文化晚期出现了少量曲尺形墓道的大墓（图2.25）。殷墟西区M93[⑧]为甲字形墓，南墓道南段向西折。小屯西地2003AXTT2M1[⑨]为两墓道大墓，与通常的中字形墓结构不同，南墓道自墓室东壁向东，再向南折，此墓南墓道西壁在修建过程中

---

① 郜向平：《商系墓葬研究》，科学出版社，2011年。

② 张明东：《商周墓葬比较研究》，中国社会科学出版社，2016年。

③ 李宏飞：《商代晚期的居与葬及其社会意义——以殷墟为例》，中国社会科学院研究生院硕士研究生学位论文，2012年。

④ 《司母辛 武父乙——郑振香先生访谈录》，《追迹：考古学人访谈录Ⅱ》，上海古籍出版社，2015年。

⑤ 雷兴山、种建荣：《周原遗址商同时期聚落新识》，《大宗维翰：周原出土铜器特展》，文物出版社，2014年。

⑥ 杨锡璋：《殷人尊东北方位庆祝苏秉琦考古五十五年论文集》，文物出版社，1989年。

⑦ 张明东：《商周墓葬比较研究》，中国社会科学出版社，2016年。

⑧ 中国社会科学院考古研究所安阳工作队：《1969—1977年殷墟西区墓葬发掘报告》，《考古学报》1979年第1期。

⑨ 中国社会科学院考古研究所安阳工作队：《河南安阳市殷墟小屯西地商代大墓发掘简报》，《考古》2009年第9期。

坍塌，下葬十分仓促。铁三路 M2118[①] 的南墓道向西折后再向南折。

洛阳发现的西周早期殷遗墓葬同样发现曲尺形墓道，如洛阳摆驾路口第一号、第二号殷人墓（图 2. 25）。可见，曲尺形墓道是商系文化的重要特征之一。

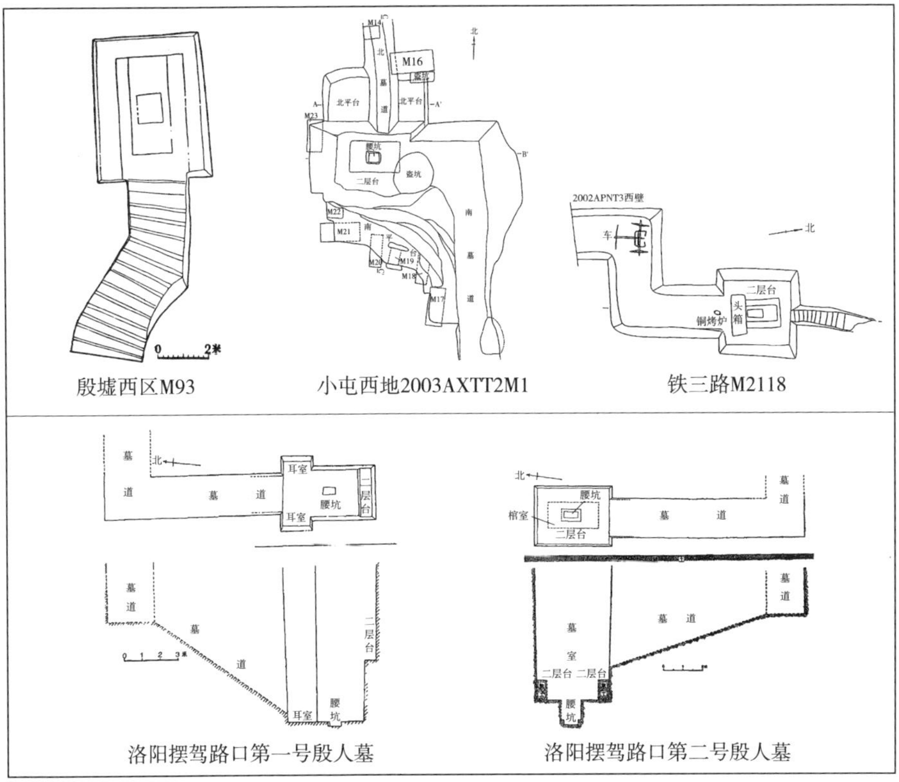

图 2. 25　曲尺形墓道大墓

（四）俯身葬

学界以往关于俯身葬的讨论较多，基本认可属于商人男性的葬式[②]。商文化以外的墓地，如陕西长武碾子坡遗址[③]也发现有相当数量的俯身葬墓葬，表明商人以外的族群也可使用俯身葬。但相比之下，一般认为的周人墓葬均未发现俯

① 中国社会科学院考古研究所安阳工作队：《河南安阳市铁三路殷墟文化时期制骨作坊遗址》，《考古》2015 年第 8 期。

② 郜向平：《商系墓葬研究》，科学出版社，2011 年。

③ 中国社会科学院考古研究所：《南邠州 · 碾子坡》，世界图书出版公司，2007 年。

身葬。

（五）腰坑

据张明东研究，凡是确定为姬姓周人的大、中型墓葬中均没有腰坑，西周早期有腰坑的大、中型墓葬均为殷遗墓葬。腰坑内存在殉狗、殉人的现象，同样属于商系墓葬特征①。就目前而言，有腰坑的墓葬通常被认为是殷遗墓，但殷遗以外的人群也有可能使用腰坑，甚至不排除极个别的周人使用腰坑。

（六）殉人

黄展岳指出“属于从死的殉葬者称人殉，把供祭品的殉葬者称人牲”②。殉人是商墓的重要特征。至西周时期，殷遗墓葬中仍然有殉人现象。

（七）明器化铜礼器（铅礼器）和仿铜陶礼器

殷墟文化晚期已出现专门用于随葬的青铜器，这些铜器通常成套出现，族徽、铭文基本一致，没有使用痕迹。但相对而言，这些随葬铜器仍然具有较好的铸造质量。至“文化融合阶段”，新出现的明器化铜礼器（铅礼器）制作粗劣，最终完全以仿铜陶礼器代替铜器，如小屯西地GM233（图2. 26），此现象的背景应是商亡导致的工匠离散和铜料短缺。至西周早期，周原、丰镐、洛阳等地的殷遗墓葬中仍然存在使用仿铜陶礼器的情况。

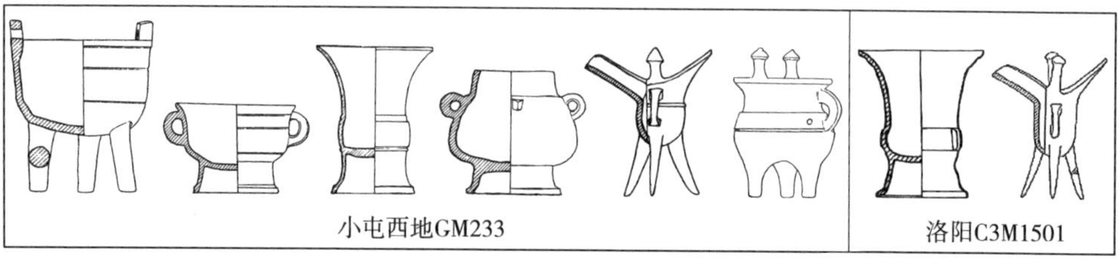

图2. 26　安阳及洛阳地区墓葬随葬的仿铜陶礼器

（八）柱足（束颈）鬲和敞口薄唇簋

殷墟刘家庄北地（抗震大楼）M85∶1系在肥袋足无实足根鬲的基础上，受到周文化的影响添加饰绳纹的小柱足而成，属于商式鬲的变体③。西周早期早段以后，柱

① 张明东：《商周墓葬比较研究》，中国社会科学出版社，2016年。

② 黄展岳：《古代人牲人殉通论》，文物出版社，2004年。

③ 李宏飞：《安阳地区西周时期考古学文化分期研究》，《南方文物》2014年第3期。

足鬲逐渐出现束颈特征，成为此类陶鬲的重要特征。此类陶鬲的实足根在西周早期早段以后多呈现上粗下细且表面经刮削的特征。

敞口薄唇簋源于“文化融合阶段”的仿铜陶簋，同样属于殷遗新创造的器型。西周早期鹿邑太清宫 M1① 所出敞口薄唇簋的腹部即已饰有 S 形卷云纹，属于此类陶簋腹部最常见的纹饰。

（九）编铙

殷墟文化流行三件一套的编铙，至西周初年的长子口墓②中仍然可见。

（十）朱书玉璋/墨书石璋

刘家庄北 M1046 出有 18 件墨书石璋（图 2.27），“此批墨书石璋第一字均为‘尖’”③。刘家庄南 85AGMM54、85AGMM57、85AGMM64 也出有内容相似的朱书玉璋（图 2.27），其中 85AGMM64 的年代已晚至西周早期。可知书有此类内容的璋类属于商系墓葬特有器物。此类器物亦常见于洛阳地区的殷遗墓中。

（十一）重酒器的组合

郭宝钧提出商文化铜器群“饮酒器爵、觚、斝的联用共出，是突出的现象。……殷代器群器物的组合，是‘重酒的组合’”④。殷墟铜器墓中随葬组合的核心是铜觚、爵，套数的多寡是身份地位的重要象征⑤。殷墟文化晚期开始出现铜觚、爵、觯的组合，尚未见到铜爵、觯组合，表明铜觚仍然是组合中的重要核心。丰镐、周原等地的西周遗存中较少见到铜觚，表明其具有强烈的商系文化特征，也具有较为强烈的时代特征。

在殷墟商墓中，不论等级高低的墓葬通常都会随葬一套陶觚、爵，至殷墟文化晚期，陶觚、爵逐渐小型化，表明其属于观念性的器物。陶觚、爵目前仅见于殷墟、苏埠屯等地的墓葬中，其他众多的殷墟文化遗址发现的墓葬缺乏陶觚、爵，通常以陶鬲、簋为随葬器物，在一定程度上也为陶鬲、簋成为西周文化随葬陶器组合核心

---

① 河南省文物考古研究所、周口市文化局：《鹿邑太清宫长子口墓》，中州古籍出版社，2000 年。

② 河南省文物考古研究所、周口市文化局：《鹿邑太清宫长子口墓》。

③ 中国社会科学院考古研究所安阳工作队：《安阳殷墟刘家庄北 1046 号墓》，《考古学集刊》第 15 集，文物出版社，2004 年。

④ 郭宝钧：《商周铜器群综合研究》，文物出版社，1981 年。

⑤ 杨锡璋、杨宝成：《殷代青铜礼器的分期与组合》，《殷墟青铜器》，文物出版社，1985 年。

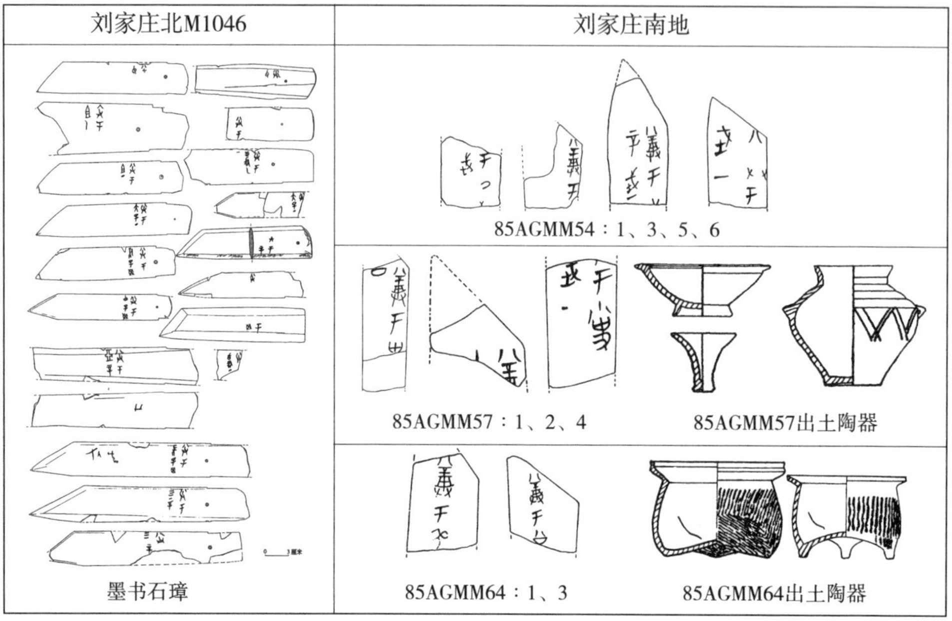

图 2. 27　殷墟墓葬随葬的朱书玉璋及墨书石璋

奠定了广域的物质文化基础。

（十二）同形现象

雷兴山曾提出西周殷遗墓葬随葬组合的“偶数同形”现象①。殷墟的中型铜器墓至迟自殷墟文化第三期晚段以来流行随葬两件“同形”的分裆鼎、扁足鼎、小圆鼎、小方鼎以及铜簋，至殷墟文化第四期晚段的小屯西地 GM233 的仿铜陶礼器墓中也随葬有“同形”的圆鼎、双耳簋等（图 2. 28）。

“同形现象”通常以“偶数同形”作为最常见的表现方式。但在更高规格的墓葬中（如鹿邑太清宫 M1），存在“多数同形”现象。殷墟商墓中铜觚、爵的套数多少是决定墓主人身份地位的重要标志，这实际上就是“同形”现象。

（十三）侈口分裆鬲

雷兴山根据陕西长安贾里村的西周墓葬材料②，认为沣西墓葬中发现的侈口分裆

① 种建荣、雷兴山、陈刚：《周原遗址姚家墓地结构分析》，《古代文明研究通讯》第 73 期，2017 年 6 月。

② 陕西省考古研究院：《贾里村西周遗址》，文物出版社，2017 年。

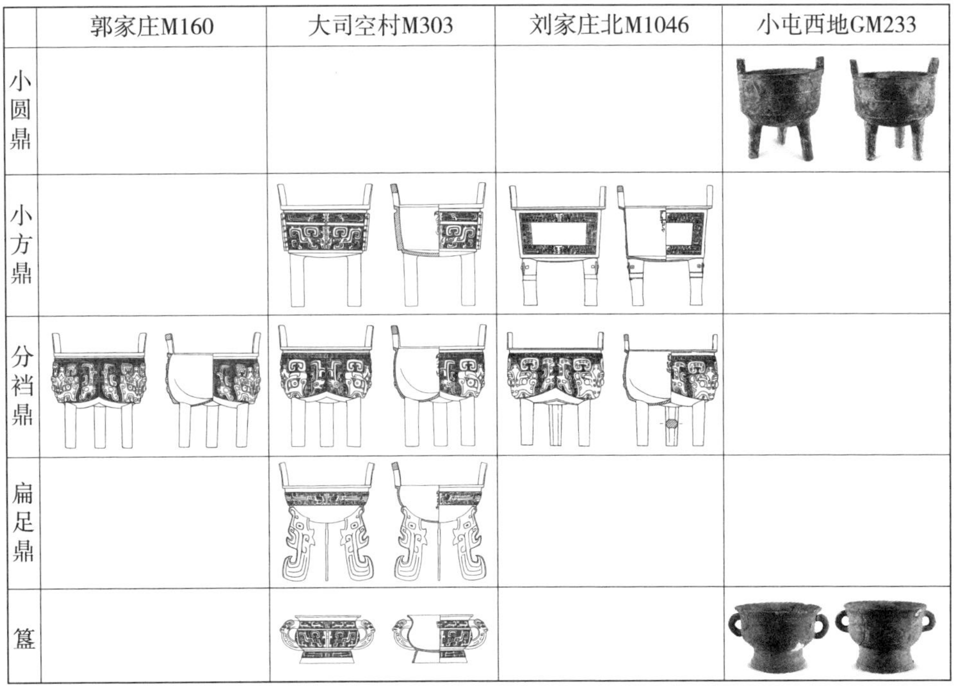

图 2. 28　殷墟文化晚期墓葬随葬器物的同形现象

鬲[1]属于殷遗到达关中地区新创造的器型[2]。

五　其他商系文化特征

（一）左纵右横绳纹

殷墟文化陶鬲之上饰有一种“左纵右横绳纹”[3]，即以裆缝为中心正视，裆缝左侧的绳纹纵施，裆缝右侧的绳纹近横施（图 2. 29）。左纵右横绳纹流行于殷墟文化晚期，特别是见于形体较小、方唇上翻、高领卷沿束颈盘口的分裆鬲。在殷墟刘家庄北地（抗震大楼）和洛阳北窑西周早期墓葬中所出陶鬲仍然具有左纵右横绳纹，为判断西周初年殷遗民新创和使用的陶鬲提供重要的判断依据。

---

① 即《沣西发掘报告》的Ⅱ式鬲《1967 年长安张家坡西周墓葬的发掘》的Ⅲ式鬲及《张家坡西周墓地》的 BⅢa 式鬲。

② 雷兴山：《先周文化探索》，科学出版社，2010 年。

③ 李宏飞：《小议两种商系绳纹》，《考古与文物》2018 年第 1 期。

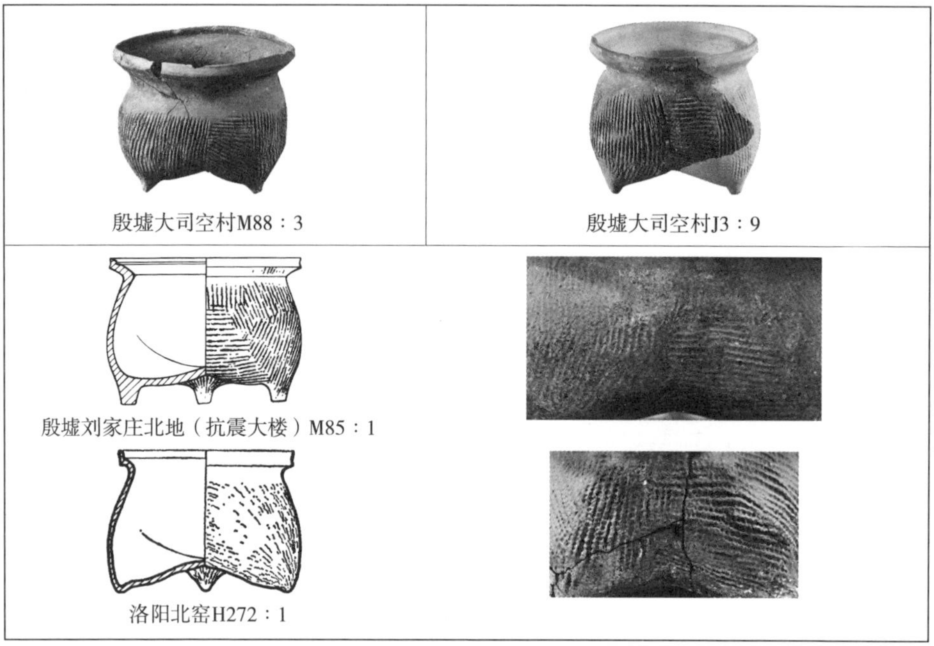

图 2. 29　饰左纵右横绳纹的陶鬲

（二）族徽、日名

“周人不用日名说”[①] 和 “周人不用族徽说”[②] 实际上是建立在商人使用族徽和日名的基础上提出的学说。

（三）铜铺

见于江西新干大洋洲墓[③]、河南信阳罗山蟒张天湖后李墓地[④]、湖北蕲春毛家咀居址[⑤]、安徽怀宁孙家城 H29[⑥] 和湖南宁乡炭河里[⑦]等地（图 2. 30），均属商文化或与商文化关系密切的文化遗存，可能属于南方地区商系文化的地域性特征因素。

---

① 张懋镕：《周人不用日名说》，《历史研究》1993 年第 5 期。

② 张懋镕：《周人不用族徽说》，《考古》1995 年第 9 期。

③ 江西省文物考古研究所、江西省博物馆、新干县博物馆：《新干商代大墓》，文物出版社，1997 年。

④ 河南省信阳地区文管会、河南省罗山县文化馆：《罗山天湖商周墓地》，《考古学报》1986 年第 2 期。

⑤ 中国科学院考古研究所湖北发掘队：《湖北圻春毛家咀西周木构建筑》，《考古》1962 年第 1 期。

⑥ 安徽省文物考古研究所、怀宁县文物局：《安徽怀宁县孙家城遗址 H29 发掘简报》，《江汉考古》2015 年第 2 期。

⑦ 湖南省文物考古研究所、长沙市考古研究所、宁乡县文物管理所：《湖南宁乡炭河里西周城址与墓葬发掘简报》，《文物》2006 年第 6 期。

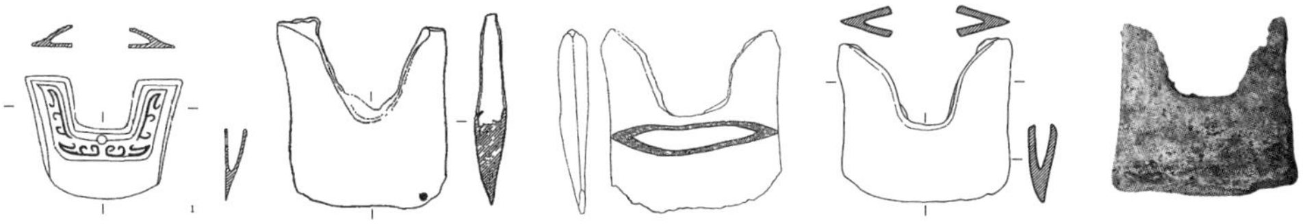

大洋洲 XDM：344　　天湖 M27：14　　毛家咀 T1-1H(1)　　孙家城 H29①：7　　炭河里 M8：4

图 2.30　商系文化遗存出土铜锸

第二节　周系文化特征

一　关中地区先周时期至西周早期考古学文化谱系

关中东部的西安老牛坡①、耀县北村②以及关中西部的礼泉朱马嘴③、扶风壹家堡④和周原⑤等地均发现有商文化遗存，这些遗存的年代下限为殷墟文化第二期前后。在漆水河下游，郑家坡文化曾与上述商文化遗存共存，其年代上限接近白家庄期⑥。此后，关中地区的文化面貌发生了巨大变化，周原遗址出现了碾子坡文化和刘家文化等“高领袋足鬲类文化”，以郑家坡文化等为代表的“联裆鬲类文化”至迟于礼村 LH8 已到达周原地区，随后联裆鬲类文化对高领袋足鬲类文化分布区产生了深刻的文化影响。

长期以来，关中地区相当于殷墟文化晚期的联裆鬲类文化和高领袋足鬲类

① 刘士莪：《老牛坡》，陕西人民出版社，2001 年。

② 北京大学考古系商周组、陕西省考古研究所：《陕西耀县北村遗址 1984 年发掘报告》，《考古学研究》（二），1994 年。

③ 北京大学考古系商周组、陕西省考古研究所：《陕西礼泉朱马嘴商代遗址试掘简报》，《考古与文物》2000 年第 5 期。

④ 北京大学考古系商周组：《陕西扶风县壹家堡遗址 1986 年度发掘报告》，《考古学研究》（二），1994 年。

⑤ 王光永：《陕西省岐山县发现商代铜器》，《文物》1977 年第 12 期；周原考古队：《2001 年度周原遗址（王家嘴、贺家地点）发掘简报》，《古代文明》第 2 卷，文物出版社，2003 年；齐浩、张天宇：《周原遗址新见京当型铜器墓浅识》，《中国国家博物馆馆刊》2015 年第 11 期。

⑥ 雷兴山：《先周文化探索》，科学出版社，2010 年。

文化属于探索“先周文化”的重要对象。尽管关于究竟哪一种或几种考古学文化属于“先周文化”尚在讨论中，但各家所认为的“先周文化”均不包含京当型，在陶器群层面也几乎不见殷墟文化因素。在邹衡提出“先周文化”的概念[①]之前，学术界通常认为高领袋足鬲的年代属先周时期，联裆鬲的年代属西周时期。随着郑家坡[②]、北吕[③]等地居址与墓葬的发现，证实联裆鬲的年代也可早至先周时期，近年来宝鸡石鼓山 M3[④]、M4[⑤] 的材料进一步表明高领袋足鬲的年代可晚至西周初年。先周与西周联裆鬲的差别在于口沿外侧绳纹是否抹光以及所饰绳纹特征的变化[⑥]，判断高领袋足鬲进入西周则是依靠墓葬中的共存关系，先周晚期与西周早期高领袋足鬲的形制特征尚缺乏明晰的判断标准。此外还存在一种“异形高领袋足鬲”，“该类器高领多微侈或僵直，与高领袋足鬲领部均内弧不同，该类器都在领中部施鋬，裆部上方施鋬或短附加泥条，这些特征均不见于高领袋足鬲”[⑦]，此类“异形高领袋足鬲”通常与最晚特征的高领袋足鬲共出。

除联裆鬲和高领袋足鬲以外，联裆甗、袋足分裆甗、方格纹盆、绳纹盆、折肩罐、高领球腹罐等也属于此阶段关中地区的常见器类，这些器类均与殷墟文化的陶器形制存在显著差异。先周时期关中地区诸文化缺乏簋、豆等器类，在殷墟文化中却常见簋、豆等器类。

关中地区在礼村 LH8 阶段之后进入“文化融合阶段”。沣西 H18 的年代略晚于礼村 LH8，与殷墟文化第四期晚段大体相当，出现了联裆鬲类文化与高领袋足鬲类文化的融合现象，口沿外侧饰绳纹与绳纹抹光的联裆鬲共出，高领袋足鬲与前述两类联裆鬲共存，菱格纹类陶器（盆、罐等）仍流行，随葬高领袋足鬲与联裆鬲的墓

---

① 邹衡：《论先周文化》，《夏商周考古学论文集》，文物出版社，1980 年。

② 宝鸡市考古工作队：《陕西武功郑家坡先周遗址发掘简报》，《文物》1984 年第 7 期。

③ 宝鸡市周原博物馆：《北吕周人墓地》，西北大学出版社，1995 年。

④ 石鼓山考古队：《陕西宝鸡石鼓山西周墓葬发掘简报》，《文物》2013 年第 2 期。

⑤ 陕西省考古研究院、宝鸡市考古研究所、宝鸡市渭滨区博物馆：《陕西宝鸡石鼓山商周墓地 M4 发掘简报》，《文物》2016 年第 1 期。

⑥ 雷兴山：《先周文化探索》，科学出版社，2010 年。

⑦ 雷兴山：《先周文化探索》。

葬（每墓1件）在同一墓地中混杂（属于同期但不排除有先后关系），殷墟文化因素（三角划纹簋、瓦楞绳纹罐及圆肩罐等）也进入了关中地区陶器群中，全新面貌的考古学文化在此阶段正处于融合孕育之中。

进入西周早期，关中地区的文化面貌一统为“宗周文化”，口沿外侧抹光的联裆鬲成为最常见的主炊器，高领袋足鬲及菱格纹类陶器罕见，出现侈口厚唇簋、粗柄豆、圆肩罐等器类，其中侈口厚唇簋通常与殷遗有关。

二　周系铜器特征

大体相当于殷墟文化第三期至殷墟文化第四期早段，关中地区诸文化的陶器群中几乎不见殷墟文化因素。但根据文献记载，周人在此时开始与商王朝之间发生较为密切的往来，这些往来更多地体现在了社会上层的铜器群层面。由于京当型已具备较高的铜器铸造能力，推测“先周文化”应已具备一定的铜器铸造能力，目前考古材料所见乳钉夔纹盆形铜簋可能未必能够完全反映“先周文化”的铸铜业水平。乳钉夔纹盆形簋被认为是“先周文化”典型铜器①，较为集中地出土于“文化融合阶段”的墓葬中，跨越联裆鬲类文化和高领袋足鬲类文化，分布范围几乎遍布关中地区②。作为权威标志物的铜器通常具有精粗高下之分，此类铜器的广泛分布似乎更加说明其在先周文化铜器产品中的“低端普适性”，并不能代表先周文化铜器铸造业的最高水平。

贺家73 M1③是周原遗址目前发现的先周晚期规格最高的铜器墓，邹衡④、张天恩⑤、岳洪彬⑥等均将其年代定为大体相当于殷墟文化第三、四期之际，本研究也持

① 邹衡：《论先周文化》，《夏商周考古学论文集》，文物出版社，1980年；武者章：《先周青铜器试探》，《东洋文化研究所纪要》109，1989年；近藤はる香：《关中地区西周青铜器生产体系研究》，北京大学博士研究生学位论文，2012年。

② 在京津唐地区和随州地区的低等级铜器墓（年代已进入西周纪年）中也出有此类器物，更加印证其“低端普适性”。

③ 陕西省博物馆、陕西省文物管理委员会：《陕西岐山贺家村西周墓葬》，《考古》1976年第1期。

④ 邹衡：《论先周文化》，《夏商周考古学论文集》，文物出版社，1980年。

⑤ 张天恩：《关中商代文化研究》，文物出版社，2004年。

⑥ 岳洪彬：《殷墟青铜礼器研究》，中国社会科学出版社，2006年。

相似认识，认为其年代与灵石旌介 M1、殷墟郭家庄 M160 大体相当①。尽管该墓被盗，随葬于头龛内的铜器却得以幸免，所出鼎、簋腹部饰菱格乳钉纹。该墓所出铜簋及铜戈亦见于关中东部的蓝田黄沟窖藏以及山西中南部的灵石旌介 M1，该墓所出铜卣也与灵石旌介墓群有关。旌介 M1 中发现有“先周文化”特征的红铜鼎，年代略晚的旌介 M2 中还出有绳纹饰至足尖的瘪裆陶鬲（图 2.31）。这些器物所反映出的地域间文化交流可能与文献记载中先周时期周人对关中东部与晋中南地区的征伐存在一定的关联。

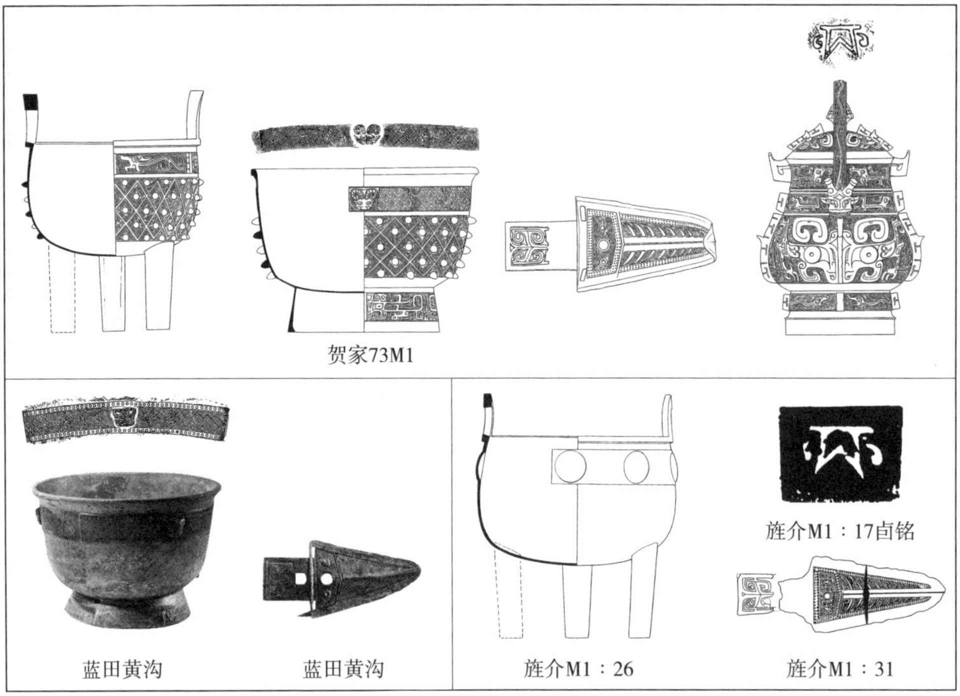

图 2.31　岐山贺家 73M1 随葬铜器及对比器物

漆水河下游发现有另一批重要铜器群，即武功县游凤镇浮沱村发现的“游凤七器”②。根据报道者的描述推测应是出自墓葬，出有铜鼎 3、铜簋 2、铜甗 1 以及兵、

① 李宏飞：《论周原贺家 73M1 铜器群——关中地区先周时期铜器群探索之一》，《南方文物》2017 年第 4 期。

② 段绍嘉：《介绍陕西省博物馆的几件青铜器》，《文物》1963 年第 3 期；李宏飞：《论游凤七器——关中地区先周时期铜器群探索之二》，《考古与文物》2020 年第 4 期。

车器21。该墓所出兽面纹大圆鼎的年代有可能早至殷墟文化第二期晚段，但其余铜容器的年代大体相当于殷墟文化第三期，年代略早于贺家73M1。

“游凤七器”及岐山贺家73M1铜器群大体代表了殷墟文化第三期至第三、四期之际“先周文化”铜器墓随葬铜器群的基本特征：

一、铜器群的整体面貌接近殷墟文化，殷墟文化特征铜器与本地特征铜器共存（所谓本地特征基本属于对殷墟文化铜器的模仿或略加改造）；

二、纹饰方面突出对菱格乳钉和波浪形夔纹的强调；

三、器类方面突出对鼎（甗）、盆形簋的强调。

事实上，上述总结的特征也在“文化融合阶段”铜器墓中有显著体现。但“文化融合阶段”铜器群与先周晚期铜器群之间仍然存在十分明显的差异：

（一）新出现西土系乙类风格铜器

尽管“文化融合阶段”的铜器群面貌仍然十分接近殷墟文化，但在殷墟文化特征铜器（商器）和本地特征铜器（西土系甲类风格）之外，又出现了一批制作精良的商周文化混合特征铜器（西土系乙类风格）。这些新出现的西土系乙类风格铜器的年代上限为殷墟文化第四期晚段，与沣西H18及宝鸡石鼓山M3的年代大体相当，此类铜器通常具有发达扉棱、向外飞射的棱角①等特征，目的是为了在夺取殷墟铸铜工匠后，“彰显了胜利者神采飞扬的时代风貌……属意要将胜利的愉悦展现在青铜艺术上”②。此类铜器目前主要集中发现于宝鸡市区东部，但与之对应的陶范集中发现于殷墟孝民屯的2000AGH31，年代同样为“文化融合阶段”。

（二）西土系甲类风格铜器的广域分布

在宝鸡石鼓山M3中可见到饰有直肢鸟首夔纹与菱格乳钉纹饰组合的盆形鼎（图2.32）以及波浪形夔纹与菱格乳钉纹饰组合的盆形簋（图2.33）。

此类铜器通常制作粗糙，器壁较薄，可称为西土系甲类风格铜器③。西土系甲类风格铜器的分布范围东至海岱地区，北至京津唐地区，南至鄂西北地区，西至陇东南地区，在广域范围内均有发现，基本与西周文化影响力所能达到的四至范围大体相当。

---

① 陈梦家：《西周铜器断代》，中华书局，2004年。

② 张天恩：《石鼓山户氏青铜器相关问题简论》，《文物》2015年第1期。

③ 李宏飞：《论宝鸡石鼓山M3的商器周用现象及其背景》，《三代考古》（七），科学出版社，2017年。

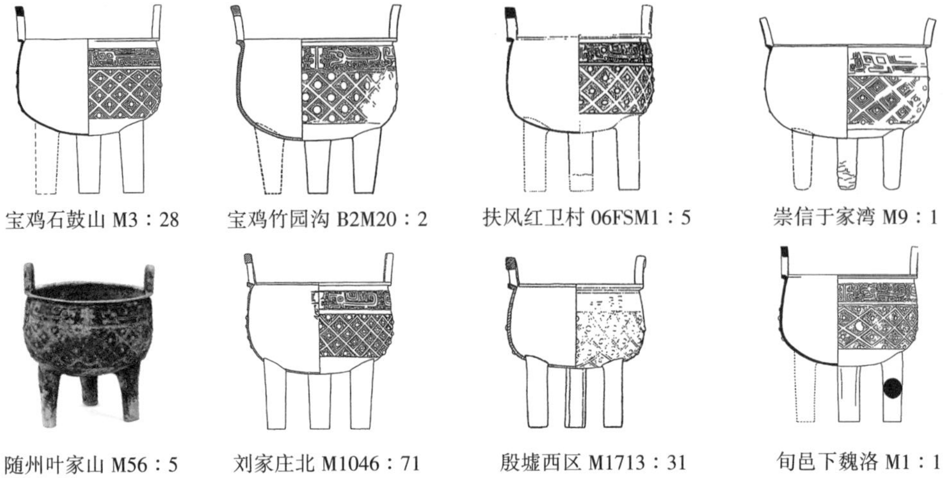

图 2.32　乳钉夔纹盆形鼎

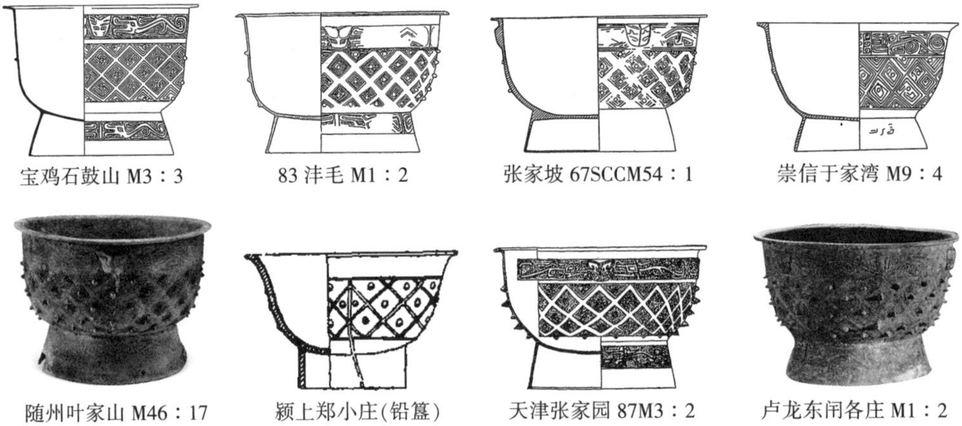

图 2.33　乳钉夔纹盆形簋

（三）商器主要为殷墟文化第四期特征

在“游凤七器”和岐山贺家 73M1 铜器群中，不乏殷墟文化早期特征铜器随葬，但在宝鸡石鼓山 M3 一类墓葬中，绝大部分属于殷墟文化第四期特征铜器，罕见早于殷墟文化第四期特征的商器。研究表明，殷墟王陵被盗年代不早于西周中期①，若周

① 张敏：《殷墟王陵上的晚期遗迹及早期盗掘坑年代辨析》，《中国国家博物馆馆刊》2011 年第 12 期；李宏飞：《殷墟西北冈西周遗存分析》，《中国国家博物馆馆刊》2016 年第 11 期。

人在西周初年在安阳大肆盗掘，关中地区涌入的殷墟文化铜器显然不应仅包含殷墟文化第四期特征的铜器，也应当涌入相当数量的殷墟文化早期特征铜器。这表明，周人在殷墟掠夺的铜器主要是居址中使用的殷墟文化第四期铜器。

以上三点是关中地区先周晚期墓葬铜器群与“文化融合阶段”墓葬铜器群的主要差别。随着商周文化的融合，殷墟在“文化融合阶段”及稍晚也出现了少量具有周初风格的铜器（陶范）。这些铜器（陶范）的年代究竟属于商系统还是周系统，直接关系到了商周铜器断代问题。

学界以往通常将方座、长珥簋、直棱龙纹鼎、飞射棱脊的凤鸟纹卣、乳钉直棱纹簋等视为周初风格铜器，这些铜器制作精良，器壁较厚，有的还具有器物局部的夸张作风，可称为西土系乙类风格铜器①。殷墟孝民屯东南地发现了这些器物的陶范，表明至少有部分此类风格器物铸造于安阳。李永迪等根据孝民屯东南地发现的陶范认为这些以往被公认的周初风格铜器年代有可能提早到商末②。殷墟发现的西土系乙类风格陶范集中出土于孝民屯东南地2000AGH31，共出的陶器为“文化融合阶段”典型形制。

方座及“迴旋转尾夔纹”（蜗纹）也是流行于关中地区的周系铜器特质因素，就目前的材料看，其年代上限可至“文化融合阶段”。陈梦家曾指出“带方座的簋或独立的方座或长方座（所谓禁）”③ 是周初铜器的特色。方座器物主要流行于关中地区，应属周系铜器的特质因素。邹衡曾指出“商器夔纹种类甚多，但绝无尾作迴旋转者；而这种纹饰在周器中则是比较常见的”④。殷墟刘家庄北J31底部曾出有一片带“迴旋转尾夔纹”的铜卣残片⑤，与此残片共出的有一件圆肩旋纹罐，圆肩旋纹罐在安阳地区出现于西周早期，时代并不能早至商末（图2.34）。

铜容器以外，周系车马器也与商系车马器具有明显的差异。商系车马器中常见

---

① 李宏飞：《论宝鸡石鼓山M3的商器周用现象及其背景》，《三代考古》（七），科学出版社，2017年。

② 李永迪、岳占伟、刘煜：《从孝民屯东南地出土陶范谈对殷墟青铜器的几点新认识》，《考古》2007年第3期。

③ 陈梦家：《西周铜器断代》，中华书局，2004年。

④ 邹衡：《论先周文化》，《夏商周考古学论文集》，文物出版社，1980年。

⑤ 中国社会科学院考古研究所：《河南安阳市殷墟刘家庄北地2008年发掘简报》，《考古》2007年第7期。

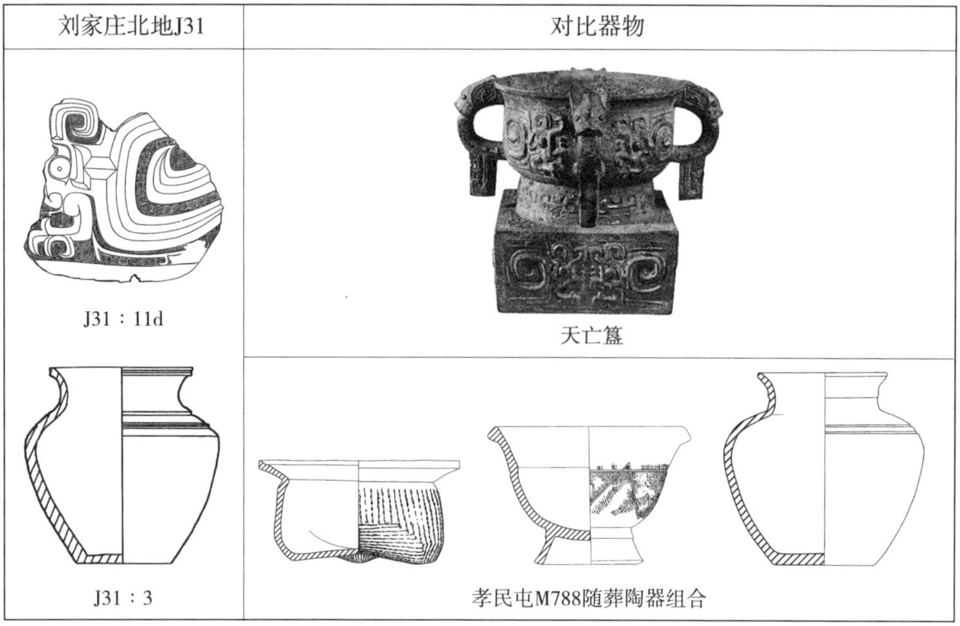

图 2. 34　殷墟刘家庄北地 J31 出土器物及对比器物

的弓形器在先周时期的贺家 73M1 中仍可见到，但进入西周早期后几乎不见。自“文化融合阶段”开始，歧形当卢①、銮铃②等周系车马器（图 2. 35）开始出现于关中地区以外，成为商人故地商周分界的重要标志性器物。

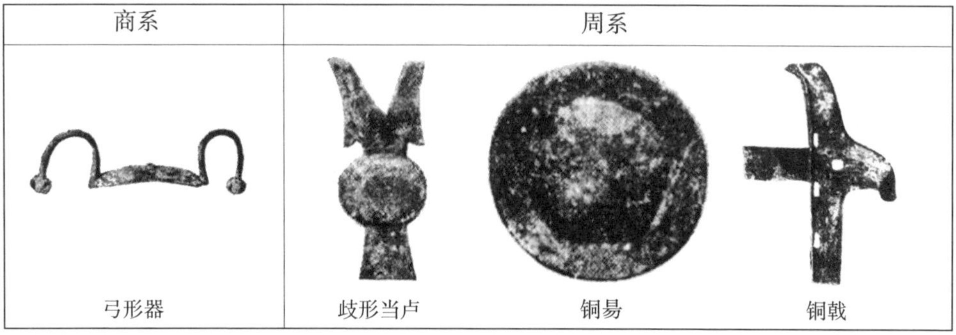

图 2. 35　宝鸡峪泉村 1970 年墓葬随葬器物

铜兵器是铜器群的重要组成部分。井中伟认为关中地区先周晚期墓葬中出土的

① 邹衡：《论先周文化》，《夏商周考古学论文集》，文物出版社，1980 年。

② 吴晓筠：《商周时期车马埋葬研究》，科学出版社，2009 年。

铜戈，“如甲类 EbI 式、Ed 型等并不见于商文化中心区，所以可将其视为异于商系统的周系铜戈”①（图 2. 36）。一体式的铜戟（图 2. 35）出现于“文化融合阶段”的关中地区，可视为周系文化的重要因素。此外，作为盾饰的铜昜（图 2. 35）也属于周系文化的特质因素②。

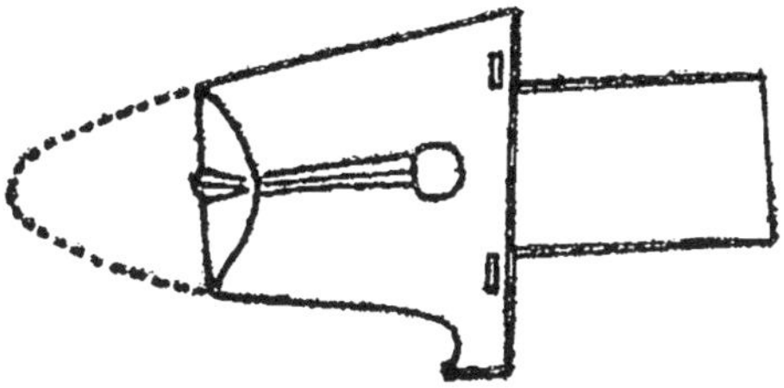

西村 79M62：4

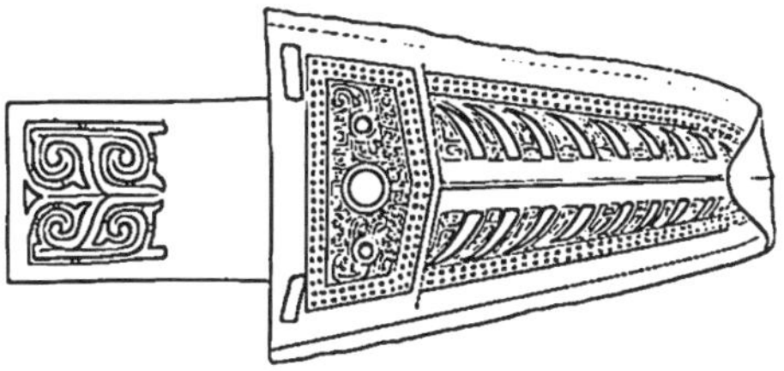

贺家 73M1

图 2. 36　周系铜戈

三　周系建筑特征

郭明指出：“堂厢分离式”院落流行于周代，是周代院落的典型特征，主体殿堂的进深为多间式，建筑外围很少使用檐柱，少见回廊③。

雷兴山认为“空心砖是与大型夯土建筑紧密关联的一类遗存，其使用年代以先周时期为主，下限或可到西周初年”，“空心砖使用的下限年代或与瓦出现的年代前后相衔”④。

四　周系墓葬特征

（一）居葬分离

据雷兴山等的调查⑤，周原遗址内的周人聚邑呈现居址与墓葬分离的特征，与殷遗民聚邑居葬一体的遗迹空间分布形态显著不同。居葬分离属于周文化墓地的重要

---

① 井中伟：《早期中国青铜戈・戟研究》，科学出版社，2011 年。

② 曹斌：《商周铜昜研究》，《考古与文物》2011 年第 3 期。

③ 郭明：《黄河流域商周时期建筑的考古学观察》，北京大学博士研究生学位论文，2013 年。

④ 种建荣、雷兴山：《试论周原遗址新发现的空心砖》，《文博》2012 年第 6 期。

⑤ 雷兴山、种建荣：《周原遗址商周时期聚落新识》，《大宗维翰》，文物出版社，2014 年。

特征，不论在关中地区或是商人故地均是如此。

（二）偏洞室墓

源于刘家文化的偏洞室墓在沣西张家坡西周墓地中仍有发现①，属于周系文化的特征之一。

（三）单鬲、单罐或鬲罐组合

随葬单鬲、单罐或鬲罐组合是先周时期以来的文化传统②。扶风北吕周人墓地③的年代由先周晚期延续至西周，随葬陶器组合长期保持这样的组合。长安少陵原墓地④的发掘也表明周人墓葬的随葬陶器组合在西周时期仍然坚守单鬲、单罐或鬲罐组合。

（四）鼎簋组合

铜鼎与铜簋的组合来源于商文化，却成为先周时期以来周系墓葬随葬铜器组合的核心。铜鼎、簋的腹部通常所饰的菱格乳钉纹尽管也源自商文化，却在先周晚期被周人得以强调。张天恩指出："云雷乳钉纹鼎、簋两类器物特别流行，略与商文化有别。"⑤

第三节　小结

整体而言，殷墟文化作为强势的先进文化，具有相对更多的文化特点，尽管商王朝覆亡，"殷遗文化"仍然坚持呈现商系文化特征，甚至还在新创一些商系文化特质因素，从而在商人故地形成了浓厚殷墟文化遗风的"殷遗文化"。商代关中地区诸文化属于相对弱势的落后文化，尽管陶器群方面独具特色，但仍显器类简单，铜器群层面更是受到了殷墟文化的强烈影响。周系文化自身的特质因素并不多，发生商周鼎革之后，尽管也创新出一些自身特色的特质因素，但更多地还是呈现出对殷墟

① 梁星彭：《张家坡西周洞室墓渊源与族属探讨》，《考古》1996 年第 5 期。
② 邹衡：《论先周文化》，《夏商周考古学论文集》，文物出版社，1980 年。
③ 宝鸡市周原博物馆：《北吕周人墓地》，西北大学出版社，1995 年。
④ 陕西省考古研究院：《少陵原西周墓地》科学出版社，2009 年。
⑤ 张天恩：《关中商代文化研究》，文物出版社，2004 年。

文化的进一步吸收，从而在关中地区形成了面貌一新的“宗周文化”。

“殷遗文化”与“宗周文化”分别分布在商人故地和关中地区，周边地区的晋中南地区由于特殊的地缘和历史原因，文化面貌接近“宗周文化”，但在商人故地外围的京津冀、胶东半岛及长江中游地区，则呈现出“宗周文化”“殷遗文化”与本地文化因素的共存现象，“殷遗文化”甚至在一定程度上还要强于“宗周文化”对本地的影响。在接下来的第三、四、五章，本研究将对王朝更替在考古学文化面貌上的反映进行分区考察。

第三章　王朝更替的分区观察之一：商人故地

商人故地占据了周初版图的相当大部分。由于地区间的文化差异，又可细分为豫北冀南地区、豫西及淮河中上游地区以及海岱地区等 3 个小区。

第一节　豫北冀南地区

豫北冀南地区是商人的“龙兴之地”，也是商代晚期“更不徙都”（《史记·殷本纪》引《括地志》引《竹书纪年》）的“大邑商”所在地，在商人故地中占据最重要的地位。《史记·吴起列传》中“殷纣之国，左孟门，右太行，常山在其北，大河经其南”的记载恰好是这一区域的范围。

豫北冀南地区的商周时期遗址主要沿太行山东麓一线分布，重要遗址之间似乎存在人为规划的等距分布（图 3. 1）。

一　殷墟

殷墟遗址即卜辞中的“大邑商”，是商代晚期的都邑所在，自盘庚迁殷的洹北商城，再到武丁迁至洹河南岸，商王朝在此持续建都两百余年。所谓的“纣都朝歌”不论从考古材料①还是文献材料②均找不到确切存在的证据。

在第三章中，本研究已对殷墟文化分期进行补充和完善。安阳地区的墓葬在

---

① 夏商周断代工程朝歌遗址调查组：《1998 年鹤壁市、淇县晚商遗址考古调查报告》，《华夏考古》2006 年第 1 期。

② 李宏飞：《“纣都朝歌说”的嬗变》，《安阳甲骨学会文集》，文物出版社，2008 年。

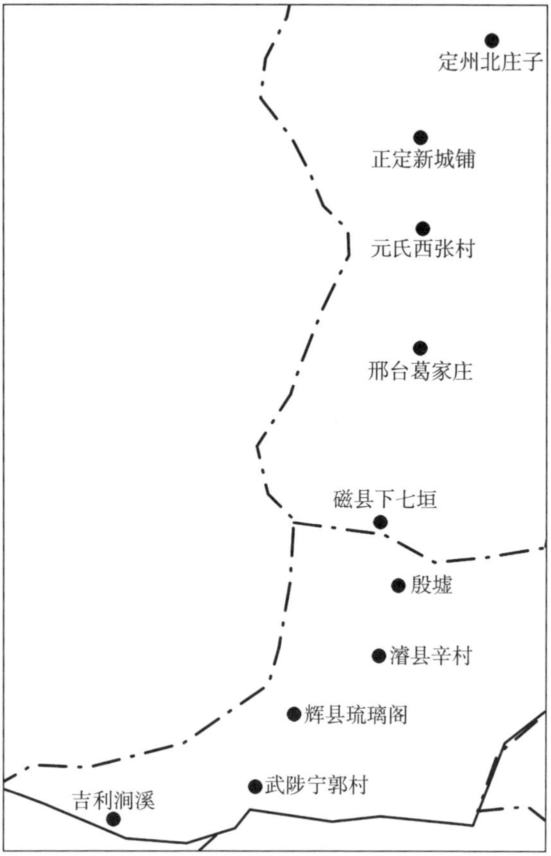

图 3.1　豫北冀南地区重要遗址分布

“文化融合阶段”仍然以陶觚、爵作为随葬陶器组合的核心，至西周早期转变为以陶鬲为核心，这样的转变应与周公东征之后的禁酒政策有关。据此可知，安阳的西周早期年代上限应不超过周公东征。

唐际根曾对殷墟墓葬反映的复杂社会结构进行讨论（图 3.2），其中亚字形墓、中字形墓和甲字形墓及大型竖穴土坑墓代表了社会上层人群，小型竖穴土坑墓代表了社会下层的普通民众①。

唐际根等曾对殷墟遗址的殷墟文化第四期墓葬数量进行统计，结果显示“由早

① Tang Jigen. *The Social Organization of Late Shang China——A Mortuary Perspective.* A Thesis Submitted to the University of London for the Degree of Doctor of Philosophy. 2004.

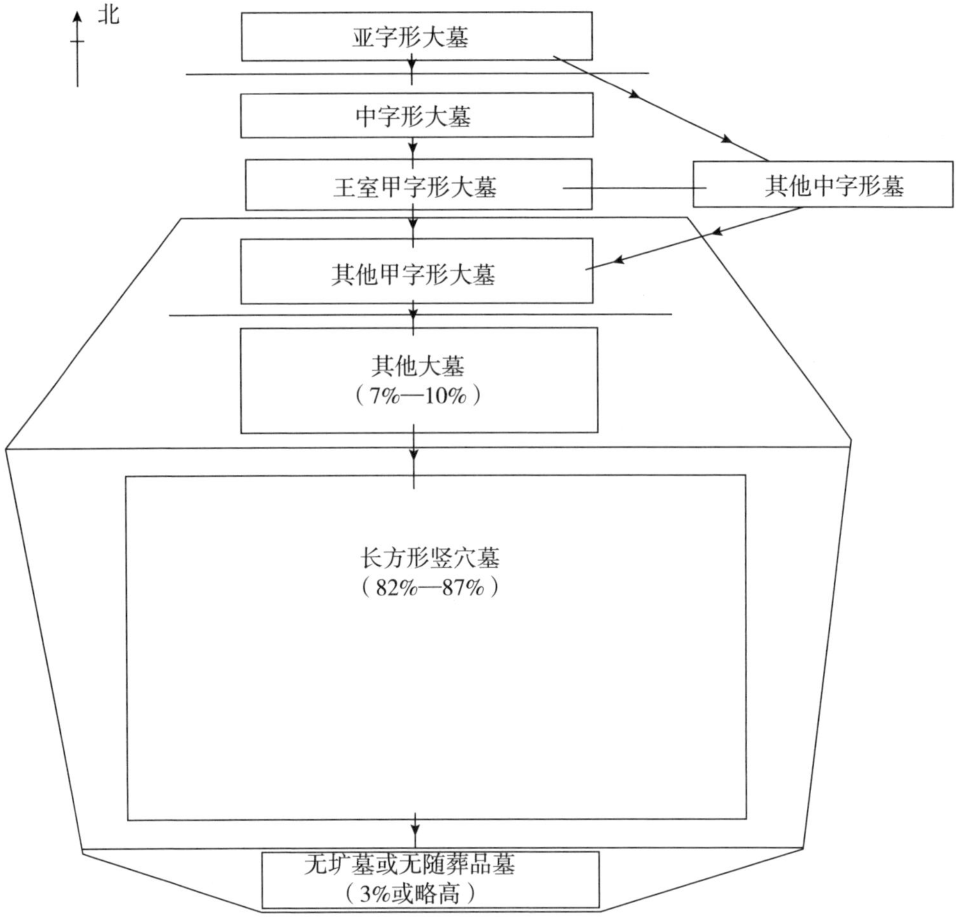

图 3.2　殷墟墓葬反映的纵向社会结构

（唐际根，2009）

而晚总体上呈上升之势，但均告终于第四期Ⅳ5 段”①。在殷墟文化第四期晚段之际已出现明器化铜礼器墓葬（图 3.3），如小屯 82M1②、殷墟西区 M1713③、郭家庄北 M6④、戚家庄 M231⑤ 等，还出现了一批仿铜陶礼器墓（图 3.3），据唐际根等的统

① 唐际根、汪涛：《殷墟第四期文化年代辨微》，《考古学集刊》第 15 集，文物出版社，2004 年。

② 中国社会科学院考古研究所：《殷墟青铜器》，文物出版社，1980 年。

③ 中国社会科学院考古研究所安阳工作队：《安阳殷墟西区一七一三号墓的发掘》，《考古》1986 年第 8 期。

④ 安阳市文物工作队：《河南安阳郭庄村北发现一座殷墓》，《考古》1991 年第 10 期。

⑤ 安阳市文物考古研究所：《安阳殷墟戚家庄东商代墓地发掘报告》，中州古籍出版社，2015 年。

计，仿铜陶礼器墓葬分布在殷墟西区、小屯西地、四盘磨、大司空村、苗圃北地、梅园庄及八里庄等地①。这批明器化铜礼器墓葬和仿铜陶礼器墓葬原本属于铜器墓的规格，但有可能伴随着铜料来源的减少和铸铜工匠的离散，导致原有的礼制开始缺乏青铜礼器作为支撑，殷墟遗址的复杂社会在“文化融合阶段”趋于衰落。

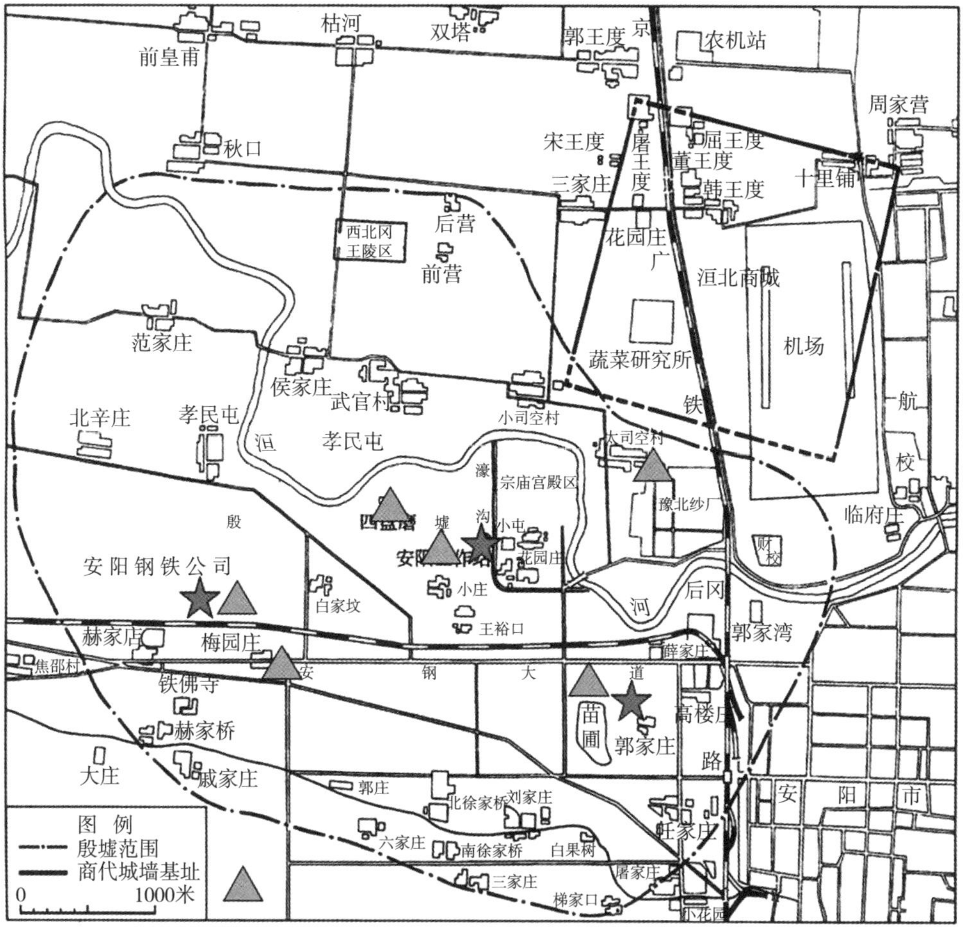

图 3.3　明器化铜礼器墓及仿铜陶礼器墓在殷墟遗址的分布

☆明器化铜礼器墓　△仿铜陶礼器墓

伴随殷墟复杂社会衰落的是周系文化因素的渗入。刘绪曾指出：“相当于殷墟三

---

① 唐际根、汪涛：《殷墟第四期文化年代辨微》，《考古学集刊》第 15 集，文物出版社，2004 年。

四期时，西安以西看不到商文化因素的遗存，在关中以东也看不到周文化因素的遗存。”① 在殷墟文化第三期至第四期早段的殷墟遗址，尽管仍然有一定的外来文化因素，但几乎见不到来自关中地区的文化因素。至“文化融合阶段”，殷墟墓葬中出现了受到关中地区影响的文化因素。

进入西周早期（周公东征后），殷墟遗址内的西周早期墓葬仅发现于刘家庄北地（抗震大楼）②、刘家庄北地（电业局）③、刘家庄南地④、孝民屯⑤、西北冈⑥等地，均为小型竖穴土坑墓，随葬容器为陶器，不见铜容器，表明墓主人的社会地位较低。

殷墟遗址的西周早期遗存相比“文化融合阶段”遗存锐减，呈现出人口急剧减少的现象。西周早期墓葬以随葬陶鬲为核心，一改殷墟文化以随葬陶觚、爵为核心的传统。文献记载周公东征后曾将殷遗大举迁出，并颁布禁酒政策，殷墟遗址的“文化融合阶段”遗存至西周早期遗存之间发生的巨大变化，应与周公东征及其采取的相关政策措施有关。

二　殷墟以外的洹河中游地区

在商代晚期，殷墟遗址以外的洹河中游地区分布有数量较多的小型聚落（图3.4）。至西周时期，洹河中游地区的聚落数量稳中有降，并未出现区域聚落形态上的重大变化（图3.5）。

殷墟遗址以外，洹河中游地区经考古发掘的西周遗址有西高平⑦、黄张⑧和大寒

---

① 刘绪：《西周早期考古学文化与周初分封》，《文化的馈赠——汉学研究国际会议论文集·考古学卷》，北京大学出版社，2000年。

② 中国社会科学院考古研究所安阳工作队：《河南安阳殷墟刘家庄北地殷墓与西周墓》，《考古》2005年第1期。

③ 安阳市文物工作队：《1995—1996年安阳刘家庄殷代遗址发掘报告》，《华夏考古》1997年第2期。

④ 安阳市博物馆：《安阳铁西刘家庄南殷代墓葬发掘简报》，《中原文物》1986年第3期。

⑤ 殷墟孝民屯考古队：《河南安阳市孝民屯西周墓》，《考古》2014年第5期。

⑥ 李宏飞：《殷墟西北冈西周遗存分析》，《中国国家博物馆馆刊》2016年第11期。

⑦ 河南省文物考古研究所：《安阳市西高平遗址商周遗存发掘报告》，《华夏考古》2006年第4期。

⑧ 中国社会科学院考古研究所黄张发掘队、河南省文物管理局南水北调文物保护办公室：《河南安阳市黄张遗址两周时期文化遗存发掘简报》，《考古》2009年第4期。

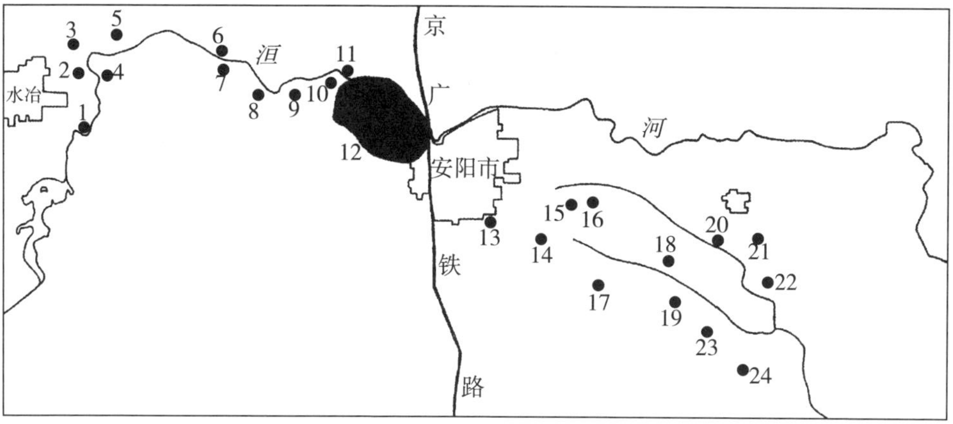

图 3.4 洹河中游商代晚期聚落分布

1. 阳郡 2. 姬家屯 3. 蒋村 4. 北固现 5. 西麻水 6. 大正集 7. 安车村 8. 东梁村 9. 柴库 10. 范家庄 11. 秋口 12. 殷墟 13. 后张村 14. 小八里村 15. 八大里庄 16. 晁家村 17. 韩河固 18. 南杨庄 19. 东崇固 20. 郭村西南台 21. 晋小屯 22. 大寨屯 23. 将台 24. 蒋台屯

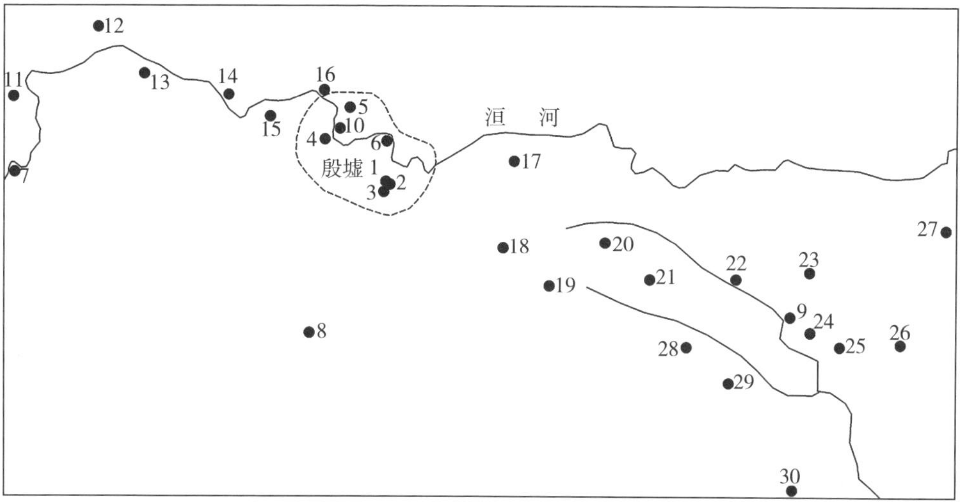

图 3.5 洹河中游西周时期聚落分布

1. 刘家庄北地（抗震大楼） 2. 刘家庄北地（电业局） 3. 刘家庄南地 4. 孝民屯 5. 西北冈 6. 小屯东北地 7. 西高平 8. 黄张 9. 大寒南岗 10. 侯家庄南地 11. 姬家屯 12. 贾家庄 13. 东夏寒 14. 南士旺 15. 柴库 16. 秋口 17. 三官庙 18. 东官园 19. 小八里庄 20. 晁家村 21. 东瓦亭 22. 郭村西南台 23. 杨贾村 24. 大寒屯 25. 大裴村 26. 东流台 27. 沿村台 28. 东崇固 29. 开信 30. 伯台

南岗①等3处，其中仅有西高平遗址发现西周早期遗存（图3.6）。西高平M4出土陶鬲、陶豆各1件，陶鬲为柱足鬲，陶豆得以复出。西高平的西周遗存以居址遗存为主，年代为西周早期偏晚至西周晚期偏早，居址陶器群以肥袋足无实足根鬲占据绝对多数，组合中常见侈口厚唇簋、敞口薄唇簋、折盘豆、折沿鼓腹绳纹盆、小口矮领瓮等，其中肥袋足无实足根鬲、侈口厚唇簋属于殷墟文化典型陶器形制的延续，敞口薄唇簋、折盘豆、折沿鼓腹绳纹盆、小口矮领瓮等属于进入西周后新出现的器型。

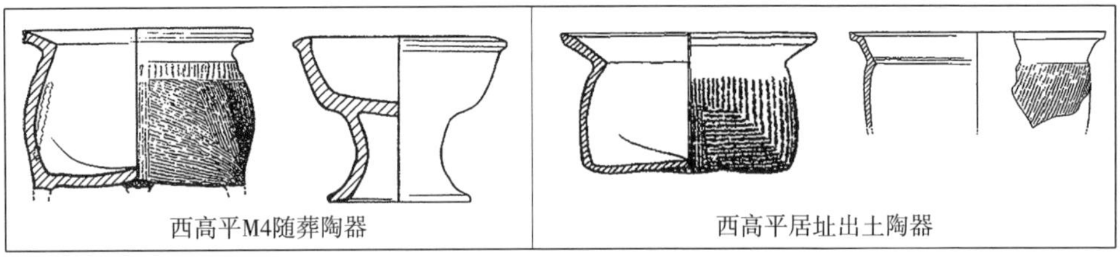

图3.6　安阳西高平居址及墓葬出土陶器

三　濮阳地区

濮阳位于安阳以东，尽管距离安阳较近，在上古时期却有古黄河相隔。铁丘遗址②采集到殷墟文化晚期特征的侈口厚唇簋，马庄遗址③调查发现殷墟文化第四期早段特征的侈口厚唇簋、殷墟文化第四期至西周早期特征的陶鬲、“文化融合阶段”至西周早期特征的小口矮领瓮，戚城遗址④出有西周早期特征的柱足鬲，程庄遗址⑤采集到殷墟文化晚期特征的绳纹罐和西周早期特征的折沿绳纹盆（图3.7）。

由于考古工作相对较少，濮阳地区的殷墟文化材料尚不丰富。但就目前掌握的材料来看，由于地缘靠近，濮阳地区陶器群面貌与安阳地区基本一致，此地由商入周的文化变迁也应与安阳地区大体相同。

① 中国科学院考古研究所安阳发掘队：《安阳洹河流域几个遗址的试掘》，《考古》1965年第7期；中国社会科学院考古研究所安阳工作队：《安阳大寒村南岗遗址》，《考古学报》1990年第1期。

② 马连成、廖永民：《濮阳市郊区考古调查简报》，《中原文物》1986年第4期。

③ 北京大学考古学系、濮阳市文物保管所：《豫东北考古调查与试掘》，《考古》1995年第12期。

④ 马连成、廖永民：《濮阳市郊区考古调查简报》。

⑤ 马连成、廖永民：《濮阳市郊区考古调查简报》。

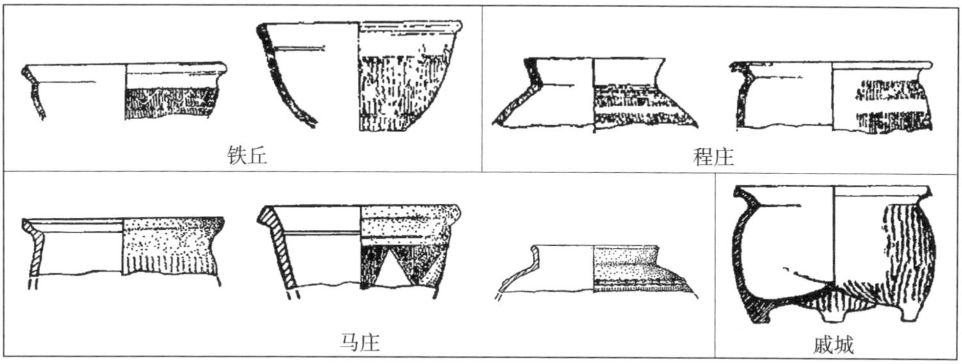

图 3.7　濮阳地区出土陶器

四　邯郸地区

邯郸毗邻安阳，与殷墟遗址的关系密切。

武安赵窑①的“商代中层文化”和“商代上层文化”所出遗物均属殷墟文化早期特征，铜器墓的年代多属殷墟文化早期，至殷墟文化晚期仍有陶器墓。赵窑 M9 所出陶鬲的绳纹饰至足尖，年代下限可至西周早期（图 3.8）。赵窑遗址的殷墟文化墓葬随葬陶器组合为单鬲，与殷墟墓葬以陶觚、爵为核心的随葬陶器组合明显不同。

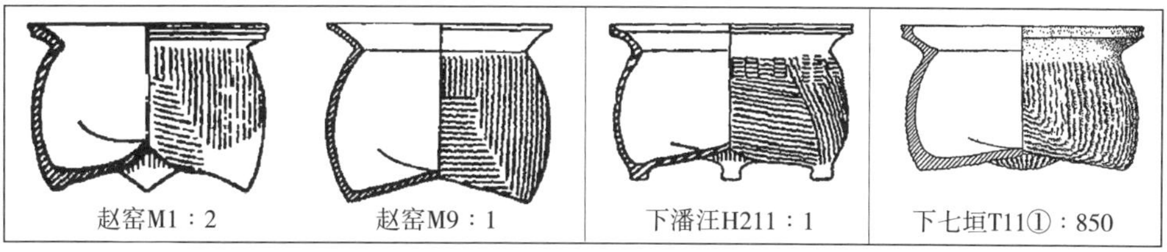

图 3.8　邯郸地区出土陶器

磁县下七垣②发现殷墟文化居址和墓葬。下七垣的殷墟文化居址基本涵盖整个殷墟文化时期，墓葬根据出土遗物判断属于殷墟文化晚期。需要特别讨论的是下七垣遗址的殷墟文化第四期墓葬（图 3.9），殷墟文化第四期早段墓葬以 M19 为代表，“文化融合阶段”墓葬以 M2 为代表。M19 所出陶鬲尽管为柱足，但柱足粗大且为素

① 河北省文物研究所、河北文化学院：《武安赵窑遗址发掘报告》，《考古学报》1992 年第 3 期。

② 河北省文物管理处：《磁县下七垣遗址发掘报告》，《考古学报》1979 年第 2 期。

面，为殷墟文化自身的特殊因素，与周文化的影响无关，所出陶簋仍然保持敞口、卷沿的特征，此特征的年代下限是殷墟文化第四期早段。M2 所出陶簋窄平折沿的特征为“文化融合阶段”特征，所出陶爵已无鋬，也属于“文化融合阶段”特征。此外，发掘者将下七垣发掘的墓葬所出陶鬲分为“两式”，“Ⅰ式：折沿，宽弧裆，矮平足，厚胎，绳纹。Ⅱ式：宽低裆，矮钝足，厚胎，粗绳纹”，并指出“这两种鬲在 M2 中共存，可见是同时的”。遗憾的是，报告并未发表器物线图或照片。根据发掘者的描述，所谓“Ⅰ式”鬲的“宽弧裆”，同样可证 M2 的年代属于“文化融合阶段”。

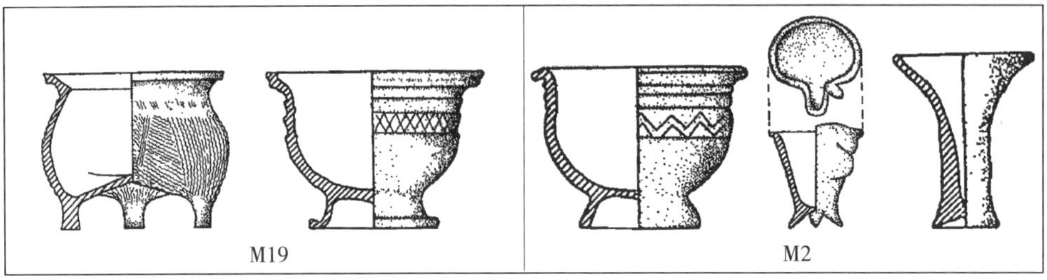

图 3.9　磁县下七垣殷墟文化第四期墓葬随葬陶器

下七垣遗址曾于 1966 年出土一批青铜器①，应是出自墓葬。这批铜器中的铜簋、卣、觚上有“受”字铭文，另外的铜觚、爵上有“启”字铭文（图 3.10）。

图 3.10　磁县下七垣墓葬随葬“受”及“启”器

① 罗平：《河北磁县下七垣出土殷代青铜器》，《文物》1974 年第 11 期。

此外，下七垣附近的下潘汪发现西周早期陶鬲（图 3. 8），下潘汪附近的上潘汪 2 号遗址①和英烈村②发现有西周中、晚期文化遗存，可知岳城水库附近地区在晚商至西周时期是一处较为重要的地点。

邯郸薛庄发现殷墟文化墓葬③。发掘者将墓葬分为四期，分别与殷墟文化第一至四期相对应。然而根据报告发表的器物线图看（图 3. 11），这批墓葬的年代绝大部分属于殷墟文化早期，仅有 M42 所出陶鬲具有殷墟文化第三期特征。发掘者指出薛庄 M6 所出陶鬲的年代为殷墟文化第四期，但根据器物线图看，器物尺寸明显很小，也并非殷墟文化第四期典型形制。荥阳关帝庙曾发现与之类似的陶鬲，系锥足脱落而成，故薛庄 M6：1 的年代尚需存疑。发掘者还指出薛庄 H150 所出弧裆鬲的年代为殷墟文化第四期。薛庄所出弧裆鬲被发掘者分为 B 型鬲，出有 B 型 II 式鬲的墓葬 M18 被 M11 打破，M11 所出陶鬲为殷墟文化第二期典型形制，故可知 B 型 II 式鬲的年代不晚于殷墟文化第二期。B 型 III 式鬲并无共存器物和叠压打破关系支持，加之其与典型商式鬲并非同一系统，并不能根据典型商式鬲的特征推测其年代。由此可见，薛庄仅有少量遗存的年代为殷墟文化第三期，不见殷墟文化第四期遗存。

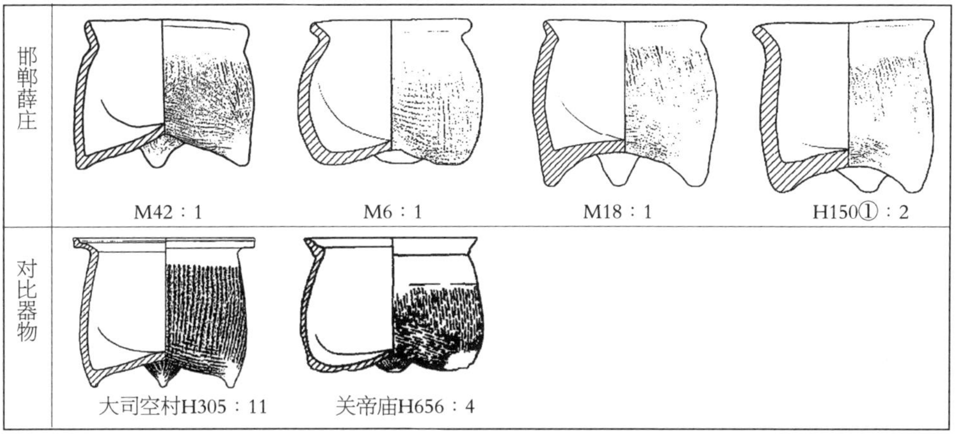

图 3. 11　邯郸薛庄出土陶器及对比器物

---

① 河北省文化局文物工作队：《磁县岳城水库上潘汪村 2 号遗址发掘记》，《文物》1960 年第 1 期。

② 罗平：《岳城水库英烈村西周遗址试掘》，《文物》1960 年第 3 期。

③ 吉林大学边疆考古研究中心、河北省文物局：《河北邯郸薛庄遗址发掘报告》，《考古学报》2014 年第 3 期。

峰峰矿区金村①发现的殷墟文化遗存年代主要是殷墟文化晚期，陶鬲 HKH2∶9 实足根已消失，为“文化融合阶段”至西周早期特征（图 3. 12）。该遗址并未见到明确的西周早期遗物。

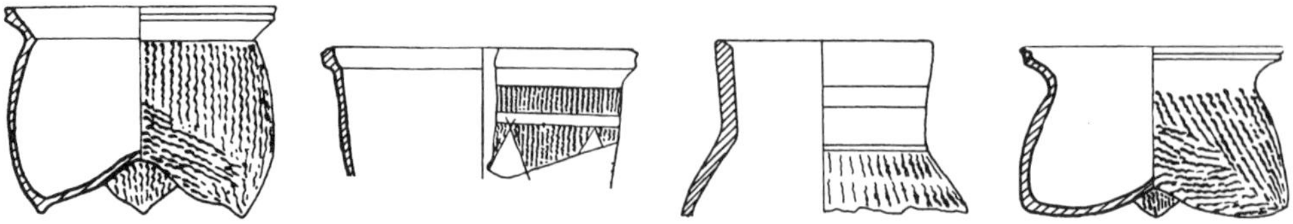

图 3. 12　邯郸峰峰矿区金村出土陶器

临城补要村 M4② 为长方形竖穴土坑墓，北向，墓主仰身直肢，男性，随葬陶鬲为“文化融合阶段”至西周早期特征。考虑到补要村南区没有发现殷墟文化第四期遗存，加之陶鬲已呈扁体特征，推测此墓的年代应为西周早期。

永年榆林发现 2 座“西周灰坑”，发掘者介绍了其中的 H3③。榆林 H3 所出肥袋足无实足根鬲的“唇内侧有凹槽一周”，为殷墟文化第四期至西周早期特征。压在 H3 开口之上的第③层出有旋纹弧裆小鬲，为殷墟文化第四期特征。H3 所出陶簋仍然保持侈口宽折沿的特征，据此可知榆林 H3 的年代为殷墟文化第四期早段。永年邓底④发现“文化融合阶段”至西周早期特征的肥袋足无实足根鬲（图 3. 13）。

整体来看，下七垣遗址是邯郸地区的一处地方性中心聚落，文化面貌与殷墟最为接近，也具有明显的社会分层，这样的繁荣持续到殷墟文化第四期。至西周早期，邯郸地区尚未见到高规格聚落及青铜器的发现，呈现出明显的衰落态势。

---

① 邹衡：《河北省邯郸市峰峰矿区考古调查》，《夏商周考古学论文集》（再续集），科学出版社，2011 年。

② 北京大学考古文博学院、河北省文物局、邢台市文物管理处、临城县文化旅游局：《河北临城县补要村遗址南区发掘简报》，《考古》2011 年第 3 期。

③ 河北省文物研究所、邯郸市文物管理处、永年县文物保管所：《永年县榆林遗址发掘简报》，《河北省考古文集》，东方出版社，1998 年。

④ 河北省文物研究所、邯郸市文物研究所、永年县文物保护管理所：《永年邓底遗址发掘报告》，《河北省考古文集》（四），科学出版社，2011 年。

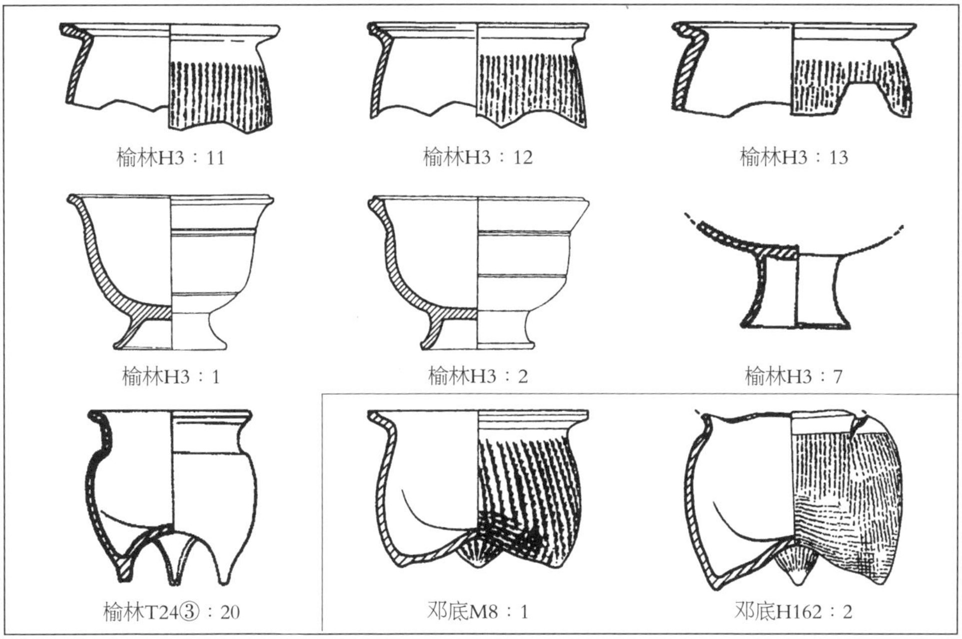

图 3.13　永年榆林及邓底出土陶器

五　邢台地区

邢台地区曾是商代中期的邢都所在①，进入西周又成为姬姓邢国的封地。邢台东先贤、南小汪等遗址的发掘建立了邢台地区商代晚期至西周时期的考古学分期年代序列②。从文化面貌上看，邢台地区在殷墟文化第三期至西周早期的文化面貌与安阳地区基本相同，由于是商人故都所在地，同样保持了浓重的殷墟文化遗风。

东先贤是邢台地区发现商代遗存最丰富的遗址。发掘者根据 1998 ~ 2005 年的四次发掘，基本建立了邢台地区自“东先贤期”至殷墟文化第四期的分期年代序列③，其中的东先贤四期、五期大体与殷墟文化第三期和第四期相当。发掘者还将东先贤五期细分为早、晚两段，晚段“约相当于商末至周初的过渡阶段”。根据东先贤五期

① 邹衡：《论汤都郑亳及其前后的迁徙》，《夏商周考古学论文集》，文物出版社，1980 年。

② 河北省文物研究所：《邢台商周遗址》，文物出版社，2011 年。

③ 河北省文物研究所：《邢台商周遗址》。

的折沿鼓腹绳纹盆 H125：3 和矮圈足侈口厚唇簋采集 05：04 可知，该遗址存在相当于“文化融合阶段”。

发掘者曾将 1996 年东先贤遗址发掘所获材料分为两期，第一期年代为商周之际，第二期为西周早期①。经笔者回归原单位排比后，Y2 的年代为殷墟文化第三期晚段，H11、H16 等单位的年代为“文化融合阶段”，H3（包含殷墟文化第三期晚段、第四期遗物）、H6（包含殷墟文化第四期遗物）、H8、H9、H12、H17、M1 等单位的年代为西周早期，H1、H4（包含西周早期遗物）、H5 等单位的年代为西周中期（图 3.14）。可以看到，肥袋足无实足根鬲自商代晚期延续至西周时期并无中断，但殷墟文化第三期的器体稍高，尚未呈扁方体，至殷墟文化第四期器体压低变为扁方体，裆部由第四期早段的稍高到“文化融合阶段”的近平，至西周早期束颈特征已不显著，至西周中期沿面出现凹槽。柱足鬲自西周早期出现，呈扁方体，至西周中期出现小型化特征，接近方体，颈部增高。邢台地区肥袋足无实足根鬲与柱足鬲的特征变化与安阳地区基本相同。

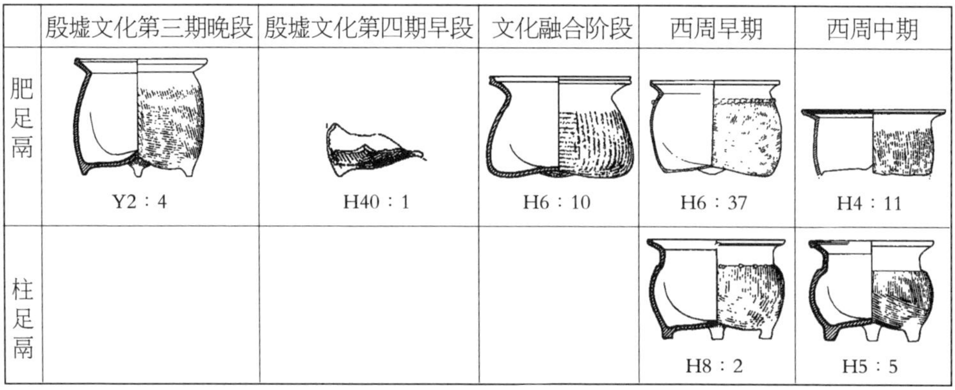

图 3.14　邢台东先贤出土陶鬲

粮库②（即曹演庄）发现有“先商”“中商”“晚商”文化遗存（图 3.15）。经查，属于“中商”遗存的 I H41 出有殷墟文化第一期（商文化早商期第四段第Ⅷ组）特征的陶鬲ⅠH41：19，ⅠM38 出有殷墟文化第二期晚段特征的陶鬲ⅠM38：1，ⅡJ3 出有殷墟文化第三期早段特征的陶鬲ⅡJ3：1。但相对而言，粮库发现的“中商”遗存主要集中

① 河北省文物研究所：《河北邢台县东先贤遗址发掘简报》，《考古》2002 年第 3 期。

② 河北省邢台市文物管理处：《邢台粮库遗址》，科学出版社，2005 年。

于殷墟文化早期，尽管并非像发掘者所言“没有见到相当于殷墟一、二、三期和四期偏晚的典型单位”，但殷墟文化第二期至第四期早段的遗存数量确实十分少见。

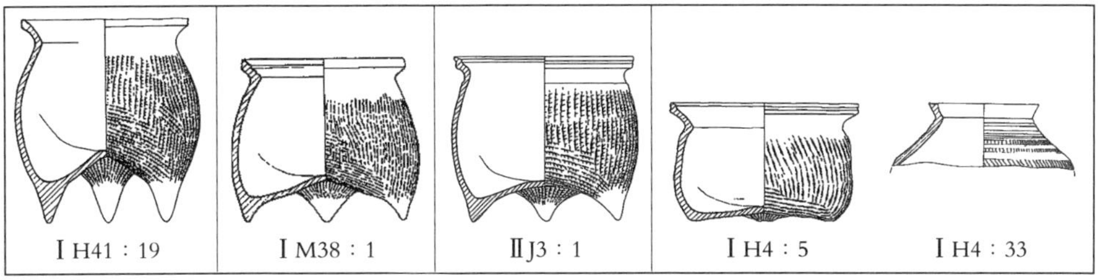

图 3.15　邢台粮库（曹演庄）出土陶器

粮库遗址的文化遗存在“文化融合阶段”突然丰富，以Ⅰ H4 为典型单位，该坑出有殷墟文化第四期晚段典型形制的肥袋足无实足根鬲和瓦楞绳纹罐。发掘者指出粮库的“晚商”遗存“多数与殷墟四期偏晚的同类器相似，应相当于殷墟四期偏晚阶段”，并敏感地指出：“邢台粮库遗址所出的最晚期的商遗存，从时代上可能已经进入西周纪年，或可称为商末周初阶段。”事实上，粮库遗址在“文化融合阶段”遗存数量突然丰富并非本地文化自然发展的结果，而是应与人群迁移有关。发掘者指出“晚商”遗存“出土器物最为丰富，但陶器器类较为单一，40% 以上为陶鬲，形体无大差别……盆、罐仍是仅次于鬲两种器类”，此特征也与安阳西高平遗址的西周遗存特征相同。根据共出的绳纹盆等器类可知，粮库“晚商”遗存的部分单位（如Ⅱ T47③）年代晚于“文化融合阶段”，已进入西周早期。

南小汪[①]是邢台地区西周遗存集中分布的地点（图 3.16）。南小汪所出部分肥袋足无实足根鬲相比殷墟文化第四期所出者器体更扁，为进入西周早期新出现的形制。此外，南小汪还出有束颈柱足平裆鬲、折沿鼓腹绳纹盆、小口矮领瓮、侈口厚唇簋等器类，与安阳西高平西周居址所出陶器形制和组合基本相同。南小汪 A 区 H75 曾出有一片带字卜骨[②]，属周系卜骨特征，经考证为周初召公所卜[③]。

① 河北省文物研究所：《邢台商周遗址》，文物出版社，2011 年。

② 河北省文物研究所、邢台市文物管理处：《邢台南小汪周代遗址西周遗存的发掘》，《文物春秋》1992 年增刊。

③ 曹定云：《邢台西周卜辞乃周初召公占卜考——兼论周原卜辞“召卜曰”》，《三代文明研究》（一），科学出版社，1999 年。

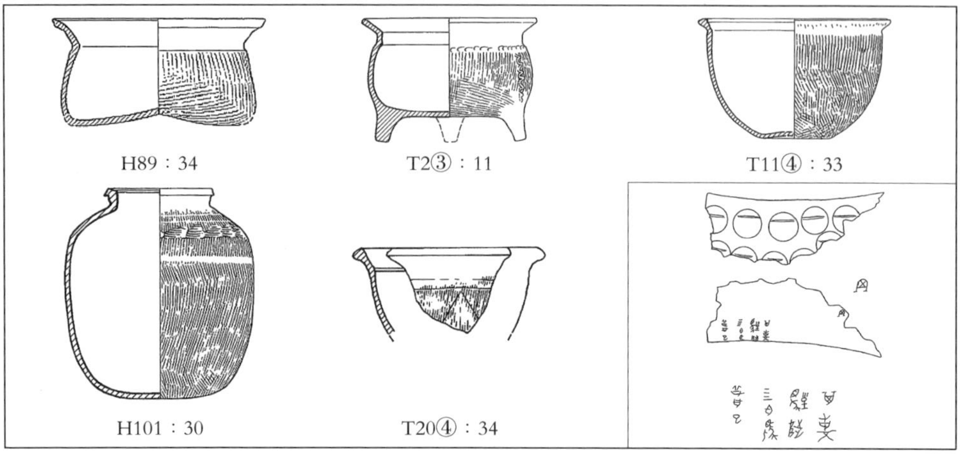

图3.16 邢台南小汪出土西周早期器物

南小汪西周早期墓葬92XNDVM28① 随葬铜器包括圆鼎、分裆鼎、觚形尊、爵、觯各1件（图3.17）。侈口弧裆鬲M28：8受到来自周文化的影响。此墓有腰坑、殉狗，随葬偶数同形的侈口厚唇簋。腰坑殉狗、偶数同形都表明墓主人为殷遗。

南小汪92XNDM23② 出有侈口弧裆鬲1，圆肩旋纹罐1，以及偶数同形的陶豆（图3.18）。侈口弧裆鬲与南小汪92XNDVM28所出者形制相同，圆肩旋纹罐为进入西周早期新出现的器型。

葛家庄发现有西周墓葬230座，其中大型墓5座，中型墓31座，还发现车马坑28座，“大型墓葬和部分中型墓葬有随葬车马坑，有的墓有腰坑，腰坑内殉狗一条”③。M73出有西周早期特征的铜鼎、簋，该墓地所出陶鬲可分为肥袋足无实足根鬲、（束颈）柱足鬲和联裆鬲三类（图3.19），联裆鬲仅出有2件。发掘者还指出墓地中部偏东的一批小型墓未被盗扰，“出土陶器形制和西周封侯后不一样，所出的陶鬲为方唇，翻缘近似正方体袋足鬲。它和殷墟四期同类器基本相同，属于商人系统，它的年代应在商—周之际”，这批墓葬有可能与粮库等地在“文化融合阶段”突然出现的居址存在文化关联。发掘者通过葛家庄墓地的材料对周人的统治模式进行讨论：

① 李军：《邢台南小汪28号西周墓》，《文物春秋》2005年第2期。

② 石从枝、李军：《河北邢台市南小汪发现西周墓》，《考古》2003年第12期。

③ 任亚珊、郭瑞海、贾金标：《1993－1997年邢台葛家庄先商遗址、两周贵族墓地考古工作的主要收获》，《三代文明研究》（一），科学出版社，1999年。

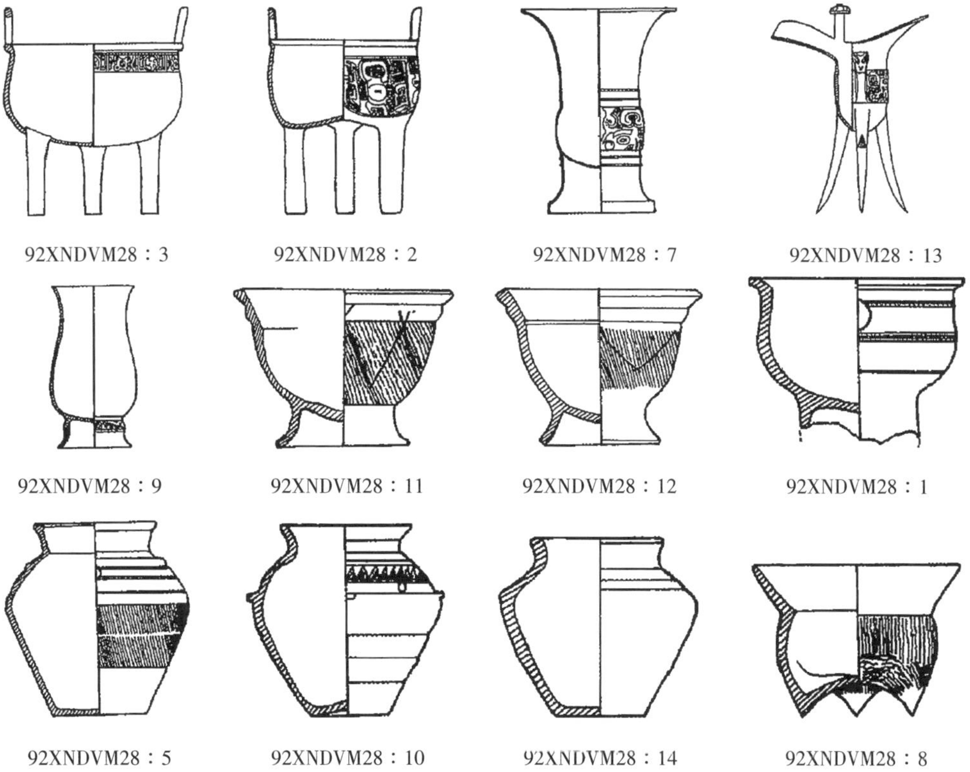

图 3.17　邢台南小汪 92XNDVM28 随葬器物

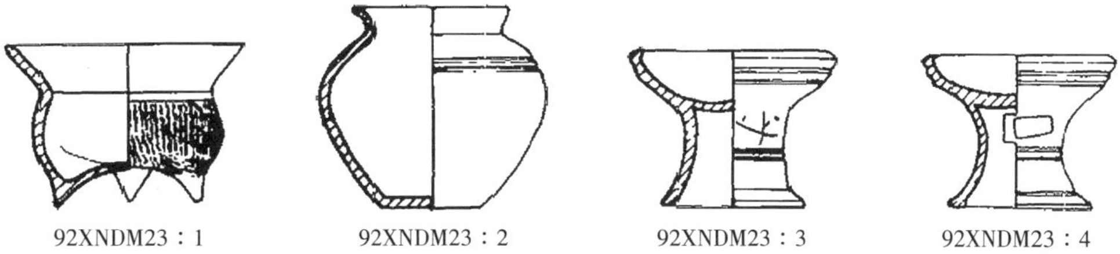

图 3.18　邢台南小汪 92XNDM23 随葬器物

“从墓地发掘情况来看，成王封邢侯到此并没有带大量移民，从出土陶器来分析，看不出关中地区周文化因素，发掘230余座墓，出土周式瘪裆鬲仅有两座墓。很有可能是一种殖民统治，多数墓葬出土的陶鬲方唇、折沿、有领、小袋足、有足根、粗绳纹，是商文化与周文化的融合体，但更多承袭了商人文化因素。这在太行山东麓是很常见的器物，不能排除有地域上的差别，很多墓出土的铜戈被砸弯、砸断，这本身是商人习俗，我们推测当时封邢侯于此可能是一种殖民统治，所以说邢国与商人的关系密切。”① 本研究基本赞同发掘者的认识。

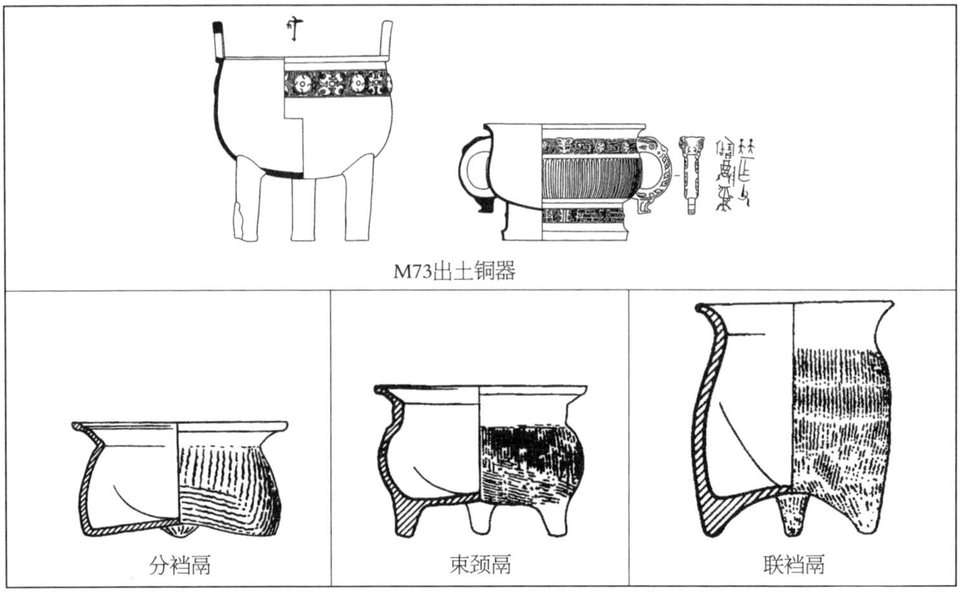

图 3.19　邢台葛家庄墓地出土器物

尹郭村②发现殷墟文化第三期特征陶鬲。曹演庄③出有殷墟文化第四期早段特征陶鬲。贾村④出有殷墟文化第四期早段特征陶鬲，但并未发现年代更晚的文化遗存，似乎表明该遗址的年代下限为殷墟文化第四期早段。

南大郭村⑤出有“文化融合阶段”特征陶鬲，该遗址的上层所出陶器“器形方面似乎只有鬲、罐、盆三种，其中鬲最多”，此情况与安阳西高平遗址西周遗存的情况相似。西关外⑥出有西周早期柱足束颈陶鬲。

根据邢台县的调查资料⑦，邢台地区工业公司发现殷墟文化第三期特征陶鬲，羊

① 任亚珊、郭瑞海、贾金标：《1993－1997 年邢台葛家庄先商遗址、两周贵族墓地考古工作的主要收获》，《三代文明研究》（一），科学出版社，1999 年。

② 河北省文化局文物工作队：《邢台尹郭村商代遗址及战国墓葬试掘简报》，《考古》1960 年第 4 期。

③ 河北省文物管理委员会：《邢台曹演庄遗址发掘报告》，《考古学报》1958 年第 4 期。

④ 河北省文物管理委员会：《邢台贾村商代遗址试掘简报》，《文物参考资料》1958 年第 10 期。

⑤ 唐云明：《邢台南大郭村商代遗址探掘简报》，《文物参考资料》1957 年第 3 期。

⑥ 唐云明：《邢台西关外遗址试掘》，《文物》1960 年第 7 期。

⑦ 河北省文物复查队邢台分队：《河北邢台县考古调查简报》，《文物春秋》1995 年第 1 期。

范村南发现殷墟文化第四期早段特征肥袋足无实足根鬲和柱足鬲，羊范村东南发现柱足表面饰绳纹的西周早期特征陶鬲，西黄村发现西周早期特征的联裆鬲（图3.20）。

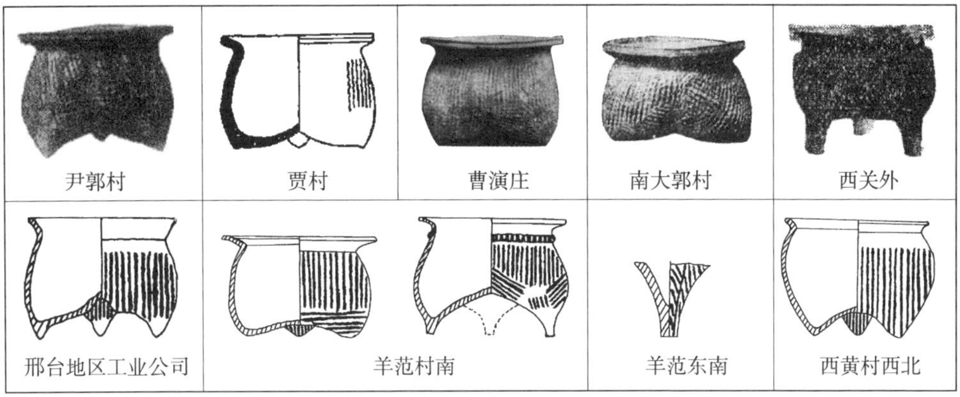

图3.20　邢台地区调查所获陶器

临城古鲁营遗址第四期相当于殷墟文化第三期，第五期相当于殷墟文化第四期早段，第六期相当于“文化融合阶段”，第七期相当于西周早期。第五期遗存的肥袋足无实足根鬲仍然存在很小的素面足尖（图3.21）。第六期遗存的肥袋足无实足根鬲足尖彻底消失，个体较大，共出鼓腹绳纹盆，为西周早期新出现的器型。发掘者对第六期的年代有着十分清晰的认识：“本期的年代约相当于殷墟四期晚段，大致属于周灭商前后不久的文化遗存，应是商周之际的过渡形态。此时周文化还未及全面渗入，商文化的传统尚在主流延续，但新的因素已经开始注入。”① 此说甚确。第七期已出现束颈柱足鬲，属于西周早期新出现的器型，新出现的弧裆鬲也属于受周文化影响的产物。此外，发掘者指出罐形鬲属于西周早期新出现的器型。

隆尧双碑②发现殷墟文化第四期早段、“文化融合阶段”和西周早期遗存（图3.22）。殷墟文化第四期早段遗存以H10为代表，所出商式鬲上保留有素面锥足根。“文化融合阶段”遗存以H53为代表，商式鬲的实足根已消失。西周早期遗存以H1为代表，商式簋的折沿较宽且更加外侈，出现折沿鼓腹绳纹盆。

---

① 河北省文物研究所：《邢台商周遗址》，文物出版社，2011年。

② 河北省文物研究所、隆尧县文物保管所：《隆尧县双碑遗址发掘报告》，《河北省考古文集》，东方出版社，1998年。

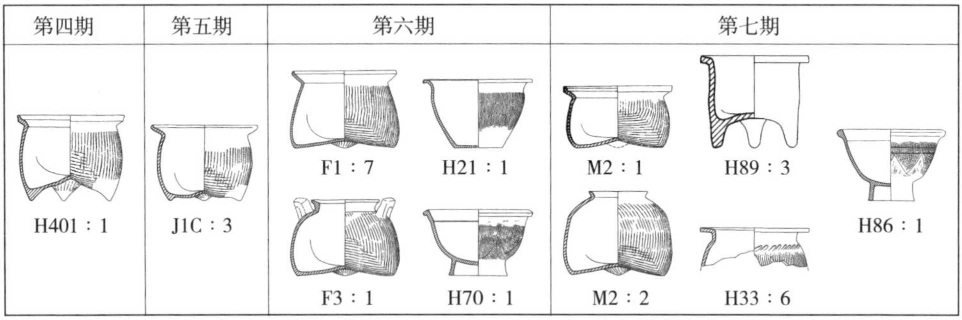

图 3. 21　临城古鲁营出土陶器

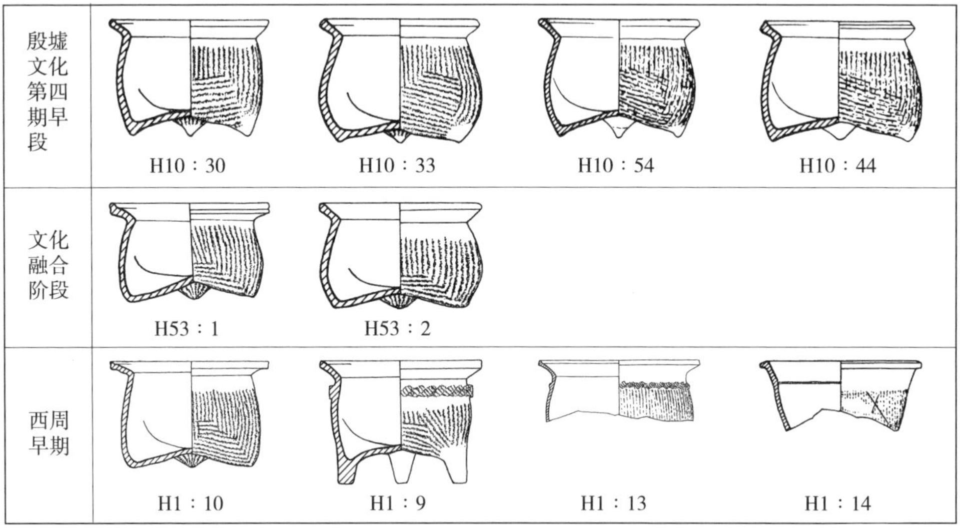

图 3. 22　隆尧双碑出土陶器

任丘哑叭庄[1]墓葬 89RYM2，方向 345°，墓主人为成年男性，随葬陶簋 1、罐 2，属于西周早期特征。水井 J7 中出有肥足鬲 J7：5、罍 J7：4 等，属于殷墟文化第四期早段特征（图 3. 23）。

安新县考古调查发现肥袋足无实足根鬲、矮圈足的侈口厚唇簋等[2]，属于“文化融合阶段”至西周早期特征。

① 河北省文物研究所、沧州地区文物管理所：《河北省任丘市哑叭庄遗址发掘报告》，《文物春秋》1992 年增刊。

② 保北考古队：《河北安新县考古调查报告》，《文物春秋》1990 年第 1 期。

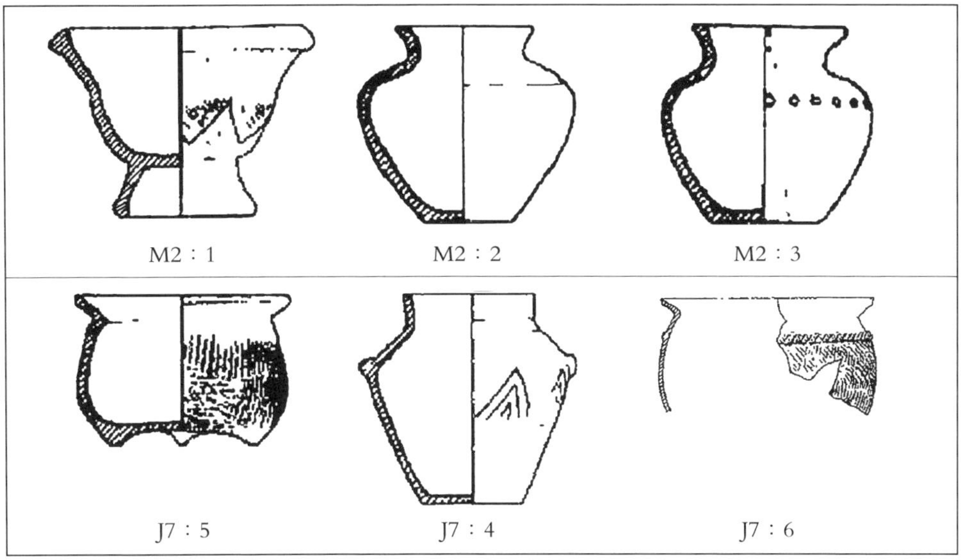

图 3.23　任丘哑叭庄出土陶器

容城上坡①也发现肥袋足无实足根鬲、矮圈足的侈口厚唇簋等，双环耳罐属于京津地区本地特征器物。

整体上看，邢台地区在殷墟文化偏早阶段仍然延续自早商期第四段第Ⅶ组以来的繁荣，尽管已建立殷墟文化第一至第四期较为完整的文化序列，但殷墟文化第二期以后直至殷墟文化第四期早段，本地呈现相对衰落的文化态势。至“文化融合阶段”，粮库和东先贤出现了较为丰富的居址遗存，陶器以鬲、盆、罐为主，似乎忽然涌入大量以肥袋足无实足根鬲为主炊器的人群。葛家庄墓地中部偏东的一片墓地随葬殷墟文化第四期特征的肥袋足无实足根鬲，与此后的西周墓葬在随葬品和墓葬空间分布方面差异显著，可能是这批居址对应的墓葬人群。至西周早期（成王封邢侯后），南小汪附近兴起西周遗存，在流行肥袋足无实足根鬲的同时也流行柱足鬲，此情况与殷墟遗址内刘家庄、孝民屯发现的西周墓葬情况类似，还发现了召公占卜的卜骨，表明南小汪附近地区更多受到了周文化的影响。但在古鲁营，陶器群方面仍然保持肥袋足无实足根鬲的绝对地位，这一情况与安阳郊区西高平遗址发现的西周

① 河北省文物研究所、保定市文物管理处、容城县文物保管所：《河北容城县上坡遗址发掘简报》，《考古》1999 年第 7 期。

遗存十分相似，反映出了邢台地区与安阳地区在文化发展模式上的相似性。

六　元氏、正定、定州地区

元氏西张村发现一批出自墓葬的西周早期青铜器①。所出铜礼器按照时代特征可明显分为两组（图 3. 24），其中甲组铜器的年代可早至商末，乙组铜器的年代则晚至西周早期偏晚阶段。长篇铭文的铜器属于乙组，载有“軝侯”以及“邢侯搏戎”等内容，推测軝在元氏附近，并与邢国关系密切。

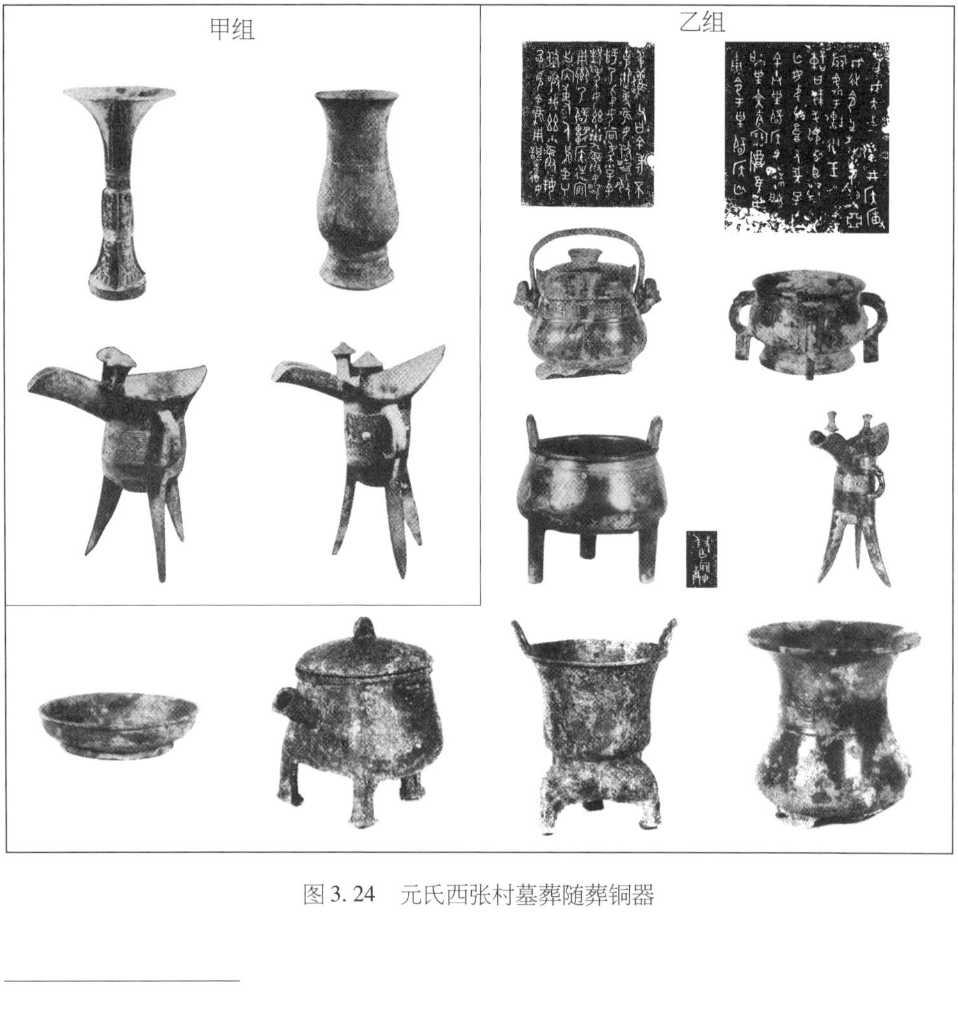

图 3. 24　元氏西张村墓葬随葬铜器

① 河北省文物管理处：《河北元氏县西张村的西周遗址和墓葬》，《考古》1979 年第 1 期。

赵县双庙一座墓葬随葬铜圆鼎、分裆鼎、觚、爵等，铜觚有铭文“圉”，墓中有殉狗①。

正定新城铺②数次出土殷墟文化特征铜器（图 3. 25），年代自殷墟文化第二期至殷墟文化第四期，可知此处在商代晚期是一处较为重要的据点。

图 3. 25　正定新城铺出土铜器

滹沱河流域调查③发现的肥袋足无实足根鬲 LBO：1、LBO：2 的口沿流行于殷墟文化第四期至西周早期，XWO：1 属于西周早期新出现的柱足弧裆鬲，敞口薄唇簋仍然保持深腹、窄平折沿的特征，年代属西周早期（图 3. 26）。

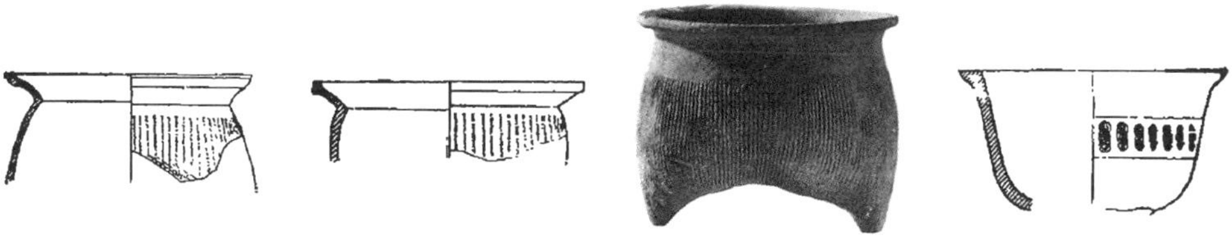

LBO：1　　LBO：2　　XWO：1　　PPO：11

图 3. 26　滹沱河流域调查所获陶器

灵寿西木佛的一座墓葬④出有铜卣、爵和陶罍（图 3. 27），其中的“亚伐”铜卣的年代有可能早至商末，但同出的陶罍曾见于后冈圆形祭祀坑，年代为“文化融合阶段”。

---

① 石家庄地区文化局文物普查组：《河北省石家庄地区的考古新发现》，《文物资料丛刊》第一辑，文物出版社，1977 年。

② 刘友恒、樊子林：《河北正定出土商周青铜器》，《文物》1982 年第 2 期；正定县文物保管所：《河北正定县新城铺出土商代青铜器》，《文物》1984 年第 12 期；岳改荣：《河北正定县新城铺出土商周青铜鼎》，《中国文物报》2013 年 2 月 13 日。

③ 滹沱河考古队：《河北滹沱河流域考古调查与试掘》，《考古》1993 年第 4 期。

④ 正定县文物保管所：《河北灵寿县西木佛村出土一批商代文物》，《文物资料丛刊》第五辑，文物出版社，1981 年。

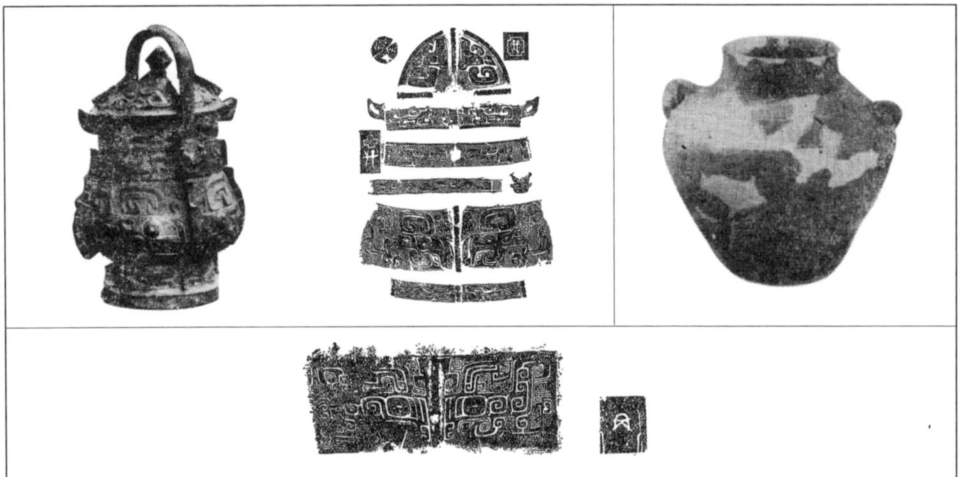

铜爵纹饰及铭文

图 3. 27　灵寿西木佛出土铜卣、陶罍及铜爵拓片

新乐中同村征集青铜鼎簋各一，无极东侯坊村征集青铜鼎一①。

定州北庄子墓地发掘 42 座商墓②，墓葬分为东西两区，均为东北—西南走向，根据出土遗物可知该墓地自殷墟文化第二期延续至第四期，根据铭文可知此处属于举族墓地（图 3. 28）。

整体上看，元氏、正定及定州地区在商代晚期属于商王朝北境的重要区域，拥有正定新城铺、定州北庄子等重要据点。元氏西张村墓葬的发现表明，此地域也与西周邢国密切相关。但相对而言，本地区在进入周初后呈现相对衰落的态势，丧失了作为商王朝北境的地缘优势。

七　鹤壁地区

鹤壁地区析出自安阳地区，在古代长期与安阳地区属于同一地域。周公东征后将殷人从大邑商迁出，卫康叔封于“河、淇间故商墟”（《史记·卫康叔世家》），与“洹水南殷墟”（《史记·项羽本纪》）相对应。

---

① 文启明：《河北新乐、无极发现晚商青铜器》，《文物》1987 年第 1 期。

② 河北省文物研究所、保定地区文物管理所：《定州北庄子商墓发掘简报》，《文物春秋》1992 年增刊。

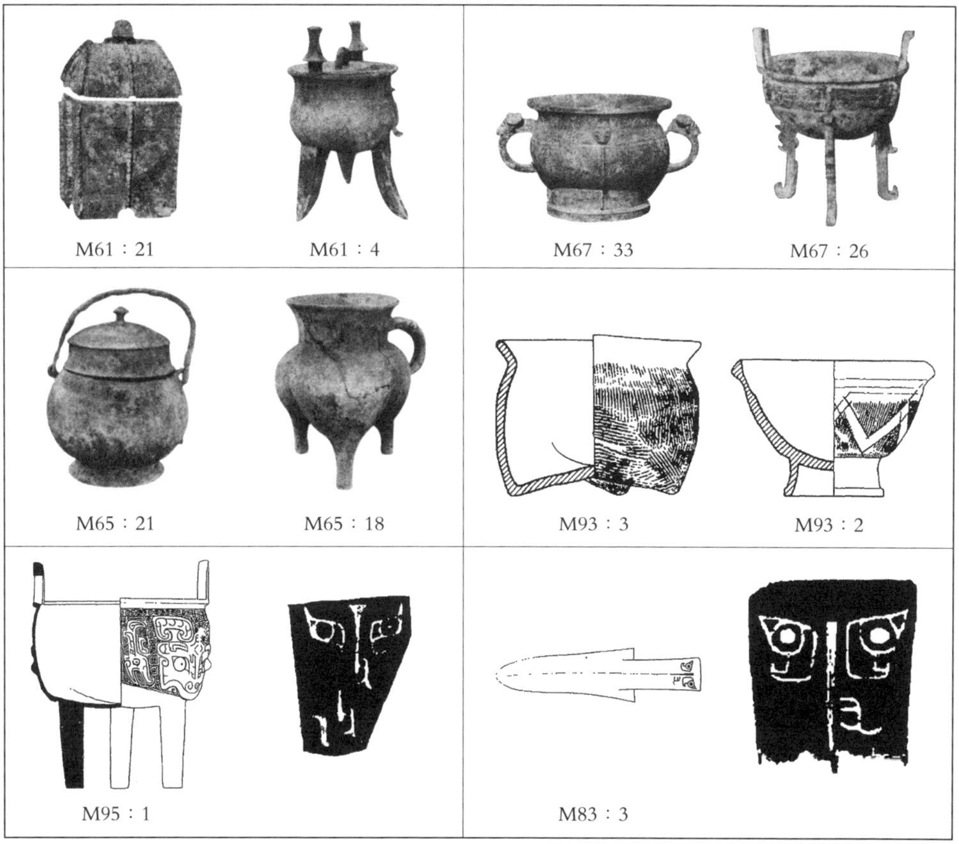

图 3.28　定州北庄子墓地出土器物

1998 年，夏商周断代工程朝歌遗址调查组曾在鹤壁市、淇县针对文献中所谓的“纣都朝歌”进行调查①，但调查者指出：“相当于商代末年的殷墟四期遗物并不丰富。”（图 3.29）就目前而言，并不存在所谓“纣都朝歌”确切存在的线索，周代的卫都也有待于进一步的寻找。

淇县大李庄墓地②是近年来鹤壁地区商代考古的重要突破。该墓地发现殷墟文化墓葬 19 座，均为南北向，16 座有腰坑，年代主要集中在殷墟文化第三期至第四期早段。这批墓葬以陶器墓为主，仅有 M15 随葬青铜礼器，组合为鼎、簋、觚、爵（图

① 夏商周断代工程朝歌遗址调查组：《1998 年鹤壁市、淇县晚商遗址考古调查报告》，《华夏考古》2006 年第 1 期。

② 河南省文物考古研究院：《河南淇县大李庄商代晚期墓葬发掘简报》，《考古》2018 年第 5 期。

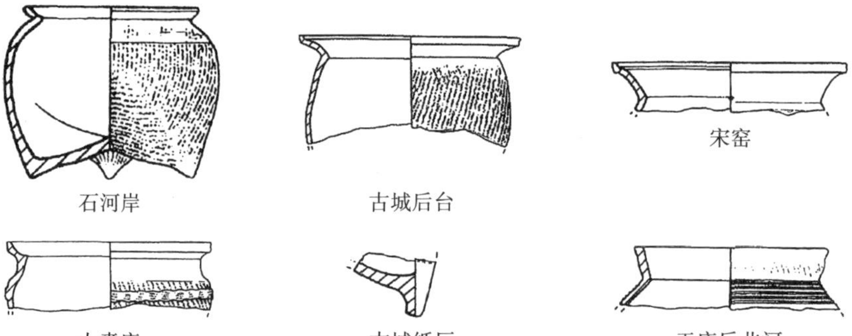

图 3.29　淇河流域调查所获陶器

3.30），年代为殷墟文化第三期。M2、M13、M14 随葬陶觚、爵，M15 随葬陶爵，这是殷墟遗址以外为数不多的又一处随葬陶觚、爵的墓地。

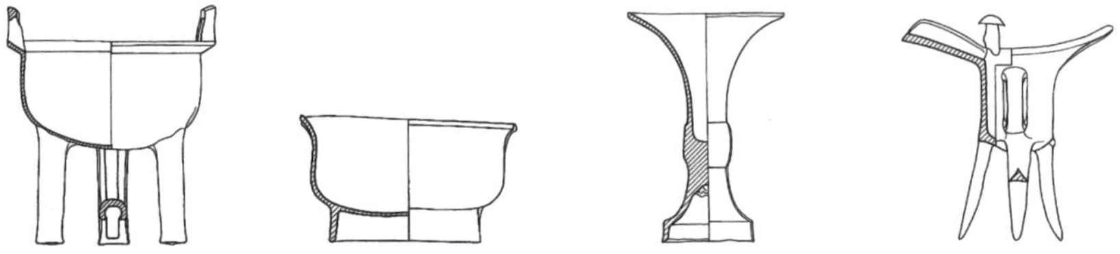

图 3.30　淇县大马庄墓地 M15 随葬铜器

在殷墟发掘的同时，前中央研究院历史语言研究所在濬县（今浚县）辛村发掘大型墓 8 座、中型墓 6 座、小型墓 54 座、车马坑 14 座①，发掘者认为辛村墓地“大致是西周时期到东周初年卫国贵族的埋葬地”。然而由于盗扰严重，加之发掘材料运至台湾，使得《濬县辛村》成为“一本有阙文的报告”。

辛村墓地的墓葬多为南北向，方向 10°左右，存在男女异穴合葬的现象（如 M1、M6），仅有 1 座墓葬有腰坑。葬式多为北向仰身直肢葬，仅有 M1 中层车旁御者为俯身葬，M17 北墓道中养犬人为屈肢葬。

辛村墓地“墓中所出陶器，以鬲为最多，总数约 30 个，分出在 30 座墓中”，报告例举肥袋足无实足根鬲 M1：37 和弧裆鬲 M53：1、M2：112（图 3.31）以外，“其余 27 个陶鬲的形制，近于前例的少，近于后例的多”，表明辛村墓地中随葬陶鬲多

① 郭宝钧：《濬县辛村》，科学出版社，1964 年。

为弧裆鬲，此类弧裆鬲尽管受殷墟文化影响呈现出扁体特征，但其联裆制法与商式分裆鬲的制法截然不同，在文化属性上更接近周系文化特征。

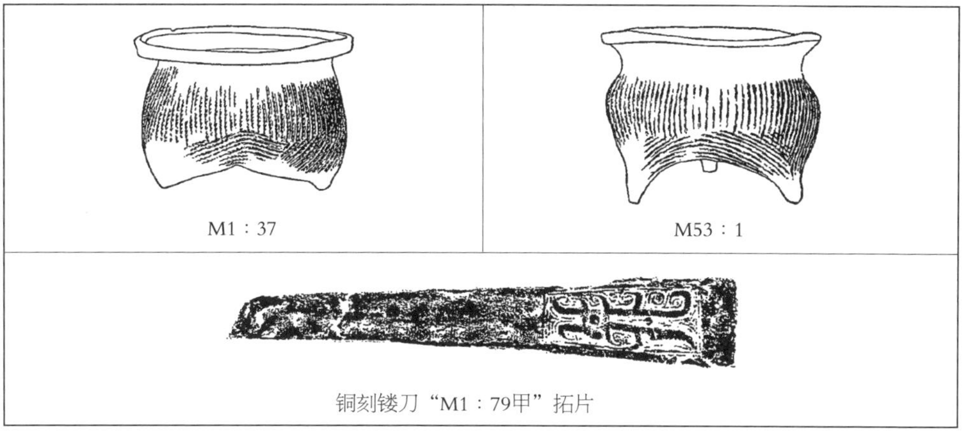

图 3.31　濬县辛村墓地出土遗物

发掘者将辛村 M1 的年代归为中期（发掘者认为中期属于“孝夷厉宣时期”），但“北阶不乱地层中”所出陶鬲 M1：37 和铜刻镂刀 M1：79 甲的特征明显偏早，所出铜辖 M1：106、軎 M1：107 也都具有较早的时代特征。发掘者曾指出“墓 1 中层车旁有一御者为俯身葬，上体左屈，两臂反缚，在全部墓葬中为仅有的一例”，属于殷墟文化特征。与此同时，辛村 M1 中也出现了一些周系文化特征器物，如銮铃 M1：118。辛村 M1 没有腰坑，而同等规模的商系墓葬通常有腰坑。

根据《濬县辛村》发表的器物，中型墓 M60、M29，小型墓 M76 的年代为西周早期（图 3.32）。辛村 M60 为南北向竖穴土坑墓，方向 10°，未经盗扰，出有殷墟文化第四期晚段特征的铜甗、兽面纹圆鼎、爵和西周早期特征的尊、卣、簋。发掘者注意到“一墓中所出各器，铭称不一，卣铭边，尊铭陆，称父乙，爵称父癸，鼎铭束父辛，至为纷歧，除尊为陆所自造，其父名乙可知外，余可能是其先世的遗存物”，此墓随葬铜器组合实际上呈现出了“一墓多族徽”的特点。M60 出有歧形当卢，属于周系文化因素。M29 为竖穴土坑墓，方向 40°，出有西周早期特征的铜甗、素面圆鼎、簋，还出有周系文化特征的歧形当卢。M76 出有西周早期特征的圆涡纹圆鼎、兽面纹簋，M55 出有西周早期特征的素面圆鼎。

1984 年，在辛村东南 400 米处淇河北岸的台地上发现铜尊、觯、削、凿各 1 件，

图3.32　濬县辛村墓地出土铜器

疑似出自墓葬①。所出铜尊为商末至周初阶段较为常见的形制，但铜觯具有明显的垂

① 王文强：《鹤壁市辛村出土四件西周青铜器》，《中原文物》1986年第1期。

腹特征，且为捉手形纽，属于西周早期特征（图 3. 33）。铜尊和铜觯的铭文相同。

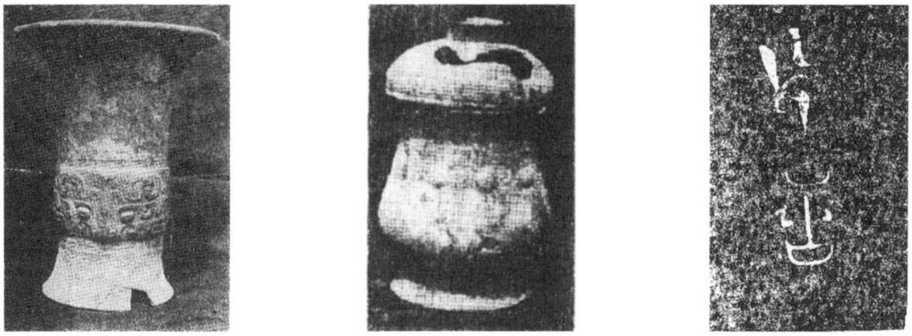

图 3. 33　濬县辛村出土铜尊、觯及铭文

1961 年，辛村西北的庞村也发现一批出自墓葬的青铜器（图 3. 34），其中兽面纹鼎（0945）和铜鬲（0948）明显具有西周早期特征。报道者指出："这里出土的带有铭文的七器，从字迹到氏族名、人名，都表明不是一人之器，时间也有早晚。这可能是墓主人生前的用具来源于多方面所致。"①

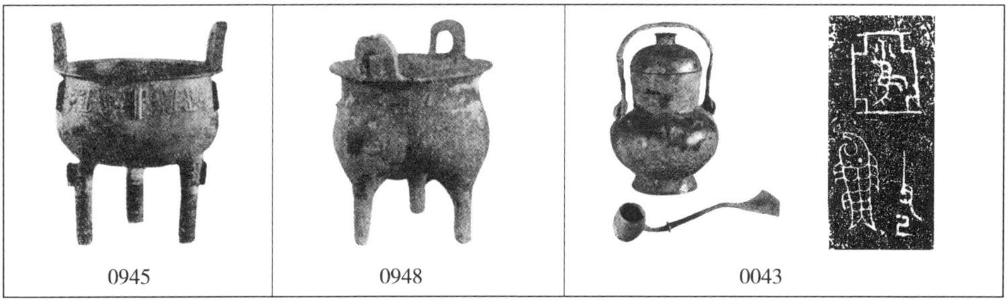

图 3. 34　濬县庞村出土铜器

由于辛村墓地数经盗掘，加之发表材料的限制，对于其文化面貌仅能有大致的了解。尽管 1949 年以后辛村、庞村仍出有墓葬青铜器，但均并非正规发掘所出。整体来看，辛村墓地应是一处以周人为主的墓地，仅有 1 座墓葬存在腰坑，所出器物以铜器为主，其中青铜礼器基本沿袭商末以来的铜器特征，有些甚至原本就属于商末遗物。辛村墓地出有銮铃、歧形当卢等西土系风格器物，也表明其受到了来自关中地区的影响。

① 周到、赵新来：《河南鹤壁庞村出土的青铜器》，《文物资料丛刊》第三辑，文物出版社，1980 年。

八 新乡、焦作地区

辉县琉璃阁 M150① 为南北向中字形大墓，东二层台有俯身葬式殉人 1，西二层台上有俯身葬式殉人 2，南二层台填土中有人头 4、狗架 2。椁室填土中有人头 1，椁室南端有俯身葬式殉人 1。腰坑中有俯身葬式殉人 1。M150 所出陶鬲 M150：31 扁体，裆部近平，仍保留有素面锥足，器盖 M150：018 表面饰绳纹，侈口厚唇簋 M150：32 颈部饰二道旋纹，这些均为殷墟文化第四期早段特征（图 3.35）。由此判断，琉璃阁 M150 的年代为殷墟文化第四期早段。根据中字形大墓的等级判断，琉璃阁在殷墟文化晚期属于殷墟遗址以南非常重要的一处地点。

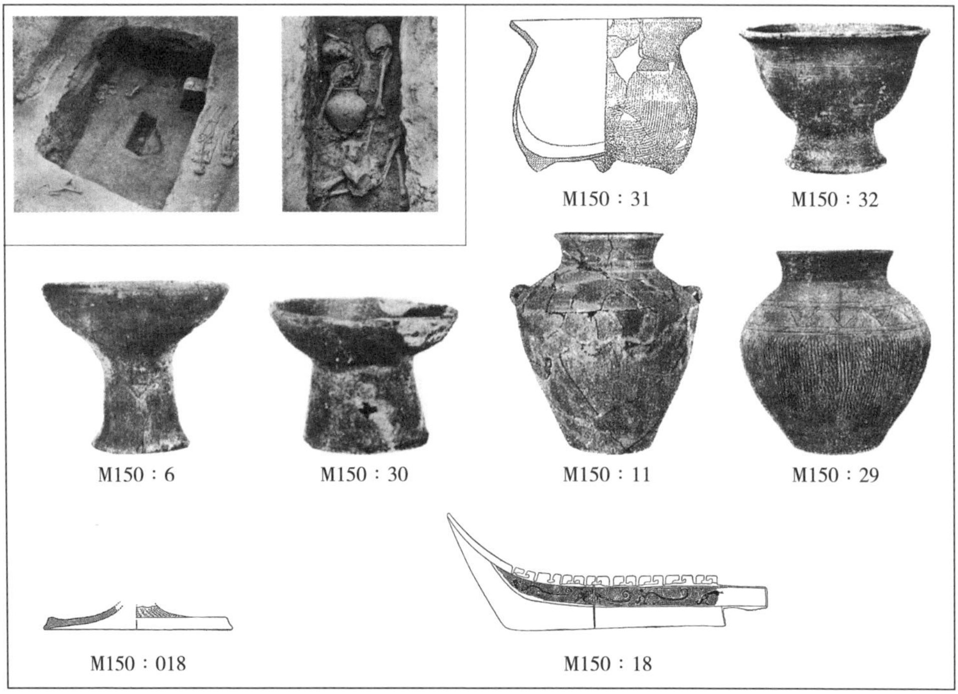

图 3.35 辉县琉璃阁 M150 及随葬器物

辉县褚丘是出土殷墟文化晚期特征铜器较多的地点（图 3.36）。1952 年发现一批可能出自墓葬的铜器②，包括卣 1、鼎 1、觚 2、爵 2、簋 1、弓形器 1、镞 224 件。

① 中国科学院考古研究所：《辉县发掘报告》，科学出版社，1956 年。

② 齐泰定：《河南辉县褚丘出土的商代铜器》，《考古》1965 年第 7 期。

所出铜容器的时代风格较为一致，根据铜鼎所饰夔龙纹、铜簋所饰菱格乳钉纹以及扁体提梁卣等特征，可知此墓葬的年代为殷墟文化第三期。1965 年褚丘出土祖辛卣①，形制与纹饰风格与殷墟郭家庄 M160 所出者相近，后者的年代为殷墟文化第三期晚段。此外，褚丘还出有 1 件捉手形钮的圆腹双环耳铜簋，耳下有钩状珥，所饰带状兽面具有列旗特征。

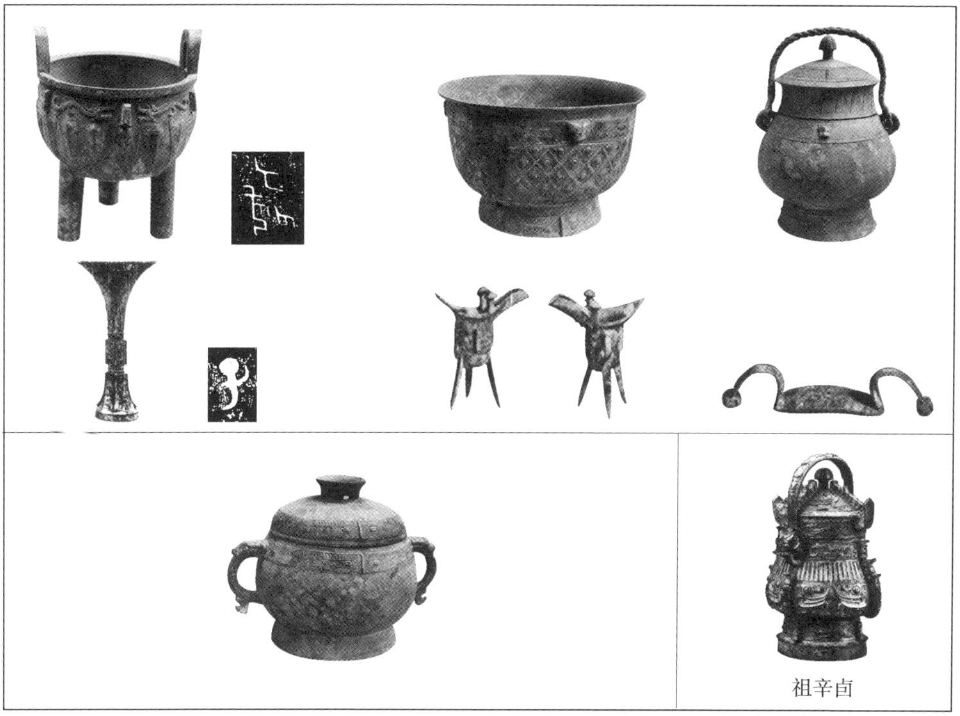

图 3. 36 辉县褚丘出土铜器

新乡平原博物院藏有 7 件妇嫊器②（图 3. 37）。所出铜簋钩状小珥流行于商末至周初阶段，尊、卣、角的纹饰已平面化，主题纹饰无地纹，为殷墟文化第四期最流行的特征，整体风格接近殷墟文化第四期早段的大司空村 M303 铜器群。

辉县孟庄③发现的殷墟文化遗存多属殷墟文化早期，发现的西周文化遗存多为西

① 王守谦：《河南辉县出土的商代祖辛卣》，《文物》1979 年第 7 期。

② 新乡市博物馆：《介绍七件商代晚期青铜器》，《文物》1978 年第 5 期。

③ 河南省文物考古研究所：《辉县孟庄》，中州古籍出版社，2003 年。

图 3.37 新乡平原博物院藏妇㛸器

周中、晚期。发掘者所谓的“殷墟文化遗存”中有部分实属西周遗物，如陶鬲 XXT26H54：1 为扁体肥袋足无实足根鬲，属于西周早期新出现的器形。发掘者认为该遗址存在“殷墟文化城址”，但《辉县孟庄》发表的陶器显示其中有相当一部分实为西周陶器，加之殷墟文化时期缺乏城址的发现，故这处“殷墟文化城址”的年代尚需存疑。

新乡李大召①发现的“晚商时期文化遗存”多属殷墟文化早期，另有相当数量的肥袋足无实足根鬲沿面上出现多道凹槽，此类特征流行于西周中、晚期，早不到西周早期。

武陟宁郭村②村北 500 米处距地表 1.5 米深出土铜鼎、罍和斝各 1 件（图 3.38），为殷墟文化第四期早段特征。报道者还指出：“武陟县宁郭村近年来不断发现商代墓葬和灰坑，出土殷墟三、四期的夹砂黑、红陶片，此处推测为一商代遗址。”由此可见，宁郭村是殷墟以南的一处较为重要的地点。

---

① 郑州大学历史学院考古系：《新乡李大召：仰韶文化至汉代遗址发掘报告》，科学出版社，2006 年。

② 武陟县博物馆：《武陟县出土三件商代青铜器》，《文物》1989 年第 12 期。

图 3. 38　武陟宁郭村出土铜器

武陟大司马①发现殷墟文化第四期早段特征陶簋 0∶28，陶簋 0∶27、陶鬲 0∶44（图 3. 39）。簋 0∶27、陶鬲 0∶44 与后冈圆形祭祀坑所出陶器相似，年代为“文化融合阶段”。

殷墟文化第四期早段	文化融合阶段	
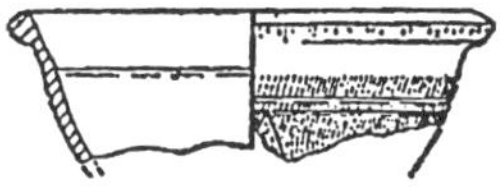 0∶28	 0∶27	 0∶44

图 3. 39　武陟大司马出土陶器

孟县吉利乡（今属洛阳市吉利区）涧溪遗址②位于黄河北岸，与孟津（盟津）隔河相望，地理位置极为重要。涧溪遗址所出Ⅱ式陶鬲“是遗址中常见的一种”（图 3. 40）。此形制的陶鬲亦见于孟县西后津③、武陟大司马遗址和后冈圆形祭祀坑，但在殷墟遗址中并不常见，可知应是孟县、武陟一带的文化因素进入了安阳殷墟。

① 杨贵金、张立东、毋建庄：《河南武陟大司马遗址调查简报》，《考古》1994 年第 4 期。

② 河南省文化局文物工作队：《河南孟县涧溪遗址发掘》，《考古》1961 年第 1 期。

③ 河南省文物研究所、新乡地区文管会、孟县文管会：《河南孟县西后津遗址发掘简报》，《中原文物》1984 年第 4 期。

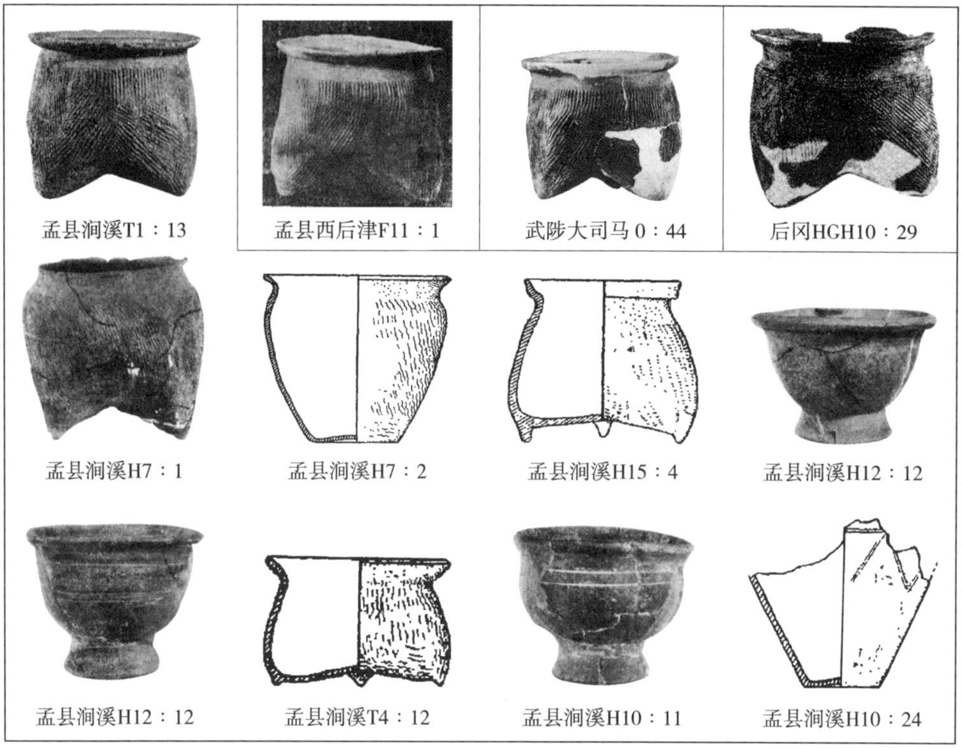

图3.40　孟县涧溪出土陶器及对比器物

涧溪遗址所出Ⅰ式鬲为受周文化影响的联裆鬲，与之共出的绳纹盆也是“文化融合阶段”新出现的器型。所出Ⅲ式鬲“三足尖作乳头状”，H15：4为棕红色，为“文化融合阶段”至西周早期陶鬲的典型特征。涧溪遗址所出陶簋H12：12腹部压印S形卷云纹，为西周早期新出现的陶簋器型，三角划纹簋的矮圈足特征为“文化融合阶段”特征。陶簋H10：11一改敞口作风，呈现“文化融合阶段”陶簋侈口窄折沿的特征。发掘者曾敏锐指出：“从这处遗址出土的主要遗物如陶器中的厚胎矮足鬲、三角纹簋、甑、盆、罍等，以及石器中的石镰、石刀、石铲和卜骨等来看，都与安阳殷墟或郑州商代人民公园期遗址中出土的遗物有些接近，但有晚期的特征，有些器形已接近西周，因而我们认为涧溪遗址应属于商代晚期文化遗址或晚到西周早期。”但通过上述分析可知，涧溪遗址所出陶器的年代均已进入“文化融合阶段”。

涧溪遗址扼守黄河北岸与盟津隔河相望，是周人灭商首当其冲的地点。从陶器群特征看，尽管受到了少量关中地区的文化影响，仍然保留有浓厚的殷墟文化特征，个别器型甚至延续使用不曾中断。

新乡、焦作地区在殷墟文化晚期属于商王朝的王畿地区，在武陟县、辉县琉璃阁、褚丘都存在较为重要的地方性中心。本区域的部分地点可延续至“文化融合阶段”，在殷墟文化终结后，整体呈现出衰落态势。

第二节　豫西及淮河中上游地区

豫西的洛阳地区和淮河上游的郑州地区曾是二里头时代至二里冈文化时期中国早期王朝的核心统治区。至殷墟文化时期，商王朝的统治中心北迁，郑州地区仍是商代晚期的重要区域。进入西周早期，周王朝在洛阳营建“新邑”，洛阳再次成为东方的中心性都邑，郑州地区在西周初年也具有重要的战略意义。

郑洛地区地势较高，较容易对地势逐渐降低的淮河中上游地区加以控制（图3.41）。早在二里头文化时期，淮河中上游地区即已纳入中央王朝的版图。二里冈文化基本继承了二里头文化对该区域的控制。尽管殷墟文化时期商王朝的统治中心北迁，却并未放弃对这片区域的控制。至西周早期，此区域仍然是西周王朝直接控制的重点区域。

一　洛阳地区

（一）洛阳地区殷墟文化时期文化遗存

洛阳地区是中国考古工作最为充分的地区之一。长期以来，洛阳地区缺乏殷墟文化晚期遗存的发现。尽管有少量殷墟文化特征铜器出土①，在以往的考古调查中也发现少量具有殷墟文化特征的陶片，但考虑到洛阳地区的西周早期遗存具有浓厚的殷墟文化遗风，因而一直未予确认。

2001～2003年，考古所二里头队曾对洛阳盆地东部进行区域性系统调查，“发现的典型晚商遗存十分稀少。个别陶器残片虽具有晚商文化特征，但考虑到洛阳地区

① 周剑曙、郭宏涛：《偃师文物精粹》，北京图书馆出版社，2007年；洛阳市地方史志编纂委员会：《洛阳市志·文物志》，中州古籍出版社，1995年。

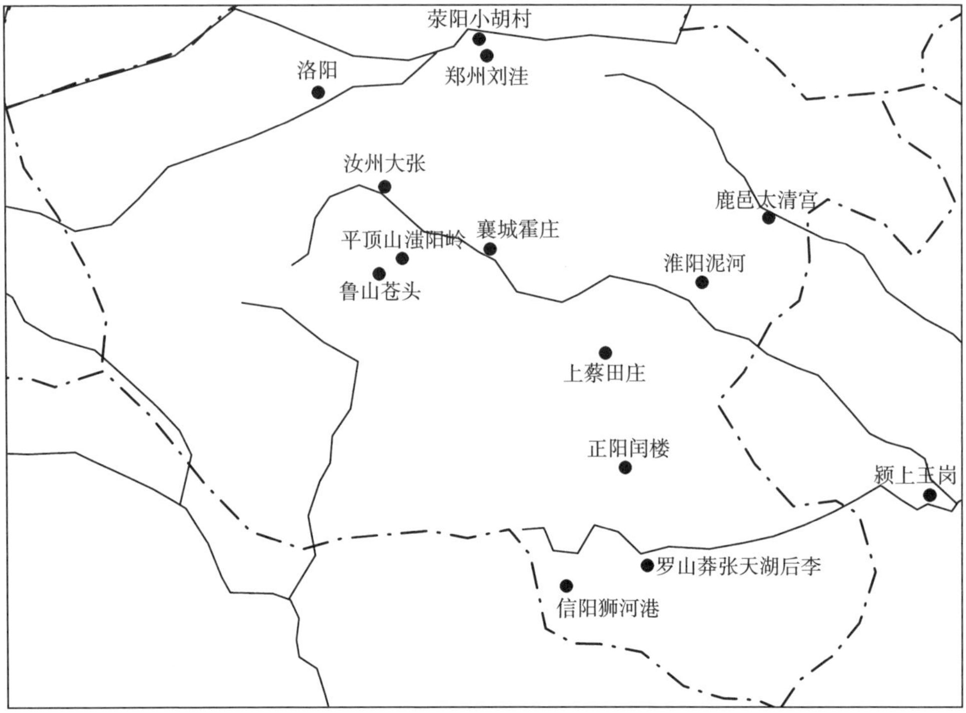

图3.41　豫西及淮河中上游地区重要遗址分布

西周早期遗存中尚包含着较为浓厚的晚商文化因素，因此，不能排除上述遗物的时代晚至西周前期的可能性"①。笔者曾对考古所二里头队调查的二百余处遗址采集陶片逐一上手观摩，其中以偃师寨湾东北遗址采集陶片②最为重要（图3.42）。寨湾东北遗址发现白家庄期至殷墟文化第三期的系列标本，为填补洛阳地区商代晚期文化遗存的空白，完善洛阳地区考古学文化序列提供了重要线索。

寨湾东北遗址发现殷墟文化第三期典型特征的三角划纹簋，腹部的大三角划纹带之上饰有小三角划纹带。寨湾东北遗址发现的粗矮素面锥足也具有殷墟文化第三期特征。尽管寨湾东北遗址发现的商代遗物始终与商王朝中心都邑的文化特征保持跟进，但还发现红褐陶鬲足，鬲足表面的刮痕特征罕见于中心都邑，却见于荥阳关

① 中国社会科学院考古研究所二里头工作队：《河南洛阳盆地2001～2003年考古调查简报》，《考古》2005年第5期。

② 承蒙中国社会科学院考古研究所二里头工作队许宏先生惠允使用寨湾东北遗址的采集标本，此致谢忱！

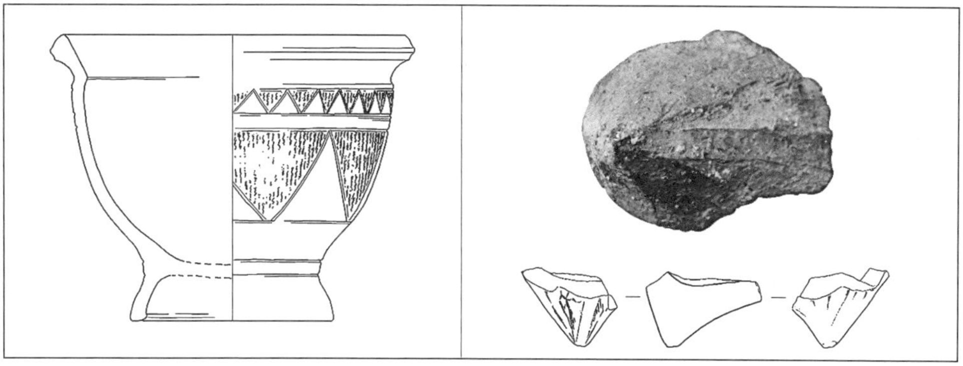

图 3.42　偃师寨湾东北采集殷墟文化陶器

帝庙遗址所出殷墟文化陶鬲，反映出不同于中心都邑的地方特色。寨湾东北采集材料表明，殷墟文化第三期时洛阳盆地仍属殷墟文化分布区。

洛阳瀍水东岸曾发现一处“文化融合阶段”的窑址①，出有殷墟文化第四期早段特征的陶簋口沿，“文化融合阶段”特征的陶簋圈足、红陶瓦楞绳纹罐口沿，西周早期特征的绳纹柱足鬲以及殷墟文化第四期至西周早期特征的陶鬲口沿（图 3.43）。根据所出陶片特征推测，这处陶窑的年代上限接近殷墟文化第四期早段。

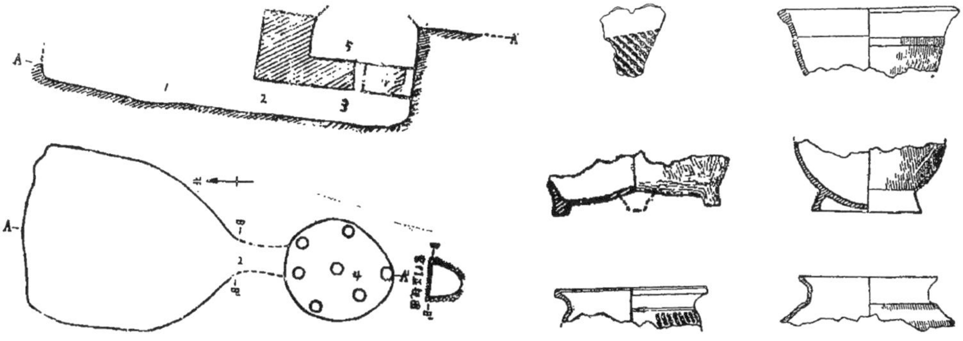

图 3.43　洛阳瀍水东岸陶窑及出土陶器

洛阳涧滨②发现有少量“文化融合阶段”遗物，如瞿家屯所出陶鬲 T704：1 与太行山东麓地区“文化融合阶段”遗存所出者相似（图 3.44），此型陶鬲在孟县、

① 洛阳市第一文物工作队：《洛阳瀍水东岸西周窑址清理简报》，《中原文物》1988 年第 2 期。

② 中国社会科学院考古研究所：《洛阳发掘报告》，北京燕山出版社，1989 年。

武陟直至殷墟遗址均有发现，却不见于殷墟遗址内年代早于后冈圆形祭祀坑的遗存中。

图 3.44　洛阳瞿家屯出土陶鬲及对比器物

涧滨地区西周遗存十分稀少，以西干沟 H824 为代表。通过逐一上手观摩洛阳盆地的调查材料，洛阳瀍河两岸和东郊地区以外的西周早期遗址数量十分稀少，在洛阳涧西附近也仅有五女冢 HM362 和 HM359 两座西周早期墓葬①，西周早期洛阳地区的人群似乎集中居住在瀍河流域及以东地区。

五女冢 HM362，无腰坑，随葬陶鬲、簋、圆肩罐、罍、觯各 1（图 3.45）。根据随葬陶器组合，特别是陶罍及觯的特征推测墓主人有可能属于殷遗。

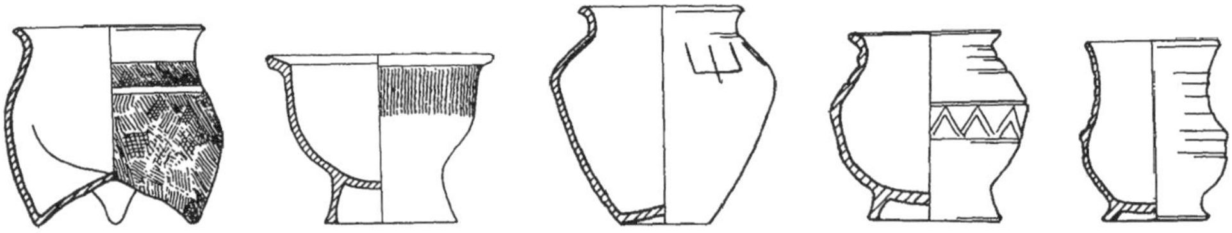

图 3.45　洛阳五女冢 HM362 随葬陶器

（二）洛阳地区西周早期墓葬

洛阳地区发现的西周墓葬数量较多，以往洛阳地区西周时期的陶器分期主要建立在墓葬随葬陶器分期的基础之上②。关于洛阳地区的西周墓葬已有相当丰富的研究

① 洛阳市第二文物工作队：《洛阳五女冢西周墓发掘简报》，《文物》1997 年第 9 期。

② 刘富良：《洛阳西周陶器墓研究》，《考古与文物》1998 年第 3 期；叶万松、余扶危：《中原地区西周陶器的初步研究》，《考古》1986 年第 12 期；张剑：《河南洛阳西周墓葬陶器初探》，《中原文物》1993 年第 1 期。

成果①，故本研究主要针对洛阳地区西周早期墓葬所体现的商、周文化融合问题展开讨论。

北窑②是洛阳地区西周墓葬数量最多、分布最集中的地点。北窑墓地以西周早期最为繁荣，发现的两座带道墓 M446、M451 均属西周早期，但由于屡遭盗掘，仅有少量遗物出土。

在北窑墓地发掘的 349 座墓葬和 7 座马坑中，仅有 8 座小型墓葬未被盗。有腰坑的 M93 就是其中之一。M93 位于墓地南部的边缘地带，出有分裆鬲 2、平裆鬲 1、圆肩罐 2，分裆鬲和圆肩罐呈现出偶数同形的特征，加之此墓有腰坑，可知墓主人应是殷遗。

北窑 M67、M20 出有肥袋足无实足根鬲（图 3. 46），此型陶鬲通常是殷人使用而非周人使用。M20 位于墓地西部，M67 位于墓地中部。M20 所出肥袋足无实足根鬲的形制特征接近殷墟文化第四期早段，可能是该墓地中年代最早的墓葬。M67 所出肥袋足无实足根鬲的器体更扁，具有西周早期特征。北窑 M127、M22 出有在肥袋足无实足根鬲基础上添加柱足而成的柱足鬲（图 3. 46），属于商式鬲的变体，两墓也位于墓地西部，与 M20 相距不远。整体来看，在墓地西部和南部外围存在少量殷遗墓葬，但墓地的主体人群属于周人集团。

M35 位于墓地中部，随葬鬲、罐各 1 件，其中陶鬲近方体的特征属于西周早期晚段。陶鬲 M35∶5 呈现出明显的弧裆特征，一鬲一罐也属于较为典型的周系文化组合方式。M35 与 M93 同属西周早期晚段墓葬，但在随葬陶器形制和组合、墓葬形制等方面均存在明显的差异。

北窑墓地还出有一批青铜器，在继承殷墟文化铜器群的基础上，呈现出明显的新风格（图 3. 47）。如方鼎 M686∶1 主体兽面纹采用水牛角形象，方座簋 M686∶2 采用夸张的扉棱和兽面，圆鼎 M1∶3 所饰兽面的主体部分无地纹，盆形簋 M37∶3（王妊簋）采用周系文化流行的盆形特征，并采用更为简化的单层花纹，铜尊

① 刘富良：《洛阳西周陶器墓研究》；郜向平：《洛阳地区西周墓葬研究》，吉林大学硕士学位论文，2003 年；高振龙：《洛阳西周时期殷遗民墓葬的考古学观察》，中国社会科学院研究生院硕士学位论文，2014 年。

② 洛阳市文物工作队：《洛阳北窑西周墓》，文物出版社，1999 年。

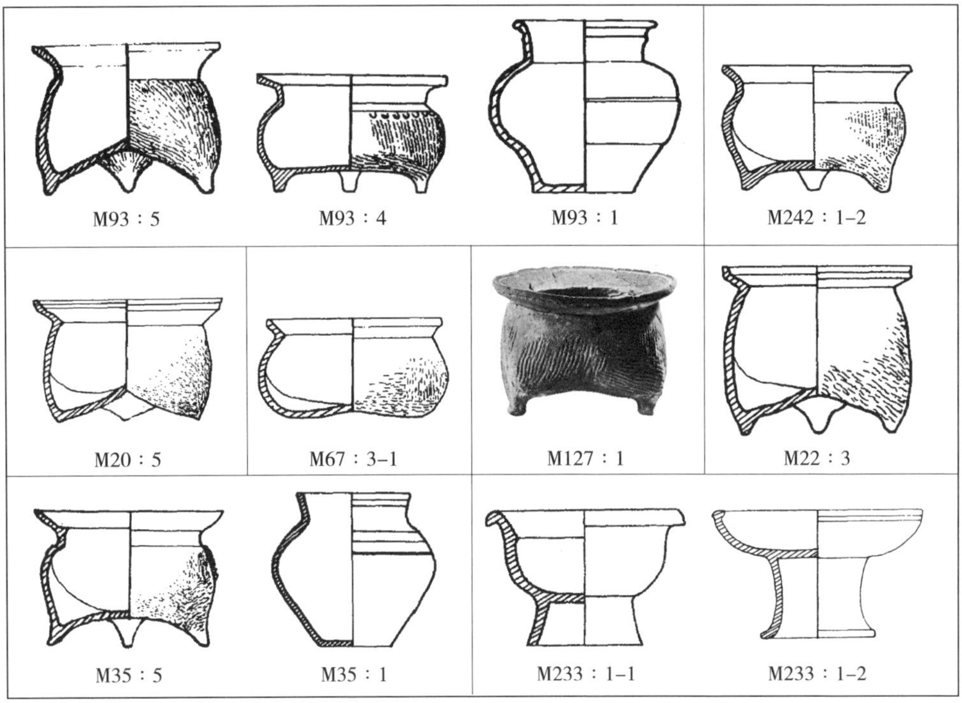

图 3.46　洛阳北窑墓地出土陶器

M347 : 6 腹部突出也属于西周早期新出现的特征。这些铜器从侧面反映出北窑铸铜作坊在西周早期的新发展。与此同时，北窑墓地所出铜器也有铸造年代有可能早至殷墟文化晚期者，如铜罍 M6 : 1。

北窑的西周早期墓葬有腰坑者仅有 2 座，缺乏殉人、俯身葬等商文化墓葬的典型特征，被推测为“一处集中埋葬西周王室贵族的公共墓地”①。尽管北窑墓地呈现出周人墓地的特征，但这处墓地的人群构成相比一般的墓地更为复杂，因而有学者推测其为“‘成周八师’阵亡将士的‘陵园’”②。由于遭受严重盗扰，对于北窑墓地的性质难以进行更为深入的讨论，但将其视为以周人为主体的墓地应没有什么问题。北窑墓地中出有带“王妊”“康伯”等铭文的铜器，表明埋葬于此的周人的社会地位相对较高。

① 洛阳市文物工作队：《洛阳北窑西周墓》，文物出版社，1999 年。

② 张应桥：《河南地区西周墓葬研究》，郑州大学博士学位论文，2006 年。

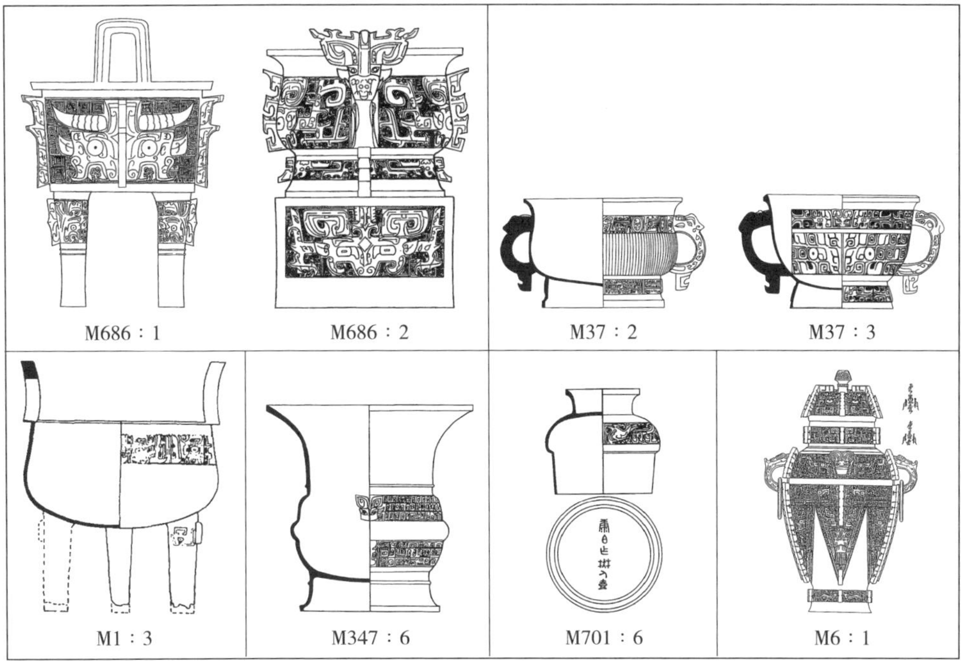

图 3.47　洛阳北窑墓地出土铜器

北窑附近还清理过一座西周早期铜器墓①，位于洛阳老城东北 1 公里的北窑村南、瀍河西岸的陇海线上，与庞家沟西周墓群相距三四百米。此墓有腰坑，所出铜器以兔觯最具特色（图 3.48），饰有西周早期流行的写实动物纹饰。

图 3.48　洛阳北窑西周早期墓葬随葬铜器

① 洛阳博物馆：《洛阳北瑶西周墓清理记》，《考古》1972 年第 2 期。

瀍河西岸的洛阳老城北大街发现一座形制不明的西周早期墓葬 C2M130①，所出爵、觯组合属于西周早期新出现的组合方式，陶器群中陶罐（罍）数量较多，也出有商式绳纹簋（图 3.49）。根据器物形制与组合特征判断，此墓应是一座西周早期的殷遗墓。

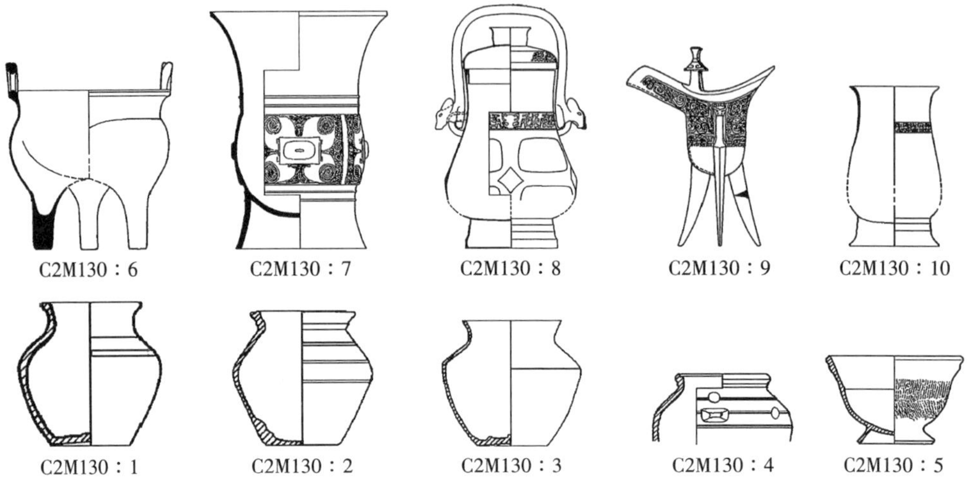

图 3.49　洛阳老城北大街 C2M130 随葬器物

唐城花园位于洛阳老城东北角以外，该地发掘的 C3M417② 为一座有腰坑的竖穴土坑墓（图 3.50）。铜爵、觯组合属于西周早期新出现的组合方式，随葬陶鬲为典型商式鬲的变体，随葬陶簋为偶数同形，符合殷遗墓葬的基本特征。

洛阳东关的洛阳市拖拉机水箱厂在基建过程中清理 5 座西周墓③（图 3.51），编号 C5M88 至 C5M92，均有腰坑。陶鬲 M91：2 亦见于邢台地区，属于殷遗新创造的陶鬲形制。陶鬲 M88：2 在肥袋足无实足根鬲之下添加柱足而成，属于商式鬲的变体，也是殷遗墓葬中十分常见的陶鬲形制。陶鬲 M92：2 属于殷墟文化中泥质弧裆小鬲的延续。陶簋 M88：1 属于殷墟文化陶簋形制的延续，但陶簋 M92：3 属于殷遗新创造的陶簋形制。陶豆 M91：8 属于殷墟文化第四期早段形制的延续。特别值得注意的是，在 M91 和 M88 中出有石璋，这是殷遗墓葬的常见器物。

---

① 洛阳市文物工作队：《洛阳老城北大街西周墓》，《文物》2010 年第 8 期。

② 洛阳市文物工作队：《洛阳市唐城花园 C3M417 西周墓发掘简报》，《文物》2004 年第 7 期。

③ 洛阳市文物工作队：《洛阳东关五座西周墓的清理》，《中原文物》1984 年第 3 期。

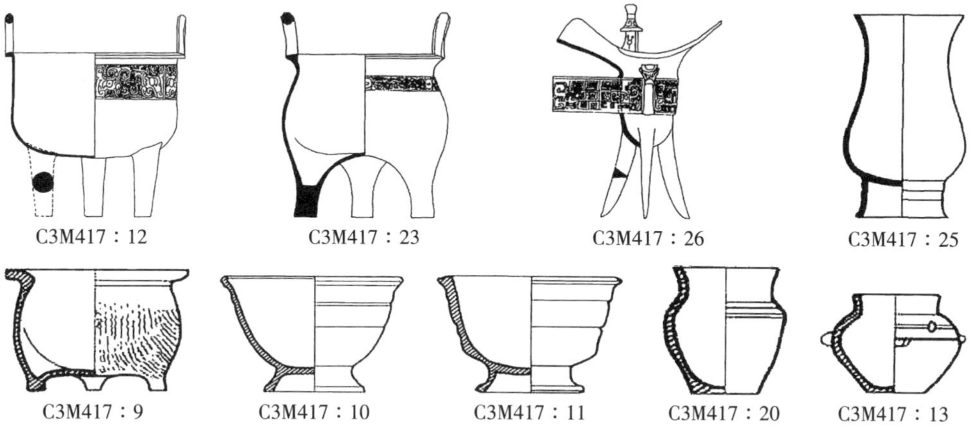

图3.50　洛阳唐城花园C3M417随葬器物

洛阳摆驾路口曾发现一批具有腰坑、曲尺形墓道等商系墓葬特征的“殷人墓”①。摆驾路口M1、M2均有腰坑、曲尺形墓道，发掘者指出摆驾路口M1的“腰坑、画幔、箭镞、弓形饰等，皆殷人作风”。M159出有铅戈和至少44枚“石璋”（图3.52），此类石璋常见于殷遗墓中。

洛阳泰山庙的一座墓葬发现铅礼器群，器类包括觚、爵、觯、卣、鬲、簋等，并随葬陶鼎、甗、簋、罐等②。

摆驾路口M167和M161是出土陶器较多的“殷人墓”。M167出有添加疙瘩足的肥袋足无实足根鬲，陶豆复出，还出有殷墟文化流行的旋纹弧裆小鬲，新出现联裆鬲、饰S形卷云纹的敞口薄唇簋和圆肩罐（图3.53），陶器群呈现出商周两系文化融合的特点，是西周早期殷遗随葬陶器群的典型代表。

洛阳东郊的郑州铁路局钢铁厂工地西周早期竖穴土坑墓③出有陶罐4，铜器群包含觚、爵、觯组合，是殷墟文化晚期已出现的组合方式（图3.54）。发掘者并未对该墓的形制进行更为细致的交代，根据随葬器物形制和组合推测该墓应是一座殷遗墓。

洛阳东车站综合服务楼建设项目清理了两周时期墓葬5座④，编号C3M566至

① 郭宝钧、林寿晋：《一九五二年秋洛阳东郊发掘报告》，《考古学报》1955年第9期。

② 叶万松、赵振华：《洛阳市东郊西周墓》，《中国考古学年鉴1987》，文物出版社，1988年。

③ 傅永魁：《洛阳东郊西周墓发掘简报》，《考古》1959年第4期。

④ 洛阳市文物工作队：《洛阳东车站两周墓发掘简报》，《文物》2003年第12期。

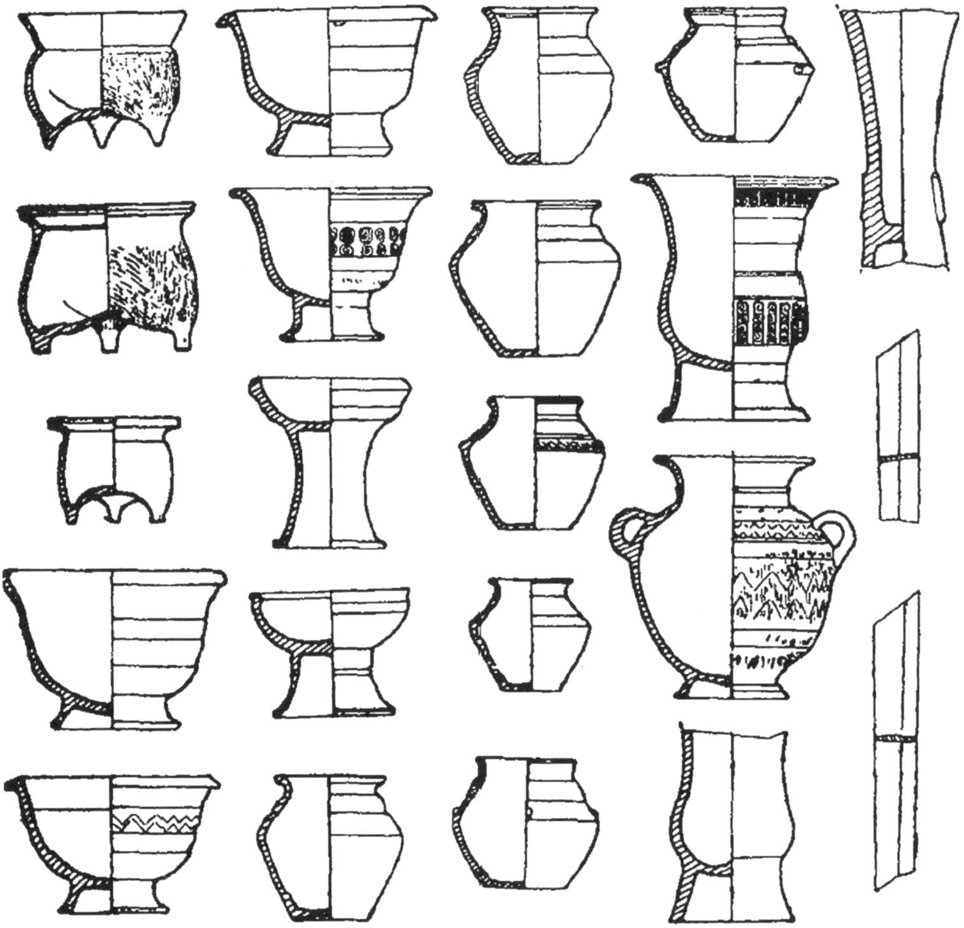

图 3.51　洛阳市拖拉机水箱厂西周早期墓葬随葬器物

1. M91：2　2. M88：2　3. M92：2　4. M89：3　5. M88：1　6. M88：6　7. M92：3　8. M91：8　9. M90：3　10. M91：3　11. M88：9　12. M91：6　13. M88：11　14. M88：7　15. M88：4　16. M88：8　17. M91：4　18. M92：1　19. M89：6　20. M88：10　21. M91：10　22. M88：20

C3M570，其中 M567 和 M568 为带腰坑的西周早期墓葬（图 3.55）。

M567 为铜器墓，铜器组合为尊、觚、爵、觯，铜觚可能是商代遗物，铜爵足的刀片状特征属于西周早期特征。该墓随葬数量较多的罐（罍）类，是殷遗墓葬常见的器用制度。此外，该墓还随葬多见于洛阳地区殷遗墓葬的石璋。

M568 为陶器墓，随葬的束颈鬲常见于殷遗墓葬中，也可以见到一定数量的罐（罍）类。尽管发掘者未对 M566 的墓葬形制等具体信息进行交代，但根据出土的三角划纹簋推测同样属于殷遗墓。

图 3.52　洛阳摆驾路口 M159 随葬石璋

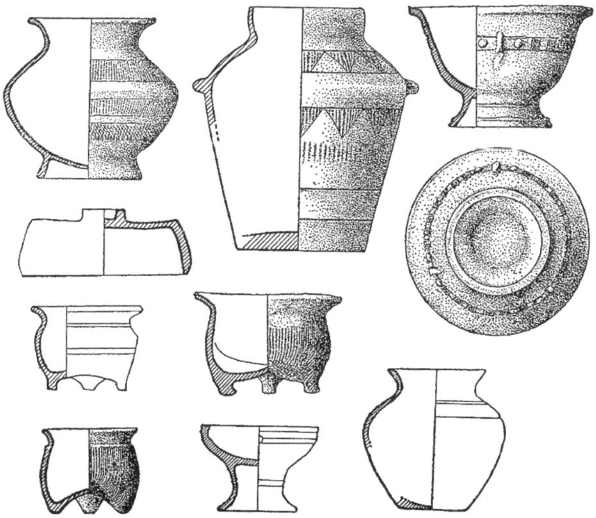

图 3.53　洛阳摆驾路口 M167 随葬陶器

洛阳铁道·龙锦嘉园发现西周早期墓葬 C3M1501①，方向 185°，墓底有长方形腰坑，随葬陶鬲 4、簋 4、豆 2、罐 8、爵 2、尊 1（图 3.56）。所出陶鬲的弧裆特征受到了周系文化的影响，但扁体属于商系文化特征，素面陶鬲有可能属于专门用于随葬

① 洛阳市文物考古研究院：《洛阳铁道·龙锦嘉园西周墓发掘简报》，《中国国家博物馆馆刊》2015 年第 11 期。

图 3.54 洛阳东郊郑州铁路局钢铁厂工地西周早期墓葬随葬器物

的明器。随葬陶鬲、簋、豆、罐（罍）的组合为殷遗墓葬的常见组合，也具有同形现象。此外该墓还随葬仿铜的陶尊、爵，陶爵存在同形现象。据此推测，该墓应属殷遗墓葬。

机车工厂托儿所发现东郊 13 号墓①，有腰坑，出有形制相同的陶鬲 3、陶簋 2、罐 7、爵 2、觚 1、觯 1（图 3.57）。其中陶鬲为分裆柱足鬲，绳纹饰至柱足，陶簋仍然延续“文化融合阶段”以来的仿铜陶簋特征。所出铜器基本延续殷墟文化特征，所出铜簋为盆形簋，与殷墟刘家庄北 M1046 所出者相似。

墓 6∶01 和墓 3∶01② 位于洛阳老城东北门以北约 200 米处，均有腰坑。墓 6∶01 随葬的变体商式鬲和腹部饰 S 形卷云纹的敞口薄唇簋都是殷遗墓最常见的器型，随葬弧裆柱足鬲受到了周系文化的影响，但仍保持商系文化的扁体特征，随葬圆肩罐类也属于殷墟文化陶罍演变而来。墓 3∶01 随葬品以铅质明器为主，延续了殷墟文化以来随葬铅质明器的传统（图 3.58）。

中窑村住宅楼在基础建设中清理 C3M575③，出有铜爵、觯组合和陶尊（图 3.59）。随葬铜爵和铜觯的铭文均有日名，但铭文并不相同，随葬陶尊属于殷墟文化

① 张剑、蔡运章：《洛阳东郊 13 号西周墓的发掘》，《文物》1998 年第 10 期。

② 河南省文化局文物工作队：《洛阳的两个西周墓》，《考古通讯》1956 年第 1 期。

③ 洛阳市文物工作队：《洛阳瀍河东岸西周墓的发掘》，《文物》2006 年第 6 期。

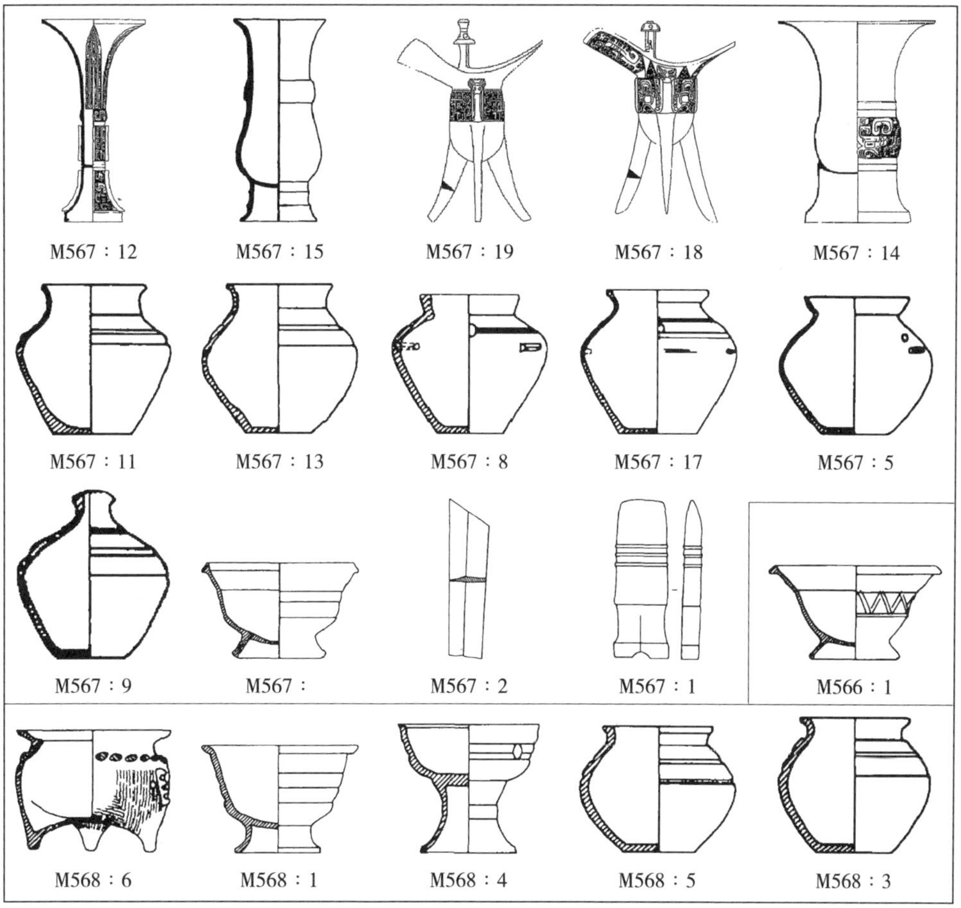

图 3.55　洛阳东车站西周早期墓葬随葬器物

传统。

铁路分局发现 C3M196①，方向 345°，有腰坑。随葬陶簋 2、尊 1、鬲 1、罐 4，同形的铅爵 2、觯 1，还发现有柄形器、石圭（图 3.60）。陶鬲的弧裆作风受到了周系文化的影响，但扁体及高束颈又属于“殷遗文化”特征，随葬陶圈足尊属于殷墟文化特质因素，所出陶簋为偶数同形，也随葬有偶数的罐（罍）类。此外，该墓还随葬有商系文化特质因素的石圭和柄形器。根据上述特征推测墓主人应为殷遗。

此外，洛阳老城中部的中州路北侧发现 4 座西周早期车马坑②，出现銮铃、歧形

① 洛阳市文物工作队：《洛阳市东郊发现的两座西周墓》，《文物》1992 年第 3 期。

② 中国社会科学院考古研究所洛阳唐城队：《洛阳老城发现四座西周车马坑》，《考古》1988 年第 1 期。

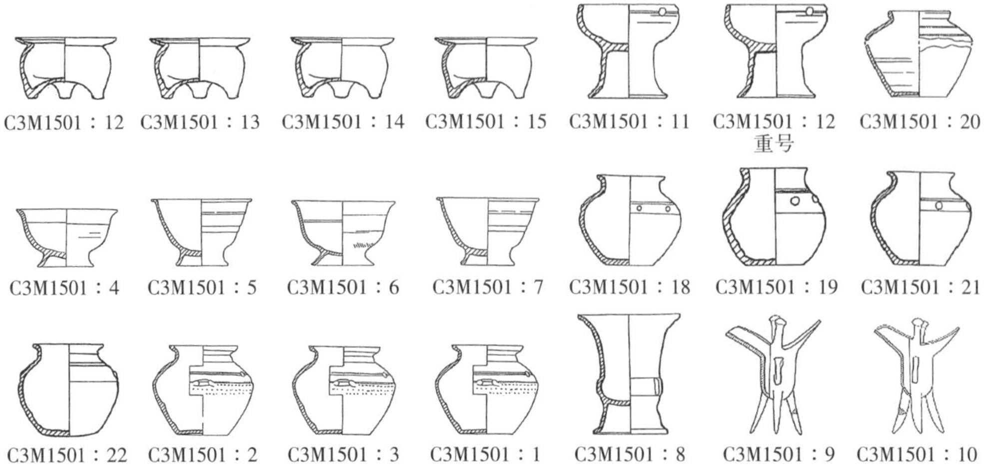

图 3.56 洛阳 C3M1501 随葬器物

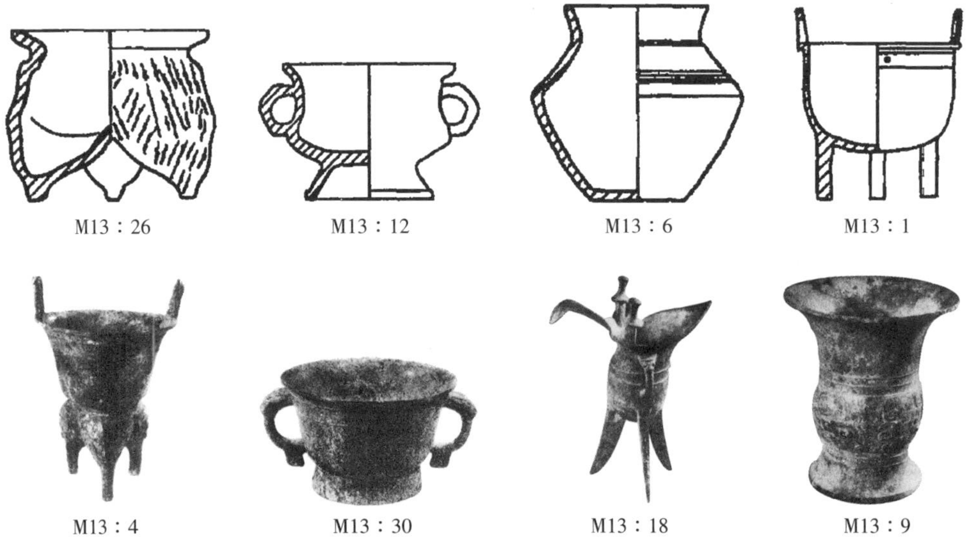

图 3.57 洛阳机车工厂托儿所东郊 M13 随葬器物

当卢等周系文化器物。考虑到庞家沟北窑墓地通常将车舆置于墓中，衬葬马坑而非车马坑的情况，推测这些车马坑附近存在较高等级的殷遗墓葬。

洛阳林校①发现的车马坑出有西周早期铜尊、卣，原始瓷瓮、尊，以及銮铃、歧形当卢等周系文化器物（图 3.61）。林校车马坑所出“列铙”属于殷墟文化传统的

① 洛阳市文物工作队：《洛阳林校西周车马坑》，《文物》1999 年第 3 期。

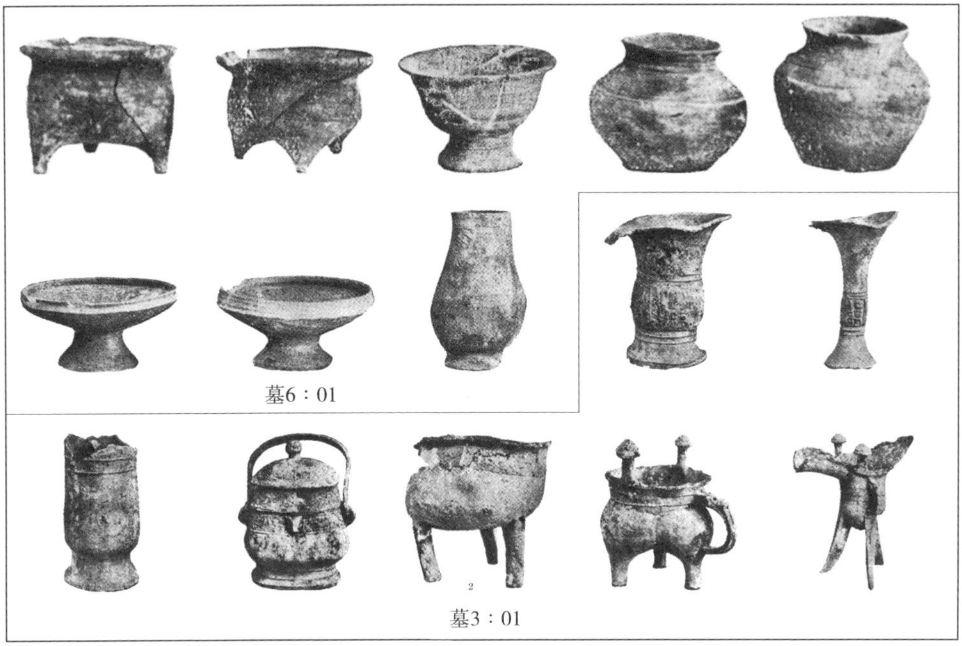

图 3.58 洛阳老城墓 6：01 和墓 3：01 随葬器物

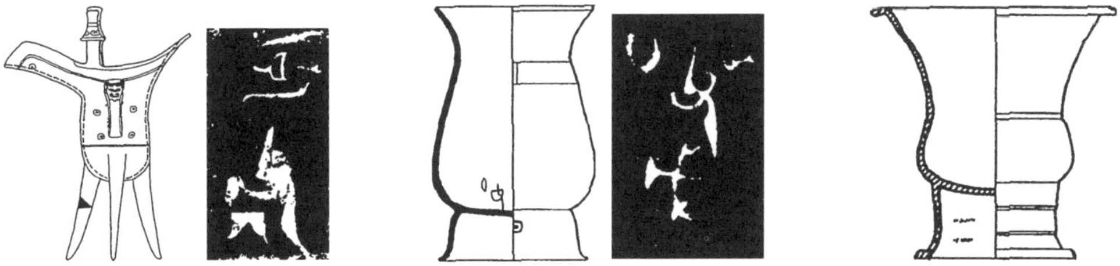

图 3.59 洛阳中窑村住宅楼 C3M575 随葬器物

延续。1984 年，洛阳林校又发现 6 座车马坑①，C3M43 出有周系文化因素的銮铃（图 3.61）。洛阳林校还曾发现大规模祭祀遗存②，不排除林校发现的车马坑与祭祀遗存有关。

尽管洛阳属于商人故地，却属于商人故地中最为特殊的地区。作为“中国”③，洛阳是连接关中地区与东方广大商人故地的交通枢纽。特别是在周公东征后，将大

① 洛阳市文物考古研究院：《洛阳林校西周车马坑发掘简报》，《洛阳考古》2015 年第 1 期。

② 周立、石艳艳：《洛阳西周早期大规模祭祀遗存的发掘》，《中国文物报》2011 年 6 月 17 日第 4 版。

③ 许宏：《最早的中国》，科学出版社，2009 年。

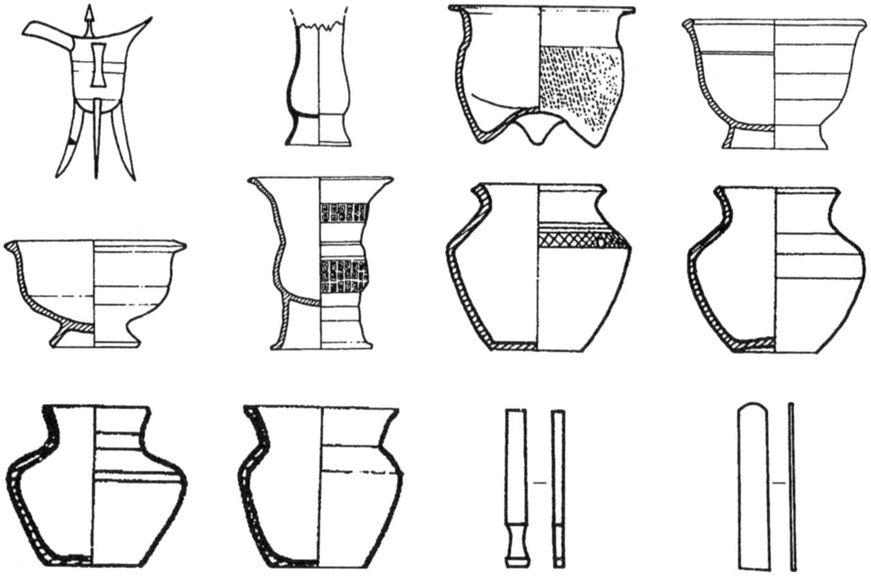

图 3.60 洛阳铁路分局 C3M196 随葬器物

批殷遗迁来洛阳以便控制，使得洛阳成为商周两系文化密切交融的地区。为数众多的殷遗墓葬在延续浓重殷墟文化遗风的基础上又受到了来自周文化的影响。通过对洛阳地区西周早期墓葬的考察，可以较为清楚地了解洛阳地区西周早期的人群构成及分布情况。周人墓地选在瀍河西岸的地势较高处，南邻北窑铸铜作坊，作坊内有“居葬一体”的殷遗墓葬。从北窑 M14 的情况看，从事手工业的殷遗应是聚族居葬，其中的殷遗贵族在西周时期仍然享有较高的社会地位。在北窑铸铜作坊以南的洛阳老城地区分布有部分殷遗铜器墓和车马坑，但数量更多的殷遗墓葬，特别是铜器墓主要分布于瀍河以东地区。上述情况表明，西周早期的洛阳地区明显被人为划分成了不同的聚邑。

洛阳地区的殷遗墓还呈现出以下几个特点：

一、殷遗墓葬更多的是以小群分布，缺乏像庞家沟这样的大型墓地。这很大程度上与殷人“居葬一体”的遗迹空间分布形态有关，但也不能排除因由周人将其分而治之的统治政策所致。

二、洛阳地区殷遗墓的腰坑比例高于安阳地区。如，北窑铸铜作坊中的墓葬除稍显特殊的 M16 以外，其余墓葬均有腰坑，殷人在亡国后似乎更加强调自身的身份而将腰坑作为族群认同的重要表现。

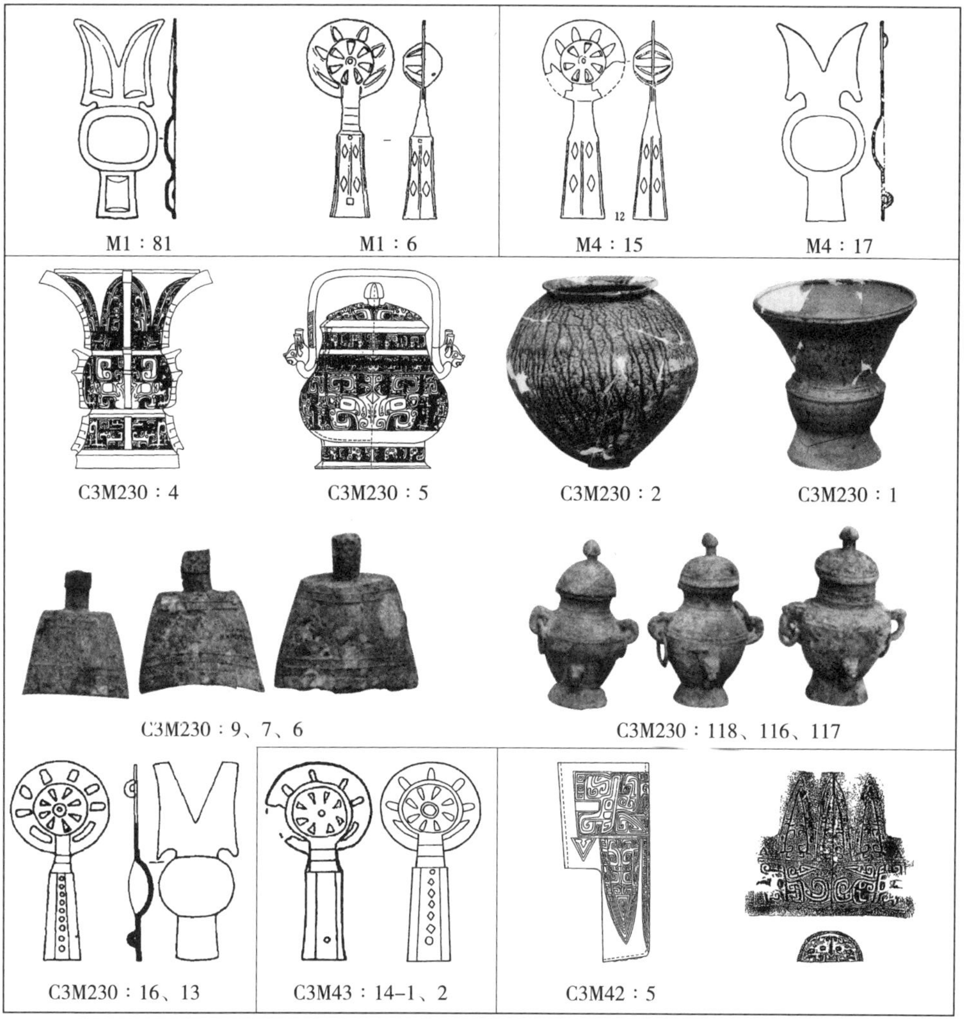

图3.61　洛阳林校车马坑出土器物

三、殷遗墓葬随葬陶器组合不同于周人的单鬲、单罐或鬲、罐组合，常见陶簋（特别是侈口厚唇簋）、粗柄豆，组合通常为鬲、簋、豆、罐，随葬陶器数量较多，多呈现偶数同形的组合方式，使用较多的罐（罍）类。这样的随葬陶器组合自殷墟文化晚期即已开始流行。

四、殷遗墓葬多流行铜爵、觯的随葬铜礼器组合，铜觚已少见，还存在随葬铅器和仿铜陶礼器的现象。

值得注意的是，具有上述第三、四特点的墓葬往往有腰坑，也常见曲尺形墓道及东西墓向等特征，这些现象之间应存在系统性的内在联系。

（三）洛阳北窑铸铜遗址

洛阳的西周早期遗存中年代最早、最为重要的当属北窑铸铜作坊。安阳殷墟的铜器墓所出铜器的情况显示，殷墟文化第四期第3组时可能仍然在生产铜器（如刘家庄北M1046铜器群和宝鸡石鼓山西土系乙类风格铜器），但至殷墟文化第四期第4组铸铜作坊很有可能已从安阳迁出。铸铜作坊的迁出地点可能不止一处，洛阳北窑铸铜作坊应是其中之一。

20世纪70年代，洛阳市文物工作队①曾对北窑的铸铜遗址进行发掘。北窑遗址H2、H3和F3为该遗址年代较早的典型单位（图3.62）。北窑铸铜遗址所出陶簋H3∶1仍然具有矮圈足特征，为“文化融合阶段”典型特征，陶簋F3∶4重新出现高圈足，为西周早期特征。殷墟文化第四期早段的典型商式鬲仍然有素面锥足，但已十分矮小。在“文化融合阶段”，安阳地区的肥袋足鬲实足根消失，成为典型意义的肥袋足无实足根鬲，但洛阳地区则将殷墟文化第四期早段的素面锥足根转变为了饰绳纹的小柱足，与安阳地区的陶鬲走上了不同的发展道路。至西周早期，洛阳地区的陶鬲也出现了明显的束颈特征，如北窑F3∶1。由此可知，北窑铸铜作坊的年代上限可至“文化融合阶段”。

发掘者指出“铸造礼器类的陶范以T10F3和T10F2出土最为集中；车马器、兵器类范多出土于T1H2和T5H5”，可知H2的年代可早至“文化融合阶段”，至F3阶段取得了更大的发展。

发掘者将北窑遗址早期居址与第一期墓葬相对应，中期居址与第二期墓葬对应，晚期居址与第三期墓葬对应，呈现“居葬一体”的遗迹空间分布形态，是商系文化的特质因素之一。北窑遗址清理西周墓葬32座，其中西周早期墓葬5座，包括一座中字形墓M14，北墓道向东呈曲尺形（图3.63）。北窑遗址的墓葬“随葬陶器多数放置在头部上方的二层台上，两侧放置石璋等”，再次表明殷遗墓葬使用石璋。除俯身葬M16以外（与旁边的羊坑深度相当，均位于拐角墓道内侧），“其余墓葬无论大小均挖有腰坑”。根据简报发表的材料可见，M25随葬铅爵、觯，铅器继承了殷墟文化

---

① 洛阳市文物工作队：《洛阳北窑村西周遗址1974年度发掘简报》，《文物》1981年第7期；洛阳市文物工作队：《1975－1979年洛阳北窑西周铸铜遗址的发掘》，《考古》1983年第5期。

图 3.62　洛阳北窑铸铜作坊出土陶鬲、簋及对比器物

传统，M25 和 M13 爵、觯组合又是西周早期新出现的随葬组合方式（图 3.63）。此外，北窑遗址内曾发现西周早期车马坑①，有可能与北窑遗址中的大型墓葬有关。

发掘者曾推测：“拐道墓的墓主人是殷代旧贵族的后裔，葬于作坊区内，很可能

① 洛阳市文物工作队：《洛阳北窑西周车马坑发掘简报》，《文物》2011 年第 8 期。

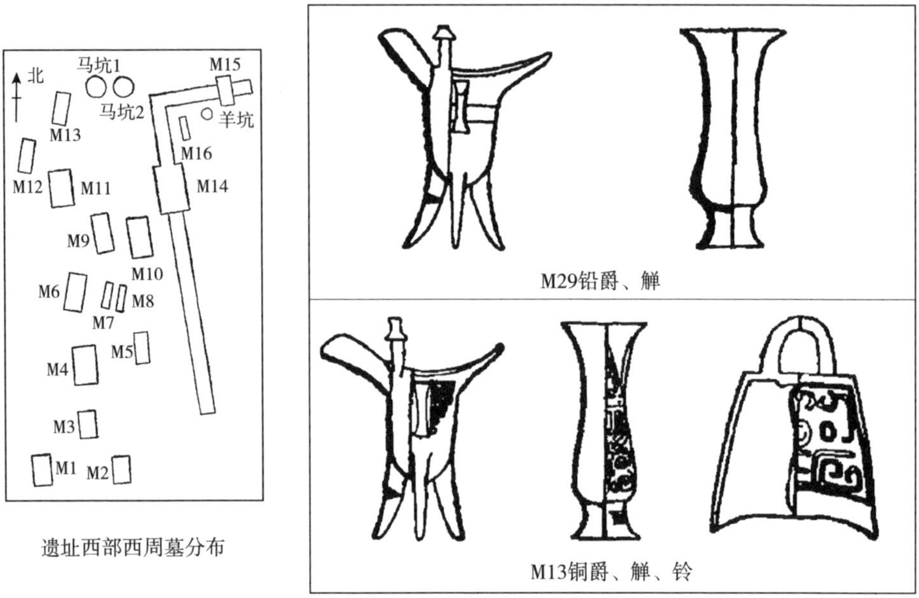

图 3.63　洛阳北窑墓葬分布及随葬器物

生前为青铜器作坊的掌管者。……可以认为，附近西周贵族墓出土的铜器是这里青铜器作坊的产品；而且可以认为，这里的作坊是在西周王朝直接控制之下的。”此认识基本可以反映出北窑铸铜遗址的性质及其与庞家沟北窑墓地之间的关系。就目前的材料看，北窑铸铜作坊有可能系“文化融合阶段”自安阳殷墟直接迁来，故在物质文化层面保留了相当浓厚的殷墟文化遗风，但已转向为西周王朝服务。

除北窑的铸铜作坊外，洛阳东郊的泰山庙 H2①也出有大量碎陶范，或许此地也存在铸铜作坊，但由于材料有限，具体情况尚不清晰。

二　郑州地区

郑州地区曾是商代早期都邑——亳都②和隞都③所在地，在商王朝统治中心迁离

---

① 郭宝钧、林寿晋：《一九五二年秋洛阳东郊发掘报告》，《考古学报》1955 年第 9 期。

② 邹衡：《论汤都郑亳及其前后的迁徙》，《夏商周考古学论文集》，文物出版社，1980 年。

③ 陈旭：《郑州小双桥遗址即隞都说》，《中原文物》1997 年第 2 期；邹衡：《郑州小双桥商代遗址隞（嚣）都说辑补》，《考古与文物》1998 年第 4 期。

后，此地仍然是商王朝的重要地方中心。

20 世纪 50 年代，郑州发现了相当于殷墟文化早期的人民公园遗存①，但郑州市区长期以来缺乏殷墟文化晚期遗存的发现。黄河路 109 号院墓地②的发掘为探索郑州市区的殷墟文化晚期遗存提供了重要材料（图 3. 64）。发掘者认为黄河路 109 号院的“殷墟时期小型墓葬……分别属于殷墟二期和三期”，但实际上存在年代更晚的墓葬。M4 所出陶簋上腹部留有两道旋纹，为殷墟文化第四期早段特征，陶鬲的低裆特征同样为殷墟文化第四期早段特征，故可将 M4 的年代定为殷墟文化第四期早段。M42 所出陶鬲所饰绳纹已饰至足尖，受到了来自周文化的影响。M40 所出陶簋腹部仅饰绳纹，为 M4 所出陶簋改为直口微侈，相似特征的陶鬲亦见于殷墟刘家庄北地（电业局）。从墓葬的空间分布看，M40 和 M42 位于墓地东部边缘，墓向为南北向，与墓地中绝大多数墓葬的东西墓向明显不同，也反映出这两座墓葬的特殊性。

黄河路 109 号院墓地没有见到可以归为殷墟文化第四期晚段的墓葬。在殷墟遗址进入殷墟文化第四期晚段时，郑州地区因其特殊的地理位置有可能与洛阳地区一样较早地受到了更多周文化的影响，因而呈现出与殷墟遗址文化面貌并不相同的“文化融合阶段”遗存。

新郑海寨发现殷墟文化晚期遗存③。海寨 H1 出土陶器具有较为鲜明的地方特征，以陶鬲最具特色。

20 世纪 50 年代，郑州市西郊的董寨发现西周时期的房址和陶窑④。2000 年初，董寨又发现 3 个西周早期灰坑⑤，出有肥袋足无实足根鬲、侈口厚唇簋、鼓腹绳纹盆、小口矮领瓮、溜肩旋断绳纹瓮等器类（图 3. 65），与安阳西高平西周居址的陶器形制及组合特征十分近似。

---

① 河南省文物考古研究所：《郑州商城》，文物出版社，2001 年；郑州市文物考古研究所：《郑州市铭功路东商代遗址》，《考古》2002 年第 9 期。

② 郑州市文物考古研究院：《郑州黄河路 109 号院殷代墓葬发掘简报》，《中原文物》2015 年第 3 期。

③ 郑州市文物考古研究所、新郑市旅游文物局：《河南新郑市华阳城遗址的调查简报》，《中原文物》2013 年第 3 期。

④ 河南省文化局文物工作队：《1957 年郑州西郊发掘纪要》，《考古通讯》1958 年第 9 期。

⑤ 郑州市文物考古研究所：《郑州市董寨遗址发掘简报》，《华夏考古》2002 年第 3 期。

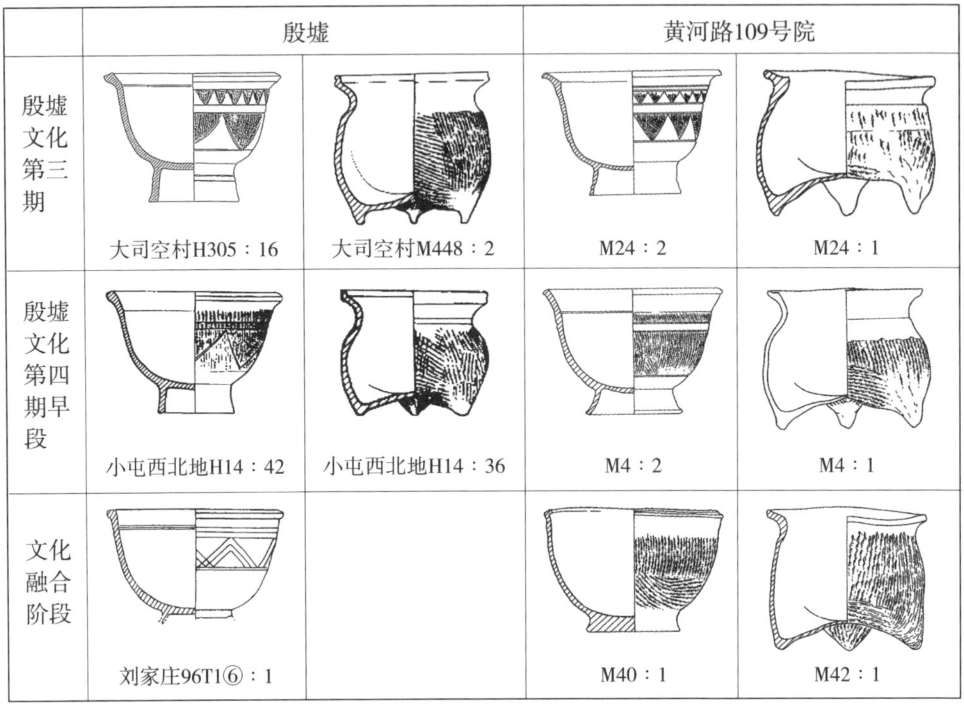

图 3.64　郑州黄河路 109 号院墓葬随葬陶器及对比器物

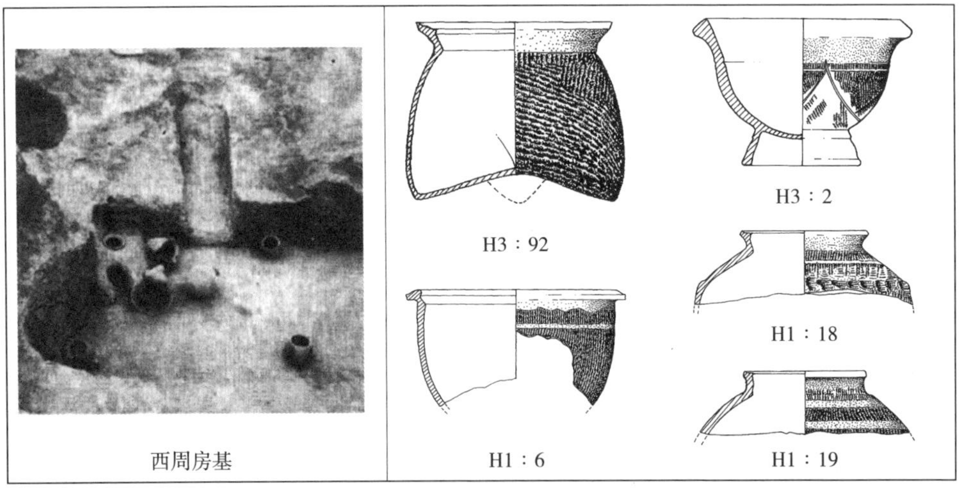

图 3.65　郑州董寨发现的房基及出土陶器

郑州西北郊是殷墟文化晚期至西周早期遗存发现较多的区域。荥阳小胡村①发现一批殷墟文化墓葬，已发表的材料中 M22 的年代为殷墟文化第三期。但由于小胡村墓地的材料尚未系统公布，暂无法展开讨论。

荥阳关帝庙②发现一处殷墟文化小型聚落，主体堆积为殷墟文化第二期至第三期。关帝庙遗址出有殷墟文化第四期早段特征的侈口厚唇簋 F6：1，所出陶鬲 F2：2 尽管形体尚未呈扁体（图 3.66），但考虑到其与黄河路 109 号院 M4 所出殷墟文化第四期早段陶鬲低裆近平的相似性，年代也应属殷墟文化第四期早段。安阳市博物馆《流过往事》展览陈列有一件出自关帝庙遗址的柱足陶鬲，略呈红褐色，实足根为柱足，出现“文化融合阶段”陶鬲特征，但柱足上的刮抹痕迹又表明其与关帝庙遗址殷墟文化陶鬲具有传承关系。关帝庙遗址的居址材料也表明，郑州地区“文化融合阶段”遗存的面貌与安阳地区的殷墟文化第四期晚段遗存具有一定的差异，存在更多的周系文化因素。

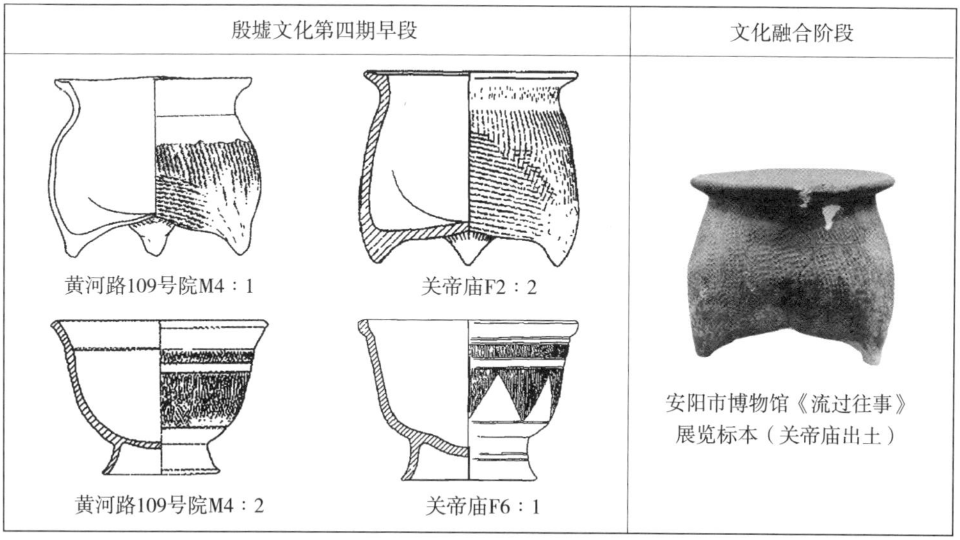

图 3.66　荥阳关帝庙出土陶器及对比器物

洼刘墓地是郑州西北郊最重要的西周早期墓地，发现西周贵族、平民墓葬和车

① 河南省文物考古研究院：《河南荥阳小胡村墓地商代墓葬发掘简报》，《华夏考古》2015 年第 1 期。

② 河南省文物考古研究所：《河南荥阳市关帝庙遗址商代晚期遗存发掘简报》，《考古》2008 年第 7 期。

马坑，已公布铜器墓 ZGW99M1 的材料①。该墓为长方形竖穴土坑墓，方向 6°，随葬铜鼎 3、卣 2、簋、甗、罍、觚、盉、尊、壶各 1（图 3.67）。所出铜鼎、簋、壶、罍等铭文较杂，但随葬一尊二卣的铭文均为“陌作父丁宝尊彝”，且一尊二卣的纹饰属于相同纹饰组合，可知属于同一批铸造而成。此外，洼刘 ZGW99M1 随葬铜昜，随葬铜戈的尖部被折断。

荥阳蒋寨遗址是郑州地区近年来发掘的一处重要的商周遗址，出土数量丰富的陶器群②。根据安阳市博物馆《流过往事》展览陈列的标本（图 3.68）可知，蒋寨遗址出有红褐陶分裆柱足鬲，此型陶鬲是在商式鬲的基础上添加饰有绳纹的小柱足而成。郑州地区的红褐陶分裆柱足鬲应不是直接受到周文化的影响而产生，而是受到了来自洛阳地区的影响。蒋寨遗址也出有基本保持商文化特征的肥袋足无实足根鬲和基本保持周文化特征的联裆鬲，还出有鼓腹绳纹盆。此外，蒋寨遗址还可以见到邢台地区和山东地区较为常见的分裆罐形陶器。蒋寨遗址并非地区性中心聚落，其陶器群面貌表现出的文化变迁更为引人瞩目。与豫北冀南地区以西高平为代表的居址陶器群不同，蒋寨陶器群因由地缘因素更多地受到了来自洛阳等地的文化影响。

荥阳西司马墓地发掘了一批“文化融合阶段”至西周早期墓葬③，发掘者将其认为是“晚商墓地”。简报仅介绍了 M43、M40、M38、M20、M52、M29 等 6 座墓葬的具体信息（图 3.69、70），其中 M43、M40、M38 为南向墓葬，M20、M52、M29 为西向墓葬，M43、M40、M20 有腰坑、殉狗。

发掘者将西司马发现的墓葬分为两类，“一类为南北向，仰身直肢，均头向南，部分有腰坑，内葬狗骨一具，器物放置于头端，器物组合为鬲、簋、豆、罐等；另一类为东西向，仰身直肢，均头向西，部分墓葬有腰坑，内葬狗骨一具，头端上方有一壁龛，内置陶器，器物组合为簋、豆、罐等。南北向墓葬主要分布在发掘区的中南部，分布比较密集，东西向墓葬主要分布在发掘区东北和西北部，分布较分散”，似乎表明此墓地存在两支人群。根据简报已发表的材料，这 6 座墓葬随葬器物

---

① 郑州市文物考古研究所：《郑州市洼刘村西周早期墓葬（ZGW99M1）发掘简报》，《文物》2001 年第 6 期；郑州市文物考古研究所：《郑州洼刘西周贵族墓出土青铜器》，《华夏考古》2002 年第 3 期。

② 承蒙郑州市文物考古研究院张家强先生惠允得见，此致谢忱！

③ 郑州市文物考古研究院、荥阳市文物保护管理所：《河南荥阳西司马遗址晚商墓地发掘简报》，《中原文物》2009 年第 3 期。

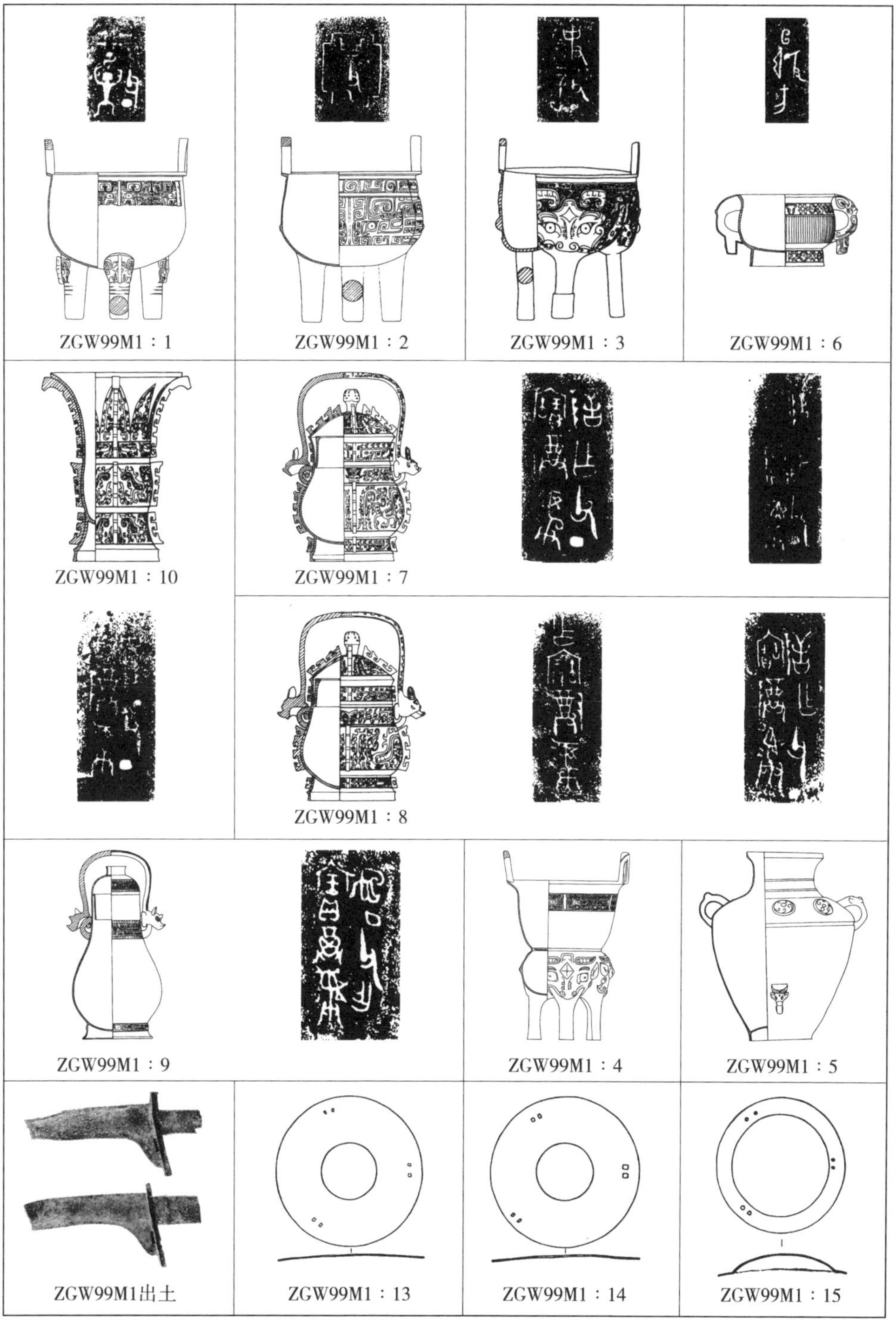

图 3.67　郑州洼刘 ZGW99M1 随葬器物

图 3.68　荥阳蒋寨出土陶器

形制及组合均为西周早期特征。

正式报告《荥阳西司马墓地》仍然坚持该墓地“以晚商墓葬为主”①，但根据报告发表的材料看，该墓地的年代上限不超过“文化融合阶段”，年代下限接近西周中期，以西周早期墓葬为主。

荥阳竖河②发现 5 座西周早期墓葬，未发现腰坑，墓主仰身直肢，头向南或西南。随葬品包括侈口厚唇簋和圆肩罐（图 3.71）。

此外，巩义城关小沟村曾发现西周早期铜鬲③（图 3.71），系村民挖窑洞所得，可能出自墓葬。

与几近“无人区”的洛阳地区不同，人民公园墓地、黄河路 109 号院墓地、小胡村墓地和关帝庙遗址的发掘表明，郑州地区在殷墟文化时期仍然是商王朝的重要地方中心。尽管距离安阳地区不远，郑州地区的殷墟文化陶器群面貌呈现明显的地方特征，以关帝庙遗址所出陶器群最具代表，陶鬲沿面下凹，足根处有刮削痕迹且刮削上侵至下腹部，陶簋在流行殷墟文化典型特征的弦纹簋和三角划纹簋以外，还流行一种明显地方特征的鼓腹陶簋。尽管与安阳殷墟的陶器群演进特征大体相同，

---

① 河南省文物考古研究院、郑州市文物考古研究院、荥阳市文物保护管理中心：《荥阳西司马墓地》，大象出版社，2016 年。

② 河南省文物研究所：《河南荥阳竖河遗址发掘报告》，《考古学集刊》第 10 集，地质出版社，1996 年。

③ 陈立信：《巩县发现西周早期青铜鬲》，《中原文物》1986 年第 4 期。

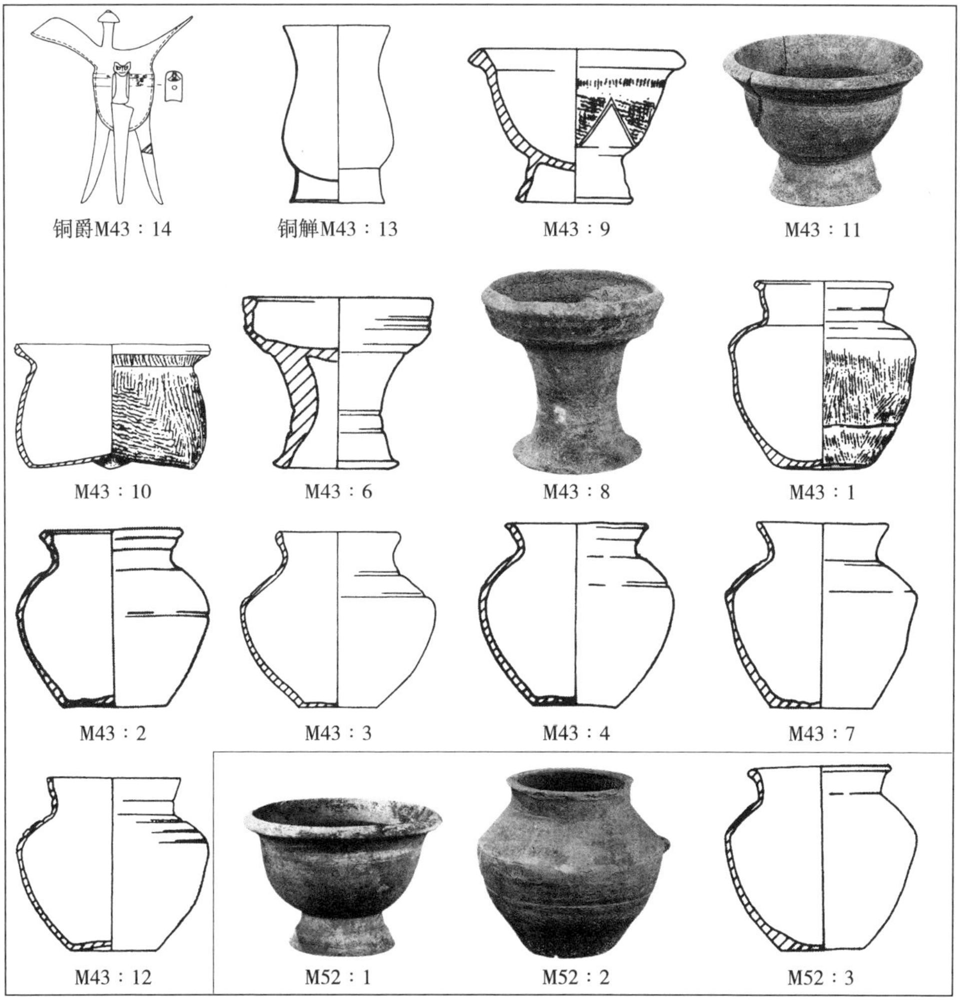

图 3.69　荥阳西司马 M43、M52 随葬器物

但并非完全同步，在“文化融合阶段”，因其特殊的地理位置更多地受到了来自关中和洛阳地区的影响。

西周早期的郑州地区仍然居住着数量众多的殷遗，加之西邻西周王朝统治中心之一的洛阳地区，郑州地区的有效统治直接关系到周王室的安危，洼刘墓地的发现表明，郑州地区在周初仍是一个极为重要的地点。

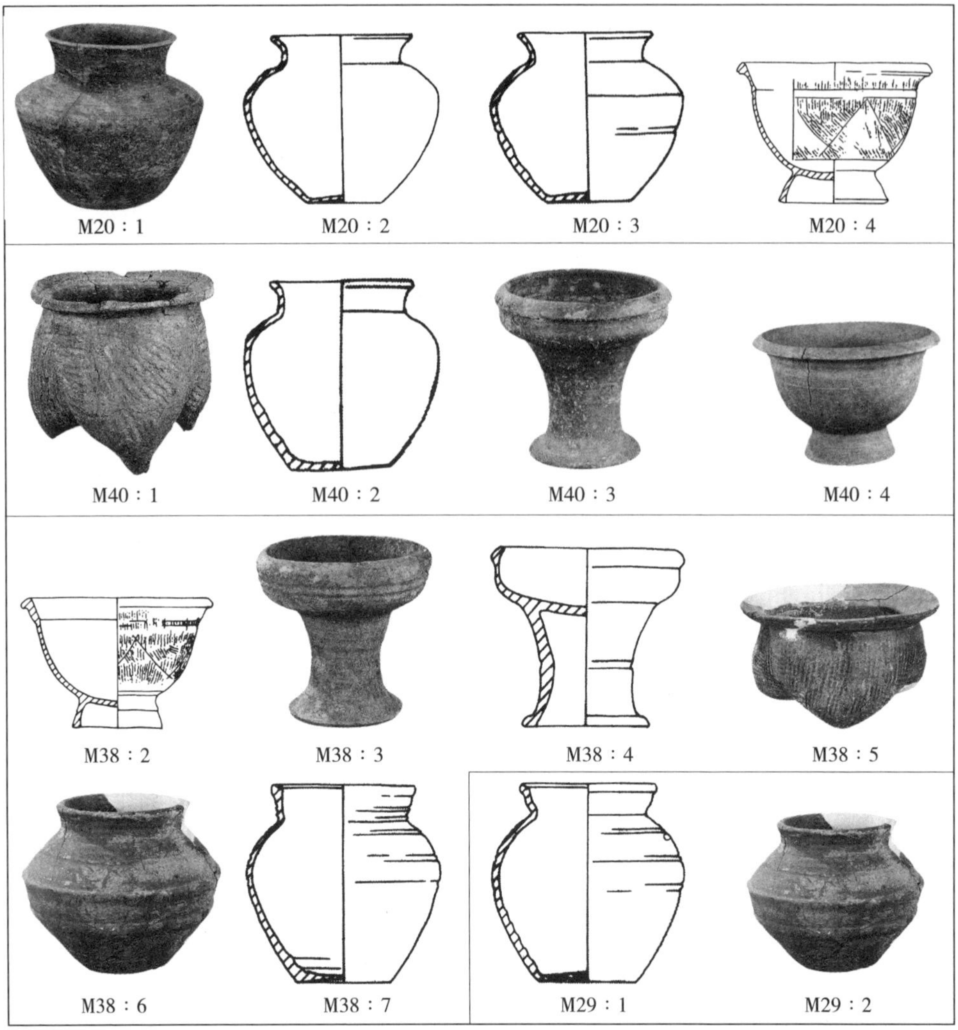

图 3. 70　荥阳西司马 M20、M40、M38、M29 随葬器物

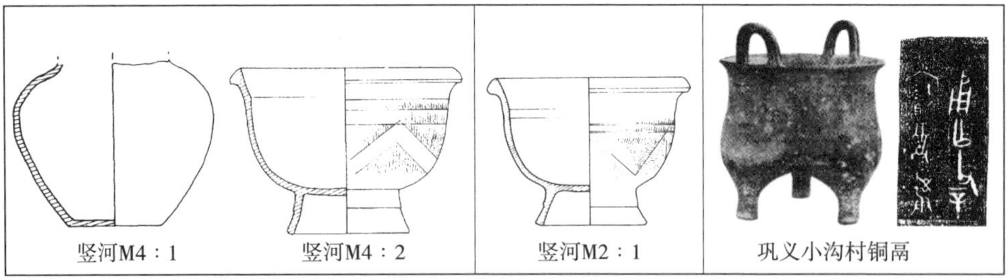

图 3. 71　荥阳竖河墓葬随葬陶器及巩义小沟村出土铜鬲

三　豫中地区

豫中地区大体包括现在的平顶山市、许昌市和漯河市管辖地域。

平顶山地区位于郑州地区以南，是郑洛地区通往南方地区的必经之地。以往在平顶山地区缺乏殷墟文化遗存的发现，蒲城店遗址西周遗存①的发现为探索本地“殷遗文化”提供了重要材料。蒲城店遗址的西周遗存年代自西周早期延续至西周中期，发现有房址、灰坑和墓葬，墓葬有腰坑。灰坑所出陶鬲除肥袋足无实足根鬲外，还存在受周文化影响的尖足弧裆鬲及柱足分裆鬲，陶器群组合还包括侈口厚唇簋、小口矮领瓮、鼓腹绳纹盆等器类（图3.72），与太行山东麓地区的陶器群组合基本相同，但陶鬲的形制更为多样，其中的西周早期柱足分裆鬲是豫中南地区较为常见的器型。

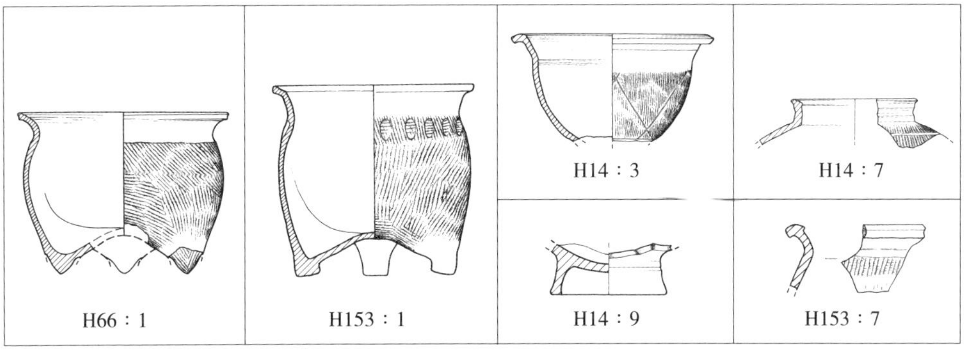

图3.72　平顶山蒲城店遗址出土陶器

平顶山地区的交通要道地位导致该地与长江中游地区的“殷遗文化”遗存具有较为密切的关联。正是因为如此，周王朝才会选择在平顶山建立姬姓应国。在应国墓地正式发掘之前，平顶山已多次发现应国青铜器②。

平顶山滍阳岭发现应国墓地，已发表6座西周早期墓葬的材料③。应国墓地分布于南北走向的滍阳岭之上，墓葬按年代由南向北埋葬，西周早期墓葬位于南部。

---

① 河南省文物考古研究院、平顶山市文物局：《河南平顶山市蒲城店遗址西周遗存的发掘》，《考古》2016年第6期。

② 平顶山市文管会：《河南平顶山市出土西周应国青铜器》，《文物》1984年第12期；平顶山市文管会：《平顶山市新出土西周青铜器》，《中原文物》1988年第1期。

③ 河南省文物考古研究所、平顶山市文物管理局：《平顶山应国墓地Ⅰ》，大象出版社，2012年。

M232 为应公墓，甲字形墓，墓道朝南微向东弧，墓室内有积石，有毁兵葬俗，所出陶鬲为联裆，但扁体受到了本地文化的影响，所出陶三足瓮及铜昜属于周系文化特征（图 3.73）。该墓被盗扰严重，但根据其规模推测应属西周早期的应侯墓。

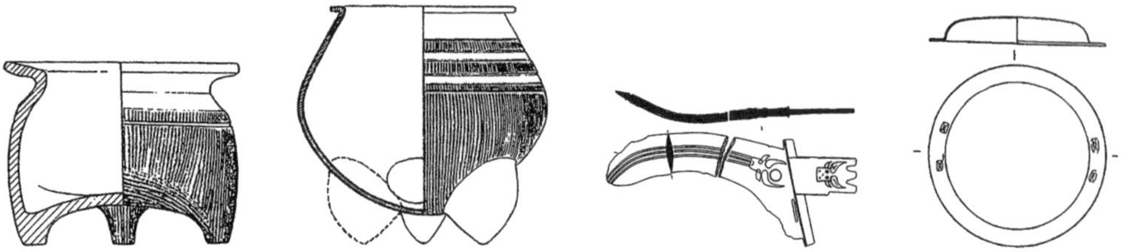

陶鬲 M232：060　　陶三足瓮 M232：059　　铜戈 M232：4　　铜昜 M232：034

图 3.73　应国墓地 M232 随葬器物

M231 为应公少夫人墓，小型竖穴土坑墓，方向 7°，墓主女性，仰身直肢，头北足南，棺内出有锡觯 1，二层台上出有陶鬲 3、豆 2、大口尊 1、罐 1（无法复原）（图 3.74），无兵器随葬。

M242 为旡墓，竖穴土坑墓，方向 2°，仰身直肢葬，随葬铜鬲器放置于北二层台之上，食器与酒器分开放置，墓葬保存完好，并没有发现陶器。随葬铜礼器组合为鼎、簋、尊、卣、爵、觯，还发现有铜昜和銮铃（图 3.75），属于周系文化因素。

M229 为应事（使）墓，南北向，竖穴土坑墓，墓主人头向北，随葬铜礼器组合为鼎、簋、爵、觯，有毁兵葬俗，随葬周系文化因素的铜昜，随葬陶器组合为周系文化特征的鬲、罐组合（图 3.75）。

M230 为应侯墓，大型竖穴土坑墓，方向正北，被盗扰严重，残留有铜昜（图 3.76）。

M48 为伯韋墓，原为竖穴土坑墓，在基建中出土铜器，出有铜鼎、簋、壶（图 3.76）。

应国墓地的西周早期高规格墓葬不见腰坑，男性墓随葬的兵器、车器都呈现出周系文化特征，随葬陶器受到商文化影响出现扁体的柱足弧裆鬲，随葬陶鬲、罐组合。随葬铜器尽管沿袭殷墟文化风格，但由于年代已晚至西周早期晚段，铜器风格已向典型西周铜器风格过渡，随葬组合也已摆脱了商文化特征而更多地呈现出西周时期的全新时代特征。

传世品中也有不少应国铜器①，其中除十六字应公鼎及应监甗具有较为典型的殷

① 河南省文物考古研究所、平顶山市文物管理局：《平顶山应国墓地 Ⅰ》，大象出版社，2012 年。

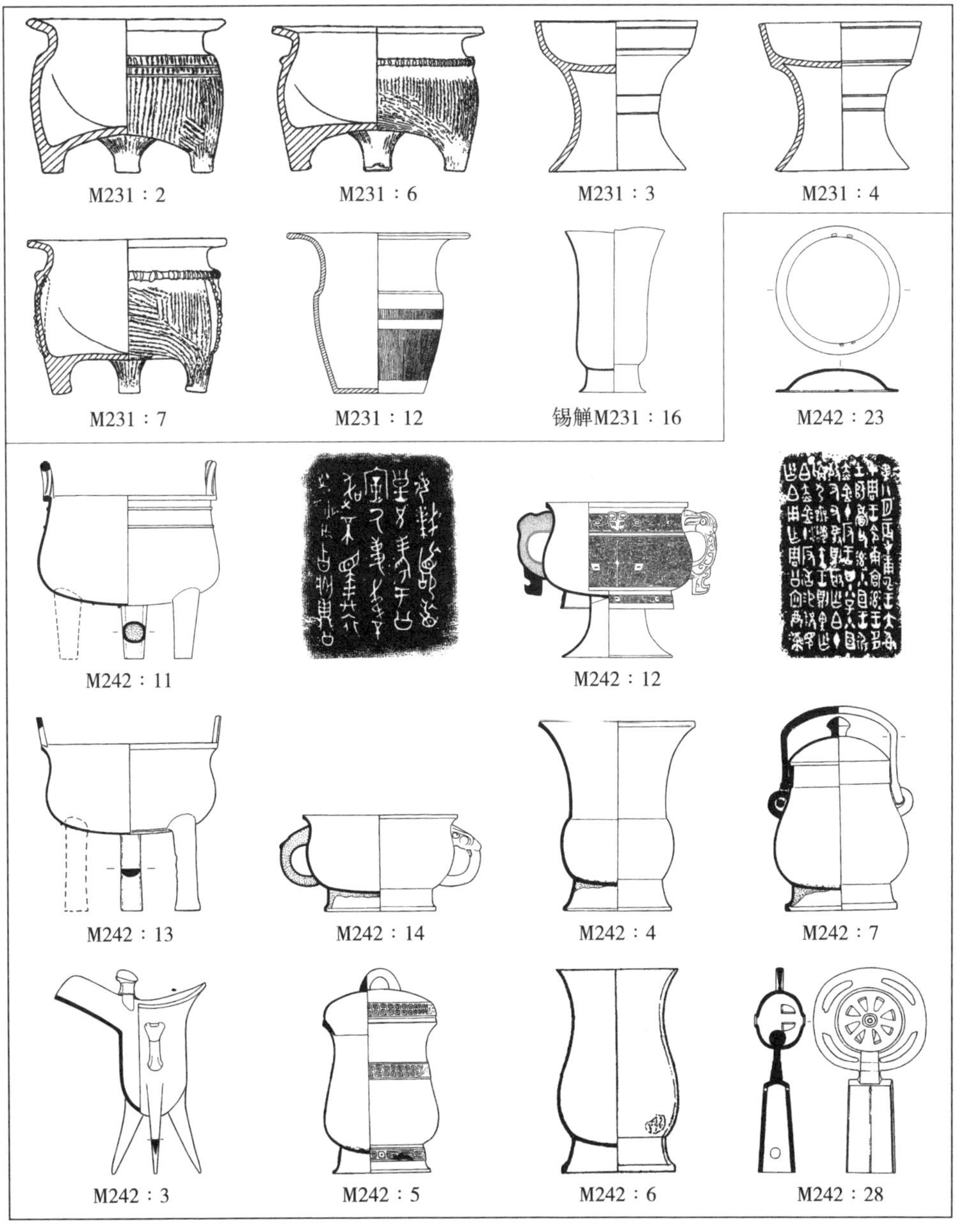

图3.74　应国墓地M231及M242随葬器物

墟文化铜器特征外，其余铜器均呈现出了显著的西周早期特征，如鼎、簋的垂腹特征，仅饰弦纹的鼎、簋等（图3.77）。

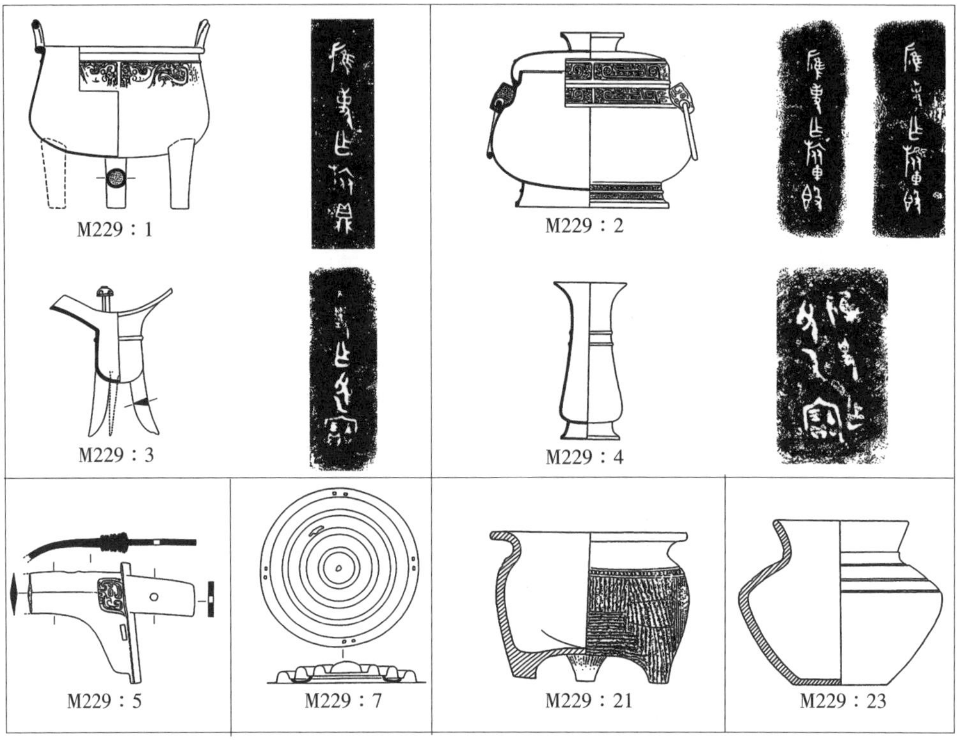

图 3.75　应国墓地 M229 随葬器物

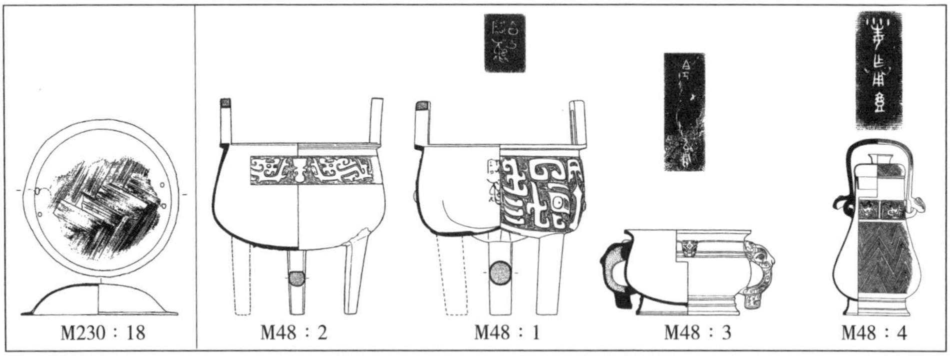

图 3.76　应国墓地 M230、M48 随葬器物

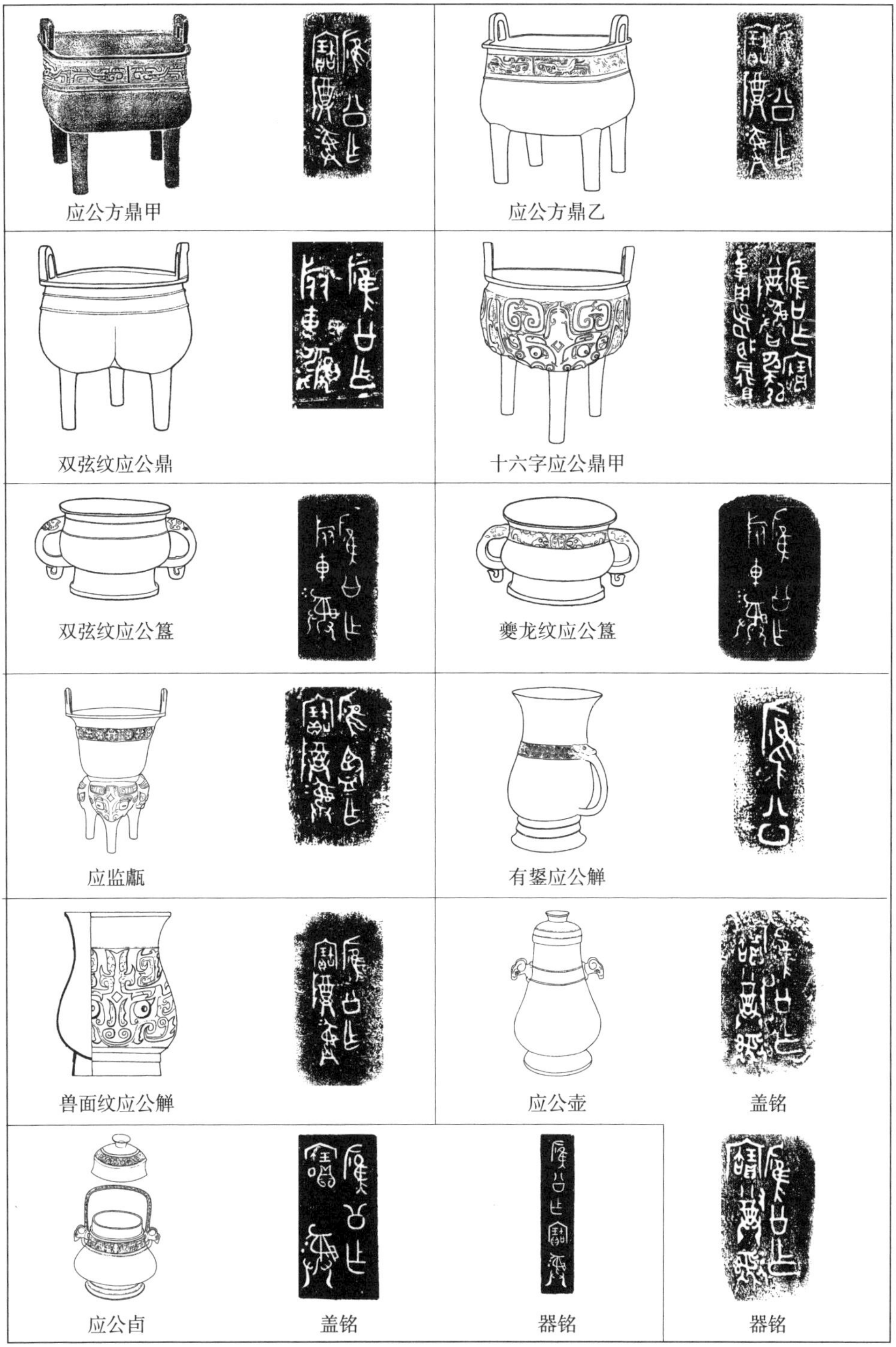
应公方鼎甲
应公方鼎乙
双弦纹应公鼎
十六字应公鼎甲
双弦纹应公簋
夔龙纹应公簋
应监甗
有錾应公觯
兽面纹应公觯
应公壶
盖铭
应公卣
盖铭
器铭
器铭

图3.77　传世应国铜器

鲁山县隶属于平顶山市，位于应国墓地以西的沙河上游。鲁山苍头村发现一批西周早期铜器①，已散失，剩余壶、尊、觯各1，爵2（图3.78）。铜壶铭文"□作父乙尊彝□"，铜尊铭文"子孙父庚"，铜觯铭文"文"，铜爵铭文"人祖辛"，另一件"铭文与花纹有所不同，铭文一字，在把内"。铭文复杂的情况可能是分器而来，推测这批铜器有可能属于周人。

铜壶铭文

铜觯铭文

图3.78 鲁山苍头村墓葬随葬铜器

汝州市旧为临汝县，位于平顶山市西北，经汝河可通往洛阳地区。汝州大张村曾发现一批西周早期青铜器②，包括鼎、簋、爵、尊各1件（图3.79）。铜簋有小珥，上腹部饰涡纹与鸟纹相间的条带，圈足饰鸟纹条带，为西周早期晚段特征，底内有铭文"光父辛"。铜鼎上腹部所饰纹饰与铜簋相同，可知属于同一套鼎、簋组合。所出铜爵已呈刀片形足，为西周早期特征。根据铜器形制、组合和铭文推测这批铜器可能归属于殷遗墓葬。

襄城霍庄③发现西周早期墓葬，长方形竖穴土坑墓，方向南偏西17°，有腰坑、殉狗。出有铜爵2，鼎、簋、尊、卣、觯、铃各1，还发现有玉钺1、瓷罍1、陶罐2（图3.80）。此墓所出陶尊腹中部外鼓，属于西周早期典型特征。所出铜器铭文较为一致，推测为西周早期殷遗墓。

豫中地区处于洛阳地区通往南阳盆地、淮河中上游的交通要道，是西周王朝控制东方的重要交通枢纽，故在此设立姬姓应国。以滍阳岭应国墓地为代表的一类遗

① 裴琪：《鲁山县发现一批重要铜器》，《文物参考资料》1958年第5期。
② 杨澎：《河南临汝出土西周早期青铜器》，《考古》1985年第12期。
③ 河南省博物馆：《河南省襄县西周墓发掘简报》，《文物》1977年第8期。

图 3. 79　汝州大张村墓葬随葬铜器

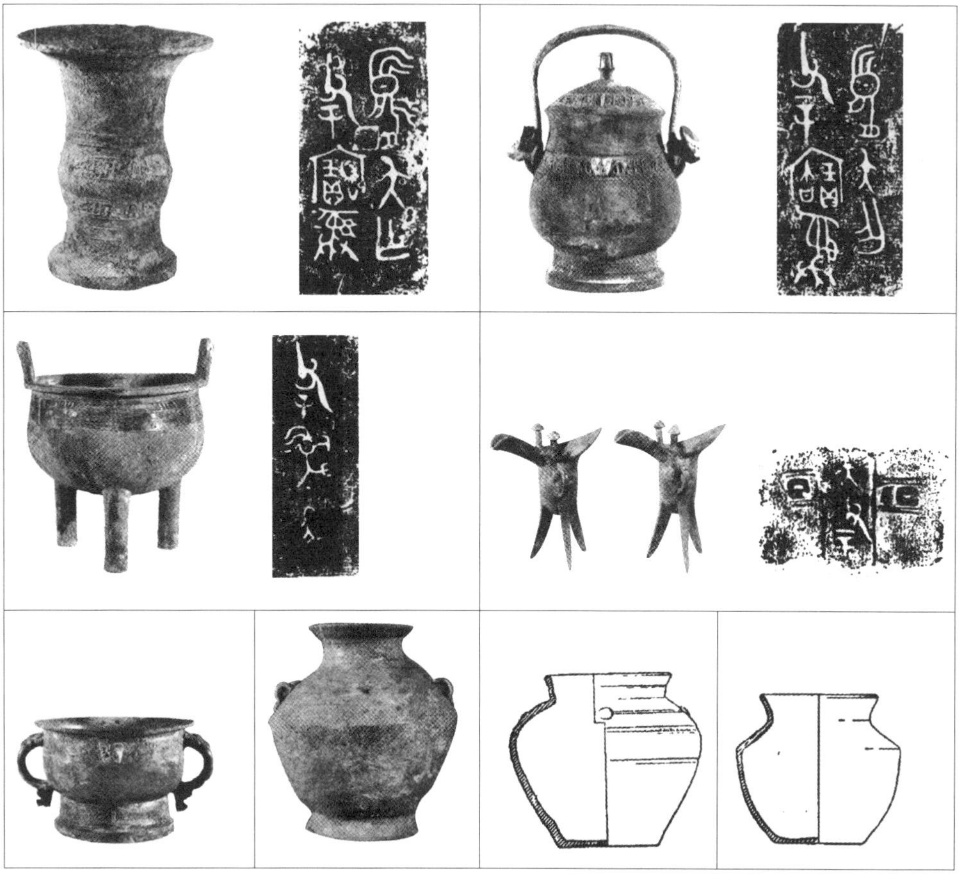

图 3. 80　襄城霍庄墓葬随葬器物

存以周文化因素为主，特别以男性墓为代表。在地方中心以外，仍然存在以蒲城店西周遗存为代表的殷遗社会下层，也包括以汝州大张村、襄县霍庄等西周早期墓葬为代表的殷遗贵族，但这些殷遗贵族的社会地位显然无法与应国墓地的周人贵族相比，应是听命于周人集团的社会中层人群。此外，也存在诸如鲁山苍头村铜器群（应是墓葬）为代表的周人中层贵族，与殷遗中层贵族共同实现着对该地的地方治理。

四　豫东南地区

豫东南地区大体包括周口、驻马店和信阳市。由于邻近的安徽省颍上县出土有重要的周初铜器群，故也纳入一并讨论。

长期以来，郑州以南的殷墟文化遗存较少。目前而言，仅有三个地点发现殷墟文化遗存，分别位于驻马店市下辖的上蔡田庄①、正阳闰楼②和信阳市下辖的罗山县蟒张公社天湖大队后李生产队③。

上蔡田庄在打井时发现一座墓葬，编号上田M3。该墓出有铜爵2，鼎、簋、甗、尊、卣、觚、觯各1，陶器出土6件，保存陶瓿、簋、罐各1（图3.81）。上田M3所出铜器群属于殷墟文化晚期特征，并未见到明显的周初铜器特征。尽管铜甗有箅，但在殷墟文化第四期早段的大司空村M303中即已出有带箅的铜甗，可知有无箅并非商周之别。所出小方鼎的蛇首双身纹饰在帝辛二十二年（版方鼎）即已出现，也并非商周之别。更为关键的是，该墓所出陶簋仍然保持侈口、卷沿特征。综合考虑，可将上田M3的年代定为殷墟文化第四期早段。

正阳闰楼发现贵族和平民墓群，墓葬位于文殊河南岸的两条岗地上，也有对应

① 河南省文化局文物工作队第一队：《河南上蔡出土的一批铜器》，《文物参考资料》1957年第11期。

② 刘文阁、余新宏、刘群、李安娜：《河南正阳闰楼商代墓地》，《2009中国重要考古发现》，文物出版社，2010年。

③ 信阳地区文管会、罗山县文化馆：《河南罗山县蟒张商代墓地第一次发掘简报》，《考古》1981年第2期；信阳地区文管会、罗山县文化馆：《罗山县蟒张后李商周墓地第二次发掘简报》，《中原文物》1981年第4期；河南省信阳地区文管会、河南省罗山县文化馆：《罗山天湖商周墓地》，《考古学报》1986年第2期；信阳地区文管会、罗山县文管会：《罗山蟒张后李商周墓地第三次发掘简报》，《中原文物》1988年第1期；河南省文物考古研究院、信阳市博物馆、罗山县博物馆：《河南罗山天湖商周墓地M57发掘简报》，《华夏考古》2016年第2期。

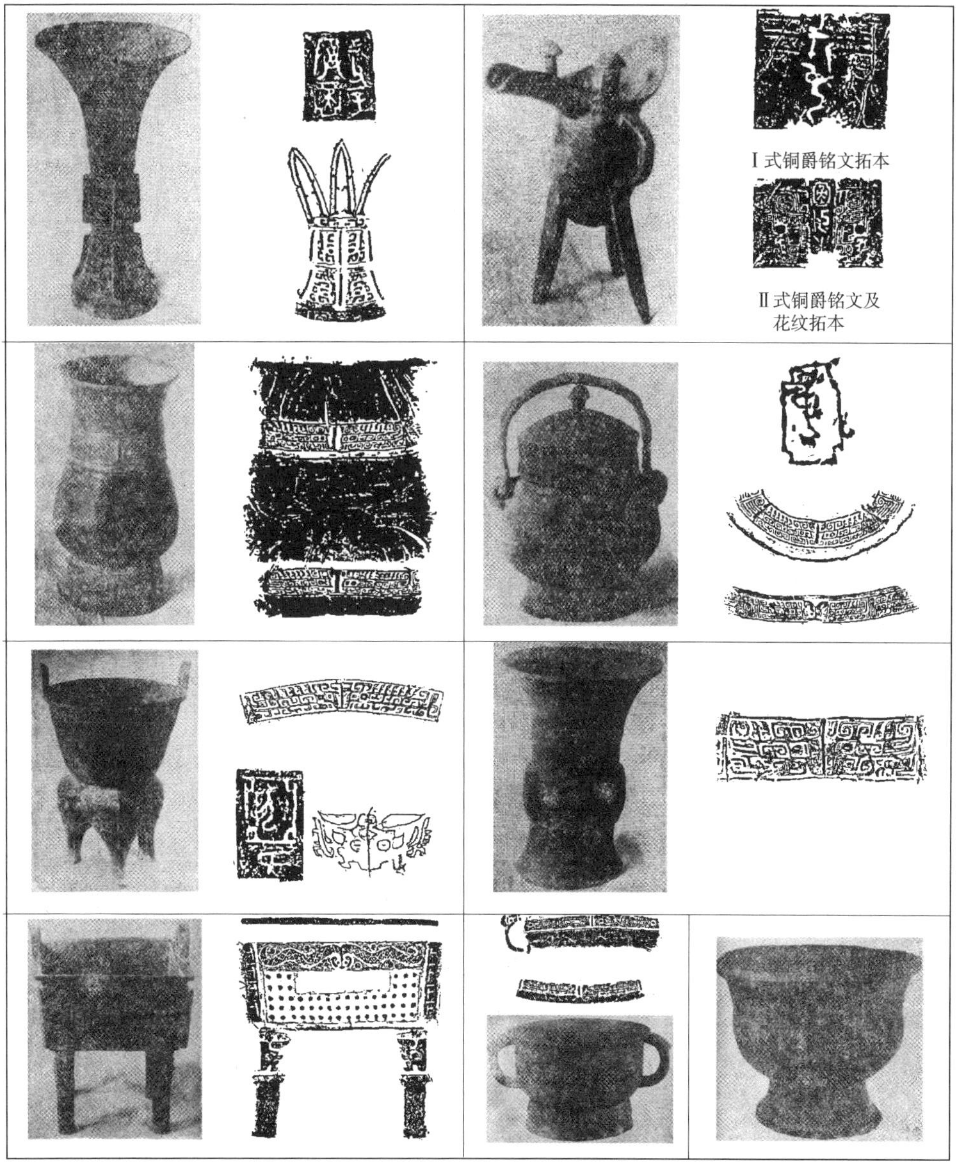

图 3.81　上蔡上田 M3 随葬器物

的居址遗存。Ⅰ区为南北向的土岗，“北侧多为成组墓葬，东西排列，较规整，规格也很高……岗的顶部分布两排中型墓，面积在 5.6 平方米以上，排列有序，初步推断为家族墓或氏族墓。其余墓葬分布在岗脊东侧的半坡之上，较密集，不成排，也无规律，其中有中型墓和小型墓葬交叉分布的情况”①。Ⅱ区为Ⅰ区东面的台地，仅有10座小型墓葬，Ⅲ区为Ⅱ区东部的南北向的土岗，“共发掘墓葬46座，多排列有序，中型墓和小型墓交错排列，集中分布在岗西侧的半坡之处”②。发掘者将142座商墓分为“中型长方形竖穴土坑墓、小型长方形竖穴土坑墓、长方形竖穴土坑墓、平民墓”③，数量分别为23、52、26、41座。中、小型长方形竖穴土坑墓均有腰坑，二层台上殉狗，方向北偏东。中型墓M53随葬铜鼎、觚、爵等礼器和陶簋，小型墓M97随葬铜觚、爵等礼器，平民墓无葬具和随葬品。根据发掘者介绍，M53和M51随葬陶簋，随葬单簋似乎是闰楼墓地较常见的随葬陶器组合。闰楼墓地和居址所出陶器（图3.82）与郑州地区的殷墟文化关帝庙类型基本相同，可知该地与郑州地区可能存在较为密切的文化联系。

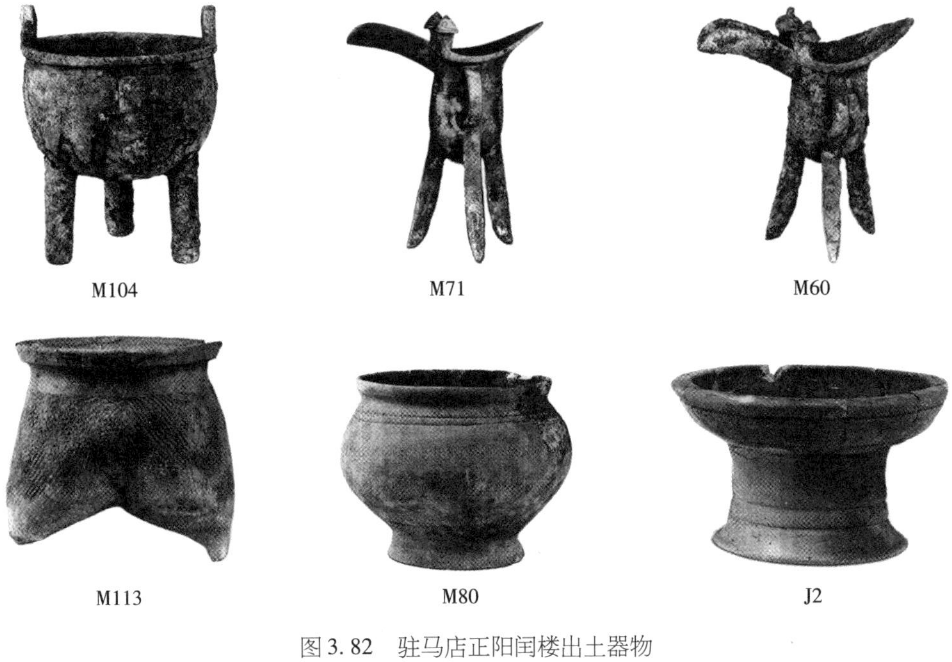

图3.82　驻马店正阳闰楼出土器物

① 刘文阁、余新宏、刘群、李安娜：《河南正阳闰楼商代墓地》，《2009中国重要考古发现》，文物出版社，2010年。

② 刘文阁、余新宏、刘群、李安娜：《河南正阳闰楼商代墓地》。

③ 刘文阁、余新宏、刘群、李安娜：《河南正阳闰楼商代墓地》。

罗山蟒张天湖后李墓地[①]从殷墟文化第三期连续发展至“文化融合阶段”，其中殷墟文化第三期早段以 M1 为代表，殷墟文化第三期晚段以 M8、M18 为代表，殷墟文化第四期早段以 M12、M28 为代表，“文化融合阶段”以 M6、M57 为代表（图 3.83）。岳洪彬曾指出，罗山蟒张天湖后李墓地所出铜器相比殷墟遗址所出铜器具有一定的滞后性和地方特点[②]，这很有可能意味着该墓地的铜器并非产自殷墟，而是本地铸造。相比铜器，罗山蟒张天湖后李墓地的陶器群更加能够反映出地方化趋势，尽管与正阳相距不远，陶器群却见不到来自郑州地区的影响，表现出了明显的地方特征。

罗山擂台子[③]发现西周早期遗存，所出陶器既可见到受周文化影响的联裆鬲，又可见到受殷墟文化影响的侈口厚唇簋（图 3.84）。考虑到侈口厚唇簋属于商系文化的标志性器物，推测这批遗存可能与殷遗有关。

信阳县浉河港发现一批西周早期青铜器[④]（图 3.85）。发掘者将所出铜器分为父乙和父丁两群，铜器群原有的背景已不可知，组合并不完备。浉河港铜器群中，多数铜器缺乏地纹，呈现出与殷墟文化铜器群的较大差别。殷墟文化铜器的扉棱多为平直扉棱或 F 形扉棱，浉河港铜器群中已出现钩状扉棱，应在一定程度上受到了周文化的影响。从铜器群风格看，浉河港铜器群可能与洛阳地区存在一定的文化交流，铭文也显示这批铜器可能属于身份较高的殷遗。

豫东南的鹿邑太清宫 M1[⑤]为中字形大墓，方向 24°，南墓道向西折出 1.1 米，具有曲尺形墓道特征。墓室正上方有一圆形夯土台，其北至墓室北壁中线上放置侈口厚唇簋 1。南墓道有人牲 1、东西二层台各有殉人 1、南墓道靠近墓室处有殉人 8。东、西椁室靠近棺处各有殉人 1。墓底腰坑内有人 1、狗 1。墓主人为 60 岁左右的男

---

① 以往关于此墓地的叫法较为混乱，如“河南罗山县蟒张商代墓地”“罗山蟒张后李商代墓地”“罗山天湖商周墓地”“罗山县蟒张后李商周墓地”等。有鉴于此，本研究将其称为“罗山蟒张天湖后李墓地”，将所有名称包含其中。

② 岳洪彬：《殷墟青铜礼器研究》，中国社会科学出版社，2006 年。

③ 河南省文物考古研究所、信阳市文物管理委员会：《河南罗山县擂台子遗址发掘简报》，《华夏考古》2003 年第 2 期。

④ 信阳地区文管会、信阳县文管会：《河南信阳县浉河港出土西周早期铜器群》，《考古》1989 年第 1 期。

⑤ 河南省文物考古研究所、周口市文化局：《鹿邑太清宫长子口墓》，中州古籍出版社，2000 年。

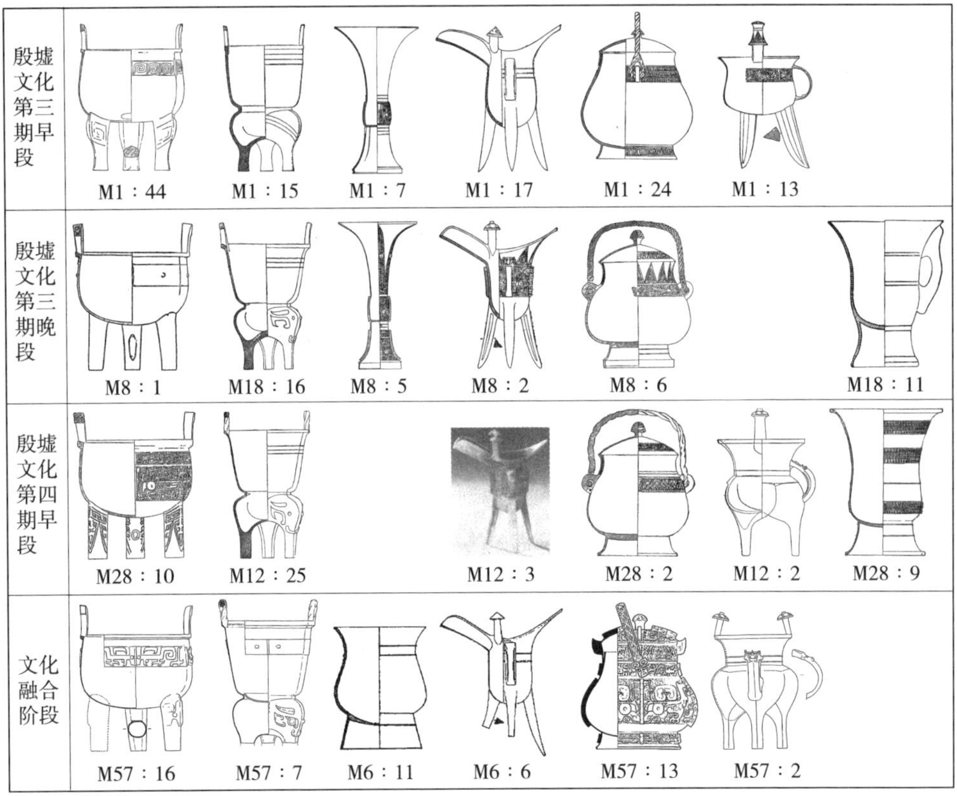

图 3.83　罗山蟒张天湖后李墓地出土器物分期

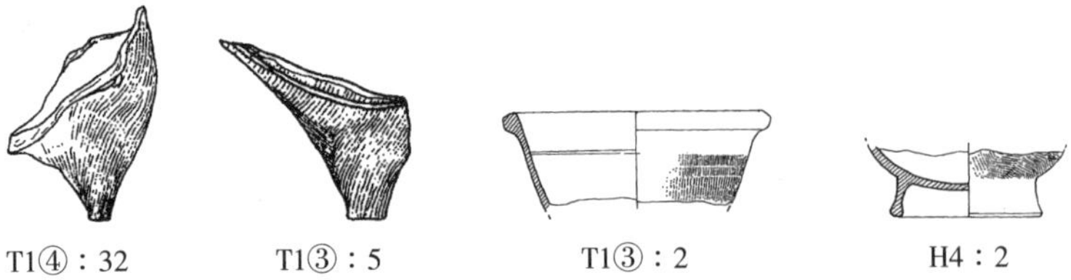

图 3.84　罗山擂台子出土陶器

性。北椁室和西椁室器物分层摆放，陶器在上，铜器在下，还出有玉璋残片，南椁室东西两侧放置车马器和工具等，东椁室以乐器、兵器为主。所出器物中，陶器出土数量较多（图 3.86），存在碎物葬现象，存在簋、觚、爵等仿铜陶礼器，缺乏鬲，却有大量器盖。长子口墓所出陶圆腹罐、陶尊、陶罍等实际上均属于本研究认为的罍类，为殷墟文化罍类陶器的延续。所出陶盆既包含殷墟文化晚期流行的直腹盆，也有西周早期出现的折沿鼓腹绳纹盆。所出陶簋包括殷墟文化晚期流行的侈口厚唇

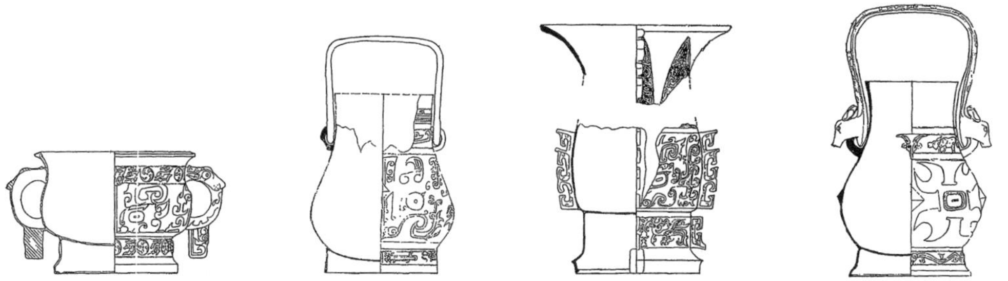

图 3.85　信阳浉河港出土铜器

簋，也有西周早期才出现的压印 S 形卷云纹的侈口薄唇簋。所出仿铜陶礼器属于殷墟文化的延续，但缺乏殷墟常见的明器化陶觚、爵。所出陶豆与殷墟文化第三期以来的陶豆相似，属于殷墟文化陶豆的延续。所出大口尊及子母口器盖具有鲜明的地方特征。所出小口矮领瓮为“殷遗文化”陶器群的典型器物。

由于未经盗扰，随葬组合完整，为探索西周初年“殷遗文化”的铜器器用制度提供了重要材料。随葬有大圆鼎 1、附耳带盖圆鼎 1、扁足鼎 6、分裆鼎 5、析子孙方鼎 2、子方鼎 2、带盖方鼎 5、鬲 2、四耳簋 2、带盖双耳簋 1、分体甗和连体甗各 1、方觚 4、圆觚 4、矮体圆觚 2、方爵 4、圆爵 4、圆斝 1、方斝 2、不同形制的铜尊 3、方尊 2、方觥 2、簋形觥 1、S 形卷云纹椭圆卣 2、夔纹椭圆卣 1、方圆卣 2、小方卣 1、铜壶 1、釦器铜壶 1、觯 5、圆罍 1、方罍 1、盘 1、盉 1、方斗 2、圆斗 1、銎柄圆斗 1。铜礼器以 1 件大铜鼎为核心，其他扁足鼎、分裆鼎、小方鼎等均有同形现象，随葬四耳簋、觚、爵、觯、尊等也均有同形现象，为殷墟晚期以来商系墓葬随葬组合的典型特征。就铜器的个体风格而言，基本继承了殷墟文化的典型特征，有些甚至有可能铸造于殷墟文化晚期。与殷墟铜器不同的是，墓中出有数量较多的带盖铜器，联系到陶器群中也有大量器盖，推测为本地文化特征。出土编铙 2 套，每套大小 3 件，继承了殷墟文化的传统。所出铜昜 M1：519 属于周系文化特征。所出卷首管銎刀 M1：206、245 亦见于殷墟西区 M1713①、洛阳林校车马坑②等。

① 中国社会科学院考古研究所安阳工作队：《安阳殷墟西区一七一三号墓的发掘》，《考古》1986 年第 8 期。

② 洛阳市文物工作队：《洛阳林校西周车马坑》，《文物》1999 年第 3 期。

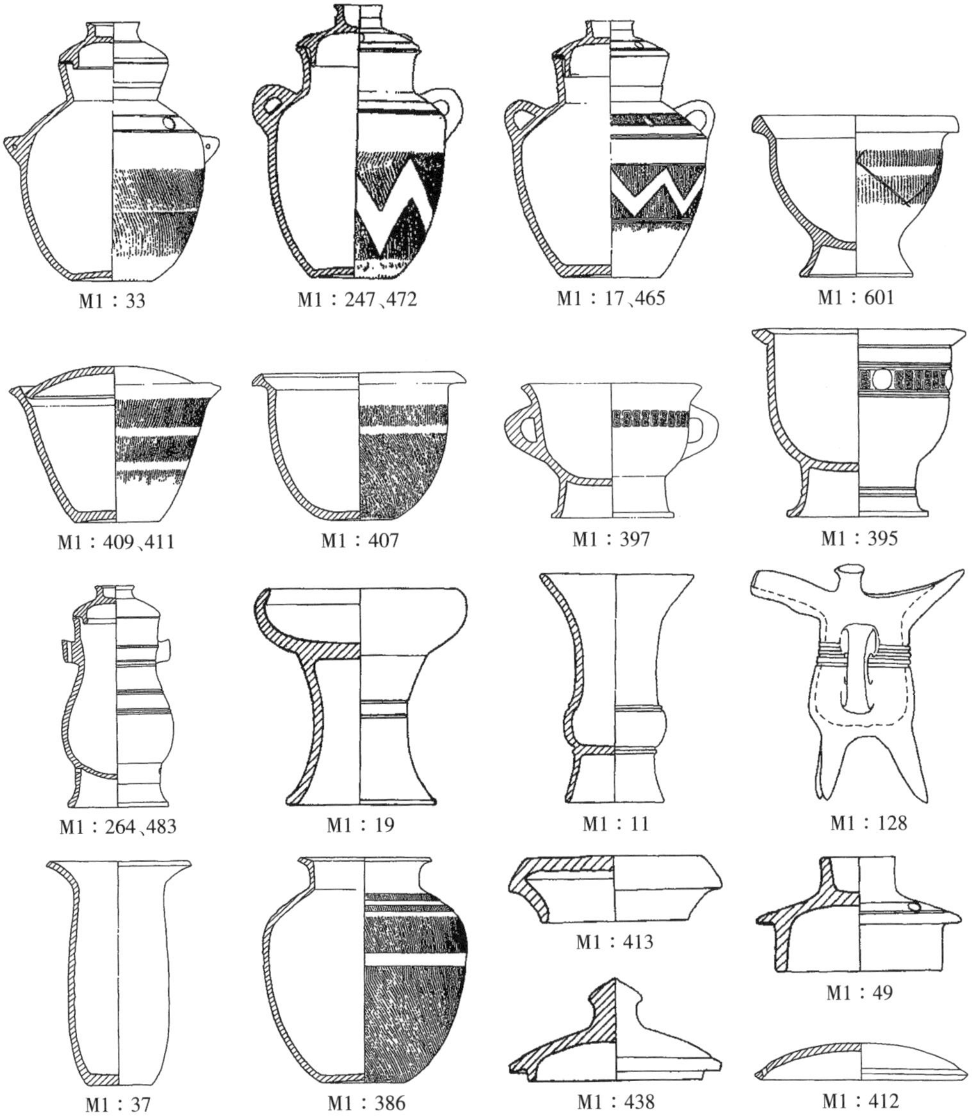

图 3.86　鹿邑太清宫 M1 随葬陶器

太清宫 M1 出有数量较多的方形铜器，表明墓主人身份地位较高。随葬玉箟也表明墓主人具有较高的社会地位，因为玉石箟在殷墟仅发现于王室成员的墓中。发掘者并未明确给出该墓墓主人的确切身份判断，却委婉地指出："从时间上推算，长子口应该是长子狗的祖父，那么长子口是否就是箕子呢？"①

① 河南省文物考古研究所、周口市文化局：《鹿邑太清宫长子口墓》，中州古籍出版社，2000 年。

鹿邑栾台①发现有西周早期居址和墓葬遗存（图3.87）。居址遗存以H16为代表，出有肥袋足无实足根鬲、窄折沿旋纹簋、折沿鼓腹绳纹盆、小口矮领瓮等，为殷遗居址陶器群的典型陶器形制和组合。西周早中期之际的墓葬M7所出陶鬲已受周文化影响而联裆化，但也具有明显的束颈特征，所出陶豆为敛口、粗柄，属于殷墟文化陶豆的延续，所出圆肩罐肩部无旋纹，鬲、簋、豆、罐组合为殷遗墓葬随葬陶器的典型组合。发掘者指出栾台“第五期文化遗存主要是长方形竖穴土坑墓……流行腰坑和口含的习俗……陶器的基本组合为鬲、罐、簋、豆”，可知这是一批殷遗墓葬。

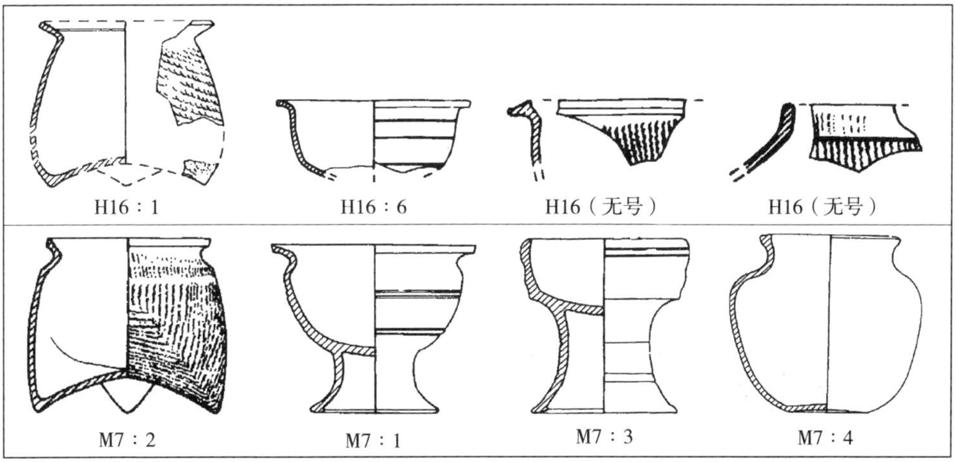

图3.87　鹿邑栾台出土陶器

商丘县郑庄附近曾找到一座东周城址②，怀疑是宋国首都。但由于商丘地区特殊的地质条件，深厚的黄河泛滥堆积使得考古工作难以展开。1984年，商丘睢阳区王营村发现1件铜簋③，腹部饰直棱纹，颈部和圈足饰涡纹和四瓣目纹的组合（图3.88）。此特征的铜簋在商代末年即已出现，但主要流行于西周早期。发掘者指出：“此簋的出土地点恰好处于西周宋国都城西城墙的外侧。……此簋与宋国都城应该存在着一定关联，它可能是宋国贵族使用的铜礼器。”

---

① 河南省文物研究所：《河南鹿邑栾台遗址发掘简报》，《华夏考古》1989年第1期。

② 张长寿、张光直：《河南商丘地区殷商文明调查发掘初步报告》，《考古》1997年第4期。

③ 刘昭允：《河南商丘出土西周铜簋》，《文物》2013年第11期。

图 3.88　商丘王营出土铜簋

淮阳泥河村于1961年和1962年两次出土青铜器①。1961年出土1件铜爵。1962年出土铜爵、觚、提梁卣、簋、戈以及陶簋、尊、鬲、罐（图3.89），可能出自墓葬。此墓所出陶鬲为分裆柱足鬲，属于西周早期新出现的器型。所出陶簋仍保持高圈足，圈足尊侈口未折沿，接近殷墟文化第四期早段特征。由此可知，此墓是一座殷遗墓。

图 3.89　淮阳泥河村墓葬随葬器物

安徽颍上县多次出土青铜器②。1972年，王岗公社郑小庄东地和北地池塘各发现1座商代墓葬，器物经回收，得铜爵2，铜觯、矛、刀、凿、斧各1，铅斧、戈各1，

① 刘东亚：《河南淮阳出土的西周铜器和陶器》，《考古》1964年第3期。

② 阜阳地区博物馆：《安徽颍上王岗、赵集发现商代文物》，《文物》1985年第10期。

其中铜爵有铭文“月己”。距离王岗公社十余公里的赵集王拐村于1971～1972年间征集到铜器7件，计爵3、觚1、铃1、车軎1、弓形器1（图3.90）。铜爵中有2件分别有铭文“月己”和“酉”。

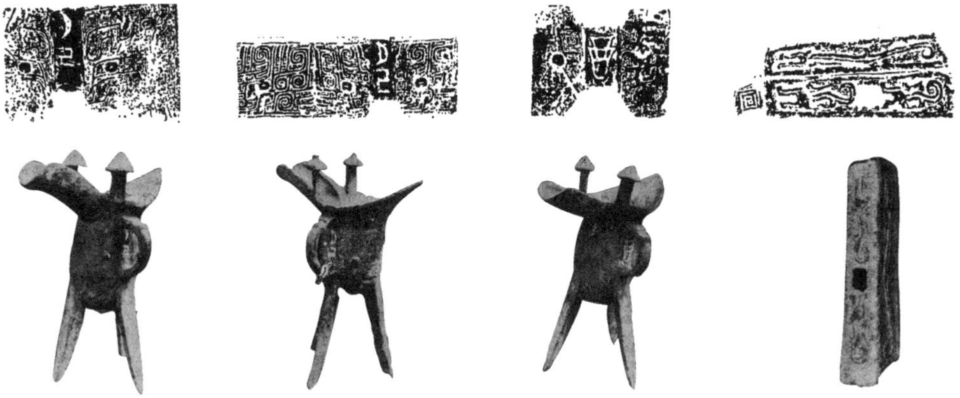

72月己爵　　71月己爵　　71酉爵　　71车軎

图3.90　颍上20世纪70年代出土铜器

1980年，王岗公社郑小庄出土一批出自墓葬的器物，包括铅鼎2、簋1、甗1、觚2、爵2、尊1、卣1、弓形器1，另有觯和削的碎片，铜矛5、铜戣1，陶罐1（图3.91）。通过简报提供的器物照片可见，这批铅器的制作粗糙。

1982年，王岗公社郑家湾出有一批铜器及陶罐①，根据组合情况判断应出自墓葬。铜器有鼎、尊、卣、弓形器各1，爵2，还出有铜斗、戈、镞，另外出有绳纹陶罐1（图3.92）。所出铜爵已为刀片形足，所出铜卣盖已出现犄形角，已属西周早期晚段特征。根据铜尊及铜卣的相同铭文可知墓主人应属殷遗，随葬2件铜爵为偶数同形，弓形器也属于商系车马器的重要标志性器物。

郑小庄1972年和王拐1971年出土两批铜器的时代特征属于殷墟文化晚期。郑小庄1980年发现的一批铅器则明确为“文化融合阶段”。郑家湾1982年铜器群年代晚至西周早期晚段。由此可知，颍上在殷墟文化晚期至西周早期是一处较为重要的地点。

① 颍上县文化局文物工作组：《安徽颍上县出土一批商周青铜器》，《考古》1984年第12期。

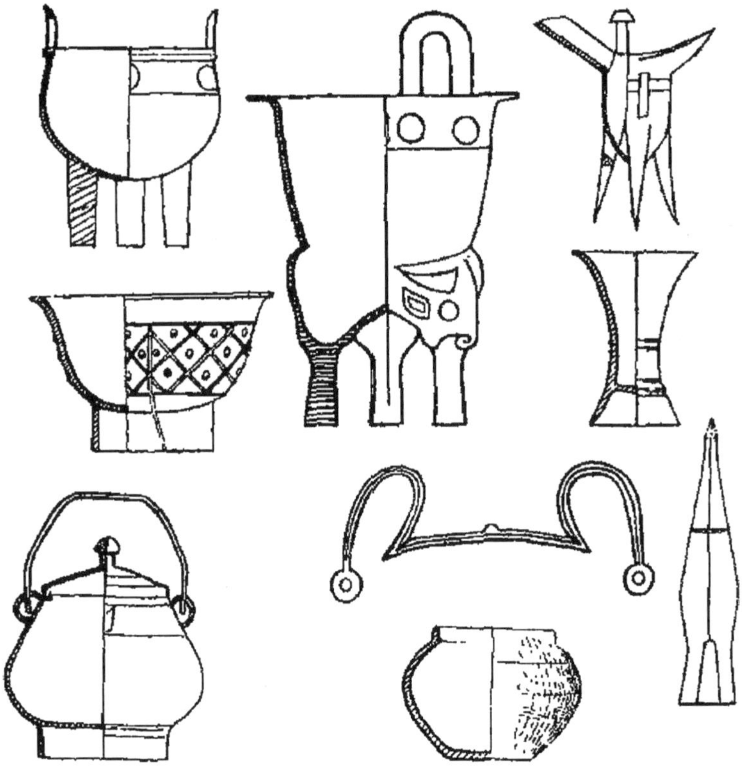

图 3.91　颍上郑小庄 1980 年出土器物

第三节　海岱地区

海岱地区包括山东省辖区和江苏省北部（图 3.93）。本区域原属夷人故地，自二里冈上层时期以来商人逐渐东进，海岱地区成为商人着重经营的地区，至商末已占据除胶东半岛外的大部地区。至西周初年，武庚曾联络奄、薄姑试图复辟，周公东征的着力点也是海岱地区，此后也成为西周王朝重点经营的区域。按照自然和人文地理，可将海岱地区分为鲁北地区、鲁南苏北地区及鲁东南地区等 3 个亚文化区，胶东半岛将放在周边地区进行讨论。

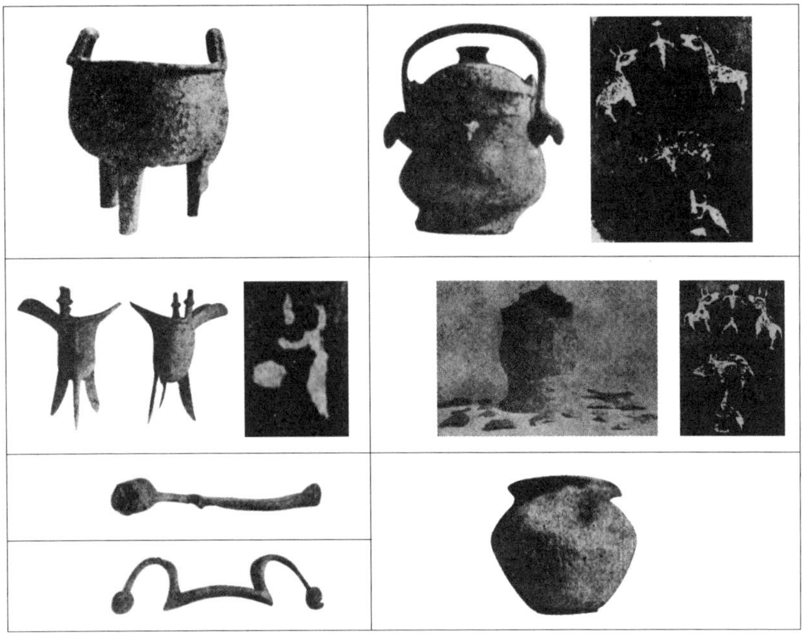

图 3.92　颍上郑家湾 1982 年出土器物

一　鲁北地区

大辛庄遗址的繁荣期自二里冈上层延续至殷墟文化第二期（大体相当于大辛庄商文化第一期至第五期），至殷墟文化晚期（大体相当于大辛庄商文化第六期和第七期）已呈现明显的衰落态势①。

济南刘家庄曾发现殷墟文化晚期特征青铜器②和殷墟文化第三期铜器墓③，该遗址似乎是继大辛庄之后兴起的另一地方中心。M121 方向 170°，二层台及腰坑殉狗，随葬鼎、甗、簋、觚、爵、斝、卣、壶等，其中盆形簋 M121：60 和筒形铜卣 M121：50 在殷墟文化中较为少见（图 3.94），根据出土遗物判断年代应属殷墟文化第三期。

① 山东大学东方考古研究中心：《大辛庄遗址 1984 年秋试掘报告》，《东方考古》第 4 集，科学出版社，2008 年。

② 李晓峰、杨冬梅：《济南刘家庄商代青铜器》，《东南文化》2001 年第 3 期。

③ 济南市考古研究所：《济南市刘家庄遗址商代墓葬 M121、M122 发掘简报》，《中国国家博物馆馆刊》2016 年第 7 期。

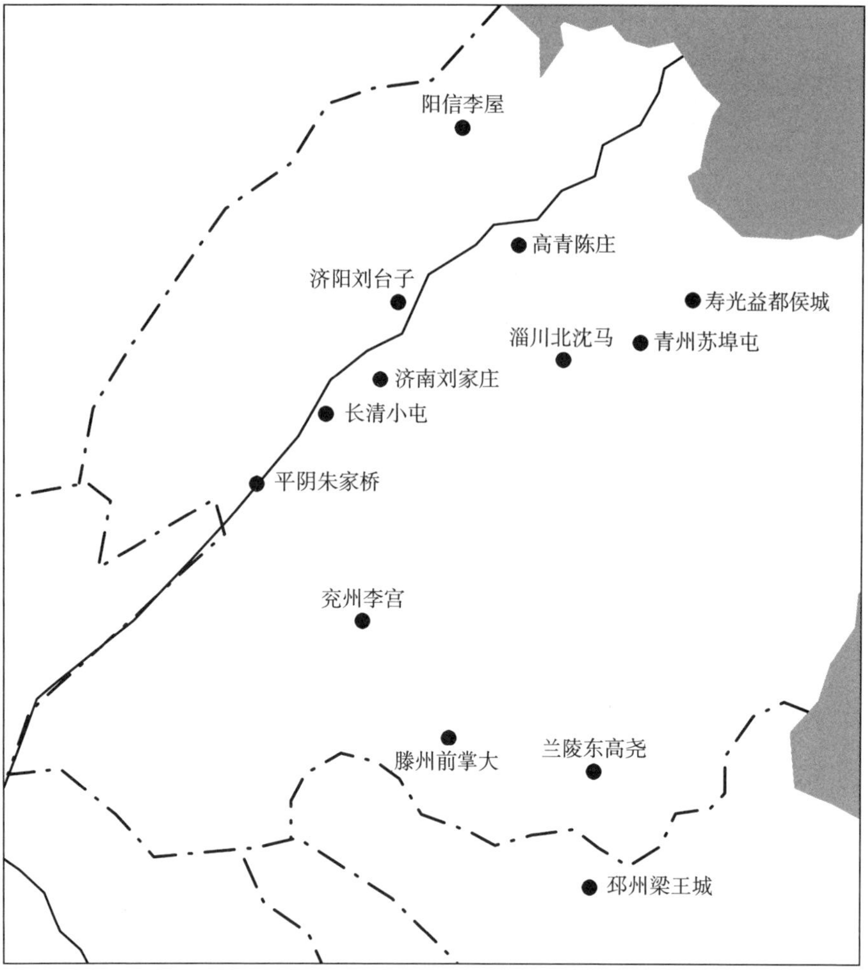

图 3.93　海岱地区重要遗址分布

M122 随葬青铜礼器除器该外均损毁严重，可辨器型有鼎、簋、觚、爵等。

商人至迟于殷墟文化第一期（商文化早商期第四段第Ⅷ组）已到达桓台地区，并延续至“文化融合阶段”①，具有完整的文化序列（图 3.95）。桓台地区的商文化聚落发现史家、唐山等级别稍高的聚落，也发现前埠、李寨、小庞、于堤等普通聚落，“一个像史家、唐山区域中心所统辖的范围非常小，可能只有几十平方公里内的

① 燕生东、魏成敏、党浩、胡长春、许志光：《桓台西南部龙山、晚商时期的聚落》，《东方考古》第 2 集，科学出版社，2006 年。

图3.94 济南刘家庄M121随葬铜器

数个村落"①。

桓台唐山、史家属于地方中心，也出有殷墟文化晚期特征的铜礼器。笔者曾在桓台县博物馆见到西周早期特征的铜尊、爵（图3.96），表明桓台地区在西周早期仍然具有较为重要的地位。

惠民县大郭村1973年取土时发现大型商墓②，墓室长12米，宽6米，有殉人，出土青铜器包括鼎、觚、爵、方彝等，属殷墟文化晚期特征。

渤海南岸的阳信李屋③是一处盐业遗址，经历整个殷墟文化时期（图3.97）。遗址中发现的墓葬M47有腰坑、殉狗，为商文化典型特征。发掘者指出："值得注意的是，由于无专门的墓地，墓葬埋在房屋和院落一侧的取土坑或垃圾倾倒区内，所以很容易被同时代或稍晚的取土坑破坏。如此看来，聚落内部虽经规划，但似乎对墓

① 燕生东、魏成敏、党浩、胡长春、许志光：《桓台西南部龙山、晚商时期的聚落》，《东方考古》第2集，科学出版社，2006年。

② 山东惠民县文化馆：《山东惠民县发现商代青铜器》，《考古》1974年第3期；滨州地区文物志编委会：《滨州地区文物志》，山东友谊书社，1991年。

③ 山东省文物考古研究所、北京大学中国考古学研究中心、东师范大学齐鲁文化研究中心、滨州市文物管理处：《山东阳信县李屋遗址商代遗存发掘简报》，《考古》2010年第3期。

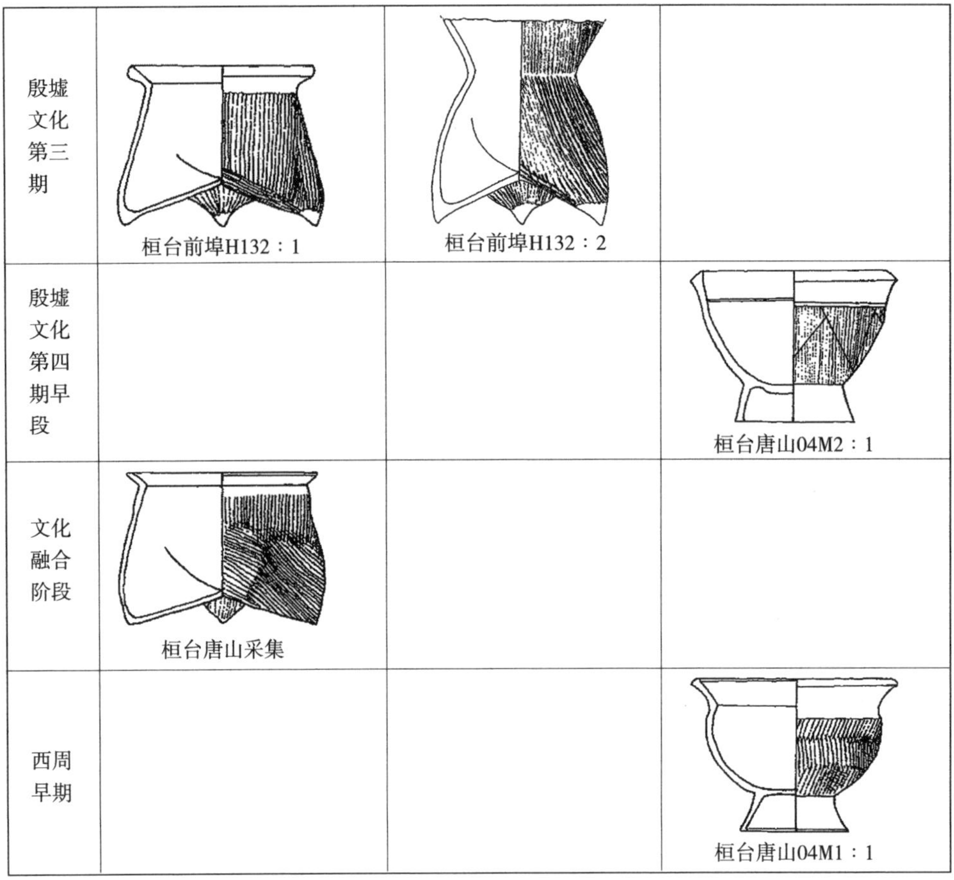

图3.95　桓台地区陶器分期

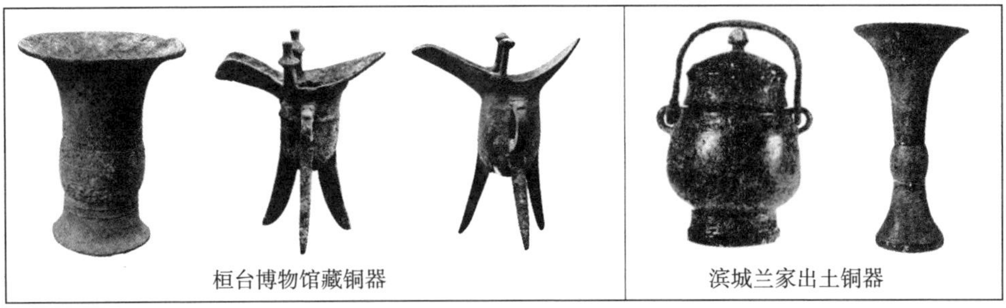

图3.96　桓台博物馆藏及滨城兰家出土铜器

地的安排并不太重视。”这实际上恰是“居葬一体”的典型表现。阳信李屋的商文化遗存结束于殷墟文化第四期早段，所出陶鬲仍然有抹光的小实足根，并未见到肥袋足无实足根鬲，所出陶簋仍然保持侈口、卷沿特征，陶豆仍然存在。发掘者指出该遗址在“第二期”和“第三期”（大体相当于殷墟文化第二、三期）最为繁荣，在“第四期”（大体相当于殷墟文化第四期早段）时仍然延续。

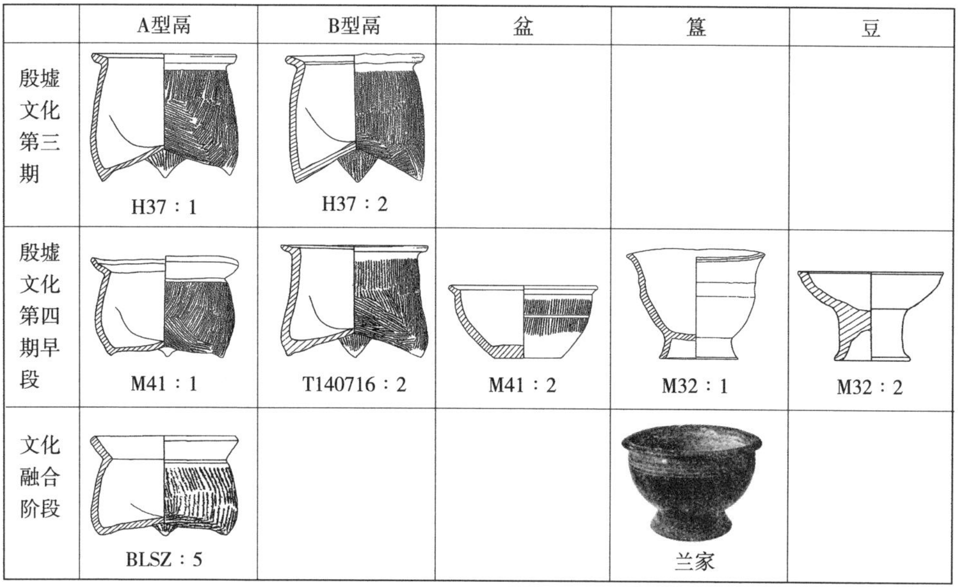

图 3. 97　阳信李屋及滨城兰家陶器分期

阳信李屋所出陶鬲可分为两型，A 型为典型商式鬲，与安阳殷墟所出者几乎完全相同，B 型为商式鬲的山东变体，在山东地区最为常见，整体特征与安阳殷墟所出典型商式鬲大体相同，但其裆部通常比典型商式鬲略高，袋足下腹部并不下垂而呈僵直状，这是典型商式鬲及其山东变体的最大差别。邻近的滨城兰家[①]仍然延续了本地的盐业聚落，出有铜卣、觚等（图 3. 96），所出商式鬲已无实足根，所出陶簋为窄平折沿（图 3. 97），表明滨城兰家在“文化融合阶段”仍然延续着煮盐活动。

海岱地区最重要的殷墟文化晚期遗存首推青州苏埠屯墓地，该墓地又以“第一号奴隶殉葬墓”[②] 最为重要。苏埠屯 M1 方向 3°，有 4 条墓道，南墓道为斜坡状直通墓底，西、北阶梯状墓道与二层台相通，东墓道被另一座“商代”墓葬打破。墓室和墓道的填土经夯打，墓室中部有亚字形椁室，椁室中部下方有 T 形腰坑，包括方

---

① 滨城文物管理所、北京大学中国考古学研究中心：《山东滨州市滨城区五处古遗址的调查》，《华夏考古》2009 年第 1 期；王思礼：《惠民专区几处古代文化遗址》，《文物》1960 年第 3 期。

② 山东省博物馆：《山东益都苏埠屯第一号奴隶殉葬墓》，《文物》1972 年第 8 期。

坑和长方坑各1，方坑内靠西壁殉狗1，坑西南角和东南角分别放置陶罐、盆各1，长方坑内殉人1。腰坑下的方形奠基坑内殉人1。东二层台南端殉人6（南2、北4），西二层台殉人1，均有棺。门道有3层殉人。该墓早年被盗扰严重，根据所出陶器形制（图3.98）判断，墓葬年代大体相当于殷墟文化第三期晚段。

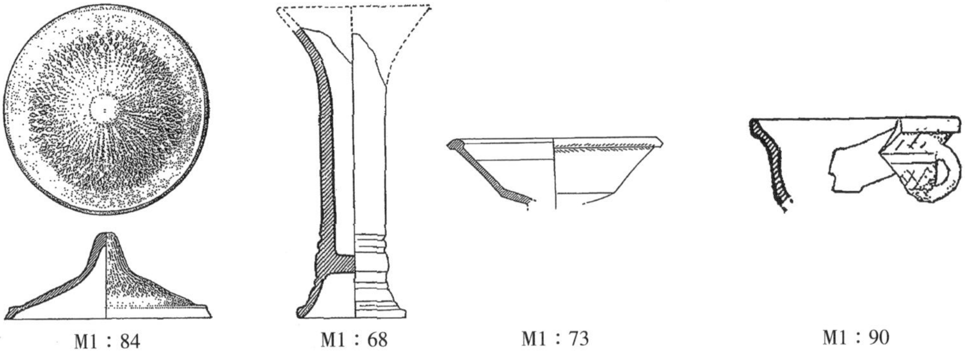

图3.98　青州苏埠屯M1随葬陶器

苏埠屯于1931年曾两次出土青铜器①，第一批出有圆鼎、爵、觯、戈头1、矢2、勺1、觚1，第二次出有盉1、方鼎1、角2、觚2、觯1（图3.99）。第一批铜器属殷墟文化晚期特征，第二批的年代下限有可能晚至“文化融合阶段”。

1986年，山东省文物考古研究所等在苏埠屯墓地发掘商代墓葬6座②，均为土坑墓，方向4°至16°之间，墓葬有腰坑，坑内多殉狗。

苏埠屯M7为竖穴土坑墓，方向10°，墓底有长方形腰坑，坑内殉狗，墓主人北向，仰身直肢，北、东、西二层台各殉人1，棺内有铜觚、爵各1，铜戈1，墓主人头部有铜鼎、簋、觚、爵、铃，陶簋、觚、爵、豆、罐等，棺南有陶盘、罐（图3.100），棺西侧有铜戈。M7未经盗扰，器物组合完整，背景清晰，根据随葬陶器特征可知年代大体相当于殷墟文化第四期早段。

苏埠屯M8为甲字形墓，墓底有腰坑，东二层台和椁顶各殉狗1，铜酒器放置于椁室西北部，铜鼎放置于棺西北部，铜簋放置于棺东北部，兵器放置于棺左右，工具置于棺左侧，乐器置于棺右侧。随葬铜方鼎3，其中2件同形，另1件为扁足方

① 祁延霈：《山东益都苏埠屯出土铜器调查记》，《中国考古学报》第2期，商务印书馆，1947年。

② 山东省文物考古研究所、青州市博物馆：《青州市苏埠屯商代墓地发掘报告》，《海岱考古》第1辑，山东大学出版社，1989年。

图 3.99　青州苏埠屯 1931 年出土铜器

鼎。圆鼎 2，其中 1 件柱足，另 1 件为扁足。随葬铜簋 1，腹部饰小尖刺乳钉纹。随葬酒器包括斝 1、尊 1、卣 1、罍 1、觚 2、爵 4、觯 1、斗 1，其中的卣为筒形，较为少见。随葬铜铙一组 3 件，为商系文化典型特征。随葬陶器包括簋、罐、小罐等。此

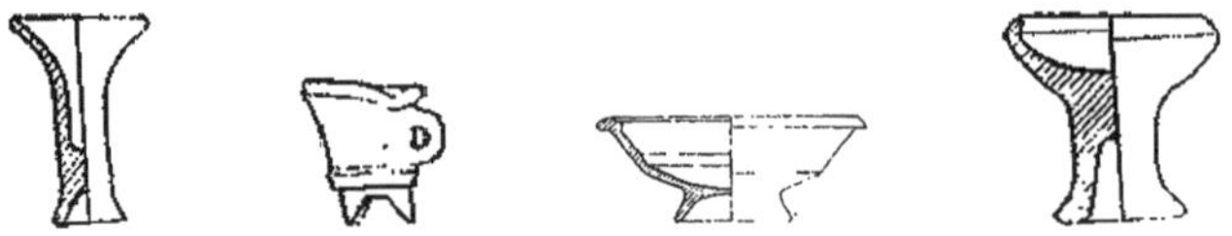

图 3.100　青州苏埠屯 M7 随葬陶器

墓的年代大体与苏埠屯 M1 相当。

苏埠屯 M11 为甲字形墓，相比 M8 “墓室面积较小，墓壁斜直”，椁室西北部出有陶斝 1，属于罐形分裆陶器，此类陶器属于西周早期新出现的形制，亦见于滕州前掌大、郑州蒋寨以及邢台地区（图 3.101）。

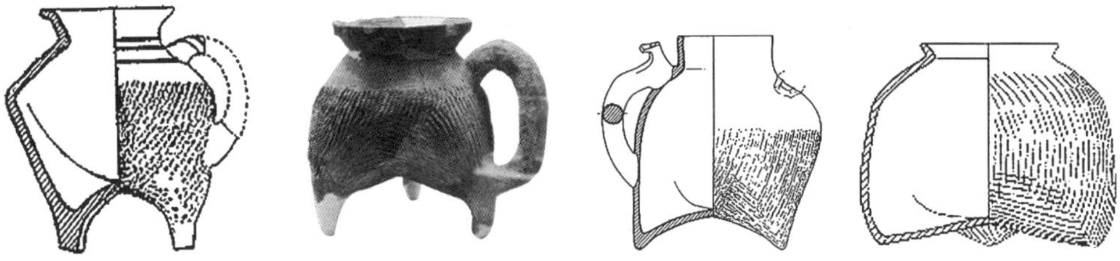

图 3.101　青州苏埠屯 M11 随葬陶斝及对比器物

在苏埠屯墓地的车马坑中①出有周系文化因素的銮铃。黄川田修曾认为苏埠屯 M7、M8 进入西周初年②，还根据銮铃（图 3.102）等推测 M1 的年代也进入西周初年。然而发掘者仅仅推测“这批车马器很可能是位于南墓道南边的一号墓车马坑的遗物”。在殷墟文化中，车马坑对应的大墓通常在东北方向，并不在正北方向，况且 M1 的年代明显偏早，显然不可能与这批车马器共时。

张长寿曾收集出自苏埠屯墓地的亚醜铜器 56 件③，“这些容器的最显著的特征之一，就是方形器占了很大的比重”，表明墓主人的社会地位较高。张长寿还联系文献指出苏埠屯墓地有可能就是薄姑氏的墓地。

寿光益都侯城曾发现一批出自墓葬的器物④，包括大圆鼎 1、同形圆鼎 2、同形

① 夏名采、刘华国：《山东青州市苏埠屯墓群出土的青铜器》，《考古》1996 年第 5 期。

② 黄川田修：《齐国始封地考——山东苏埠屯遗址的性质》，《文物春秋》2005 年第 4 期。

③ 殷之彝（张长寿）：《山东益都苏埠屯墓地和“亚醜”铜器》，《考古学报》1977 年第 2 期。

④ 寿光县博物馆：《山东寿光县新发现一批纪国铜器》，《文物》1985 年第 3 期。

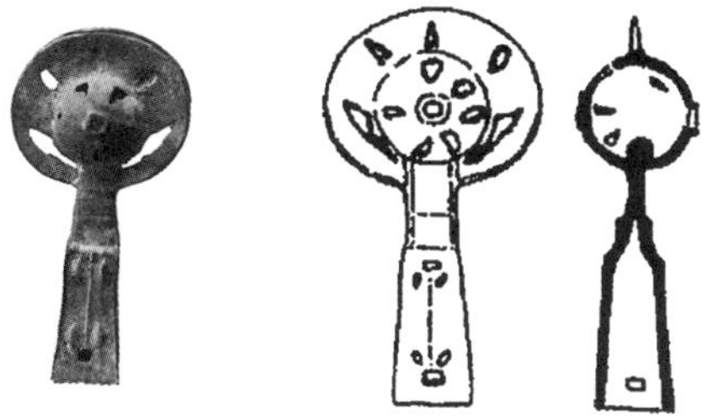

图 3. 102　青州苏埠屯墓地车马坑出土銮铃

分裆鼎 2、甗 1、簋 1、同形爵 5、觚 3、卣 2、束颈鼓腹尊 1、觚形尊 1、罍 1、斝 1、斗 2（图 3. 103）。铜器组合中出现明显的同形现象，受到了来自商文化的影响。随葬陶器盖 2，鼎、甗、盆、罐、爵、尊、尊形器各 1（图 3. 104），其中圈足尊及蓑笠形器盖为殷墟文化典型器物，随葬陶爵（似为仿铜）也属于殷墟文化典型特征。此墓的年代有可能略晚于苏埠屯 M1。

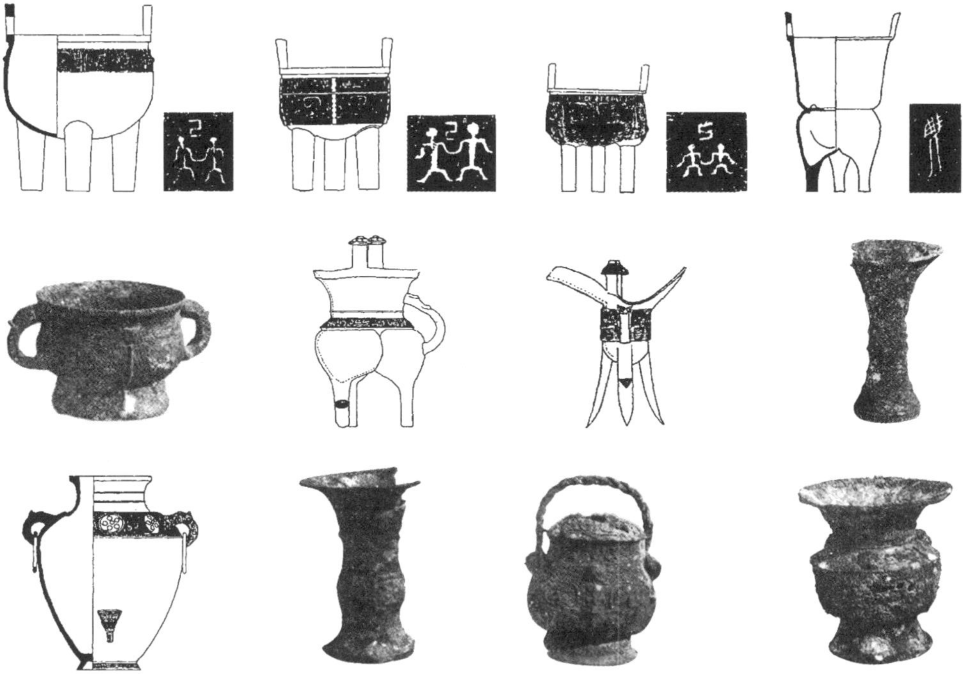

图 3. 103　寿光益都侯城出土铜器

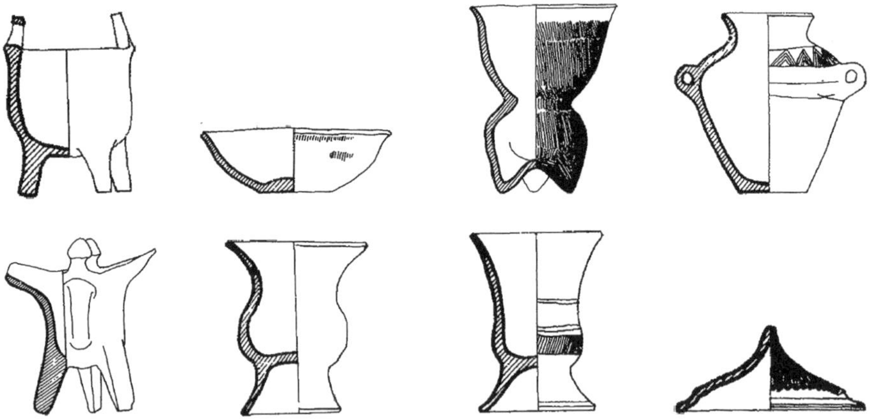

图 3.104　寿光益都侯城出土陶器

寿光呙宋台①是瀰淄流域规模最大的一处商周遗址，调查发现西周遗存，采集遗物可至西周早期（图 3.105）。根据调查的材料可知陶器群包括周文化因素、商文化因素和土著文化因素。调查者指出："以呙宋台遗址为中心，西南 700 米为西周早期的大型制骨器作坊西屯遗址，东南 500 米是钓鱼台商周遗址，西南距苏埠屯商代墓仅 10 公里。周围 1 ~ 1.5 公里的范围内还分布近十处商周遗址。"表明呙宋台有可能是此地在西周早期的中心聚邑。

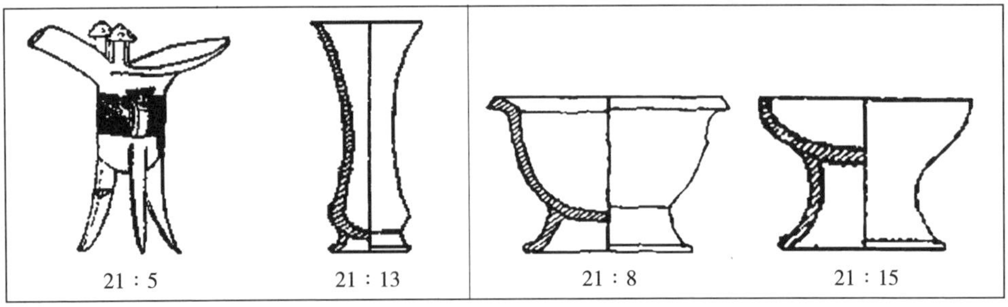

图 3.105　寿光呙宋台采集铜器及陶器

潍坊市博物馆曾进行商周遗址调查②，发现丰富的文化遗物（图 3.106），表明此地在商周之际属于较为繁荣的地区。潍坊坊子区院上遗址取土时发现青铜卣、爵、

① 寿光县博物馆：《寿光县古遗址调查报告》，《海岱考古》第 1 辑，山东大学出版社，1989 年。

② 潍坊市博物馆：《山东潍坊地区商周遗址调查》，《考古》1993 年第 9 期。

觯各1件，出自被破坏的墓葬，周围是一处墓葬区①，根据器物特征可知墓葬年代当属“文化融合阶段”。

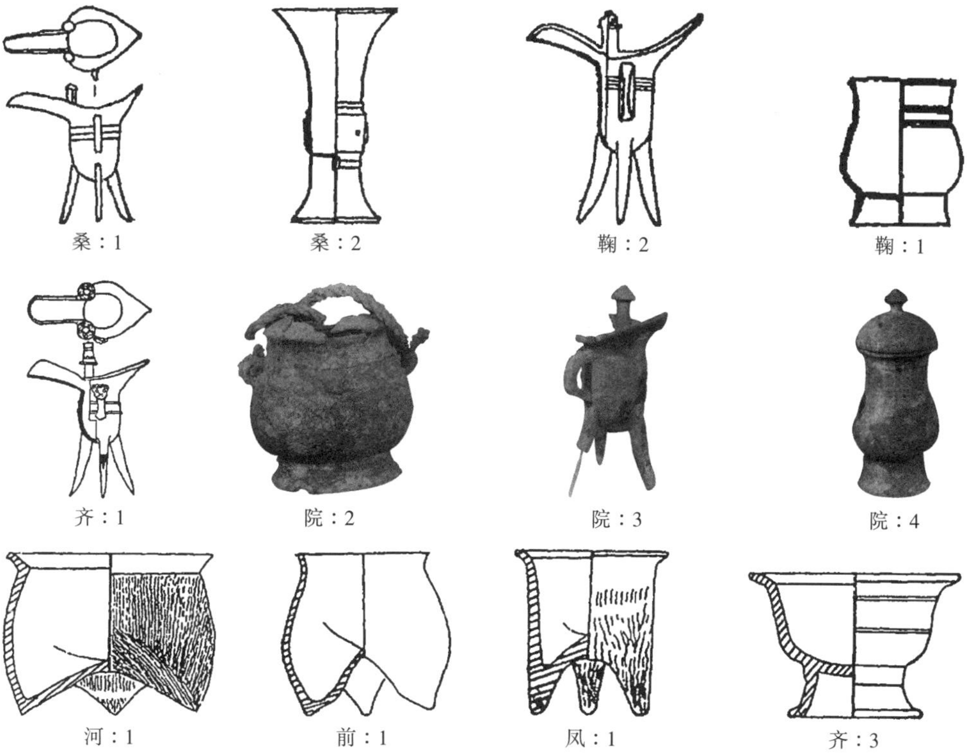

图3.106　潍坊市博物馆商周遗址调查所获陶器

广饶五村②发现西周早期墓葬，M22随葬有商式鬲的山东变体，绳纹已饰至足尖，M106随葬素面鬲，形制为商式鬲的山东变体，M21有腰坑，随葬组合为簋1、罐1、同形豆2，其中陶簋为西周早期特征（图3.107）。

青州凤凰台③所出素面鬲、扁体肥袋足无实足根鬲、折沿鼓腹绳纹盆、小口矮领

---

① 曹启元、单煜东：《坊子区院上遗址发现商代青铜器》，《海岱考古》第1辑，山东大学出版社，1989年。

② 山东省文物考古研究所、广饶县博物馆：《广饶县五村遗址发掘报告》，《海岱考古》第1辑，山东大学出版社，1989年。

③ 山东省文物考古研究所、山东大学历史系考古教研室、青州市博物馆：《青州市凤凰台遗址发掘》，《海岱考古》第1辑，山东大学出版社，1989年。

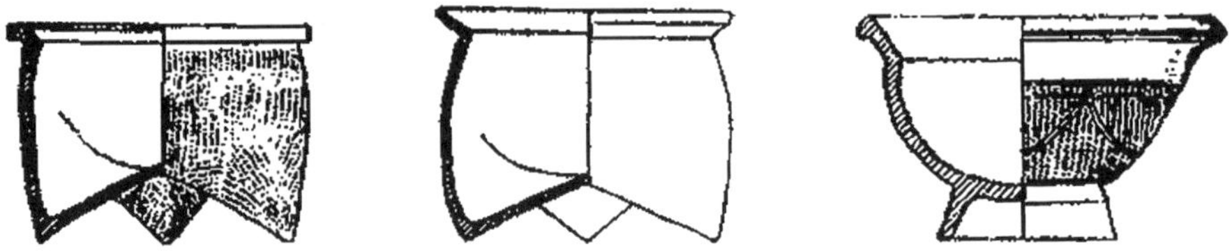

图 3.107 广饶五村墓葬随葬陶器

瓮等均属西周早期典型器物。赵铺发现西周早期墓葬 M1①，西向，无腰坑，随葬陶鬲、簋、罐，其中陶鬲为素面鬲，M2、M24 随葬组合鬲、罐，其中 M2 随葬陶鬲为素面鬲（图 3.108）。

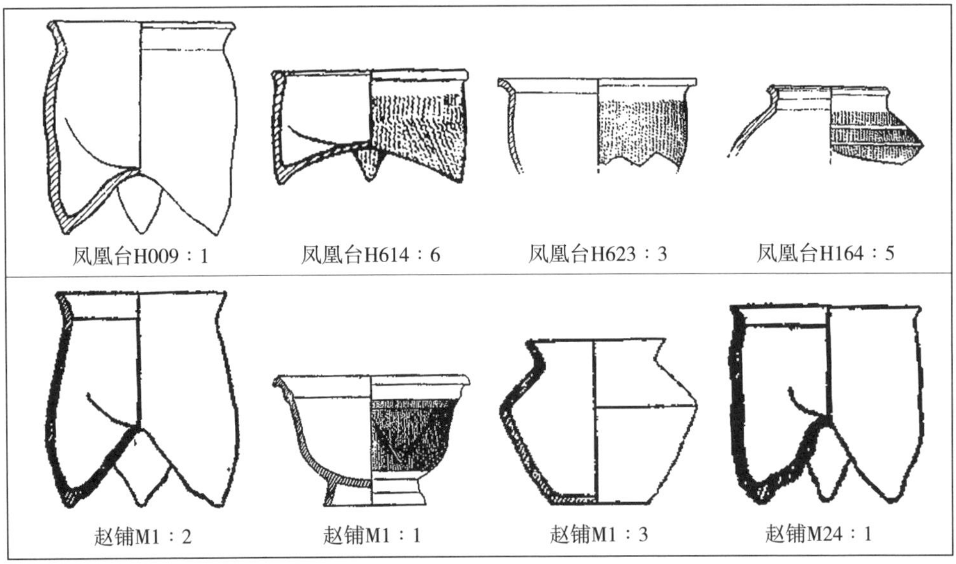

图 3.108 青州凤凰台及赵铺出土陶器

潍坊地区在殷墟文化第三期晚段最为繁荣。由于苏埠屯（薄姑）和益都侯城（纪）的重要性，有可能直接导致了齐国在西周初年的分封。以往关于齐文化的发现多集中于东周时期，缺乏西周时期，特别是西周早期的考古发现。高青县陈庄遗址②的发现为探索西周早期的齐文化提供了重要材料。

① 青州市博物馆：《青州市赵铺遗址的清理》，《海岱考古》第 1 辑，山东大学出版社，1989 年。
② 山东省文物考古研究所：《山东高青县陈庄西周遗址》，《考古》2010 年第 8 期；山东省文物考古研究所：《山东高青县陈庄西周遗存发掘简报》，《考古》2011 年第 2 期。

高青陈庄西周城址面积不足4万平方米，“可能始建于西周早期，至中期废弃”。城内发现的墓葬以M18最为重要，竖穴土坑墓，方向17°，墓主人北向，仰身直肢，在头端棺外放置长方形木器物箱，内置铜鼎、簋、爵、觯、觥、尊、卣、斗等，陶鬲1、罐6，棺内置铜戈2。发掘者认为M18的年代为西周中期，但李伯谦、李学勤、方辉等指出年代应为西周早期偏晚[①]，本研究也持相同观点。M18尚未公布全部器物，但从已发表的信息看，陶鬲M18：16为红褐陶，属于西周早期典型形制，但沿面已隐隐可见凹槽，具有稍晚的时代特征，故定西周早期偏晚为宜（图3.109）。

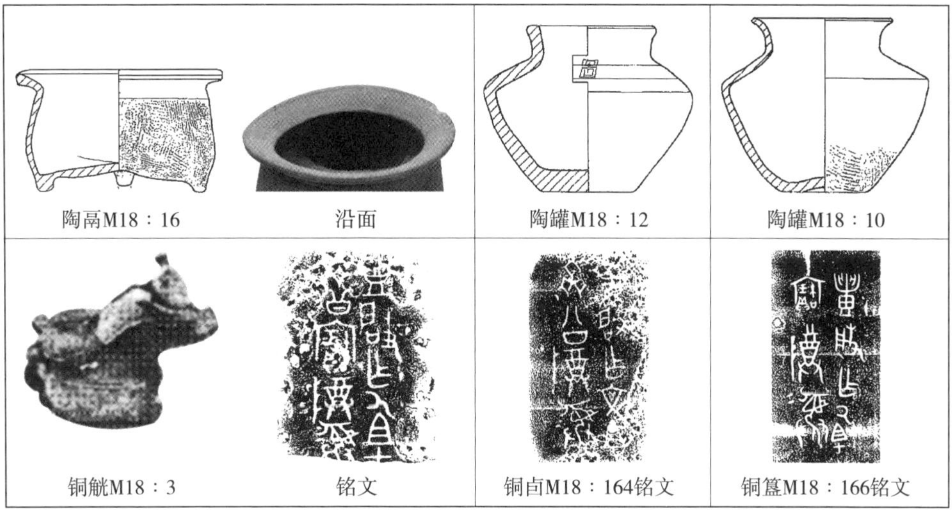

图3.109　高青陈庄出土器物

李伯谦指出M18所出铜器铭文“丰启乍厥祖甲宝尊彝”中“厥祖甲之称呼则表明其果确实是遵行商代流行的以日干命名的风俗，如太公之后的丁公、乙公、癸公是”[②]。这意味着姜姓周人也使用商文化的日名。M18所出陶鬲M18：16不论从形制还是陶色等方面均受到了“殷遗文化”的强烈影响，在高青陈庄的西周时期居址和墓葬中，也可见到“殷遗文化”的沿袭（图3.110）。

之所以有如此多的“殷遗文化”因素，应与此地“原为周公东征鼎铭文‘丰伯、

① 李学勤、刘庆柱、李伯谦、李零、朱凤瀚、张学海、王恩田、王树明、方辉、郑同修、魏成敏、王青、靳桂云：《山东高青县陈庄西周遗址笔谈》，《考古》2011年第2期。

② 李学勤、李伯谦、朱凤瀚、刘绪、王占奎、陈振裕、张昌平、李天虹：《湖北随州叶家山西周墓地笔谈》，《文物》2011年第11期。

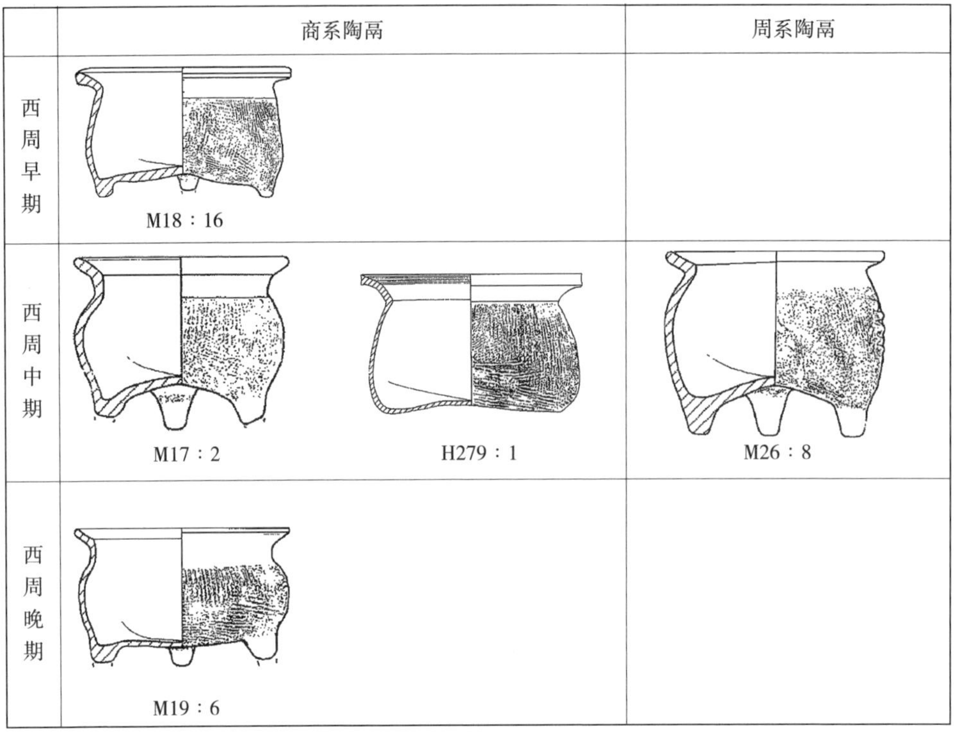

图 3. 110　高青陈庄出土商系及周系陶鬲

薄姑咸裁’中丰伯的居地和氏名，周公灭风丰伯封姜齐支系之一支于此地，即以丰为姓氏”①。在姜姓周人墓地中出现殷遗文化陶鬲的情况似乎表明姜姓周人相比姬姓周人能够更多地“因其俗，简其礼”（《史记·齐太公世家》）。

淄川北沈马②发现有西周早期半地穴房址、灰坑、灰沟，房址以 F4 和 F5 为代表，出有绳纹饰至足尖的商式鬲山东变体、折沿鼓腹绳纹盆、素面鬲、侈口厚唇高圈足簋、小口矮领瓮等（图 3. 111）。灰坑以 H5 为代表，出有绳纹饰至足尖的商式鬲山东变体、素面鬲、素面甗、受周文化影响的陶鬲足、侈口厚唇簋、小口矮领瓮等器类。居址陶器群整体呈现“殷遗文化”特征，但存在地方因素的素面鬲（甗）等。墓葬以 M8 为代表，仰身直肢，无腰坑，随葬陶器组合为陶鬲、罐，陶鬲接近殷

① 李学勤、李伯谦、朱凤瀚、刘绪、王占奎、陈振裕、张昌平、李天虹：《湖北随州叶家山西周墓地笔谈》，《文物》2011 年第 11 期。

② 任相宏、张光明、刘德宝：《淄川考古》，齐鲁书社，2006 年。

墟文化形制，但鬲罐组合受到了周文化的影响。

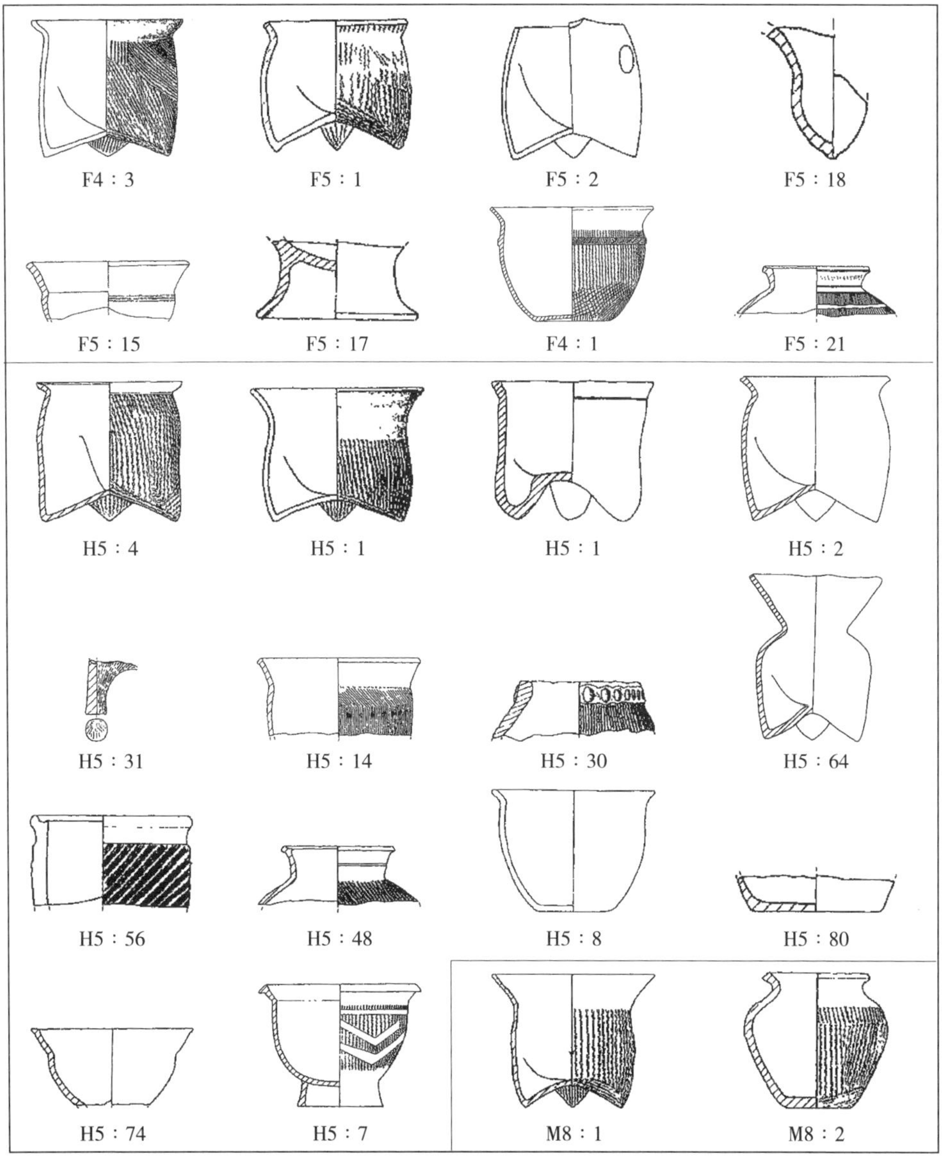

图 3.111　淄川北沈马出土陶器

长清仙人台发现西周早期遗存①，以半地穴房址 F6 为代表，所出扁体肥袋足无实足根鬲为西周早期典型特征，共出的还有殷墟文化遗风的侈口厚唇簋、斜直腹甑

① 山东大学考古系：《山东长清仙人台遗址发掘简报》，《考古》1998 年第 9 期。

等（图3.112），呈现出“殷遗文化”居址陶器群的典型组合特征。

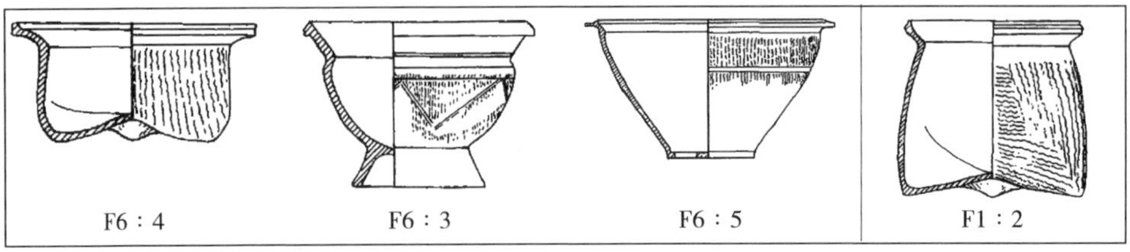

图3.112 长清仙人台出土陶器

长清小屯曾发现一批青铜器[①]，出有铜鼎2、爵5、觚3、觯3、提梁卣2、斗1，还出铜兵器、车马器、工具及陶罐（图3.113），属于殷墟文化晚期特征。此外，山东省博物馆还收集到另一批出自长清的铜器（图3.113）。

平阴朱家桥西周早期聚落遗址[②]发现21座房址和8座墓葬。居址出有商式鬲的山东变体，绳纹已饰至足尖，出有柱足鬲和带鋬鬲、侈口厚唇簋和窄折沿的旋纹高圈足簋、圈足尊和小口矮领瓮等（图3.114）。M9中已出现圆肩罐，表明墓葬的年代已进入“文化融合阶段”。发掘者认为“朱家桥遗址很可能是殷末奄国境内的一个小村落。……朱家桥殷文化的时代，上限晚殷，下限西周武成时期”。

平阴县洪范乡臧庄发现一座铜器墓，东向，殉人2，随葬铜鼎、觚、爵各1，还随葬陶罍、陶罐等[③]。

邹平[④]考古调查发现的殷墟文化陶器与殷墟遗址所出者近似，还发现有“文化融合阶段”至西周早期常见的无实足根陶鬲及鼓腹绳纹盆（图3.115）。

邹平丁公发现的“文化融合阶段”遗存以H17为代表[⑤]（图3.116），出有绳纹饰至足尖的残陶甗H17：1，所出陶簋H17：2的颈部尚留有两道旋纹，延续殷墟文化第四期早段以来特征。邹平鲍家[⑥]所出西周早期陶鬲既有商式鬲山东变体的延续，也

---

① 山东省博物馆：《山东长清出土的青铜器》，《文物》1964年第4期。

② 中国科学院考古研究所山东发掘队：《山东平阴县朱家桥殷代遗址》，《考古》1961年第2期。

③ 平阴县博物馆筹建处：《山东平阴洪范商清理简报》，《文物》1992年第4期。

④ 山东大学历史系考古专业、邹平县文化局：《山东邹平县古文化遗址调查》，《考古》1989年第6期；山东省文物考古研究所、邹平县文物保管所：《山东省邹平县古文化遗址调查简报》，《华夏考古》1994年第3期。

⑤ 山东大学历史系考古专业：《山东邹平丁公遗址第二、三次发掘简报》，《考古》1992年第6期。

⑥ 王臻：《鲍家遗址调查》，《海岱考古》第1辑，山东大学出版社，1989年。

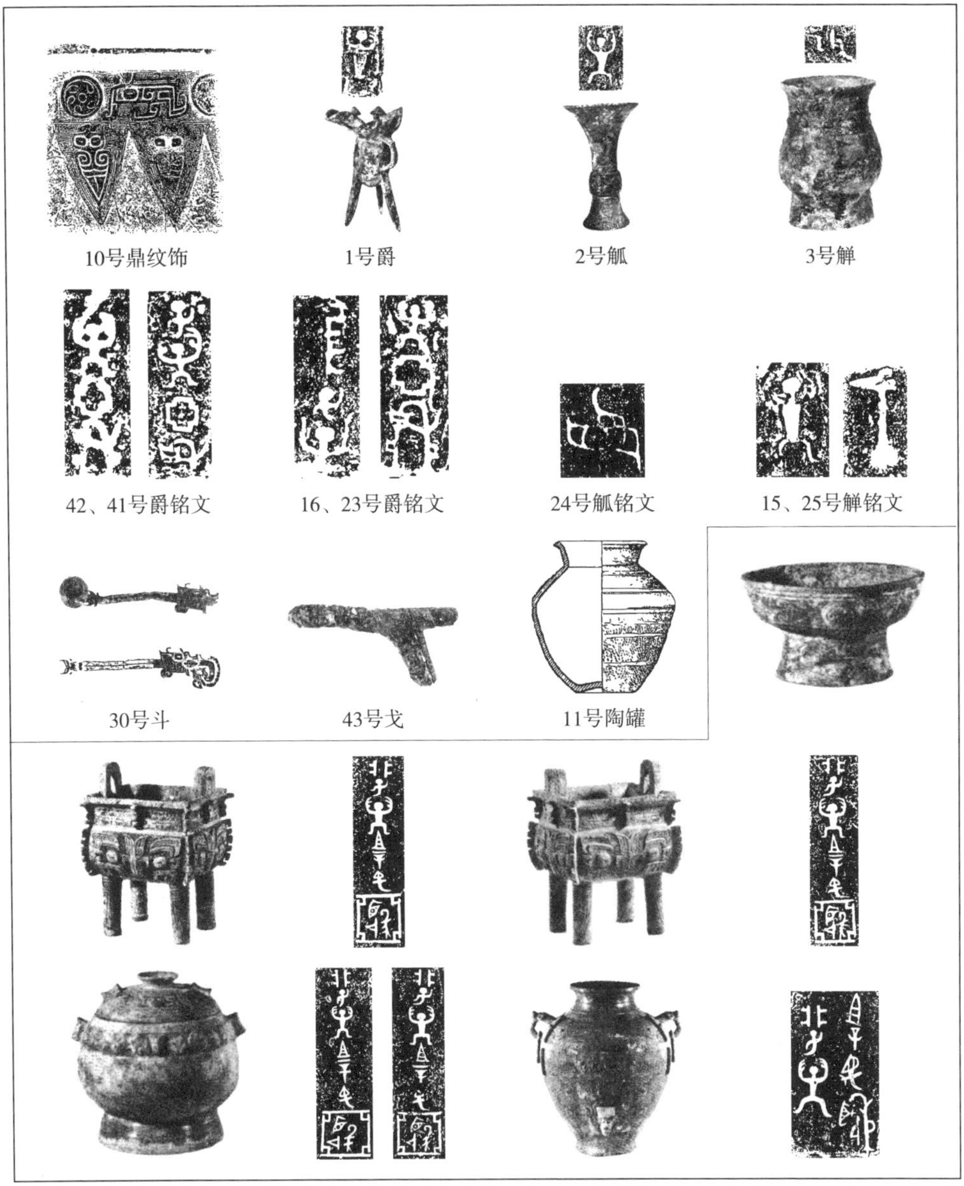

图 3. 113　长清出土铜器

有受周文化影响的素面柱足弧裆鬲，侈口厚唇簋已出现宽折沿外侈的特征（图 3. 116）。

昌乐邹家庄①发现的“文化融合阶段”遗存以 F6 为代表（图 3. 117）。F6 开口

① 北京大学考古实习队、昌乐县图书馆：《山东昌乐县邹家庄遗址发掘简报》，《考古》1987 年第 5 期。

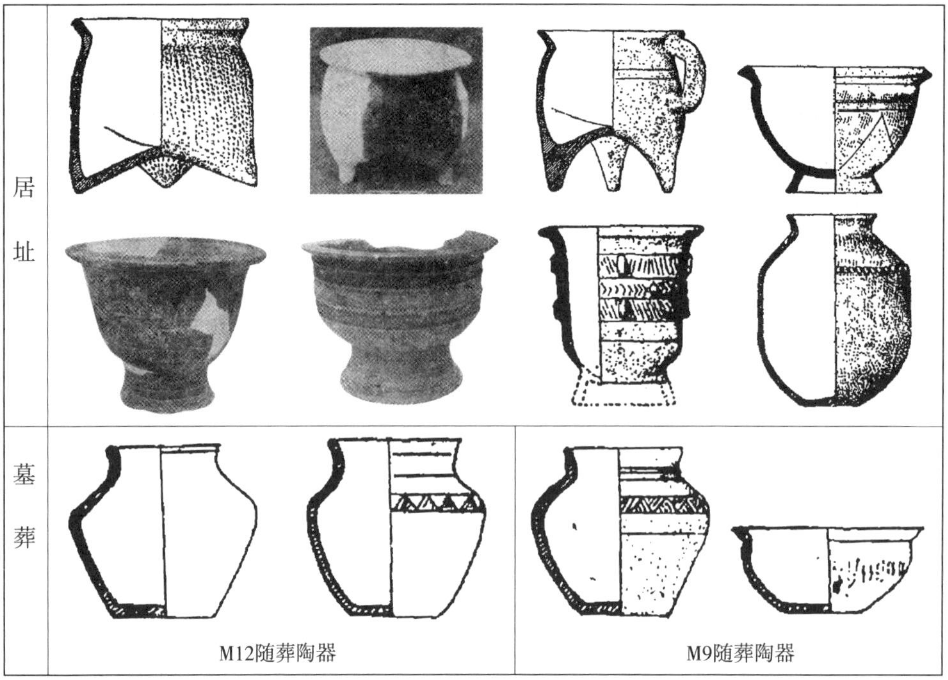

图 3.114 平阴朱家桥出土陶器

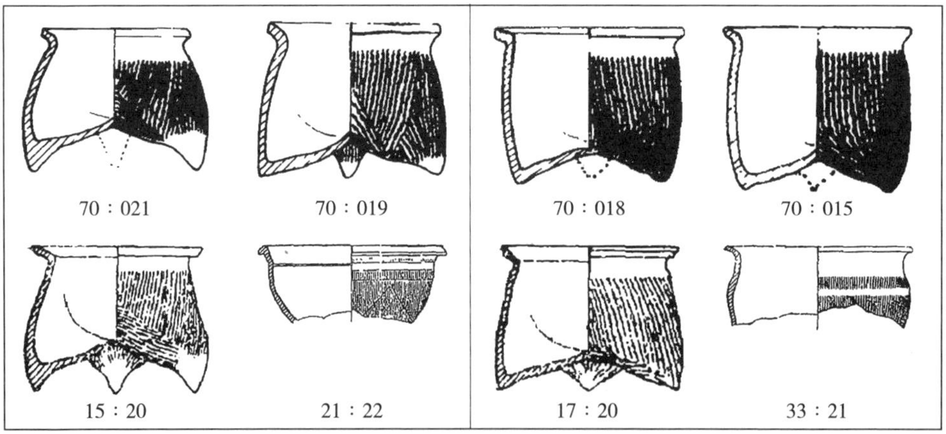

图 3.115 邹平调查所获陶器

于 AT407 第⑤层下，圆角长方形半地穴式建筑，居住面上留有陶簋、瓮、罐，陶鬲 F4：1 尽管仍然保持商式鬲的山东变体，但已联裆化，绳纹饰至足尖，小口矮领瓮 AT308④B：34 属于“殷遗文化”居址陶器群中的常见器型。可见，在由商入周的过程中，作为小型聚落的昌乐邹家庄也在陶器群层面转变为了“殷遗文化”的居址陶

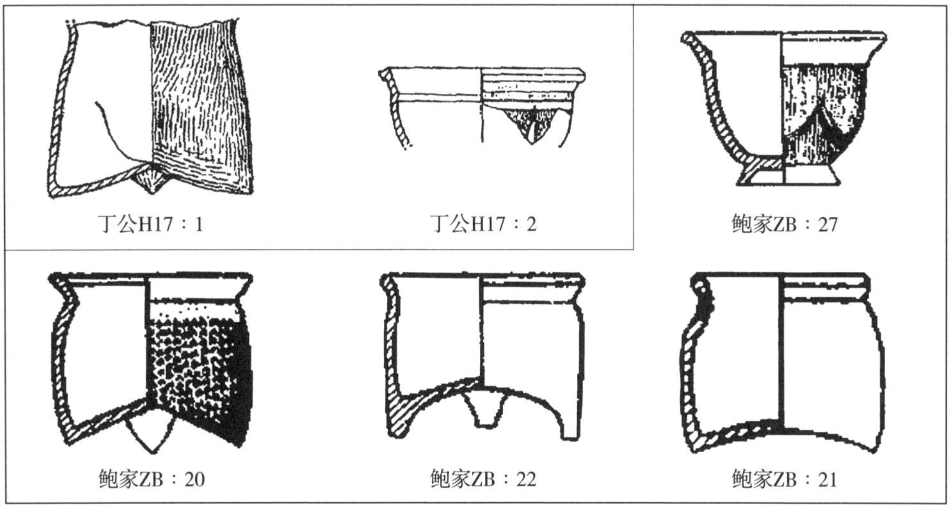

图 3. 116　邹平丁公及鲍家出土陶器

器群，在保留浓重殷墟文化遗风的基础上又吸收了周文化和土著文化的影响，形成全新面貌的陶器群。昌乐河西、宇家、常家庄等遗址的调查材料①也反映出了相似情况。此外，昌乐东圈遗址曾出土过 1 件西周早期特征的铜爵。

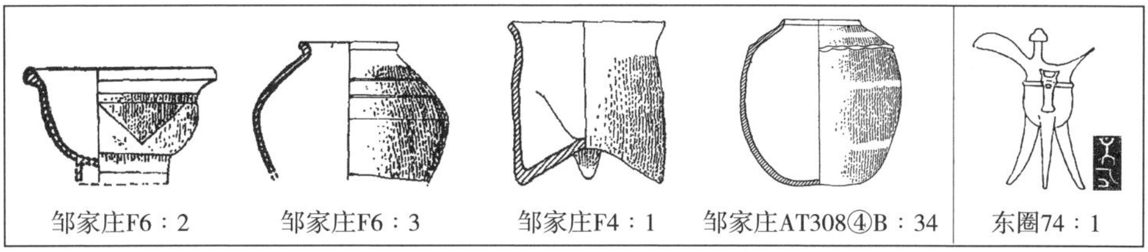

图 3. 117　昌乐邹家庄及东圈出土陶器

临淄后李② M92 所出陶簋的扁体、矮圈足特征为“文化融合阶段”典型特征，共出的陶罐也受到了殷墟文化的强烈影响，但陶鬲为东夷文化系统的素面鬲（图 3. 118）。M93 随葬陶器组合与 M92 相似，所出陶簋已具备西周早期特征（图 3. 118），随葬器物被放置于墓葬左侧的壁龛中。发掘者指出：“西周时期的墓葬，都是长方形竖穴土坑墓……多数有壁龛。葬式主要为仰身直肢。随葬器物组合有鬲、簋、罐；鬲、簋；簋、罐等。”推测这批墓葬有可能是受“殷遗文化”影响的夷人墓

① 潍坊市博物馆：《山东昌乐县商周文化遗址调查》，《海岱考古》第 1 辑，山东大学出版社，1989 年。

② 济青公路文物考古队：《山东临淄后李遗址第三、四次发掘简报》，《考古》1996 年第 3 期。

葬。临淄东古也发现随葬陶器组合相似的墓葬 M1002①，随葬陶器组合为鬲、豆、罐（图 3.118），器物放置于墓主人脚下，素面鬲 M1002：1 与 M93 所出者相似，可知年代亦属西周早期。

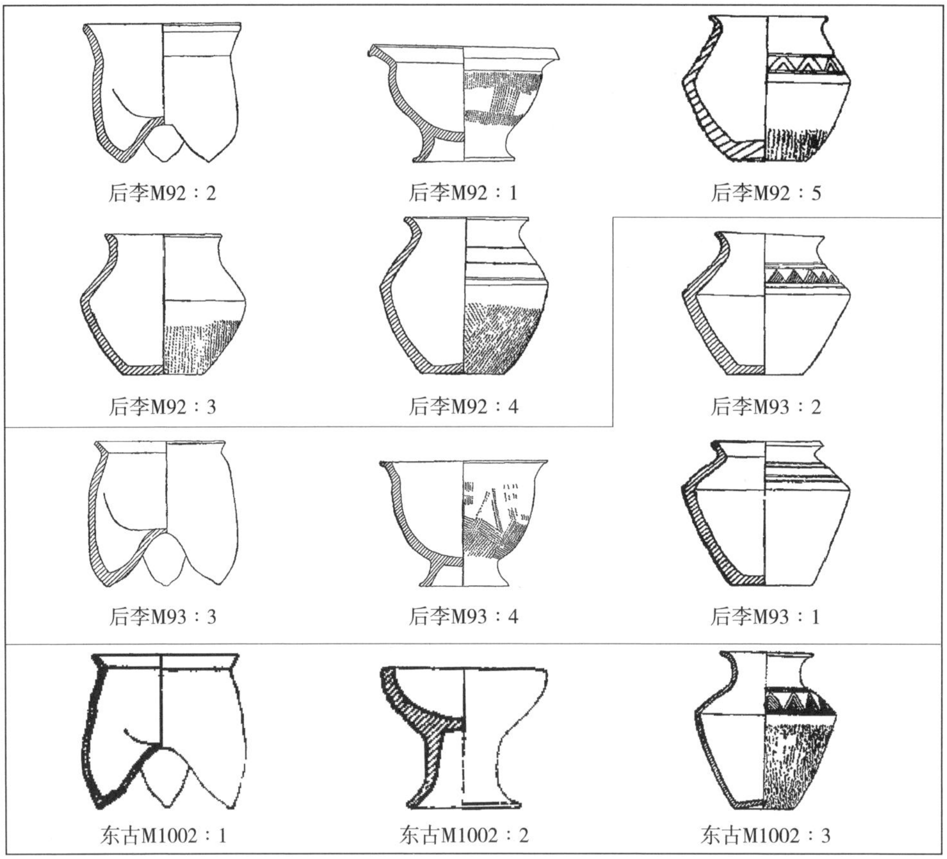

图 3.118　临淄后李、东古墓葬随葬陶器

济阳刘台子曾发掘 4 座西周早期铜器墓②，均为竖穴土坑墓。

M2 北二层台上随葬铜鼎 1、鬲 1、觯 1、同形簋 2，陶鬲 1、罐 1（图 3.119）。根

① 山东省文物考古研究所、齐城遗址博物馆：《临淄东古墓地发掘简报》，《海岱考古》第 1 辑，山东大学出版社，1989 年。

② 德州行署文化局文物组、济阳县图书馆：《山东济阳刘台子西周早期墓发掘简报》，《文物》1981 年第 9 期；德州地区文化局文物组、济阳县图书馆：《山东济阳刘台子西周墓地第二次发掘》，《文物》1985 年第 12 期；山东省文物考古研究所：《山东济阳刘台子西周六号墓清理报告》，《文物》1996 年第 12 期。

据铜器的形制可知该墓年代为西周早期偏晚。随葬陶器的鬲、罐组合为周人传统，但随葬陶鬲的形制却受到了“殷遗文化”的影响，这一情况与高青陈庄 M18 的情况相同。逢国同为姜姓，可知姜姓周人墓葬中存在相似的器用选择。

图 3. 119　济阳刘台子 M2 随葬器物

M3 方向 12°，有腰坑、殉狗。随葬铜鼎 1、铜簋 1、铜戈 1（图 3. 120），铜簋具有明显的垂腹特征，年代属于西周早期晚段。

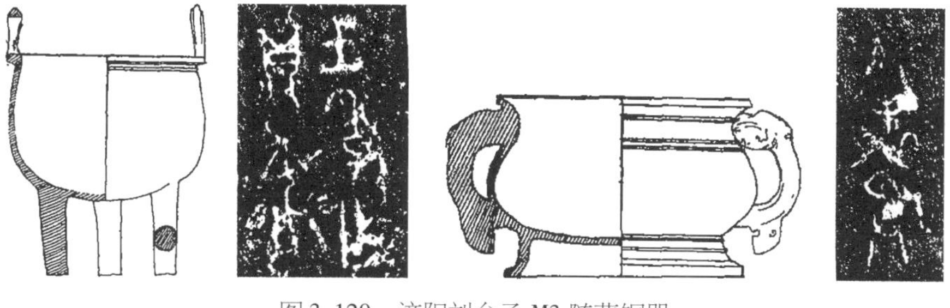

图 3. 120　济阳刘台子 M3 随葬铜器

M6 是刘台子遗址目前发现规模最大的墓葬，方向 30°，无腰坑，但该墓出有典型商式的肥袋足无实足根鬲，两鬲与该墓所出诸多铜器放置于北二层台之上。在二层台西北部放置束颈柱足鬲，并用贝在周围摆成圆圈（图 3. 121），应具有一定的特殊含义。刘台子 M6 所出陶鬲共存关系表明束颈柱足鬲（通常保持低分裆特征）确实与典型商式肥袋足无实足根鬲之间存在亲缘关系。尽管该墓并未发现腰坑，但根据陶鬲特征推测此墓主人可能有殷遗文化背景。

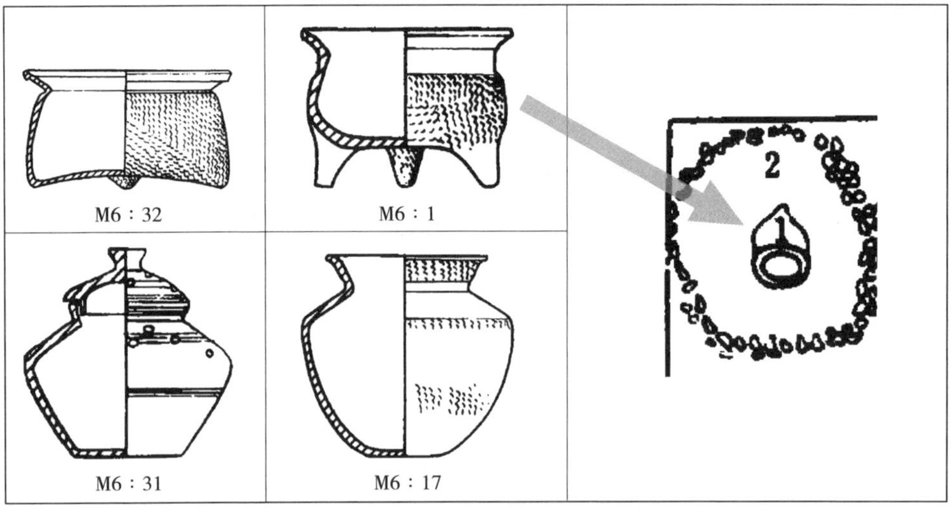

图 3. 121　济阳刘台子 M6 随葬陶器

刘台子 M6 随葬铜器包括方鼎 3、圆鼎 3、簋 5、鬲 1、甗 1、爵 2、觯 2、尊 1、盉 1、卣 1、盘 1（图 3. 122），考虑到所出铜鼎已出现明显的垂腹特征，可将该墓的年代定为西周早期晚段。

章丘马安①发现的墓葬分为东西向和南北向两类。墓主多为仰身直肢，部分墓葬有腰坑，随葬陶器组合有单鬲、单盆、单簋、簋豆及鬲盆豆等（图 3. 123）。墓葬所出鼓腹绳纹盆的折沿以下留白，自腹部最大径以下饰绳纹，属于殷墟文化第二期特征陶盆在本地的延续。

发掘者将章丘宁家埠的“商周遗存”分为三期，早期以 H267 和 H41 为代表，“与殷墟四期同类器近同”②。H267 出有鼓腹绳纹盆，H41 出有矮圈足簋，属于“文化融合阶段”特征。宁家埠所出陶鬲为明显的联裆制法，绳纹饰至足尖，受到了来自周系文化的影响。宁家埠还发现 2 座西周早期墓葬，均为东西向，M2 随葬同形的陶鬲，M6 有腰坑，随葬陶鬲、簋、豆，为殷遗墓葬常见的随葬组合（图 3. 124）。

① 济南市考古研究所、章丘市博物馆、山东省文物考古研究所：《山东章丘马安遗址发掘报告》，《东方考古》第 5 辑，科学出版社，2008 年。

② 济青公路文物考古队宁家埠分队：《章丘宁家埠遗址发掘报告》，《济青高级公路考古发掘报告集》，齐鲁书社，1993 年。

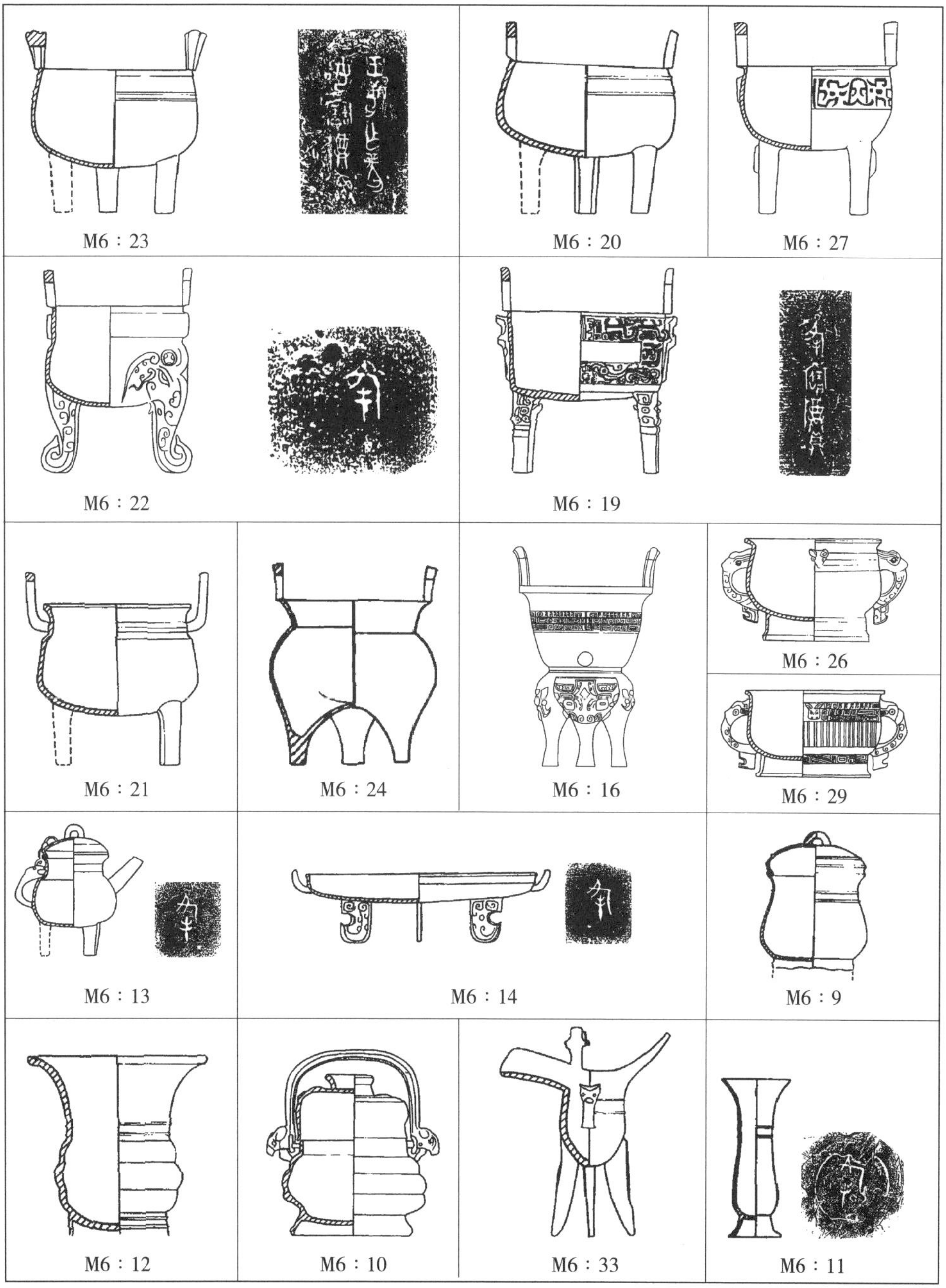

图 3.122　济阳刘台子 M6 随葬铜器

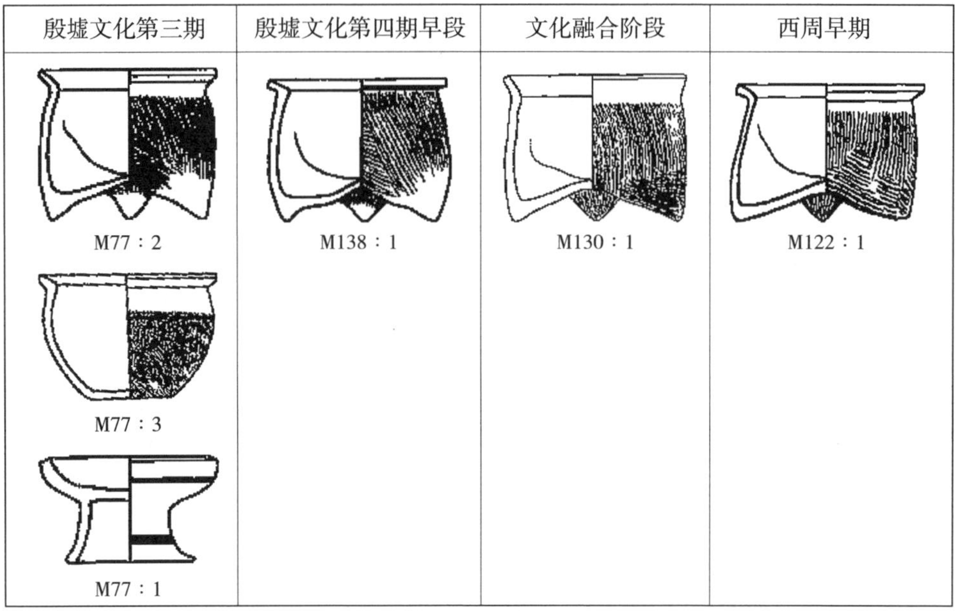

图 3.123　章丘马安墓地出土陶器

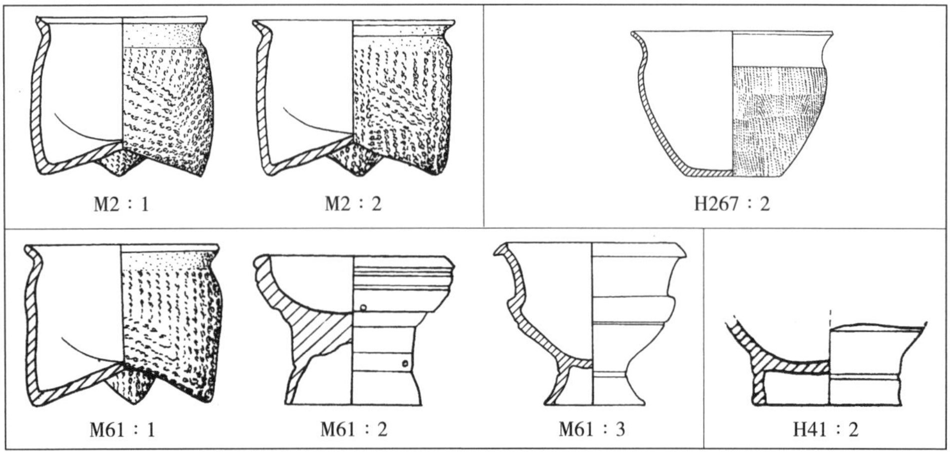

图 3.124　章丘宁家埠出土陶器

章丘王推官庄① H116 所出商式簋为矮圈足，为“文化融合阶段”典型特征。H148 出有西周早期典型特征的侈口陶鬲残片以及小口矮领瓮口沿，可知遗存至少可

① 山东省文物考古研究所：《山东章丘市王推官庄遗址发掘报告》，《华夏考古》1996 年第 4 期。

延续至西周早期（图 3.125）。

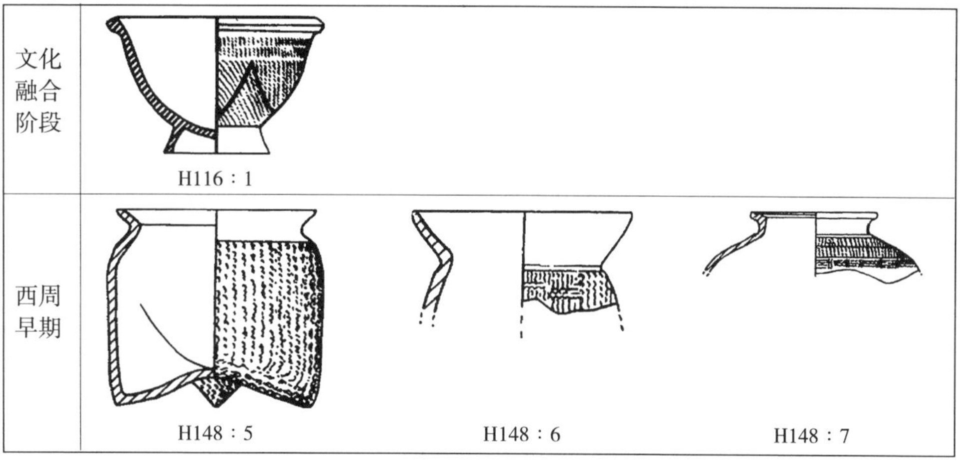

图 3.125　章丘王推官庄出土陶器

鲁北地区在整个殷墟文化时期基本上都处于商王朝的控制之下，在殷墟晚期时，渤海南岸兴起煮盐业，这里正是文献中所说的薄姑之所在。从文化面貌上看，鲁北地区的殷墟文化陶器群相当单纯，不见土著文化因素，但本地的商式鬲存在山东变体且相当流行。苏埠屯墓地不但拥有超高规格的四墓道大墓，还出仅见于殷墟和下七垣等地的陶觚、爵等，显示其地位之高及其与殷墟的关系之密切，这也是西周初年在此分封齐国的原因。自“文化融合阶段”开始，本地的陶器群面貌发生了较大变化，商式鬲及其山东变体所饰绳纹饰至足尖，陶器群中新出现了鼓腹绳纹盆、小口矮领瓮等器类，也存在土著的素面鬲等器类，具有“殷遗文化”陶器群的基本特征。高青陈庄、济阳刘台子等墓地尽管在族属上可能属于姜姓周人，但也在不同程度受到了“殷遗文化”的影响。

二　鲁西南及邻域

泰安新泰[①]发现一座被破坏的墓葬，出有铜鼎 1、同形鬲 2、卣 1、爵 1、尊 1、戈 1、镞 1，陶罍 1（图 3.126），所出铜器具有“一墓多族徽”现象，也存在爵、觯

① 魏国：《山东新泰出土商周青铜器》，《文物》1992 年第 3 期。

组合，墓葬年代应已晚至西周早期。随葬陶罍属于殷墟文化传统。

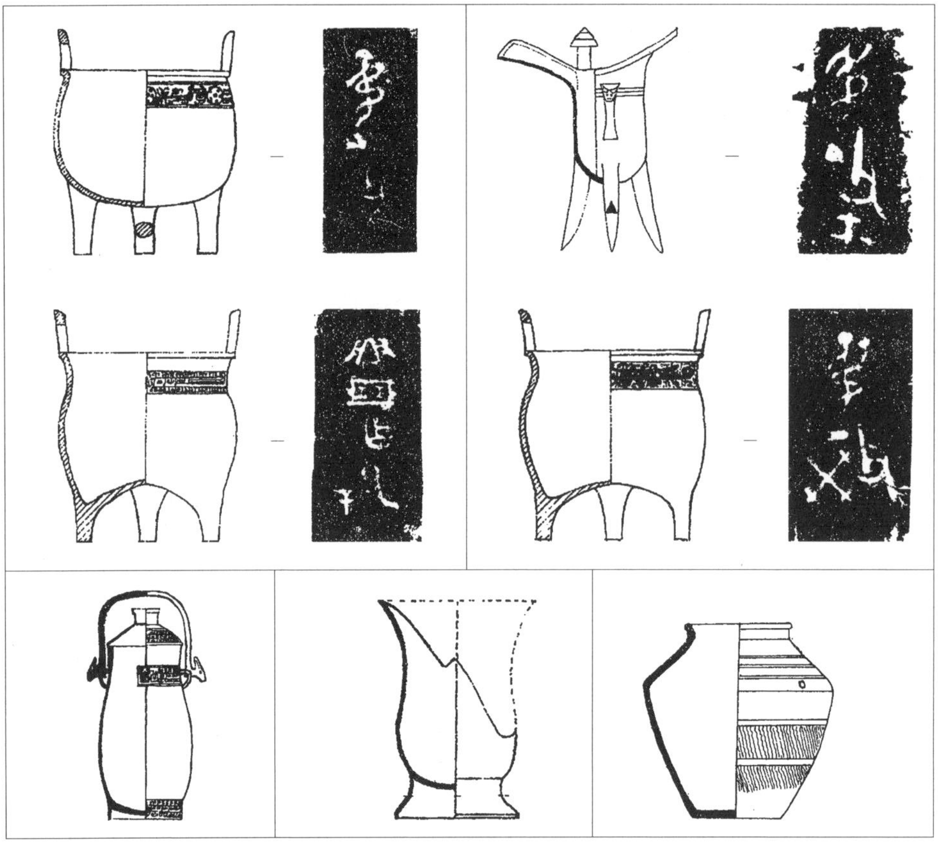

图 3.126　泰安新泰墓葬随葬器物

菏泽安邱堌堆的商文化遗存自二里冈上层延续至殷墟文化时期，殷墟文化遗存属于第一期至第四期连续堆积。发掘者指出："需要另作说明的是，在 T13 第②层、T12 第②层和 T22 第②层等扰乱层中，出土了一些晚商陶片，其年代应较本遗址第六期商代文化遗存的年代略晚，如完全没有实足根的鬲、甗足和饰小三角划纹的簋片，都是较第六期同类遗物晚出的形态。因而本遗址商文化遗存第六期可能相当于殷墟四期偏早，此外还可能有某些年代相当于殷墟四期偏晚的地层单位存在。"① 经查扰乱层中确实发现绳纹饰至足尖的肥袋足无实足根鬲残片（图 3.127），表明该遗址有

① 北京大学考古系商周组、菏泽地区博物馆、菏泽市文化馆：《山东菏泽安邱堌堆遗址 1984 年发掘报告》，《考古学研究》（八），科学出版社，2011 年。

可能延续至“文化融合阶段”，但已不再繁荣。

鬲 T12②：220　　甗 T22③：251

图 3. 127　荷泽安邱堌堆出土陶器

兖州李宫发现一批铜礼器①，包括铜卣 1、觚 1、爵 1，另外发现铜刀 1、陶鬲 1、残陶甗 1（图 3. 128）。所出陶鬲和陶甗的绳纹饰至足尖，形制属于商式鬲山东变体的延续。所出铜器同样属于殷墟文化特征的延续。发掘者根据铜器铭文与“殷民六族”中的“索氏”（《左传·定公四年》）联系在了一起。

图 3. 128　兖州李宫出土器物

济宁张山洼②遗址的第②层为东周文化层，第③层为商周时期层，H7 开口于第③层下，所出陶器特征介于殷墟文化第三期和第四期之间。在遗址的第②层中还出有殷墟文化第四期至西周早期特征陶器（图 3. 129）。

济宁发现西周早期墓葬③，出有同形铜鼎 2、簋 1、方彝 1、同形爵 2、同形觚 2、

① 郭克煜、孙华铎、梁方建、杨朝明：《索氏器的发现及其重要意义》，《文物》1990 年第 7 期。

② 济宁市文物考古研究室、济宁市任城区文物管理所：《山东济宁市张山洼遗址发掘简报》，《考古》2007 年第 9 期。

③ 田立振：《山东省济宁市出土一批西周青铜器》，《文物》1994 年第 3 期。

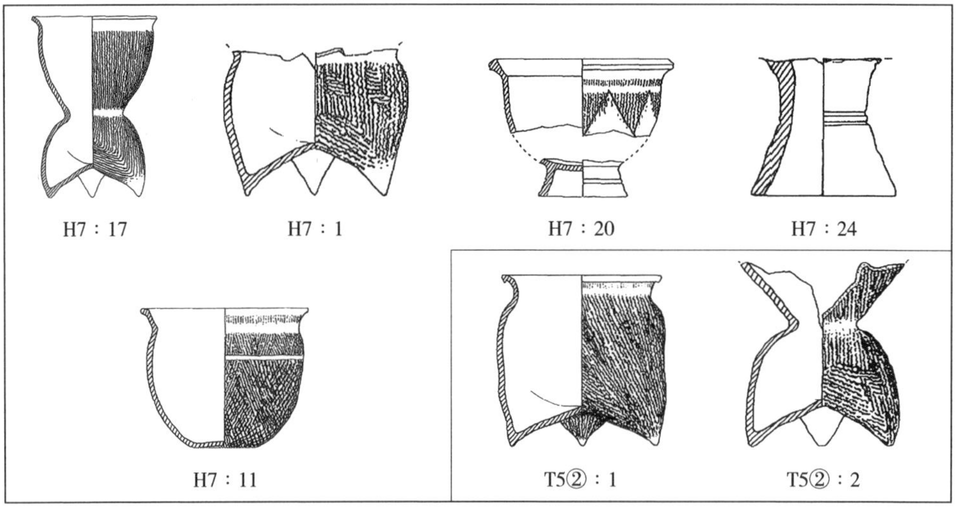

图 3.129　济宁张山洼出土陶器

盘 1，另外在附近发现红陶鬲 1，分裆，疙瘩足（图 3.130）。随葬组合的同形特征属于商系文化特征，根据铜鼎特征可知此墓葬的年代晚至西周早期偏晚。

图 3.130　济宁出土铜器及陶器

邹城西丁①发现一座东西向竖穴土坑墓 M1，墓葬被破坏，墓主人头东脚西，出有铜觚 2、爵 2，爵 M1：1 之上有“史”铭文。陶器出有鬲、簋、豆、罐、罍等（图 3.131）。根据随葬铜器的同形特征，陶器组合的鬲、簋、豆、罐组合以及东西墓向

① 王军：《山东邹城市西丁村发现一座商代墓葬》，《考古》2004 年第 1 期。

推测墓主人有可能是殷遗。

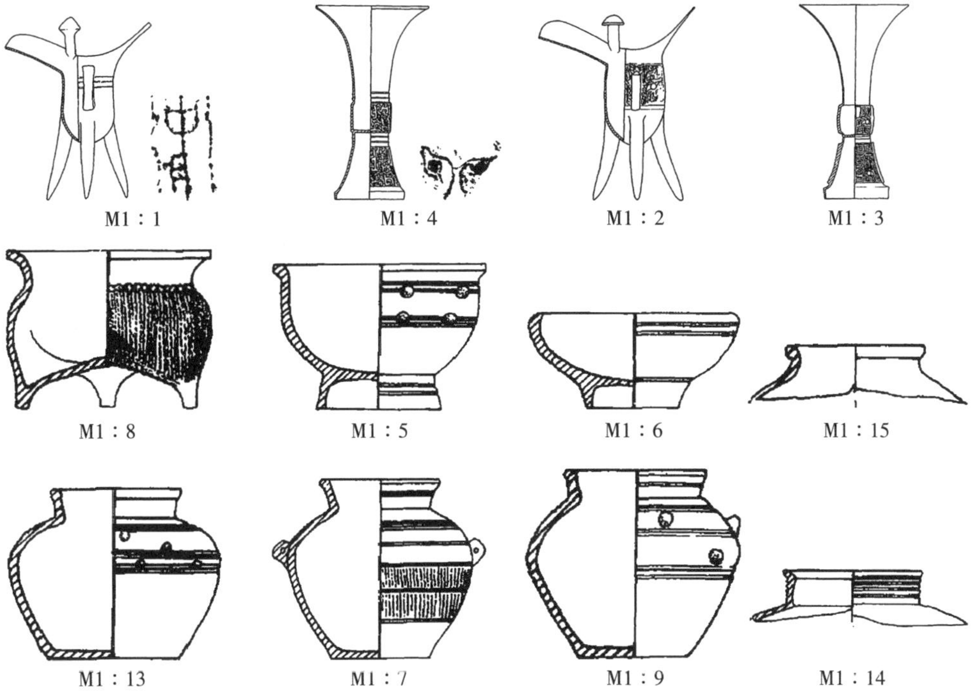

图 3.131　邹城西丁 M1 随葬器物

邹县在以往的调查①发现敛口高柄豆与圈足尊，属于殷墟文化晚期最流行的器型，折沿鼓腹绳纹盆和宽折沿外侈的厚唇簋则属于西周早期最流行的器型（图 3.132）。

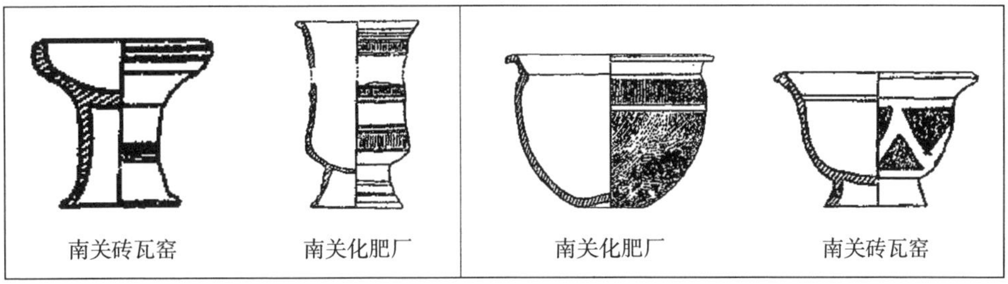

图 3.132　邹县调查所获陶器

① 中国社会科学院考古研究所山东工作队、邹县文物保管所：《山东邹县古代遗址调查》，《考古学集刊》第 3 集，中国社会科学出版社，1983 年。

邹县小西韦①出有铜爵、觯各1（图3.133），器物属于殷墟文化特征。邹县化肥厂②出有发现一批铜器，包括铜觚、爵、戈、削、弓形器，属于殷墟文化特征，可能出自墓葬。

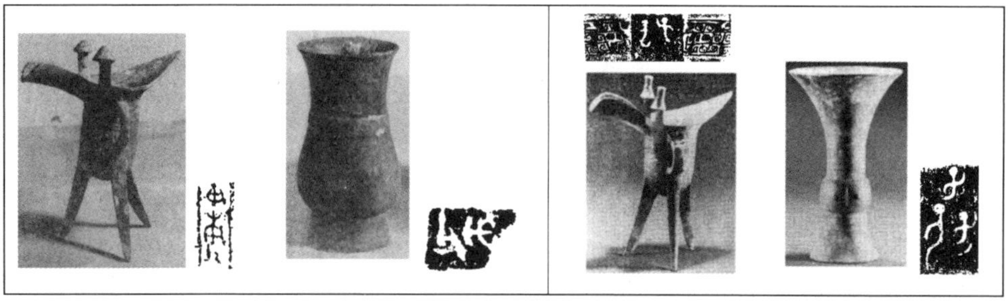

图3.133　邹县小西韦及化肥厂出土铜器

发掘者将邹县南关所获遗存归为商文化遗存③，但黄川田修认为可晚至西周中期④。开口于第③层下的H21出有较为典型的西周早期“殷遗文化”居址陶器群（图3.134）。第④层下的H19所出陶簋有可能早至殷墟文化晚期。从T4②所出遗物看，该遗址西周遗存年代下限不会晚于西周早期。

滕州在以往的调查⑤中发现较为丰富的殷墟文化晚期至西周早期遗存。滕州井亭煤矿⑥位于薛国故城东3公里，在基建过程中曾发现一批重要文物，得铜卣1、斝1、尊1、鼎2、觚4、觯1、爵6、戈1、凿2、铃1，陶鬲3、卣、簋、豆各1、罐2。根据简讯发表的照片（图3.135），铜器属于殷墟文化晚期风格，组合也属于商系文化特征，但陶器呈现较为明显的“文化融合阶段”特征，如仿铜陶卣。发掘者指出这批器物得自直径30米的圆形矿井的不同位置中，“戈、矛和铃等零星文物是在矿井的东壁深3米的黄土层中，铜斝和铜尊等是在矿井的西南部深4米的灰土层中，鼎和

---

① 王言京：《山东省邹县又发现商代铜器》，《文物》1974年第1期。

② 齐文涛：《概述近年来山东出土的商周青铜器》，《文物》1972年第5期。

③ 中国社会科学院考古研究所山东工作队、邹县文物保管所：《山东邹县古代遗址调查》，《考古学集刊》第3集，中国社会科学出版社，1983年；国家文物局考古领队培训班：《山东邹县南关遗址发掘简报》，《文物》1991年第2期。

④ 黄川田修：《西周王朝周边文化年代的再认识》，《华夏考古》2004年第1期。

⑤ 中国社会科学院考古研究所山东队、滕县博物馆：《山东滕县古遗址调查简报》，《考古》1980年第1期。

⑥ 孔繁银：《山东滕县井亭煤矿等地发现商代铜器及古遗址、墓葬》，《文物》1959年第12期。

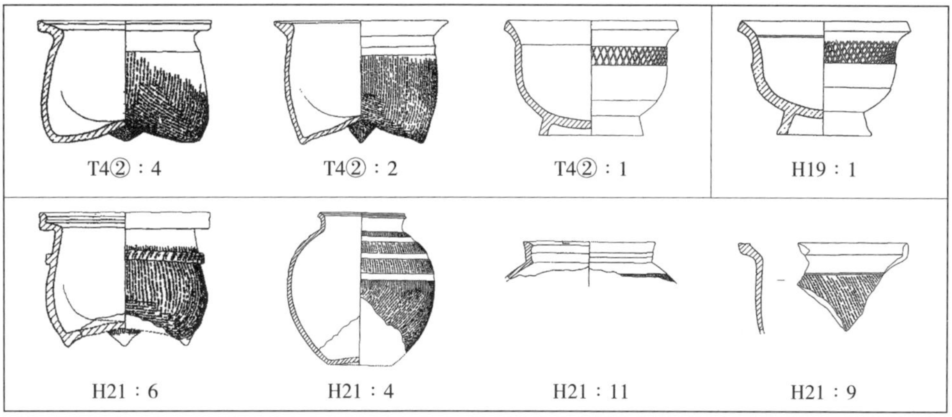

图 3.134　邹县南关出土陶器

觚、爵等是在矿井的西北壁深 4.5 米的灰土层中，卣是在矿井的正南部深 7 米的黄土层中，陶器等是在深 3 米处发现的，出土物附近有单身土坑墓”，据此推测铜戈、矛、铃和陶器有可能属于同一座墓葬，铜斝、尊、鼎、觚、爵属于另一座墓葬，铜卣可能另有所属。此后又在东南扒道发现 2 座墓葬，其中一座出有铜觚、爵、戈，另一座出有鬲 1、罐 2。由于考古背景已遭破坏，加之早年发表材料的局限，仅能通过这批材料推测此处可能属于一处殷墟文化晚期的族墓地，并延续至了西周早期。

图 3.135　滕州井亭煤矿出土器物

鲁西南地区最重要的商周考古发现当属滕州前掌大墓地①。发掘者指出，墓地北区为第③、④、⑤和南Ⅰ区的第④、⑤层为“商代晚期文化层”。北区第③、④层所出陶器为殷墟文化第二期特征，与前掌大墓地具有相当长的时间间隔，两者应无关联。南区第⑤层出有殷墟文化第二、三期特征陶器，但也见不到殷墟文化第四期特征的陶器，也与前掌大墓地无涉。南Ⅰ区东南部的第③层内出有西周早期特征陶器，但也混入年代可早至殷墟文化晚期的陶器，此处的地层和灰坑可能与墓地共时。

前掌大墓地发现中字形大墓3座，甲字形大墓9座，这些墓葬均有腰坑。不论从葬俗还是随葬品方面都显示出强烈的商系文化色彩。发掘者将该墓地的墓葬分为三期，第一期以M124为代表，可至商末，第二期以M11为代表，相当于西周早期早段，第三期以M120为代表，年代相当于西周早期晚段。本研究认为，以M11为代表的墓葬属于“文化融合阶段”。

判断前掌大墓地进入“文化融合阶段”的标志有：

一、周系特质因素联裆鬲、銮铃的出现（图3.136）。联裆鬲在殷墟文化晚期主要流行于关中地区的郑家坡文化；銮铃未见于殷墟文化中，被认为是周系文化的特质因素之一。

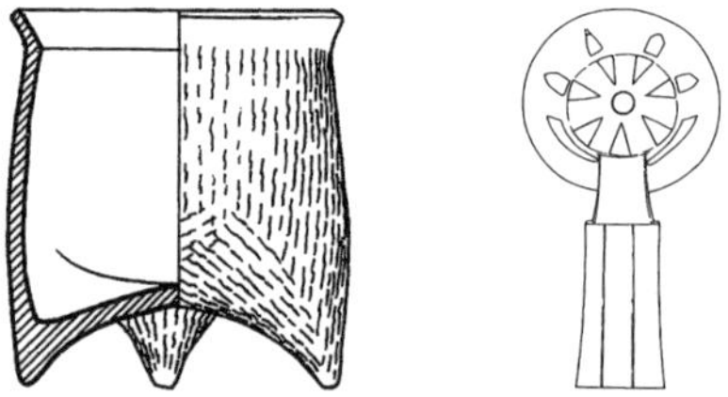

M102：6　　銮铃 BM3：34

图3.136　前掌大墓地出土周文化因素器物

二、带錾罐形分裆陶器（斝、盉）的出现。罐形分裆陶器（图3.137）往往见于“文化融合阶段”至西周早期的墓葬中。前掌大墓地中相当于殷墟文化第四期早段的墓葬未见带錾罐形分裆陶器，但在“文化融合阶段”的M13、M18、M21、M120、M121中已出现带錾的罐形分裆陶器，西周早期墓葬M103中也出有带錾的罐

① 中国社会科学院考古研究所：《滕州前掌大墓地》，文物出版社，2005年；滕州市博物馆：《滕州前掌大村南墓地发掘报告（1998－2001）》，《海岱考古》第3集，科学出版社，2010年。

形分裆陶器。

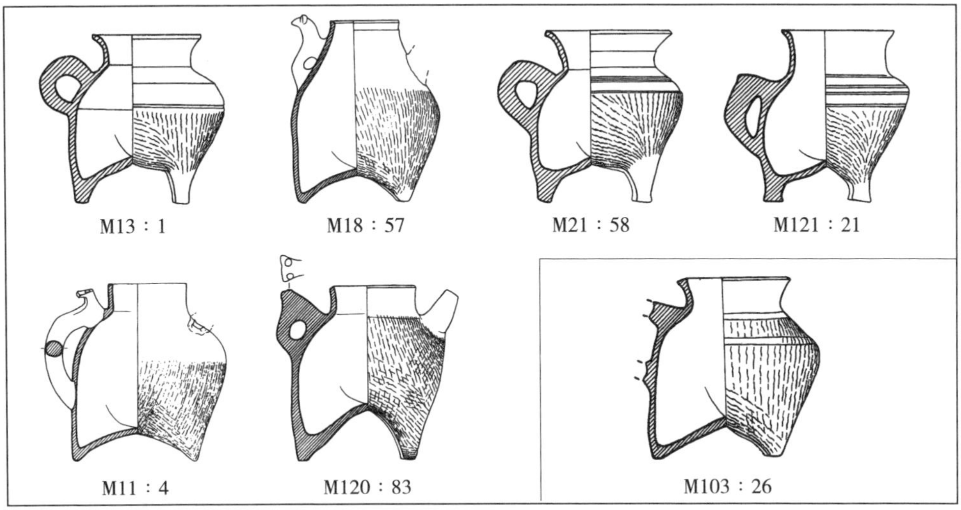

图 3. 137　前掌大墓地出土罐形分裆陶器

三、单层花纹兽面圆鼎的出现。单层花纹兽面圆鼎（图 3. 138）通常在颈部有一饰云纹的窄带，其下饰主体的兽面，一改殷墟时期的三层花纹，而采用单层花纹，未见于殷墟文化，却常见于“文化融合阶段”至西周早期墓葬中，亦见于郑州洼刘 M1、泾阳高家堡 M3①、扶风神村坡②等地。

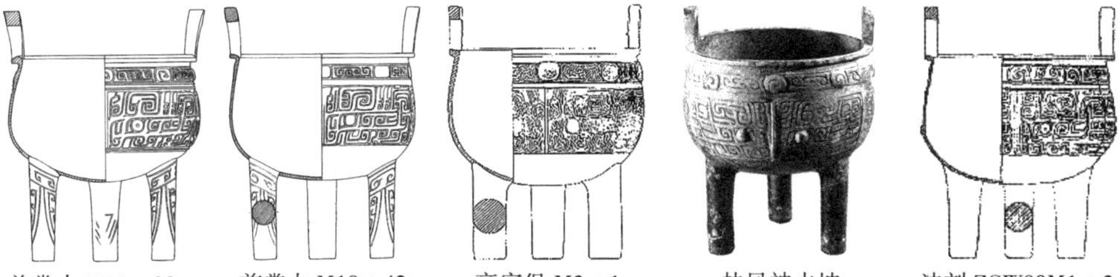

图 3. 138　前掌大墓地出土单层花纹兽面圆鼎及对比器物

铜器组合方面，前掌大 M11 在相当于“文化融合阶段”时仍然与殷墟刘家庄北 M1046 随葬器物组合几乎完全相同，表明此时的滕州地区与安阳地区仍然存在十分密切的文化联系。

① 陕西省考古研究所：《高家堡戈国墓》，三秦出版社，1995 年。

② 罗西章：《扶风新征集了一批西周青铜器》，《文物》1973 年第 11 期。

滕州市博物馆还曾对前掌大村南的南岗子、村东南和于屯村北三处墓地进行发掘①，以陶器墓居多，发掘所获与《滕州前掌大墓地》发表的材料文化面貌基本相同，村南的墓地同样是初步兴盛于殷墟文化第四期早段，在“文化融合阶段”达到兴盛期，至西周早期已呈现衰落态势。

前掌大的南岗子墓地西北百余米处发现被盗墓葬04M1②，墓口为正方形，边长4.9米，出有铜鼎2、甗1、簋1、同形觚2（图3.139），铜觚仍然得以保留，并呈现偶数同形特征，铜器群整体保持较为浓厚的殷墟文化遗风，但铜鬲的年代已晚至西周早期晚段。发掘者指出：“此区域属于前掌大墓地中一处独立的支族墓地。……面积之大（近25平方米）前所未见，在现有资料中应属规格最高的墓葬；……正方形的墓葬形制，在前掌大墓地中比较罕见，显示出鲜明的个性。”③

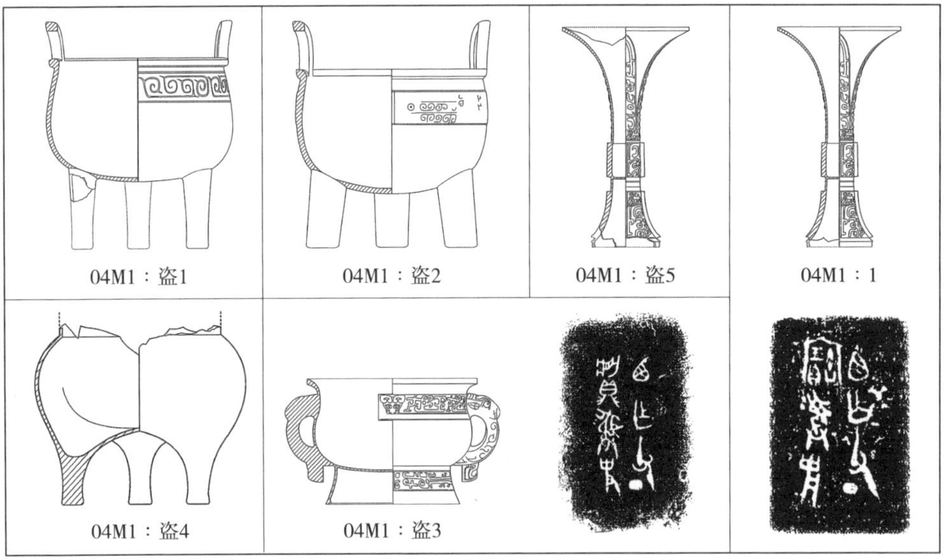

图3.139 前掌大南岗子04M1随葬器物

滕州庄里西④曾发现一座所谓“滕侯铜器墓”，长方形竖穴土坑墓，方向

① 滕州市博物馆：《滕州前掌大村南墓地发掘报告（1998－2001）》，《海岱考古》第3集，科学出版社，2010年。

② 滕州市博物馆：《山东滕州前掌大遗址新发现的西周墓》，《文物》2015年第4期。

③ 滕州市博物馆：《山东滕州前掌大遗址新发现的西周墓》，《文物》2015年第4期。

④ 滕县博物馆：《山东滕县发现滕侯铜器墓》，《考古》1984年第4期。

163°，墓底有腰坑，内殉狗，出有铜鼎2、簋1、鬲2、壶1（图3.140）。此墓的墓坑长4.4、宽2.9，深2.3米，从规格和随葬器物种类和数量上看，都似乎与“滕侯墓”并不相称，且高等级姬姓周人墓中尚未见到有腰坑殉狗者，墓主人应不是滕侯。

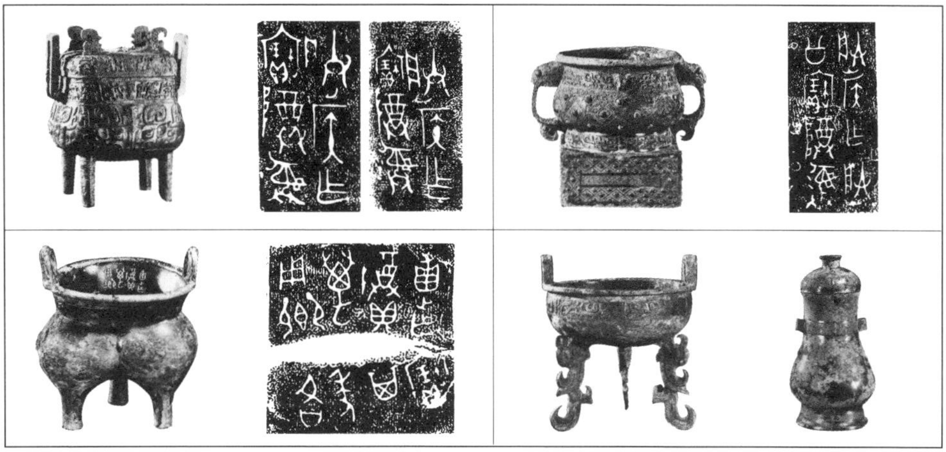
图3.140 滕州庄里西“滕侯铜器墓”随葬铜器

滕州庄里西[1]清理6座墓葬和1座被破坏的墓葬，均北向，墓主人均仰身直肢。墓葬相距较近，应为一处族墓地。M1有腰坑，内殉狗，随葬陶罐6。M2随葬陶罐5。M1、M2随葬圆肩罐。M3有腰坑，内殉狗。M4墓主北向，仰身直肢，随葬铜爵、觚、觯各1。M5随葬铜鼎、簋各1。M6随葬铜鼎、簋各1，陶罐1。M5、M6以铜鼎、簋为核心的组合受到了周文化的影响（图3.141）。

发掘者认为M7为已遭破坏的车马坑，但从出土青铜礼器的情况看，M7更像是墓葬。该墓随葬铜鼎1、簋2、卣2、尊1、觚2、爵2、觯2（图3.142），其中包括同铭的一尊二卣。此外，M7还发现有銮铃和歧形当卢，属于周文化因素。

由于滕州庄里西曾出有滕侯方鼎、滕侯簋等铜器，发掘者推测这批墓葬属于滕国墓葬，但其族属应为殷遗。由于滕国为姬姓，发掘者推测：“根据庄里西遗址西周墓葬的分布情况，墓主与北京琉璃河西周燕国墓地Ⅰ区墓主的墓主人很有可能是殷

① 杜传敏、张东峰、魏慎玉、潘晓庆：《1989年山东滕州庄里西西周墓发掘报告》，《中国国家博物馆馆刊》2012年第1期。

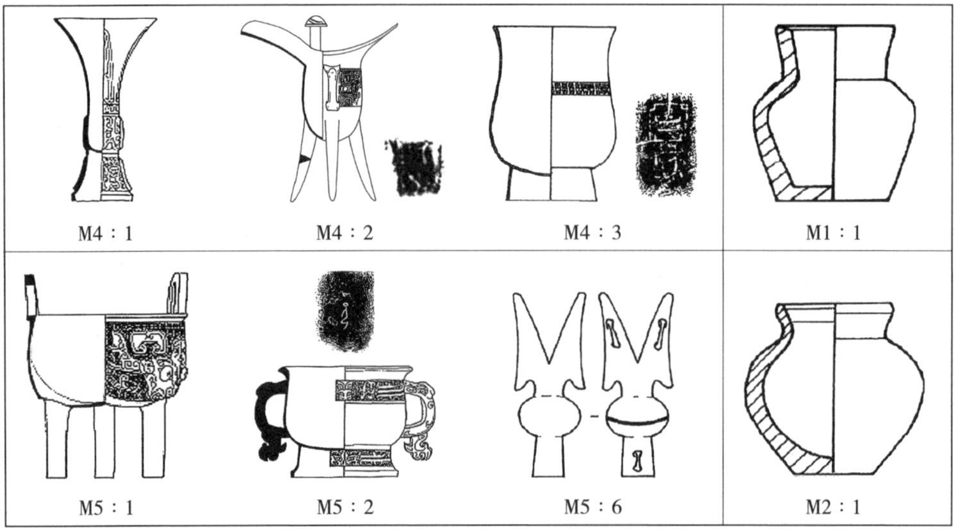

图 3.141　滕州庄里西 M1、M2、M4、M5 随葬器物

民，Ⅱ区的墓葬应与燕侯家族的墓地的情况一致，应是周初封建的结果。”①

滕州庄里西以西 200 米发现墓葬 78STM3②，南北向，残长 1.7、宽 1.4 米，出有铜鬲 1、同形簋 2（图 3.143），铜鬲已具备西周早期晚段特征，方座簋受到了来自周文化的影响。

滕州种寨③发现铜鼎、鬲各 1（图 3.144），皆属商系文化特征。

江苏沭阳万北发现 5 座“商代晚至西周早”墓葬④，皆为东西向竖穴土坑墓，M1、M2、M3、M5 为仰身直肢，墓主人头向东。根据发掘者公布的照片（图 3.145），M1 所出随葬陶器组合为鬲、簋、罐，陶鬲为沿下角较大的联裆鬲，年代应是西周早期。

江苏邳州梁王城发现一批西周墓葬⑤，均为长方形竖穴土坑墓。M25 方向

① 杜传敏、张东峰、魏慎玉、潘晓庆：《1989 年山东滕州庄里西西周墓发掘报告》，《中国国家博物馆馆刊》2012 年第 1 期。

② 万树瀛、杨孝义：《山东滕县出土西周滕国铜器》，《文物》1979 年第 4 期。

③ 齐文涛：《概述近年来山东出土的商周青铜器》，《文物》1972 年第 5 期。

④ 谷建祥、尹增淮：《江苏沭阳万北遗址试掘的初步收获》，《东南文化》1988 年第 12 期。

⑤ 南京博物院、徐州博物馆、邳州博物馆：《邳州梁王城遗址 2006－2007 年考古发掘收获》，《东南文化》2008 年第 2 期；南京博物院、邳州博物馆：《江苏邳州梁王城遗址西周墓地发掘简报》，《东南文化》2016 年第 2 期。

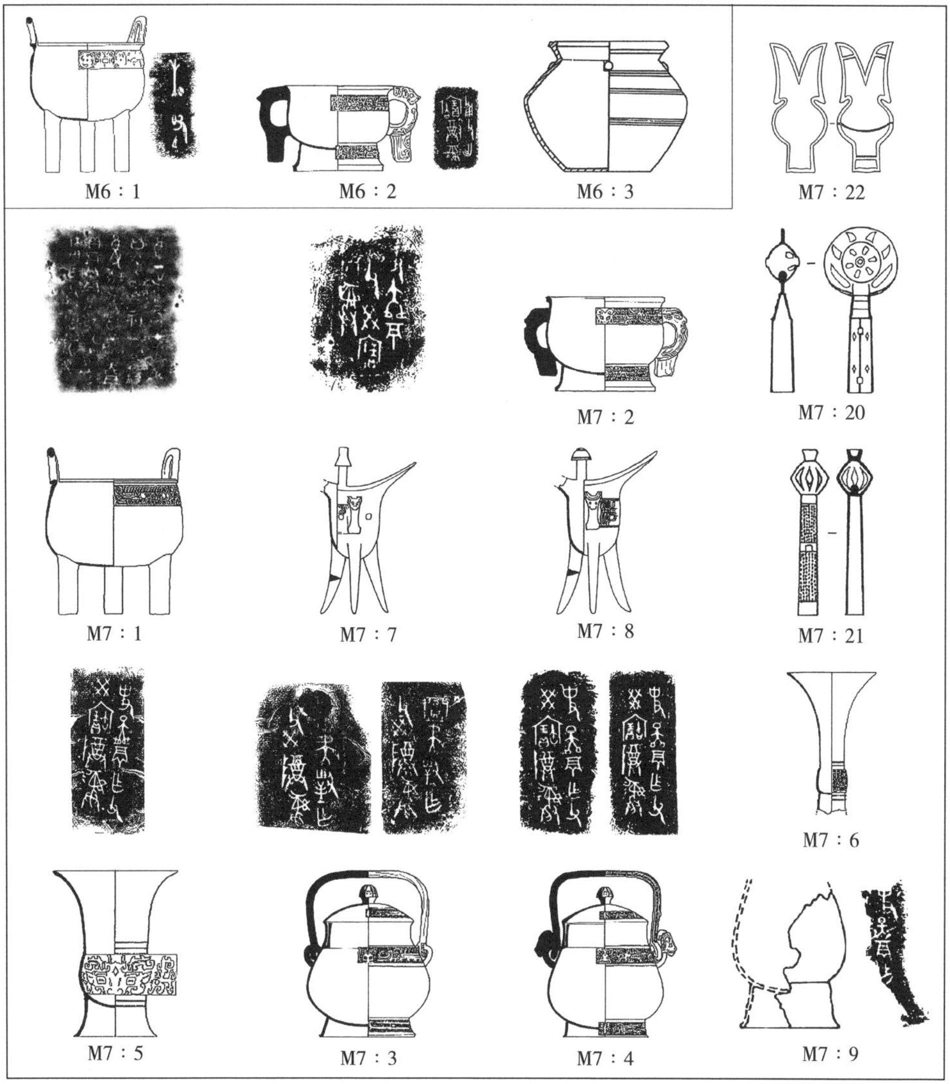

图 3.142　滕州庄里西 M6、M7 随葬器物

105°，墓主人仰身直肢，墓底有腰坑、殉狗，随葬鬲、簋、罐（图 3.146），鬲为高侈口素面高弧裆，簋为“文化融合阶段”特征，罐未发表线图或照片。此处墓地自西周早期延续至西周晚期早段，墓向多为东西向，有腰坑、殉狗，随葬陶器具有同形现象，所出陶簋、豆等器类属于殷墟文化的直接延续，据此判断应属一处殷遗墓地。

图 3. 143　滕州庄里西 78STM3 随葬铜器

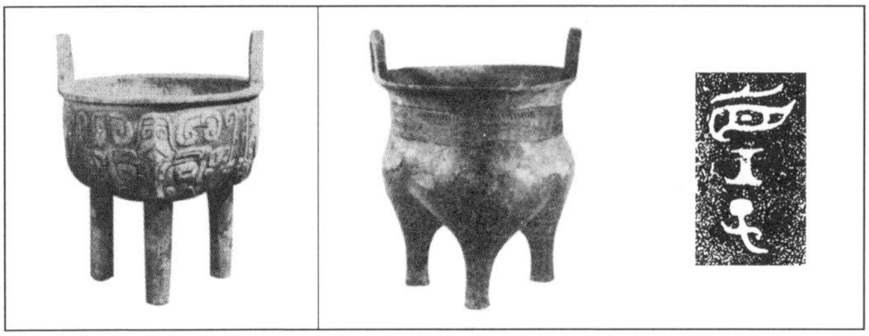

图 3. 144　滕州种寨出土铜器

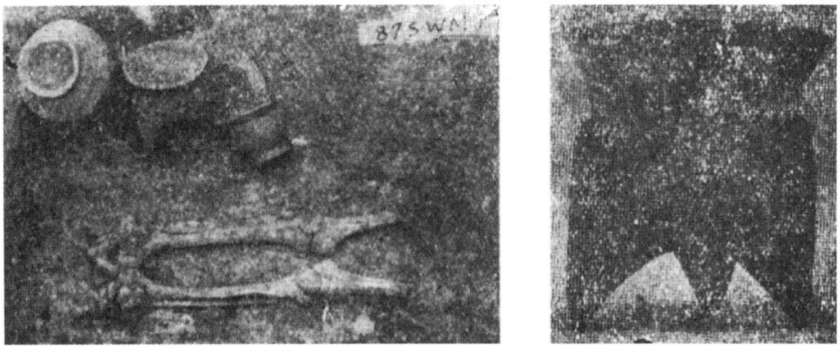

图 3. 145　沭阳万北发现墓葬及随葬器物

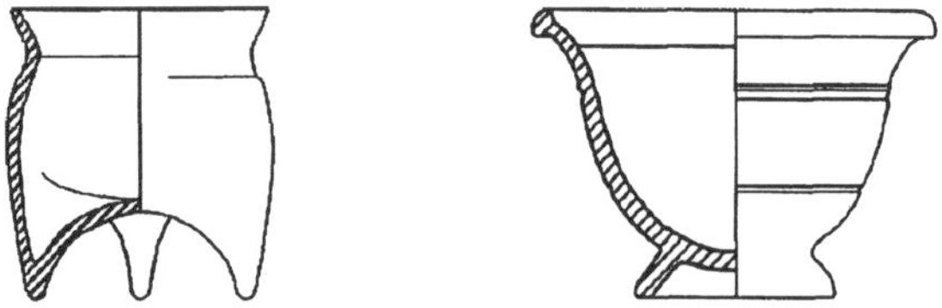

图 3. 146　邳州梁王城 M25 随葬陶器

江苏铜山丘湾①发现的“商代文化层”可分为上、下两层，发掘者还指出“商代文化层”之上还有“西周文化层”，但未发表“西周文化层”中的遗物。丘湾下层所出折沿鼓腹方唇陶簋的年代应已进入西周，上层所出陶簋也可进入西周（图3. 147），其中腹部饰单向斜三角划纹（不填绳纹）的陶簋年代最晚可至西周中期偏早②。

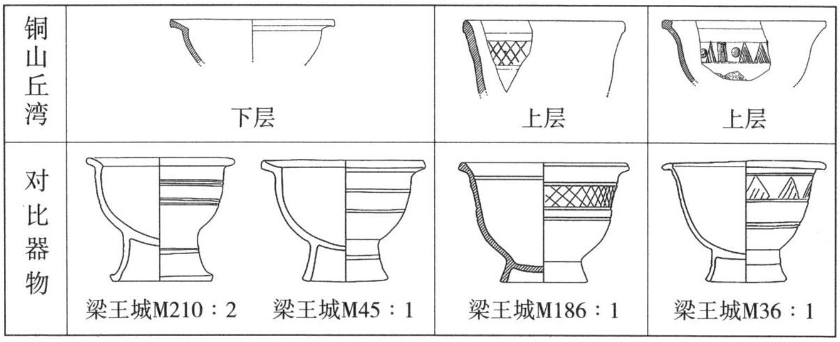

图3. 147　铜山丘湾出土陶器及对比器物

鲁西南及邻域在二里冈文化晚期即已纳入了商文化版图，由于其距离殷墟较近，因而在整个殷墟时期均为商王朝的重要统治区域。但与郑州地区的情况类似，鲁西南地区的殷墟文化陶器群面貌也呈现出了明显的地方特征，特别是以宽方唇陶鬲为特色，延续了二里冈文化晚期以来的遗风。在殷墟文化第四期，此地成为征伐人方的前沿阵地，前掌大的兴起应与之相关。至西周早期，前掌大呈现出相对衰落态势，也应与周公东征的影响有关。鉴于此地对于殷人的重要性，姬姓滕国的分封便显得尤为必要。由于鲁西南及邻域属于商人故地，此地仍然保留有浓厚的殷墟文化遗风。姬姓滕国的建立并没有对本地文化产生重大影响，而是呈现出文化上的孤岛态势，并在一定程度上受到了“殷遗文化”的影响。

文献记载鲁西南地区也是周初鲁国的始封地，但就目前掌握的材料，尚无法确认西周早期属于鲁国的文化遗存，曲阜鲁国故城的年代上限甚至不超过西周中期③。

---

① 南京博物院：《江苏铜山丘湾古遗址的发掘》，《考古》1973年第2期。

② 李宏飞：《试论邳州梁王城遗址发现的西周墓葬——兼论铜山丘湾社祀遗迹的年代》，《中原文物》2020年第1期。

③ 许宏：《曲阜鲁国故城之再研究先秦城市考古学研究》，北京燕山出版社，2000年。

三　鲁东南地区

鲁东南地区以往的考古工作十分有限，因而长期以来面貌不甚清晰。

兰陵县（原苍山县）东高尧[①]曾出有一批铜器，可能出自墓葬。包括铜爵2、觚2、尊1、簋1、甗1、觯1，还出有铜铃1、戈2及釉陶罐1（图3.148）。这批铜器中的铜觚、爵具有偶数同形现象，铜器铭文为较为一致的族徽，铜器特征为殷墟文化第四期特征，但所出铜簋的小珥加长，铜甗有箅，整体上具备殷墟文化特征，大体与殷墟刘家庄北M1046的年代相当，属于“文化融合阶段”。

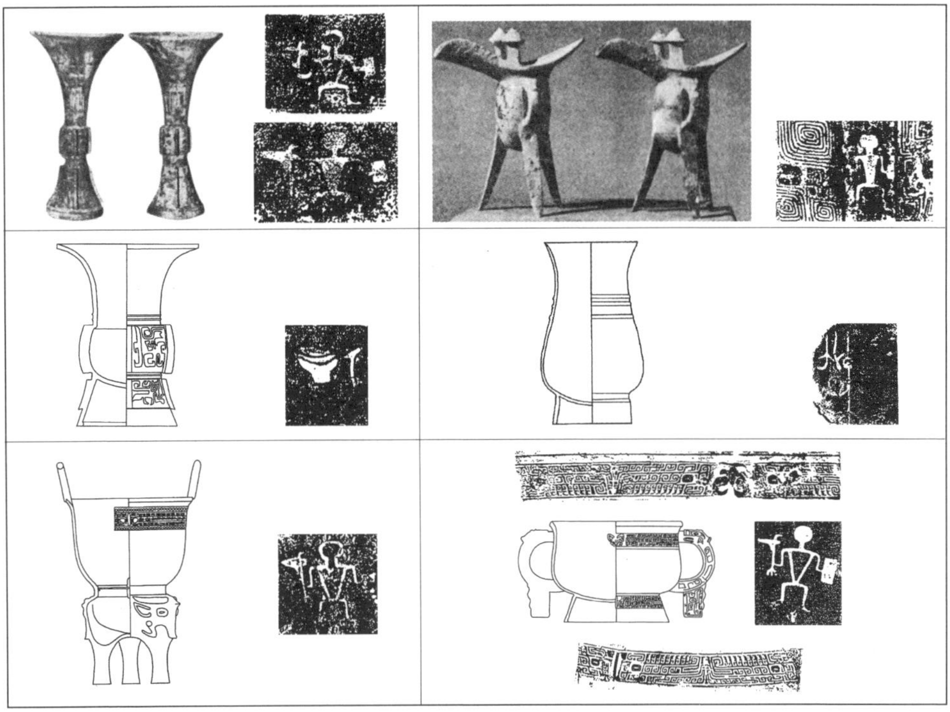

图3.148　兰陵东高尧出土铜器

1981年，北京市文物工作队拣选出一批传出费县的青铜器27件[②]，计方鼎2、

① 临沂文物收集组：《山东苍山县出土青铜器》，《考古》1965年第7期。

② 程长新、曲得龙、姜东方：《北京拣选一组二十八件商代带铭铜器》，《文物》1982年第9期。

分裆鼎2、甗1（有箅）、簋1、豆1、尊1、爵2、觚2、角2、觯1、斝1、卣3（扁体2、方体1）、罍1、盉1、盘1及残碎的盆形鼎1（图3.149）。这批铜器的族徽相同，构成一套完整的随葬铜器组合，整体属于殷墟文化第四期特征，但略早于兰陵东高尧铜器群。

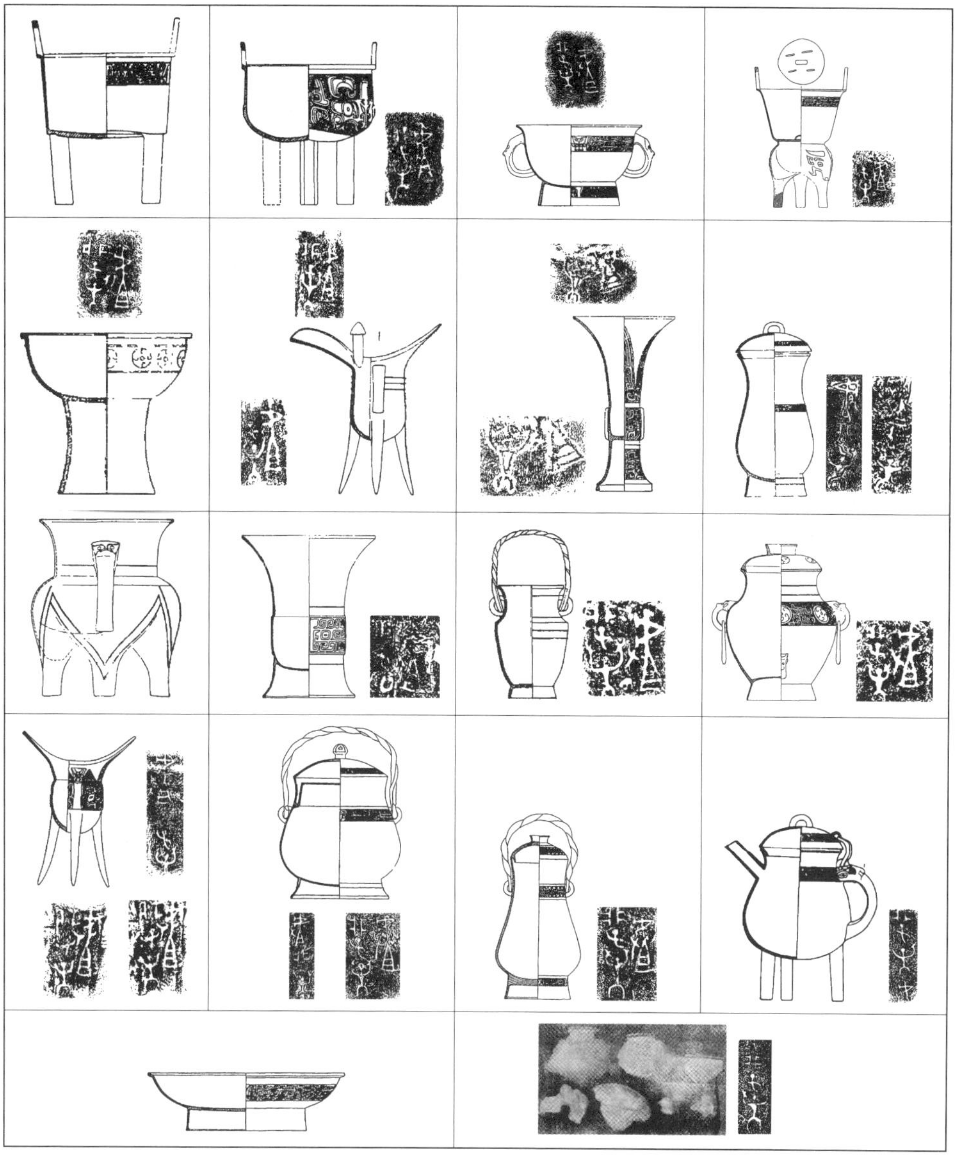

图3.149　北京拣选费县铜器

刘延常等近年来的调研工作提供了重要的考古材料①（图 3.150）。在殷墟文化第一期（第Ⅷ组）时，殷墟文化即已到达这一地区，尽管在殷墟文化晚期本地区呈现出一定的衰落迹象，仍然属于殷墟文化的重要分布区。临沂县革委会大院出有殷墟文化晚期特征分裆鼎，兰陵县密家岭所出铜器为殷墟文化第四期早段特征，兰陵县平邑洼子地所出铜觯和带“史”铭文的铜爵为殷墟文化第四期特征，兰陵县晒米城所出铜器群为殷墟文化第四期特征，兰陵县刘家堡所出陶盆为西周早期特征。

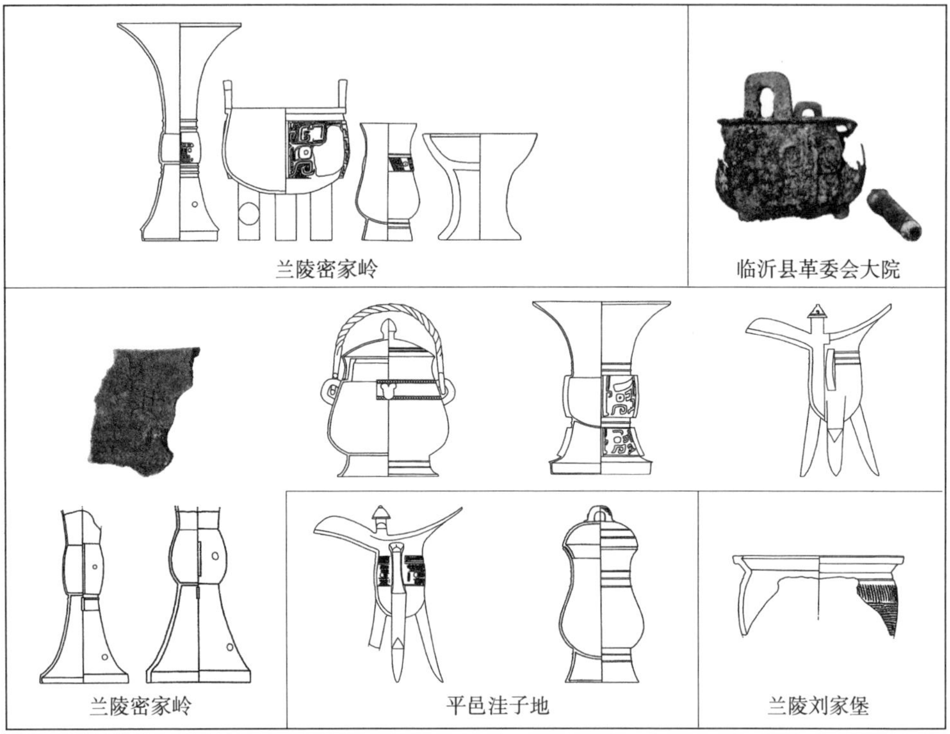

图 3.150　鲁东南调查所获器物

尽管鲁东南地区材料较少，仍然可以看出此地在殷墟文化晚期属于商文化的重要分布区，发现较多的铜器群。由于此地相对偏远，周人势力并未深入，因而在“文化融合阶段”仍然保留浓厚的殷墟文化特征。

① 刘延常、赵国靖、刘桂峰：《鲁东南地区商代文化遗存调查与研究》，《海岱考古》第十一辑，科学出版社，2014 年。

第四章　王朝更替的分区考察之二：周人故地

周人故地主要包括关中盆地及泾河中上游地区（图 4.1）。在先周文化时期，这一区域属于郑家坡文化、刘家文化、碾子坡文化等考古学文化的分布区，这些考古学文化都是探索“先周文化”的重要对象。刘绪曾指出：“周人本土关中地区，在被各家认定的所有先周文化中，无一例外都没有见到商式袋足鬲和厚唇簋。恰恰也是在西周早期，这两种器物却突出出现了，即使首都丰镐也不例外。尤其是厚唇簋，成为西周早期较常见的器物之一。”[①] 可见，在大体相当于殷墟文化第三期至第四期早段时，关中地区诸考古学文化与殷墟文化之间缺乏陶器群层面的交流。刘军社[②]、张天恩[③]、雷兴山[④]等对“先周文化”已有成熟的研究成果。本研究将年代属于沣西 H18[⑤] 的遗存单独划分为“文化融合阶段”（大体相当于殷墟文化第四期晚段），将年代早于沣西 H18 的遗存归为“先周晚期”[⑥]（大体相当于殷墟文化第三期至第四期早段），将年代晚于沣西 H18 的遗存归为“西周早期”，即典型面貌的“宗周文化”。

邹衡曾将先周文化分为瓦鬲墓第一期和瓦鬲墓第二期，其中瓦鬲墓第二期“无论小型陶器墓，或是中小型铜器墓，都出现了腰坑，有的坑内殉狗。……陶器组合中出新出现了盂簋。……陶器的特点是：分裆鬲和联裆鬲开始共存于一墓之中。

---

① 刘绪：《西周早期考古学文化与周初分封》，《文化的馈赠——汉学研究国际会议论文集·考古学卷》，北京大学出版社，2000 年。

② 刘军社：《先周文化研究》，三秦出版社，2003 年。

③ 张天恩：《关中商代文化研究》，文物出版社，2004 年。

④ 雷兴山：《先周文化探索》，科学出版社，2010 年。

⑤ 中国社会科学院考古研究所丰镐工作队：《1997 年沣西发掘报告》，《考古学报》2000 年第 2 期。

⑥ 本研究认为周原礼村 LH8 的相对年代早于沣西 H18，尚属“先周晚期”。

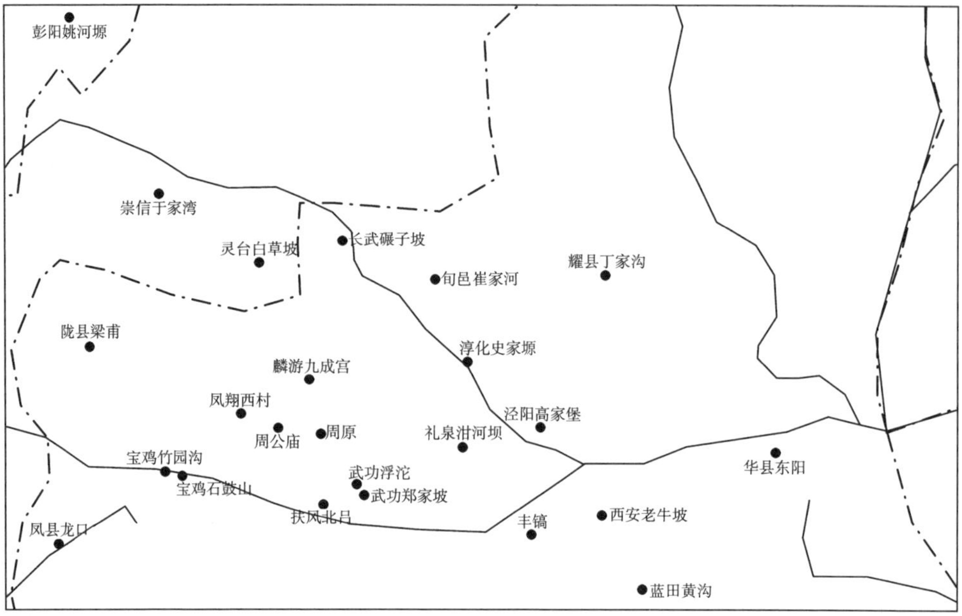

图 4.1　周人故地重要遗址分布

……新出现了双耳有珥簋和方座簋”①。如今看来，邹衡划分的瓦鬲墓第二期基本与沣西 H18 年代大体相当。通过梳理材料可知，以沣西 H18 为典型单位的“文化融合阶段”陶器群中实际上包含有少量殷墟文化因素，如何正视这些因素对于正确认识周人故地由“先周晚期”到西周早期的过渡具有关键性意义，因而以沣西 H18 为代表的“文化融合阶段”将是探讨周人故地王朝更替与文化变迁的最重要对象。

第一节　关中东部

一　老牛坡商代遗存及袁家崖墓葬

商文化早在二里冈下层时期即已到达关中东部，老牛坡②、北村③的商文化自二

① 邹衡：《论先周文化》，《夏商周考古学论文集》，文物出版社，1980 年。

② 刘士莪：《老牛坡》，陕西人民出版社，2001 年。

③ 北京大学考古系商周组、陕西省考古研究所：《陕西耀县北村遗址 1984 年发掘报告》，《考古学研究》（二），1994 年。

里冈文化时期延续至殷墟文化第二期前后。“老牛坡商代第四期文化”墓葬所出铜器属于殷墟文化第二期特征①，老牛坡五期略晚于老牛坡第四期，所出遗物无法与殷墟遗址进行直接对比。

老牛坡遗址最西北边缘的袁家崖发现一座“殷墟四期”墓葬②，但雷兴山③指出，袁家崖墓葬的商文化因素并非老牛坡遗址本地的商文化发展而来，该墓所出联裆鬲属于西周早期特征（图4.2），并以此提出“凡包含典型殷墟文化最晚期型式的厚唇商式陶簋或大袋足无实足根商式陶鬲的遗存，其年代已进入西周时期”，本研究将此墓的年代归入“文化融合阶段”。

图4.2　西安老牛坡遗址袁家崖墓葬出土遗物

二　丰镐

丰京遗址位于沣河西岸，以往发现的“先周”遗存主要分布在马王村一带。

在“先周文化”的研究中，沣西马王村H18④是最重要的典型单位之一。沣西H18中出有口沿外侧未抹和被抹去绳纹的联裆鬲、高领袋足鬲、三角划纹簋、菱格

① 宋新潮：《试论老牛坡商文化分期及特征》，《文博》1992年第2期。

② 巩启明：《西安袁家崖发现商代晚期墓葬》，《文物资料丛刊》第5辑，文物出版社，1981年。

③ 雷兴山：《先周文化探索》，科学出版社，2010年。

④ 中国社会科学院考古研究所丰镐工作队：《1997年沣西发掘报告》，《考古学报》2000年第2期。

纹簋、折肩绳纹罐等（图 4. 3）。沣西 H18 所出部分口沿外侧绳纹未抹的联裆鬲所饰绳纹已转变为条理清晰的条状绳纹，如 H18：49、H18：51 等。

值得注意的是，沣西 H18 所出陶簋 H18：73 腹部所饰三角划纹为殷墟文化典型特征，但窄折沿近平的特征在殷墟遗址的陶器分期序列中已相当于进入“文化融合阶段”（即殷墟文化第四期晚段），三角划纹簋 H18：73 的口沿特征与同坑所出腹部饰菱格纹的陶簋 H18：45 完全相同，表明两者具有相同的时代特征。菱格纹属于郑家坡文化陶盆、罐类最典型的纹饰，腹部饰菱格纹的陶簋可能受到殷墟文化的影响而产生。

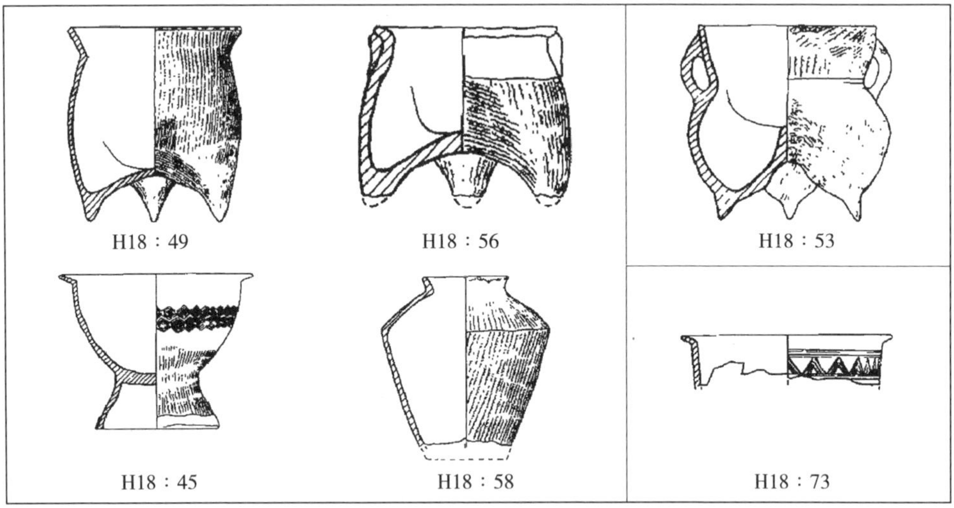

图 4. 3　沣西 H18 出土陶器

本研究认为，以沣西 H18 为代表的典型单位，可归入“文化融合阶段”。此类单位应尽可能地具有以下特征：

第一，口沿外侧绳纹未抹和被抹的联裆鬲共存。

此类情况亦见于马王村 H11、郑家坡 G1、壹家堡 T31 第③层、北吕 T8H13、周原齐家村北 F1、H49、礼村 LH8、孔头沟（赵家台）Y1，这些典型单位较为普遍地分布于关中地区，表明在“文化融合阶段”存在这样一个口沿外侧绳纹未抹和被抹的联裆鬲共存的阶段。

第二，高领袋足鬲与联裆鬲共存。

高领袋足鬲与联裆鬲（口沿外侧绳纹通常未抹）的共存关系（暂时不论数量上

的孰多孰少）以往通常被认为是“先周”最晚阶段遗存的典型特征。此类情况亦见于郑家坡 G1、凤雏 H27、贺家Ⅱ C2H7、齐家村北 F1、H49、礼村 LH8、石鼓山 H36，这些典型单位主要分布于关中西部地区，这是由于郑家坡文化对于周原及以西地区的影响大于高领袋足鬲类文化对漆水河下游及以东地区的影响所导致。

第三，存在菱格纹类陶器。

菱格纹属于郑家坡文化陶盆、罐类最典型的纹饰特征，少量陶簋也饰有菱格纹，与之同出的通常是口沿外侧绳纹未抹的联裆鬲或高领袋足鬲。存在菱格纹类陶器的有郑家坡 G1、贺家Ⅱ C2H7、齐家村北 F1、礼村 LH8，这些单位较为普遍地分布于在关中地区，尽管相比联裆鬲的影响相对较小，但更加具有郑家坡文化因素的标志性特征。

第四，出现少量殷墟文化因素。

殷墟文化因素包括三角划纹簋、网纹簋、瓦楞纹罐以及圆肩罐（特别是黑光亮的圆肩罐）等。殷墟文化因素见于郑家坡 G1、岸底 H18、壹家堡 T31③、北吕 T6H4、齐家村北 F1、H14 及 H49，这些典型单位主要分布于关中东部、漆水河流域及周原遗址以东区域，较少见于周原遗址以西区域及宝鸡地区。

表 4.1　与沣西 H18 面貌相似的典型单位

	沣西 H18	马王村 H11	郑家坡 G1	齐家村北 F1	礼村 LH8
一	√	√	√	√	√
二	√	√	√	√	√
三	√	√	√	√	√
四	√	√	√	√	

表 4.1 可见，沣西 H18、马王村 H11、郑家坡 G1 等典型单位均能够满足上述条件，表明这些单位应与沣西 H18 的年代相当，但礼村 LH8 却缺乏殷墟文化因素。缺乏殷墟文化因素存在着两种可能：

其一，地域原因。殷墟文化因素更多地出现在关中东部和关中西部的偏东区域，仅凭殷墟文化因素的有无并不能判断礼村 LH8 与沣西 H18 之间的早晚关系。但根据礼村 LH8 和齐家村北 F1、H14 和 H49 的邻近关系看，未必是地缘因素导致。

其二，时间原因。礼村 LH8 的年代早于沣西 H18，尚属于先周晚期，故未出现陶器群层面的殷墟文化因素。

田野考古的实践经验表明，典型单位中文化因素的有无往往具有人为选择性或随机性，仅凭殷墟文化因素的有无来判断两者之间的关系显然存在一定的危险。但已有的研究经验也表明，在所出遗物特征基本相同的情况下，器类的有无在一定程度上也有可能决定了单位之间的早晚关系。考古学研究很大程度上进行的是聚类分析，在关中地区，不乏面貌接近礼村 LH8 这类缺乏殷墟文化因素的单位①，更不缺乏沣西 H18 这样的存在少量殷墟文化因素的单位，礼村 LH8 及沣西 H18 这样的典型单位的断代意义已经超越了其本身的具体内涵，而上升至两类遗迹单位的典型代表。本研究将以沣西 H18 为代表的一类遗存归入“文化融合阶段”，以礼村 LH8 为代表的一类遗存年代上限可至“先周晚期”。

马王村 H11② 是另一处与沣西 H18 面貌相近的典型单位，是“一座房屋遗迹”。马王村 H11 所出横绳纹联裆鬲颈部绳纹已被抹光，腹部有田（周）字陶文，与之共出的有口沿外侧绳纹未抹的联裆鬲、腹部饰菱格纹或小方格乳钉纹的簋或盆、花边口沿的联裆甗，还出有袋足分裆甗的口沿，最重要的是出有殷墟文化因素的三角划纹簋和瓦楞绳纹罐（图 4. 4）。马王村 H11 打破一座陶窑，表明还存在年代更早的文化遗存。

张家坡 T1H3③ 发现高领袋足鬲、口沿外侧绳纹未抹的联裆鬲与绳纹簋（疑似商式）共出（图 4. 5），与沣西 H18 和马王村 H11 的面貌相似，但由于标本较少且残碎，提供的信息相对有限。

在沣西地区和漆水河下游的“文化融合阶段”遗存中均可见到绳纹簋、三角划纹簋及瓦楞绳纹罐（图 4. 6），表明殷墟文化因素在本阶段已较为普遍地渗入了本地文化之中。

---

① 尽管如此，仍然不能排除部分缺乏殷墟文化因素的单位年代下限晚与沣西 H18 共时，这便需要考虑到遗迹单位的族群属性等文化背景。

② 中国科学院考古研究所沣西发掘队：《陕西长安鄠县调查与试掘简报》，《考古》1962 年第 6 期。

③ 中国社会科学院考古研究所丰镐工作队：《1984 – 85 年沣西西周遗址、墓葬发掘报告》，《考古》1987 年第 1 期。

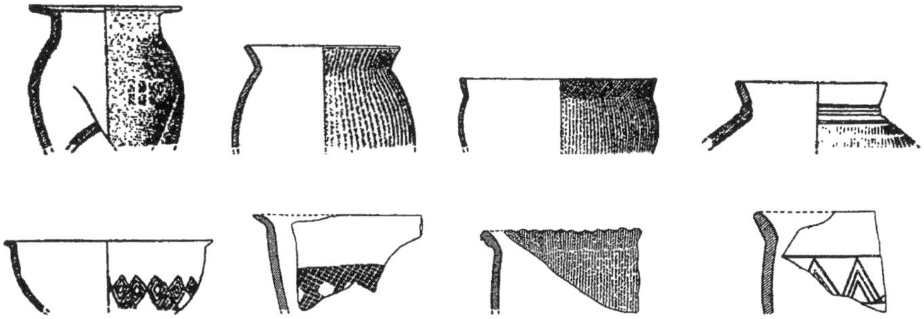

图4.4　沣西马王村 H11 出土陶器

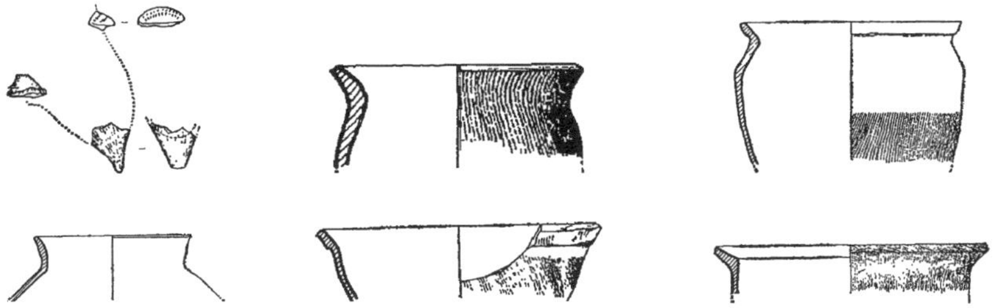

图4.5　沣西张家坡 T1H3 出土陶器

特别需要指出的是，沣西马王村土壕曾采集到 1 件殷墟文化第四期早段特征的侈口厚唇簋①，表明沣西地区最早的殷墟文化因素已接近殷墟文化第四期早段。由于沣西 H18、马王村 H11 都集中分布在沣西马王村附近，且年代大体相当于“殷墟四期”②，推测马王村土壕采集的这件侈口厚唇簋也有可能出自年代相同的遗迹单位中。

安阳地区侈口厚唇簋的演变规律是，殷墟文化第四期早段时为高圈足，颈部有两道旋纹，“文化融合阶段”时为矮圈足，颈部仅饰一道旋纹，西周早期早段恢复高圈足，宽折沿外侈，圈足外撇。沣西地区的侈口厚唇簋与安阳地区的演变轨迹不同，“文化融合阶段”陶簋直接延续了殷墟文化第四期早段特征，并没有经历安阳地区的矮圈足阶段，至西周早期与安阳地区所出侈口厚唇簋的口沿、圈足特征基本相同（图4.7）。

沣西的西周早期陶器群中仍然常见侈口厚唇簋。在殷墟文化晚期，绳纹簋主要

① 承蒙中国社会科学院考古研究所丰镐工作队付仲杨先生惠允使用，此致谢忱！

② 中国社会科学院考古研究所丰镐工作队：《1997 年沣西发掘报告》，《考古学报》2000 年第 2 期。

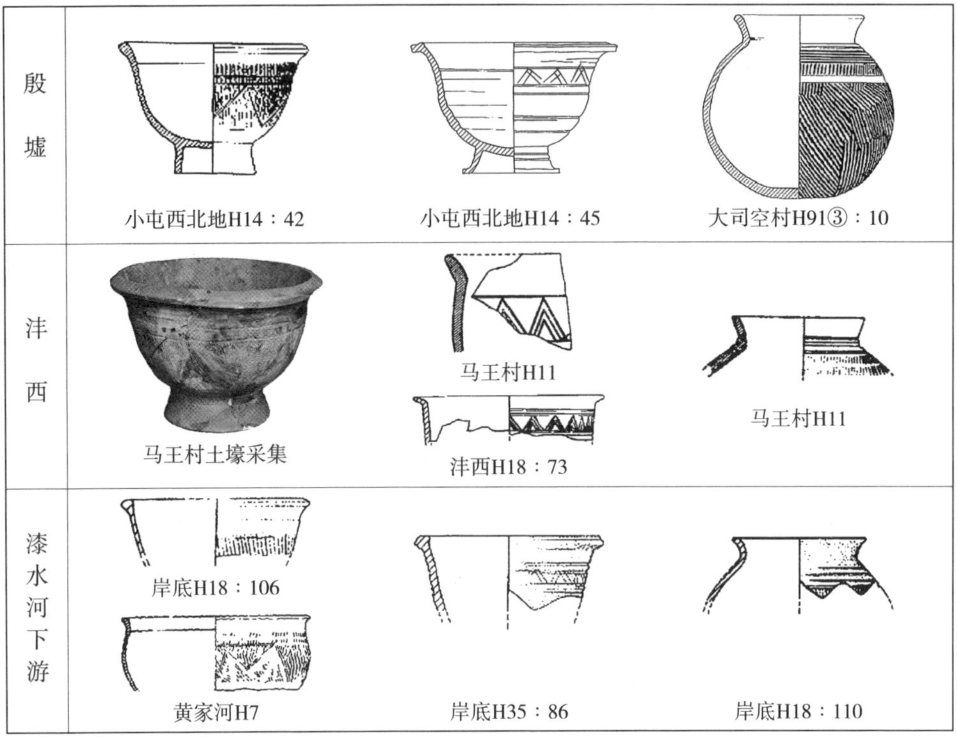

图4.6　关中地区“文化融合阶段”典型单位出土殷墟文化因素陶器及对比器物

见于居址中，三角划纹簋主要见于墓葬中。在关中地区“文化融合阶段”居址中三角划纹簋和绳纹簋皆可见到，且前者更为常见。至西周早期，三角划纹簋已在关中地区消失，居址和墓葬中均常见绳纹簋，商人故地的安阳地区亦然。“文化融合阶段”的关中地区和安阳地区均常见瓦楞绳纹罐，但至西周早期极为罕见。

《沣西发掘报告》曾将沣西的西周墓葬分为五期[1]，在张家坡67SCCM89[2]发现之后，将其置于张家坡M178之前，归为“先周期”。学术界关于沣西地区的先周墓葬看法不甚相同，共提出23座墓葬有可能属于先周墓葬，但仅有3座达成共识[3]，即张长寿提出的67SCCM89、83沣毛M1及83SCKM1[4]（图4.8）。但雷兴山也指出，

① 中国科学院考古研究所：《沣西发掘报告》，文物出版社，1962年。

② 中国社会科学院考古研究所沣西发掘队：《1967年长安张家坡西周墓葬的发掘》，《考古学报》1980年第4期。

③ 雷兴山：《先周文化探索》，科学出版社，2010年。

④ 张长寿：《沣西的先周文化遗存》，《考古与文物》2000年第2期。

殷墟文化第四期早段	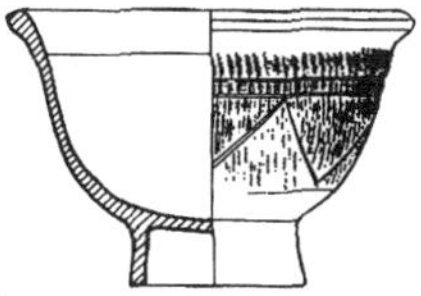 殷墟小屯西北地H14：42	
文化融合阶段	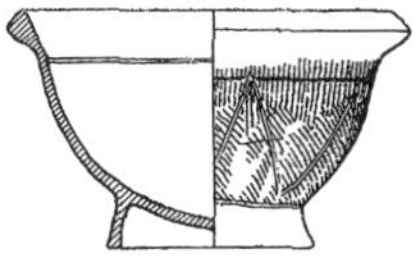 殷墟后冈圆形祭祀坑HGH10：26	 沣西马王村土壕采集
西周早期	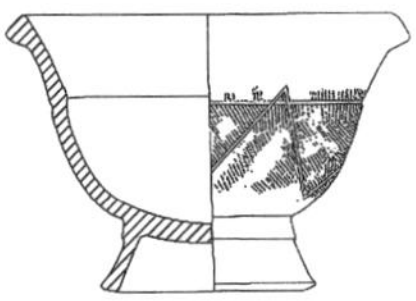 殷墟孝民屯M788：3	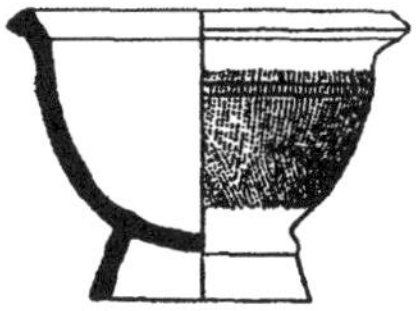 沣西张家坡M178：2

图 4.7　殷墟及沣西侈口厚唇簋演变

这三座随葬高领袋足鬲的墓葬“年代都有进入西周纪年的可能”①。

67SCCM89② 为西向墓，有腰坑、殉人。随葬的高领袋足鬲口沿外侧抹光，似受到了联裆鬲的影响，鋬也位于口沿外侧中部的特征也较为特殊。随葬的圆肩罐器体已变矮，肩部饰旋纹，已接近西周早期特征。

83 沣毛 M1③ 为西向墓，有腰坑。随葬铜鼎为殷墟文化典型特征，有族徽，有可能属于商器。随葬铜簋属于西土系甲类风格的乳钉夔纹形簋，主要流行于“文化融合阶段”。随葬高领袋足鬲的口沿外侧绳纹斜施，锥足饰旋转绳纹，属于高领袋足鬲的最晚特征。随葬圆肩罐的肩部饰有郑家坡文化的小菱格纹。可以看到，随葬铜器的鼎簋组合属于周系文化特征，但其中包含商周两类风格的铜器，随葬陶器的鬲罐组合也属于周系文化特征，但高领袋足鬲属于周系特征，

① 雷兴山：《先周文化探索》，科学出版社，2010 年。

② 中国社会科学院考古研究所沣西发掘队：《1967 年长安张家坡西周墓葬的发掘》，《考古学报》1980 年第 4 期。

③ 中国社会科学院考古研究所丰镐发掘队：《长安沣西早周墓葬发掘记略》，《考古》1984 年第 9 期。

圆肩罐属于商系特征，圆肩罐肩部纹饰又属于周系特征，从随葬器物层面可见商周文化的有机融合。

上述两座墓葬均为随葬高领袋足鬲的墓葬，其中67SCCM89随葬高领袋足鬲和圆肩绳纹罐的特征已接近西周早期特征，年代略晚于83沣毛M1。从陶鬲特征上看，83沣毛M1可能与83SCKM1①的年代相当。

与83沣毛M1和83SCKM1年代大体相当或稍早的还有67SCCM54。67SCCM54为东向墓②，有腰坑，有殉人。随葬铜鼎为殷墟文化典型特征，铜簋为关中地区“文化融合阶段”最常见的乳钉夔纹盆形簋。随葬联裆鬲口沿外侧上部抹光，下侧仍有绳纹，特征介于口沿外侧绳纹未抹和被抹的中间形态。随葬圆肩罐为瘦高体，肩部未饰旋纹，也与殷墟遗址“文化融合阶段”的圆肩罐特征相似（图4.9）。随葬铜器的鼎簋组合和随葬陶器的鬲罐组合均属周文化特征，但随葬器物中可见周系文化因素和商系文化因素，甚至可见两者有机融合者。

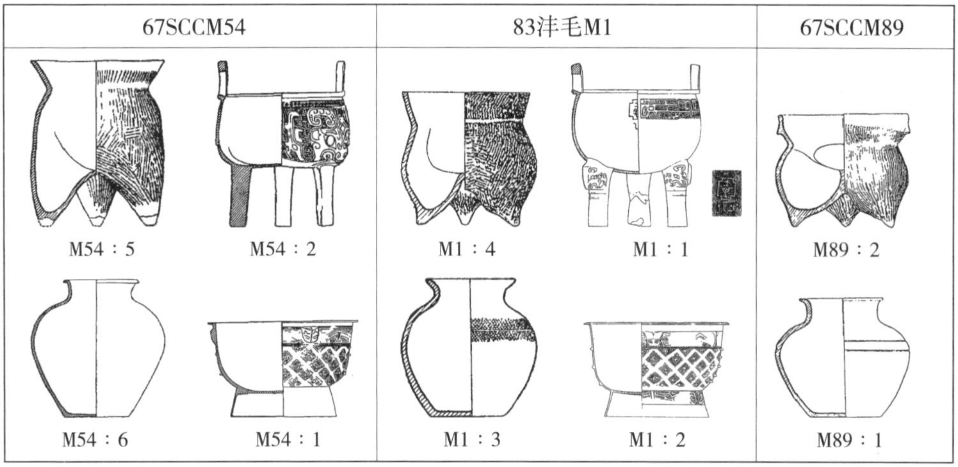

图4.8　沣西发现的“文化融合阶段”墓葬

发掘者认为沣西H18的年代与67SCCM54、83沣毛M1、83SCKM1等墓葬的年代

① 中国社会科学院考古研究所丰镐发掘队：《长安沣西早周墓葬发掘记略》，《考古》1984年第9期。

② 中国社会科学院考古研究所沣西发掘队：《1967年长安张家坡西周墓葬的发掘》，《考古学报》1980年第4期。

相当①。本研究认为可归入“文化融合阶段”的墓葬典型单位应尽可能地具有以下特征：

第一，西土系风格铜器与殷墟文化第四期特征的商器共存。

关中地区在殷墟文化时期一直不缺乏殷墟文化特征的铜器。这些铜器有可能来自商王武乙以来的文化交流，如《太平御览》卷八三皇王部“《纪年》曰：……三十四年，周王季历来朝，武乙赐地三十里，玉十瑴，马八疋”，《后汉书·西羌传》注“《竹书纪年》曰：太丁四年，周人伐无余之戎，克之。周王季命为殷牧师”；有可能是西奔的殷人携带而来，如《史记·周本纪》“太师疵、少师彊抱其乐器而饹周”；也有可能是殷人的贡献，如《史记·宋微子世家》“周武王伐纣克殷，微子乃持其祭器造于军门，肉袒面缚，左牵羊，右把茅，膝行而前以告”；还有可能是抢夺分器而来，如《史记·周本纪》“封诸侯，班赐宗彝，作分殷之器物”。后三种情况在考古学文化分期的维度下皆有可能归入“文化融合阶段”。在67SCCM54、83沣毛M1、83SCKM1以及关中西部的红卫村墓葬、石鼓山M3等墓葬所出商器中绝大部分属于殷墟文化第四期特征，罕见殷墟文化第三期甚至更早特征的铜器。

第二，出现西土系乙类风格铜器。

由于西土系乙类风格铜器属于西土系甲类风格与殷墟文化风格相融合的产物，但凡出现西土系乙类风格铜器，墓葬的年代应已进入“文化融合阶段”。目前而言，此类铜器主要见于宝鸡市区东部的戴家湾和石鼓山墓地。

第三，存在高领袋足鬲、口沿外侧绳纹未抹的联裆鬲及菱格纹类陶器。

高领袋足鬲、口沿外侧绳纹未抹的联裆鬲及菱格纹类陶器均属于先周晚期的常见器型，在“文化融合阶段”也较常见到，但至西周早期基本不见。但凡出有这些器物的墓葬年代一般不会晚于“文化融合阶段”。

第四，出现圆肩旋纹罐。

圆肩罐出现于“文化融合阶段”，属于西周文化中被广域接受的文化因素，在“殷遗文化”和“宗周文化”中均十分常见。

---

① 中国社会科学院考古研究所丰镐工作队：《1997年沣西发掘报告》，《考古学报》2000年第2期。

表4.2　与83沣毛M1面貌相似的墓葬

	67SCCM54	83沣毛M1	红卫村墓葬	石鼓山M3	石鼓山M4
一	√	√	√	√	√
二				√	√
三	√	√	残碎不明	√	√
四	√	√	残碎不明		√

表4.2可见，67SCCM54和83沣毛M1可以作为“文化融合阶段”铜器墓的典型单位，石鼓山M3多出了西土系乙类风格铜器，也属于“文化融合阶段”铜器墓的典型单位。67SCCM54和83沣毛M1缺乏西土系乙类风格铜器可能与其墓葬等级较低等因素有关。石鼓山M4所出商器较少，随葬西土系乙类风格铜器已出现向西周早期风格过渡的特征，年代应略晚于石鼓山M3，而更接近西周早期。

综上所述，可将与沣西H18及67SCCM54等面貌相似的典型单位从以往认为的“先周晚期”分离至“文化融合阶段”，在相对年代上晚于周原礼村LH8。先周晚期与“文化融合阶段”的居址与墓葬所出器物差异显著。先周晚期的居址中缺乏殷墟文化因素，先周晚期的墓葬中可见殷墟文化第三期及更早阶段特征的商器及本地生产的“商周混合式铜器”①，尚见不到族徽、日名混杂的殷墟文化第四期特征铜器。“文化融合阶段”的居址中出现少量殷墟文化因素，墓葬中出现西土系乙类风格铜器以及族徽、日名混杂的殷墟文化第四期特征铜器。

在陶器群层面，殷墟文化因素的渗入表明有可能发生了人群的流动，铜器群层面西土系乙类风格铜器的出现也表明殷人工匠有可能已被周人集团控制，族徽、日名混杂的殷墟文化第四期特征铜器的大量涌入暗示其在动荡年代的非正常来源。与关中地区相对应的是，殷墟遗址在此时也出现了少量周系文化因素，如联裆鬲、乳钉夔纹鼎、簋，还出现了西土系乙类风格铜器对应的陶范，殷墟文化第四期居址中的铜器可能有相当一部分被劫掠至了关中地区。

需要特别指出的是，西周初年殷人涌入关中地区存在两次浪潮，分别是在克商

① 邹衡：《论先周文化》，《夏商周考古学论文集》，文物出版社，1980年。

和东征之后，人群的数量以及安置方式的不同均在考古学文化面貌上呈现出显著差异。在克商之后，西周统治者并未大举将殷人迁出，也未在殷墟进驻相当数量的周人。根据中国历史上相关事件的情况（如靖康之变），通常采取的措施是劫掠器物、俘虏社会上层人士及工匠。这些器物以及俘虏均会在关中地区同时期及稍晚的墓葬中得以体现，但在居址层面的表现似乎相对较弱。在周公东征后，周人对以大邑商的殷人采取了全盘外迁的措施，因而此时的关中及洛阳地区才接纳了数量众多的"殷顽民"，众多的人口基数成为影响陶器群面貌（特别是居址陶器群面貌）的主要原因。

在《1997 年沣西发掘报告》的结语中，发掘者指出："第二、三期遗迹中开始出现大量具有商文化因素的器物，如分裆鬲、殷式簋、豆等，这些器物应是周人灭商后，大量吸收商文化因素的反映。周人灭商后，尤其是平定武庚之乱后，对商人采取分而治之的政策，曾迁徙商人到周人的根据地——关中京畿一带。第一期极少商文化因素，第二期以后商文化因素急增，应是周人灭商这一历史事件在考古学文化上的反映。"① 可见发掘者承认第一期含有"极少商文化因素"，也认同在周公东征后大规模的人群迁入才导致了文化面貌发生巨变。武王克商与周公迁"殷顽民"之间存在一定的时间差，以沣西 H18 和 67SCCM54、石鼓山 M3 为代表的一类遗存有可能就属于介于两者之间的文化遗存。原因有三：

其一，陶器群层面已有被选择过的殷墟文化特征陶器渗入丰镐地区及漆水河中下游。腹部饰绳纹的侈口厚唇簋、三角划纹簋及肩部饰瓦楞纹的绳纹罐等少量殷墟文化因素的进入表明已有少量殷人进入关中地区，当时的西周王朝尚未大举迁入"殷顽民"。

其二，铜器群层面不仅出现了西土系甲类风格铜器与商器的混搭，更出现了商、周混合的西土系乙类风格铜器，安阳生产西土风格的铜器供关中地区消费，表明周人已控制安阳的铸铜作坊，但并未立即将工匠迁出。

其三，自殷墟文化陶罍简化而来的圆肩罐出现于"文化融合阶段"，关中地区恰好也在此时出现圆肩罐（图 4.9），圆肩罐的广域分布是商、周文化融合的重要标志。

在沣西 H18 附近（图 4.10），发掘者认为划分的第二期大体相当于武王至成王

---

① 中国社会科学院考古研究所丰镐工作队：《1997 年沣西发掘报告》，《考古学报》2000 年第 2 期。

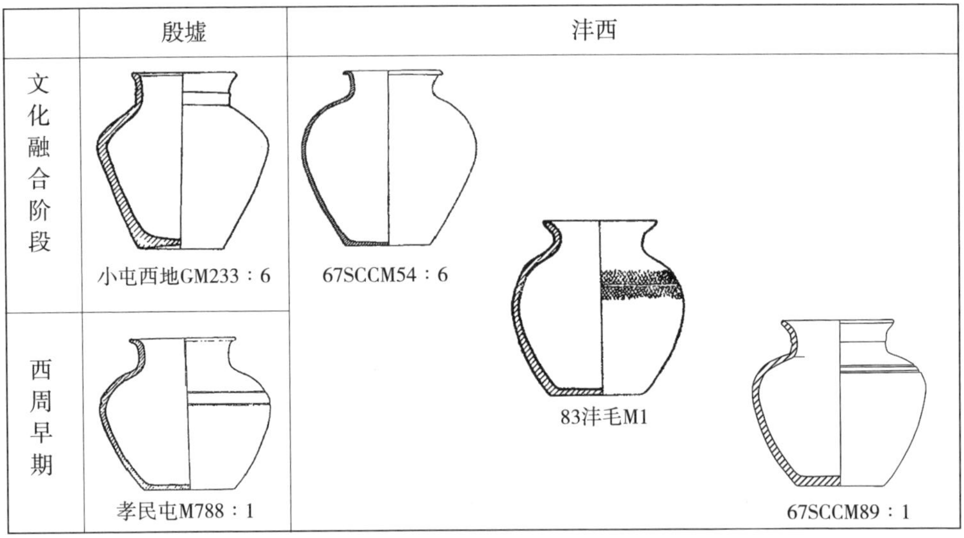

图 4.9　圆肩罐的演变

前期，典型单位有 H15、M4 和 M15，墓葬 M4 和 M15 均有腰坑，第三期大体相当于成王后期至康、昭时期，典型单位有 H11、H16、M7、M12、M15、M16，其中 M7 和 M15 有腰坑。在打破 H18 的 H16 及 H11 中新出现了侈口厚唇簋，属于典型的商式器物。在这些灰坑同期的墓葬中，也出土了来自殷墟文化的侈口厚唇簋、圈足尊以及源自殷墟文化的圆肩旋纹罐。M4、M7 的腰坑、西向、随葬陶器的同形现象是断墓主人为殷遗的重要标准，侈口厚唇簋和圈足尊也是昭示墓主人殷遗身份的标志性器物。圆肩旋纹罐尽管源自殷墟文化，却成为更广域范围内彰显年代特征的标志性器物，并没有受到“殷遗文化”和“宗周文化”之间的文化壁垒阻隔。

83 沣毛 M3 方向 266°，墓室东南角填土中殉狗 1，墓底长方形腰坑，内殉狗 1，墓主仰身直肢，随葬陶鬲、罐各 1（图 4.10）。鬲、罐组合属于周文化特征，但陶鬲为口沿外侧抹光的侈口分裆鬲，罐为殷墟文化大型罍演变而来的折肩罐，均具有殷墟文化来源。

西周早期遗存跨沣河两岸分布，张家坡是沣西历年来发掘最多的地点。张家坡居址曾被分为早、晚两期，墓葬则被分为五期①，早期居址的年代相当于西周早期，

① 中国科学院考古研究所：《沣西发掘报告》，文物出版社，1962 年。

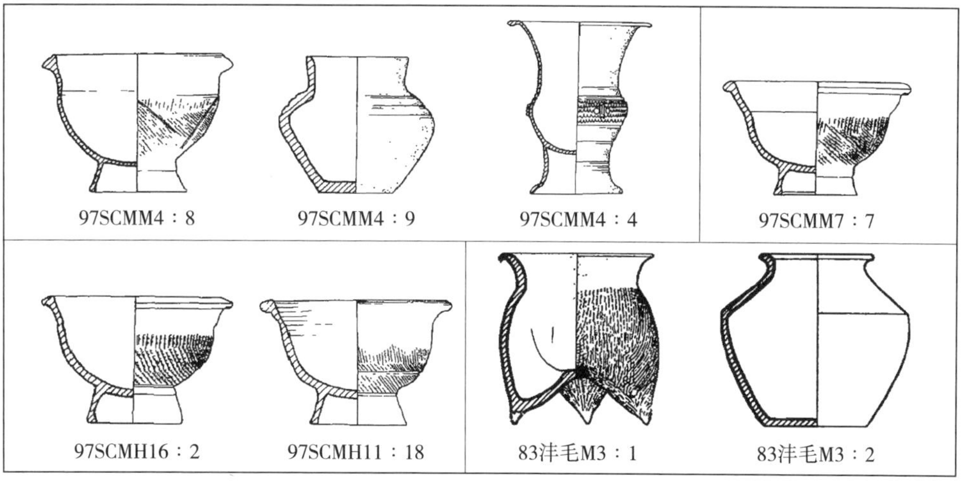

图4.10　沣西H18及83沣毛M1附近西周遗存出土器物

第一期墓葬为西周早期，第二期已相当于西周早中期之际。第一期的典型单位M178，南向，有腰坑、殉狗，出有铜鼎、簋各1，陶鬲、簋、罐各1，还出有铜昜、铜戈、玉饰等（图4.11）。发掘者将其年代判断为成康时期，本研究也认为其是丰镐遗址西周早期早段墓葬的典型单位。根据腰坑、殉狗、随葬陶簋等特征推测应属殷遗墓，但墓中的铜昜属于周系文化因素。

张家坡79SCCM2、3、4①为西周早期墓葬（图4.12）。79SCCM2东向，有腰坑，随葬铜觚、爵、觯、戈各1和陶鬲2、罐1。素面圆肩罐特征表明该墓属于"文化融合阶段"，随葬陶鬲似属于偶数同形现象，铜觚属于商系文化特征，铜戈的毁兵葬俗属于周系文化影响。79SCCM3南向，无腰坑，随葬陶鬲、簋、罐。随葬陶鬲未发表图像，陶罐的宽折沿外侈特征以及圆肩罐肩部饰绳纹特征均为西周早期特征。79SCCM4东向，有腰坑，随葬陶鬲、瓿各1、簋、豆各2。随葬陶鬲为侈口分裆鬲，宽折沿外侈陶簋和圆肩旋纹罐属于西周早期特征。根据东向和南向的墓向、随葬陶簋、有腰坑等特征推测墓主人应为殷遗。

张家坡60M101和60M201②均为西周早期殷遗墓葬（图4.13）。60M101西向，

---

① 中国社会科学院考古研究所沣西发掘队：《1979－1981年长安沣西、沣东发掘简报》，《考古》1986年第3期。

② 中国科学院考古研究所沣西发掘队：《1960年秋陕西长安张家坡发掘简报》，《考古》1962年第1期。

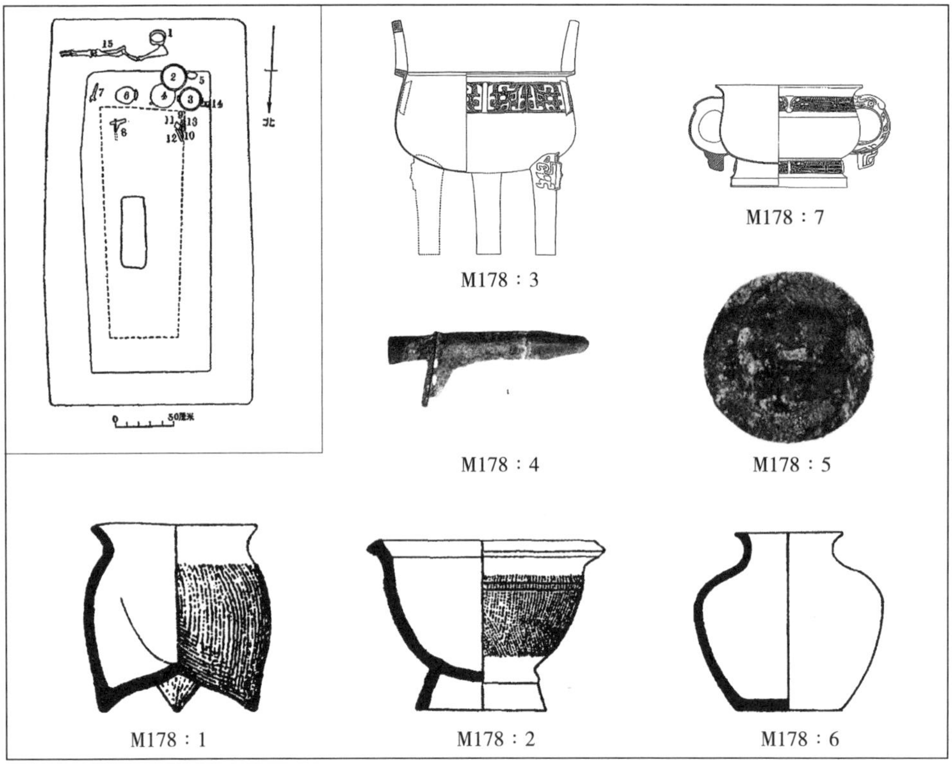

图4.11　沣西张家坡M178墓葬形制及随葬器物

墓底有椭圆形腰坑，有殉人，随葬铜鼎、簋各1，陶簋、壶各1，陶罐3和大量铜车马器，随葬铜器的鼎、簋组合和随葬陶器的鬲、罐组合属于周系文化特征，随葬折肩绳纹罐也属于周系文化特征，但陶簋、同形罐（罍）类及仿铜陶壶又属于商系文化特征。60M201口小底大，东向，墓底有腰坑，所出陶鬲已残碎，另出有陶簋、尊和铜爵1，均属于商系文化特征。

张家坡M106、M307、M308、M404等也属西周早期墓葬①（图4.14）。M106规模最大，随葬器物最为丰富，东向，墓底有腰坑，有殉人，随葬铜鼎、簋、尊、觚、爵、觯各1，除铜簋外其他铜器均有铭文，且内容不一致。M307南向，墓底有腰坑，随葬铜爵、觯各1，陶鬲2、簋、罐各1。M404南向，有腰坑，随葬铜爵、觯各1，陶鬲、簋、尊各1。M308西向，有腰坑，随葬铜鼎、陶罐各1。

① 赵永福：《1961—1962年沣西发掘简报》，《考古》1984年第9期。

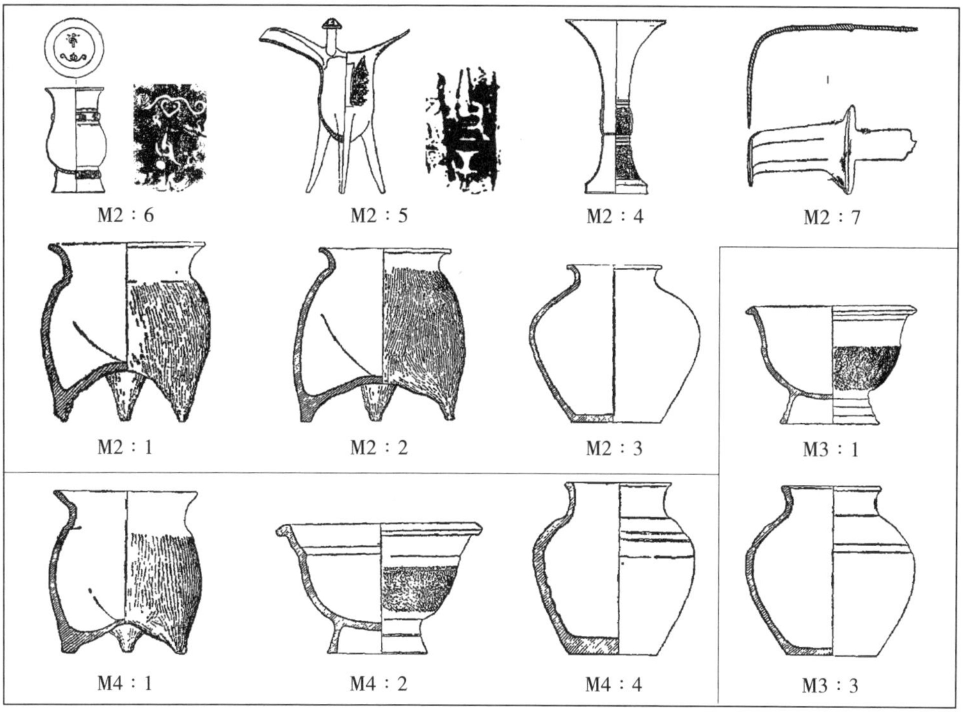

图4.12 沣西张家坡1979年发掘墓葬随葬器物

张家坡1967年发掘了124座墓葬①，发掘者在简报中发表了一批西周早期墓葬材料。

67M16东向，无腰坑，墓主人俯身直肢，随葬陶鬲2、簋、罐各1，铜爵、觯各1（图4.15）。随葬陶鬲分别为侈口分裆鬲和联裆鬲，表明商系文化因素与周系文化因素的融合。圆肩罐肩部无旋纹，推测年代为接近"文化融合阶段"的西周早期早段。

67M33属于"第二期"，西向，有腰坑，随葬陶鬲、豆、罐各2，簋1（图4.16）。随葬的绳纹簋属于商系文化的重要特征，随葬鬲、豆、罐均为偶数，陶豆更具有同形现象，属于商系文化特征，推测墓主应为殷遗。

67M71西向，67M73东向，墓主皆为俯身直肢，有腰坑，随葬陶器组合皆为鬲、

① 中国社会科学院考古研究所沣西发掘队：《1967年长安张家坡西周墓葬的发掘》，《考古学报》1980年第4期。

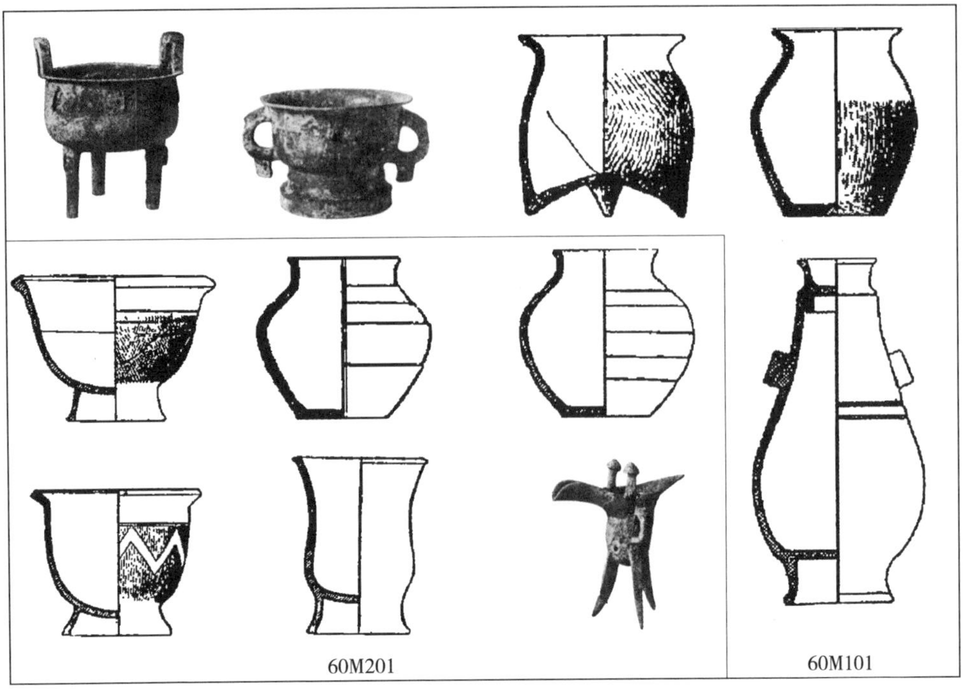

图 4.13 沣西张家坡 1960 年发掘墓葬随葬器物

簋、罐（瓿）（图 4.17），其中陶瓿来自殷墟文化。67M70、67M72 均为东向，皆为俯身直肢，无腰坑，随葬陶器组合为鬲、罐和鬲、簋（图 4.17）。67M73 和 67M72 随葬陶鬲为侈口分裆鬲，为殷遗新创造的器型。根据俯身葬，腰坑，葬陶簋、瓿及侈口分裆鬲等特征推测这四座墓葬均为殷遗墓。

67M82、67M80（图 4.18）分别为东向和西向，均有腰坑，后者为仰身直肢，有殉人。67M82 由于缺乏铜簋而选择仿铜陶礼器以代之，属于商系文化传统，但方座簋本身又属于周系文化因素。

67M85 为西向，有腰坑，随葬陶鬲和铜簋、觚、爵（图 4.19）。此墓随葬铜簋为殷墟文化典型特征的束颈鼓腹簋，罕见于关中地区，铜酒器组合为觚、爵，属于殷墟文化典型特征。简报发表的陶鬲照片可见口沿外侧绳纹似乎未抹，此墓的年代接近“文化融合阶段”。

67M2 东向，无腰坑，随葬陶鬲、簋、罐、尊和铜爵、觯（图 4.20）。作为仿铜陶礼器的陶簋属于商系文化特征，簋下的方座又属于周系文化特征，陶圈足尊为商系文化特征，联裆鬲和折肩罐为周系文化特征。随葬铜爵、觯组合属于西周早期的

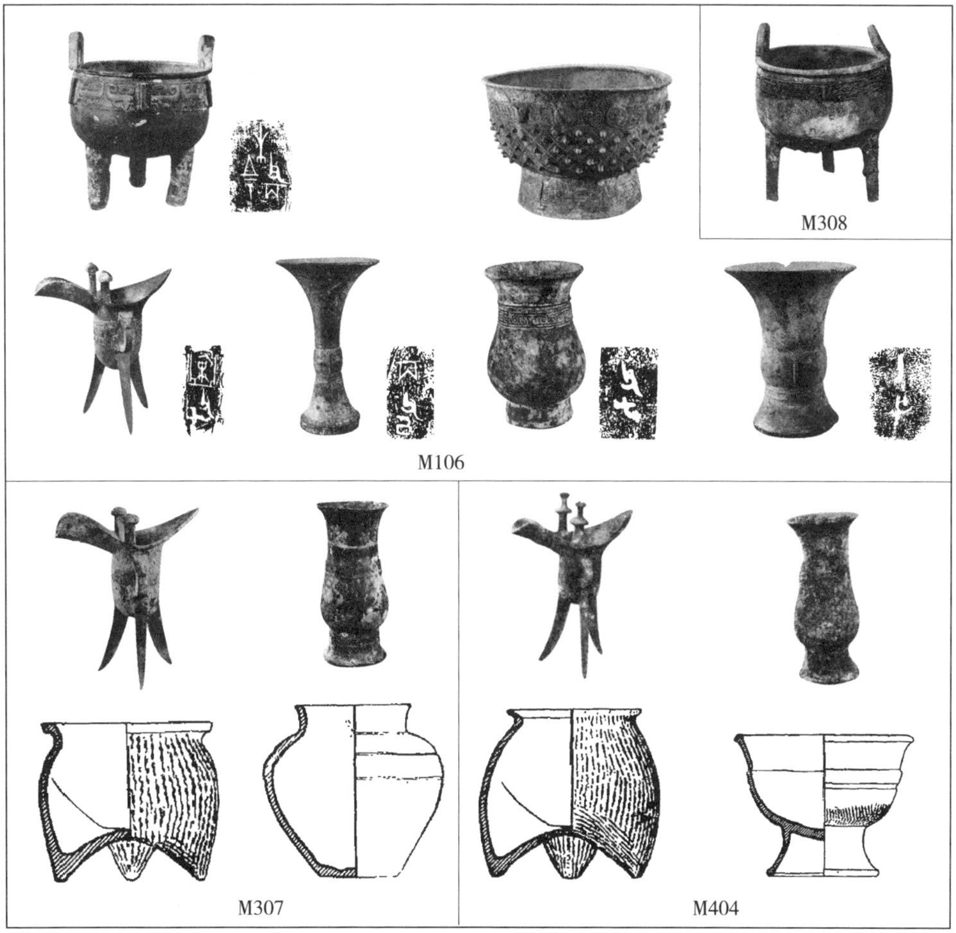

图 4.14　沣西张家坡发掘墓葬随葬器物

时代特征。

1984～1985 年，考古所丰镐队在张家坡、客省庄、马王村等六个地点清理西周墓葬 44 座①，27 座有腰坑，30 座东西向，尤以西周早期东向墓葬较多。

张家坡 M15 东向，墓底有长方形腰坑，随葬铜鼎、簋、尊、觚、爵等（图 4.21）。随葬陶鬲与湖北地区所出者具有一定的相似之处。随葬铜鼎所饰圆涡纹与四瓣目纹的组合是“文化融合阶段”流行特征，西土系甲类风格盆形簋也是关中地区

① 中国社会科学院考古研究所丰镐工作队：《1984－85 年沣西西周遗址、墓葬发掘报告》，《考古》1987 年第 1 期。

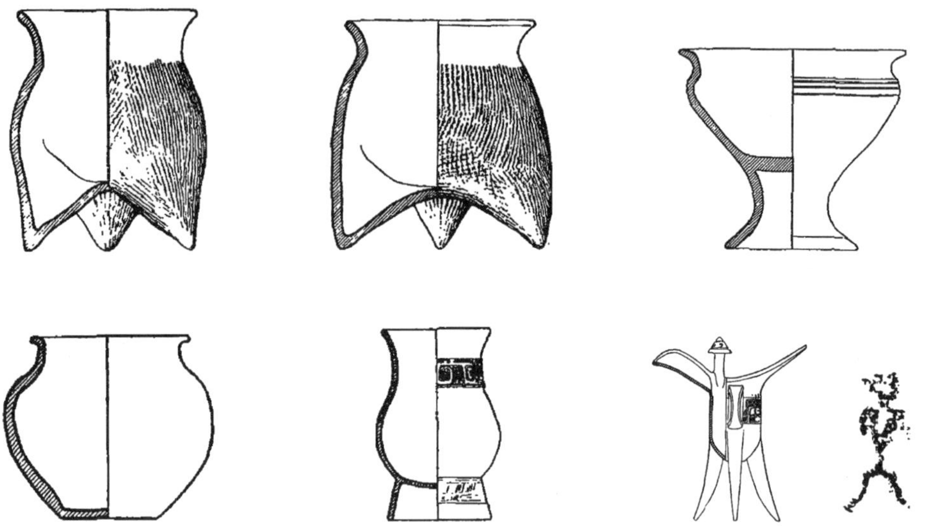

图 4.15　沣西张家坡 67M16 随葬器物

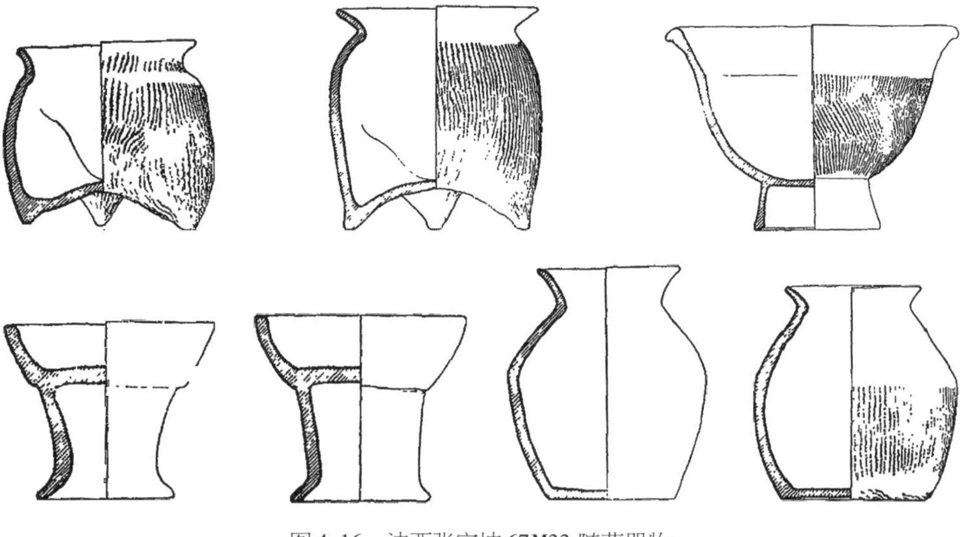

图 4.16　沣西张家坡 67M33 随葬器物

“文化融合阶段”典型铜器。随葬组合的铜觚、爵配显示出相对较早的年代特征，据此推测该墓的年代接近“文化融合阶段”。

发掘者将发掘的墓葬分为五期（图 4.22），其中一期属于西周早期，二期属于西周早、中期之际，随葬组合通常为陶鬲、簋、罐，存在同形现象。

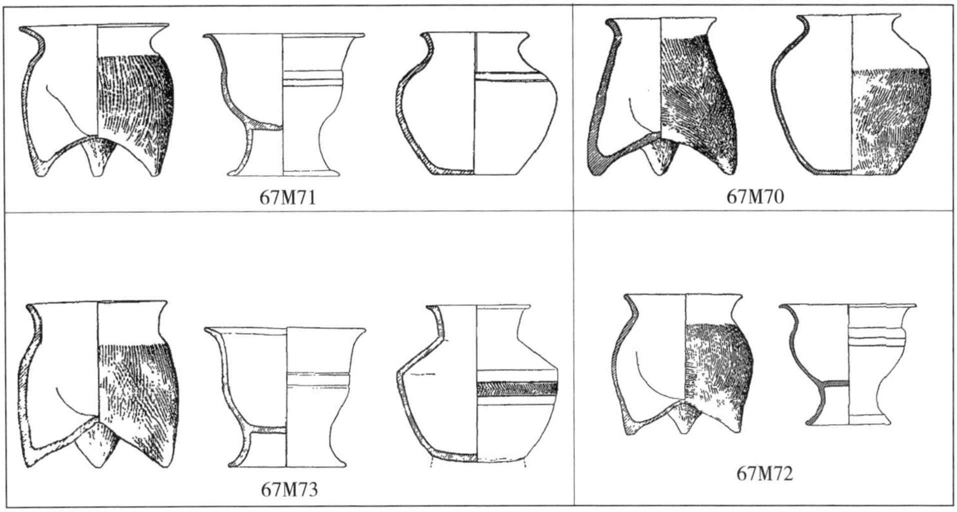

图 4.17　沣西张家坡 67M70、M71、M72、M73 随葬器物

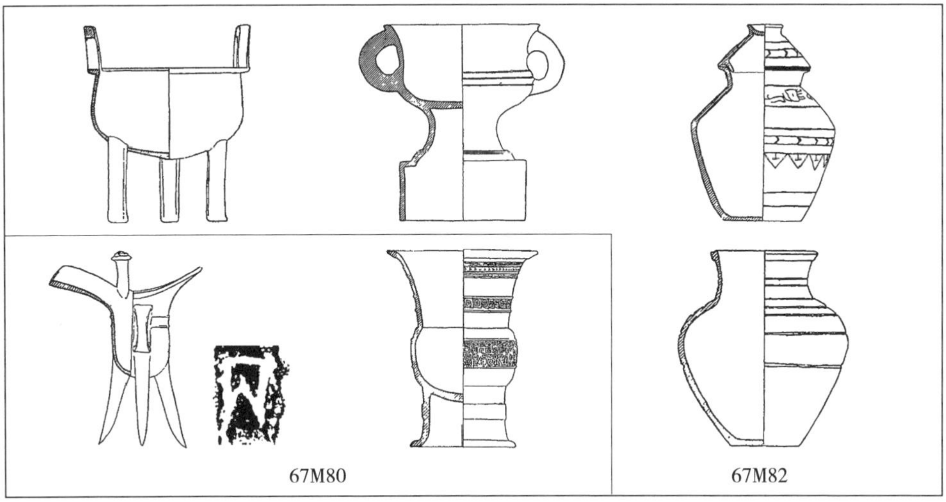

图 4.18　沣西张家坡 67M80、M82 随葬器物

1983 ~ 1986 年，考古所在张家坡清理 390 座墓葬、车马坑和马坑①，其中包括 4 座带墓道的井叔墓（M157 为中字形墓，M152、M168、M170 为甲字形墓），其余墓葬为竖穴土坑墓，墓口小于墓底的墓葬占 67.64%，墓口基本等于墓底的墓葬占 26.76%，仅有 30 座墓葬有腰坑，占总数的 8.82%，墓向以西北向最多，达 162 座，

① 中国社会科学院考古研究所：《张家坡西周墓地》，中国大百科全书出版社，1999 年。

图 4.19　沣西张家坡 67M85 随葬器物

图 4.20　沣西张家坡 67M2 随葬器物

正北的 85 座，东北的 59 座，其余西南者 12 座，东南者 9 座，正南者 8 座，正东正西者各 3 座，可知北向墓占据了绝对多数。仰身直肢 130 座，俯身直肢仅有 9 座。从这些特征来看，井叔墓附近的墓群以周人墓为主，情况与洛阳北窑西周墓地的情况类似，但也包含有少量殷人墓在其中。“第一期”最常见的随葬陶器组合为鬲、簋、罐，“第二期”为鬲、簋、豆、罐。此外还发现 21 座偏洞室墓，集中发现于发掘区的北区偏东部，属于刘家文化融入西周文化之后的孑遗。

张家坡 M315 位于发掘区南区的东南角（图 4.23），出有西周早期特征的横绳纹鬲，在同一小墓群的西部发现侧洞室墓 M309，表明此小墓群的人群来源可能较为复杂，有可能已经超越了血缘集团的范畴，而形成具有地缘因素的混合人群。

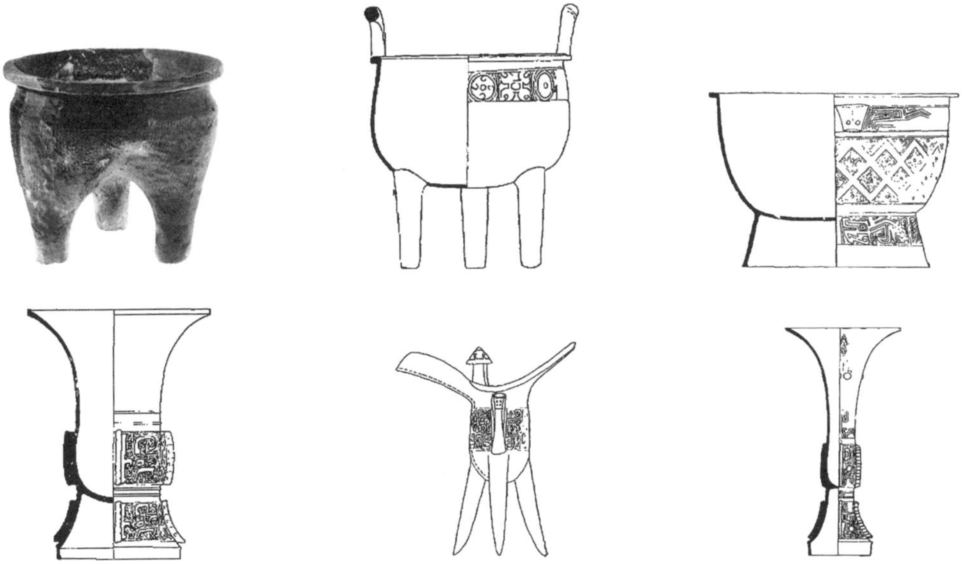

图 4. 21　沣西张家坡 M15 随葬器物

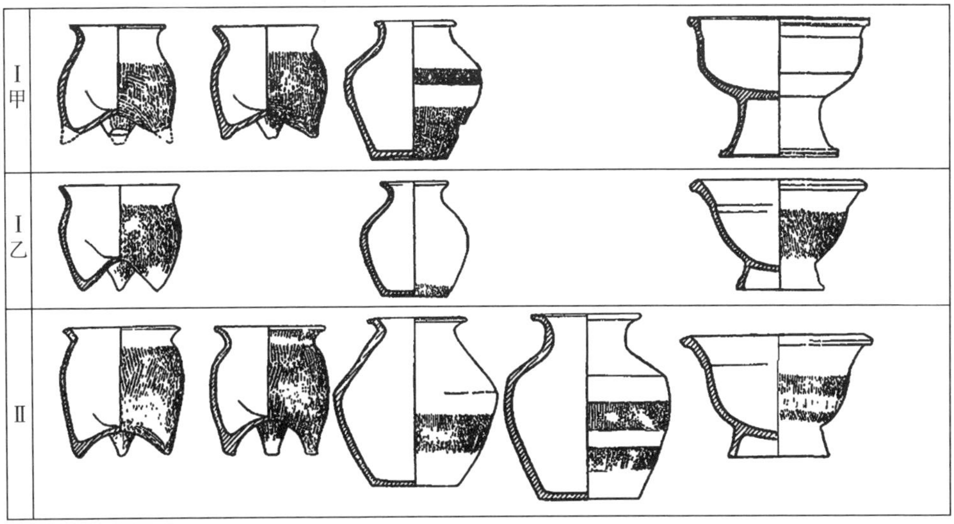

图 4. 22　沣西张家坡西周墓葬第一、二期随葬器物

需要重点讨论的还有 M21、M77（图 4. 24）和 M175（图 4. 25）。

M21 方向 77°，有腰坑，墓主仰身直肢，随葬鬲、簋、罐。随葬陶鬲为侈口分裆鬲，口沿外侧绳纹未抹，具有较早的时代特征，但共出有圆肩旋纹罐。M77 方向 73°，无腰坑，墓主仰身直肢，随葬鬲、簋、罐。随葬侈口分裆鬲的口沿外侧绳纹已

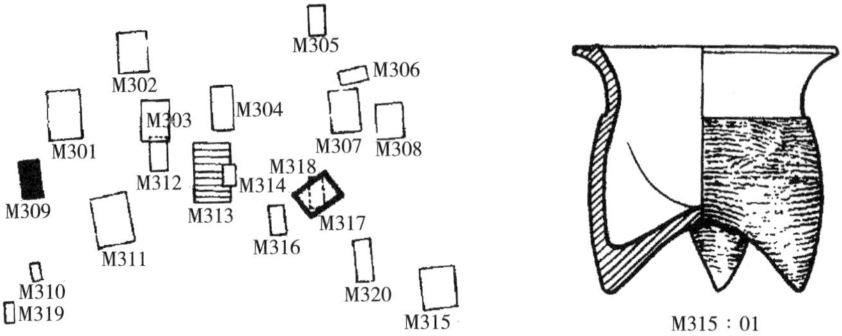

图4.23　沣西张家坡西周墓地南区东南部墓葬分布及M315随葬横绳纹鬲

抹光，但随葬的陶簋腹部仍然饰有郑家坡文化特征的菱格乳钉纹。根据M21所出侈口分裆鬲口沿外侧绳纹未抹及M77所出腹部饰菱格纹的特征推测两墓的年代接近“文化融合阶段”，可能属于殷遗墓葬。

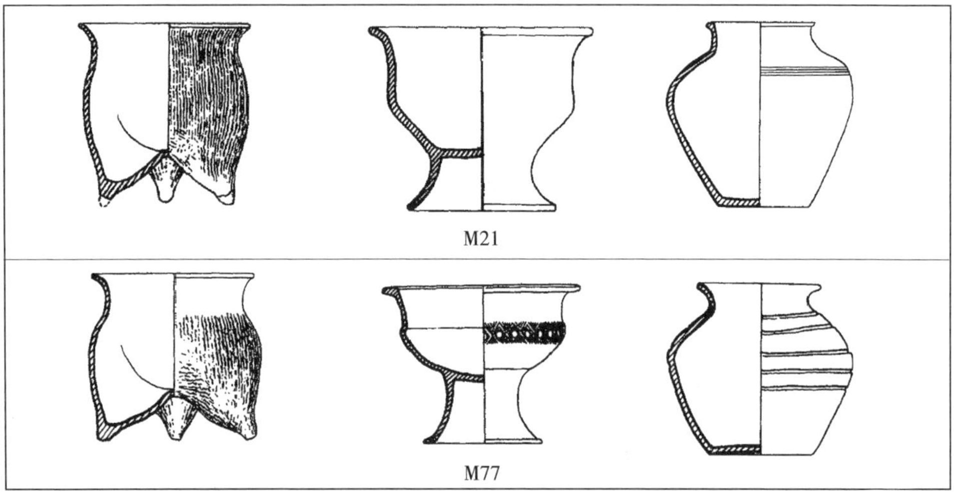

图4.24　沣西张家坡M21、M77随葬器物

M175方向354°，无腰坑，墓主仰身直肢，随葬鬲、簋、罐3。此墓的年代属于“第二期”，所出陶器特征已接近西周中期。M175所出陶鬲为常见于太行山东麓地区的束颈鬲，属于殷遗新创造的陶鬲形制，主要见于墓葬中，此型陶鬲在该墓地中仅发现1件，凸显其特殊性。随葬陶簋也属于商系文化代表性因素。尽管该墓缺乏腰坑等标志性葬俗，根据器物形制及组合特征推测墓主应为殷遗。

1987年，考古所沣西队在张家坡村东南的沣河毛纺厂清理墓葬20座，1991年又

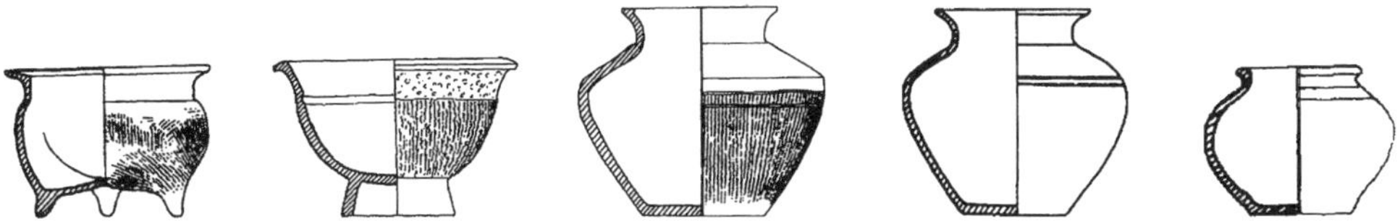

图 4. 25　沣西张家坡 M175 随葬陶器

在原发掘点之西清理 3 座墓葬①。M19、M22 为西周早期殷遗墓（图 4. 26）。M19 东向，墓底有圆角长方形腰坑，坑内殉狗，随葬铜鼎、爵及陶簋、罐、漆豆各 1 放置于椁内头端，头端二层台放置陶鬲 1。M22 方向正北，北壁二层台上方有壁龛，内置陶鬲、豆各 1 件，头端棺盖上放置陶簋、罐各 1 件，墓主仰身直肢，墓底有腰坑。

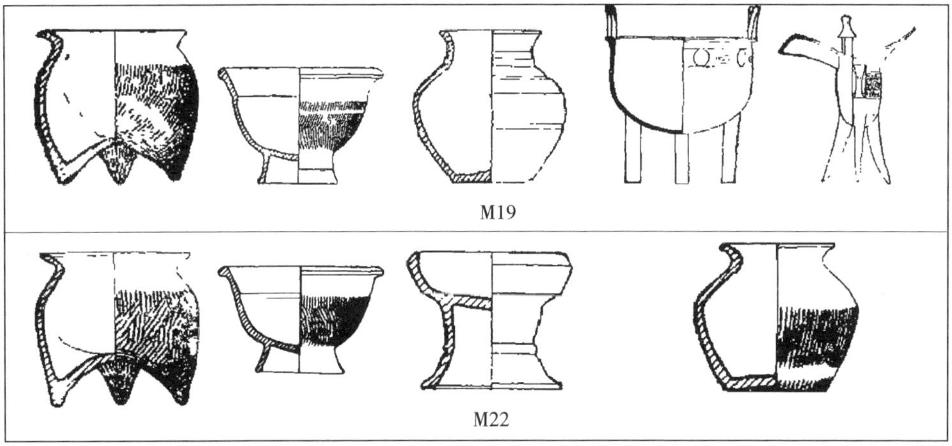

图 4. 26　沣西张家坡 M19、M22 随葬器物

客省庄四号基址②内出有口沿外侧绳纹未抹及抹光的联裆鬲、菱格纹簋、高领袋足鬲和商式绳纹簋等（图 4. 27），基址也下压有西周早期灰坑，基址的年代上限可早至西周早期。口沿外侧绳纹未抹的联裆鬲以及菱格纹簋的发现也表明基址附近有可能存在“文化融合阶段”遗存。

1976 ~ 1978 年，考古所沣西队在客省庄、张家坡等地清理西周墓葬 11 座③，其

---

① 中国社会科学院考古研究所沣西队：《1987、1991 年陕西长安张家坡的发掘》，《考古》1994 年第 10 期。

② 中国社会科学院考古研究所沣西发掘队：《陕西长安沣西客省庄西周夯土基址发掘报告》，《考古》1987 年第 8 期。

③ 中国社会科学院考古研究所沣西发掘队：《1976 – 1978 年长安沣西发掘简报》，《考古》1981 年第 1 期。

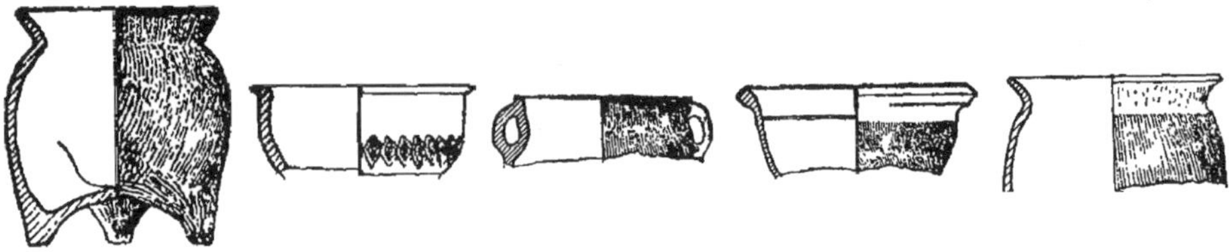

图 4. 27　沣西客省庄四号基址出土陶器

中以西周早期墓葬居多，通常墓口小于墓底，多数有腰坑。以客省庄 77M1 最为重要，西向，墓底有腰坑、殉狗，有殉人，随葬铜鼎 3、簋 2 及陶鬲 1（图 4. 28）。随葬铜鼎属于殷墟文化特征，铜簋属于周系文化的乳钉夔纹盆形簋。推测墓葬的年代有可能早至“文化融合阶段”，墓主人应为殷遗。

图 4. 28　沣西客省庄 77M1 随葬铜器

大原村 M315①，方向 5°，被盗扰，残存陶鬲、方座簋各 1（图 4. 29）。随葬陶鬲为横绳纹鬲，口沿外侧已抹光，与周原齐家北 02M29 所出者相似，属于横绳纹鬲中的较晚特征，此墓的年代应为西周早期。

马王村车站东的断崖发现一座东西向墓葬②，出土铜鼎、爵各 2，甗、簋、卣、觚、觯各 1（图 4. 30）。所出铜簋属于西土系甲类风格铜鼎，但其余铜器具有殷墟文化第四期特征，仍然保留有铜觚，可归入“文化融合阶段”。随葬偶数同形的铜爵以及商系文化标志器物的铜觚都表明此墓有可能属于殷遗墓葬。

1992 年，考古所丰镐队在马王村清理墓葬 22 座，在马王镇粮站东土壕清理墓葬

① 中国社会科学院考古研究所沣西发掘队：《1979－1981 年长安沣西、沣东发掘简报》，《考古》1986 年第 3 期。

② 梁星彭、冯孝堂：《陕西长安、扶风出土西周铜器》，《考古》1963 年第 8 期。

图 4. 29　沣西大原村 M315 随葬器物

图 4. 30　沣西马王村车站墓葬随葬铜器

4 座，在张家坡南土壕清理墓葬 9 座①（图 4. 31）。M25 西向，无腰坑，被盗，所出陶鬲饰通体绳纹，年代可早至“文化融合阶段”，另有残鬲 1，情况不明。M2 北向，无腰坑，所出陶豆与沣西 H18 所出陶簋有一定的相似之处。M8 西向，有腰坑，随葬簋、罐，陶簋宽折沿外侈，为西周早期特征。M37 北向，无腰坑，随葬柱足联裆鬲，相似的陶鬲形制亦见于 1984 ~ 1985 年间发掘的张家坡 M15，可能与湖北地区有关。M23 东向，有腰坑，随葬罐 2。这五座墓葬的年代主要集中于“文化融合阶段”至西周早期早段。

① 中国社会科学院考古研究所丰镐队：《1992 年沣西发掘简报》，《考古》1994 年第 11 期。

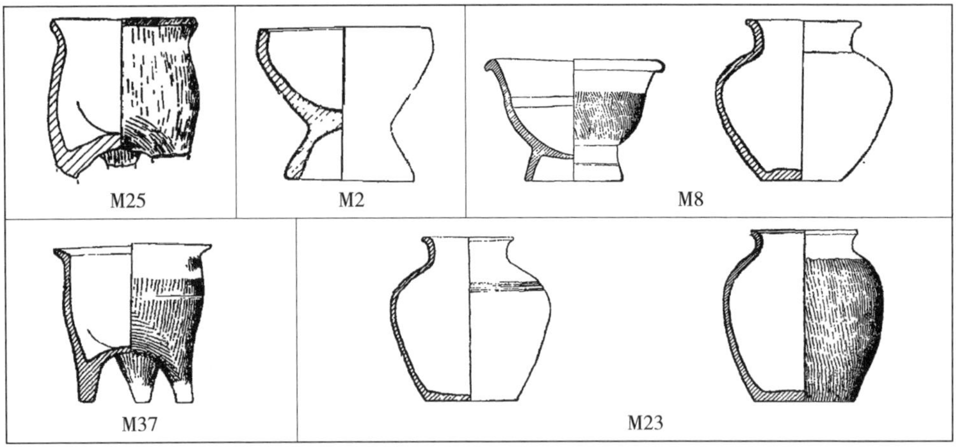

图 4. 31　沣西马王村墓葬随葬陶器

沣东[①]为镐京所在。镐京五号宫室建筑[②]的夯土层中出有异形高领袋足鬲和小口矮领瓮残片，还发现有疑似空心砖残片（图 4. 32）。

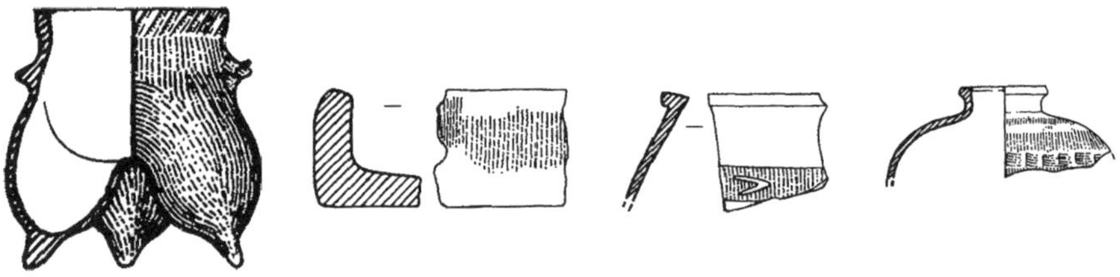

图 4. 32　镐京五号基址夯土内出土陶器

沣东河迪村[③]发现西周早期墓葬，西向，墓底有腰坑，随葬铜鼎、簋、尊、爵、觯和陶簋、罐（图 4. 33）。随葬铜器仍然保持殷墟文化典型特征，但已不见铜觚，而是铜爵、觯的组合，属于西周早期特征。根据腰坑葬俗推测墓主应属殷遗。

1984 年，沣西队在沣东普渡村南发掘墓葬 29 座、车马坑 2 座，村东发掘 3 座墓葬[④]，均为中小型竖穴土坑墓，17 座有腰坑，多数为东西向，随葬陶器组合以鬲、

---

① 中国科学院考古研究所丰镐考古队：《1961—62 年陕西长安沣东试掘简报》，《考古》1963 年第 8 期。

② 郑洪春、穆海亭：《镐京西周五号大型宫室建筑基址发掘简报》，《文博》1992 年第 4 期；陕西省考古研究所：《镐京西周宫室》，西北大学出版社，1995 年。

③ 郑洪春：《长安县河迪村西周墓清理简报》，《文物资料丛刊》第 5 集，文物出版社，1981 年。

④ 中国社会科学院考古研究所沣西发掘队：《1984 年长安普渡村西周墓葬发掘简报》，《考古》1988 年第 9 期。

簋、豆、罐最为常见，陶簋在随葬陶器中较为常见，鬲罐组合仅有2例。西周早期早段墓葬以M13为代表，北向，墓主人直肢，无腰坑，随葬组合为鬲、罐（图4.33），圆肩罐肩部无旋纹。西周早期晚段墓葬以M40为代表，西向，墓主仰身直肢，有腰坑，随葬陶器组合为鬲、簋、豆、罐（图4.33），为殷遗墓葬典型组合，随葬绳纹罐也具有殷墟文化来源。

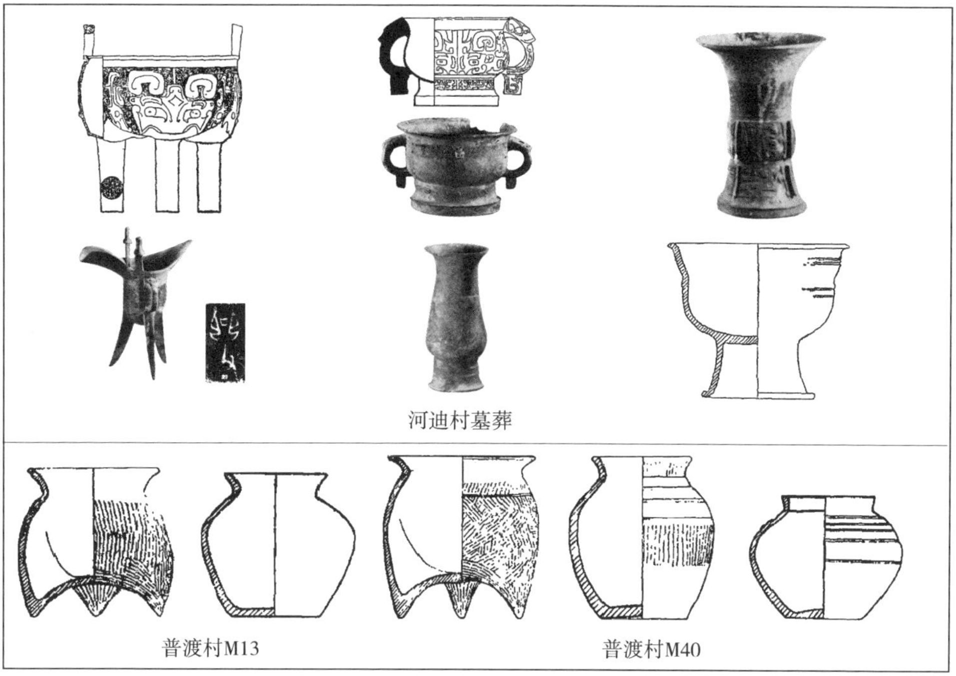

图4.33　沣东河迪村及普渡村墓葬随葬器物

西周初年的沣西与洛阳地区均接收了一批来自安阳的殷遗，这些外来人群的物质文化面貌在保持少量特质因素（如绳纹簋、圈足尊、仿铜陶礼器、铜觚等）的前提下，主动接受了本地的周文化，呈现出商周文化混合特征，甚至在个别情况下难以根据文化面貌对其族属进行判断，这正是商周族群在考古学文化层面有机融合的物质反映。沣西殷遗墓的分布特点与洛阳地区相似，呈现出广域分布但又零星分散的特点，或许与周人将殷遗分而治之的政治理念有关。

三　丰镐邻域

西安市长安区贾里村发现一批西周时期居址和墓葬①，居址和墓葬中均可见到侈口分裆鬲，属于丰镐地区及邻域的地方特色器物，商式簋也较为常见。居址遗存还发现数量较多的小口矮领瓮。墓葬以东西向居多，部分墓葬有腰坑。根据发掘者的分期，第一期遗存相当于西周早期，仅发现墓葬，随葬陶器组合有单鬲、鬲簋、鬲罐、鬲簋罐、鬲簋豆罐等。

长安区少陵原②发现一处西周时期的周人墓地，与之对应的居址在墓地下方的台地上。墓地共清理西周墓葬429座，殉马坑3座。西周墓葬多为长方形竖穴土坑的小墓，墓向以西北—东南、东南—西北、东北—西南三个方向为主，有腰坑的墓葬仅有19座，占总数的4.3%，个别腰坑内发现残碎动物骨骼。除M235为母子合葬外，其余均为单人葬，其中仰身直肢326座，占75.6%，俯身直肢仅有4座。随葬陶器组合基本为鬲、罐各1，规格稍高者还有簋、豆、壶等，青铜器以车马器、兵器为主，仅出铜鼎3。相比其他墓地，少陵原西周墓随葬豆较多，且通常是两件上下叠扣。随葬兵器铜戈也较多，有78座，占总数的18.2%，存在毁兵葬俗，也出土较多铜昜。少陵原西周墓地随葬陶鬲以联裆鬲最多，在西周早期存在少量的分裆鬲。陶簋仅出12件，商式簋仅1件。M29随葬口沿外侧绳纹未抹的联裆鬲，M191随葬腹部饰菱格纹的陶罐（图4.34），表明此墓地的年代有可能上限接近“文化融合阶段”。

华县东阳③发现一批西周墓葬72座。墓向一般是南北向或稍偏，仅有7座墓葬为东西向或东偏北。竖穴单室墓发掘55座，其中8座有殉人，5座有腰坑，2座带头龛。已发掘的7座东向竖穴土坑墓均有腰坑。竖穴土圹双室墓均为南北向，北室为殉马坑，南室为墓室，有2座墓葬有腰坑，其中1座腰坑内殉人，1座墓葬有头龛，内殉1人。有墓道的双室墓3座。墓主人葬式主要是仰身直肢。墓主人头向为南向的有28座，西向3座，北向4座。16座墓葬在二层台、腰坑、壁龛和墓口等处有殉

---

① 陕西省考古研究院：《贾里村西周遗址》，文物出版社，2017年。

② 陕西省考古研究院：《少陵原西周墓地》科学出版社，2009年。

③ 陕西省考古研究院、秦始皇兵马俑博物馆：《华县东阳》，科学出版社，2006年。

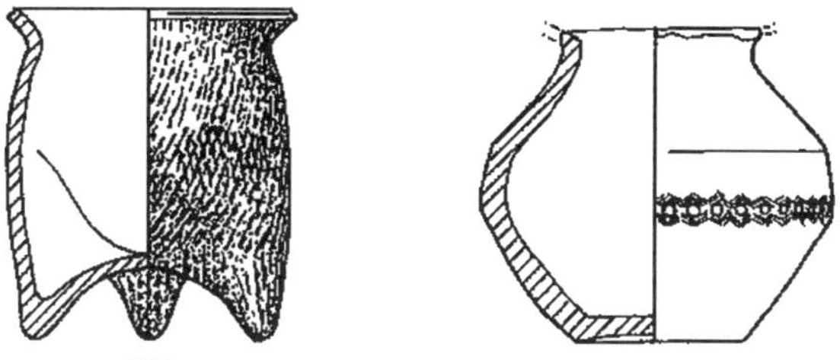

图 4.34　长安少陵原墓地出土“文化融合阶段”特征陶器

人，殉人均为直肢，分为仰身和俯身两种。因受盗扰，随葬器物数量较少。

M91 西南向，有腰坑、头龛，随葬器物置于头龛之中，随葬鬲、簋、罐。M93 西向，随葬陶鬲、簋、罐、觯。M91 所出陶簋和 M93 所出陶罐腹部饰菱格纹，表明墓葬年代接近“文化融合阶段”（图 4.35）。

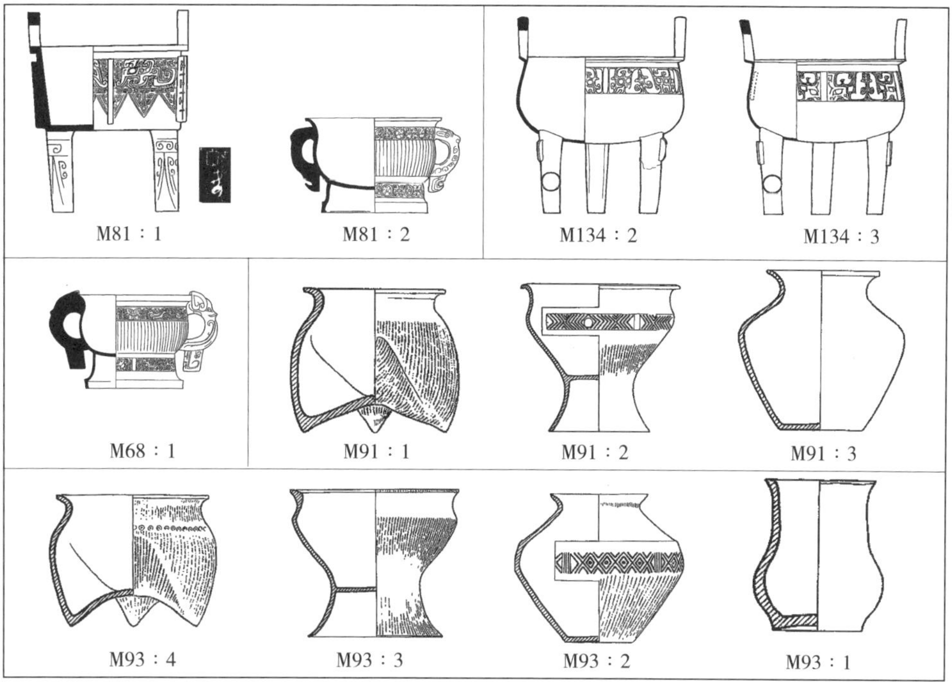

图 4.35　华县东阳墓地出土器物

M81、M134 及 M68 等铜器墓的年代均为西周早期（图 4.35）。M81 墓向西南，墓底有腰坑，有头龛，内置铜器，所出铜方鼎的年代有可能早至殷墟文化晚期，所出铜簋为西周早期特征。M134 南向，东、北二层台各有殉人 1，铜鼎 2 置于西二层台北端，为西周早期典型形制。M68 南向，北二层台有殉人 1，铜簋置于墓主人足部，为西周早期典型形制。

华县东阳发现的“文化融合阶段”墓葬“大量使用人殉、人牲的现象非常突出”，墓葬以南向居多。由于毗邻周都镐京，所出遗物也可以见到周系文化因素，如 M72 和 M64X4 出有铜昜，M123 出有銮铃，M125、M109 出有歧形当卢等。

渭南南堡村发现一座“文化融合阶段”铜器墓①（图 4. 36），墓底长 6. 38、宽 5. 12 米，头向南偏西 31°，棺东北角距墓底 1. 3 米处的填土内有殉人 1，出有铜鼎 2（“父己”鼎及小鼎）、簋 2（“父乙”簋和兽面纹小簋），另有铜工具武器 13、车马器 35（包括銮铃）。所出铜矛有“辛邑矢”的铭文，所出铜戈有牛首纹饰，属于较晚的时代特征。但该墓随葬的铜鼎、簋属于商器，其中铜簋具有较早的时代特征。

图 4. 36　渭南南堡墓葬随葬器物

蓝田泄湖出有西周早期铜鼎、簋、钺及陶鬲②，铜鼎、簋为西周早期流行形制，陶鬲为联裆鬲（图 4. 37），这批器物应出自墓葬。临潼零口③发现西周早期铜爵 2，

① 左忠诚：《渭南南堡村存发现三件商代铜器》，《考古与文物》1980 年第 2 期。

② 樊维岳：《蓝田出土一组西周早期铜器陶器》，《考古与文物》1987 年第 5 期。

③ 赵康民：《临潼零口再次发现西周铜器》，《考古与文物》1986 年第 3 期。

爵足已呈刀片状（图4.37）。

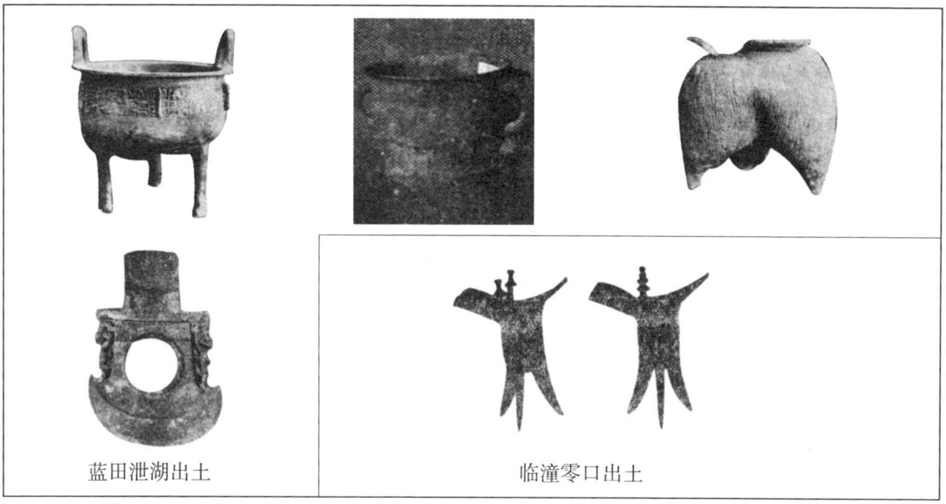

图4.37　蓝田泄湖与临潼零口出土器物

蓝田黄沟①发现铜簋、戈、锛各1，削2，出自窖藏。所出铜簋颈部所施菱格纹带亦以粗线条突出菱格纹，辅以细线条的地纹。值得注意的是，黄沟所出铜簋、戈与贺家73M1所出者存在明显的相似之处（图4.38）。

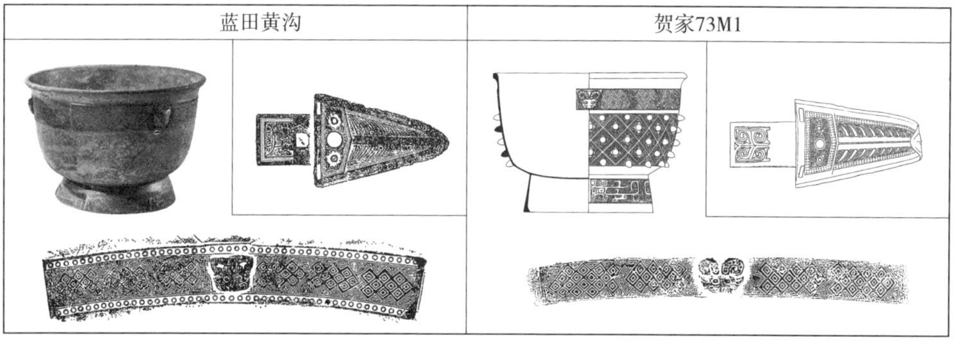

图4.38　蓝田黄沟与岐山贺家73M1出土铜簋、戈对比

耀县丁家沟②发现一批出自墓葬的铜器5和陶器1（图4.39）。所出折肩绳纹罐属于周系文化特征，随葬铜器具有“一墓多族徽”特征，推测墓葬的年代为“文化

① 樊维岳：《蓝田出土一组西周早期铜器陶器》，《考古与文物》1987年第5期。

② 贺梓城：《耀县发现一批周代铜器》，《文物参考资料》1956年第11期。

融合阶段”。

图 4. 39　耀县丁家沟墓葬随葬器物

铜川王家河①发现的墓葬 M11 随葬鬲、盆，陶盆腹部饰小菱格纹，墓葬年代接近“文化融合阶段”。M5 出有腹部略下垂的铜鼎，腹部仅饰一道凸旋纹，年代晚至西周早期（图 4. 40）。

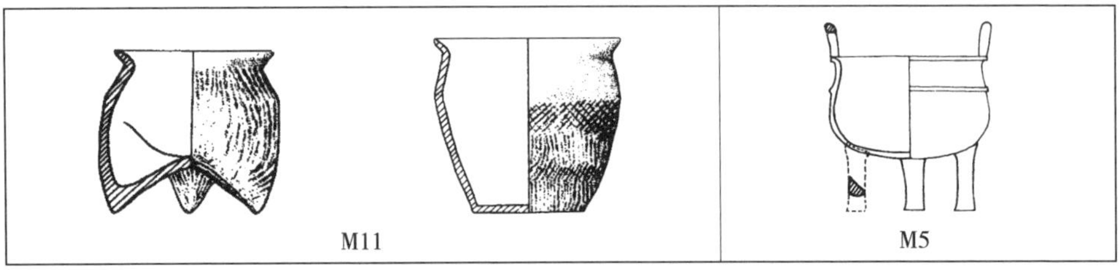

图 4. 40　铜川王家河墓葬随葬器物

铜川十里铺②出土铜鼎（图 4. 41），根据形制、纹饰及铭文信息推测应属殷遗

① 陕西省考古研究所、北京大学考古实习队：《铜川市王家河墓地发掘简报》，《考古与文物》1987 年第 2 期。

② 陕西省考古研究所：《陕西出土商周青铜器》（四），文物出版社，1984 年。

器。红土镇①出土铜簋（图4.41），根据纹饰及铭文信息推测可能属于“文化融合阶段”。

图4.41　铜川出土铜器

泾阳高家堡曾发现6座西周早期墓葬②，M1、M2、M3、M4、M5为南北向，有腰坑，M6为东西向，无腰坑，M3还有殉人。M1、M2、M3、M4随葬铜器数量较多，铜器铭文呈现多而杂的特征，尤以M4最具代表性。

M1随葬铜甗1、鼎2、簋2、尊1、卣2、盉1、爵2、觯1、盘1、戈1（图4.42）。所出铜甗M1∶3已出现箅。随葬铜簋M1∶4、5的方座特征及蜗纹特征属于周系文化特征。铜尊M1∶6的纹饰组合与铜簋M1∶4、5相似。铜卣中的M1∶7所饰蜗纹为西土系特征，所饰夔龙已属于西土系乙类风格铜器较常见到的“多刺”特征，另一件M1∶8则属于较为典型的商式特征。所出铜盉M1∶9在浚县庞村曾发现性质近似者，也铸有日名，此形制可能仍属商系特征。所出铜爵M1∶10为商系特征。所出铜戈存在毁兵葬俗。该墓出有黑、光、亮的圆肩罐1。

M2随葬的铜卣M2∶4（图4.43）与M1∶7的纹饰组合相近，属于周系特征，其余铜器主要以商系特征为主。所出圆鼎M2∶3和甗M2∶1铭文不同。

M3随葬圆鼎M3∶1的纹饰组合亦见于扶风神水坡、郑州洼刘和滕州前掌大，属于西周早期新出现的铜器纹饰组合（图4.43）。

① 陕西省考古研究所：《陕西出土商周青铜器》（四）。
② 陕西省考古研究所：《高家堡戈国墓》，三秦出版社，1995年。

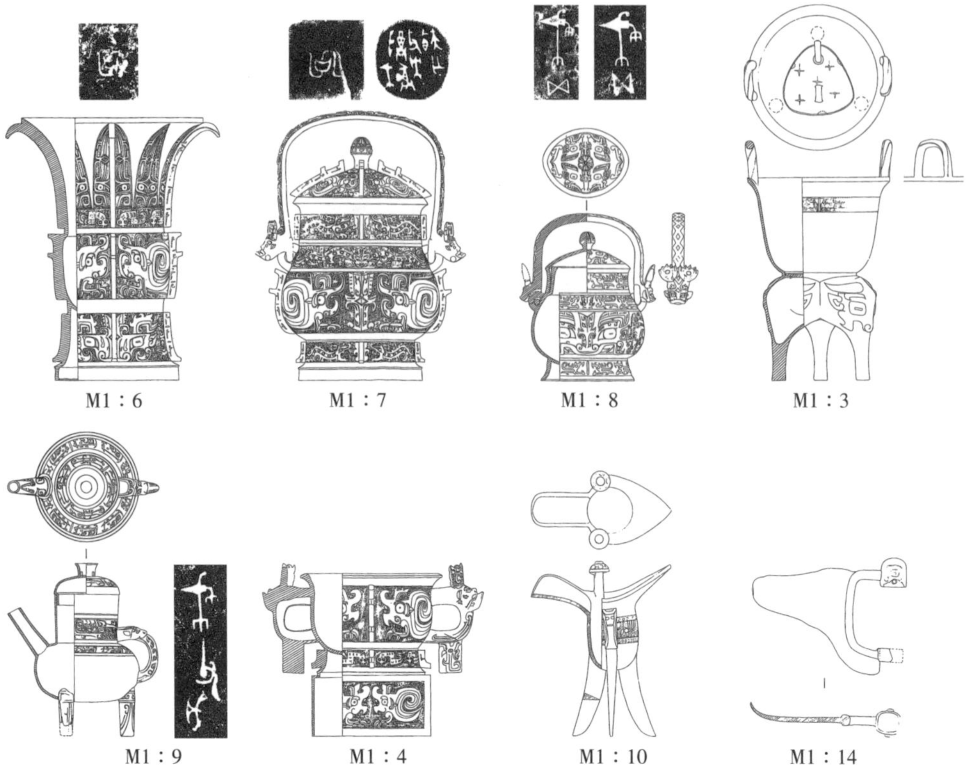

图 4. 42　泾阳高家堡 M1 随葬铜器

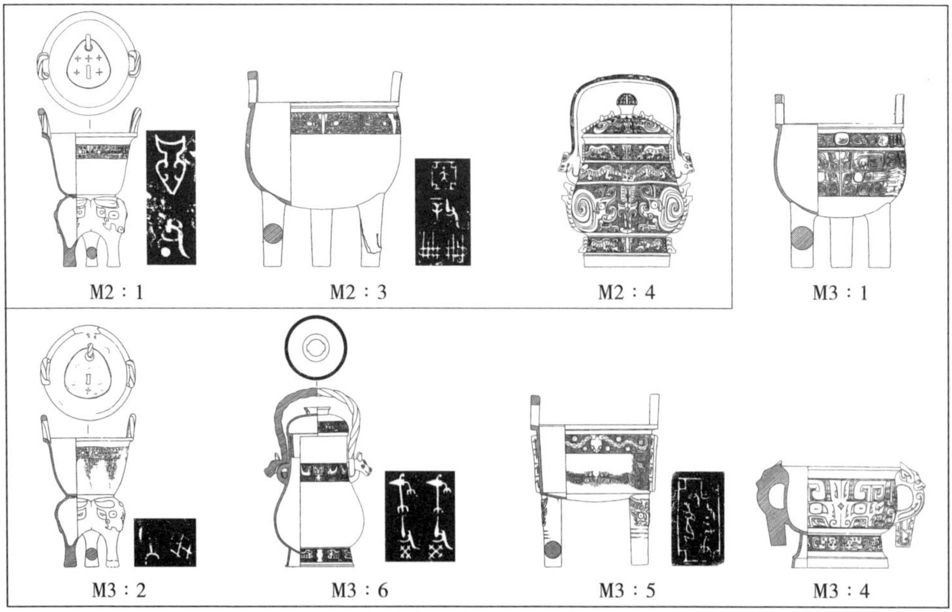

图 4. 43　泾阳高家堡 M2、M3 随葬铜器

M4 所出方鼎 M4：4 与 M3：5 相同。所出铜斗 M4：32 为商系铜器典型特征。所出铜瓿 M4：8 形制较为特殊，在安阳大司空村 M111 中发现的陶尊与之相似。M4 中出现了周系文化因素的铜戟，并具有毁兵葬俗（图 4.44）。

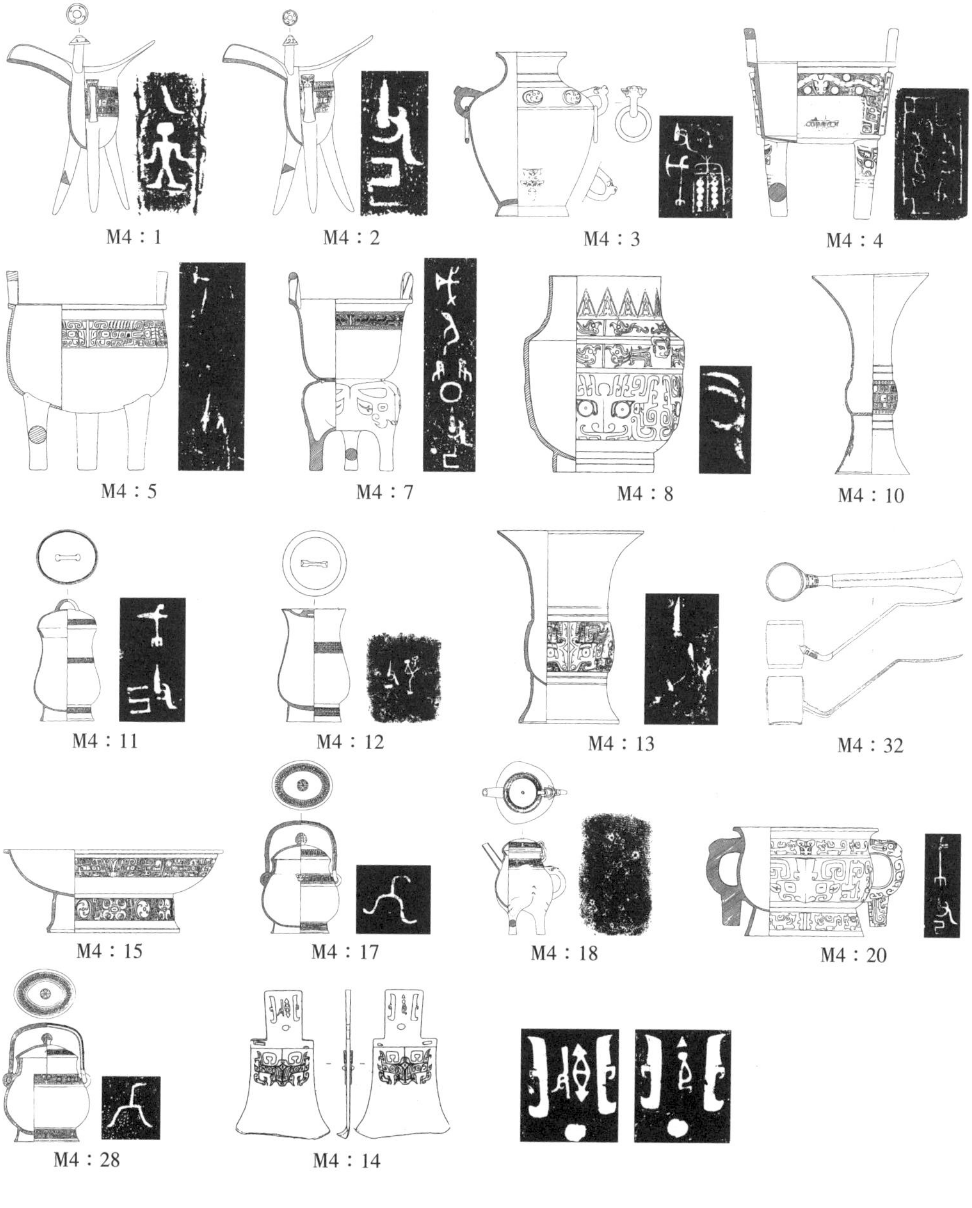

图 4.44　泾阳高家堡 M4 随葬铜器

M5有腰坑，随葬陶器组合为鬲、簋、罐，陶鬲口沿外侧抹光，陶簋为关中地区西周早期典型形制，随葬铜戈具有毁兵葬俗（图4.45）。

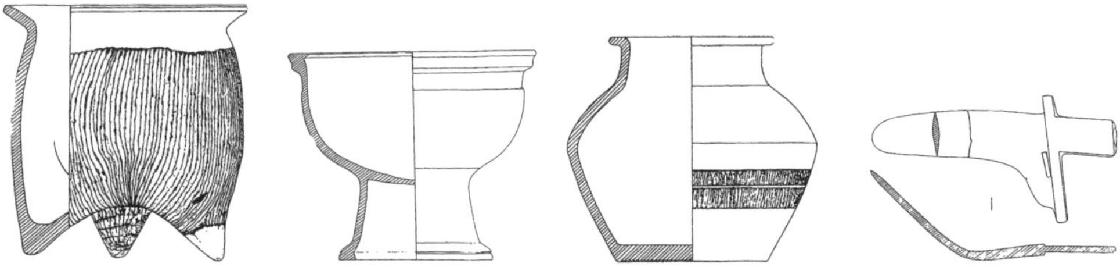

M5：5　　M5：2　　M5：1　　M5：6

图4.45　泾阳高家堡M5随葬器物

此外泾阳还出有一件铜甗[①]（图4.46），根据铸造水平推测应属关中地区产品，年代有可能早至先周晚期。户县孙家砦[②]出土铜簋（图4.46），根据加长小珥的特征推测年代已进入“文化融合阶段”。

泾阳铜甗　　户县孙家砦铜簋

图4.46　泾阳及户县出土铜器

第二节　关中西部

关中盆地按照西安—铜川一线可大体分为东部和西部两部分。直至文王时期，

① 陕西省考古研究所：《陕西出土商周青铜器》（四），文物出版社，1984年。

② 陕西省考古研究所：《陕西出土商周青铜器》（四）。

周人才将都邑从关中西部迁至关中东部的丰镐地区，因而关中西部是探索先周文化最重要的区域。

一　漆水河流域

武功郑家坡[①]是探索先周文化最重要的遗址之一。

郑家坡1981～1983年发掘简报曾将居址遗存分为三期，第一期的上限可至二里头文化晚期至二里冈下层时期，第二期与第一期之间有缺环，约在太王迁岐前后，第三期与张家坡早期居址相当，属文王作丰前后。以往关于郑家坡文化的年代上限争议极大[②]，根据目前的材料，将其年代上限定在大体相当于白家庄期或稍晚[③]可能比较合适。

刘军社[④]、张天恩[⑤]等均曾对郑家坡遗址进行分期。雷兴山[⑥]利用1997年发掘所获材料将郑家坡居址分为5段（图4.47），根据第2段典型单位H64中所出商式鬲的鬲足判断年代相当于殷墟文化第一期或稍早，根据第3段典型单位H73所出商式鬲的鬲足判断年代相当于殷墟文化第二期偏早阶段，由于第5段的G1第③层已出现圆肩罐，年代应已进入“文化融合阶段”。据此推测，第4段的年代范围大体相当于殷墟文化第二期晚段至殷墟文化第四期早段。此阶段的郑家坡文化以联裆鬲、方格纹盆、折肩绳纹罐等为主要器类，不见商文化因素，有少量高领袋足鬲。第5段G1第③层出有圆肩罐，同时出有口沿外侧绳纹抹光的联裆鬲，属于“文化融合阶段”典型特征，与沣西H18大体相当。

武功岸底[⑦]的文化内涵与郑家坡基本相同，流行联裆鬲、方格纹盆和折肩绳纹罐

---

① 宝鸡市考古工作队：《陕西武功郑家坡先周遗址发掘简报》，《文物》1984年第7期。

② 刘军社：《先周文化研究》，三秦出版社，2003年；张天恩：《关中商代文化研究》，文物出版社，2004年。

③ 雷兴山：《先周文化探索》，科学出版社，2010年。

④ 刘军社：《先周文化研究》。

⑤ 张天恩：《关中商代文化研究》，文物出版社，2004年。

⑥ 雷兴山：《先周文化探索》。

⑦ 陕西省考古研究院：《陕西武功岸底先周遗址发掘简报》，《考古与文物》1993年第3期。

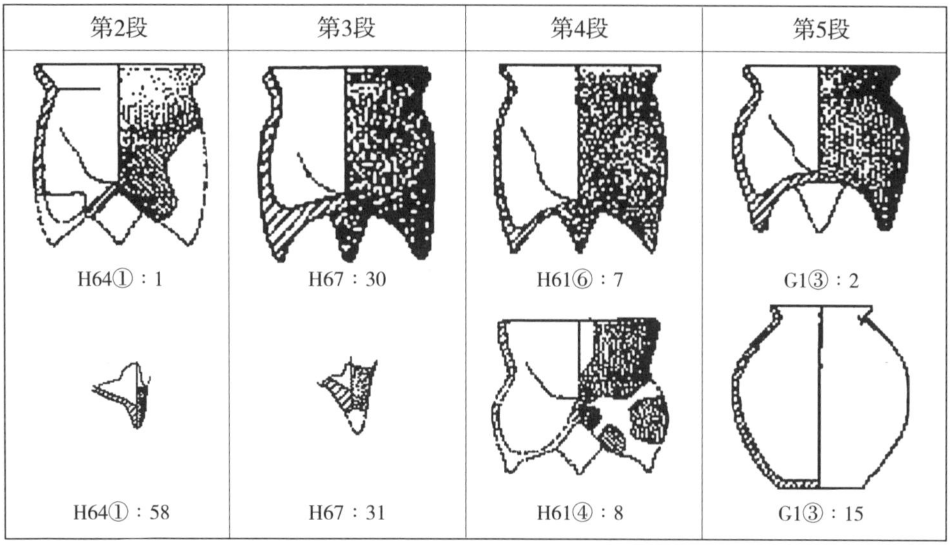

图 4. 47　武功郑家坡遗址陶器分期

等器类，仅在最晚阶段出现殷墟文化因素。刘军社将岸底的郑家坡文化上限定为二里冈上层或稍晚①，牛世山将岸底的郑家坡文化上限定为商王武丁或盘庚至小乙时期②，二位学者均将年代下限定在商周之际。雷兴山将岸底的遗存分为 6 段，“将 H18 等单位的年代明确定为西周初年”③。岸底 H18 出有侈口厚唇簋、瓦楞绳纹罐等商式陶器，H35 出有商式的三角划纹簋（图 4. 48），此类陶器亦见于沣西 H18 和马王村 H11，年代均已进入“文化融合阶段”。岸底村北取土时还曾发现 1 件凤鸟卣④，根据纹饰和铭文特征推测应是商器。

武功黄家河是漆水河中下游发掘的另一处重要遗址，发现有居址和墓地⑤。黄家河发现的墓葬均为长方形竖穴土坑墓，多为仰身直肢葬，无腰坑，随葬陶器组合多为单鬲或鬲罐组合（图 4. 49），未出铜容器。黄家河墓地具有周人墓地的典型特征，

① 刘军社：《先周文化研究》。
② 牛世山：《陕西武功县岸底商代遗存分析》，《考古求知集》，中国社会科学出版社，1997 年。
③ 雷兴山：《先周文化探索》。
④ 陕西省古籍整理办公室、陕西省考古研究院：《陕西金文集成》，陕西新华出版传媒集团三秦出版社，2016 年。
⑤ 中国社会科学院考古研究所武功发掘队：《1982—1983 年陕西武功黄家河遗址发掘简报》，《考古》1988 年第 7 期。

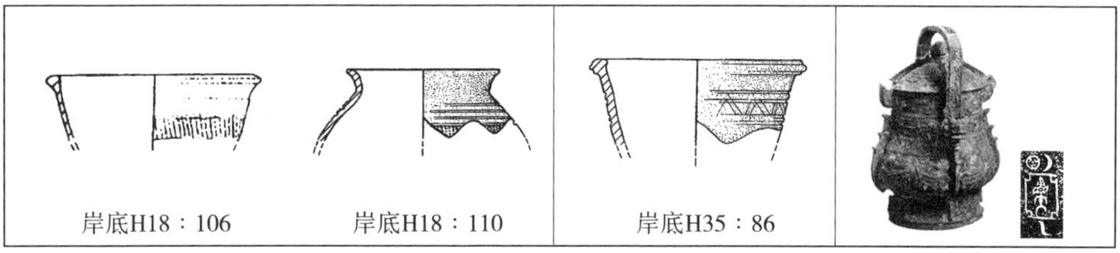

图4.48　武功岸底遗址出土殷墟文化因素器物

情况与北吕墓地的情况十分相似。但相比北吕墓地，黄家河墓地使用时期主要集中于先周晚期至“文化融合阶段”，仅有少量灰坑和墓葬延续至西周早期。值得一提的是黄家河 H7，口沿外侧抹光的联裆鬲与三角划纹簋、菱格纹罐共存，属于“文化融合阶段”典型特征。

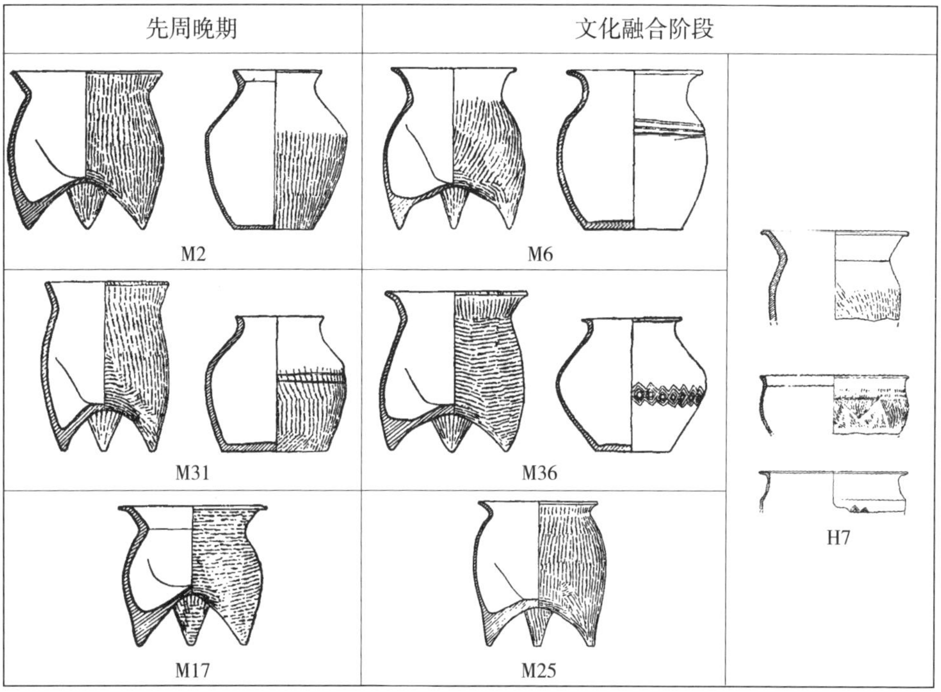

图4.49　武功黄家河墓地出土陶器

武功黄南窑（即黄家河）发现一批出自墓葬的青铜器①，包括鼎、簋各1，以及大小相次的罍3（图4.50）。所出铜鼎、簋均属殷墟文化晚期特征，铜罍有可能属于

① 康乐：《武功出土商周青铜器》，《文博》1986年第1期。

地方产品。

图4.50　武功黄南窑村墓葬随葬铜器

武功游凤镇浮沱村附近发现一批重要铜器①，包括兽面纹大圆鼎1、蕉叶蝉纹鼎2、束颈鼓腹簋1、盆形簋1、甗1、罍1（图4.51），与之共出的还有兵、车器21件。根据器物组合关系推测推测，这批铜器有可能出自一座墓葬，年代大体相当于殷墟文化第三期。

图4.51　武功浮沱村出土铜器

武功游凤镇渠子村②出有铜簋3、铜甗1（图4.52），其中加长小珥的直棱纹簋年

① 段绍嘉：《介绍陕西省博物馆的几件青铜器》，《文物》1963年第3期。

② 陕西省考古研究所：《陕西出土商周青铜器》（四）。

代有可能晚至“文化融合阶段”，铜甗有可能属于西周早期产品。

图 4. 52　武功渠子村出土铜器

武功徐家湾[①]出有铜尊、爵、壶（图 4. 53），其中的铜尊可能属于商器，铜壶应属西周早期。

图 4. 53　武功徐家湾出土铜器

武功柴家嘴[②]（今属杨凌区）发现铜簋 2（图 4. 54）。其中母丁簋为加长小珥，主题纹饰为大鸟纹，另一件主题纹饰为直棱纹，圈足下方加高足缘，均属于西周早期特征。

武功浒西庄发现灰坑 H1[③]，出有口沿外侧绳纹未抹和被抹的联裆鬲、腹部饰菱格纹的盆及折肩罐等（图 4. 55），组合关系中未见殷墟文化因素，推测年代上限可至先周晚期的礼村 LH8 阶段。

① 陕西省考古研究所：《陕西出土商周青铜器》（四）。

② 段绍嘉：《介绍陕西省博物馆的几件青铜器》，《文物》1963 年第 3 期。

③ 中国社会科学院考古研究所：《武功发掘报告》，文物出版社，1988 年。

图 4.54　武功柴家嘴出土铜簋

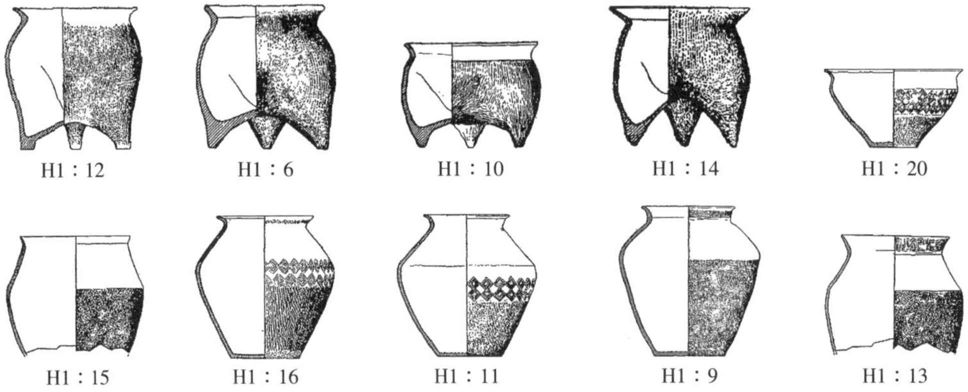

图 4.55　武功浒西庄 H1 出土陶器

永寿县发现属于郑家坡文化的口沿外侧绳纹未抹的联裆鬲以及折肩罐[①]（图 4.56），表明此地为郑家坡文化分布区。

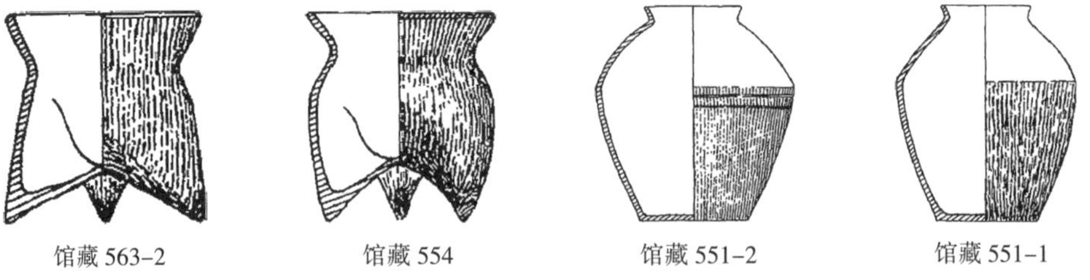

图 4.56　永寿县馆藏郑家坡文化陶器

① 王鹰、王凤英：《陕西永寿县发现的先周文化遗存》，《考古与文物》2005 年第 6 期。

乾县临平镇靠近武功县，出有一批青铜器[1]（图4.57）。铜鼎腹部所饰宽蕉叶蝉纹或大兽面纹，具有鲜明的满花作风。

图4.57　乾县临平镇出土铜器

麟游位于漆水河上游，属于高领袋足鬲类文化分布区。麟游四岭山发现铜器窖藏[2]，出有铜甗、鼎、爵、尊、觯、盉、斗各1，卣3（图4.58），呈现出多而杂的"一墓多族徽"特征，该单位的埋藏年代应已进入西周。

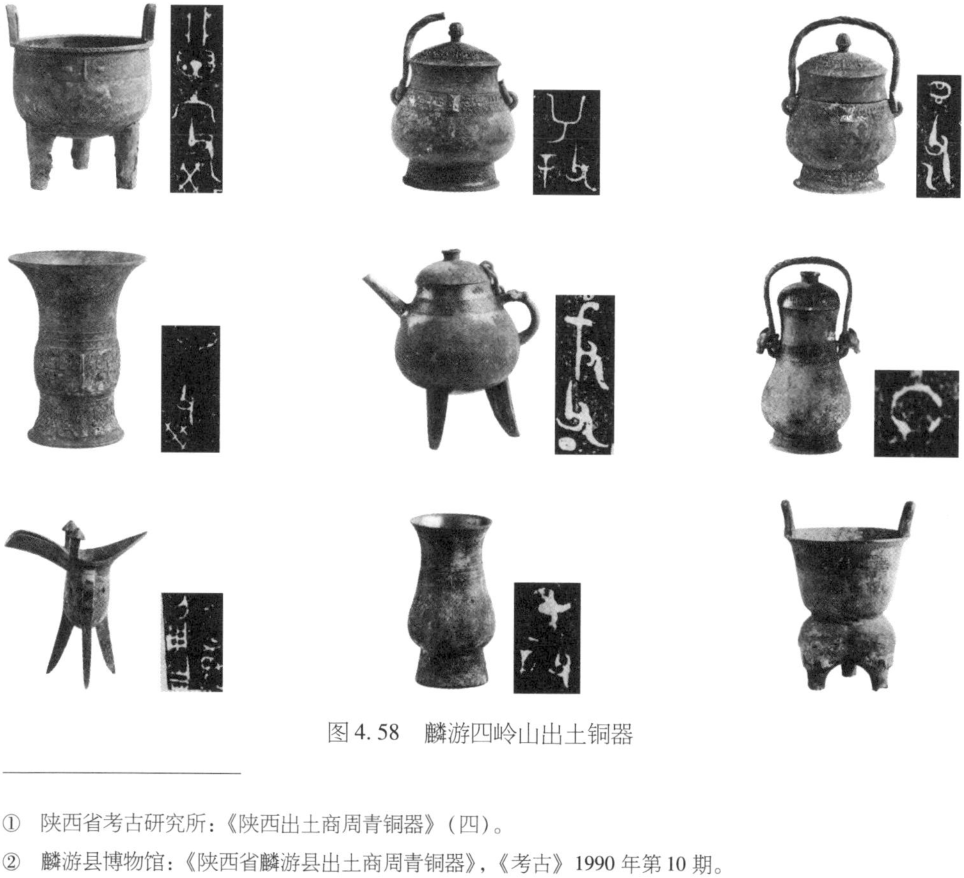

图4.58　麟游四岭山出土铜器

① 陕西省考古研究所：《陕西出土商周青铜器》（四）。

② 麟游县博物馆：《陕西省麟游县出土商周青铜器》，《考古》1990年第10期。

漆水河中下游在先周晚期的文化面貌是郑家坡文化，但漆水河上游山区属于高领袋足鬲类文化分布区。在“文化融合阶段”，少量殷墟文化因素渗入，至西周早期已基本呈现出“宗周文化”的典型陶器群面貌。武功游凤镇附近多次发现铜器群，表明此地在先周晚期属于非常重要的地域。

二　周原东南邻境

周原遗址的东南邻境分布有较为密集的先周晚期至西周早期文化遗存，由于靠近漆水河中下游，该区域的遗存多属郑家坡文化。周原东南邻境的居址遗存以扶风壹家堡为代表，墓葬遗存以扶风北吕墓地为代表。

孙华曾将壹家堡所获遗存分为四期，第一期属于商文化，年代大体相当于殷墟文化第一期，第二期属于郑家坡文化，以联裆鬲最多，第三期属于“刘家遗存”，第四期属于郑家坡文化，与西安袁家崖墓葬的年代大体相当①。雷兴山认为壹家堡第一期和第二期遗存皆属于京当型②。梁星彭曾指出壹家堡第四期的年代应已进入西周早期③。壹家堡第四期所出联裆鬲既有口沿外侧抹光者，也有不抹光绳纹者，圆肩罐形制也不固定（图4. 59），还出有殷墟文化最晚期特征的陶簋，应归入“文化融合阶段”。

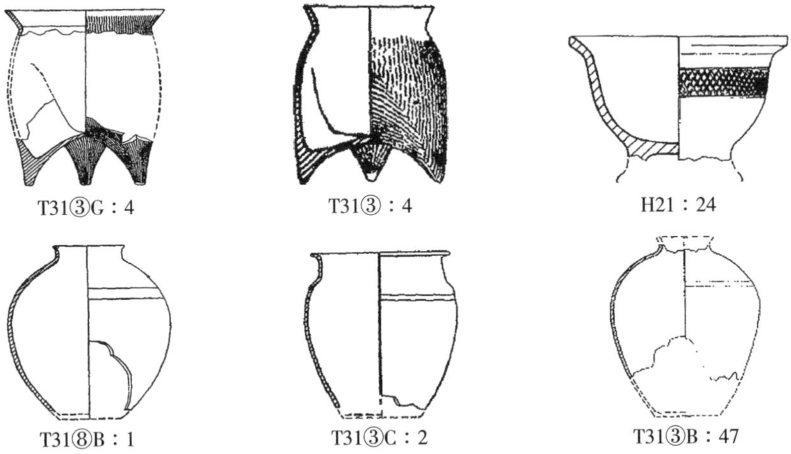

图4. 59　扶风壹家堡出土陶器

① 孙华：《关中商代诸遗址的新认识——壹家堡遗址发掘的意义》，《考古》1993年第5期。

② 雷兴山：《先周文化探索》。

③ 梁星彭：《壹家堡商周遗存若干问题商榷》，《考古》1996年第1期。

北吕遗址①位于扶风县上宋乡西北，距离郑家坡遗址26公里。遗址内清理了少量“文化融合阶段”居址遗存，T8H13出有口沿外侧饰绳纹及抹光的联裆鬲，T6H4中实足根处绳纹旋转的高领袋足鬲与窄折沿网纹簋共存（图4.60），均属于“文化融合阶段”遗存。

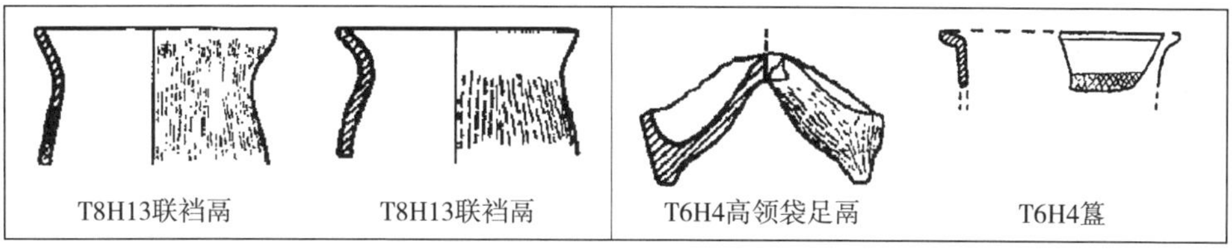

图4.60　扶风北吕居址出土陶器

北吕周人墓地可分为三个区域的五个分区。其中Ⅰ、Ⅱ和Ⅳ区均有自先周晚期至西周早期成序列的墓葬。先周晚期的联裆鬲可分为长方体和扁体两类，口沿外侧均饰绳纹，随葬组合通常为单鬲或鬲、罐，随葬陶罐多为折肩罐，折肩以下饰绳纹。至“文化融合阶段”，部分联裆鬲的口沿外侧绳纹被抹去，但部分仍有保留，高领袋足鬲出现在随葬组合之中，并出现脱胎于方格纹盆的方格纹簋，也出现了模仿殷墟文化特征的陶簋，还出现了不饰绳纹的素面圆肩罐类，但形制尚不固定。至西周早期，联裆鬲口沿外侧绳纹被抹去，陶簋已过渡至西周早期流行形制，圆肩旋纹罐已定型（图4.61）。

北吕墓地仅有ⅡM1（铜鼎1、簋1）和ⅣM251（铜簋1）两座西周早期墓葬随葬青铜容器，仅有ⅡM1有腰坑，主体呈现出周人墓地特征：无腰坑、随葬单鬲、单罐或鬲罐组合、南北向墓向、毁兵葬俗等。

扶风红卫村发现一批出自墓葬的青铜器②（图4.62），所出列卣06FSM1：1、2（附斗）的铭文不同，可能为商器。所出乳钉夔纹圆鼎属于西土系甲类风格，流行于“文化融合阶段”。所出双环耳簋06FSM1：4、觚形尊06FSM1：6、甗06FSM1：8为殷墟文化第四期特征。该墓中还出有少量年代特征更早的铜器，如罍06FSM1：7，可知该墓的铜器具有较为复杂的来源。由于该墓受到了较严重的破坏，形制特征及所

① 宝鸡市周原博物馆：《北吕周人墓地》，西北大学出版社，1995年。

② 扶风县博物馆：《陕西扶风县新发现一批商周青铜器》，《考古与文物》2007年第3期。

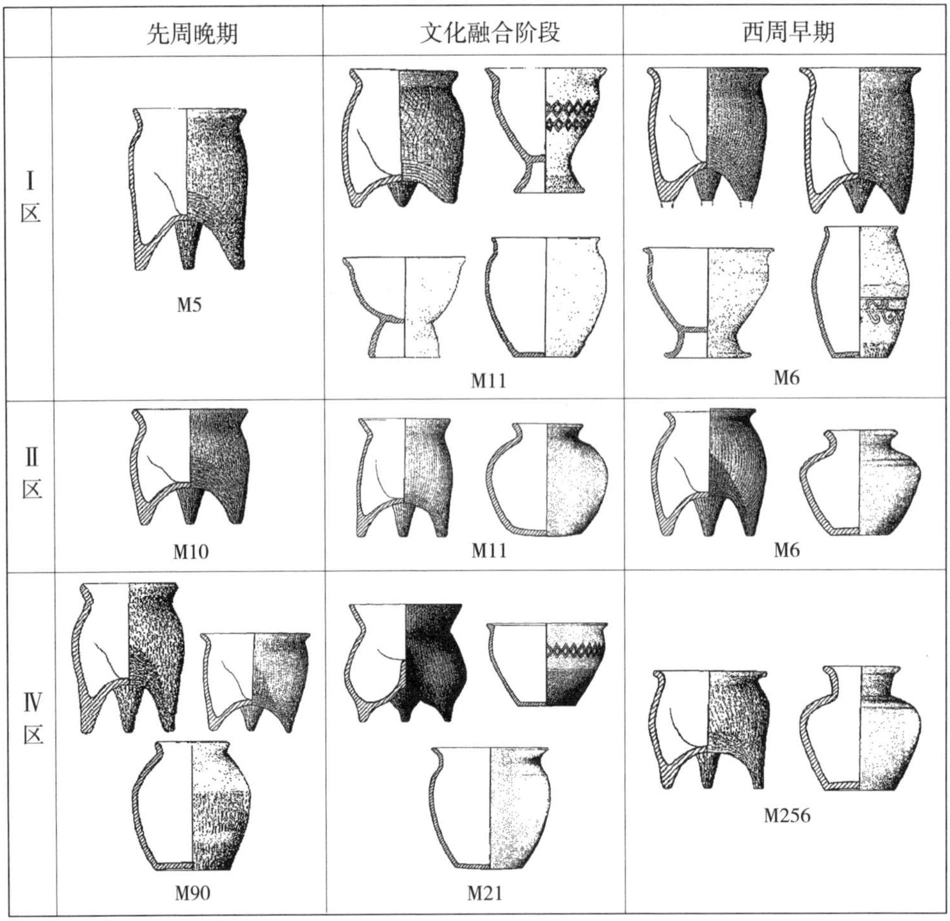

图 4.61 扶风北吕墓地出土陶器

出陶器已不清楚。

扶风神村坡出有一件兽面纹铜鼎[1]（图 4.63），相似风格铜鼎见于泾阳高家堡、滕州前掌大及郑州洼刘发现的墓葬。此件铜鼎出自墓葬，同出的还有鼎 1、尊 1，但未发表图像。

扶风杨家堡 M4[2] 被盗扰严重，根据所出陶器（图 4.64）可知年代为西周早期。杨家堡[3]还发现过铜簋、甗各 1 件（图 4.64），其中铜甗有箅，族徽与贺家 73M1 所

---

① 罗西章：《扶风新征集了一批西周青铜器》，《文物》1973 年第 11 期。

② 扶风县图博馆：《陕西扶风杨家堡西周墓清理简报》，《考古与文物》1980 年第 2 期。

③ 罗西章：《杨家堡出土的商周之际的铜器》，《文物》1977 年第 12 期。

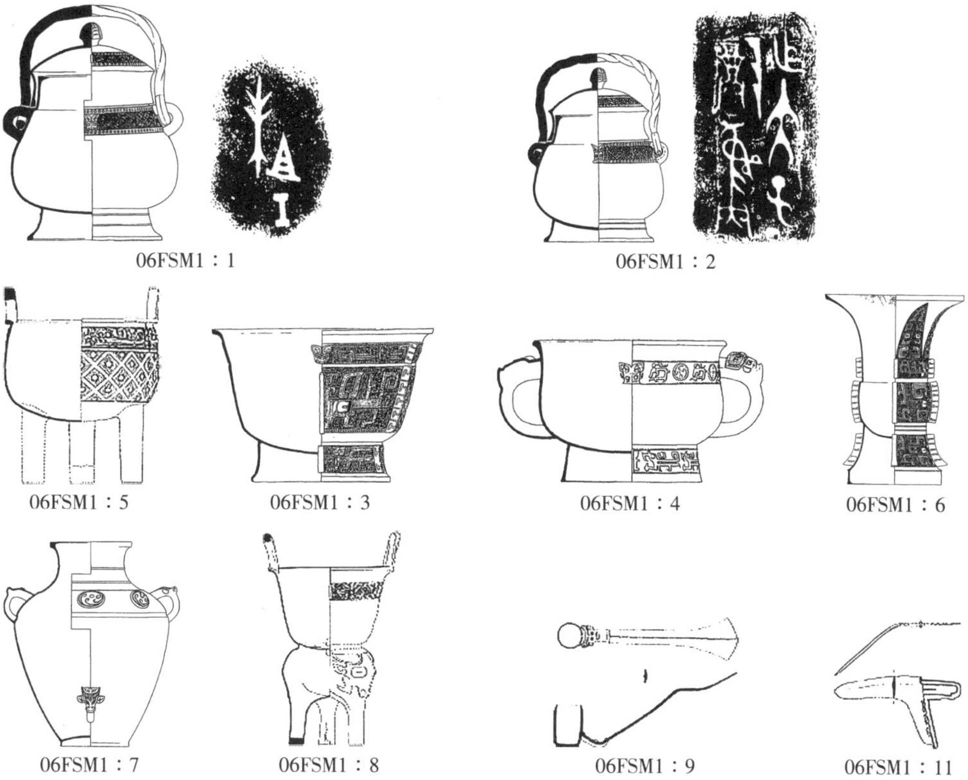

图 4.62　扶风红卫村墓葬随葬铜器

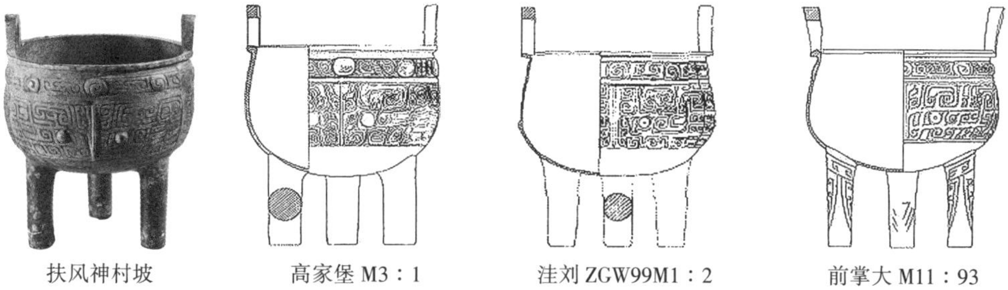

图 4.63　扶风神村坡出土铜鼎及对比器物

出铜甗相同。

扶风下河①出土西周早期铜鼎、簋（图 4.65），应是出于墓葬。

---

① 罗西章：《扶风出土的商周青铜器》，《考古与文物》1980 年第 4 期。

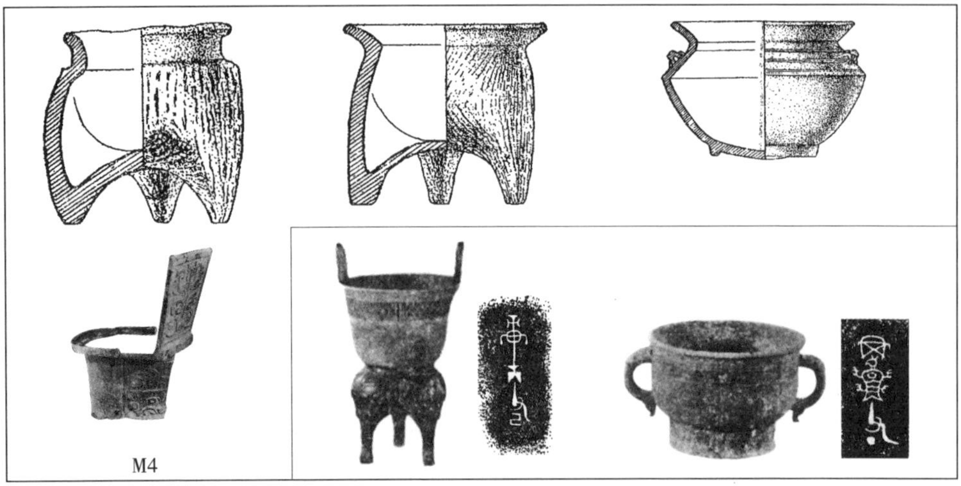

图 4. 64　扶风杨家堡出土器物

扶风白龙大队的一座东西向墓葬①，墓向可能与殷遗有关，此墓随葬有西周早期特征的联裆鬲，随葬兵器均残断，还出有铜昜（图 4. 65）。

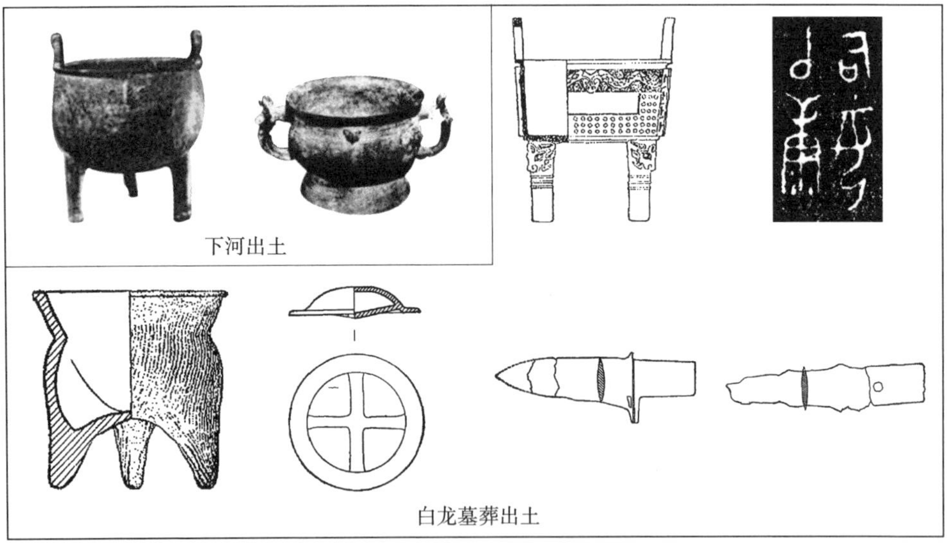

图 4. 65　扶风下河及白龙出土器物

① 罗西章：《扶风白龙大队发现西周早期墓葬》，《文物》1978 年第 2 期。

扶风飞凤山曾清理西周墓葬5座、马坑1座①。墓葬均为东西向，无腰坑，一棺一椁，均为西周早期墓葬，M4、M6和M7随葬联裆陶鬲各1。M10随葬弦纹鼎、簋各1（图4.66）。

扶风还发现一批青铜器②（图4.66）。吕宅村所出菱格乳钉纹铜簋的年代为殷墟文化第三期。扶风博物馆旧藏菱格乳钉纹簋的年代为“文化融合阶段”。天河寺出土铜鼎的年代为西周早期。南佐村所出兽面纹圆鼎的年代为西周早期，还出有铜戈4，有毁兵葬俗。

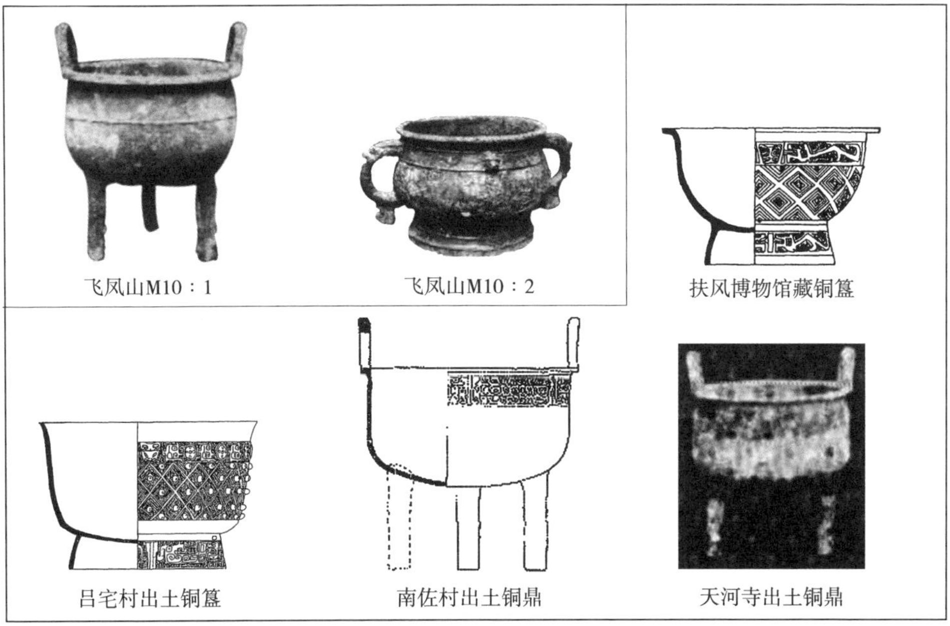

图4.66　扶风出土及馆藏铜器

礼泉泔河坝③出有鼎2、簋3。根据铜器风格可分为两组（图4.67），一组属于西土系甲类风格，包括简化兽面纹圆鼎及小尖刺菱格乳钉纹簋，另一组属于西土系乙类风格，包括折身夔龙圆涡纹鼎及双环耳尖刺乳钉纹鼎。两组铜器并存的情况表明其年代应与石鼓山M3相当，属于“文化融合阶段”。

① 宝鸡市考古队、扶风县博物馆：《扶风县飞凤山西周墓发掘简报》，《考古与文物》1996年第3期。

② 高西省：《扶风近年征集的商周青铜器》，《文博》1988年第6期；侯若冰：《扶风新发现的铜鼎铜戈》，《考古与文物》1989年第2期。

③ 陕西省考古研究所：《陕西出土商周青铜器》（四）。

图 4. 67　礼泉泔河坝出土铜器

周至竹峪村①出有一批铜器（图 4. 68），根据形制纹饰及铭文特征推测铜爵、觯属于商器，但埋藏年代可能在“文化融合阶段”。

图 4. 68　周至竹峪村出土铜器

周至县还出土一批铜器（图 4. 69）。豆村②出有 2 件铜簋，其中 1 件属于西土风格，另 1 件属于商风格；解家沟③出土鼎 1、簋 1；终南镇④出土西周早期铜爵。豆村

① 陕西省考古研究所：《陕西出土商周青铜器》（四）。

② 曹发展、陈国英：《咸阳地区出土西周青铜器》，《考古与文物》1981 年第 1 期。

③ 曹发展、陈国英：《咸阳地区出土西周青铜器》。

④ 曹发展、陈国英：《咸阳地区出土西周青铜器》。

和解家沟所出铜器有可能出自墓葬，根据器物形制和组合特征，可能属于“文化融合阶段”。

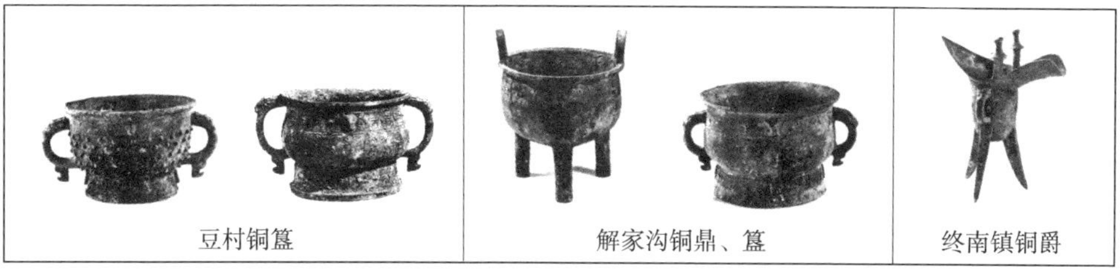

图 4. 69　周至县出土铜器

在京当型商文化之后，周原东南邻域一度成为高领袋足鬲类文化分布区，至“文化融合阶段”，此地又成为了联裆鬲类文化分布区。北吕墓地自先周晚期延续至西周晚期，表明该区域长期属于联裆鬲类文化分布区。至西周早期，周原东南邻域更成为出土铜器群较多的地域，这为西周王室在穆王时期的回归奠定了基础。

三　周原

根据最新的调查资料①，周原遗址的先周时期聚落分布范围约为 5 平方公里，为关中地区先周时期聚落面积最大者，在王家嘴、贺家和刘家分布有文化面貌不同的墓地，凤雏基址及礼村北壕一带有大型建筑基址，流龙嘴也有大型建筑的线索（图 4. 70）。

雷兴山将周原遗址商时期考古学文化分为二期 6 段，其中 6 段遗存已被分为 6a 段、6b 段，两者的早晚关系尚未定论。6b 段以礼村 LH8 为代表②。

岐山凤雏甲组基址③内的 H11 和 H31④ 出有甲骨文，部分文字内容可早至先周晚期。关于凤雏甲组建筑基址的年代上限及性质问题，学界以往争议较大，尽管通常

① 雷兴山、种建荣：《周原遗址商周时期聚落新识》，《大宗维翰：周原青铜器特展》，文物出版社，2014 年。

② 雷兴山：《先周文化探索》。

③ 陕西周原考古队：《陕西岐山凤雏村西周建筑基址发掘简报》，《文物》1979 年第 10 期。

④ 陕西周原考古队：《岐山凤雏村两次发现周初甲骨文》，《考古与文物》1982 年第 3 期；曹玮：《周原甲骨文》，世界图书出版公司北京公司，2002 年。

图 4.70　周原遗址先周晚期聚落形态

认为凤雏甲组的年代上限可至先周晚期，但缺乏过硬证据①。

新近发掘的凤雏三号基址②为进一步认识凤雏基址群的面貌提供了全新材料。叠压在凤雏三号基址庭院地面之下的 H195 和压在东侧台基之下的 H27 决定了该建筑的年代上限（图 4.71）。H27 内共出有口沿外侧仍留绳纹痕迹的联裆鬲、最晚阶段特征的高领袋足鬲、袋足分裆甗、折肩绳纹罐，呈现出与沣西 H18 面貌相近的特征，可知凤雏三号基址的年代上限为"文化融合阶段"。凤雏三号基址院内发现立石社祀遗迹。

周原王家嘴、贺家发现的相当于殷墟文化第三期至殷墟文化第四期早段的文化遗存属于"碾子坡文化"③。贺家ⅡC2H7 中尽管高领袋足鬲和袋足分裆甗的比例占到绝对多数，但也出有口沿外侧绳纹被抹的联裆鬲和方格纹盆（图 4.72），似可归入"文化融合阶段"。贺家ⅡD2M1 中口沿外侧绳纹未抹的联裆鬲与陶罍（圆肩罐）共出（图 4.72），也属于"文化融合阶段"特征。贺家附近地区的西周早期单位有ⅡC2H4 等。

① 马赛：《聚落与社会——商周时期周原遗址的考古学研究》，北京大学博士研究生学位论文，2009 年。

② 周原考古队：《周原遗址凤雏三号基址 2014 年发掘简报》，《中国国家博物馆馆刊》2015 年第 7 期。

③ 雷兴山：《先周文化探索》。

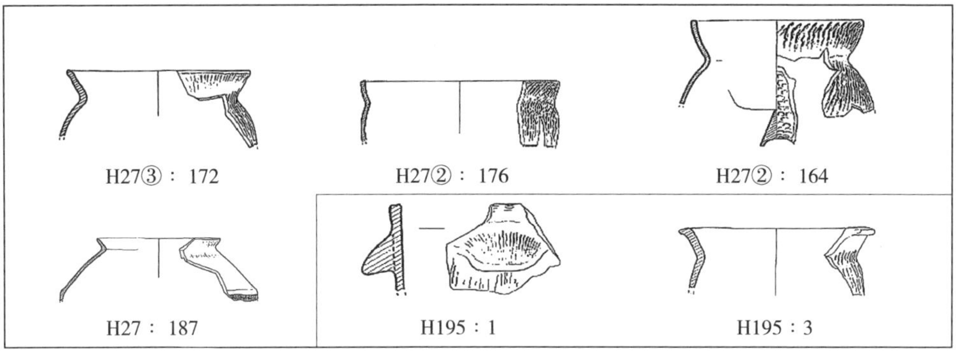

图4.71　周原凤雏三号基址下压灰坑出土陶器

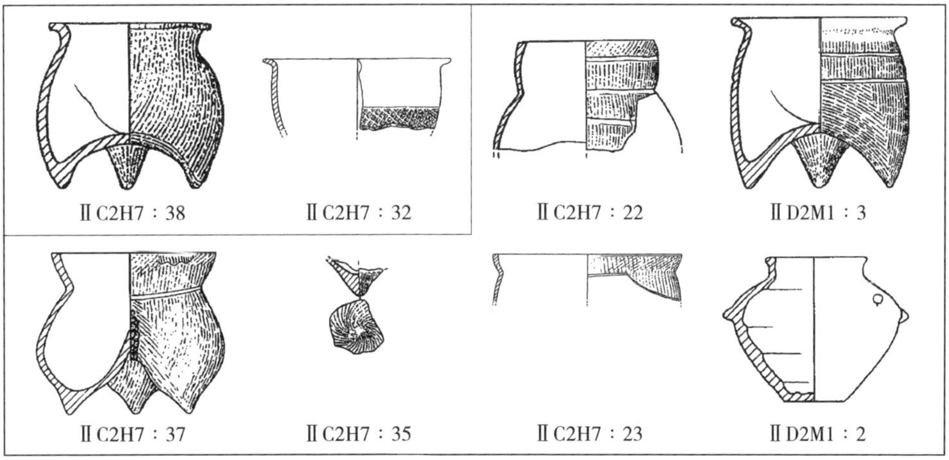

图4.72　周原贺家出土陶器

王家嘴墓地相当于6段的墓葬有M16、M19和M20①，M19出有高领袋足鬲，M16、M20所出联裆鬲的口沿外侧绳纹均被抹，年代应属“文化融合阶段”。雷兴山曾注意到M19和M20属于“对子墓”②，表明两者时间距离不远且关系相近。

1953年，王家嘴发现一批铜器③，应是出自墓葬，铜鼎、簋各1，还出有铜昜、铜镜及铜戟（图4.73）。这批铜器的年代相当于“文化融合阶段”。

① 雷兴山：《先周文化探索》。

② 雷兴山：《先周文化探索》。

③ 陕西省考古研究所：《陕西出土商周青铜器》（一），文物出版社，1979年。

图 4. 73　周原王家嘴 1953 年出土铜器

王家嘴 WM1[①] 方向 350°，墓壁东侧有两个拱形小壁龛，K1 内有两件铜鼎，K2 内有 1 件陶罐，在墓葬北端二层台上放置陶鬲 1 件（图 4. 74）。所出乳钉夔纹圆鼎为“文化融合阶段”典型特征，圆肩罐与张家坡 M89 所出者十分相似，墓葬的年代应为“文化融合阶段”。此墓在墓壁挖壁龛的情况与石鼓山 M3、M4 具有一定的相似之处，两者可能存在文化上的联系。

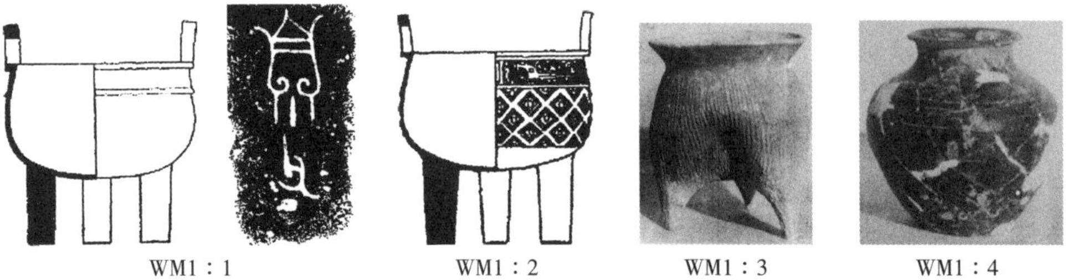

图 4. 74　周原王家嘴 WM1 随葬器物

此外，王家嘴还出有西土系甲类风格铜鼎[②]及西土系乙类风格铜簋[③]（图 4. 75）。

① 巨万仓：《陕西岐山王家嘴、衙里西周墓葬发掘简报》，《文博》1985 年第 5 期。

② 曹玮：《周原出土青铜器》，巴蜀书社，2005 年。

③ 温峰峰、张天宇：《岐山县周原博物馆近年新入藏青铜器选介》，《中国国家博物馆馆刊》2015 年第 11 期。

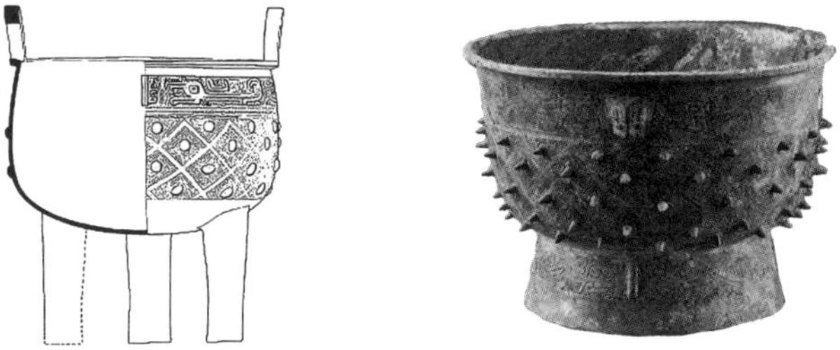

图4.75 周原王家嘴出土铜鼎、簋

贺家墓地[①]的随葬器物组合为每墓仅随葬1件陶鬲[②]，与王家嘴墓地的情况相同。贺家墓地的墓葬兼有随葬高领袋足鬲和联裆鬲者，其中随葬单件联裆鬲的墓葬应属6b段。至西周早期，贺家墓地仍然延续，但已改为随葬联裆鬲。

需要重点讨论的是贺家73M1[③]，方向187°，所出铜器放置在南侧壁龛内，出有铜鼎、簋、甗、斝、罍各1，卣2（图4.76）。邹衡[④]、张天恩[⑤]将此墓年代定为殷墟文化第三期晚段或第四期早段。本研究与以往的认识基本相同，除凤柱斝的特征明显偏早外，其余铜容器的年代均在殷墟文化第三、四期之际，与灵石旌介M1以及殷墟郭家庄M160大体共时。

贺家M5、M6为西周早期晚段墓葬（图4.77）。M5方向35°，随葬铜鼎、簋、矛、当卢以及陶鬲等，随葬铜器的鼎簋组合以及随葬陶器的鬲罐组合均属周系特征。M6方向29°，随葬铜簋1、鬲1，陶鬲2、罐2、簋1、豆1和釉陶豆1，铜鬲已变扁，铜簋腹部下垂，属于西周早期晚段特征。

贺家村西的一座墓葬出有一批西周早期晚段青铜器[⑥]（图4.78），墓葬为东

① 陕西省博物馆、陕西省文物管理委员会：《陕西岐山贺家村西周墓葬》，《考古》1976年第1期；陕西省博物馆、文管会岐山工作队：《陕西岐山礼村附近周遗址的调查和试掘》，《文物资料丛刊》第2集，文物出版社，1978年；陕西省考古研究所：《岐山贺家村周墓发掘简报》，《考古与文物》1980年第1期；长水：《岐山贺家村出土的西周铜器》，《文物》1972年第6期；陕西周原考古队：《陕西岐山贺家村周墓发掘报告》，《文物资料丛刊》第8集，文物出版社，1983年；周原考古队：《2001年度周原遗址（王家嘴、贺家地点）发掘简报》，《古代文明》第2卷，文物出版社，2003年。

② 雷兴山：《先周文化探索》。

③ 陕西省博物馆、陕西省文物管理委员会：《陕西岐山贺家村西周墓葬》，《考古》1976年第1期。

④ 邹衡：《论先周文化》，《夏商周考古学论文集》，文物出版社，1980年。

⑤ 张天恩：《关中商代文化研究》，文物出版社，2004年。

⑥ 长水：《岐山贺家村出土的西周铜器》，《文物》1972年第6期。

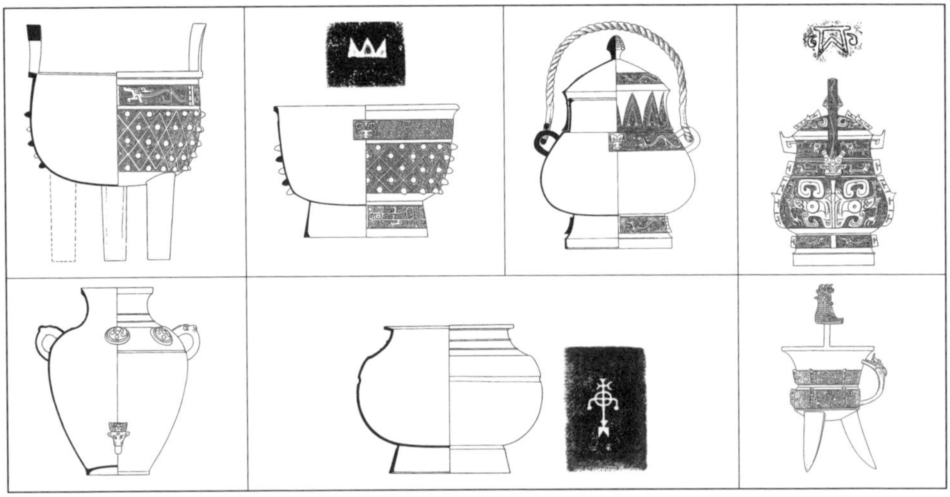

图 4. 76　周原贺家 73 M1 随葬铜器

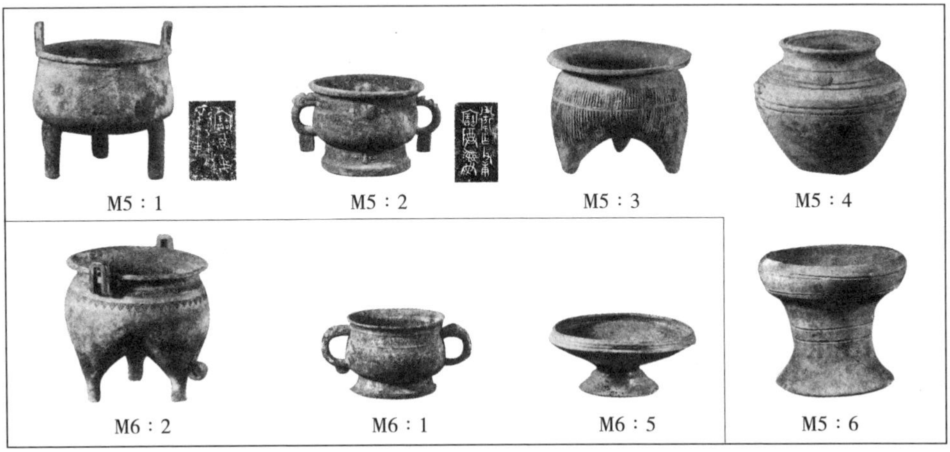

图 4. 77　周原贺家 M5、M6 随葬器物

西向。

1976 年，贺家村西北 200 米处发掘墓葬 35 座①，其中的 M113 方向 260°，出土青铜鼎 2、甗 1，还出有陶鬲、盉、豆、罐等，陶鬲口沿外侧绳纹未抹，圆肩罐肩部饰一道旋纹，可知墓葬属于“文化融合阶段”（图 4. 79）。

① 陕西省周原考古队：《陕西岐山贺家村西周墓发掘报告》，《文物资料丛刊》第 8 集，文物出版社，1983 年。

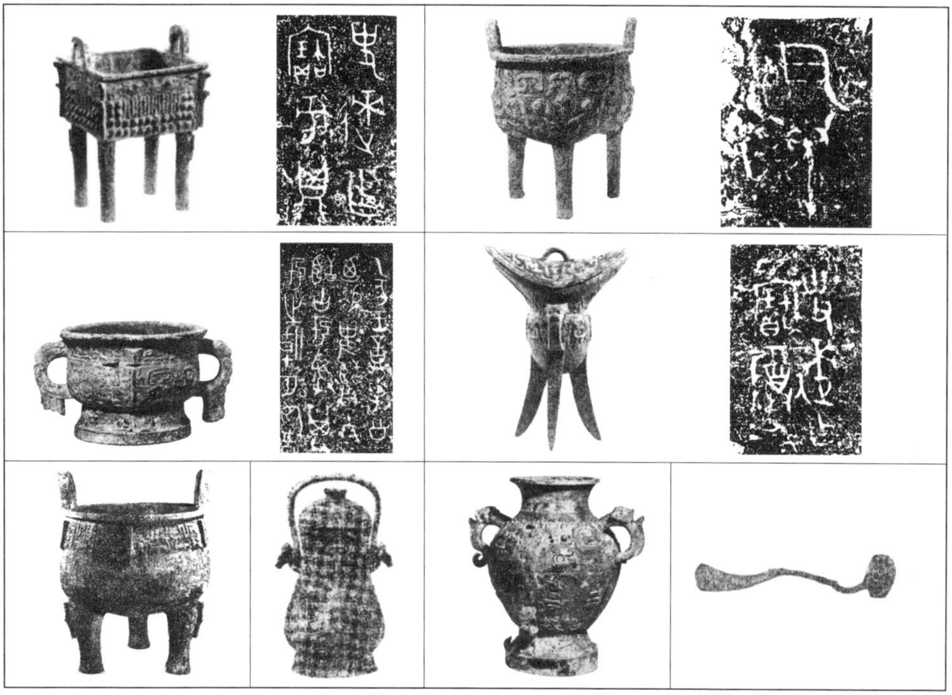

图4.78　周原贺家村西墓葬随葬铜器

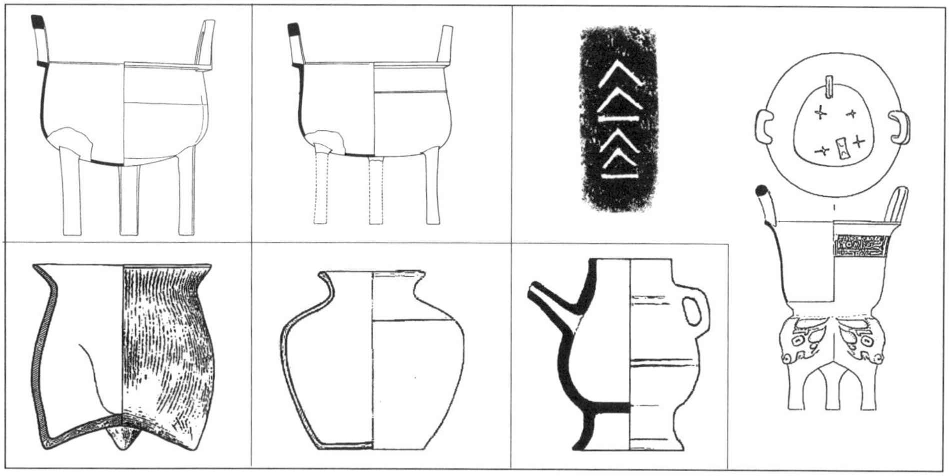

图4.79　周原贺家 M113 随葬遗物

贺家附近发现的小墓出有高领袋足鬲或横绳纹鬲，伴出铜昜，有毁兵现象（图4.80），属于周系文化特征。

图 4.80 周原贺家附近小墓随葬器物

此外，贺家出有一件西土系甲类风格铜鼎①，有铭文（图 4.81）。贺家村还出土铜鼎 2、觯 1②，其中的兽面纹圆鼎为西周早期特征，但简化兽面纹圆鼎及觯为殷墟文化晚期特征（图 4.81）。

图 4.81 周原贺家出土铜器

齐家村北 F1③ 出有口沿外侧绳纹抹去和未抹的联裆鬲、绳纹罐、菱格纹罐、方格纹盆、高领袋足鬲、联裆甗、分裆甗及商式簋、小口矮领瓮等（图 4.82）。根据器物形制与组合关系可知，齐家村北 F1 的年代与沣西 H18 的年代相当，属于“文化融合阶段”。

齐家村北 H49、H14 与齐家村北 F1 所出陶器的形制基本相同，也均属于联裆鬲类器物占据主导因素的单位，也存在商式鬲、小口矮领瓮（图 4.83）。与齐家村北 F1 的年代相同，齐家村北 H49、H14 也属于“文化融合阶段”。

发掘者指出，齐家村北“先周时期”遗存的“显著特征表现在联裆鬲和联裆甗所占比例远远超过高领袋足鬲和袋足分裆甗，前两者之和占到各器类总数的 50% 以上，而后两者却不足 10% 。……本期遗存的主体器物群面貌、典型器类的式别年代

① 曹玮：《周原出土青铜器》，巴蜀书社，2005 年。

② 庞文龙：《岐山县博物馆藏商周青铜器录遗》，《考古与文物》1994 年第 3 期。

③ 周原考古队：《周原：2002 年度齐家制玦作坊和礼村遗址考古发掘报告》，科学出版社，2010 年。

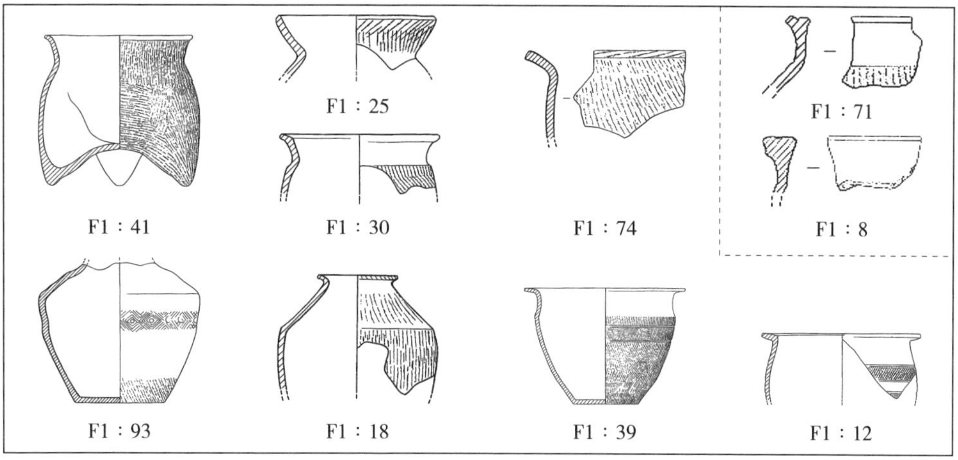

图4.82 周原齐家村北F1出土陶器

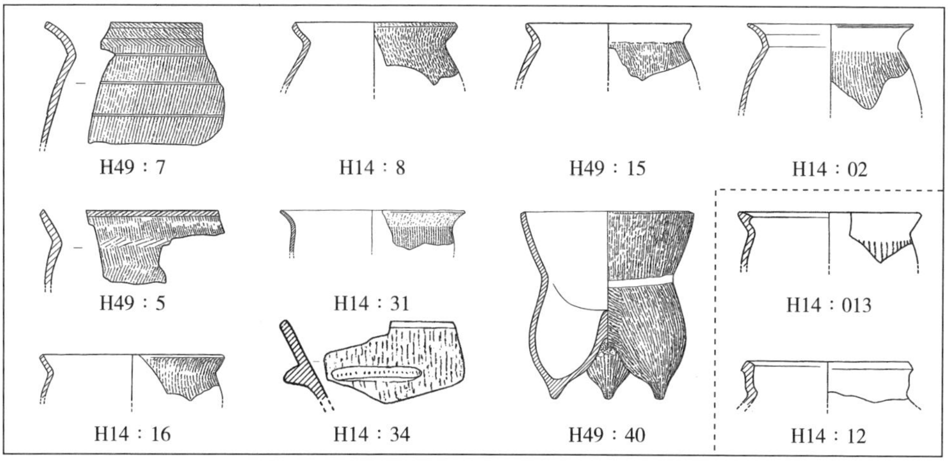

图4.83 周原齐家村北H14、H49出土陶器

特征、陶系纹饰特征与沣西H18相同”①。但关键性器类的有无应在器物组合中被强调，来自殷墟文化的陶鬲、小口矮领瓮等器物标志着相对更晚的阶段，出现殷墟文化因素的齐家村北F1、H49、H14代表的是以沣西H18为代表的“文化融合阶段”遗存。

齐家村北还发现一批西周早期墓葬，如铜器墓M4、M12和陶器墓M29、M30。

① 周原考古队：《周原：2002年度齐家制玦作坊和礼村遗址考古发掘报告》，科学出版社，2010年。

M4 西向，有腰坑，随葬铜鼎 1、鬲 1、簋 1、尊 1、卣 1、爵 2、觯 1，陶鬲 5、簋 3、罐 4、罍 2，均为同形特征。M12 南向，有腰坑，随葬铜鼎 1，陶鬲 3、簋 2、罐 10，所出陶器具有较为明显的同形现象。M29 出土偶数同形的陶鬲、罐，陶鬲为口沿外侧抹光的横绳纹鬲，属于横绳纹鬲的最晚形态[①]。M30 出土偶数同形的联裆鬲及小型圆肩旋纹罐，另出有三角划纹簋及素面陶簋各 1。根据墓葬的墓向、腰坑以及随葬陶器的同形现象推测这批西周早期墓葬的墓主人为殷遗。发掘者联系到以往附近的考古发现推测齐家村北属于一处殷遗手工业者为主体的制玦作坊。

在齐家村东[②]也存在西周早期的居址与墓葬相混杂的现象。ⅣA1M17 有腰坑，随葬联裆陶鬲 4、彩绘折肩罐 2、圆肩旋纹罐 2、簋 1，存在同形现象。齐家村东发现西周早期墓葬 89FQM5[③]，方向 270°，有腰坑、殉狗，随葬陶簋 3、陶鬲 3、罐 5，存在同形现象。89FQM4 方向 354 度，有腰坑，随葬陶鬲 2、罐 2、盆 2，存在同形现象。可见齐家村东在西周早期也属于殷遗分布区。

齐家村出有铜爵、觯各 1 件[④]（图 4. 84），属于西周早期墓葬常见随葬铜器组合。1977 年发掘的齐家 M1[⑤] 出有兴鼎及簋各 1 件（图 4. 84）。

图 4. 84　周原齐家出土铜器

在齐家沟西侧的礼村发现先周晚期典型单位礼村 LH8，以联裆鬲和联裆甗占据绝对比例，还可见到高领袋足鬲、袋足分裆甗、高领球腹罐、折肩绳纹罐、方格纹盆等器类（图 4. 85），呈现出联裆鬲类文化陶器群与高领袋足鬲类文化陶器群的融合

① 雷兴山：《先周文化探索》。
② 周原考古队：《2002 年周原遗址（齐家村）发掘简报》，《考古与文物》2003 年第 4 期。
③ 罗西章：《扶风齐家村西周墓清理简报》，《文博》1990 年第 3 期。
④ 白晓银：《陕西周原遗址新出土的青铜器》，《考古与文物》2014 年第 3 期。
⑤ 陕西省考古研究所：《陕西出土商周青铜器》（二），文物出版社，1980 年。

特征。礼村 LH8 中尚未出现殷墟文化因素的陶簋、小口矮领瓮等，相对年代早于沣西 H18。

礼村 LH14 出有一件“异形高领袋足鬲”LH14：1，可能与礼村 LH8 的年代大体相当。礼村 LH11 出有小口矮领瓮 LH11：15，年代应已进入“文化融合阶段”，与沣西 H18 年代相当。至西周早期，以礼村 LH15 为代表，已呈现出与齐家村东居址面貌相似的文化遗存。

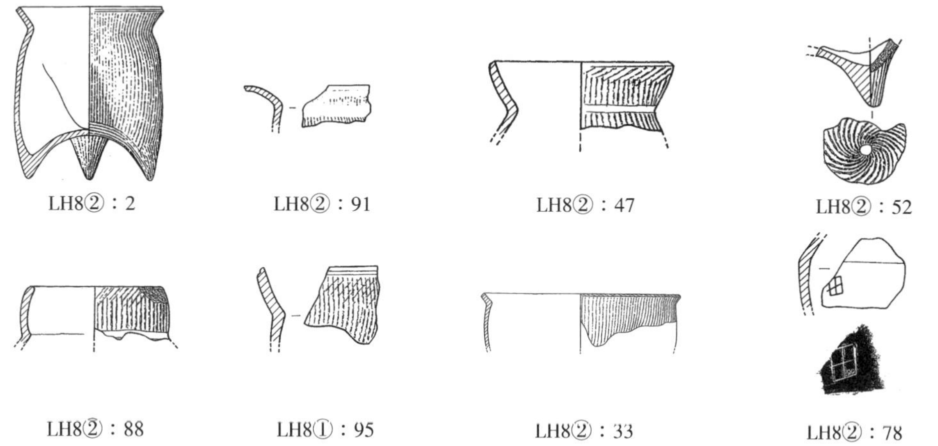

图 4. 85　周原礼村 LH8 出土陶器

礼村附近也曾出土多批铜器（图 4. 86）。1950 年，礼村曾出土一件蛇首双身纹饰的方鼎，铭文为“王乍中姬宝彝”，属于“文化融合阶段”流行特征。礼村附近取土曾得到铜鼎 1、簋 1①，分裆鼎属于殷墟文化典型形制，铜簋的小乳钉为“文化融合阶段”特征。礼村北壕出有凡尊②。1953 年，礼村出有 5 件殷墟文化第四期至西周早期风格铜器③，有多而杂的族徽和日名。

与王家嘴、贺家地点的碾子坡文化遗存并存的有刘家文化墓葬④。刘家墓地流行偏洞室墓、头龛，随葬多件高领袋足鬲和高领球腹罐，也随葬折肩绳纹罐。发掘者

① 陕西省博物馆、文管会岐山工作队：《陕西岐山礼村附近周遗址的调查和试掘》，《文物资料丛刊》第 2 集，文物出版社，1978 年。

② 岐山县博物图书馆：《岐山县博物馆近几年来征集的商周青铜器》，《考古与文物》1984 年第 5 期。

③ 陕西省考古研究所：《陕西出土商周青铜器》（一）。

④ 陕西周原考古队：《扶风刘家姜戎墓葬发掘简报》，《文物》1984 年第 7 期。

图 4.86　周原礼村出土铜器

将刘家墓地的墓葬分为六期，雷兴山将其重新分为 4 段，其中 M3、M27、M49 属于最晚阶段墓葬①。本阶段的特点是出现了“异形高领袋足鬲”、郑家坡文化特征的方格纹折肩罐和圆肩罐（图 4.87），M3 和 M27 的年代有可能早至礼村 LH8 阶段，但 M49 的年代应晚至“文化融合阶段”。

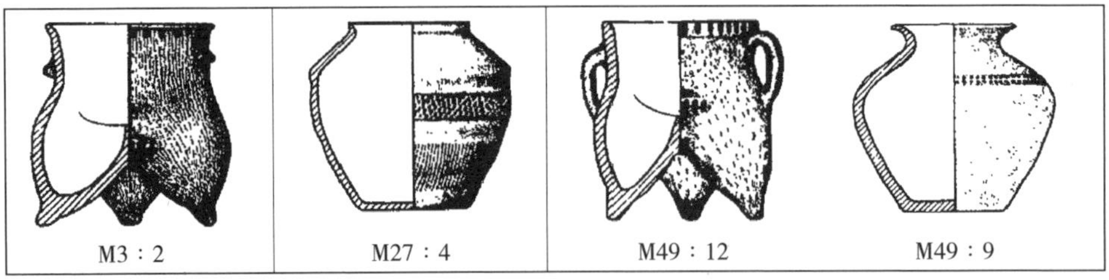

图 4.87　周原刘家墓地出土陶器

可以看到，礼村 LH8 阶段之前，王家嘴、贺家附近属于碾子坡文化分布区，

① 雷兴山：《先周文化探索》。

刘家属于刘家文化分布区，两类遗存都保持了相对独立的文化特征。至礼村LH8阶段，王家嘴、贺家的碾子坡文化遗存以及刘家文化墓葬中均出现了较为引人注目的郑家坡文化因素，极大地改变了这些单位的文化面貌。在稍后的“文化融合阶段”，少量殷墟文化因素（如商式簋、小口矮领瓮及圆肩罐）渗入周原的陶器群中，为陶器群增加了全新的文化因素。王家嘴、贺家及刘家墓地中出有圆肩罐的墓葬与沣西H18、石鼓山M3的年代相当，但这些墓地中缺乏殷墟文化标志性器物的侈口厚唇簋或三角划纹簋，表明殷墟文化与联裆鬲类文化的关系更为密切，圆肩罐有可能是通过联裆鬲类文化对高领袋足鬲类文化产生的影响。

至西周早期，周原遗址已呈现出面貌统一的“宗周文化”面貌。西周早期的周原遗址的聚落面积约19平方公里（图4.88），在先周时期聚落东部出现了南北长1.7公里，面积约1平方公里的手工业区，内部呈现出居葬一体的遗迹空间分布形态①，对应的人群应属殷遗手工业者。

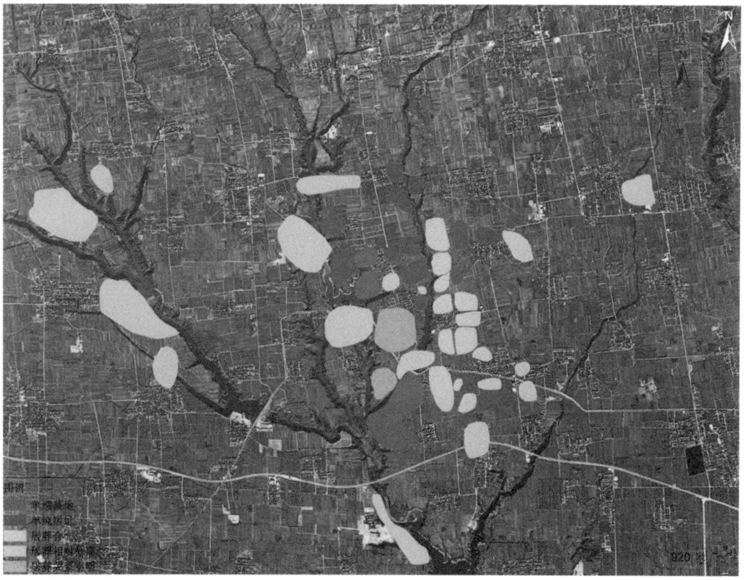

图4.88　周原遗址西周早期聚落形态

① 雷兴山、种建荣：《周原遗址商周时期聚落新识》，《大宗维翰：周原青铜器特展》，文物出版社，2014年。

在李家村西①，铸铜作坊已开始铜器铸造活动，西周早期以 H116 和 H120 为代表（图 4.89），所出陶范及联裆鬲皆属于西周早期典型特征。

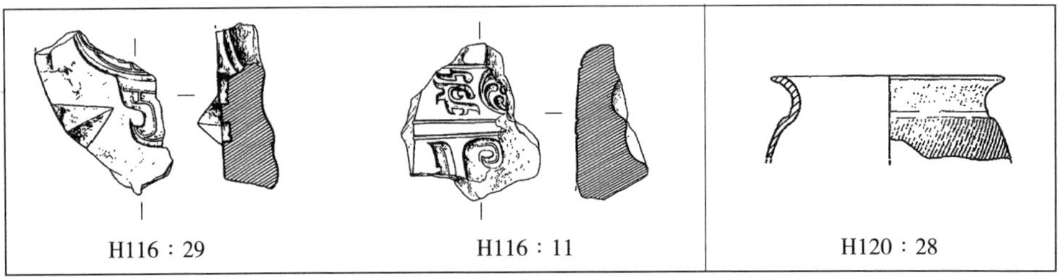

图 4.89　周原李家村西出土陶范及陶器

李家村西 M9②，方向 349°，无腰坑，墓主仰身直肢，随葬铜鼎 3、簋 2、爵 2、鬲、甗、尊、类、卣、盉、斝 1，陶鬲、罐、瓿各 1，原始瓷豆 2（图 4.90）。随葬铜鼎、簋、爵具有同形现象。根据随葬铜器和陶器的特征可知该墓的年代为西周早期。

召李村发现一座西周早期墓葬③，有腰坑、殉狗，推测墓主人可能是殷遗。所出铜壶有可能系商器，但铜卣已具备西周早期特征。墓中还出有歧形当卢、铜昜等周系文化因素（图 4.91）。

周原遗址北部的黄堆发现一批等级较高的墓葬，其中 M22④ 的年代可能相当于西周早、中期之际，方向 355°，无腰坑、殉狗，被盗扰严重（图 4.92）。

云塘村南的制骨作坊发现墓葬 M20⑤（图 4.93），东西向，有腰坑，推测墓主可能是殷遗。随葬铜鬲 M20：5 已近扁体，铜卣盖 M20：7 两端出现犄形角，均为西周早期晚段特征。墓中随葬的铜簋 M20：8、铜尊 M20：2 的特征偏早，也具有日名铭文，有可能属于商器。随葬铜簋 M20：1 的方座属于周系文化特征。

双庵的一座东向墓葬⑥出有铜鼎 1、簋 1、铜昜 1、陶鬲 1（图 4.94）。铜鼎属于

① 周原考古队：《陕西周原遗址发现西周墓葬与铸铜遗址》，《考古》2004 年第 1 期。
② 周原考古队：《陕西扶风县周原遗址庄李西周墓发掘简报》，《考古》2008 年第 12 期。
③ 罗西章、吴镇烽、尚志儒：《陕西扶风县召李村一号周墓清理简报》，《文物》1976 年第 6 期。
④ 陕西周原考古队：《扶风黄堆西周墓地钻探清理简报》，《文物》1986 年第 8 期。
⑤ 陕西周原考古队：《扶风云塘西周墓》，《文物》1980 年第 4 期。
⑥ 岐山县博物馆：《陕西岐山新出土周初青铜器等文物》，《文物》1992 年第 6 期。

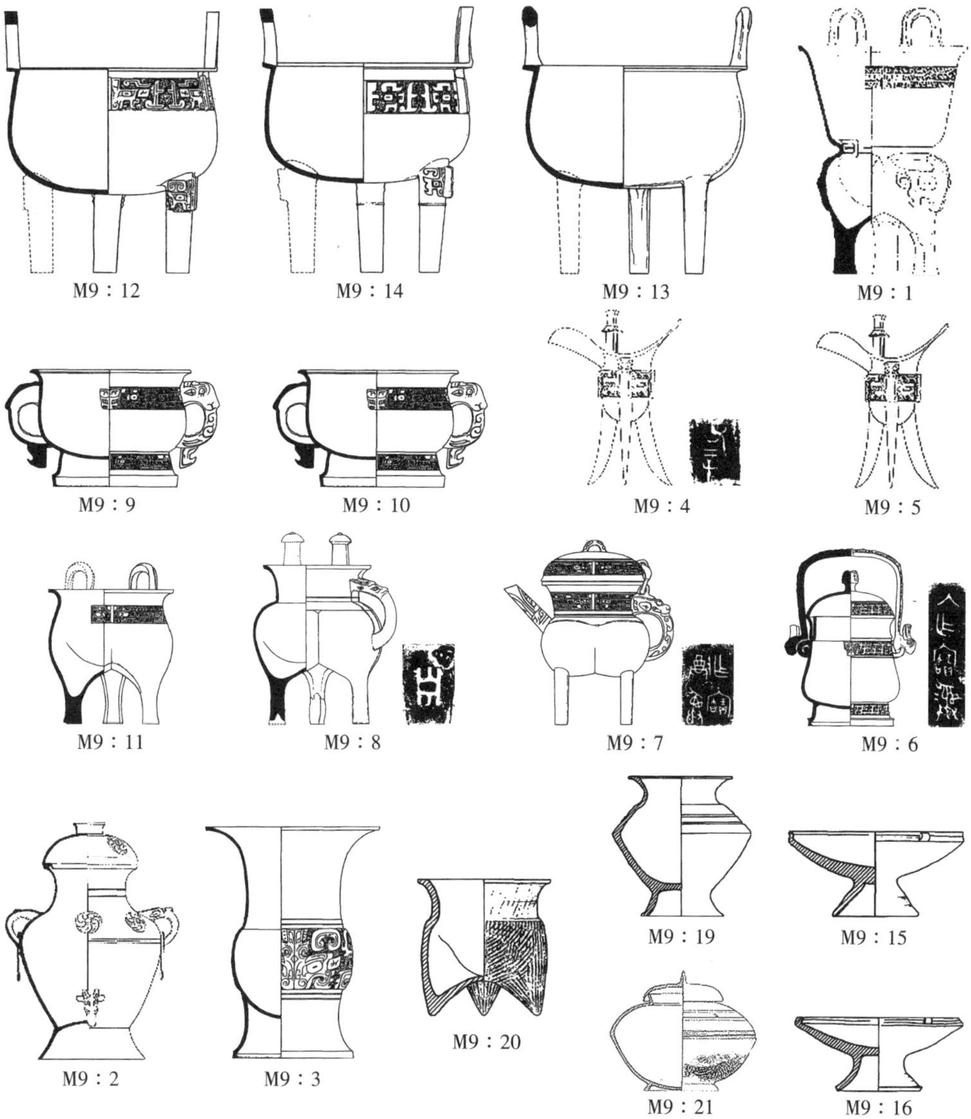

图 4.90　周原李家村西 M9 随葬器物

殷墟文化晚期典型风格，但联裆鬲及铜昜属于周系文化特征。此墓的年代为西周早期早段，墓主人可能属于殷遗。

此外，周原多处地点还散出有数批青铜器（图 4.95）。齐镇村东北土壕①出有西

① 罗西章：《扶风出土的商周青铜器》，《考古与文物》1980 年第 4 期。

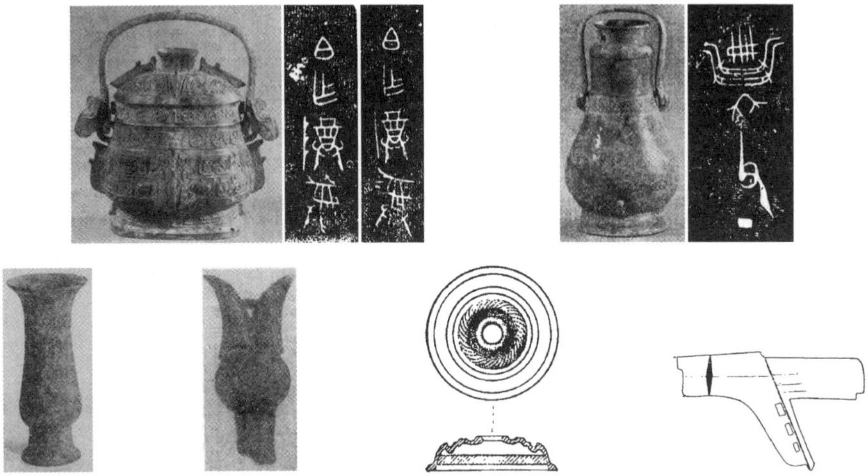

图 4.91　周原召李村西周墓随葬器物

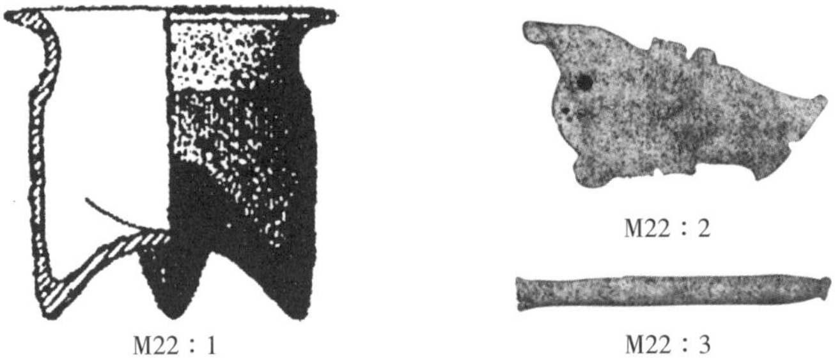

图 4.92　周原黄堆 M22 随葬器物

周早期晚段铜鼎、鬲。庄白残墓 96M1① 出有一件西周早期特征的铜簋。衙里村②出土一件无柱的青铜斝，为殷墟文化第三期特征。李家③所出青铜爵的刀片形足为西周早期特征。

在京当型之后，碾子坡文化和刘家文化出现于周原遗址西部的王家嘴、贺家及刘家等地，高领袋足鬲类文化基本继承了原京当型遗存分布区。至礼村 LH8 阶段，周原遗址东部的礼村及齐家等地出现了联裆鬲类文化，并对周原遗址西部的王家嘴、贺家及刘家进行文化渗透。至“文化融合阶段”，周原遗址西部的王家

① 罗西章：《陕西周原新出土的青铜器》，《考古》1999 年第 4 期。

② 庞文龙：《岐山县博物馆藏商周青铜器录遗》，《考古与文物》1994 年第 3 期。

③ 陕西周原扶风文管所：《周原西周遗址扶风地区出土几批青铜器》，《考古与文物》1982 年第 2 期。

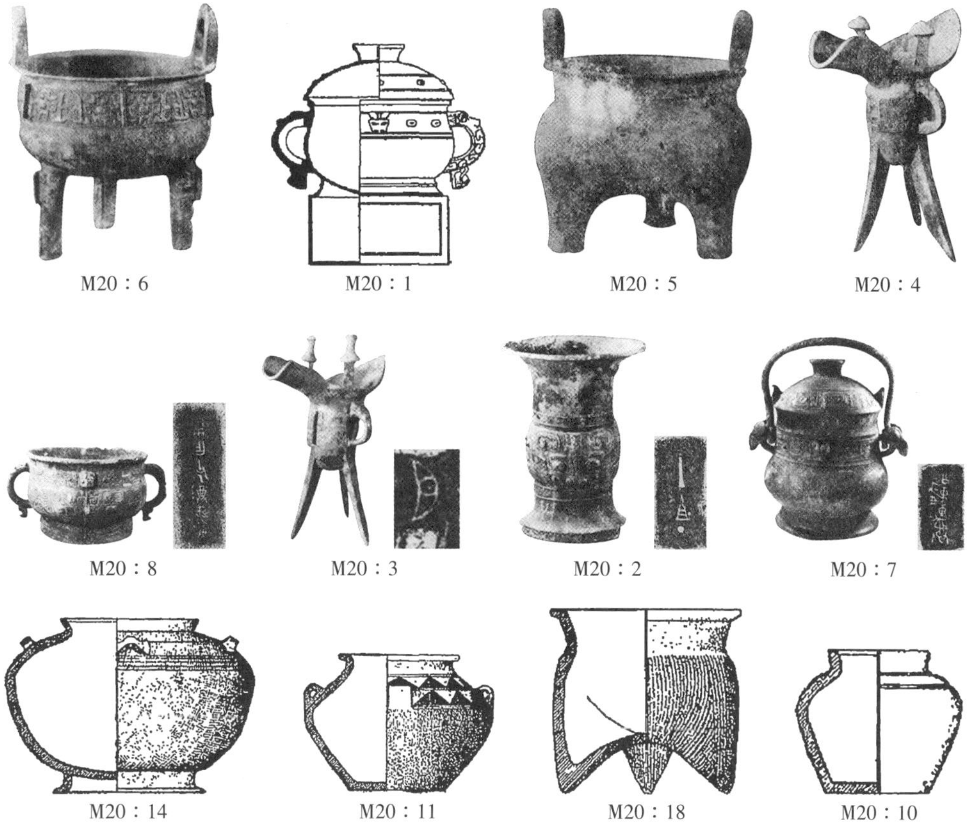

图 4.93　周原云塘 M20 随葬器物

图 4.94　周原双庵墓葬随葬器物

嘴、贺家及刘家墓葬中开始出现间接影响而来的圆肩罐，遗址东部的礼村、齐家等地出现少量殷墟文化因素，齐家、云塘、李家等地出现手工业作坊，殷遗的到来使周原遗址的聚落结构发生了重大变化，但王家嘴、贺家附近受到的影响相对较小。

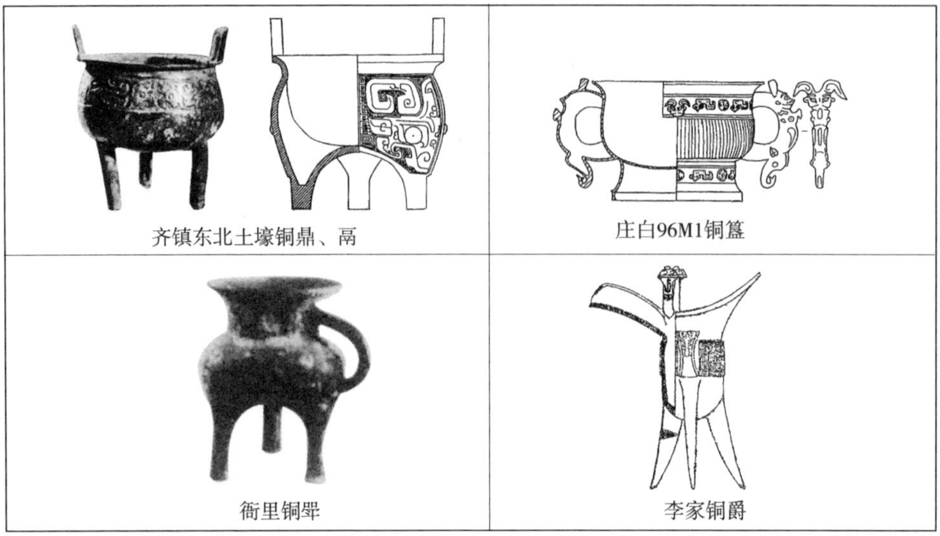

图 4.95　周原遗址出土铜器

四　周原西南邻境

岐山周公庙的考古发掘材料尚未系统公布，根据徐天进介绍，在“先周晚期（偏晚阶段）”陶器群以高领袋足鬲和小口折肩罐为代表，也有一定数量的联裆鬲，属于该遗址最兴盛的时期①。雷兴山将周公庙遗址的居址遗存分为3段，“第1段中高领袋足鬲与袋足分裆甗的数量远远多于联裆鬲与联裆甗……第2段联裆鬲和联裆甗的数量多于高领袋足鬲和袋足分裆甗……第3段以联裆鬲和联裆甗为主要器类，高领袋足鬲和袋足分裆甗极其罕见。另外，第1段中的高领球腹罐、球腹钵、方唇鼓腹盆、方唇盆等器类不见于第3段中，在第2段中的数量亦较少，第2、3段中的横绳纹鬲和异形高领袋足鬲等亦罕见于第1段”②，第2段的文化面貌与礼村LH8相似，但考虑到周原以西的“文化融合阶段”至西周早期遗存陶器群不见殷墟文化因素，第2段的年代下限应可至“文化融合阶段”。此外，周公庙遗址内的祝家巷曾出

① 徐天进：《周公庙遗址的考古所获及所思》，《文物》2006年第8期。
② 雷兴山：《先周文化探索》。

有“新邑”铜戈①和西周早期晚段特征的铜鬲②。樊村取土发现亚𨛭其斝和兽面纹三角缘戈各1件，同出2件陶鬲，已残碎③。

岐山孔头沟的考古发掘材料尚未系统公布。根据种建荣等的介绍④，在“先周晚期”遗存集中于沟东的赵家台、后庄村及沟西的画图寺周围，西周初年赵家台西北出现多座集中的烧制空心砖的陶窑，至西周早期整个遗址的遗存分布密度增大。雷兴山将孔头沟遗址的文化遗存分为3段⑤，情况与周公庙基本相同，第2段的年代上限为先周晚期，年代下限可至“文化融合阶段”。孔头沟遗址范围内的赵家台发现的灰坑H1和陶窑Y1⑥有郑家坡文化陶器与空心砖共出的情况（图4.96），宋村墓地曾出有菱格乳钉纹盆形簋⑦。

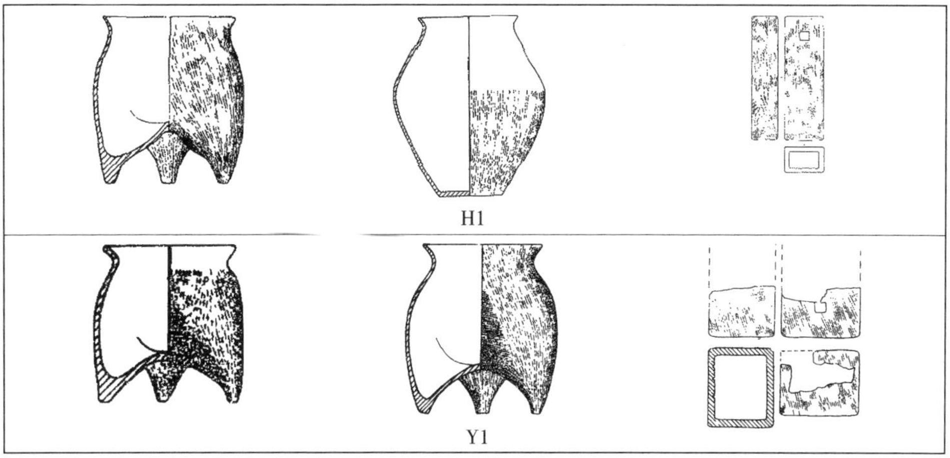

图4.96　岐山孔头沟出土陶器

① 岐山县博物图书馆：《岐山县博物馆近几年来征集的商周青铜器》，《考古与文物》1984年第5期。

② 岐山县博物图书馆：《岐山县北郭公社出土的西周青铜器》，《考古与文物》1982年第2期。

③ 岐山县博物馆：《岐山县北郭乡樊村新出土青铜器等文物》，《文物》1992年第6期。

④ 种建荣、张敏、雷兴山：《岐山孔头沟遗址商周时期聚落性质初探》，《文博》2007年第5期。

⑤ 雷兴山：《先周文化探索》。

⑥ 陕西省考古研究所宝鸡工作站、宝鸡市考古工作队：《陕西岐山赵家台遗址试掘简报》，《考古与文物》1994年第2期。

⑦ 国家文物局：《中国文物地图集·陕西分册》，西安地图出版社，1998年。

岐山丁童家南壕发现青铜鼎①（图4.97），已出现明显的垂腹特征，年代为西周早期晚段。岐山北寨子出有铜鼎、簋各2②（图4.97），其中分裆鼎有可能为商器，圆鼎及乳钉纹簋为“文化融合阶段”至西周早期特征。

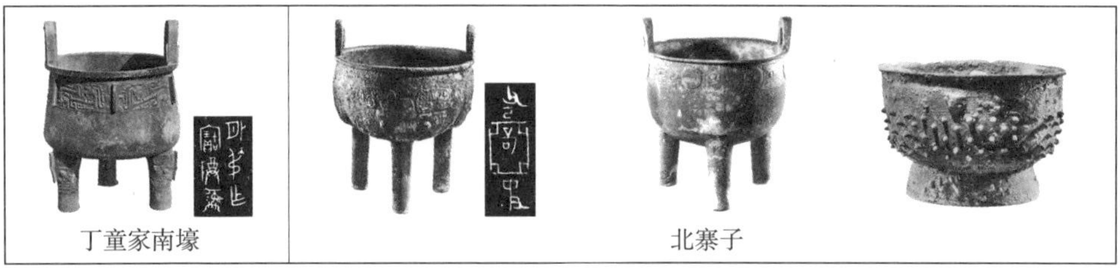

图4.97　岐山出土铜器

岐山县还零散出有一批青铜器（图4.98）。张家场北寨子西沟崖③出土铜鼎2、簋1，分裆鼎属于殷墟文化典型特征，乳钉夔纹盆形簋属于西土系甲类风格铜器，流行于“文化融合阶段”。庙王村④出有铜鼎1，高领袋足鬲1，高领袋足鬲口沿饰斜绳纹，锥足绳纹呈旋转状，时代特征较晚，但所出铜鼎的时代特征较早。魏家河⑤所出圆鼎为兽面纹鼎。牟家村⑥出有铜爵、觯各1，属于西周早期流行的铜器组合方式。东团庄⑦出土铜鼎、簋各1，铜簋加长小珥属于“文化融合阶段”特征。永尧村⑧出有西周早特征铜鬲。南祁家村、宋家村⑨出有盆形簋，均属“文化融合阶段”典型特征。

凤翔南指挥西村发现的墓葬自先周晚期延续至西周中期⑩，被认为的先周晚期墓葬以随葬联裆鬲为主，高领袋足鬲较少见。需要重点讨论的是出土铜容器的80M112和79M42。

---

① 陕西省考古研究所：《陕西出土商周青铜器》（一）。

② 陕西省考古研究所：《陕西出土商周青铜器》（一）。

③ 岐山县博物图书馆：《岐山县北郭公社出土的西周青铜器》，《考古与文物》1982年第2期。

④ 岐山县博物馆：《陕西岐山近年出土的青铜器》，《考古与文物》1990年第1期。

⑤ 庞文龙：《岐山县博物馆藏商周青铜器录遗》，《考古与文物》1994年第3期。

⑥ 庞文龙：《岐山县博物馆藏商周青铜器录遗》。

⑦ 庞文龙：《岐山县博物馆藏商周青铜器录遗》。

⑧ 庞文龙：《岐山县博物馆藏商周青铜器录遗》。

⑨ 庞文龙：《岐山县博物馆藏商周青铜器录遗》。

⑩ 韩伟、吴振烽：《凤翔南指挥西村周墓的发掘》，《考古与文物》1982年第4期。

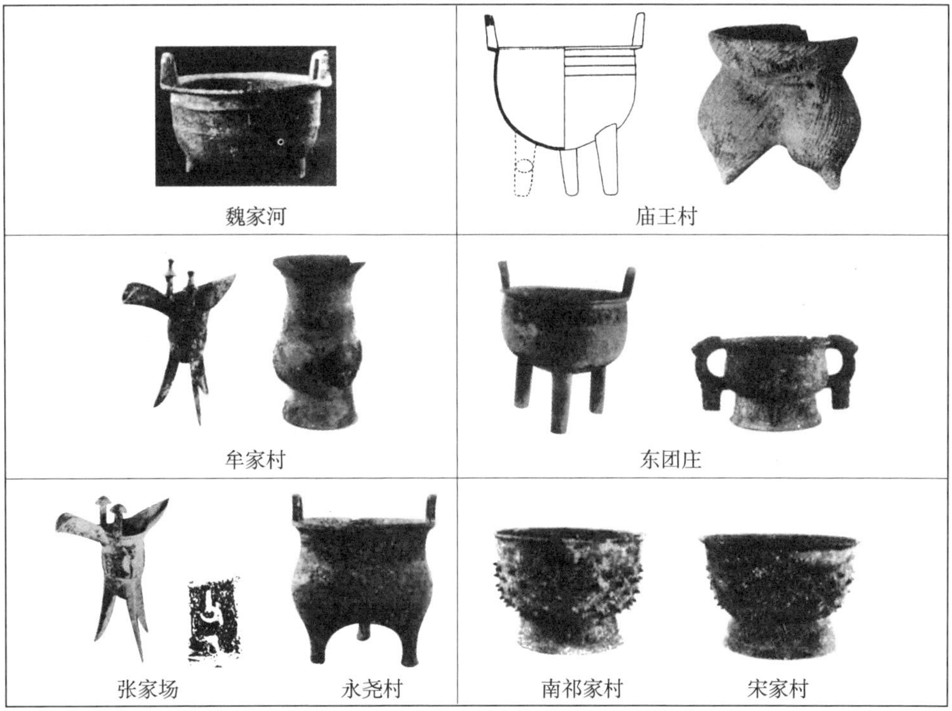

图4.98　岐山出土铜器和陶器

80M112随葬陶鬲为口沿外侧绳纹未抹的联裆鬲，随葬铜鼎为殷墟文化晚期常见的兽面纹分裆鼎（图4.99）。值得注意的是，该件铜鼎内的铭文似乎被刻意磨去，铭文为“亚□父辛”，若为“分器”而来，则墓葬年代应属“文化融合阶段”。

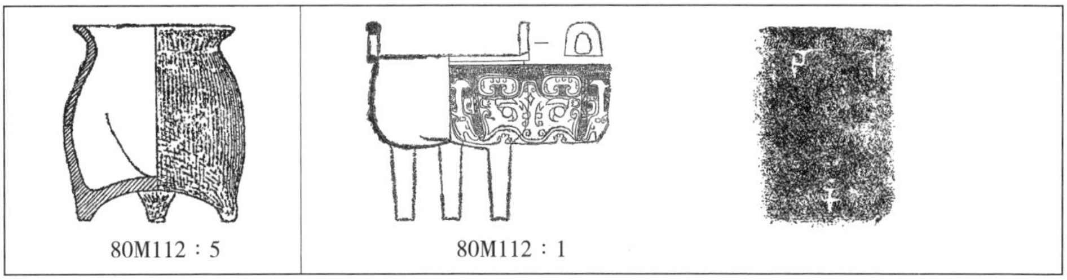

图4.99　凤翔西村80M112随葬器物

79M42的特殊之处在于有壁龛，在墓室西北部的壁龛中放置铜鼎1、簋2，另有联裆陶鬲（口沿外侧绳纹未抹）和绳纹罐各1放置于铜簋内（图4.100）。79M42的形制特征与石鼓山M3较为相似。所出铜鼎铭“鼎”，而在斗鸡台墓地所出柉禁十三器中也有“鼎”铭。所出铜簋中的79M42：3乳钉甚尖刺，一般认为这样的特征已进入“文化融合阶段”。根据79M42的特征判断其年代应与石鼓山M3大体相当。

图4.100　凤翔西村79M42随葬器物

凤翔孙家南头发现一批“文化融合阶段”至西周时期墓葬①，其中M26出有高领袋足鬲，口沿外侧绳纹被抹，有可能已进入“文化融合阶段”。此墓地发现的西周墓以北向墓居多，随葬陶器组合多见鬲、簋、罐（图4.101），35座墓葬中有腰坑的墓葬20座，这批墓葬的人群可能具有一定的殷墟文化背景。

此外，凤翔县文化馆历年来入藏了一批青铜器②（图4.101）。凤翔新庄河出土菱格乳钉纹鼎、簋各1，河北大队出土铜鼎、簋各1，雍水北岸出土铜簋2，化原村出土铜甗、爵各1，董家庄出土觚、爵各1，劝读大队出土铜觯1，丁家河出土铜鼎1，凤翔县文化馆还征集到一批鼎、簋、爵等，这些铜器中不乏拥有族徽、日名的铜器，有可能属于商器，也由“文化融合阶段”最流行的乳钉夔纹鼎、簋，也包括西周早期特征铜器，表明此地在“文化融合阶段”属于非常繁荣的区域。

周原西南邻域基本上属于高领袋足鬲类文化分布区，但凤翔西村墓地的出现表明先周晚期至“文化融合阶段”联裆鬲类文化的强势到来，自此成为周人集团重要的腹地，出现周公等人的采邑。自“文化融合阶段”及以降，本地铜器大量涌现，包括周系铜器及商器，呈现出复杂的铜器群面貌。

---

① 陕西省考古研究院、宝鸡市考古研究所、凤翔县博物馆：《凤翔孙家南头》，科学出版社，2015年。

② 曹明檀、尚志儒：《陕西凤翔出土的西周青铜器》，《考古与文物》1984年第1期。

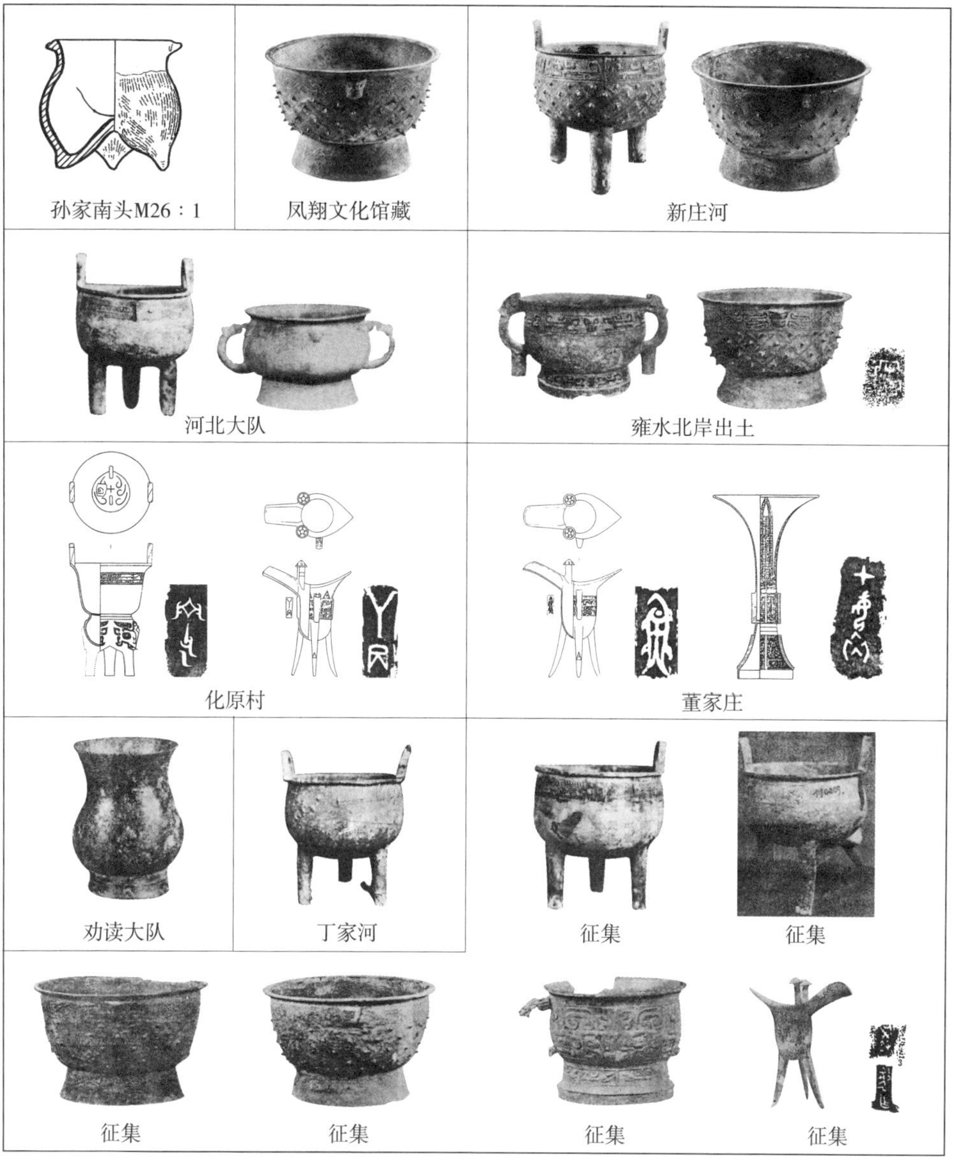

图4.101　凤翔出土铜器

五 宝鸡市区附近

宝鸡戴家湾曾被盗掘出数量较多的“文化融合阶段”青铜器①，但由于考古背景的缺失，对其年代判断带来了一定的困难。庆幸的是，宝鸡石鼓山的发掘对于认识戴家湾出土铜器提供了宝贵的背景材料。

石鼓山M1、M2遭到破坏，但M3保存较为完好②。在石鼓山M3中，铜器可分为西土系甲类风格、西土系乙类风格和商器三类，其中西土系甲类风格铜器主要局限于乳钉夔纹鼎、簋，器壁较薄，铸造稍差，西土系乙类风格属于“文化融合阶段”新出现的铜器风格，属于西土系甲类风格与殷墟文化风格的有机融合产物，商器有可能自殷墟“分器”而来，这些商器被纳入了周系器用方式中，呈现出“商器周用”的特点③。回头反观柉禁十三器④，存在与石鼓山M3相似的器物组合方式。在“文化融合阶段”，西土系风格铜器已经进入安阳殷人的随葬铜器组合，并且铸上了殷人自身的族徽，石鼓山M3的年代与安阳殷墟刘家庄北M1046的年代相当。

王炜林曾披露石鼓山共发现商周时期及其他时期墓葬58座，还发现与墓葬同期的灰坑、房址和陶窑80余处⑤。根据石鼓山M4简报⑥公布的遗迹平面图（图4.102），石鼓山墓地分为东北和西南两区，西南区的墓葬均为东西向，东北区多为南北向，M3位于墓地最北端。

石鼓山M4位于M3东南部，所出商器数量较少，西土系风格铜器也出现稍晚的时代特征，因而其年代应略晚于石鼓山M3。随葬铜器中仍然存在相当数量的西土系甲类风格铜器，表明周系铜器生产线仍然存在独立运转。该墓东北部的K5内出有

---

① 任雪莉：《宝鸡戴家湾商周铜器群的整理与研究》，线装书局，2012年；陈昭容：《宝鸡戴家湾与石鼓山出土出土青铜器》，历史语言研究所，2015年。

② 石鼓山考古队：《陕西宝鸡石鼓山西周墓葬发掘简报》，《文物》2013年第2期。

③ 李宏飞：《论石鼓山M3的商器周用现象及其背景》，《三代考古》（七），科学出版社，2017年。

④ 陕西省考古研究院、宝鸡市文物旅游局、上海博物馆：《周野鹿鸣：宝鸡石鼓山西周贵族墓出土青铜器》，上海书画出版社，2014年。

⑤ 陕西省考古研究院、宝鸡市文物旅游局、上海博物馆：《周野鹿鸣：宝鸡石鼓山西周贵族墓出土青铜器》，上海书画出版社，2014年。

⑥ 陕西省考古研究院、宝鸡市考古研究所、宝鸡市渭滨区博物馆：《陕西宝鸡石鼓山商周墓地M4发掘简报》，《文物》2016年第1期。

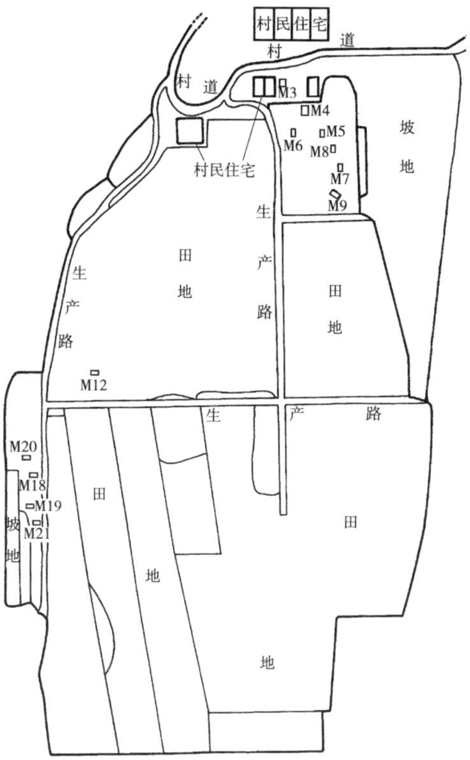

图4.102　宝鸡石鼓山墓地平面图

高领袋足鬲及圆肩罐（图4.103），为“文化融合阶段”特征，可知尽管略晚于M3，但两者之间的时代差距并不大。M4缺乏M3中常见的兵器，推测墓主人有可能为女性，甚至有可能为M3的配偶。铜甗M4：302（图4.103）为仿殷墟文化陶甗。

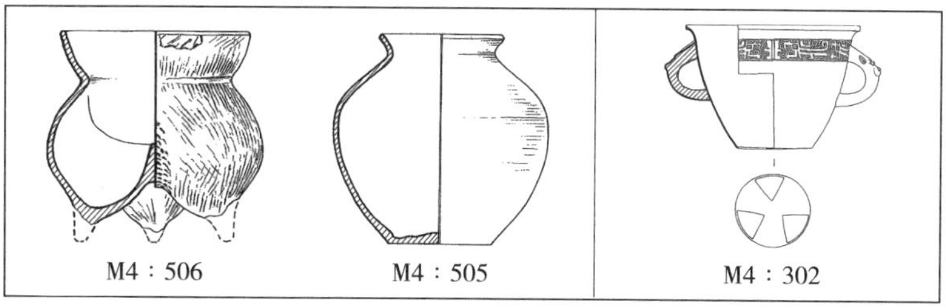

图4.103　宝鸡石鼓山M4随葬器物

《宝鸡六章》公布的石鼓山H36的部分器物①可见高领袋足鬲与口沿外侧抹光的联裆鬲共存（图4.104），年代为“文化融合阶段”。此外，共出的还有受巴蜀地区因素的尖底器。

图4.104 宝鸡石鼓山H36出土陶器

在党毓坤盗掘戴家湾之后，北平研究院曾在斗鸡台展开发掘，获取了一批先周至西周时期的陶器墓。苏秉琦将这批材料整理成报告②，并借对陶鬲的分析奠定了中国考古类型学的实践操作方法。邹衡曾将斗鸡台的墓葬分为四期，自先周晚期延续至西周昭穆之际，第二期大体与沣西H18的年代相当，“无论小型陶器墓，或是中小型铜器墓，都出现了腰坑，有的坑内殉狗”，“分裆鬲和联裆鬲开始共存于一墓之中”③。斗鸡台墓地在“文化融合阶段”的特点是随葬高领袋足鬲和随葬联裆鬲的墓葬杂处，并与西周时期墓葬属于同一墓地。

宝鸡地区发现的以高领袋足鬲为主的居址遗存较少，以纸坊头④为代表。纸坊头遗址第4A层“出土的陶高领袋足鬲为圆形袋足、圆锥形足尖……陶折肩罐、瘪裆鬲等是先周文化和西周文化共有的遗物。此层内陶高领袋足鬲类与瘪裆鬲类共出的情况，与沣西马王村H11的情况相似”，第4B层包含“出土陶高领袋足鬲、甗、双耳罐、单耳罐、折肩罐等，尚不见瘪裆鬲、圆肩罐等陶器，与扶风刘家墓地二、三、四、五期的情况相似”。按照本研究的观点，纸坊头第4B层属于先周晚期，第4A层与沣西H18、马王村H11的年代相当，已属于“文化融合阶段”。

---

① 上海博物馆：《宝鸡六章：青铜器之乡的考古学叙述》，北京大学出版社，2015年。

② 苏秉琦：《斗鸡台沟东区墓葬》，国立北平研究院史学研究所，1948年。

③ 邹衡：《论先周文化》，《夏商周考古学论文集》，文物出版社，1980年。

④ 宝鸡市考古队：《宝鸡市纸坊头遗址试掘简报》，《文物》1989年第5期。

宝鸡高家村墓地[①]存在有偏洞室葬，也有墓葬挖头龛，随葬多件高领袋足鬲和高领球腹罐。雷兴山曾将其分为3段，其中第3段出现了圆肩罐[②]。M18出有瘦高的素面圆肩罐，年代为“文化融合阶段”，M7、M14等墓葬所出圆肩罐饰旋纹，相对年代稍晚，有可能晚至西周早期早段（图4.105）。

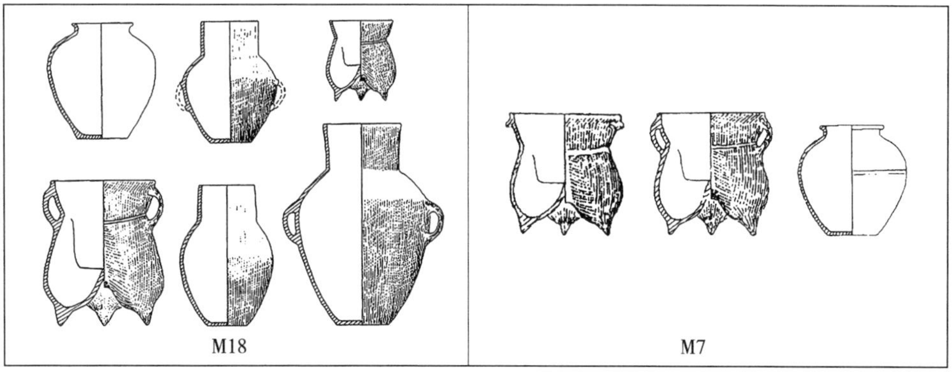

图4.105　宝鸡高家村M7随葬陶器

宝鸡旭光村墓[③]的墓主人南向，仰身直肢。随葬铜甗、簋各1，高领袋足鬲2、圆肩罐1（图4.106）。铜甗及簋的年代属于“文化融合阶段”，圆肩旋纹罐为西周早期特征，随葬两件高领袋足鬲的情况与高家村墓地情况相似。

宝鸡林家村墓[④]的残壁龛中出有铜鼎、簋各1，高领袋足鬲2，罐1（图4.106）。所出铜鼎为西土系甲类风格，方座铜簋为西土系乙类风格，此情况与宝鸡石鼓山M3的K4情况类似。随葬一大一小2件高领袋足鬲的情况也与旭光村墓的情况相似。可见，林家村墓的年代也为属于“文化融合阶段”。

宝鸡峪泉村曾发现一座墓葬[⑤]，随葬铜鼎1、簋2、卣1、觯1，还出有歧形当卢、弓形器、铜昜，以及被折弯的戈、戟等（图4.107）。随葬铜鼎、有铭铜簋及铜卣可

① 高次若、刘明科、李新泰：《宝鸡高家村发现刘家文化陶器》，《考古与文物》1998年第4期；宝鸡市考古工作队：《陕西宝鸡高家村遗址发掘简报》，《考古》1998年第4期；宝鸡市考古工作队：《陕西宝鸡高家村刘家文化墓地发掘报告》，《古代文明》第7卷，文物出版社，2008年。

② 雷兴山：《先周文化探索》。

③ 王桂枝：《宝鸡下马营旭光西周墓清理简报》，《文博》1985年第2期。

④ 阎宏斌：《宝鸡林家村出土西周青铜器和陶器》，《文物》1988年第6期。

⑤ 王光永：《陕西省宝鸡市峪泉生产队发现西周早期墓葬》，《文物》1975年第3期。

图 4.106　宝鸡旭光村墓及林家村墓随葬器物

能为商器。随葬的弓形器属于商系车马器，但歧形当卢属于周系车马器，铜昜、戟及毁兵葬俗属于周系文化特征。此墓呈现出商周文化因素融合的特征，年代为“文化融合阶段”。此墓被破坏，在随后的抢救清理中并未发现腰坑。

图 4.107　宝鸡峪泉村西周墓随葬器物

宝鸡峪泉村 M5①，方向 340°，墓主人仰身直肢，无腰坑，随葬铜鼎、簋各 1，高领袋足鬲和圆肩罐各 1（图 4.108），随葬铜簋的圈足特征属于殷墟文化第四期晚段特征，随葬铜鼎属于西周早期特征，圆肩罐尽管无旋纹，但形体较矮，应已晚至西

① 陕西省考古研究所、宝鸡市考古队：《陕西省宝鸡市峪泉周墓》，《考古与文物》2000 年第 5 期。

周早期。

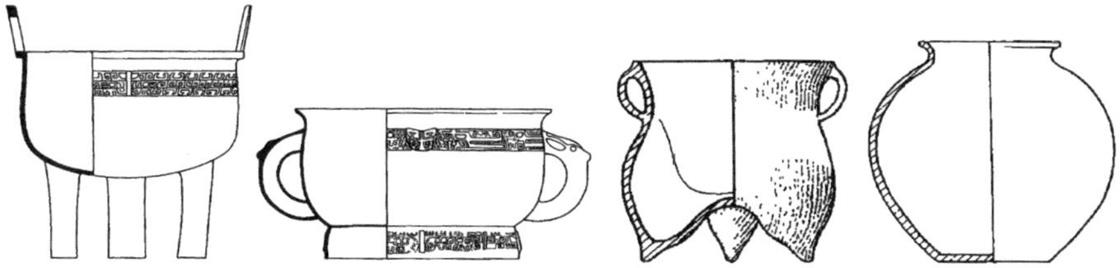

图4.108 宝鸡峪泉M5随葬器物

峪泉村M6，方向355°，墓主仰身直肢，无腰坑，随葬铜鼎、簋各1，以及口沿外侧抹光的联裆鬲1（图4.109）。M6所出铜鼎的腹部为扁体，所饰兽面纹有列旗，所出铜簋已出现加高的足缘，所出联裆鬲的颈部外侧已抹光，根据这些特征判断M6的年代为西周早期。M6中还出有周系文化因素的铜昜和歧形当卢。

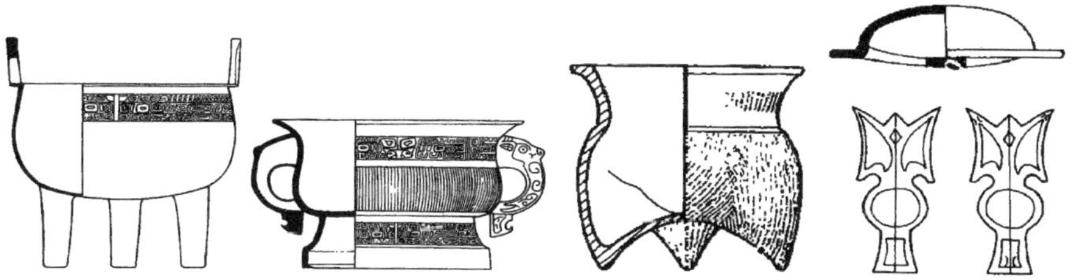

图4.109 宝鸡峪泉M6随葬器物

宝鸡蒋家庙城址①“以商末至西周早期遗存为主。……先周晚期与西周早期的遗存分布区域基本重合，很多先周晚期的遗物采集自西周早期的遗迹单位中。……先周时期可见器型有高领袋足鬲、蛋形瓮、圆肩罐等”，由于蛋形瓮和圆肩罐多见于“文化融合阶段”遗存，推测蒋家庙城址的“先周晚期”遗存实为“文化融合阶段”遗存。“西周时期遗物以西周早期为主……联裆鬲多卷沿，沿下角大于90度，沿外至腹外通施竖向连续绳纹，部分沿外上部绳纹被抹，圆锥状实足根。”表明个别联裆鬲的特征可早至“文化融合阶段”。蒋家庙在此阶段存在城墙及夯土建筑等重要遗迹。

宝鸡高庙村发现一批西周墓葬，4座大中型墓被盗扰严重，南北向，无腰坑，墓

① 北京大学中国考古学研究中心、宝鸡市考古研究所：《宝鸡市蒋家庙遗址考古调查报告》，《古代文明》（九），2013年。

口略小于墓底，西周早期墓葬以 M5 为代表，是该墓地规模最大者，一棺一椁，但几乎被盗掘一空①。

宝鸡㢐国墓地②分为纸坊头、竹园沟、茹家庄三处地点，1974～1981 年的发掘清理墓葬 27 座，车马坑 2 座，马坑 4 座。该墓地存在夫妻合葬情况（竹园沟 BZM13、BZM7、BZM4），与通常认为的商、周文化皆有不同之处。茹家庄一号墓还有腰坑及殉人。根据出土遗物判断年代上限不超过“文化融合阶段”，下限可至西周中期。

㢐国墓地“文化融合阶段”墓葬以竹园沟 BZM20 为代表。竹园沟 BZM20 出有西土系甲类风格铜鼎，铜簋 BZM20：3 可能属于商器，随葬陶器包括尖底器及深腹绳纹罐为本地特征，还出有周系文化特征的铜昜（盾饰）（图 4. 110）。

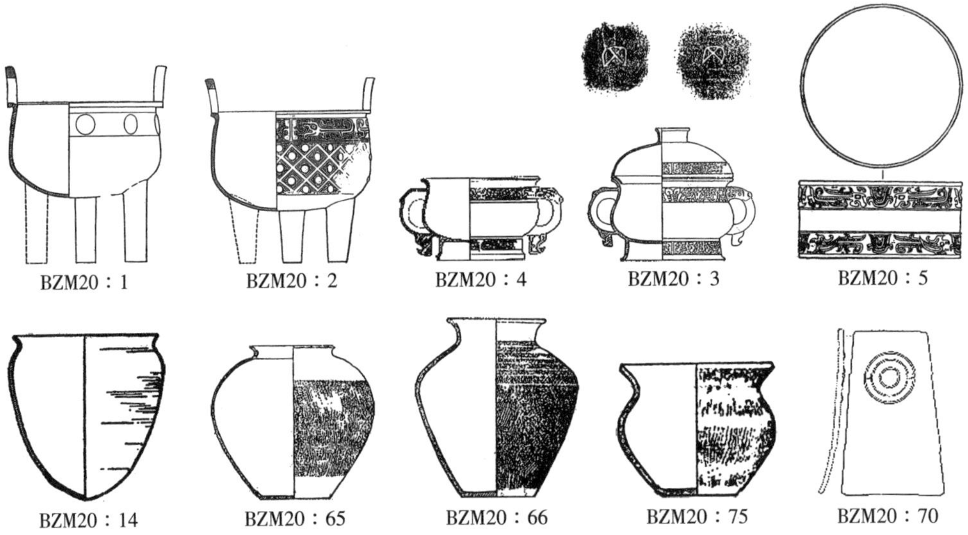

图 4. 110　宝鸡竹园沟 BZM20 随葬器物

㢐国墓地多为铜器墓，所出铜器按照风格可分为三类，分别为周系铜器、商系铜器及自身特征铜器。周系铜器（图 4. 111）通常具有繁复的纹饰，并注重器物局部的夸张，如向外尖刺的水牛角，加长的小珥，放大的兽首，增高的圈足、夔龙或凤鸟纹的钮及足部装饰等。

① 宝鸡市考古工作队、宝鸡县博物馆：《宝鸡县阳平镇高庙村西周墓群》，《考古与文物》1996 年第 3 期。

② 卢连成、胡智生：《宝鸡㢐国墓地》，文物出版社，1988 年；宝鸡市考古研究所：《陕西宝鸡纸坊头西周早期墓葬清理简报》，《文物》2007 年第 8 期。

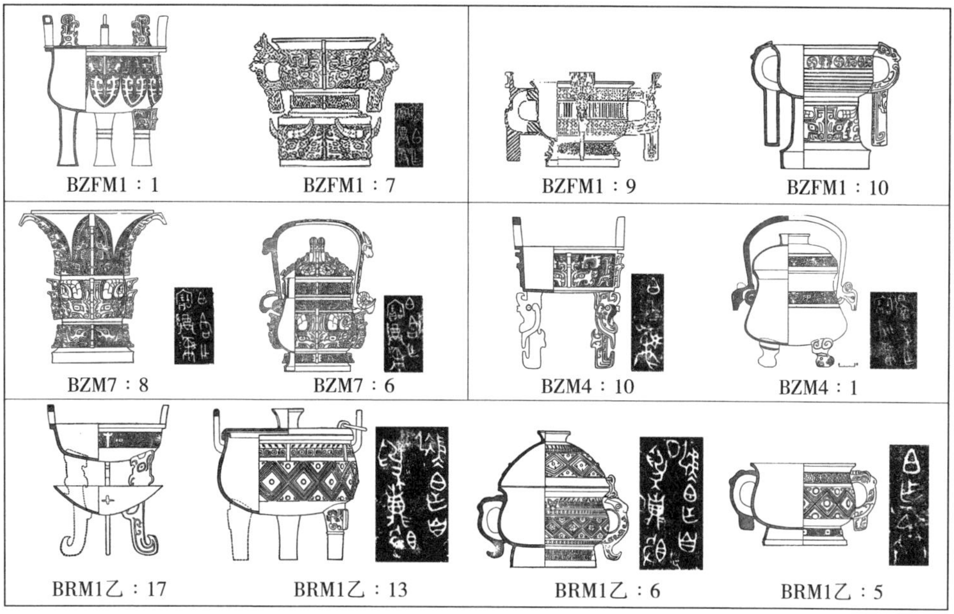

图 4.111　強国墓地出土周系铜器

商器（图 4.112）通常具有殷墟文化第四期特征，通常有族徽、日名，有些铭文似乎被刻意磨损。铜器风格稍显内敛，缺乏周系铜器繁复的装饰及器物局部的夸张。

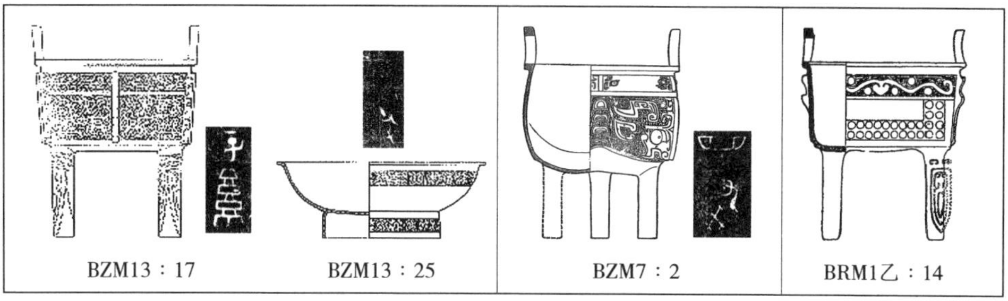

图 4.112　強国墓地出土商器

与此同时，強国墓地中还可以见到诸如儿鼎、儿簋腹部外鼓的一类铜器以及铜器化的尖底器，都属于地方特征的铜器（图 4.113）。

強国墓地中随葬的陶器常见深腹绳纹罐和尖底器，此外还发现有马鞍形双耳罐及素面陶鬲（图 4.114），表明该墓地受到了来自周边文化的多重影响。茹家庄曾发现 3 座灰坑，“文化融合阶段”特征的高领袋足鬲与受巴蜀地区影响的尖底器共出（图 4.114），同样表现出该地受到周邻文化的强烈影响。茹家庄灰坑所出遗物与石鼓

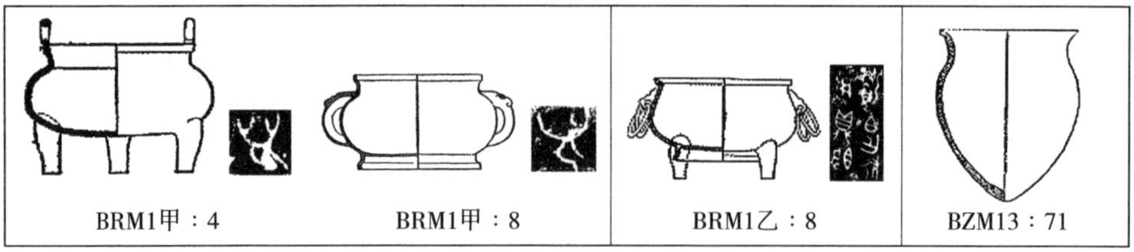

图4.113　弜国墓地出土地方特征铜器

山H36所出陶器群具有一定的相似之处。

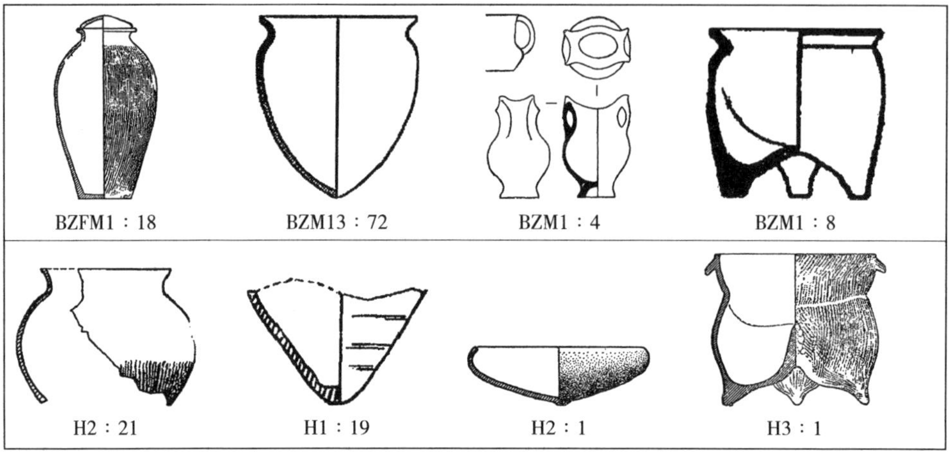

图4.114　弜国墓葬及居址出土陶器

此外，宝鸡市考古研究所在纸坊头又清理了两座残墓①。2003BZFM2出有铜盉、甗、瓿各1件（图4.115），其中铜盉、铜甗有可能系商器，铜瓿具有年代更早的时代特征。

2003BZFM3出有分裆鼎1、圆鼎3、方鼎1、簋2、壶1（图4.116）。其中分裆鼎2003BZFM3：1尽管为殷墟文化形制，但制作已变形，靠近分裆处的纵向夔龙纹饰也已消失，应属于本地产品。方鼎2003BZFM3：5、壶2003BZFM3：3及簋2003BZFM3：7可能属于商器。圆鼎皆属西土系甲类风格，其中口沿下饰直肢夔龙的菱格乳钉圆鼎属于"文化融合阶段"最流行的器物。簋2003BZFM3：8加长小珥属于进入"文化融合阶段"的特征。整体上看，2003BZFM3的年代应属"文化融合阶段"。

① 宝鸡市考古研究所：《陕西宝鸡纸坊头西周早期墓葬清理简报》，《文物》2007年第8期。

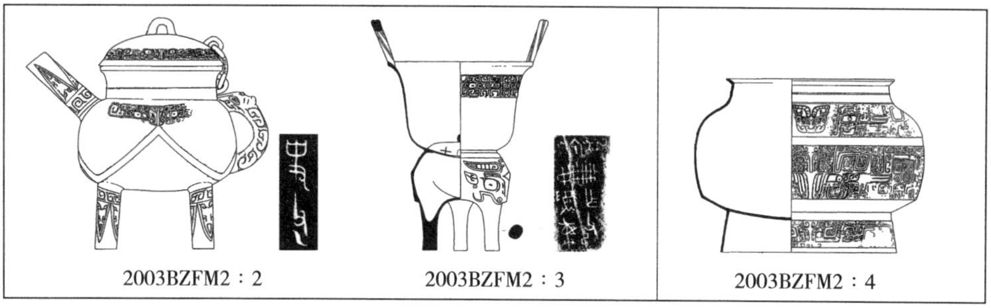

图4.115　宝鸡纸坊头2003BZFM2随葬铜器

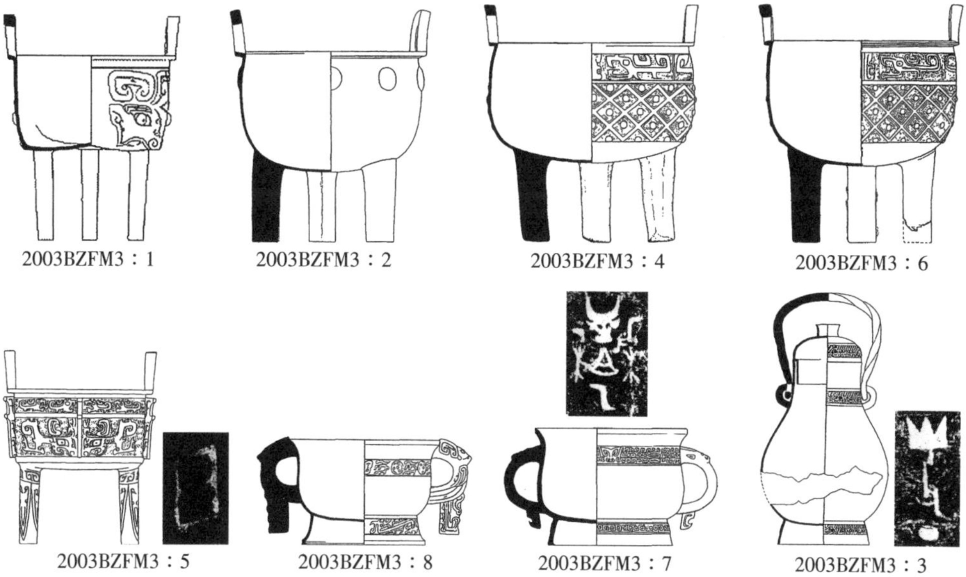

图4.116　宝鸡纸坊头2003BZFM3随葬铜器

宝鸡桑园堡①发现西周早期铜鼎、簋（图4.117），所出蕉叶蝉纹铜鼎具有较为浓重的殷墟文化特征，双耳铜簋有可能属于商器。这批铜器的年代应为“文化融合阶段”。

陇县原子头发现“文化融合阶段”地层②，出有高领袋足鬲、口沿外侧绳纹及被抹的联裆鬲等（图4.118）。

① 陕西省考古研究所：《陕西出土商周青铜器》（四），文物出版社，1984年。

② 宝鸡市考古工作队、陕西省考古研究所：《陇县原子头》，文物出版社，2005年。

图 4. 117　宝鸡桑园堡出土铜器

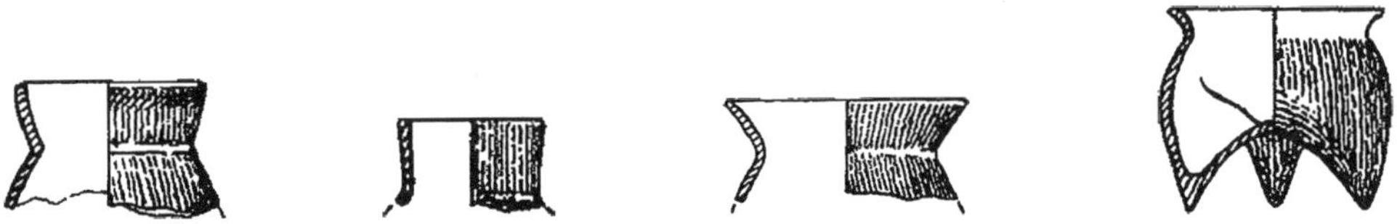

图 4. 118　陇县原子头出土陶器

陇县梁甫村①发现一批青铜器（图 4. 119），出土时分为 3 群，一群为鼎内放置罍，罍上放置提梁卣，鼎前倒置爵，另一群为平放的簋与倒置的甗，还有一群为小鼎及簋。所出铜甗和罐形鼎制作较差，似为地方作品。所出铜卣有日名，可能为商器。所出铜簋小珥加长，年代晚至“文化融合阶段”。

陇县八渡镇出土一批铜器②（图 4. 120），包括铜鼎 2，簋、甗、觚、觶各 1，铜簋的小珥加长，铜甗有箅，所出铜器具有“一墓多族徽”现象，推测这批铜器的埋藏年代为“文化融合阶段”。

凤县龙口村郭家湾③已属于嘉陵江上游，上文化层发现西周早期特征联裆鬲、尖底罐、大双耳罐和卜骨（图 4. 121），其中联裆鬲与卜骨共出。

---

① 胡百川：《陇县梁甫出土西周早期青铜器》，《文博》1987 年第 3 期。

② 肖琦：《陕西陇县八渡镇发现的西周青铜器窖藏》，《考古与文物》先秦考古增刊，2002 年。

③ 陕西省文物管理委员会：《凤县古文化遗址清理简报》，《文物参考资料》1956 年第 2 期。

图 4. 119　陇县梁甫村出土铜器

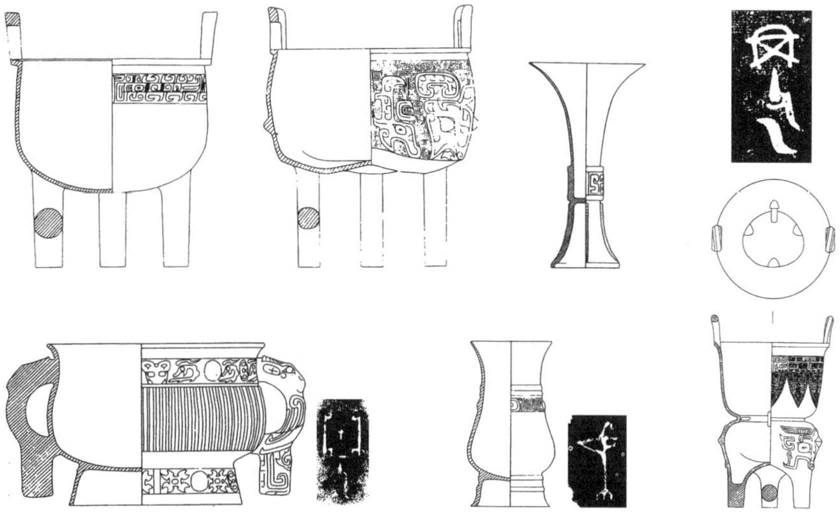

图 4. 120　陇县八渡镇出土铜器

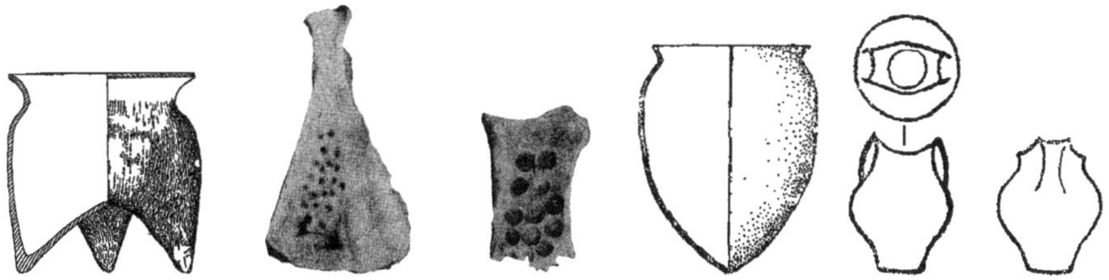

图 4. 121　凤县龙口村出土器物

此外，宝鸡附近地区多处发现“文化融合阶段”至西周早期青铜器（图4.122）。宝鸡强家庄①出土觚、爵、觯。宝鸡白道沟②出土直棱纹簋。宝鸡石桥③出有鼎1、簋2，其中乳钉纹鼎、簋为西土系风格，另有1件直棱纹簋。宝鸡茹家庄④出土商式铜罍。陇县北坡村⑤出土鼎1、甗1、簋2，其中的鼎、簋腹部饰乳钉纹。千阳邓家塬⑥出土铜鼎、簋各1件，均属于西土系风格。宝鸡五里庙⑦发现伯甗、父癸鬲。宝鸡姜城堡⑧发现宁母鬲。宝鸡贾村⑨出土何尊。宝鸡老虎沟⑩出土鼎2、甗1。上王公社⑪一座被破坏的墓葬中出土铜觚、爵、觯各1，其中爵有可能属于商器。眉县车圈村⑫一座被破坏的墓葬中出有菱格乳钉纹圆鼎、双耳兽面铜簋，还出有铜戈、铜昜等。

宝鸡附近地区在先周晚期至西周时期有着复杂的人群构成。纸坊头BZM1中发现有西周早期特征的夨伯鬲（图4.123），表明夨伯至迟在西周早期即已存在。据卢连成等关于夨国的调研⑬，“位于汧水上游的陇县南坡和下游的宝鸡县贾村都属古夨国地域”。另据上海博物馆藏夨王觯可知，西周早期已有夨王⑭。

宝鸡附近地区在先周晚期属于高领袋足鬲类文化分布区，自“文化融合阶段”兴起了戴家湾—石鼓山一类遗存、強国遗存，夨国遗存也早至西周早期，居址遗存呈现出由高领袋足鬲类文化向“宗周文化”的转变，铜器墓呈现出多种风格铜

---

① 王桂枝、高次若：《宝鸡地区发现几批商周青铜器》，《考古与文物》1981年第1期。

② 王桂枝、高次若：《宝鸡地区发现几批商周青铜器》。

③ 王桂枝、高次若：《宝鸡地区发现几批商周青铜器》。

④ 陕西省考古研究所：《陕西出土商周青铜器》（四）。

⑤ 陕西省考古研究所：《陕西出土商周青铜器》（三）；肖琦：《陕西陇县出土周代青铜器》，《考古与文物》1991年第5期。

⑥ 陕西省考古研究所：《陕西出土商周青铜器》（三）。

⑦ 陕西省考古研究所：《陕西出土商周青铜器》（四）。

⑧ 陕西省考古研究所：《陕西出土商周青铜器》（四）。

⑨ 陕西省考古研究所：《陕西出土商周青铜器》（四）。

⑩ 陕西省考古研究所：《陕西出土商周青铜器》（四）。

⑪ 王桂枝、高次若：《陕西宝鸡上王公社出土三件西周铜器》，《文物》1981年第12期。

⑫ 王桂枝：《眉县车圈村出土西周青铜器》，《文博》1991年第2期。

⑬ 卢连成、尹盛平：《古夨国遗址、墓地调查记》，《文物》1982年第2期。

⑭ 中国青铜器全集编辑委员会：《中国青铜器全集》第6卷，文物出版社，1997年。

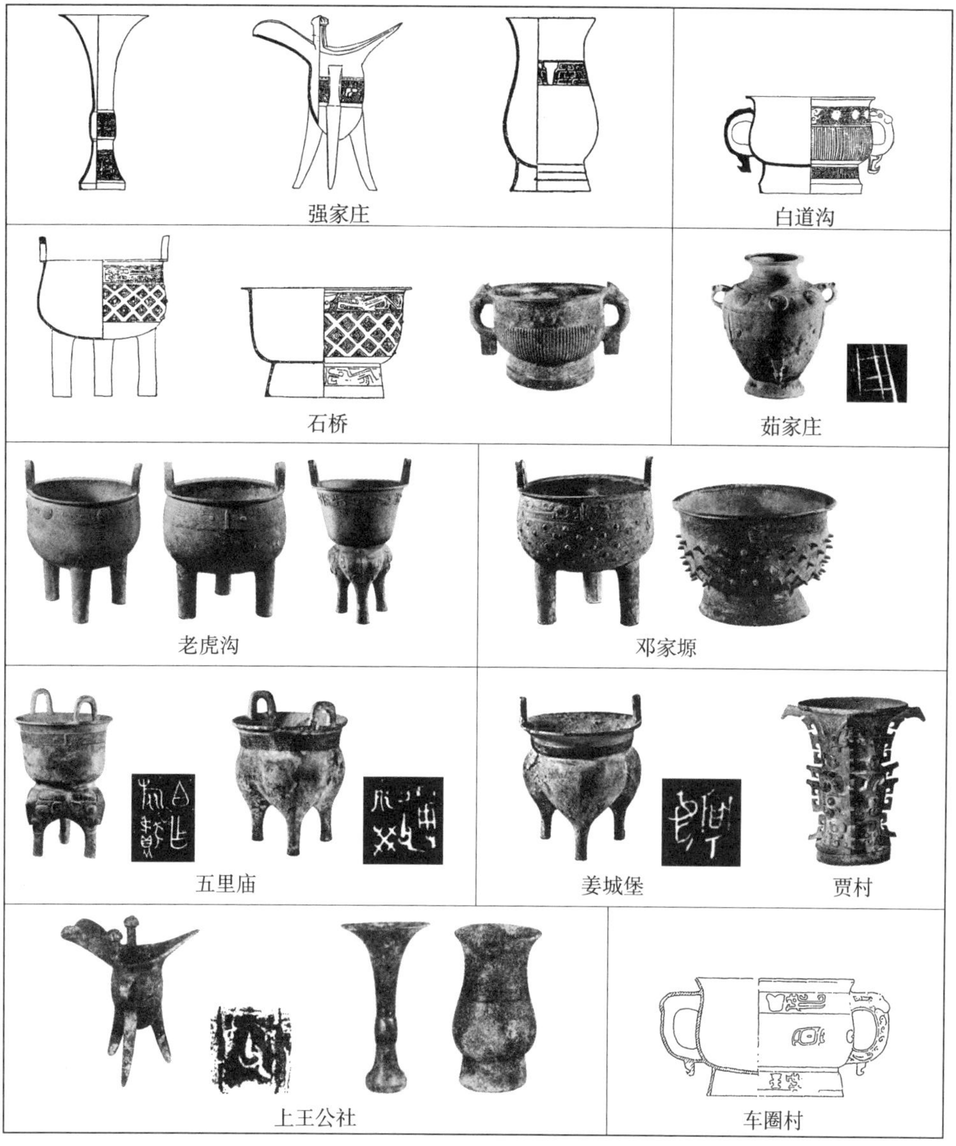

图 4.122　宝鸡出土铜器

器共存的现象，本地居民有可能参与了周人集团灭商的战争。但相对而言，“文化融合阶段”至西周早期的宝鸡附近地区缺乏殷遗的存在，也并非姬姓周人的中心地域，反而分布着多支不同人群，此地似乎是周人集团“友邦冢君”集中居住的地域。

BZFM1：12

图 4. 123 夨伯鬲及夨王觯

第三节 泾河中上游地区

泾河中上游地区是探索“先周文化”的另一个关键地域，一般认为周人“自窜于戎狄之间”（《史记·周本纪》）的豳地就位于泾河中游地区。此外，泾河也是连接关中地区和陇东南地区的重要交通通道，对于西周王朝的安危至关重要，因而也成为周人故地中非常关键的地域。

淳化枣树沟脑①是探索“先周文化”的又一重要遗址。

枣树沟脑的部分先周时期灰坑中发现板瓦残片，一些探方和灰坑中发现夯土墙残块和夯土墙基遗存，表明应存在规格较高的建筑遗存②，还发现有先周时期壕沟 G8 和两组相邻的建筑基槽 JC1、JC2，其中 JC1 有婴儿奠基现象③。

枣树沟脑发现的墓葬 M4、M5、M19、M20 随葬 1 件陶鬲（图 4. 124），M11 随葬 2 件陶鬲。M19 和 M20 所出陶鬲的锥足形制与殷墟文化第三期陶鬲有一定的相似之处，M20 的墓主人为男性，葬式为俯身直肢。此外，C2 第⑥层所出陶豆也具有殷墟文化第三期特征。

① 西北大学文化遗产与考古学研究中心、陕西省考古研究院、淳化县博物馆：《陕西淳化县枣树沟脑遗址先周时期遗存》，《考古》2012 年第 3 期；西北大学文化遗产学院、陕西省考古研究院、淳化县博物馆：《陕西淳化枣树沟脑遗址 2007 年发掘简报》，《文物》2013 年第 2 期。

② 钱耀鹏、李成、魏女：《淳化县枣树沟脑遗址发掘的主要收获》，《西北大学学报（哲学社会科学版）》第 38 卷第 4 期，2008 年。

③ 王振、陈洪海：《陕西淳化枣树沟脑遗址 2008 年度发掘的主要收获》，《西北大学学报（哲学社会科学版）》第 40 卷第 6 期，2010 年。

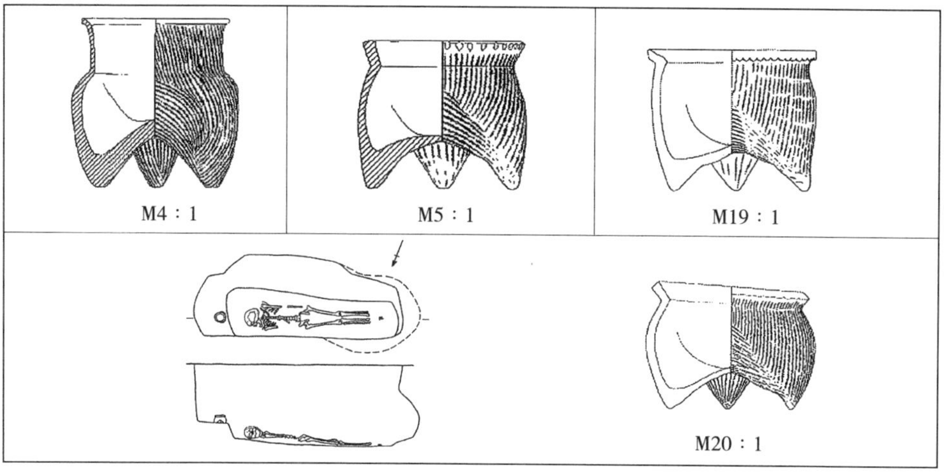

图 4. 124 淳化枣树沟脑先周墓葬及随葬品

枣树沟脑居址陶器群常见联裆鬲、绳纹盆、折肩罐、三足瓮等（图 4. 125），器表常见“泥条蛇形纹”。发掘者将该遗址的“先周时期”遗存分为三期，第一期与第二期的差别较大，分裆鬲被联裆鬲取代，三足瓮突然大量增加。第三期相当于殷墟文化第四期，发掘者列举的第三期单位中，C2 底部的第⑥层出有殷墟文化第三期特征的陶豆，可知此池塘使用时期的年代上限有可能接近殷墟文化第三期。C2 第①层所出三足瓮出现殷墟文化流行的三角划纹内填绳纹的纹饰，年代可能为“文化融合阶段”。

发掘者指出 H35 的年代与沣西 H18 大体相当。但根据发掘者发表的材料看，H35 缺乏高领袋足鬲及口沿外侧抹光的联裆鬲（图 4. 126），也缺乏殷墟文化第四期的文化因素，与沣西 H18 的面貌差异较大，本研究暂将其归为“先周晚期”。

西梁家村位于枣树沟脑遗址范围内，曾出土 2 件年代可能早至先周时期的铜鼎①（图 4. 127），其中 1 件饰简化兽面纹，另 1 件饰简化的圆涡纹，此类铜鼎通常见于先周晚期。铜鼎的出土同样表明枣树沟脑遗址在先周晚期的重要地位。

史家塬 CHSM1② 墓底有腰坑，出有大鼎 1 件，属于西土系乙类风格，小乳钉的盆形鼎和双环耳加长小珥的铜簋为“文化融合阶段”典型形制。该遗址所出陶器仍延续

① 姚生民：《陕西淳化县新发现的商周青铜器》，《考古与文物》1990 年第 1 期。
② 淳化县文化馆：《陕西淳化史家塬出土西周大鼎》，《考古与文物》1980 年第 2 期。

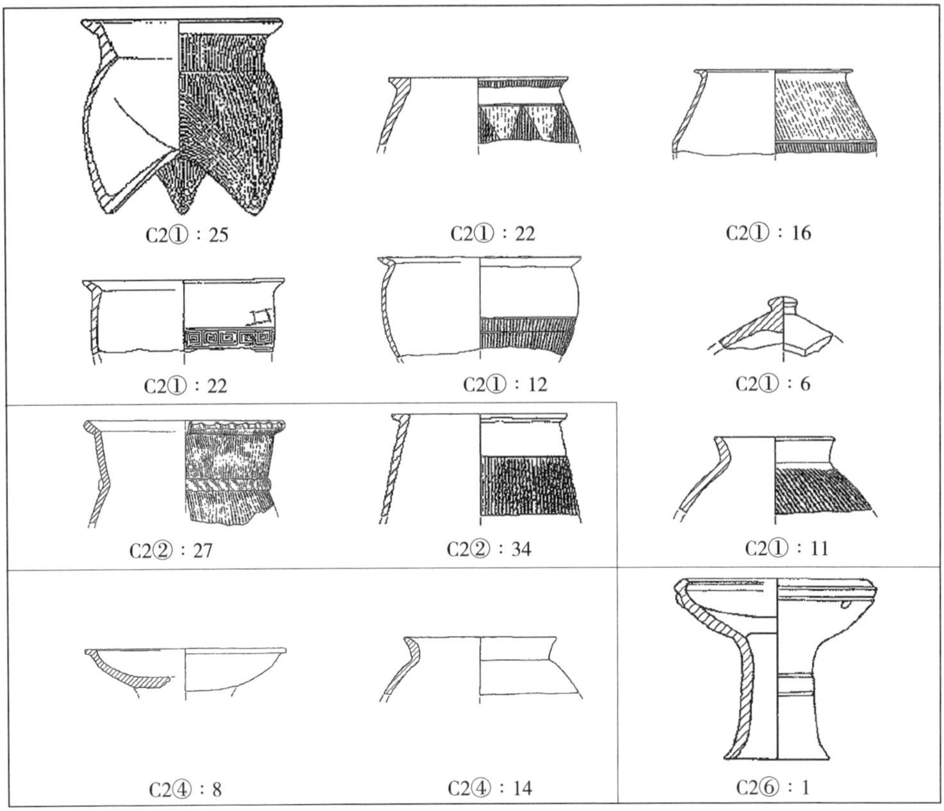

图4.125　淳化枣树沟脑居址出土陶器

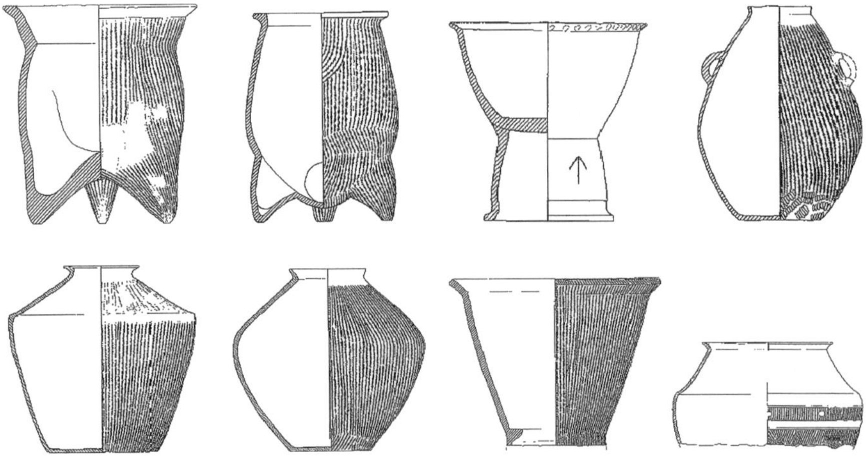

图4.126　淳化枣树沟脑H35出土陶器

先周特征，可知淳化在“文化融合阶段”仍然是一个非常重要的地点（图4.128）。

图 4. 127　淳化西梁家村出土铜器

图 4. 128　淳化史家塬出土器物

此外，淳化红崖村出有西周早期铜鬲①（图 4. 129）。

发掘者认为，彬县断泾②的第二期遗存相当于殷墟文化晚期。断泾遗址发现 4 座被认为属于商代晚期的墓葬，M4 面积最大，有腰坑和脚坑，有殉人 3、殉狗、鸡各 1。M5 殉狗 2，M6 随葬陶鬲 1，M7 随葬陶鬲 1、陶簋 3。断泾遗址的居址陶器群中常见侈口高领分裆鬲，形态似乎介于高领袋足鬲与联裆鬲之间，较常见的还有折肩绳

① 姚生民：《陕西淳化县新发现的商周青铜器》，《考古与文物》1990 年第 1 期。

② 中国社会科学院考古研究所泾渭工作队：《陕西彬县断泾遗址发掘简报》，《考古学报》1999 年第 1 期。

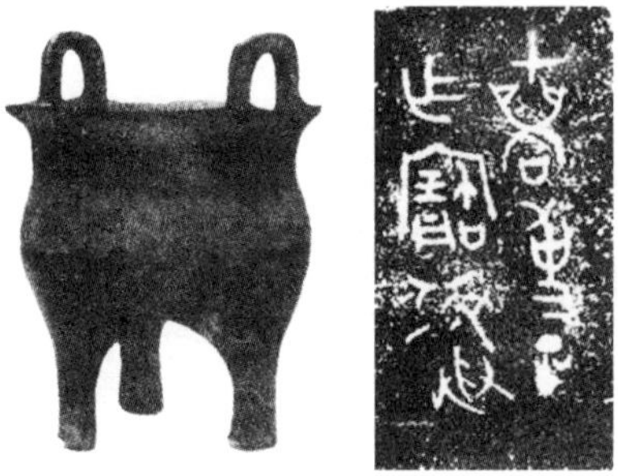

图 4. 129　淳化红崖村出土铜器

纹罐等（图 4. 130），但由于材料公布较少，且缺乏明确可判断年代的商文化因素，加之面貌相对特殊，故暂难以对这批材料展开深入讨论。但根据所出陶鬲与淳化史家塬所出陶鬲具有一定的相似之处，加之杀殉未成年人的现象亦见于华县东阳墓地，不排除断泾 M4 等墓葬的年代可晚至“文化融合阶段”。

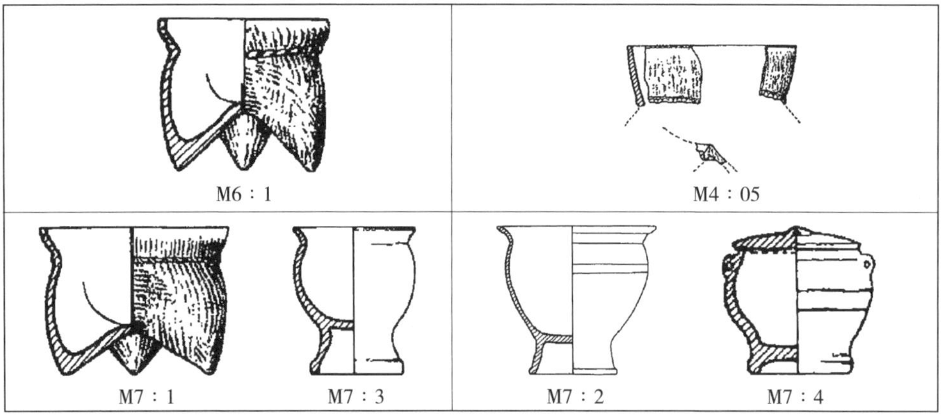

图 4. 130　彬县断泾墓葬随葬陶器

长武碾子坡遗址发现“先周晚期墓葬”139 座①，主要是竖穴土坑墓，仅有 2 座为洞室墓，64 座墓葬的墓主人为俯身直肢，每墓仅出 1 件陶鬲，或为高领袋足鬲，或为联裆鬲。随葬陶器通常置于墓主人头部右前方的壁龛内，有腰坑的墓葬仅有 1 座。随葬陶器全为陶鬲，其中高领袋足鬲为 109 件，联裆鬲仅见 4 件。联裆鬲 M1101：1 为扁体，口沿外侧绳纹未抹，联裆鬲 M1168：1 口沿外侧绳纹已抹光（图

① 中国社会科学院考古研究所：《南邠州·碾子坡》，世界图书出版公司，2007 年。

4.131)，年代大体相当于“文化融合阶段”。此外碾子坡还发现45座“西周墓葬”，与“先周晚期墓葬”的空间分布呈现出明显的隔离，也基本放弃了将陶鬲置于壁龛之中的葬俗（仅有1例），而是放置于墓主人头端的二层台之上，俯身葬仍然有21座，随葬陶器组合仍以单鬲为主，但已改换为联裆鬲，仅有少量分裆鬲。根据《南邠州·碾子坡》发表的线图，联裆鬲M1138：1口沿外侧绳纹未抹（图4.131)，可能早至“文化融合阶段”。从俯身葬的延续性看，碾子坡遗址的“先周晚期墓葬”与“西周墓葬”可能属于同一人群，但在陶器群及葬俗方面发生了相当大的变化。

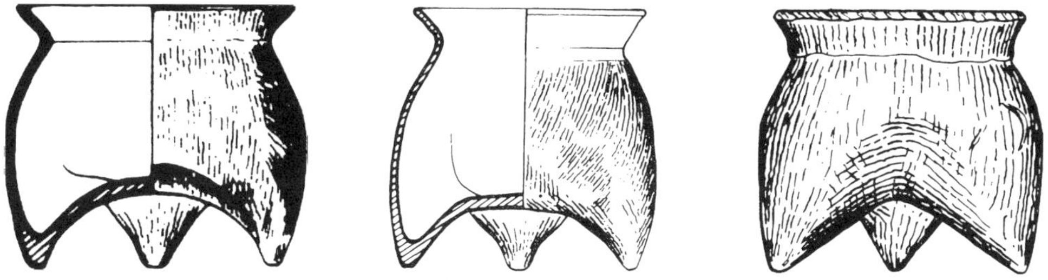

图4.131　长武碾子坡墓地出土陶器

碾子坡遗址附近的彬县下孟村曾发现高领袋足鬲和折肩罐[①]，但材料发表较少。

长武出土过一批西周早期青铜器（图4.132)。张家沟[②]出土鼎1、簋2，鼎为商式，盆形簋为西土系甲类风格，带盖双耳簋属于“文化融合阶段”特征，这批铜器的埋藏年代应为“文化融合阶段”。张家沟[③]平整土地时又发现铜鼎1、簋1、觚1、刀1，簋可能属于商器。刘主河大队[④]发现方鼎1，簋1、刀1，铜鼎及簋皆属殷墟文化第四期特征。县农副产品公司收购站[⑤]收集到铜鼎1，应属商器。

旬邑孙家是“先周文化”探索中的重要遗址之一，遗憾的是材料至今尚未发表。

① 陕西考古所泾水队：《陕西邠县下孟村遗址发掘简报》，《考古》1960年第1期。
② 曹发展、陈国英：《咸阳地区出土西周青铜器》，《考古与文物》1981年第1期。
③ 田学祥、张振华：《陕西长武县文化大革命以来出土的几件西周铜器》，《文物》1975年第5期。
④ 田学祥、张振华：《陕西长武县文化大革命以来出土的几件西周铜器》。
⑤ 田学祥、张振华：《陕西长武县文化大革命以来出土的几件西周铜器》。

图 4.132　长武出土铜器

通过张天恩①、雷兴山②的博士论文可对该遗址的联裆鬲类文化面貌进行初步了解。陶鬲中以矮领分裆鬲数量最多，有联裆鬲，不见高领袋足鬲，流行方格纹盆和折肩罐（图 4.133），也发现有甗、高领罐、豆等器类。

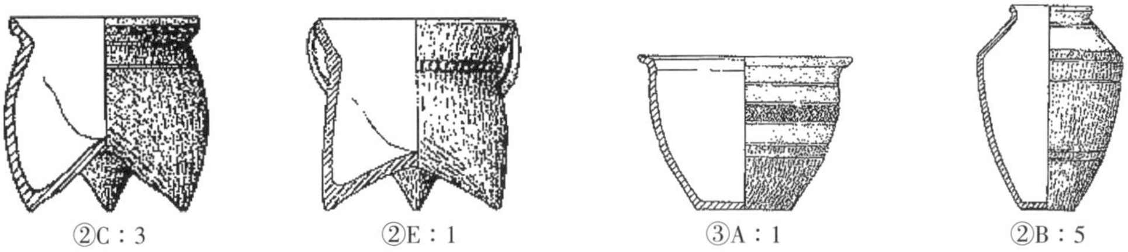

图 4.133　旬邑孙家出土陶器

旬邑崔家河 M1③ 为南北向竖穴土坑墓，墓主人北向，仰身直肢，随葬器物放置在右侧二层台上，随葬乳钉纹鼎、簋各 1，还随葬有铜戈、銮铃、当卢、镜等。所出鼎、簋皆为“文化融合阶段”流行形制，銮铃及歧形当卢属于周系文化特征（图 4.134）。

旬邑下魏洛发现西周早期墓葬 M1④，长方形竖穴土坑墓，方向 336°，墓底四周

---

① 张天恩：《关中商代文化研究》，文物出版社，2004 年。

② 雷兴山：《先周文化探索》。

③ 曹发展、景凡：《陕西旬邑崔家河遗址调查记》，《考古与文物》1984 年第 4 期。

④ 咸阳市文物考古研究所、旬邑县博物馆：《陕西旬邑下魏洛西周早期墓发掘简报》，《文物》2006 年第 8 期。

图 4. 134　旬邑崔家河 M1 随葬铜器

有二层台，墓底有长方形腰坑。墓主人头北脚南二层台上有殉人 2。随葬铜鼎 4、簋 1、甗 1、尊 1、斝 1、爵 2、觯 1，此外还随葬铜镜、戟、钺、戈等（图 4. 135）。随葬的 4 件铜鼎均为西土系风格，但同形属于商系文化的使用方式。随葬 2 件铜爵也属于同形现象。此墓呈现出商周文化的融合特征，根据腰坑、殉人及同形的使用方式等推测墓主人应是殷遗。

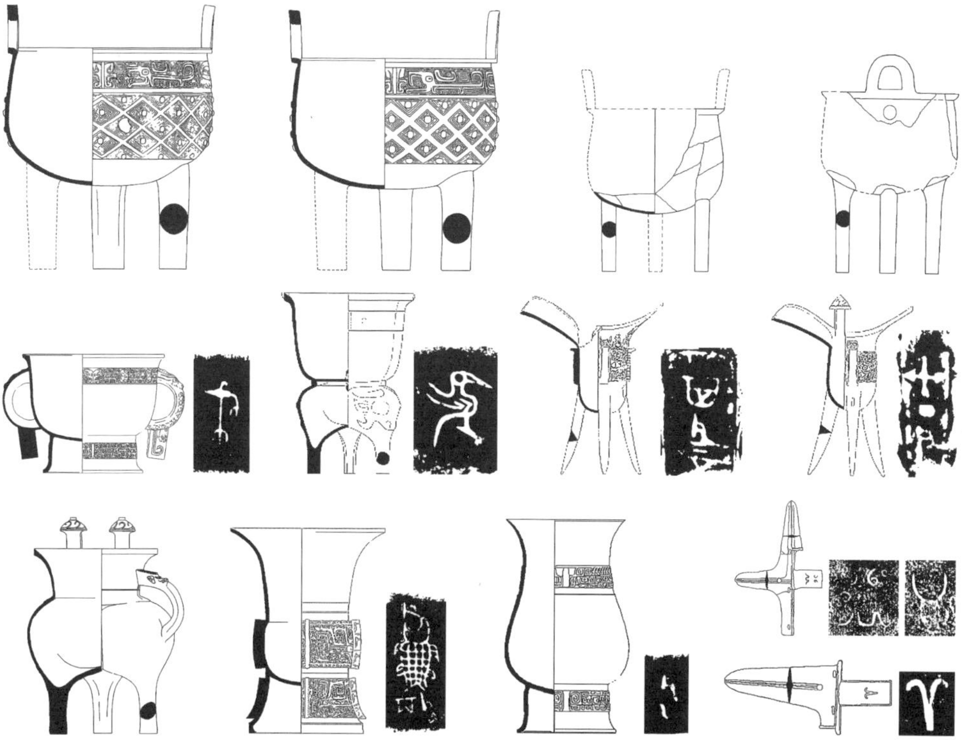

图 4. 135　旬邑下魏洛 M1 随葬器物

甘肃灵台白草坡发现9座西周墓葬和1座车马坑①。除M9为东向外，其余墓葬均为北向，除小型墓M6和M9以外，其余中型墓均有腰坑，其中M2和M7的腰坑内有殉狗。所出铜器主要出自M1、M2，根据铭文可知分别为“㶏伯”和“𨸏伯”之墓。

M1出有分裆鼎2、方鼎2、甗1、簋3、尊2、觯1、爵1、角1、斝1、盉1、卣3、斗2，还出有铜钺等（图4.136）。所出铜器基本是殷墟文化铜器的延续，但也加入了蜗纹等周系文化因素，牛角兽面也属于西周早期的常见纹饰。

图4.136　灵台白草坡M1随葬铜器

M2的随葬品分层埋葬，每层之间隔以苇席。M2出有方鼎2、甗1、簋2、尊1、觯1、爵1、盉1、卣2，还出有铜戟、短剑等（图4.137）。所出铜器基本属于殷墟文化铜器风格的延续。

灵台姚家河发现5座西周墓②，以M1最为重要。M1方向345°，随葬铜鼎、簋、銮铃、戈、矛等及陶鬲（图4.138），所出遗物为西周早期特征。M2、M5随葬陶鬲、

① 甘肃省博物馆文物队：《甘肃灵台白草坡西周墓》，《考古学报》1977年第2期。

② 甘肃省博物馆文物队：《甘肃灵台县两周墓葬》，《考古》1976年第1期。

图 4.137　灵台白草坡 M2 随葬器物

罐各 1，M3、M4 随葬陶鬲 1。

图 4.138　灵台姚家河 M1 随葬器物

灵白洞山一座西周墓随葬铜鼎 2、铜尊 1，另有残铜戈 2①（图 4.139）。

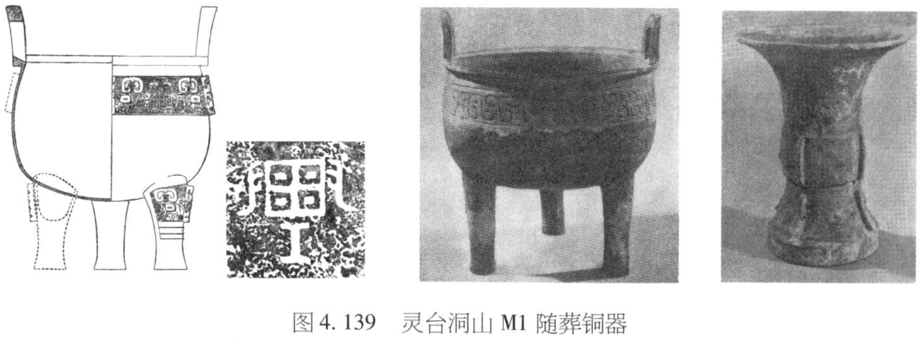

图 4.139　灵台洞山 M1 随葬铜器

① 甘肃省博物馆文物队、灵台县文化馆：《甘肃灵台县西周墓葬》，《考古》1976 年第 1 期。

灵台崖湾西周早期墓葬出土铜甗①（图4.140），有“并伯”铭文，联系到灵台白草坡墓地的情况，可知甘肃灵台是西周初年西周王朝西北部的重要地点。

图4.140　灵台崖湾出土铜甗

崇信香山寺清理的84CXM1②，墓主人仰身直肢，有头龛，随葬陶器置于头龛之中（图4.141）。随葬有多件高领袋足鬲及罐类。值得注意的是，此墓出现了圆肩旋纹罐，墓葬年代应已进入西周早期。

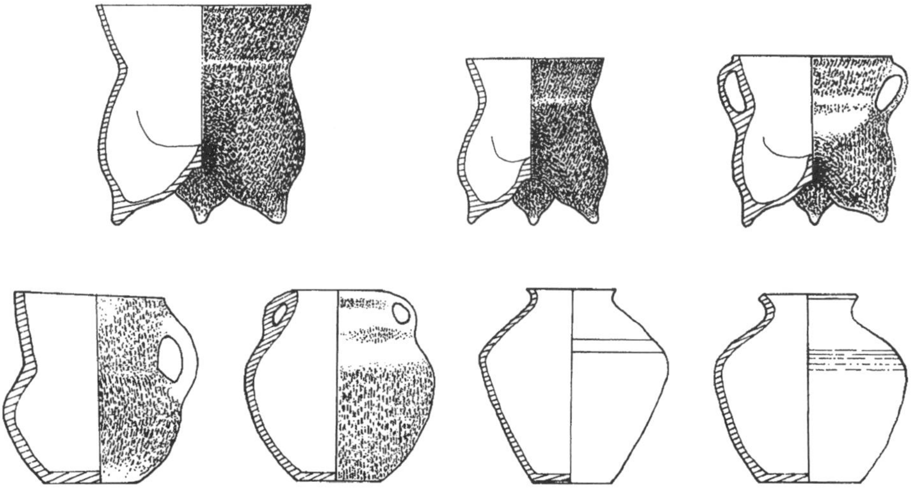

图4.141　崇信香山寺84CXM1随葬陶器

---

① 史可晖、姚海灵：《甘肃灵台县又发现一座西周墓葬》，《考古与文物》1987年第5期。

② 陶荣：《甘肃崇信香山寺先周墓清理简报》，《考古与文物》2008年第2期。

崇信于家湾发掘 138 座墓葬和 6 座车马坑①，均为南北向的长方形竖穴土坑墓，7 座墓葬有壁龛，2 座墓葬有腰坑，绝大多数墓主人为仰身直肢，流行在死者身上撒抹朱砂。仅有 1 座墓发现殉人头骨。出土的 28 件铜戈均被有意砸弯或砸断，属于毁兵葬俗。M112、M6 和 M65 随葬有高领袋足鬲。随葬陶器组合有单鬲或鬲、罐或单罐。值得注意的是 M9，随葬陶器组合为鬲、罐，随葬铜器组合为一鼎三簋，随葬 3 件簋属于西土系典型特征（图 4. 142）。

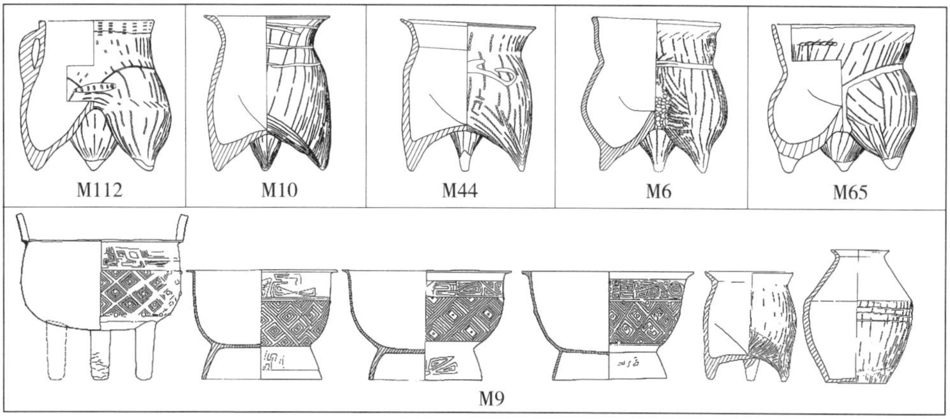

图 4. 142　崇信于家湾墓葬随葬器物

发掘者认为 M6、M10、M39、M44、M53、M58、M60、M61、M65、M80、M83、M110、M112 的年代为先周，年代相当于商王廪辛至乙辛时期。本研究认为，M112、M10、M44 的年代应属先周时期，M6 和 M65 的年代可能为“文化融合阶段”。先周时期和“文化融合阶段”的墓葬仅随葬 1 件高领袋足鬲或联裆鬲。M9、M20、M50 等墓葬为西周早期，在随葬联裆鬲的同时，也随葬圆肩罐或折肩罐。

此外，于家湾的一座被毁坏墓葬中出有铜觚、爵各 1（图 4. 143），属于殷墟文化典型形制，但墓葬年代应属“文化融合阶段”或略晚。

平凉庙庄②发现带腰坑的墓葬，M1 随葬铜鼎、爵、觯、戈等，M2 随葬铜爵及口沿外侧绳纹未抹的联裆鬲。庙庄遗址还出土异形高领袋足鬲（图 4. 144）。

---

① 甘肃省文物考古研究所：《崇信于家湾周墓》，文物出版社，2009 年。

② 平凉地区博物馆：《平凉文物》，1982 年；平凉市地方志编纂委员会办公室：《平凉文物》，甘肃人民美术出版社，2007 年。

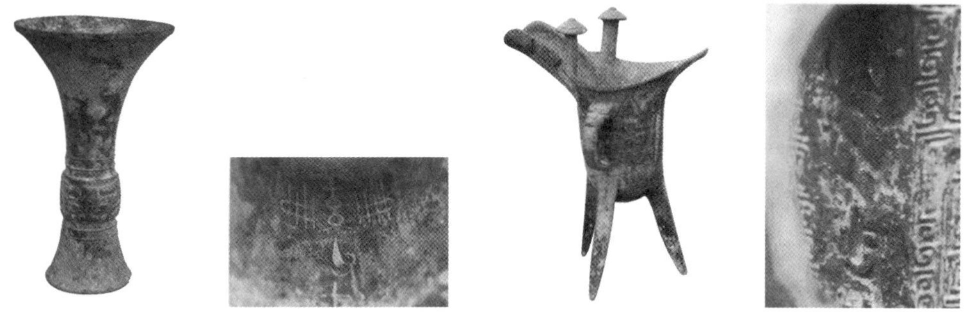

图 4. 143　崇信于家湾残墓随葬铜器

图 4. 144　平凉庙庄 M1 出土器物

此外，庆阳地区还发现数批青铜器①（图 4. 145）。合水县曾发现 4 座西周早期墓葬，出有西周早期铜鼎、簋。环县发现 1 座墓葬，出有西周早期铜鼎、鬲。庆阳县韩家滩庙嘴的一座土坑墓出西周早期特征的铜鼎、觚、爵及铜昜等②，其中爵鋬下有铭文“鸟祖癸”。

宁夏固原③发现西周早期墓葬，方向 165°，墓主人仰身直肢，墓底有椭圆形腰坑，内殉狗。随葬铜鼎 1、簋 1，陶鬲 1，还随葬有铜戟、铜戈、歧形当卢等（图 4. 146）。随葬铜鼎、簋及陶鬲属于西周早期特征，铜戟、歧形当卢属于周系文化特征，但腰坑、殉狗为商系文化特征，推测墓主人可能属于殷遗。

宁夏彭阳姚河塬遗址④是近年商周考古的重要发现之一。发掘者指出该遗址的年

---

① 许俊臣：《甘肃庆阳地区出土的商周青铜器》，《考古与文物》1983 年第 3 期。

② 庆阳地区博物馆：《甘肃庆阳韩家滩庙嘴发现一座西周墓》，《考古》1985 年第 9 期。

③ 固原县文化站：《固原出土西周早期铜器》，《固原师专学报》1982 年第 3 期；固原县文物工作站：《宁夏固原县西周墓清理简报》，《考古》1983 年第 11 期。

④ 马强、侯富任、马天行：《宁夏彭阳姚河塬商周遗址》，《2017 年中国重要考古发现》，文物出版社，2018 年。

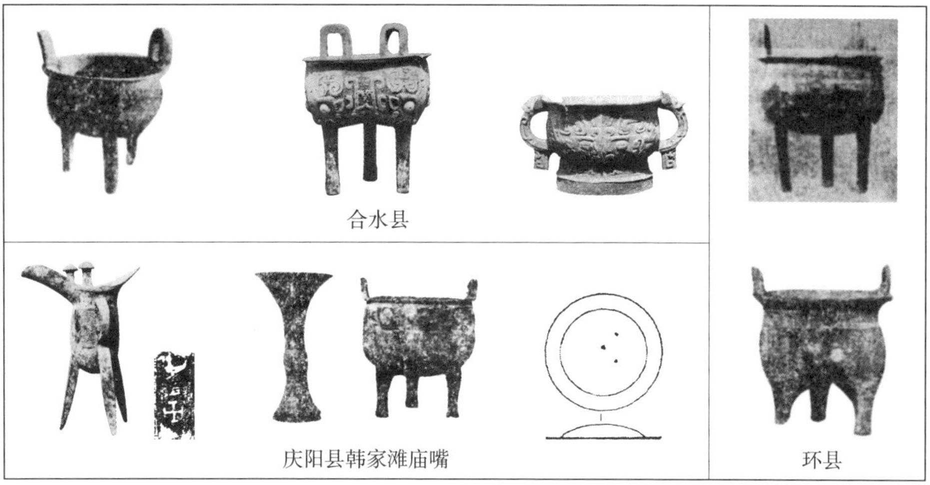

图 4. 145　庆阳出土铜器

图 4. 146　固原墓葬随葬器物

代自商代晚期延续至西周中期，并提及遗址内出土有高领袋足鬲。由于详细资料尚未发表，尚不清楚该遗址的“商代晚期”遗存属于确切的哪一阶段，但根据已经公布的材料看，姚河塬遗址至迟在西周初年已成为西北边地的一处重要聚落。

第五章　王朝更替的分区观察之三：外围地域

所谓外围地域，指的是原本并非殷墟文化晚期遗存分布区，在西周初年纳入西周王朝版图的区域。这些区域主要分布在中原地区以外，包括京津地区及邻境、晋南地区、胶东半岛和长江中游地区。

第一节　京津唐地区

本区域位于燕山南麓，主要包括北京市、天津市以及河北唐山市所在区域。本区域与冀南地区属于不同的区系，是一个相对独立的文化分布区（图5.1）。

相当于殷墟文化时期，京津冀地区分布的是围坊三期文化①（图5.2）。围坊三期文化的年代上限为殷墟文化第一期，下限为“文化融合阶段”②。

张家园上层文化相当于西周早期，常见叠唇高领鬲，并包含联裆鬲、肥足鬲和厚唇簋③，“乃是由燕山土著系统文化和西周文化双重因素构成，以土著文化因素为主，西周文化因素亦居醒目位置”④。张家园上层文化与燕文化的关系“是一种你中有我、我中有你的包容关系，只不过在分布地域上，距燕都越近则周系和商系因素越多，土著因素越少；距燕都越远则土著因素越多，周系和商系因素越少，很难把

---

① 韩嘉谷、纪烈敏：《蓟县张家园遗址青铜文化遗存综述》，《考古》1993年第4期。

② 刘绪、赵福生：《围坊三期文化的年代与刘家河M1的属性》，《苏秉琦与当代中国考古学》，科学出版社，2001年。

③ 刘绪、赵福生：《围坊三期文化的年代与刘家河M1的属性》，《苏秉琦与当代中国考古学》。

④ 韩嘉谷、纪烈敏：《蓟县张家园遗址青铜文化遗存综述》。

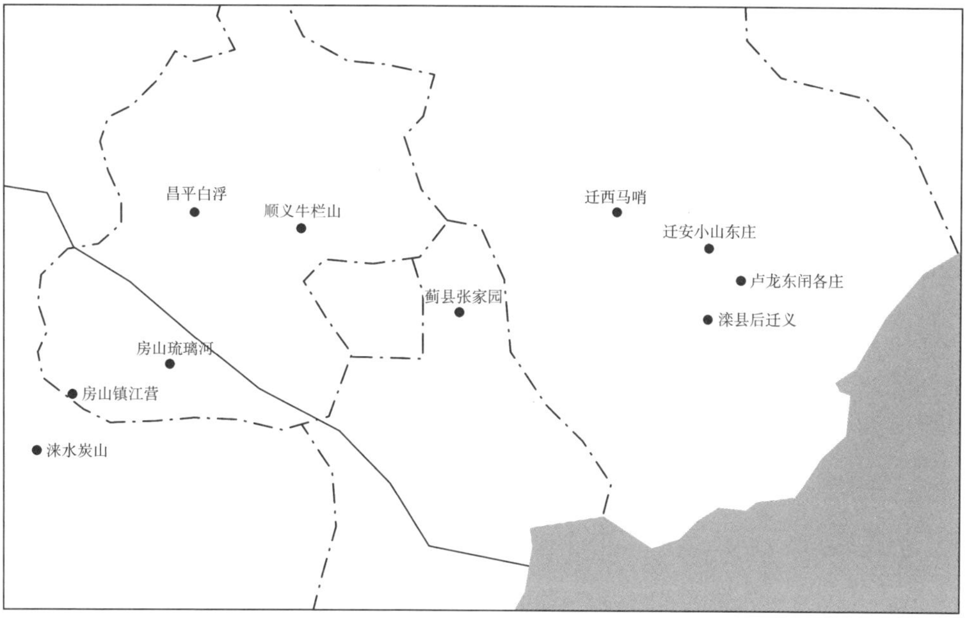

图 5.1　京津地区及邻境重要遗址分布

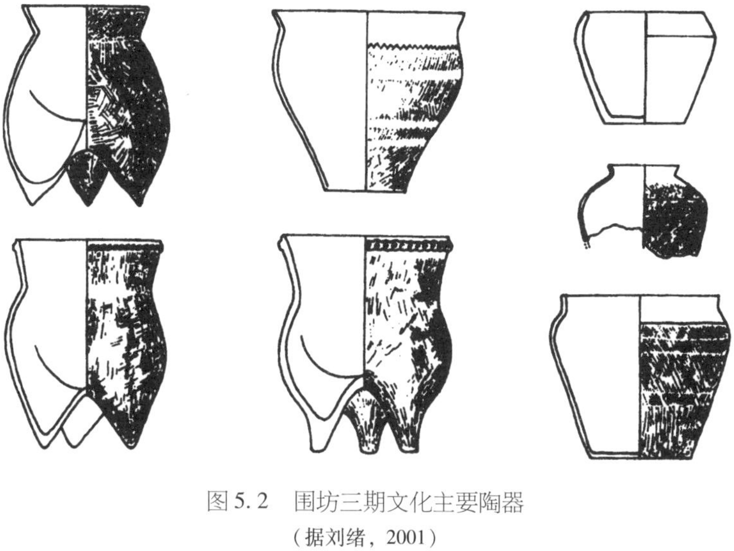

图 5.2　围坊三期文化主要陶器
（据刘绪，2001）

两者的分布范围分开来，也很难说何者强大，何者弱小”①。

① 刘绪、赵福生：《西周燕文化与张家园上层类型》，《跋涉集》，北京图书馆出版社，1998 年。

天津蓟县张家园遗址第三次发掘曾发现4座墓葬①，正式发掘3座，均为东偏北的竖穴土坑墓。87M1墓主男性，俯身葬，右侧下颌骨处放置绿松石2，耳部有金耳环。87M2墓主女性，俯身葬，下颌骨放置绿松石2，随葬铜鼎1及陶纺轮1。87M3墓主女性，俯身葬，耳部有金耳环，随葬铜鼎、簋各1，还有绿松石11，石镞1。87M4人骨架被扰乱，随葬铜鼎、簋各1，金耳环2，绿松石3（图5.3）。这批墓葬的墓主耳部有金耳环，属于不同于商、周文化的自身特征。不论男女均为俯身葬，与殷墟文化中仅有男性俯身葬的情况不同。随葬铜器的鼎、簋组合受到了周文化的强烈影响，乳钉夔纹盆形簋属于周系文化的标志性器物，这批墓葬的年代应属“文化融合阶段”。

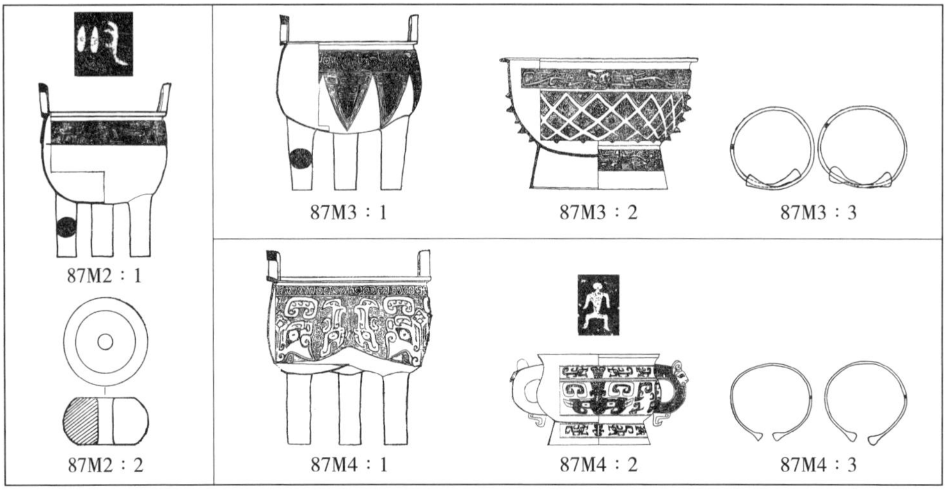

图5.3 天津张家园墓葬随葬器物

涞水炭山发现一座西周早期灰坑H2②。所出陶器有殷遗文化陶器群典型器物的肥足鬲、鼓腹绳纹盆，还包括土著文化因素的叠唇鬲、饰交叉绳纹的甗等（图5.4）。

河北大厂发现一座西周灰坑，出土肥足鬲、绳纹罐等器类③。

北京房山镇江营遗址和塔照遗址④的商周第二期遗存大体相当于殷墟文化时期，年代下限不晚于殷墟文化第四期早段。发掘者指出“商周第三期遗存的遗物大多带

① 天津市历史博物馆考古部：《天津蓟县张家园遗址第三次发掘》，《考古》1993年第4期。

② 拒马河考古队：《河北易县、涞水古遗址试掘报告》，《考古学报》1988年第4期。

③ 天津市文化局考古发掘队：《河北大厂回族自治县大坨头遗址试掘简报》，《考古》1966年第1期。

④ 北京市文物研究所：《镇江营与塔照》，中国大百科全书出版社，1999年。

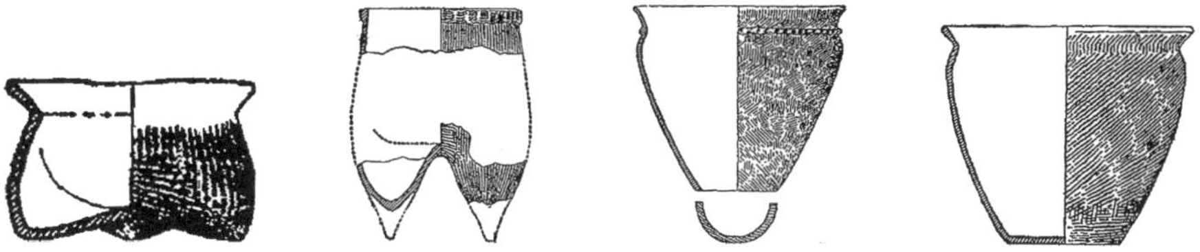

图 5.4　炭山 H2 出土陶器

有浓厚的地方特色，能够用于推测年代的只有簋”，年代上限为西周早期早段，以陶簋 FZH946：25 为代表。值得注意的是，镇江营和塔照商周第三期第一段遗存尚未大量涌现肥足鬲，表明此时尚未出现人群自豫北冀南向本地涌入的现象。

镇江营与塔照的商周第三期遗存中既包含张家园上层文化的筒腹鬲，又包含受周系文化影响的鼓腹弧裆鬲，还包括数量较多的肥足鬲和厚唇簋等，呈现文化面貌上的复合特征。此外，商周第三期遗存中还常见到甗、折沿鼓腹绳纹盆、腹部饰多道旋纹的罐（瓮）等。

北京房山琉璃河①是京津冀地区西周早期最重要的遗址。琉璃河遗址发现西周城址②、西周居址③和墓地④，其中包括燕侯墓 M1193⑤。

琉璃河西周居址所出陶器群包括肥袋足无实足根鬲、柱足鬲、侈口厚唇簋、鼓腹绳纹盆、小口矮领瓮等（图 5.5），与豫北冀南地区西周早期居址陶器群基本相同，但也包括少量土著文化因素的大型厚胎分裆鬲。

---

① 北京市文物工作队：《北京房山县考古调查简报》，《考古》1963 年第 3 期。

② 中国社会科学院考古研究所、北京市文物研究所琉璃河考古队：《琉璃河燕国古城发掘的初步收获》，《北京文博》1990 年第 1 期。

③ 北京大学考古学系、北京市文物研究所：《1995 年琉璃河周代居址发掘简报》，《文物》1996 年第 6 期。

④ 中国科学院考古研究所、北京市文物管理处、房山县文教局琉璃河考古工作队：《北京附近发现的西周奴隶殉葬墓》，《考古》1974 年第 3 期；中国社会科学院考古研究所、北京市文物工作队琉璃河考古队：《1981—1983 年琉璃河西周燕国墓地发掘简报》，《考古》1984 年第 5 期；北京市文物研究所：《琉璃河西周燕国墓地》，文物出版社，1995 年；北京市文物研究所、北京大学考古学系：《1995 年琉璃河遗址墓葬区发掘简报》，《文物》1996 年第 6 期；琉璃河考古队：《琉璃河遗址 1996 年度发掘简报》，《文物》1997 年第 6 期；楼朋林：《琉璃河遗址 2001 年度西周墓葬发掘简报》，《北京文物与考古》第五辑，燕山出版社，2002 年。

⑤ 中国社会科学院考古研究所、北京市文物研究所琉璃河考古队：《北京琉璃河 1193 号大墓发掘简报》，《考古》1990 年第 1 期。

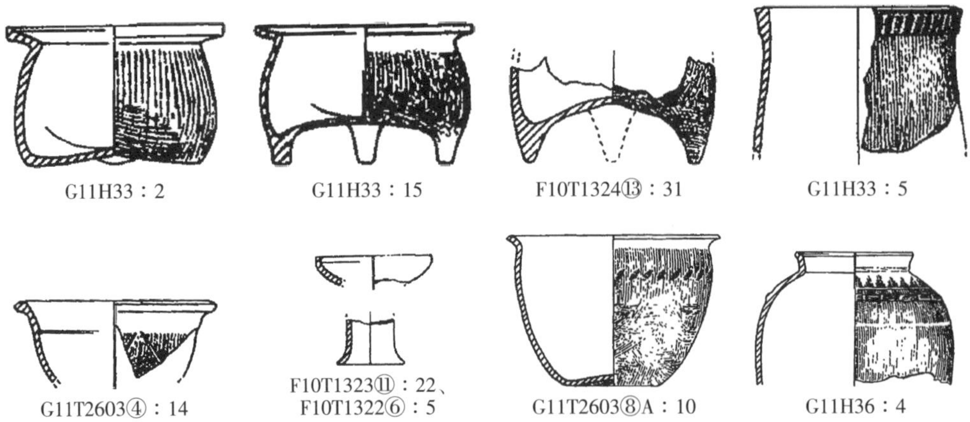

图5.5　房山琉璃河居址出土陶器

刘李店78H1所出陶器（图5.6）特征稍显特殊，所出陶鬲体型较大，属于本地土著文化的孑遗，但裆部的联裆制法又受到了周系文化的影响，腹部所饰交叉绳纹亦见于安阳地区的“文化融合阶段”。此阶段遗存与镇江营、塔照遗址商周第三期第一段遗存具有一定的相似之处，均有鼓腹弧裆鬲的存在，又缺乏以肥足鬲为代表的商文化因素的大量涌现，两者的年代均相当于“文化融合阶段”。

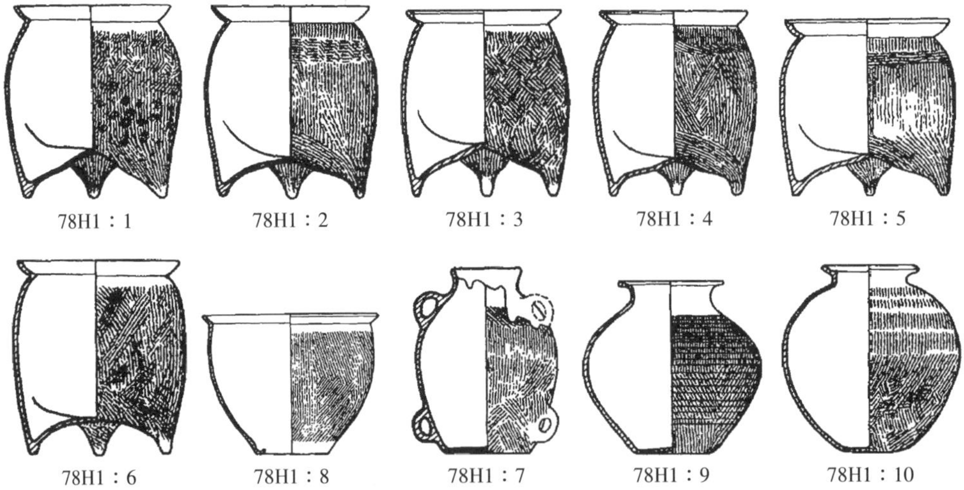

图5.6　房山刘李店78H1出土陶器

发掘者指出，“在墓葬Ⅱ区，中、小墓都未见有殉人现象”，“在Ⅰ区的中、小型墓中，往往在墓坑上部填土中殉狗。棺底有长方形或椭圆形腰坑的，坑内也殉狗1只。殉狗现象，Ⅰ区墓葬比较普遍，Ⅱ区墓则不多见”，“Ⅰ区墓葬陶器组合一般为鬲、簋、罐，Ⅱ区墓葬陶器组合一般为鬲、罐，出鬲簋罐者少”，具有束颈、平裆特征的陶鬲“多在墓区Ⅰ区中出现”，“出土陶簋的墓葬有24座，其中22座分布在墓葬Ⅰ区，只有2座分布在墓葬Ⅱ区”。发掘者认为，京广铁路以西的Ⅰ区墓葬的墓主属于“殷的遗民，或是周灭商前与商王朝又密切关系而生活在当地的燕人，后归顺周”，Ⅱ区属于“灭商后被分封到燕地的周人墓葬”。

刘绪曾指出琉璃河遗址居址与墓葬陶器群的差异性，从居址中可以看到姬姓周人、殷遗和土著燕人的存在，在墓葬层面更多地体现了周文化的影响①。1973～1977年发掘的墓葬中仅见2件肥袋足无实足根鬲，墓葬所出陶鬲以弧裆鬲最为常见。随葬的弧裆鬲也存在差异，束颈、柱足、分裆近平的陶鬲属于殷遗新创造和使用的器型。ⅠM3和ⅡM209均随葬肥袋足无实足根鬲，但ⅠM3所出者口沿已出现数道凹槽，年代早不到西周早期，仅有ⅡM209随葬有西周早期肥足鬲。在ⅡM209中，肥足鬲ⅡM209：30与弧裆鬲ⅡM209：29共出于同一墓葬中（图5.7），表明两者并没有互斥关系，类似的现象曾见于安阳殷墟刘家庄南M64、山东济阳刘台子M6等。

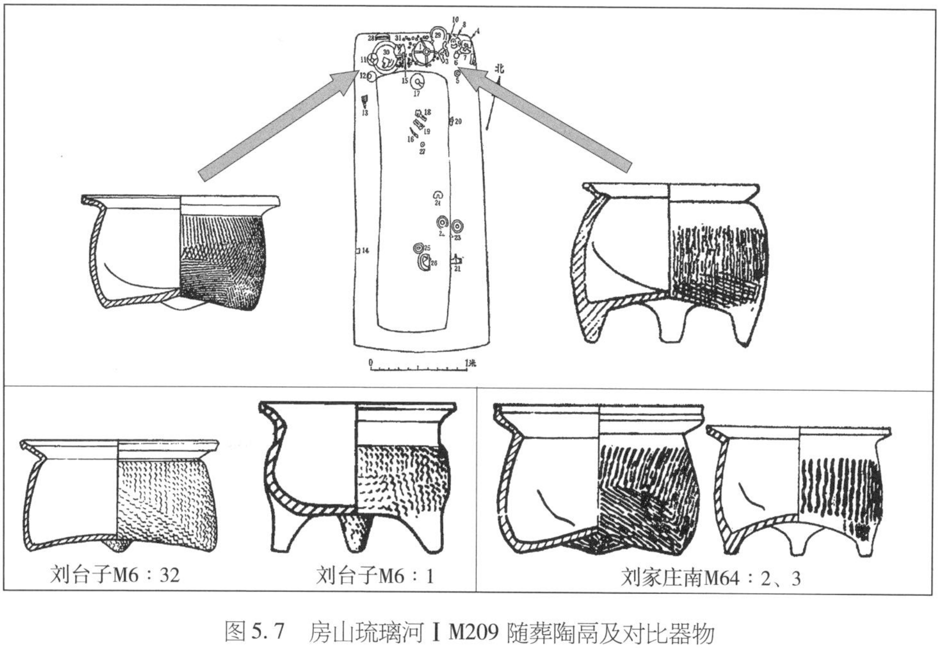

图5.7 房山琉璃河ⅠM209随葬陶鬲及对比器物

① 刘绪、赵福生：《琉璃河遗址西周燕文化的新认识》，《文物》1997年第4期。

1981～1983年，考古所等在京广铁路以东发掘墓葬121座，车马坑21座[①]，墓葬均为竖穴土坑墓，其中3座为甲字形墓，墓向均为北向，墓底多大于墓口，少数墓葬填土殉狗，部分墓葬底部有腰坑、殉狗，墓主人绝大多数为仰身直肢。发掘者特别指出："过去，在京广铁路西侧发掘时，多座墓中有人殉，在这121座墓中，未发现人殉的现象。"1995年，北京市文物研究所等在京广铁路以西的Ⅰ区发掘墓葬及灰坑各10座[②]，规模最大的M2有殉人和腰坑。京广铁路以东的Ⅱ区南部发现燕侯墓M1193，四条小墓道位于墓圹的四角，墓圹方向352°，尽管被盗扰严重，仍然出土了带有"令克侯于匽"铭文的克罍、克盉，此外还出土数量较多的铜戈"出土时全已折断"（图5.8）。

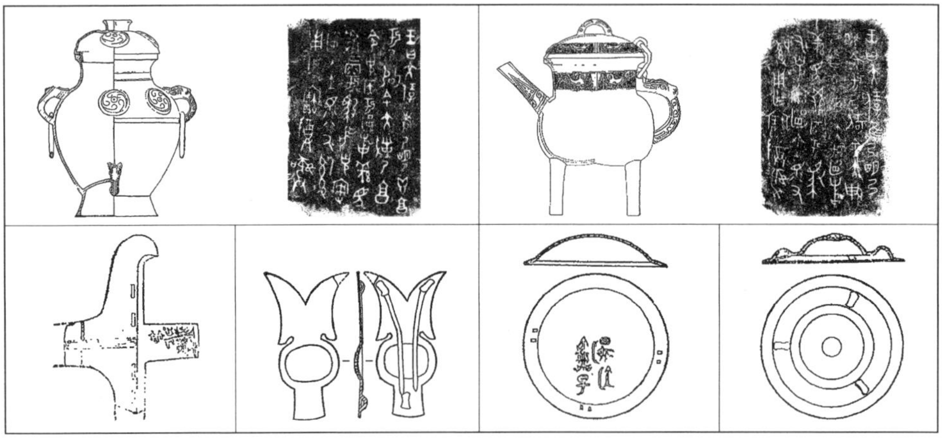

图5.8　房山琉璃河M1193随葬器物

北京昌平白浮[③]发现3座西周早期木椁墓（图5.9）。M1方向0°，墓主人为老年男性，仰身直肢，墓底有腰坑。M2方向5°，椁室与墓坑壁之间填白膏泥，墓主人女性，仰身直肢，墓底有椭圆形腰坑，坑内殉狗与墓主人头向相同。M3结构与M2相同，墓主为中年男性，俯身直肢，墓底有椭圆形腰坑。

① 中国社会科学院考古研究所、北京市文物工作队琉璃河考古队：《1981—1983年琉璃河西周燕国墓地发掘简报》，《考古》1984年第5期。

② 北京市文物研究所、北京大学考古学系：《1995年琉璃河遗址墓葬区发掘简报》，《文物》1996年第6期。

③ 北京市文物管理处：《北京地区的又一重要考古收获——昌平白浮西周木椁墓的新启示》，《考古》1976年第4期。

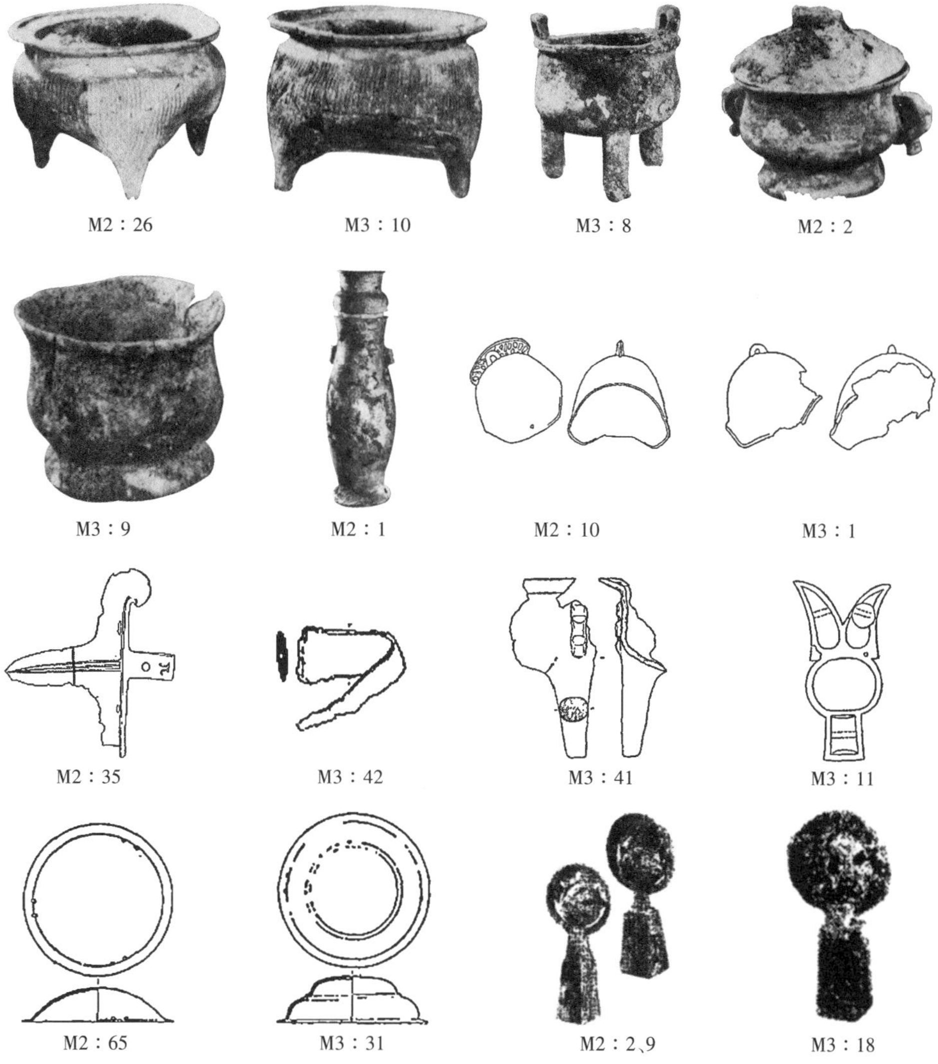

图 5.9　昌平白浮墓葬随葬器物

白浮墓葬的俯身葬、腰坑殉狗、束颈陶鬲、束颈鼓腹铜簋、铅戈等属于商系文化因素；铜戟、歧形当卢、銮铃、铜昜等属于周系文化因素，两者共同存在于同一墓葬之中；陶鼎 M3：41 属于西周燕文化的标志性器物。该墓所出兵器具有明显的北方特色，应与其所处的地理位置有关。整体来看，白浮墓葬的墓主人可能是殷遗。

北京顺义牛栏山①发现一批出自墓葬的青铜器（图 5.10），同出的 4 件陶罐已不

① 程长新：《北京市顺义县牛栏山出土一组周初带铭青铜器》，《文物》1983 年第 11 期。

见。所出铜器包括鼎、卣、尊、觯各1，觚、爵各2，均有铭文。此外还出有铅器24块，无法复原。根据随葬铜器风格及铭文、随葬铅器等特征推测墓主应是殷遗。

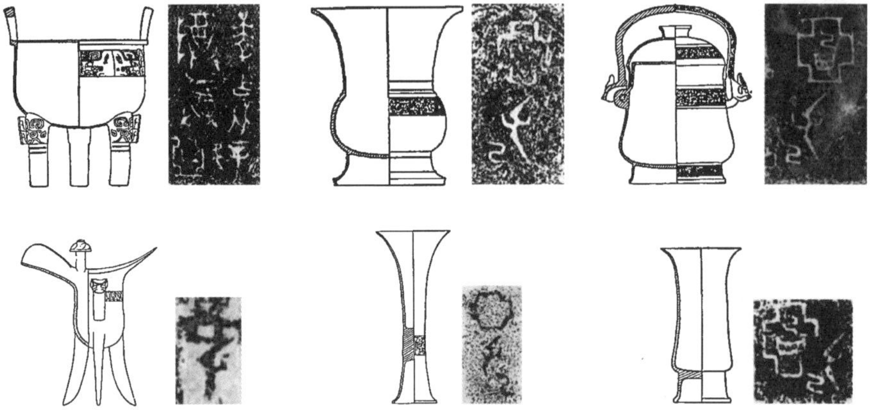

图5.10　顺义牛栏山出土铜器

河北迁西马哨村墓葬①出有“文化融合阶段”特征的铜鼎、簋各1，陶鬲2、罐1（图5.11）。随葬的铜鼎、簋为殷墟文化铜器形制，属于“文化融合阶段”流行形制和纹饰。随葬的陶鬲尤为引人瞩目，长方体、高弧裆、通体饰绳纹。根据文化因素，可将随葬品分为三组，分别属于商文化因素、周文化因素及本地文化因素。

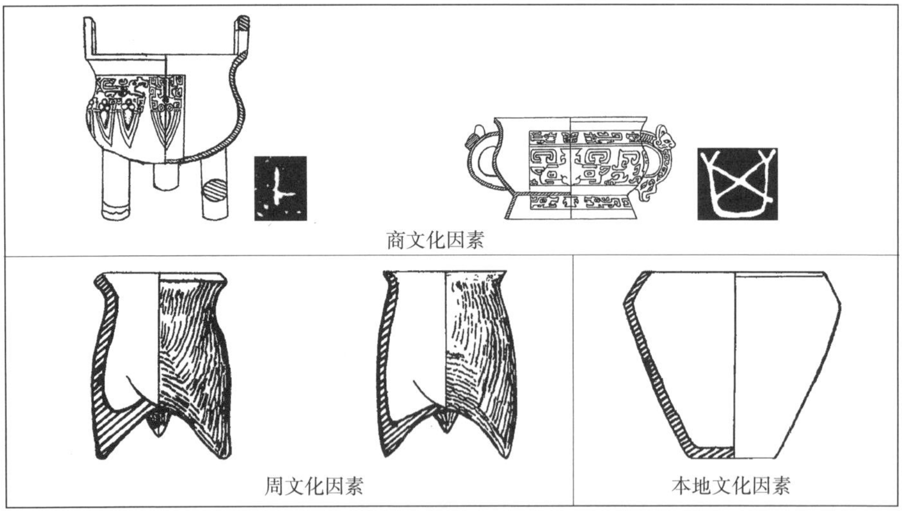

图5.11　迁西马哨村墓葬随葬器物

① 尹小燕：《迁安县发现商代器物》，《文物春秋》1996年第1期。

迁安小山东庄发现一座被破坏的墓葬 QXM1①，出有铜鼎 3、簋 1、陶罐 8、鬲 4 及金耳环、金臂钏等（图 5.12）。根据陶器特征推测该墓的年代为“文化融合阶段”，随葬金耳环和金臂钏的情况与天津张家园发现的“文化融合阶段”墓葬相同。所出陶盆 QXM1：8 上腹部饰方格，下腹部饰绳纹，所出陶鬲 QXM1：15 的弧裆、口沿外侧饰绳纹，有可能受到了来自周文化的影响。

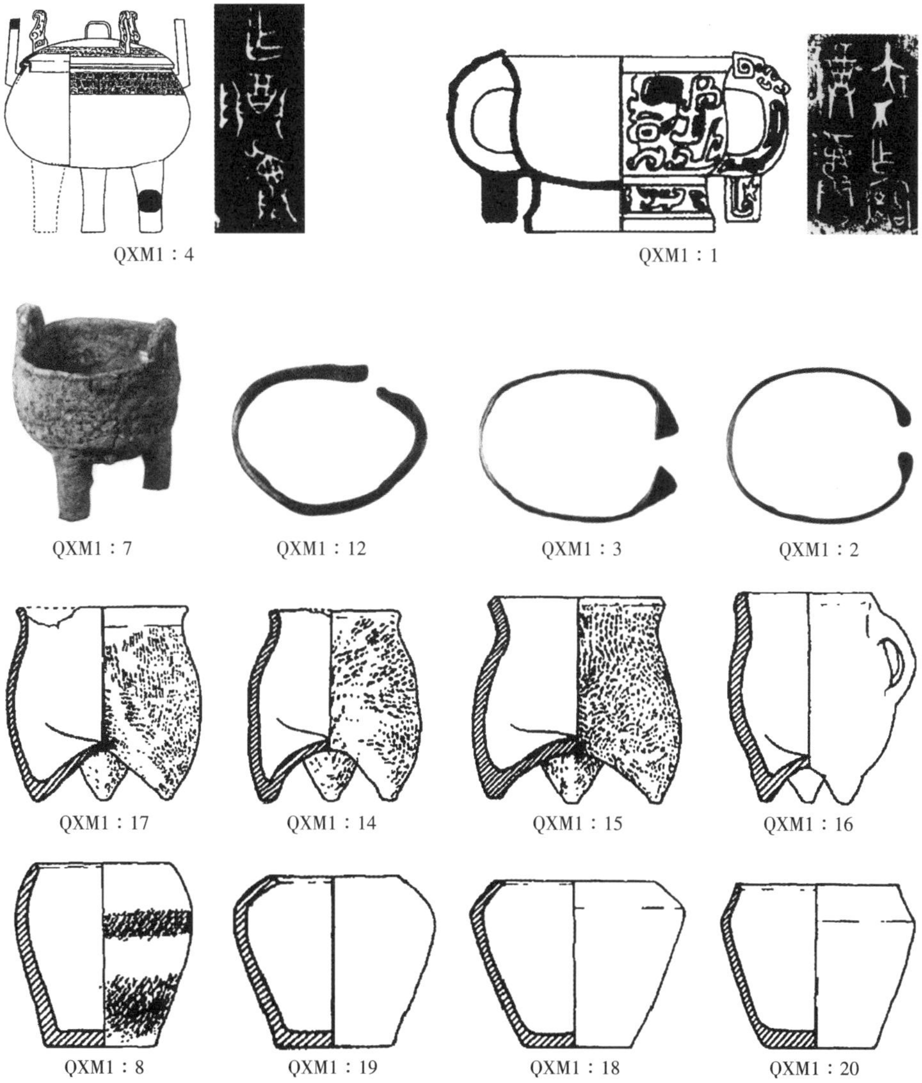

图 5.12　迁安小山东庄 QXM1 随葬器物

① 唐山市文物管理处、迁安县文物管理所：《河北迁安县小山东庄西周时期墓葬》，《考古》1997 年第 4 期。

卢龙东闬各庄M1①出有铜鼎、簋各1、弓形器1、金钏2（图5.13）。所出铜鼎属于殷墟文化晚期典型特征，铜簋为关中地区“文化融合阶段”最常见乳钉夔纹铜鼎。此墓的年代与张家园发现的“文化融合阶段”特征相同，年代应大体相当。

图5.13 卢龙东闬各庄M1随葬器物

滦县后迁义②1999M5随葬铜鼎3、簋1，年代相当于殷墟文化晚期，1999M4随葬铜鼎、簋各1，年代相当于“文化融合阶段”。滦县陈山头一座残墓③中出土铜鼎、簋各1（图5.14）。

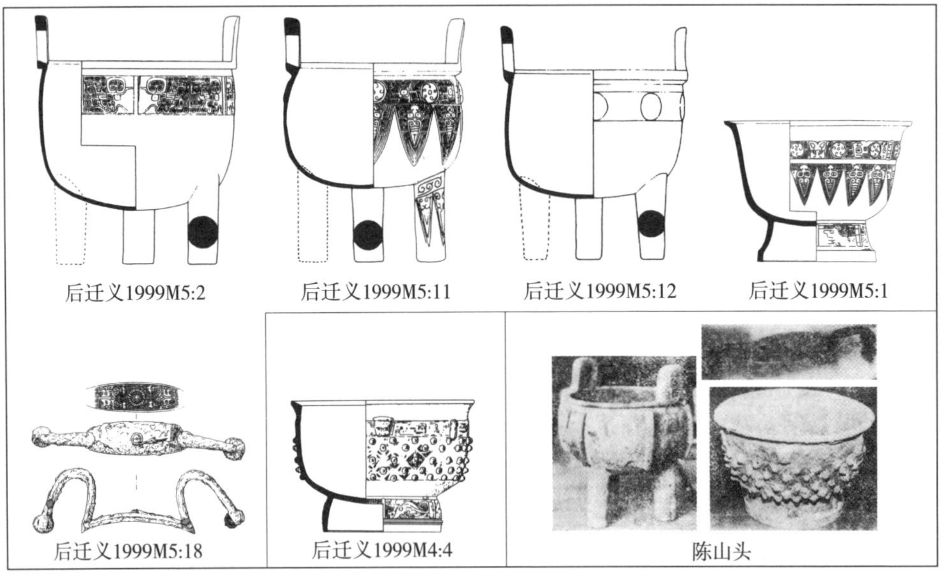

图5.14 滦县后迁义及陈山头出土铜器

① 唐云明：《河北境内几处商代文化遗存纪略》，《考古学集刊》第2集，中国社会科学出版社，1982年。

② 张文瑞、翟良富：《后迁义遗址考古发掘报告及冀东地区考古学文化研究》，文物出版社，2016年。

③ 孟昭永、赵立国：《河北滦县出土晚商青铜器》，《考古》1994年第4期。

第二节　晋中南地区

晋中南地区在殷墟文化晚期的考古发现较少，特别是晋南地区在过去缺乏殷墟文化遗存的发现，闻喜酒务头墓地的发现成为近年来商代考古的重大突破。进入西周早期，晋国的始封使得本区域成为周文化分布地域（图 5. 15）。

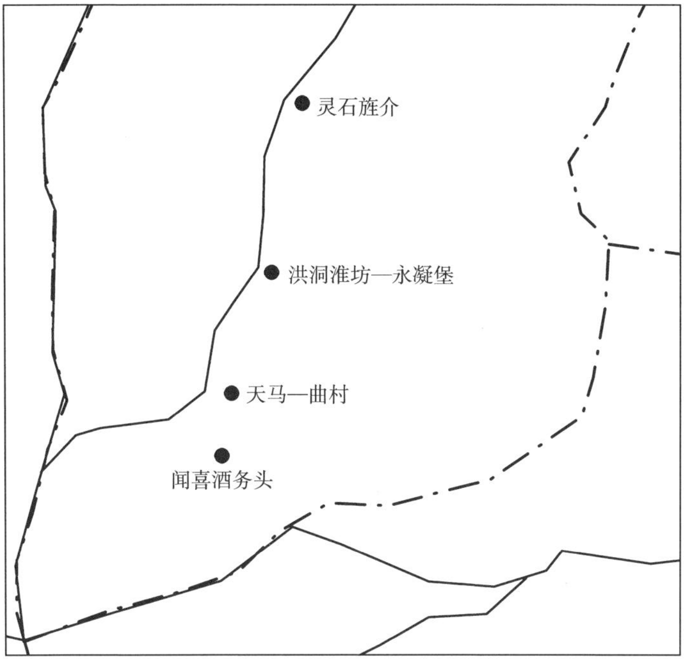

图 5. 15　晋中南地区重要遗址分布

在殷墟文化晚期，晋中地区最重要的发现当属灵石旌介商墓①。灵石旌介处于太原盆地、临汾盆地和吕梁山区的交界地带，地理位置十分重要。

旌介 M1 方向 190°，口小底大，墓底有长方形腰坑、殉狗，墓主人男性，仰身直肢，两侧各有 1 女性，侧身直肢面向墓主人。填土中有殉狗 2，墓主人脚部上方填土内有殉人 1，随葬铜鼎 2、簋 1、尊 1、卣 2、斝 1、罍 1、觯 1、觚 4、爵 10。所出陶

① 山西省考古研究所：《灵石旌介商墓》，科学出版社，2006 年。

鬲的特征与殷墟文化第三期晚段陶鬲具有一定的相似之处（图5.16）。旌介M1的年代大体相当于殷墟文化第三、四期之际。

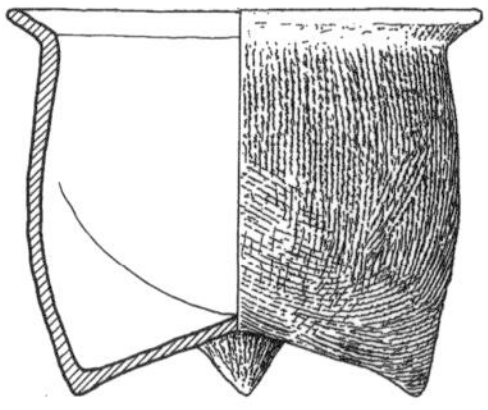
旌介M1：25

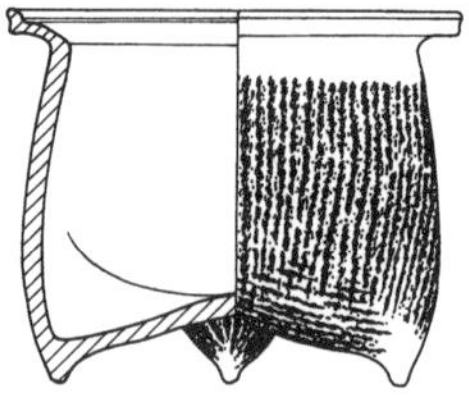
殷墟大司空村H305：11

图5.16　灵石旌介M1随葬陶鬲及对比器物

M2方向110°，墓底有腰坑、殉狗，推测墓主为仰身直肢男性，右侧为侧身直肢面向墓主的女性，墓室西北部填土中有殉人1，西二层台有殉人1。随葬铜鼎1、簋1、卣1、罍1、觚4、爵10，在墓主人头部置有瘪裆陶鬲1（图5.17）。旌介M2随葬铜器的整体特征与殷墟文化第四期接近，与旌介M1呈现出的殷墟文化第三期面貌铜器群差异显著。铜簋M2：39颈部所饰歧尾夔龙、铜觚M2：29、30、31所饰四瓣目纹均为“文化融合阶段”流行纹饰。根据铜器纹饰及陶鬲特征，旌介M2的年代应相当于“文化融合阶段”。

M2：39歧尾夔龙

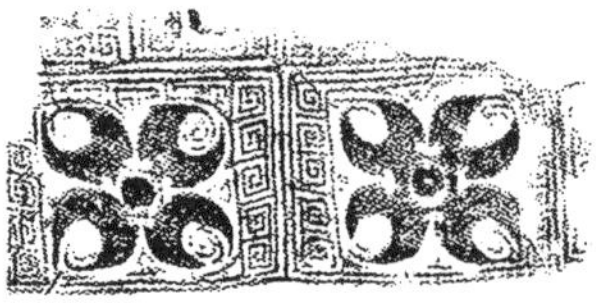
M2：31四瓣目纹

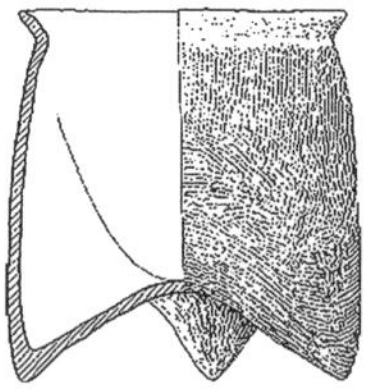
M2：4

图5.17　灵石旌介M2铜器纹饰及随葬陶鬲

M3即1976年清理的M1，方向93°，口大底小，随葬有铜鼎3（分裆圆鼎1、小方鼎2）、尊1、卣1、觥1、觯1、觚1、爵3。铜器形制属于殷墟文化第三期特征，但整体特征早于M1。

山西省考古研究所在旌介铜器墓附近发掘6座粮仓及墓葬、车马坑各1座①。粮仓内谷物及木炭标本测年结果经树轮校正后为公元前1065±110年。M5为小型竖穴

① 山西省考古研究所：《灵石旌介发现商周及汉代遗迹》，《文物》2004年第8期。

土坑墓，方向107°，墓主头向西，仰身直肢，男性，年龄约50岁，无随葬品。车马坑M4为长方形，方向108°二层台并排放置3具人头，坑内出有周系文化特征的铜昜（图5.18）。

图5.18　灵石旌介车马坑M4出土遗物

考古调查[1]表明，晋南地区缺乏殷墟文化时期遗存。浮山桥北发现的商代墓葬[2]年代主要集中于殷墟文化第二期。根据桥北M22所出陶鬲（图5.19）看，该墓地的商墓年代下限在殷墟文化第二、三期之际。但由于该墓地被盗扰严重，已难以进行更为深入的讨论。

发掘者指出晋东南的屯留上村一座墓葬[3]的出土器物年代可至殷墟文化第三期，但根据所出陶鬲的形制判断（图5.19），其年代下限也不超过殷墟文化第二、三期之际。屯留西李高[4]发现疑似的殷墟文化第四期遗存，以H21为代表，但整体陶器群面貌较为特殊，尚需更为丰富的材料予以确认。

闻喜酒务头墓地近期的考古发掘是晋南地区商代考古的重大突破。酒务头墓地曾遭到严重盗掘。M1未遭盗扰，保存了完整的考古信息，但资料尚未正式发表。山西博物院举办的“守护文明　利在千秋：山西公安机关打击文物犯罪成果宣传展”展出了酒务头M1的随葬铜器组合，时代特征为殷墟文化第四期。

---

① 中国社会科学院考古研究所山西工作队：《晋南考古调查报告》，《考古学集刊》第6集，中国社会科学出版社，1989年；中国国家博物馆考古部：《垣曲盆地聚落考古研究》，科学出版社，2007年；中国国家博物馆田野考古研究中心、山西省考古研究所、运城市文物保护研究所：《运城盆地东部聚落考古调查与研究》，文物出版社，2011年。

② 桥北考古队：《山西浮山桥北商周墓》，《古代文明》第5卷，文物出版社，2006年。

③ 长治市博物馆：《陕西屯留县上村出土商代青铜器》，《考古》1991年第2期。

④ 山西省考古研究所：《山西屯留西里高遗址发掘》，《文物春秋》2009年第3期。

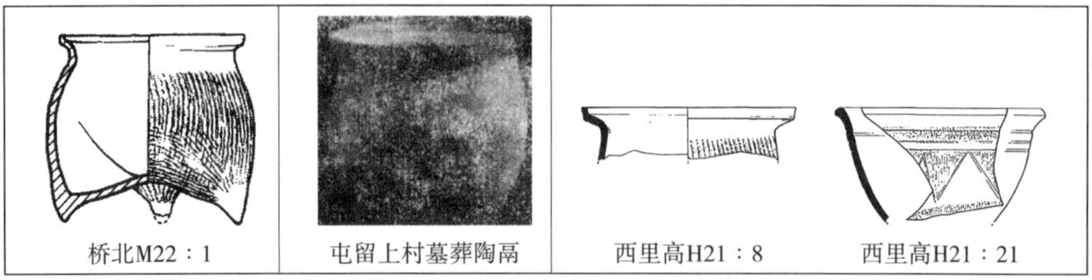

图5.19 晋南出土陶鬲与对比器物

酒务头墓地的考古发掘表明，在殷墟文化第四期，晋南地区仍然存在重要的殷墟文化遗存。

临汾庞杜 M2① 随葬青铜礼器包括鼎1、簋1、觚2、爵2、尊1、卣1（图5.20），其中鼎、簋、尊、卣均有“息”字铭文，可能与河南罗山蟒张天湖后李墓地存在关联。铜簋为较为罕见的方簋，腹部饰常见于宝鸡地区的散羽大鸟纹。此墓的年代应属“文化融合阶段”。

图5.20 临汾庞杜 M2 随葬铜器

① 临汾市文物局：《临汾文物集萃》，三晋出版社，2012 年。

天马—曲村发现的西周居址、墓葬[①]与晋侯墓地[②]均可早至西周早期。曲村居址中的陶鬲、盆、豆、罐占到陶容器数量的70%以上，其次是甗和甑，其他器类数量较少。陶鬲分为普通联裆鬲和仿铜联裆鬲两类，陶盆流行绳纹盆和素面盆，尚未出现旋纹盆，罐主要流行小口罐和素面罐。

邦墓[③]主要位于曲村北及村西，墓向以北向居多（362 座），东向其次（241 座），“东西向和南北向的墓葬在墓地中往往各自成片分布，形成明显的一群，其间虽略有相互掺杂的现象，但仍能够划分出清楚的界限”。墓葬均为竖穴土坑墓，有腰坑的墓葬 9 座，其中 8 座集中分布于 1982 年发掘的 K4 区西部，墓向均为西向，有壁龛的墓葬 8 座，其中 6 座在 J4 区，2 座在 K4 区，表明邦墓中存在少量外来人群，这一现象与张家坡西周墓地[④]、洛阳北窑西周墓地[⑤]的情况具有一定的相似之处。墓主葬式以仰身直肢为主，下肢弯曲者多见于小墓中，集中分布在 I2 区和居址内。随葬品中包括具有毁兵葬俗的铜戈、銮铃及铜昜等周系文化因素。随葬陶鬲 517 件，以联裆鬲为主，也包含分裆陶鬲，小墓中以随葬单鬲为主，占据墓葬总数的约三分之一（205/641）。随葬陶簋仅有 48 件，其中“殷式簋”仅有 15 件。随葬陶豆的最初形态接近殷墟文化特征。随葬罐、盆基本上受到了关中地区的影响，如 M6259 随葬有郑家坡文化特征的菱格纹罐，这些陶盆和陶罐与殷墟文化的罐、盆差异较大。随葬大口尊与商系大口尊无关，三足瓮受到了晋陕高原地区的影响，两者通常见于女性墓中。此外，女性墓通常随葬陶器较多，其中包括厚唇簋和粗柄豆。常见于商人故地和关中地区的圆肩旋纹罐在曲村邦墓中较少见到。随葬铜器中包含少量商代遗物，但更多地呈现出西周早期的新风格。殉人的墓葬仅有 2 座，其中 M6080 为女性墓，殉人亦为未成年女性，M6123 墓主人为儿童，殉人亦为儿童，置于壁龛中。

曲村的西周早期铜器墓以 M6081 为代表，是曲村邦墓中年代最早规格最高的墓葬，墓主人男性，仰身直肢，西二层台上殉狗。随葬方鼎 M6081：85 属于商代遗物，

---

① 北京大学考古学系、山西省考古研究所：《天马—曲村》，科学出版社，1999 年。

② 北京大学考古文博院、山西省考古研究所：《天马—曲村遗址北赵晋侯墓地第六次发掘》，《文物》2001 年第 8 期。

③ 北京大学考古学系、山西省考古研究所：《天马—曲村》。

④ 中国社会科学院考古研究所：《张家坡西周墓地》，中国大百科全书出版社，1999 年。

⑤ 洛阳市文物工作队：《洛阳北窑西周墓》，文物出版社，1999 年。

年代有可能为帝辛二十年，铜盘 M6081：2 腹部饰蝉纹，铭文为“戈父辛”，有可能也属于商代遗物。此墓所出尊卣同铭，纹饰组合相同（图 5.21）。所出铜戈被折，随葬有周系因素的銮铃、铜昜，随葬陶鬲为联裆鬲。

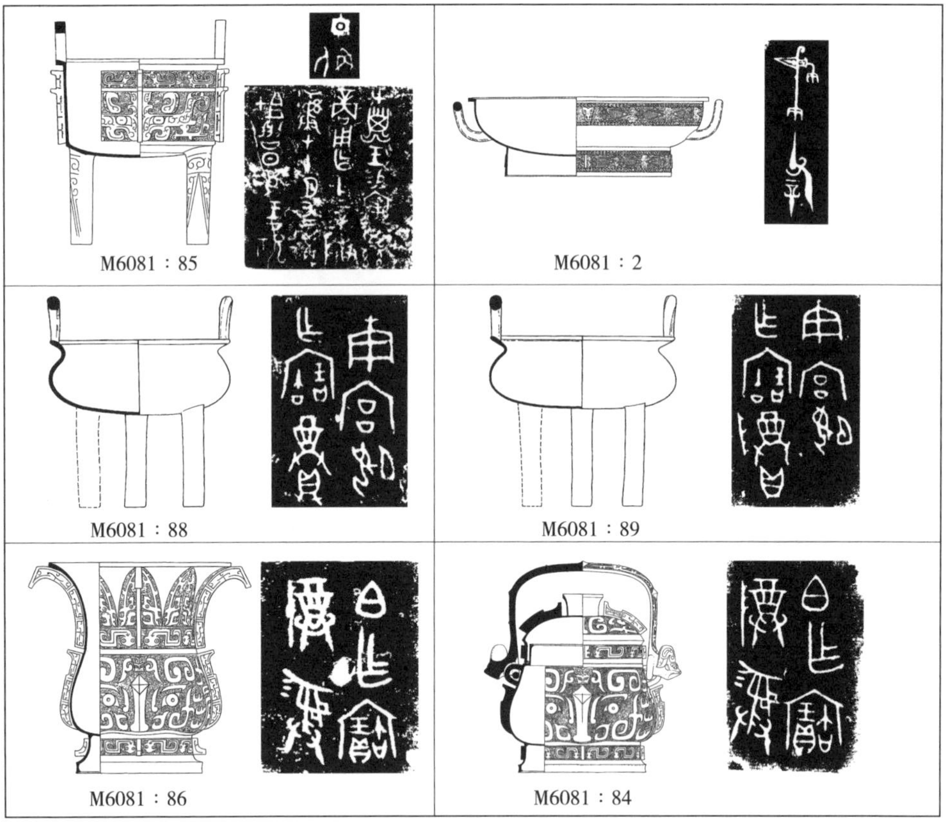

图 5.21　曲沃曲村 M6081 随葬铜器

曲村的女性墓尤为值得注意。M6080、M6214、M6278、M7019 等墓主经体质人类学鉴定为女性，随葬陶器数量较多。M6080 有殉人，随葬有分裆鬲、厚唇簋及敛口豆。M6214 随葬的联裆陶鬲被单独置于二层台的东北部，两件分裆陶鬲（其中 1 件具有明显的束颈特征）被置于西北角处（图 5.22），表明具有人为意识上的区分。M6214 随葬的陶簋、瓿等已具有殷墟文化的特征。M6278 随葬同形的联裆鬲和粗柄豆，M7019 随葬同形的联裆鬲、陶罐、陶盆等，且有腰坑殉狗，也属于商系文化特征。根据这些特征推测曲村邦墓中的部分女性可能具有殷墟文化背景。

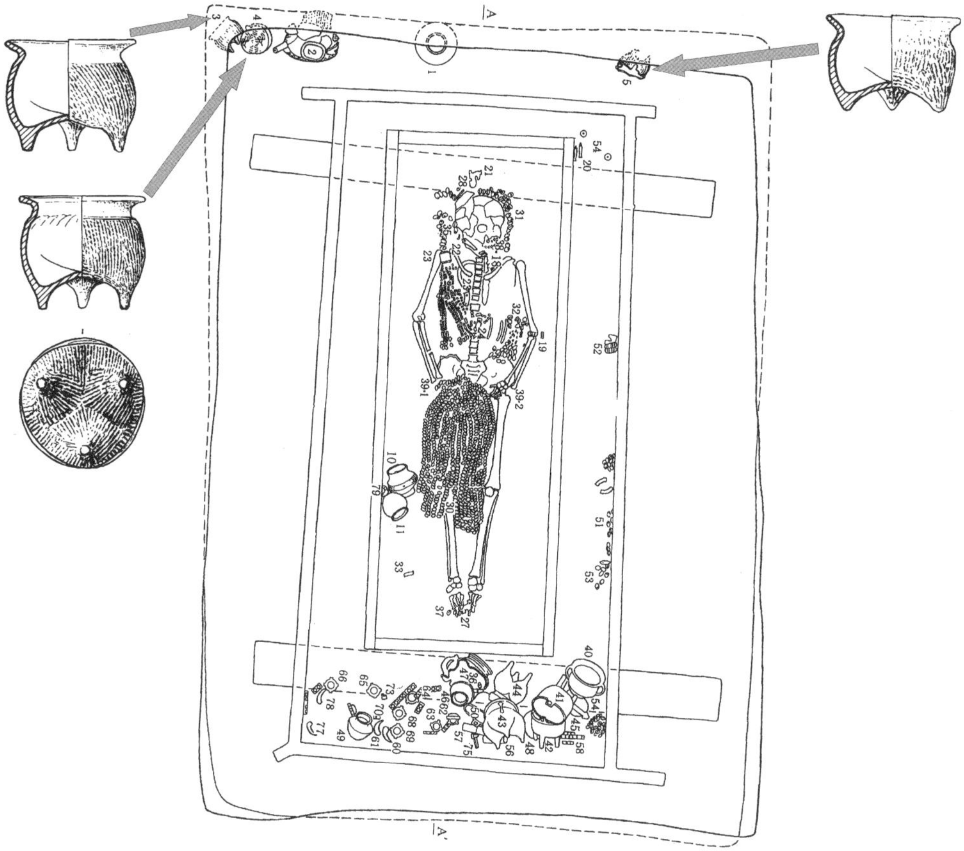

图 5.22　曲沃曲村 M6214 随葬陶鬲

北赵晋侯墓地[①]中的 M114、M113 的年代可早至西周早期晚段。两墓均为甲字形墓，分属晋侯及夫人。M114 墓主人仰身直肢，殉狗 2 分别位于二层台的东南角和西南角，殉人 1 位于二层台北侧，无腰坑。M113 墓主人仰身直肢，无殉人、殉狗及腰坑。

曲村邦墓中得出的规律在晋侯墓地中仍然得以体现：男性墓仅随葬陶鬲、罐，女性墓随葬陶器较多，包括分裆柱足束颈鬲、仿铜双耳陶簋、偶数的陶罐、粗柄豆以及女性墓标志性器物的三足瓮等（图 5.23）。

① 北京大学考古文博院、山西省考古研究所：《天马—曲村遗址北赵晋侯墓地第六次发掘》，《文物》2001 年第 8 期。

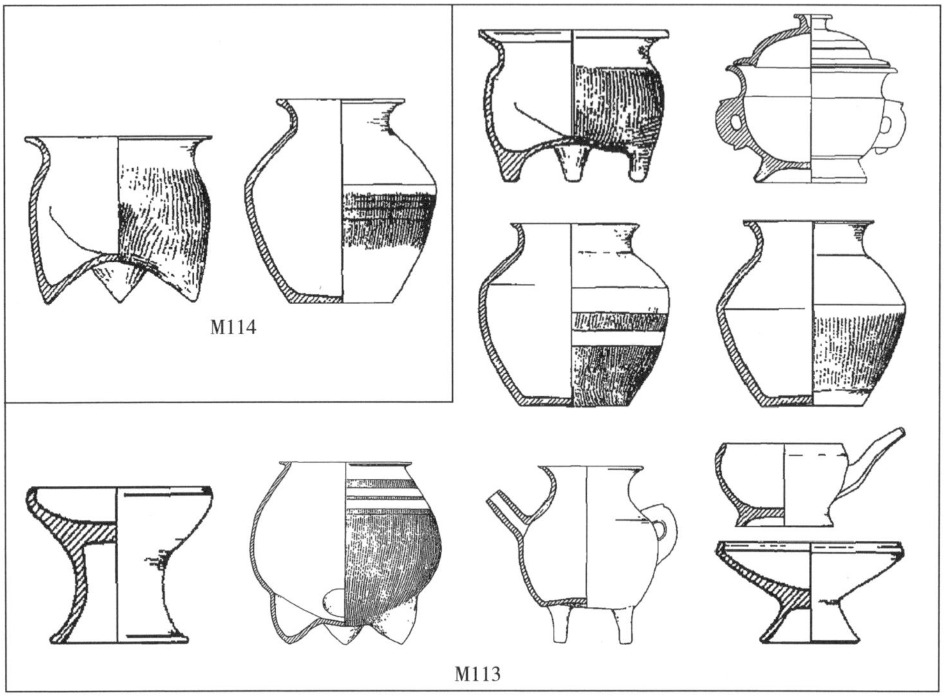

图 5.23　曲沃北赵 M113、M114 随葬陶器

晋侯及夫人墓随葬铜器数量较多，尽管 M114 受到盗扰，仍然出有叔虞方鼎等铜器（图 5.24）。所出铜器多继承了殷墟文化铜器的特征，但随葬瓦纹铜簋已属于西周铜器风格。

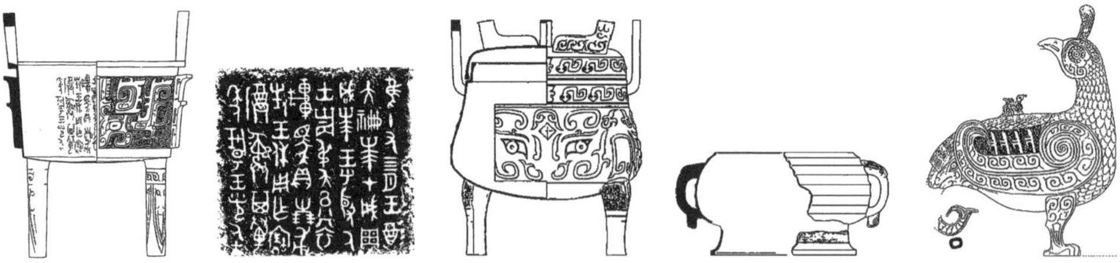

图 5.24　曲沃北赵 M114 随葬铜器

M113 由于未被盗扰，出有数量更为丰富的青铜器（图 5.25）。就铜器风格而言，方鼎、铜甗和铜簋仍然保留有一定的殷墟文化特征，但圆鼎已呈现出明显的垂腹特征，铜三足瓮、双耳罐、琮形器等更加显示出铜器生产的创新性。

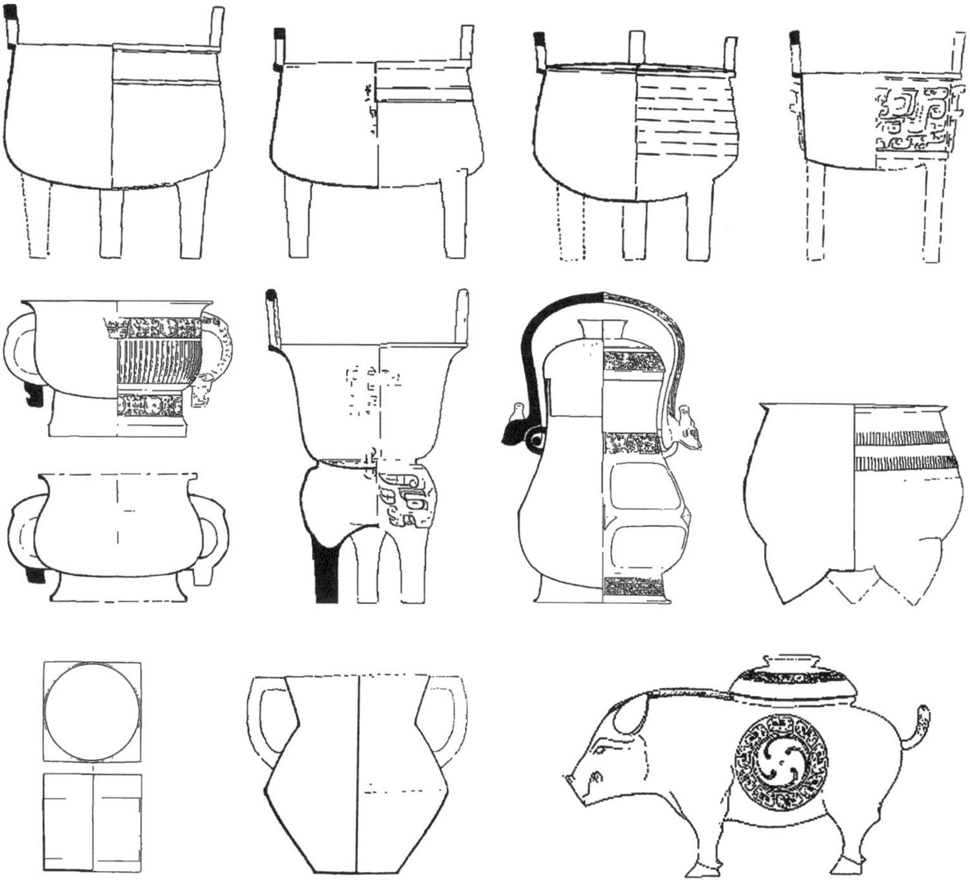

图 5. 25　曲沃北赵 M113 随葬铜器

翼城大河口发现西周墓地①，发掘墓葬 579 座，车马坑 24 座，墓葬均为竖穴土坑，多口小底大，绝大多数为东西向，以西向为主，南北向仅有 4 座，个别墓葬有壁龛。墓主人多为仰身直肢，未发现俯身葬，带腰坑的墓葬较多，腰坑内殉狗，但未见殉人。随葬陶器组合有单鬲、单罐、鬲罐、鬲盆罐等。

发掘者披露了西周早期大型墓葬 M1 的情况。M1 方向 278°，墓口四角各发现通向墓壁的斜洞，二层台之上的墓壁发现 11 个壁龛，墓底有腰坑，墓主西向，男性，仰身直肢，发现铜鼎 24（方鼎 2、四足圆角方鼎 1、扉棱圆鼎 8、圆鼎 12、扁足鼎 8）、簋 9（方座簋 2、高圈足簋 2、直棱纹簋 1、喇叭形圈足簋 1、鼎式簋 1、乳钉纹

① 山西省考古研究所大河口墓地联合考古队：《山西翼城县大河口西周墓地》，《考古》2011 年第 7 期。

簋 1、圈足三足簋 1）、鬲 7、卣 4、盉 1、爵 6、觯 8、尊 2、罍 1，还随葬有铜铙、钟（一组 3 件）、勾鑃（一组 2 件）以及銮铃 6 等（图 5. 26）。部分铜器出现“芮公舍霸马两玉金用铸簋”和“燕侯旨作姑妹宝尊彝”等铭文。此外，M1 随葬的陶器颇具特色，有陶壶、豆、盘杯等。

发掘者认为大河口墓地“商、周文化文化因素都比较明显，独具自身文化特色。……其人群应为狄人系统的一支，是被中原商周文化同化的狄人，文化面貌显示其人群相对单纯”。在铜器群层面受到了主流文化的影响，但在陶器群及葬俗方面又具有较为浓厚的个性特征。

图 5. 26　冀城大河口 M1 随葬器物

洪洞坊堆—永凝堡曾在遗址中部及西部出土卜甲2，铜器8[1]（图5.27）。根据铜器特征可知年代上限可至“文化融合阶段”。遗址内还曾发现刻辞卜骨[2]。

图5.27　洪洞坊堆—永凝堡出土器物

1957年，坊堆—永凝堡一座破坏的墓葬中出土一批铜器[3]（图5.28），根据当事人描述墓葬应为东向，随葬铜鼎1、簋2，还随葬有歧形当卢等器物。根据器物特征可知墓葬年代为西周早期晚段。

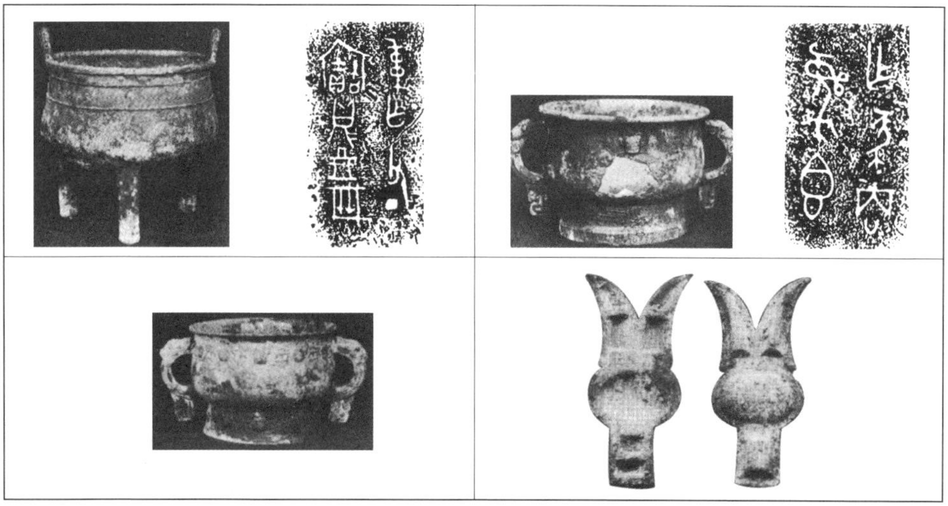

图5.28　洪洞坊堆—永凝堡1957年墓葬随葬器物

---

① 山西省文物管理委员会：《山西洪赵县坊堆村古遗址墓群清理简报》，《文物参考资料》1955年第4期。

② 畅文齐、顾铁符：《山西洪赵县坊堆村出土的卜骨》，《文物参考资料》1956年第7期。

③ 解希恭：《山西洪赵县永凝东堡出土的铜器》，《文物参考资料》1957年第8期。

1980年，坊堆—永凝堡发掘西周早期墓葬NM9①，东向，墓主男性，随葬品有铜鼎、簋、木胎铜壶、銮铃等，随葬陶器包括鬲、罐、钵（图5.29），其中相似的陶鬲形制亦见于邢台地区，表明此地可能与冀南地区存在文化联系。

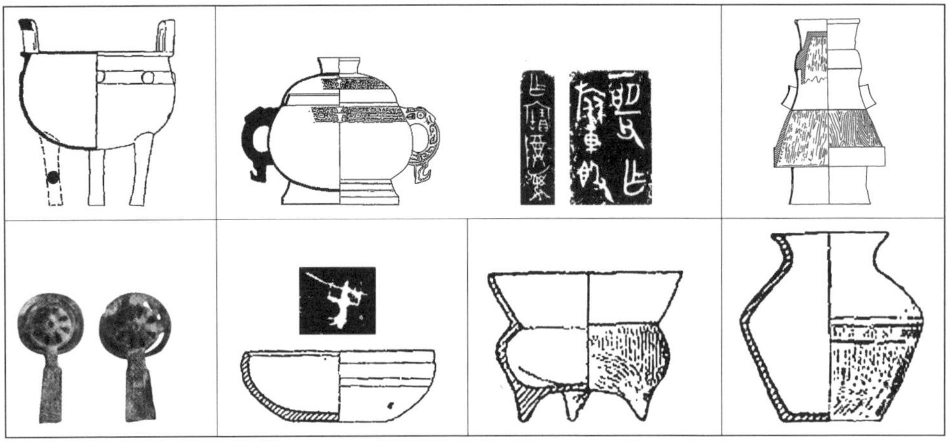

图5.29　洪洞坊堆—永凝堡NM9随葬器物

根据现有的考古发现可知，坊堆—永凝堡是一处相当重要的西周遗址，但尚未进行全面系统的考古工作，对其整体情况仍不清楚。

晋南还零星出土数批铜器（图5.30）。翼城凤家坡②出土一批青铜器，应出自墓葬，包括铜卣、甗、簋各1。屯留城郊③出土西周早期铜鼎、簋各1，铜鼎饰有兽面纹，但磨损严重，铜簋下腹部饰菱格纹，根据铜簋器壁内外的编织物包裹痕迹可知应出自墓葬。长子西旺④发现一批西周早期遗物，应是出自墓葬，随葬铜鼎、簋各1，陶鬲2。

另外需要特别说明的是，黎城西关西周墓地M8⑤所出铜壶的铭文“黎侯宰□作宝壶永用”表明此地属于黎国墓地。尽管并未发现西周早期墓葬，但此地的地理位置已接近安阳地区，足以使“祖伊恐”（《尚书·西伯勘黎》）。若山西省黎城县确为

① 山西省文物工作委员会、洪洞县文化馆：《山西洪洞永凝堡西周墓葬》，《文物》1987年第2期；临汾地区文化局：《洪洞永凝堡西周墓葬发掘报告》，《三晋考古》第一辑，山西人民出版社，1994年。

② 李发旺：《山西翼城发现青铜器》，《考古》1963年第4期。

③ 王进先：《山西屯留县城郊出土西周早期青铜器》，《考古》1982年第6期。

④ 山西省文物管理委员会：《山西长子的殷周文化遗存》，《文物》1959年第2期。

⑤ 张崇宁：《揭开古黎国的神秘面纱》，《发现山西》，山西人民出版社，2007年。

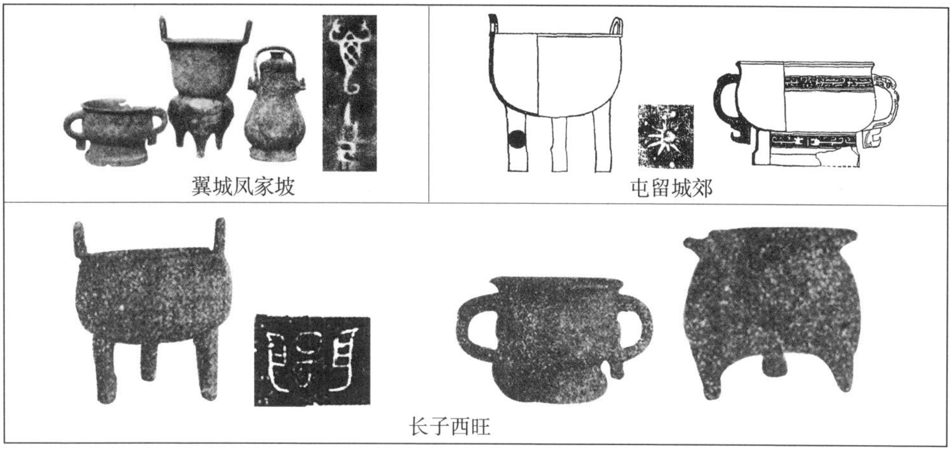

图 5.30　晋南出土铜器

“西伯勘黎”之所在，则晋南地区有可能在商末即已纳入周人势力范围，对商王朝起到震慑作用并非不可能做到。

第三节　胶东半岛

殷墟文化时期，商人在海岱地区最东到达潍河一线。潍河以东的半岛地区在殷墟文化晚期仍然属于夷人地域，文化面貌由岳石文化转变为珍珠门文化[①]，并延续至西周时期。在西周早期，周人和殷遗势力到达胶东半岛，商周两系文化共同对本地文化产生影响（图 5.31）。

荣成学福村发现西周早期墓葬 M1[②]，东西向，竖穴土坑墓略呈椭圆形，墓壁为弧壁，圜底，四周有经过夯打的二层台，一棺一椁，棺椁之间发现铜尊、壶，铜尊有铭文“作宝□彝”，棺内发现铜戈、镞、砺石等（图 5.32）。学福村 M1 是中国境内目前发现地理位置最靠东的西周墓葬，也是胶东半岛年代最早的西周墓葬。

---

① 刘延常：《珍珠门文化初探》，《华夏考古》2001 年第 4 期。

② 刘晓燕、孙承晋：《山东荣成市学福村商周墓葬的清理》，《考古》2004 年第 9 期。

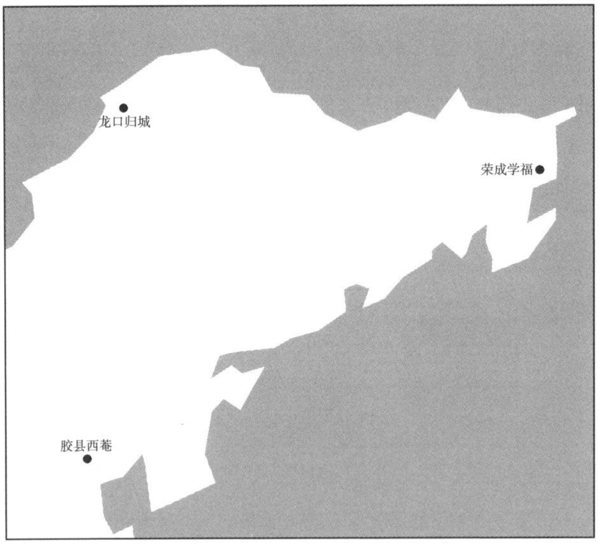

图 5. 31　胶东半岛重要遗址分布

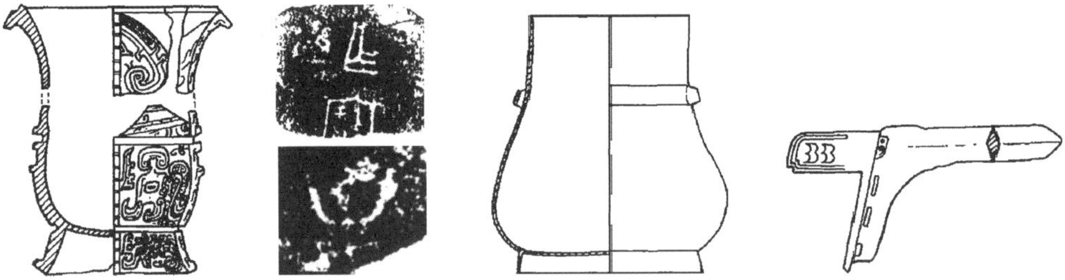

图 5. 32　荣成学福村墓葬随葬铜器

龙口（黄县）归城①发现西周城址，分为内外两城，被认为是莱国都城。发掘者认为归城 H20 的年代早到西周早期晚段②。此外，韩栾村曾出土一件西周早期分裆铜鼎③。

胶县西菴④发现西周早期车马坑 1 座和墓葬 2 座（图 5. 33）。发掘者曾在胶河两岸进行调查，认为西菴遗址以南 1. 5 公里的逄家沟遗址可能是其对应的居址遗存。

① 李步青、林仙庭：《山东黄县归城遗址的调查与发掘》，《考古》1991 年第 10 期；中美联合归城考古队：《山东龙口市归城两周城址调查简报》，《考古》2011 年第 3 期。

② 中国社会科学院考古研究所、哥伦比亚大学东亚语言和文化系、山东省文物考古研究所：《龙口归城：胶东半岛地区青铜时代国家形成过程的考古学研究：公元前 1000—前 500》，科学出版社，2018 年。

③ 李步青、木仙庭：《山东省龙口市出土西周铜鼎》，《文物》1991 年第 5 期。

④ 山东省昌潍地区文物管理组：《胶县西菴遗址调查试掘简报》，《文物》1977 年第 4 期。

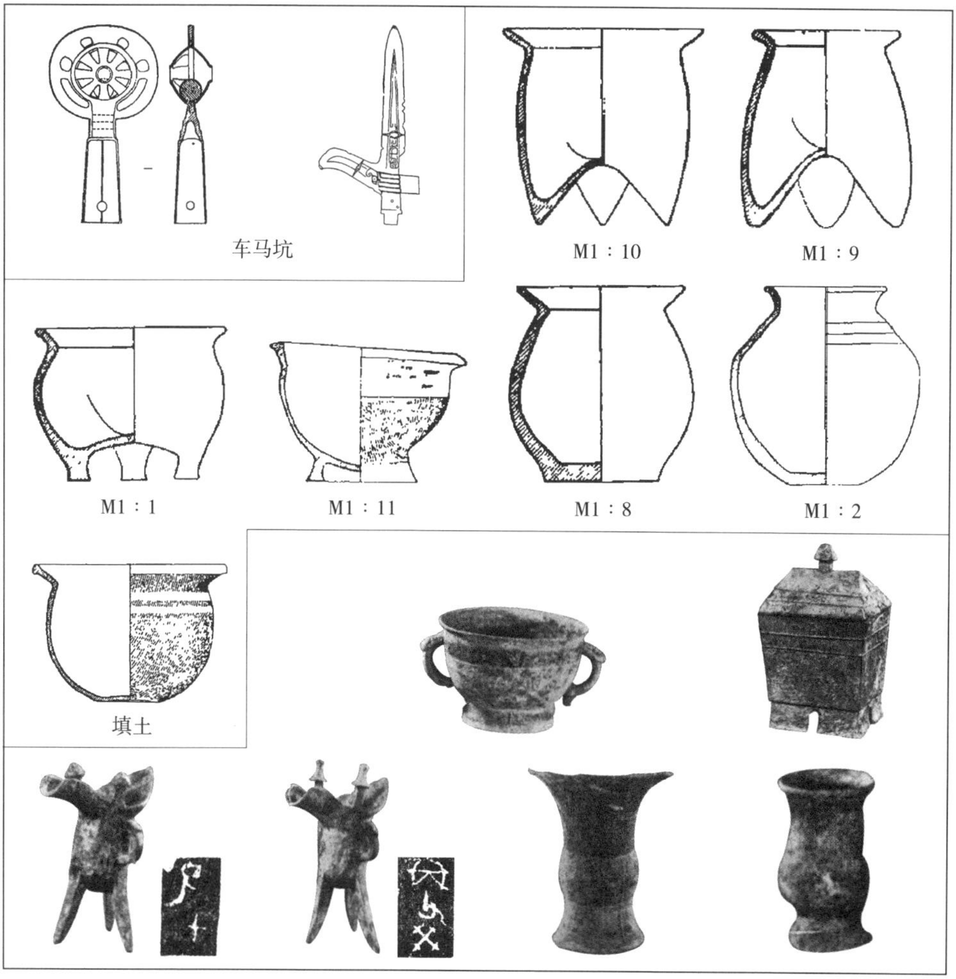

图 5.33　胶县西菴出土器物

车马坑内有车 1、马 4、殉人 1。殉人属于商系文化因素。车马坑中出有銮铃和戟，属于周系文化因素。

墓葬 M1、M2 均为小型竖穴土坑墓，方向正东。M1 墓底有腰坑，腰坑内 1 殉狗，头向东，填土内殉狗 1，墓主人为女性，仰身直肢，随葬陶鬲 3、簋 1、罐 2，填土中出有盆 1、甗 1。陶鬲 M1：1 为西周早期常见的分裆柱足鬲，但器表素面。陶簋 M1：11 为商系文化典型器物的侈口厚唇簋。陶罐 M1：2 肩部饰瓦楞纹，有可能系殷墟文化流行的瓦楞绳纹罐简化而来，肩部以下素面。素面鬲 M1：9、M1：10 属于本地文化因素。填土中所出折沿鼓腹绳纹盆属于“殷遗文化”中常见的标志性器物。可见，

M1 主要由“殷遗文化”和土著文化因素构成，年代为西周早期。M2 被破坏严重，不见随葬品。此外，西菴遗址曾因胶河洪水导致一座铜器墓坍塌，墓向正东，采集的铜器有簋 1、方彝 1、爵 2、觯 1，表明墓主具有较高的身份地位。

尽管出现了銮铃、軎、柱足陶鬲等周系文化因素，西菴发现的车马坑、墓葬仍然保留有殉人、腰坑、殉狗等商系文化特征，所出铜器仍然铸有日名，墓葬的东向和陶器形制也表现出“殷遗文化”特征，推测西菴墓地对应的人群可能是商亡后逃至胶东的殷遗。

第四节　长江中游地区

长江中游地区包括长江中游沿岸地区及其支流汉江、湘江沿岸地区，地域较为广阔，遗存分布相对分散（图 5. 34）。

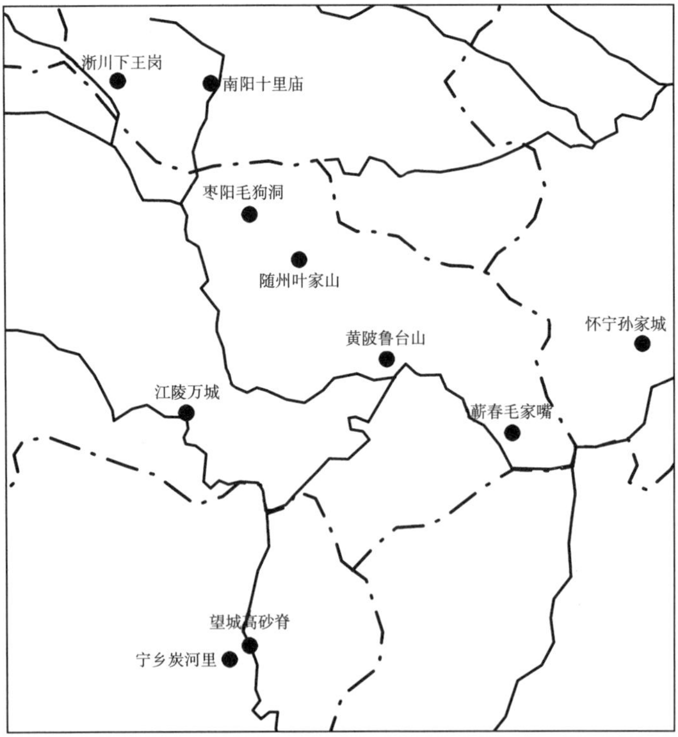

图 5. 34　长江中游地区重要遗址分布

南阳尽管位于河南境内，却属于长江流域。南阳十里庙遗址发现殷墟文化晚期至西周早期遗存①。南阳市博物馆藏有一批殷墟文化晚期特征青铜器②（图 5.35），主要出于十里庙遗址。由于这些铜器多属非发掘品，不排除埋藏年代已进入西周。

图 5.35　南阳十里庙出土铜器

淅川下王岗发现西周早期居址和墓葬③。M120 随葬小口矮领瓮 M120：1 属于“殷遗文化”常见器物。M24 随葬陶鬲 M24：11 属于商式鬲特征，M24：5 属于受周文化影响的联裆鬲，高足杯 M24：10 应是受到了来自汉中地区的影响（图 5.36）。

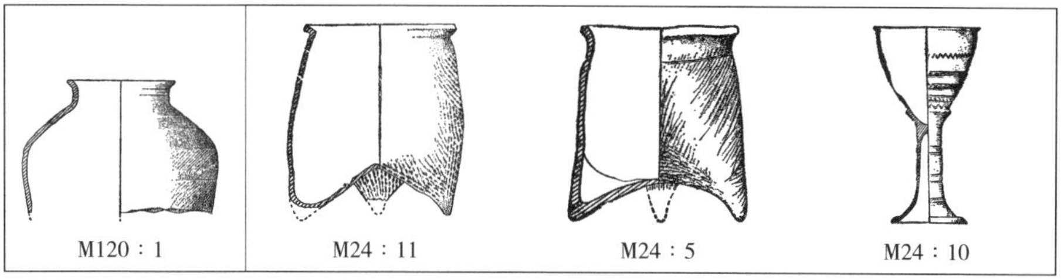

图 5.36　淅川下王岗墓葬随葬陶器

---

① 李维明：《豫南及邻境地区青铜文化》，线装书局，2009 年。

② 南阳市博物馆：《南阳市博物馆馆藏的商代青铜器》，《中原文物》1984 年第 4 期；尹俊敏：《南阳市博物馆收藏的商代铭文铜器》，《考古与文物》1996 年第 6 期。

③ 河南省文物研究所、长江流域规划办公室考古队河南分队：《淅川下王岗》，文物出版社，1989 年。

下王岗在南水北调工程中曾发现一批西周遗存[①]，西周早期遗存以 H135 和 H89 为代表。素面锥足陶鬲颇具特色，特征与殷墟文化早期陶鬲相似，但与西周早期绳纹饰至足尖的陶鬲足以及柱状陶鬲足共出（图 5. 37）。

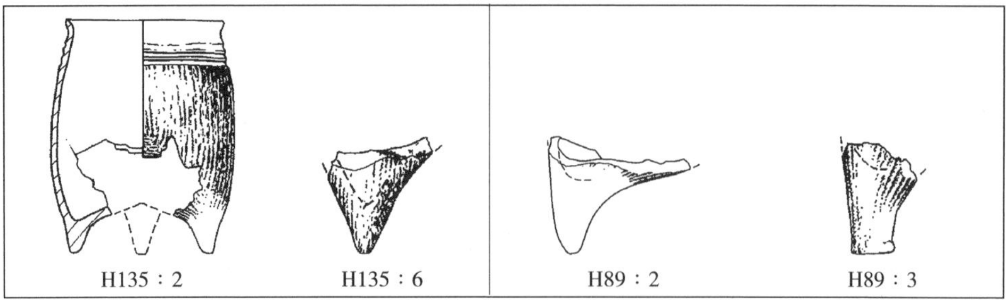

图 5. 37 淅川下王岗居址出土陶器

湖北地区零星发现殷墟文化晚期至西周早期的青铜器（图 5. 38）。应山[②]发现殷墟文化晚期特征的铜鼎。随州熊家老垮[③]出土殷墟文化第三期特征的铜罍。汉阳东城垸纱帽山[④]出有“文化融合阶段”特征的铜尊。汉阳竹林咀[⑤]出有殷墟文化晚期特征铜方罍。鄂城陈林寨[⑥]出有殷墟文化晚期特征的铜爵，碧石公社[⑦]回收的青铜爵年代有可能早至商末。襄樊市博物馆藏有西周早期特征的铜爵[⑧]。

湖北枣阳毛狗洞发现西周初期的废弃房基 H1[⑨]，所出陶器数量丰富（图 5. 39），器类以鬲为主，形制较多样，还包括联裆甗、折肩罐及缸。红陶比例较高，缸为本地特色。

---

① 中国社会科学院考古研究所山西队、河南省文物局南水北调办公室：《河南淅川下王岗遗址西周遗存发掘简报》，《考古》2010 年第 7 期。

② 应山县文化馆：《应山县发现商代铜鼎》，《江汉考古》1980 年第 1 期。

③ 随州市博物馆：《湖北随县发现商周青铜器》，《考古》1984 年第 6 期。

④ 湖北省博物馆：《汉阳东城垸纱帽山遗址调查》，《江汉考古》1987 年第 3 期。

⑤ 蓝蔚：《汉阳县发现陈子墩古文化遗址》，《江汉考古》1980 年第 1 期。

⑥ 鄂城县博物馆：《湖北鄂城县沙窝公社出土青铜爵》，《考古》1982 年第 2 期。

⑦ 鄂城县博物馆：《湖北鄂城县沙窝公社出土青铜爵》，《考古》1982 年第 2 期。

⑧ 襄樊市博物馆、谷城县文化馆：《襄樊市、谷城县馆藏青铜器》，《文物》1986 年第 4 期。

⑨ 襄樊市博物馆：《湖北枣阳毛狗洞遗址调查》，《江汉考古》1988 年第 3 期。

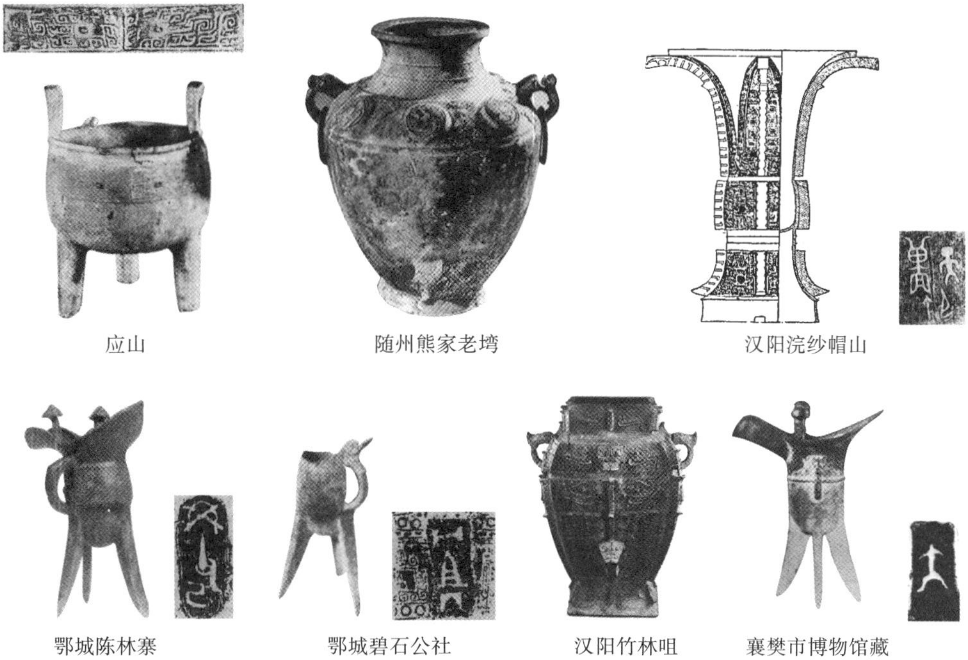

图 5.38　湖北出土殷墟文化特征青铜器

湖北随州叶家山①是近年来西周考古的重大发现，共计发掘 140 座西周墓葬和 7 座马坑，年代基本属于西周早期。墓葬均为东西向，除 M111、M28 带墓道外，其余均为竖穴土坑墓，仅有 M1 和 M3 墓底发现腰坑。发掘者认为叶家山墓地 M65、M28 和 M111 是墓地的核心，属于曾侯墓，东侧的 M2、M27 以及 M50、M467 属于曾侯夫人墓，外围的 M55、M107 属于与曾侯家族关系密切人群的墓葬，更外围的小墓属于低等级贵族甚至平民②。

① 湖北省文物考古研究所、随州市博物馆：《湖北随州叶家山 M65 发掘简报》，《江汉考古》2011 年第 3 期；湖北省文物考古研究所、随州市博物馆：《湖北随州叶家山西周墓地发掘简报》，《文物》2011 年第 11 期；湖北省文物考古研究所、随州市博物馆：《湖北随州市叶家山西周墓地》，《考古》2012 年第 7 期；湖北省文物考古研究所、随州市博物馆：《湖北随州叶家山 M28 发掘报告》，《江汉考古》2013 年第 4 期；湖北省文物考古研究所、随州市博物馆：《随州叶家山西周墓地第二次考古发掘的主要收获》，《江汉考古》2013 年第 3 期；湖北省博物馆、湖北省文物考古研究所、随州市博物馆：《随州叶家山：西周早期曾国墓地》，文物出版社，2013 年。

② 方勤：《随州叶家山西周早期曾侯墓地的发现与研究》，《随州叶家山：西周早期曾国墓地》，文物出版社，2013 年。

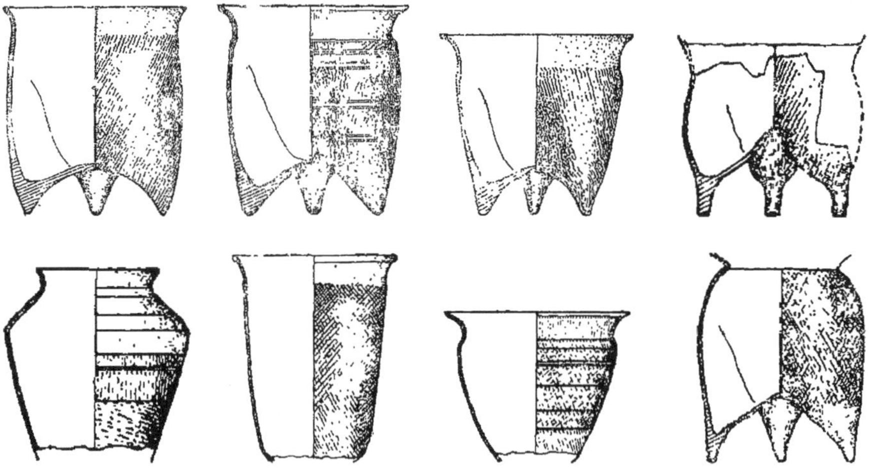

图 5.39　枣阳毛狗洞 H1 出土器物

叶家山墓地受到了较为浓重的商系文化影响（图 5.40）。叶家山墓地所出陶器可见三角划纹簋、仿铜双耳陶簋、圈足尊等殷墟文化典型形制器物，铜器群中的多数器型来自殷墟文化铜器群，M1 所出方罍与殷墟刘家庄北 M1046 所出者相似，推测墓地的年代上限为“文化融合阶段”。此外，铜铙、有领玉璧等也属于商系文化典型特征器物。

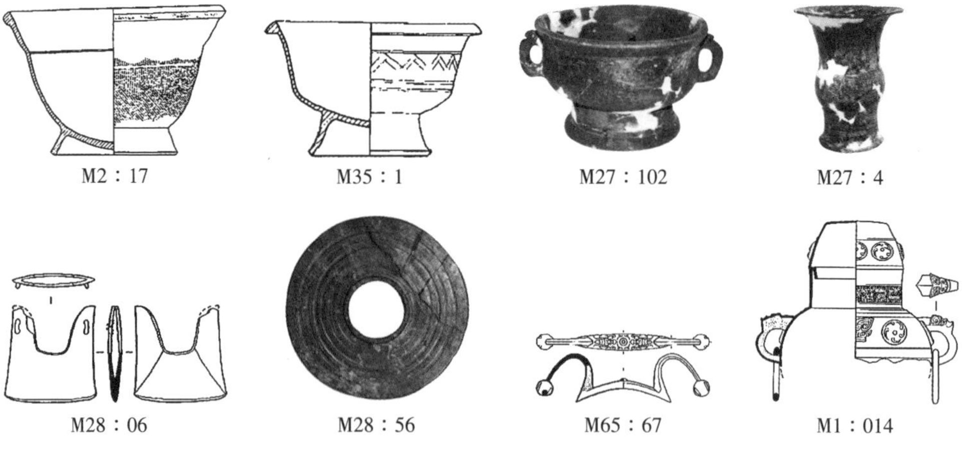

图 5.40　随州叶家山墓地商系文化因素

叶家山墓地又可见明显的周系文化因素（图 5.41）。乳钉夔纹鼎、簋属于“文化融合阶段”最典型的器物，蜗纹、銮铃、歧形当卢、铜昜等也属于周系文化的典型特征。陶器群方面的联裆鬲及折肩罐属于周系文化陶器群的核心器物。

在商、周文化因素以外，还可以见到受炭河里文化影响的陶鼎 M50：6（图 5.41）。

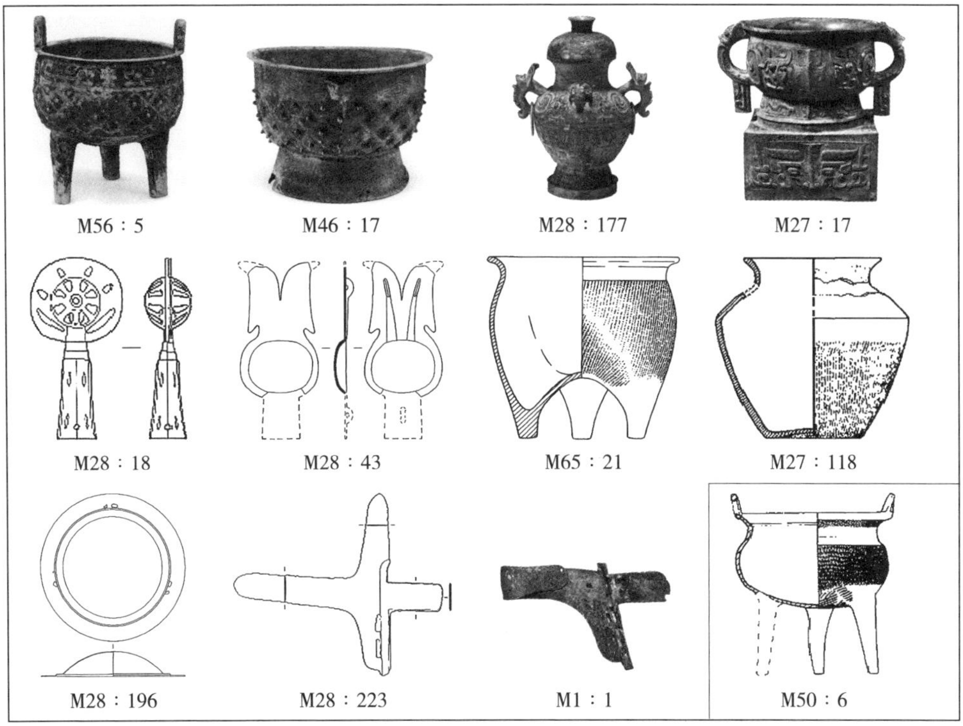

图 5.41　随州叶家山墓地周系文化因素及炭河里文化因素

学术界目前基本认可叶家山墓地的主体人群属于姬姓周人①，但该墓地受到了商系文化的强烈影响，这与其所处的特殊地理位置有关。叶家山墓地对应的居址有可能是随州庙台子②，高规格建筑遗存尚待于进一步确认。

湖北羊子山发现西周噩国墓地（图 5.42）。1975 年，羊子山出土 4 件青铜器③，基本属于殷墟文化铜器风格的延续，铜尊带有“噩侯”铭文。1980 年发现的 M1④ 出有铜鼎、簋、尊、卣、爵、觯，其中尊、卣的纹饰组合相同。羊子山 M4⑤ 出有铜方

---

① 《江汉考古》编辑部：《“随州文峰塔曾侯舆墓”专家座谈会纪要》，《江汉考古》2014 年第 4 期。

② 武汉大学历史系考古教研室、襄樊市博物馆、随州市博物馆：《西花园与庙台子》，武汉大学出版社，1993 年。

③ 随州市博物馆：《湖北随县发现商周青铜器》，《考古》1984 年第 6 期。

④ 随州市博物馆：《湖北随县安居出土青铜器》，《文物》1982 年第 12 期。

⑤ 随州市博物馆：《随州出土文物精粹》，文物出版社，2009 年；张昌平：《论随州羊子山新出噩国青铜器》，《文物》2011 年第 11 期。

鼎2、圆鼎1、甗1、簋3、爵3、斝1、觯1、卣2、觚形尊1、方罍1、圆罍1、盘1、盉1，属西周早期特征，方罍的铭文为“噩侯作厥宝尊彝”，圆罍、卣、盘的铭文“噩侯作旅彝”，该墓应为一座噩侯墓。M4出土鄂国铜器以铜尊、卣、方罍所饰神面纹最具特色。与羊子山墓地对应的居址可能在安居镇。需要指出的是，羊子山噩国墓地距离叶家山曾国墓地仅有约20公里。

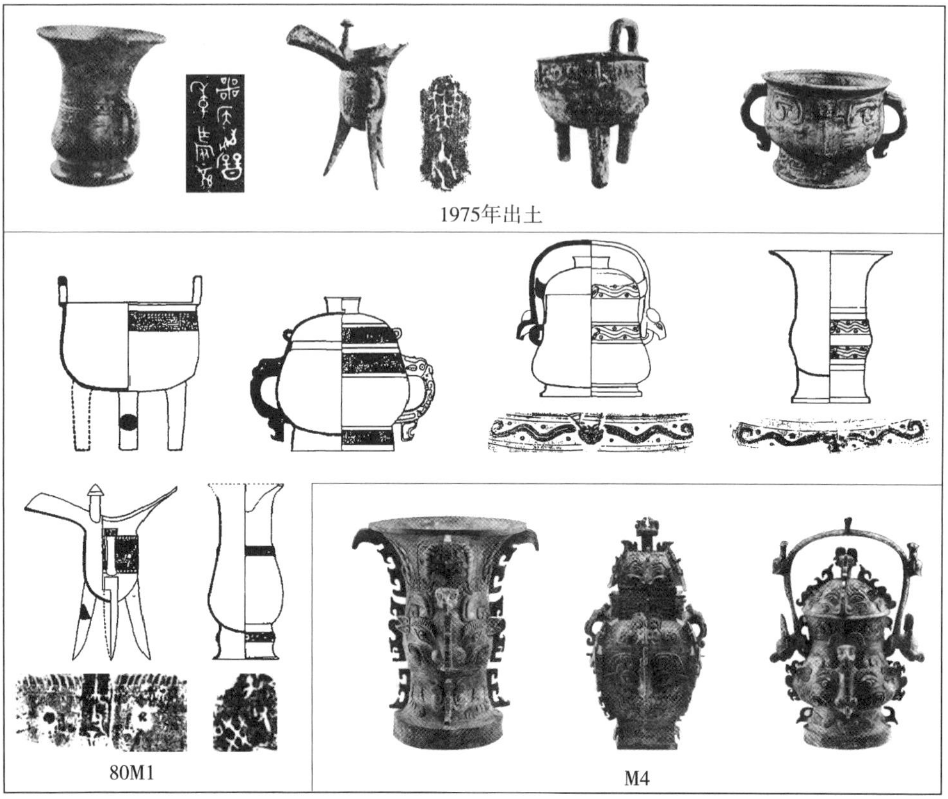

图5.42 随州羊子山出土铜器

湖北黄陂鲁台山发现西周灰坑1座（H1）和西周墓葬5座（M28、M30、M31、M34、M36）①，集中分布在鲁台山西部的鲁台湾以东。灰坑H1所出陶鬲为高弧裆，还采集到西周早期特征的矮圈足绳纹簋及粗高圈足束颈鼓腹陶簋（图5.43）。

① 黄陂县文化馆、孝感地区博物馆、湖北省博物馆：《湖北黄陂鲁台山西周遗址与墓葬》，《江汉考古》1982年第2期。

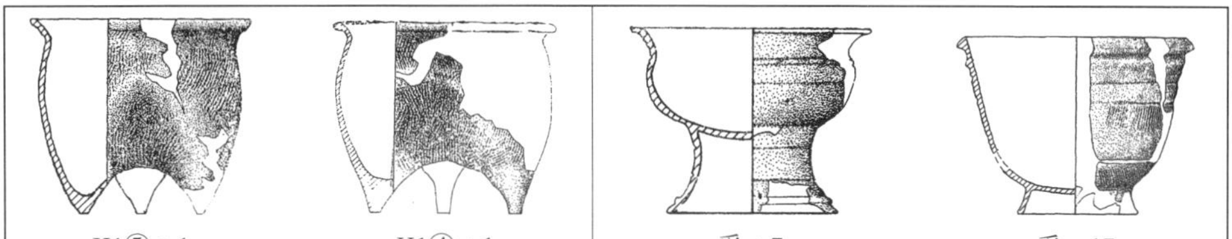

图5.43　黄陂鲁台山出土及采集器物

西周墓葬均为长方形竖穴土坑墓，南北向，其中M36、M31、M34纵向并列成排。M30有一条阶梯墓道无腰坑，随葬圆鼎1、方鼎4、簋2、甗2、卣2、觚1、爵2。M36墓底有长方形腰坑，随葬铜鼎1、爵2、觯1、尊1，随葬陶鬲1、簋1。M31随葬铜爵1，陶罐1、爵1，其中陶罐内装有红、白、黑石丸各5颗。M30随葬铜器数量较多（图5.44），所出铜圆鼎有铭文“长子狗作文父乙尊彝”，方鼎M30：6铭文为“□乍宝尊彝”，铜簋M30：8铭文为“□大□乍姬誊宝尊彝”。

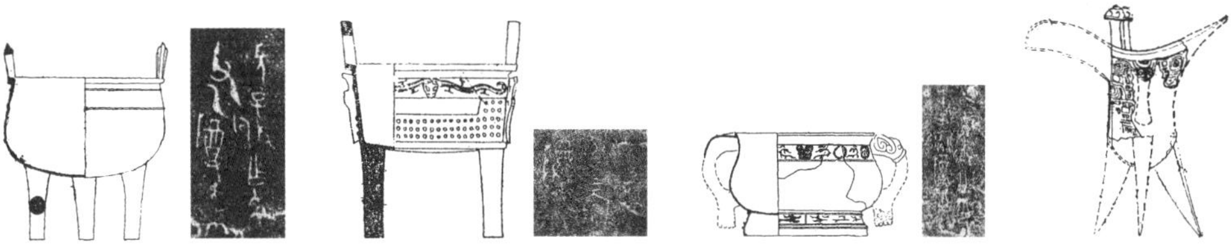

图5.44　黄陂鲁台山M30随葬铜器

江陵万城发现一批出自墓葬的青铜器①，包括铜鼎2（同形）、甗2（同形）、簋2、爵3、尊1、罍2、卣1、觯1、觚2、勺1（图5.45），铜尊、卣、觯有铭文“小臣作父乙宝彝”，墓主有可能为殷遗。铜器群基本属于殷墟文化铜器风格的延续，同形现象也属于商系文化重要特征。以往通常认为这批铜器中所出铜鼎较为特殊，但叶家山墓地也出土了风格相似的西周早期铜鼎②。这批铜器的年代大体相当于西周早、中期之际。

① 李健：《湖北江陵万城出土西周铜器》，《考古》1963年第4期。

② 湖北省博物馆、湖北省文物考古研究所、随州市博物馆：《随州叶家山：西周早期曾国墓地》，文物出版社，2013年。

图 5.45　江陵万城铜器群

湖北浠水发现铜甗、斝各 1 件，其中甗内有箅，铜斝有柱，器物的年代上限可早至殷墟文化第四期①。

鄂东南地区在商末至周初阶段分布的是大路铺文化②，但在该区域出现了蕲春毛家咀居址与新屋塆窖藏。

蕲春毛家咀③发现了木构建筑，所出遗物的年代特征不晚于西周早期。毛家咀所出陶鬲中最引人瞩目的是旋纹高领鼎式鬲，共出的有殷墟文化特征的三角划纹簋、圈足尊、弧裆小鬲等，也出有常见于南方商系文化典型器物的铜镈（图 5.46）。

毛家咀居址附近的新屋塆④发现铜器窖藏，出有铜圆鼎 1、方鼎 5、斗 1（图 5.47），铜方鼎所饰皆为商系铜器典型纹饰。标本 5 有“酋”字铭文，与毛家咀居址所出铜爵的铭文相同，表明两者可能存在关联。所出铜器属于殷墟文化晚期特征，不排除直接来自殷墟遗址。

① 刘长荪、陈恒树：《湖北浠水发现两件铜器》，《考古》1965 年第 3 期。

② 湖北省文物考古研究所、湖北省黄石市博物馆、湖北省阳新县博物馆：《阳新大路铺》，文物出版社，2013 年。

③ 中国科学院考古研究所湖北发掘队：《湖北圻春毛家咀西周木构建筑》，《考古》1962 年第 1 期。

④ 湖北黄冈市博物馆、湖北蕲春县博物馆：《湖北蕲春达城新屋塆西周铜器窖藏》，《文物》1997 年第 2 期。

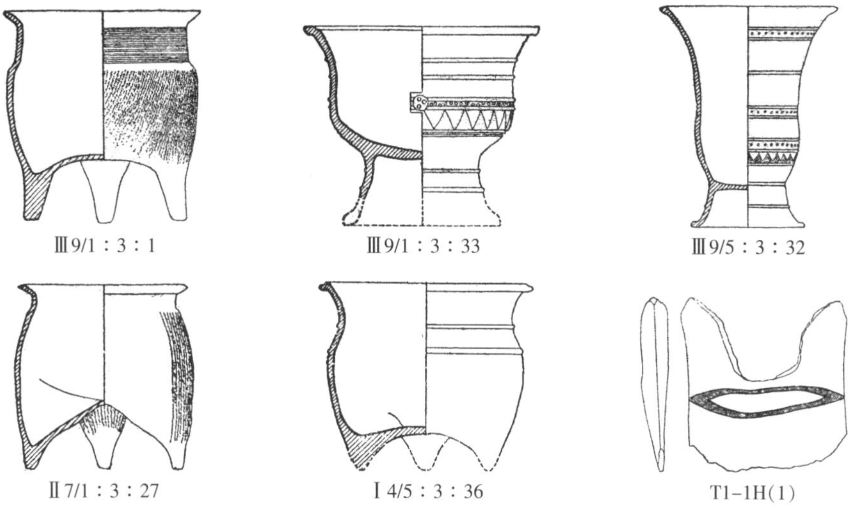

图 5.46　蕲春毛家咀居址出土遗物

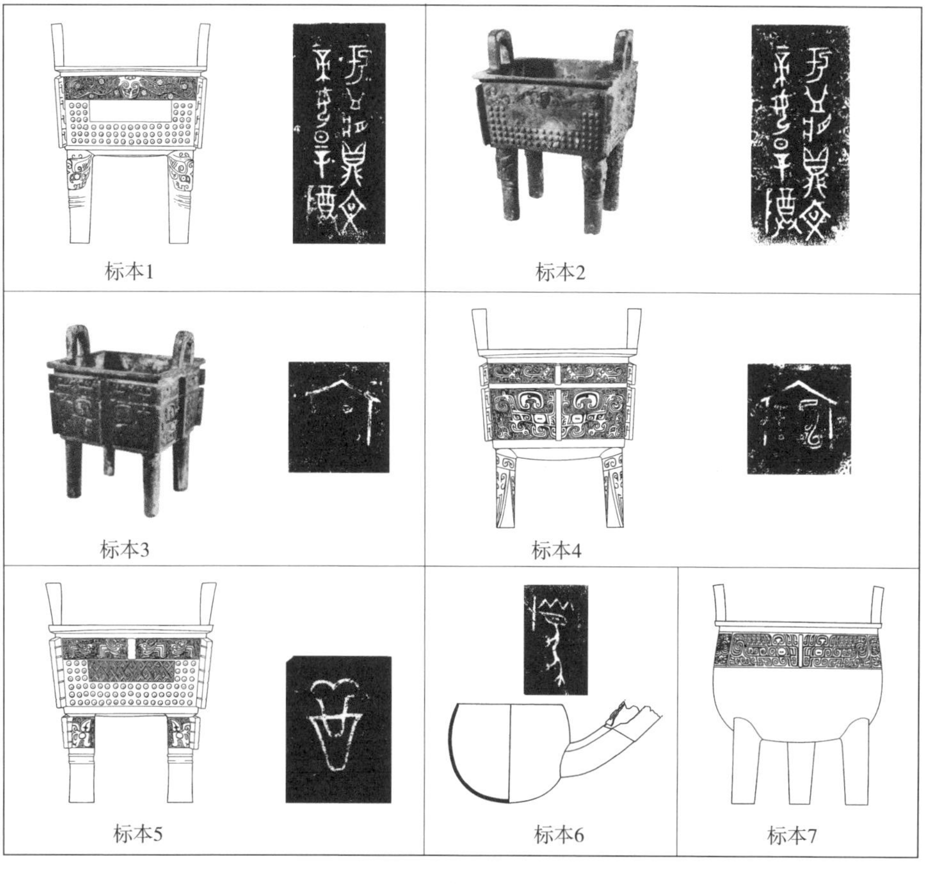

图 5.47　蕲春新屋塆铜器群

安徽怀宁孙家城 H29① 陶器群面貌与湖北蕲春毛家咀居址所出遗物在器物形制和组合上非常相似。

湖南北部地区在商代晚期属于费家河文化分布区②。至西周早期出现了以宁乡炭河里③和望城高砂脊④为代表的一类遗存。

湖南宁乡炭河里城址附近的山坡不断出土青铜器，如人面方鼎、戈卣等（图5.48）。炭河里城址的发现，为这些散出的青铜器找到了文化归属。

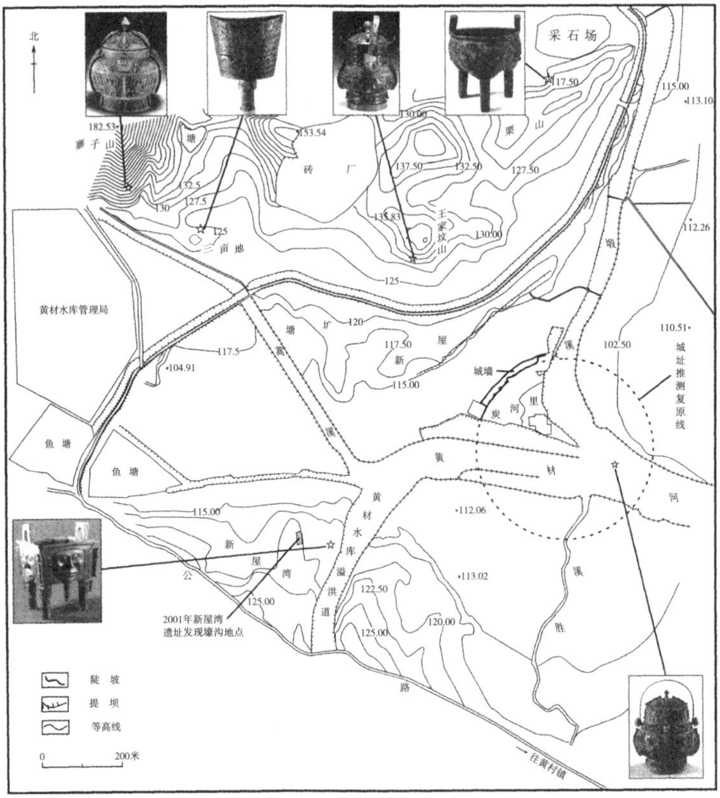

图 5.48　宁乡炭河里附近出土铜器

① 安徽省文物考古研究所、怀宁县文物局：《安徽怀宁县孙家城遗址 H29 发掘简报》，《江汉考古》2015 年第 2 期。

② 向桃初：《湘江流域商周青铜文化研究》，线装书局，2008 年。

③ 湖南省文物考古研究所、长沙市考古研究所、宁乡县文物管理所：《湖南宁乡炭河里西周城址与墓葬发掘简报》，《文物》2006 年第 6 期。

④ 湖南省文物考古研究所、长沙市博物馆、长沙市考古研究所、望城县文物管理所：《湖南望城县高砂脊商周遗址的发掘》，《考古》2001 年第 4 期。

炭河里发现的城址为弧形，复原面积为圆形，城内发现大型建筑 F1、F2，被推测为宫室建筑，城外西北的二级台地上发现西周时期墓葬 7 座，发表材料的 M4 和 M8 均为东向墓。炭河里遗址所出遗物基本上可以分为两群，柱足分裆鬲、旋纹高领鼎式鬲、仿铜陶鼎、簋、圆肩罐（罍）及铜铺等均属淮河中上游至鄂东南地区常见的商系文化特征器物，陶釜、鼎类则属于本地文化因素（图 5.49）。发掘者认为，炭河里城址的出现与西周早期到达此地的殷遗有关①。

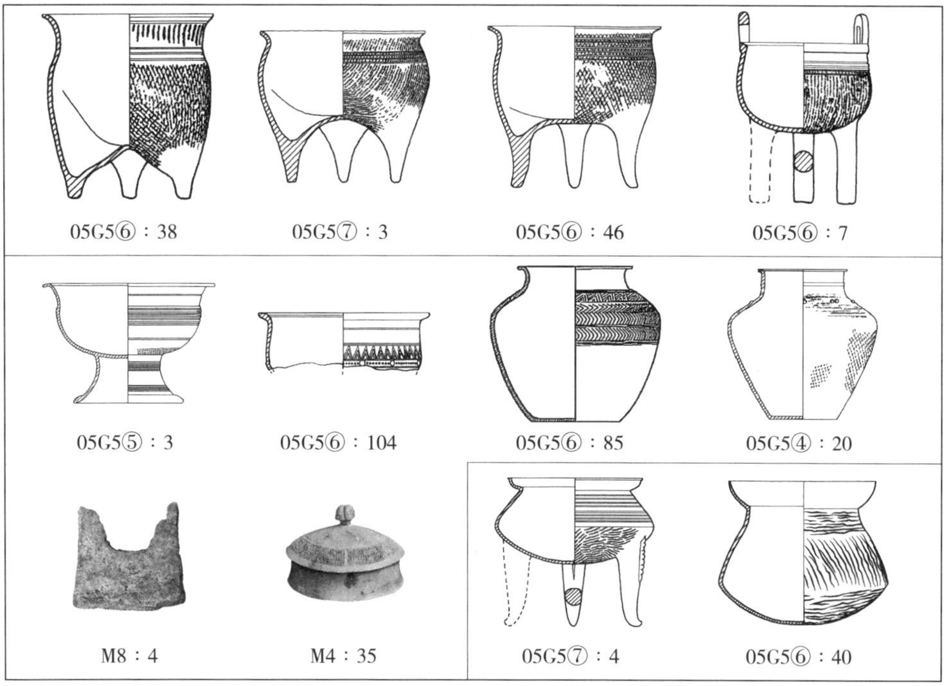

图 5.49　宁乡炭河里出土器物

望城高砂脊②所出陶器群的面貌与宁乡炭河里基本相同，还发现 19 座墓葬，其中 AM1、AM5、AM12 出有青铜器，AM10 墓底有腰坑。AM1 的年代大体相当于殷墟文化晚期，所出铜器可以明显分为三组（图 5.50），A 组为中原样式，包括柱足圆鼎、铜罍和铜刀，B 组为本地样式，包括越式鼎，C 组为混合风格，具备中原和本地

① 向桃初：《湘江流域商周青铜文化研究》。

② 湖南省文物考古研究所、长沙市博物馆、长沙市考古研究所、望城县文物管理所：《湖南望城县高砂脊商周遗址的发掘》，《考古》2001 年第 4 期。

的双重特征。

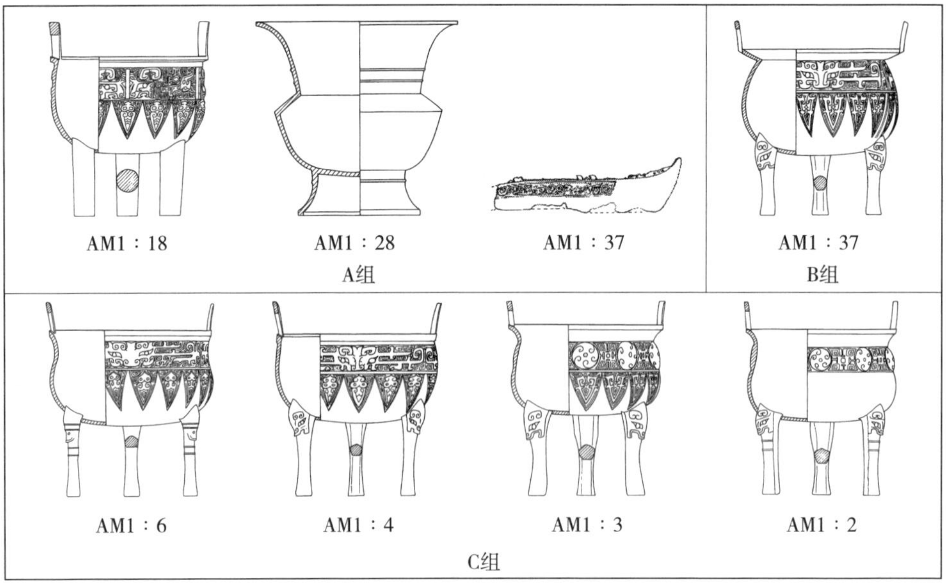

图 5.50 望城高砂脊 AM1 随葬铜器

第六章　结语：文化变迁的动因观察

动因的观察源自现象的发生，物质文化变迁的客观现象是讨论动因的前提基础。为了更好地探究考古学文化的变迁，本研究试图在分区观察的基础上，以时间流变的角度对文化变迁反映出的诸多现象进行动因考察，并联系其他时段的研究成果，尝试归纳王朝更替在文化变迁中的基本特征。

第一节　文化变迁的分区总结

本研究通过对西周初年文化分布范围内相当于殷墟文化第三期至西周早期阶段考古学文化面貌变迁的分区考察，初步揭示了王朝更替前后的文化变迁。根据本研究第一章的划分，可将西周初年的文化分布范围划为三大区，分别为商人故地、周人故地及外围地域，商人故地可细分为冀南豫北地区、洛阳及淮河中上游地区、海岱地区，周人故地可细分为关中东部、关中西部、泾河中上游地区，外围地域可细分为京津冀地区、晋中南地区、胶东半岛、长江中游地区。各地区王朝变迁前后的文化变迁情况总结如下。

一　冀南豫北地区

殷墟文化第三期至第四期早段的豫北冀南地区以商王朝的首都大邑商（殷墟）为中心，沿太行山东麓一线分布着众多的商人聚邑，殷墟以北分布有磁县下七垣、邢台遗址群、正定新城铺、定州北庄子等重要聚邑，北境可至任丘、容城附近，殷墟以南分布有辉县褚丘、琉璃阁、武陟宁郭村等重要聚邑。

至“文化融合阶段”，殷墟遗址的复杂社会趋于衰落，邢台地区突然涌入了大批使用肥足鬲的人群（有可能来自安阳地区），辉县琉璃阁等地已不见后续的高规格墓葬。

至西周早期，殷墟遗址及太行山东麓一线的高规格聚邑多已不再繁荣，邢台地区因由邢侯的分封而得以延续发展，淇河流域分封的卫国成了豫北地区的全新中心，豫北冀南地区在西周早期呈现出全新的政治地理格局。尽管如此，冀南豫北地区在西周时期始终保持着浓厚的殷墟文化遗风，特别体现在地方中心以外的普通聚邑。

二 豫西及淮河中上游地区

豫西在殷墟文化晚期并非绝对的“无人区”，但人口较少则是事实，这也是为何周人势力能够轻而易举地到达孟津（盟津）的原因。在“文化融合阶段”及稍晚，铸铜作坊及“殷遗多士”被迁至洛阳加以控制，自此成为商周文化融合的前沿阵地。

在殷墟文化晚期，洛阳以东及东南的淮河中上游地区仍然是商王朝的重要控制区，但在文化面貌上已呈现出一定的地方特征。自“文化融合阶段”以降，淮河中上游地区的“殷遗文化”尽管仍然具有较为明显的地方，但仅属于地方类型层面的差异，在文化的主体面貌上仍然保留有浓厚的殷墟文化遗风。

尽管周人在平顶山等地插入了姬姓周人封国，仍然不能改变被“殷遗文化”包围的宏观文化态势，甚至在一定程度上受到了“殷遗文化”的影响，但周系文化特征仍然十分鲜明可辨。与豫北冀南地区的情况不同，淮河中上游地区仍然保留着一批具有相当社会地位的殷遗社会上层，在地方治理中发挥作用，与洛阳地区的周人势力存在文化上的联系。

三 海岱地区

海岱地区在殷墟文化晚期属于商王朝着力经营的地区。在殷墟文化第三期时，商人在鲁北地区已推进至潍河附近，青州苏埠屯成为殷墟文化东部的地方中心。在殷墟文化第四期，有可能由于帝辛征人方的历史事件，鲁西南的滕州前掌大成为海岱地区的另一处地方中心。鲁东南地区在殷墟文化第一期时即已纳入商文化版图，在殷墟文化晚期也属于商人控制的重要地域，发现数批重要的铜器群，此地的文化遗存在“文化融合阶段”仍然保持浓厚的殷墟文化特征。

苏埠屯墓地的下限可延续至“文化融合阶段”，前掌大墓地在此阶段也达到最繁荣的阶段，海岱地区的亲商势力仍然具有强大的军事实力，因此成为武庚叛乱的重要支持力量。正是因为海岱地区的重要性，才导致了姜姓齐国和姬姓鲁国、滕国的分封。由于殷墟文化的影响根深蒂固，西周早期海岱地区的文化面貌仍然整体呈现出浓重的殷墟文化遗风，甚至在一定程度上对周人势力产生影响。

四　关中东部

至迟在殷墟文化第三期，商文化在关中东部地区已呈现衰退态势。蓝田黄沟铜器群与贺家 73M1 铜器群的相似性表明，关中地区正在形成自身特色的青铜文化圈，而与殷墟文化渐行渐远。但整体而言，相当于殷墟文化第三期至第四期早段时，先周文化诸遗存更多地分布在关中西部及泾河中上游，关中东部较少发现。

随着先周晚期联裆鬲类文化与高领袋足鬲类文化的融合，加之向东推进的政治军事诉求，周人将统治中心转移至泾渭交汇附近的丰镐地区，关中西部地区及泾河流域成为其大后方的腹地。至沣西 H18 阶段，殷墟文化陶器群的三角划纹簋、瓦楞绳纹罐等渗入沣西地区及漆水河下游，少量殷人应已进入关中地区。

墓葬的空间分布显示，西周初年迁入丰镐地区的殷遗似乎被“分而治之”，无法与周人的成片墓地相提并论。大批殷人的到来也对关中东部的文化面貌产生了深刻影响，高领袋足鬲类文化因素逐渐消失，郑家坡文化因素与殷墟文化因素共同构建了全新的“宗周文化”。丰镐邻域仍然存在诸多个性鲜明的文化遗存，如少陵原墓地似乎属于卫戍丰镐邻境的将士公共墓地，华县东阳墓地的人群（有可能与断泾遗址有关）扼守于丰镐遗址通往东方的道路之上，泾阳高家堡墓地则扼守于通往泾河流域的道路之上，整体呈现对丰镐遗址的守卫态势。

五　关中西部

关中西部地区是周人崛起的重要地域，偏东的漆水河中下游及周原东南邻境主要属于联裆鬲类文化分布区，周原西南邻境及宝鸡附近地区属于高领袋足鬲类文化分布地区，周原地区恰好处在两类文化的交汇处。至迟在礼村 LH8 阶段，联裆鬲类文化已经到达周原遗址，并对周原遗址以西的高领袋足鬲类文化形成渗入式影响，凤翔西村墓地的出现，彰显出联裆鬲类文化作为强势文化对周原以西地区的强势介入。

在“文化融合阶段”，关中西部突然出现了数量较多的铜器墓，彰显社会更加复杂化。这些铜器墓除随葬西土系风格铜器，也常见到族徽、日名复杂的殷墟文化第四期特征铜器，有可能是武王伐纣战争劫掠而来。

至西周早期，关中西部的陶器群面貌转变为“宗周文化”，殷遗似乎更多地被安排在周原地区。周公东征导致的大规模移民并未对周原以西地区产生文化上的重大影响，周原以西地区缺乏殷遗存在，似乎仍然保持着“邦国林立”的状态，进一步表明其在周人集团中的特殊地位及自治性。

六　泾河中上游地区

在先周晚期，泾河中上游地区的偏东区域属于联裆鬲类文化分布区，以枣树沟脑遗址发现的先周晚期遗存为代表，彬县断泾和旬邑孙家发现的陶器群面貌介于联裆鬲类文化和高领袋足鬲类文化之间，彬县及以西则属于以碾子坡遗址为代表的高领袋足鬲类文化分布区。

至“文化融合阶段”，具有殷墟文化背景的人群进入泾河中上游地区，甚至可以到达陇东南地区及宁夏固原地区，卫戍西周王朝在泾河上游的西北边境。

至西周早期，泾河中上游地区仍然有数量较多的铜器群发现。淳化史家塬 CHSM1 出土的大铜鼎表明，泾河流域对于西周王朝仍然是非常关键的区域。

七 京津冀地区

在相当于商代晚期时，京津冀地区及邻域尚属于围坊三期文化分布区。

至“文化融合阶段”，周文化似乎率先到达此地，并对本地文化产生了较大影响，形成了周文化与本地文化融合的文化面貌，以北京琉璃河 78H1、天津张家园 87M3、河北迁西马哨村墓葬、迁安小山东庄 QXM1、卢龙卢龙东闬各庄 M1 等为代表，肥足鬲大举北渐的现象尚未出现，尽管有少量殷墟文化特征铜器流入，但未必直接得自殷墟文化。

至西周早期，以肥足鬲为代表的殷遗文化涌入本地区，成为燕文化的重要构成因素。殷遗势力在燕国的社会生活甚至对外防务方面都发挥着重要作用。相比之下，周人的统治在文化面貌上呈现出了较为明显的孤岛现象，在中心聚落内部主要以商、周两种因素为主，外围存在土著因素遗存和殷遗因素遗存共存的态势，构成了燕国的特殊文化格局。周人势力的文化遗存在这样的背景下，也不得不在一定程度上受到本地文化的影响。

八 晋中南地区

在殷墟文化第二期以后，晋中南地区仅有灵石旌介商墓、闻喜酒务头等少量殷墟文化遗存的发现，这在一定程度上为周人势力在先周晚期到达此地提供了便利。旌介 M1 的情况表明，周人势力在先周晚期已对此地形成了较为明显的影响力。

“文化融合阶段”出现了以临汾庞杜 M2 为代表的殷遗文化遗存。

至西周早期，晋南地区出现了天马—曲村、大河口、横水等墓地，人口构成主要为周人和土著势力（应包含怀姓九宗等）。

九 胶东半岛

胶东半岛目前发现的西周早期遗存较少。由于胶东半岛直到西周中晚期仍然存在珍珠门、南黄庄等土著遗存，龙口归城、胶县西菴及荣成学福村等遗存属于土著文化中的孤岛。龙口归城属于受周文化影响的地方势力，年代上限似乎不超过西周早期晚段，胶县西菴则有可能属于逃至胶东的殷遗留下的文化遗存。

十 长江中游地区

在殷墟文化晚期，河南南阳十里庙遗址有可能属于一处重要据点，但缺乏系统的考古发掘。湖北孝感地区的殷墟文化遗存下限为殷墟文化第二期，尽管有殷墟文化晚期特征铜器的发现，但缺乏陶器群材料。更靠外围的鄂东南地区及湖南北部在殷墟文化晚期已属于土著文化分布区。

周人势力在"文化融合阶段"到达汉水流域，在文化面貌上受到了商、周文化的双重影响。湖南北部的炭河里文化受到商、周文化及土著文化的多重影响，形成了较为独特的文化面貌。

第二节 文化现象的历时性观察

在文献史学的话语系统中，存在"商末"和"周初"两个概念，但在考古学研究的实践操作中，却很难具备这样的精准把握。有鉴于此，不妨将两者之间的"文化融合阶段"作为相对独立的阶段进行考察，可将殷墟文化第三期至西周早期分为三个阶段：1. 殷墟文化第三期至第四期早段；2. "文化融合阶段"（相当于殷墟文化第四期晚段和沣西 H18 阶段）；3. 西周早期。

一 殷墟文化第三期至第四期早段

（一）关中西部与晋中南地区之关联及其历史背景

在殷墟文化第三期至第四期早段，关中地区与殷墟文化分布区基本上缺乏陶器群层面的文化交流。然而根据文献记载，自商王武乙以降，西土集团开始与商王朝发生较为密切的关系，"周王季历来朝，武乙赐地三十里，玉十瑴，马八疋"，周人向商王朝效忠并代为征战，商王朝则向周人回馈相应的名分及身份标志物。商王武乙在位时期大体在殷墟文化第三期的某一段时间，此时的关中地区应存在既受殷墟文化影响又体现出自身特色的铜器群。

岐山贺家73M1是一座大体相当于殷墟文化第三、四期之际的先周文化铜器墓，与蓝田黄沟窖藏、山西灵石旌介M1、安阳殷墟郭家庄M160的年代大体相当①。贺家73M1随葬的青铜礼器突出对波浪形夔纹和菱格乳钉纹的强调（图6.1），两者恰好是此后流行于“文化融合阶段”的乳钉夔纹盆形簋最为流行的纹饰组合。

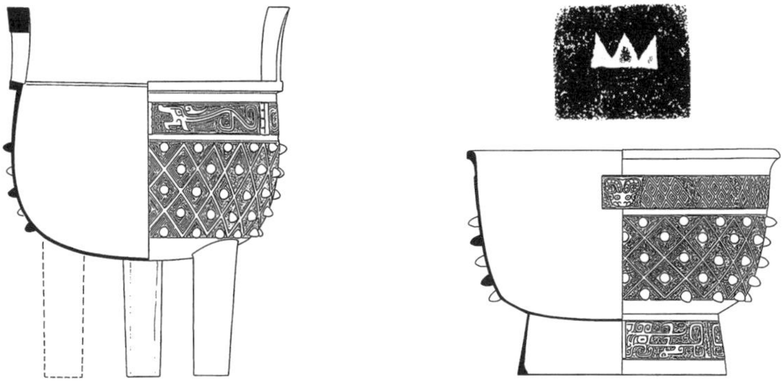

图6.1　岐山贺家73M1随葬铜鼎簋

贺家73M1所出铜簋颈部所饰菱格纹是先周文化中最常见的纹饰之一。1972年，关中东部的蓝田县黄沟村北发现一座窖藏，出土铜簋、戈、锛各1，削2②。该窖藏所出铜簋颈部所饰菱格纹亦以粗线条突出菱格纹，辅以细线条的地纹。无独有偶，同出的铜戈“从造型到纹饰都与岐山贺家村1973年M1出土的相似”，表明贺家73M1与关中东部地区存在关联。

贺家73M1所出“”铭铜卣最为引人注目，表明贺家一带的人群可能与山西灵石旌介墓地的人群存在文化关联。与之对应，旌介M1出有先周文化特征的简化圆涡纹红铜鼎，所出透雕羽纹铜戈更是与贺家73M1所出者完全相同（图6.2）。上述蓝田黄沟窖藏铜器群恰好填补了关中西部与晋中南地区的文化地理缺环。

旌介M1所出陶鬲尽管保持殷墟文化第三期形制，但器表绳纹饰至足尖，也应是受到了周文化的强烈影响。文献记载“太丁二年，周人伐燕京之戎，周师大败”

① 李宏飞：《论周原贺家73M1铜器群——关中地区先周时期铜器群探索之一》，《南方文物》2017年第4期。

② 樊维岳：《蓝田出土一组西周早期铜器陶器》，《考古与文物》1987年第5期。

（《后汉书·西羌传》注），经考证“燕京”即在山西的汾河流域①，表明此时周人势力已对山西中南部采取军事行动。灵石旌介的人群原本使用殷墟文化，但有可能随着周人势力在山西中南部的军事行动而倒向了西土集团。

旌介 M2 反映出的情况就更加明显。该墓随葬的陶鬲已经完全摆脱了商式鬲的形制，而呈现出周式联裆鬲特征，铜器群整体呈现出“文化融合阶段”特征。灵石旌介处于晋中盆地通往临汾盆地的重要节点上，地理位置十分重要，向北最终可达京津冀地区，向南又可遏制临汾盆地。灵石旌介墓地的人群倒向西土集团，为周人势力的进一步发展扫清了障碍。

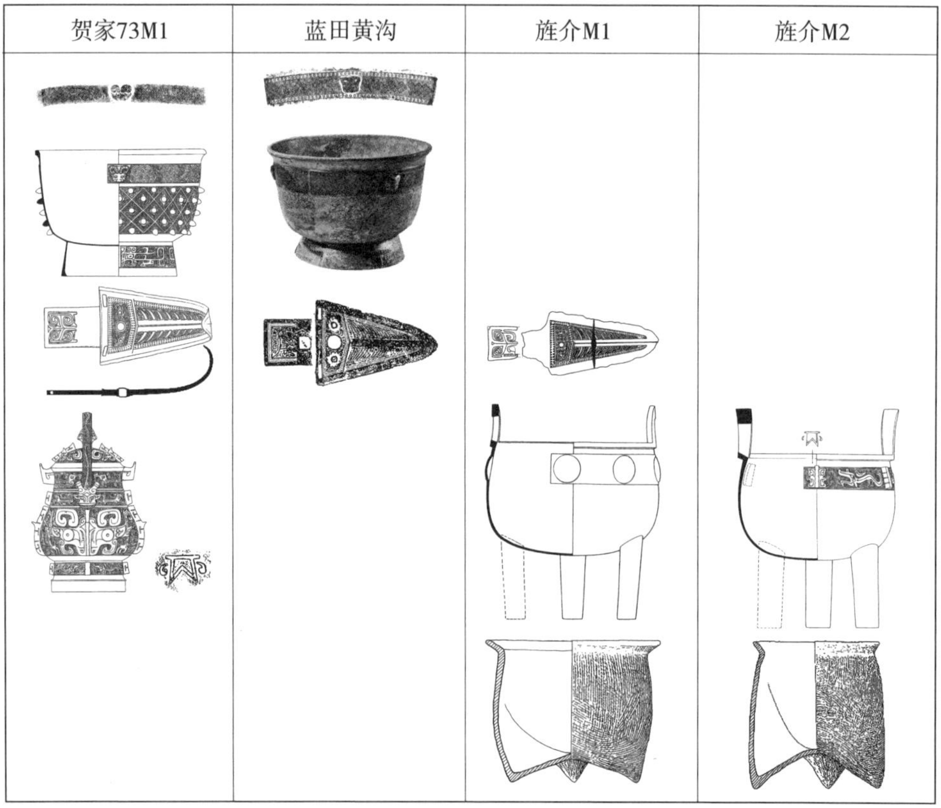

图 6.2　岐山贺家 73M1、蓝田黄沟窖藏、灵石旌介 M1 与 M2 随葬器物对比

贺家 73M1 与蓝田黄沟、灵石旌介 M1 之间的文化联系，应与先周时期西土集团

① 方诗铭、王修龄：《古本竹书纪年辑证》，上海古籍出版社，2005 年。

对关中东部（西安附近）、山西南部（灵石附近）等地的征伐有关。关中东部以及山西灵石地区开始受到了周文化的强烈影响，甚至有可能已经依附于周人势力。至迟在殷墟文化第三、四期之际，关中地区的铜器群面貌开始趋于一致，并于山西中南部地区的铜器群出现文化互动。这些在考古学文化面貌上的反映现象似乎与文献中“周王季历来朝”（《太平御览》卷八三皇王部）、“武乙猎于河渭之间”（《史记·殷本纪》）、“周人伐燕京之戎”（《后汉书·西羌传》注）等历史事件存在关联。

（二）联裆鬲类文化与高领袋足鬲类文化的结合

在相当于殷墟文化第二期以后，周原遗址（王家嘴、贺家、刘家等地）成为高领袋足鬲类文化分布区。碾子坡文化的分布区主要位于泾河及漆水河上游，周原遗址已属于该文化分布区的南缘。刘家文化主要分布于宝鸡地区，周原遗址处于该文化分布区的东缘。根据目前的研究，尽管碾子坡文化和刘家文化的墓葬存在较大差别，但尚不清楚两者居址遗存面貌是否存在差异①。从大的方面来说，两者均属于高领袋足鬲类文化，显然具有亲缘关系。与此同时，周原遗址也靠近联裆鬲类文化的西部边缘，联裆鬲类文化至迟在礼村 LH8 阶段已出现在周原遗址。周原遗址处于碾子坡文化、刘家文化和郑家坡文化三者交汇地点，若想实现人群整合，周原无疑是最佳的“结盟”地点。随着联裆鬲类文化的到来，周原遗址东部的齐家和礼村附近成为聚落的核心区域。

《史记·周本纪》记载，古公亶父“乃与私属，遂去豳，渡漆、沮，踰梁山，至于岐下。豳人举国扶老携弱，尽复归古公于岐下。及他旁国，闻古公仁，亦多归之。于是古公乃贬戎狄之俗，而营筑城郭室屋，而邑别居之”。这里强调的是古公亶父与“私属”到达了岐下，“豳人举国扶老携弱，尽复归古公于岐下”，目前周原发现的碾子坡文化遗存很有可能属于豳人的文化遗存，而非古公亶父及其“私属”的文化遗存（大型建筑及高规格铜器墓的对应人群）。此外，“他旁国”也有归附者，古公亶父采取了“邑别居之”的策略，也就是不同的人群分区居住，这与周原遗址王家嘴、贺家与刘家呈现出不同文化面貌的情况相符。最需要强调的是，根据上下文的情况可知古公亶父的“贬戎狄之俗”并非针对自身，而是针对豳人及“他旁国”人群，

① 雷兴山：《先周文化探索》。

也就是说古公亶父及其“私属”很有可能仍然使用联裆鬲类文化，而豳人及他旁国的“戎狄之俗”开始被改造，开始接受联裆鬲类文化。

1950年，周原礼村曾出土王作仲姬方鼎①，此鼎的形制及纹饰组合与帝辛二十二年标准器版方鼎非常相似（图6.3），仅腹部下鼓。王作仲姬方鼎有铭文“王乍中姬宝彝”，可知其为某位周王所作器，根据器形和纹饰特征推测年代上限可能早至先周晚期。最重要的是，此件方鼎的出土地自礼村LH8阶段开始即已呈现出联裆鬲类文化面貌。

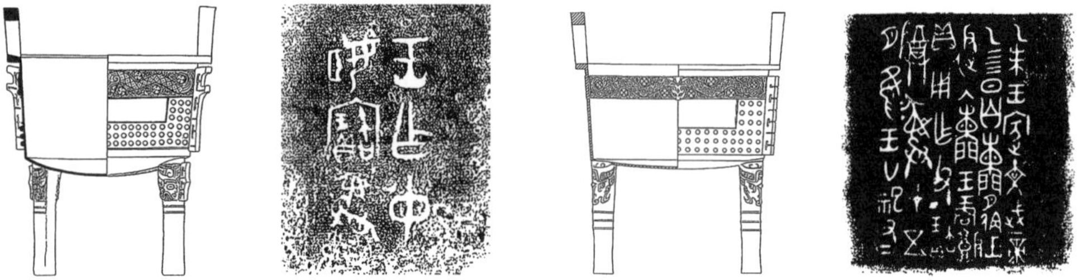

王作仲姬方鼎　　　　版方鼎

图6.3　蛇首双身纹饰铜鼎对比

将周原作为中心性都邑更多的是考虑西土集团内部的整合。但放眼全局，周原遗址的位置显然太靠西，不利于东进灭商，在团结巩固西土集团后，统治中心的东移便不可避免。“既伐于崇，作邑于丰”，文王将都邑迁到了关中东部的丰京。直至穆王时期，在需要进一步巩固与西方的关系时，西周王朝才重新将统治中心回归到了周原。但周人的回归并没有解决根本性问题，最终由于与西方关系的破裂而导致了王朝的覆亡②。

二　文化融合阶段

在殷墟遗址的殷墟文化第四期晚段遗存及关中地区相当于沣西H18的遗存中，仅互现少量对方的文化因素。

---

① 曹玮：《周原出土青铜器》，巴蜀书社，2005年。

② 王明珂：《华夏边缘：历史记忆与族群认同》，允晨文化，1997年；李峰：《西周的灭亡》，上海古籍出版社，2007年。

（一）殷墟出现的周文化因素

在“文化融合阶段”，殷墟遗址的商系文化特征较多，周系文化特征较少。发展水平较低的关中地区诸文化很难对发展水平较高的殷墟文化产生较大影响。尽管如此，周系文化特质因素仍然渗入了殷墟文化之中。

（二）洛阳地区的兴起及郑州地区文化面貌的转变

在二里头文化至二里冈文化时期，郑洛地区是中国早期王朝的核心地域。在由商入周的历史进程中，郑洛地区再次扮演了重要的角色，郑州成为管叔监视殷都的封地，洛阳则直接成为镇守东方的“新邑”。

长期以来，洛阳盆地罕见殷墟文化晚期遗存。偃师市寨湾东北遗址采集到的殷墟文化陶器标本表明，尽管在殷墟文化晚期人口锐减，但该区域并非“无人区”。正是由于人烟稀少，从而成为周人集结势力伐纣的“桥头堡”。克商之后，武王决定营建“新邑”，也是考虑到此地在灭商战争中的重要性，是控制商人故地的前沿阵地。考古材料表明，殷墟遗址在殷墟文化第四期第 3 组仍在进行铜器生产，但至第 3 组至第 4 组之际，安阳地区的铜器墓已出现明器化铜礼器，最终在第 4 组出现仿铜陶礼器，暗示安阳的铸铜作坊在殷墟文化第四期晚段的某一时间已迁出安阳。洛阳北窑是其中的一个去向，北窑铸铜遗址所出年代最早的陶器与安阳铸铜作坊所出年代最晚的陶器时代特征相同（图 6.4）。

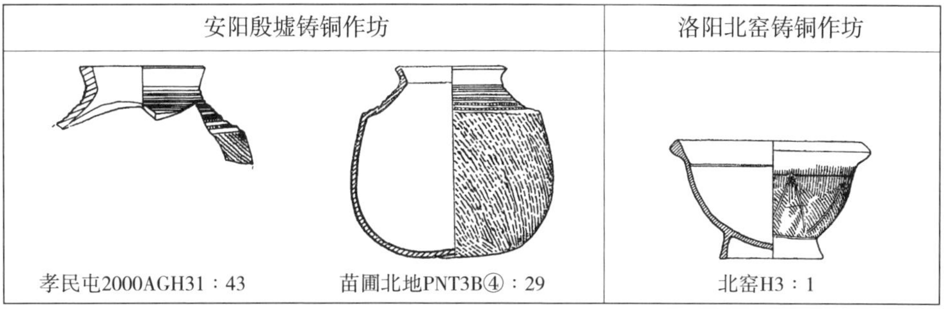

图 6.4　安阳与洛阳铸铜作坊出土陶器

郑州地区殷墟晚期的材料相比洛阳地区丰富，居址材料以关帝庙遗址为代表，墓葬材料以黄河路 109 号院为代表。这些殷墟文化遗存的年代下限为殷墟文化第四期早段，缺乏殷墟文化第四期晚段面貌的文化遗存。郑州地区以往发现有殷墟文化第四期晚段特征的肥袋足无实足根鬲，但往往与联裆鬲共出，故以往统归入“西周早期”。事实上，郑州地区以往被归为“西周早期”的文化遗存，其年代上限可早至“文化融合阶段”，也即郑州地区相当于殷墟文化第四期晚段时，已受到了较多来自周文化的影响，而此时的安阳地区在文化面貌上仍然保持浓厚的殷墟文化特征（即殷墟文化第四期晚段遗存，已出现少量周系文化因素）。靠近洛阳的特殊地理位置，造成了郑州地区由商入周的特殊文化演进模式。

（三）沣西及漆水河中下游陶器群出现的殷墟文化因素

武王克商的直接结果是商文化与周文化不再仅局限于铜器群层面的交流，而是出现了由人群流动而导致的陶器群因素变动。在关中地区先周晚期诸文化中，均几乎不见殷墟文化因素，一旦殷墟文化陶器群的特定器型渗入关中地区文化遗存之中，已经很难用“持其祭乐器奔周”（《史记·殷本纪》）来解释，而是体现了人群的流动和相互之间的影响。沣西 H18 中包含的少量殷墟文化因素不应被忽视，因为陶器群中外来文化因素的出现更能够从社会基层的普遍意义说明商周文化的融合。沣西 H18 所出腹部饰三角划纹的陶簋为窄平折沿，这样的特征在殷墟遗址已进入“文化融合阶段”。在马王村 H11 及岸底 H35 等单位中也可见到形制相似的器物。

腹部饰大三角划纹内填细绳纹的厚唇簋是殷墟文化晚期最为典型的器物之一，在关中地区的西周早、中期遗存中十分常见。沣西马王村土壕曾采集到一件殷墟文化第四期早段特征的陶簋，表明殷墟文化因素进入沣西地区的年代上限接近殷墟文化第四期早段。漆水河中下游的武功岸底 H18 及黄家河 H7 也发现此类器物。

在马王村 H11 中还可以见到殷墟文化晚期典型的瓦楞绳纹罐。此类陶罐的肩部饰数道瓦楞纹，瓦楞纹以下饰绳纹，靠近瓦楞纹处的下方还有一道旋纹。马王村 H11 所出者与殷墟文化中的此类器物特征完全相同，武功岸底 H18 还存在绳纹簋与瓦楞绳纹罐共出的情况。

上述情况表明，沣西 H18、马王村 H11 和岸底 H18 均属“文化融合阶段”，陶器群中均出现了明显的殷墟文化因素（图 6.5）。张长寿曾说：“事不过三，绝非偶然”①。殷墟文化陶器群特质因素的出现并非偶然，而是普遍地渗入了沣西及漆水河中下游地区，这些地区恰好是联裆鬲类文化的传统分布地域。

---

① 张长寿：《沣西的先周文化遗存》，《考古与文物》2000 年第 2 期。

图6.5　关中地区“文化融合阶段”出现的殷墟文化因素及对比器物

（四）周原遗址出现殷墟文化因素

周原礼村LH8尚属先周晚期，整个周原遗址均未出现殷墟文化因素。在“文化融合阶段”，齐家北制玦作坊F1出有商式簋和小口矮领瓮，H49、H14也出现了少量的殷墟文化因素。齐家北作坊发现的西周早期铜器墓M4和M12均有腰坑，这与洛阳北窑西周铸铜遗址具有一定的相似之处，表明作坊中存在殷遗手工业者。据雷兴山等的调查①，周原齐家沟以东的南北一线呈现“居葬一体”特征的手工业作坊带，与殷遗手工业者的到来有关。根据目前的考古材料，殷遗主要分布于周原遗址东部的云塘—齐家一带。

周原遗址西南部的王家嘴、贺家一带在先周晚期曾长期属于高领袋足鬲类文化分布区，此区域内缺乏殷遗墓葬的发现。1976～1978年，陕西周原考古队曾在贺家

① 雷兴山、种建荣：《周原遗址商周聚落新谈》，《大宗维翰：周原青铜器特展》，文物出版社，2014年。

村附近发掘西周墓葬57座[①]，其中贺家村西北200米及贺家村南砖厂附近发现的墓葬均无腰坑，贺家村东、礼村北边的壕内发现的3座墓葬却均有腰坑，这三座墓葬与王家嘴、贺家的墓群属于不同的墓群，反而与2002年齐家村、礼村发掘的西周遗存属于同一片区。

（五）宝鸡地区高规格墓葬及西土系乙类风格铜器的出现

宝鸡地区在先周晚期属于高领袋足鬲类文化分布区。进入“文化融合阶段”，此区域成为关中西部仅次于周原遗址的繁荣地区。宝鸡市区偏东部的戴家湾[②]和石鼓山[③]在“文化融合阶段”出现了一批引人注目的高规格铜器墓，尤以随葬的西土系乙类风格铜器最为引人瞩目。戴家湾所出铜器早年系被盗所得，考古背景缺失，近年来石鼓山铜器墓的发掘为此类铜器的研究提供了重要的考古背景材料。石鼓山M3是最具代表性的典型墓葬，所出铜器按照风格可分为西土系风格和商器两大类，其中的商器属于殷墟文化第四期特征，具有多而杂的族徽和日名，有可能是由“分器”而来。

弶国墓地的墓葬年代上限可至“文化融合阶段”。该墓地位于宝鸡市区偏西区域，在西周早期最为繁荣。弶国墓地中的商器及西土系乙类风格铜器相对较少。相比之下，石鼓山—戴家湾墓地的人群似乎与周人集团的关系更为密切，弶国墓地的人群则与周人集团相对疏远，陶器群层面也表现出明显的自身特征。

（六）分器

路国权曾举例山西北赵晋侯墓地、河南三门峡虢国墓地、陕西梁带村墓地、山东滕州庄里西墓地、甘肃灵台白草坡墓地、陕西宝鸡纸坊头墓地所出遗物，指出“戴家湾出土铜器中大部分的年代属于文化融合阶段，推测其中的一部分当系‘班赐宗彝，分殷之器物’的结果。……孝民屯东南地铸铜作坊所出陶范铸造的铜器在殷墟很少发现，很可能是因为年代接近商末，铜器铸好之后未及普遍用于随葬商即灭

① 陕西周原考古队：《陕西岐山贺家村周墓发掘报告》，《文物资料丛刊》第8集，文物出版社，1983年。

② 任雪莉：《宝鸡戴家湾商周铜器群的整理与研究》，线装书局，2012年。

③ 石鼓山考古队：《陕西宝鸡石鼓山西周墓葬发掘简报》，《文物》2013年第2期；陕西省考古研究院、宝鸡市考古研究所、宝鸡市渭滨区博物馆：《陕西宝鸡石鼓山商周墓地M4发掘简报》，《文物》2016年第1期。

亡，这些宗彝重器被周人缴获用来奖励功臣，或是被殷遗迁徙时携带到其他地方”①。尽管路文已指出殷墟的铸铜作坊有可能在西周初年仍然在生产，却仍然将2000AGH31陶范对应的铜器认定属于商末。

黄铭崇曾专门对“分器”现象进行研究②，将具有分器现象的墓葬分为两类：典型分器墓和局部分器墓。典型分器墓以高家堡M4及竹园沟M13为代表，局部分器墓以白草坡M1、琉璃河M253、M251以及大河口M1为代表。玉器的“分器”现象也见于梁带村及虢国墓地。

宝鸡石鼓山M3的发现凸显了武王克商后的“分器”问题。林森指出：“M3墓中有多种族徽铭文、日名并存，而且带有日名、族徽铭文的青铜器有很多是铸造于晚商时期的……这些铸造于晚商时期，又分别属于不同家族的铜礼器共出于一座西周时期墓葬中，说明这些铜器应该是墓主人跟随周武王伐灭商朝后分得的战利品。石鼓山M1中同样随葬有不同族徽的晚商铜器，石鼓山M2以及此前1992年发现的铜器中也都有晚商风格者，这些也都是战利品。”③ 但林文仍然指出：“‘户’并不是墓主人的族徽，而是被掠夺的殷商贵族的族徽。”④ 本研究对此持不同意见，石鼓山所出“户”器与戴家湾所出柉禁十三器的“鼎”器一样，均属于墓主人的族徽或私名，此类西土系乙类风格铜器属于西周初年为西土集团订制的新风格铜器。

需要明确指出的是，先周晚期并非决然不可以出现“一墓多族徽”现象。周人集团在先周晚期有可能通过对外战争掠夺、贸易、赗赙等多种方式获取来源复杂的商器，铜器群同样可以呈现多而杂的族徽、日名。若将“一墓多族徽”作为商周分界的判断标准，还需满足族徽、日名混杂的铜器基本属于殷墟文化第四期特征。周人在克商后并未立即对殷墟西北冈大墓进行盗掘⑤，“分器”而来的铜器绝大多数应是殷墟居址中正在使用的殷墟文化第四期特征铜器，不会出现数量较多的殷墟文化

① 路国权：《殷墟孝民屯东南地出土陶范年代的再认识及相关问题》，《考古》2011年第8期。

② 黄铭崇：《从考古发现看西周墓葬的“分器”现象与西周时代礼器制度的类型与阶段》，《历史语言研究所集刊》第83本第4分册、第84本第1分册，2012年。

③ 林森：《宝鸡石鼓山西周墓地所见“分器”现象研究》，《边疆考古研究》第17辑，2015年。

④ 林森：《宝鸡石鼓山西周墓地所见“分器”现象研究》。

⑤ 张敏：《殷墟王陵上的晚期遗迹及早期盗掘坑年代辨析》，《中国国家博物馆馆刊》2011年第12期；李宏飞：《殷墟西北冈西周遗存分析》，《中国国家博物馆馆刊》2016年第11期。

第三期甚至更早阶段特征的铜器。

值得保持警醒的是，“分器”这一概念在使用中尚需持慎重态度，未必所有族徽、日名混杂的商器皆为“分器”而来，需要结合考古背景进行具体问题具体分析。

（七）周文化因素在京津唐地区的出现

在北京琉璃河的考古发现中，刘李店78H1属于面貌较为特殊的文化遗存。韩嘉谷①、冉宏林②均认为其早于城墙始建年代。在78H1陶器群中尚未出现肥袋足无实足根鬲及侈口厚唇簋等殷墟文化因素，所出陶鬲明显呈现出周系文化与土著文化陶鬲的融合现象（图6.6）。这表明，早在肥足鬲北渐之前，周人势力已来到琉璃河，并与本地文化发生了融合。

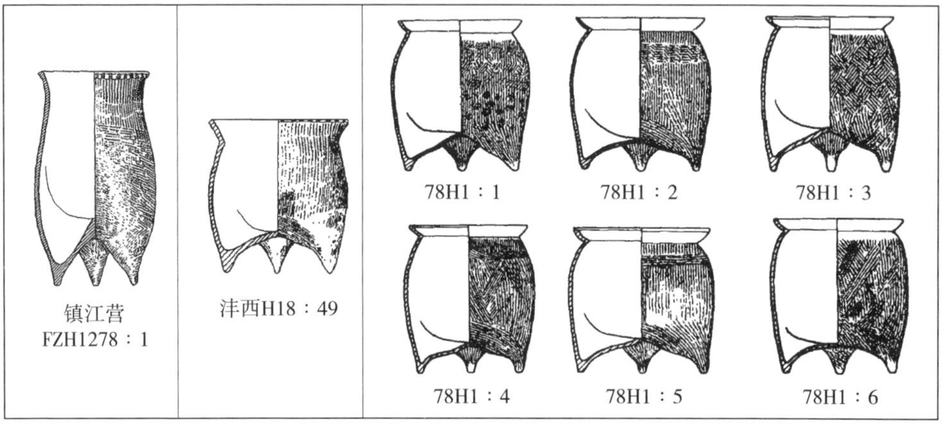

图6.6　房山刘李店78H1出土陶鬲及对比器物

在天津张家园、迁西马哨村、迁安小山东庄等地的张家园上层文化墓葬中，明显可见受到周系文化影响的陶器，还随葬了流行于关中地区乳钉夔纹鼎、簋（图6.7），表明周系文化在“文化融合阶段”确实对京津唐地区产生了文化影响。

在刘李店78H1缺乏肥足鬲和厚唇簋等典型殷墟文化特征陶器，在张家园上层文化诸墓葬的随葬陶器中也缺乏此类殷墟文化因素陶器。固然不能排除这些遗存与殷遗文化遗存的空间分布差异，但更有可能是因由年代早晚造成的。在先周晚期，周人可能已控制了通往晋中地区的灵石旌介，而继续向北便可绕过殷墟文化分布区直

① 韩嘉谷：《从刘李店78H1说姬燕建国》，《北京文博》2001年第4期。

② 冉宏林：《琉璃河遗址西周时期的文化、聚落与社会》，北京大学硕士研究生学位论文，2013年。

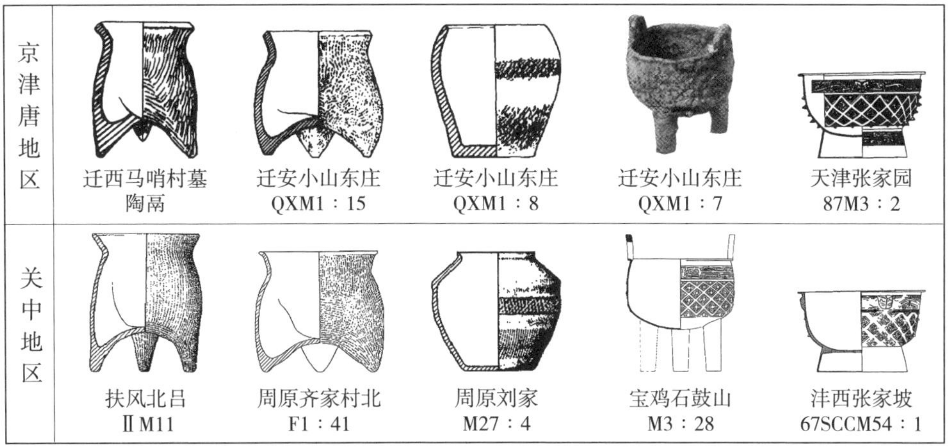

图6.7　张家园上层文化墓葬随葬周文化因素器物及对比器物

接到达京津唐地区。周人至迟在“文化融合阶段”即已到达京津唐地区，从而形成了周文化因素与本地文化因素相融合的文化面貌。

（八）肥足鬲的北渐

肥足鬲是殷墟文化第四期最典型的陶器，在殷墟文化第四期早段仍然保留有矮小的足尖，至“文化融合阶段”足尖消失。在殷墟遗址所在的太行山东麓地区，肥足鬲的延续时间最晚可至春秋早期，可见其生命力之顽强。

根据目前的考古材料，京津地区彼时尚属围坊三期文化分区，陶器群中缺乏商式肥足鬲。至“文化融合阶段”，邢台地区突然涌入了一批使用肥袋足无实足根鬲的人群，使得原本趋于衰落的邢台地区突然繁荣起来。至西周早期，肥足鬲陶器群在北京房山的镇江营、琉璃河等遗址大量出现，琉璃河居址遗存中的肥足鬲甚至随着时间的推移数量越来越多。自“文化融合阶段”以降，以肥足鬲为核心的陶器群出现了明显的北渐现象，这显然与商王朝崩溃之后的殷遗北迁相关。本研究无意将此文化现象与“王子禄父北奔”（《逸周书·作雒解》）以及箕子出走朝鲜等具体的历史事件相联系，但这些历史事件背后确实反映出了较为明显的人口迁移现象。

三　西周早期

周公东征后，西周王朝版图范围内均进入了真正意义上的西周早期。东征之后，周人又采取了一系列的政策措施来巩固自身政权。

在殷墟遗址，目前仅发现零星的西周时期居址和小型墓地，在聚落形态上发生了重大变化。与之对应，洛阳地区开始出现大量殷遗，呈现出明显的繁荣态势。关中地区的丰镐及周原也成为殷遗的重要安置点，殷遗上层贵族似乎被刻意安置在距离商人故地最远的周原。

将大邑商摧毁，取而代之的是在冀南豫北地区直接安插代理人。姬姓的卫国和邢国得以分封，分别位于殷墟以南和以北，统辖殷墟遗址外围的“殷余民”，极大改变了冀南豫北地区的政治地理格局。西周王朝在海岱地区也采取了类似的行动，在摧毁苏埠屯和前掌大集团后，在鲁北分封姜姓齐国，在鲁西南分封姬姓滕国，“定点击破”的分封措施具有非常明显的针对性。此番重组后，西周王朝对冀南豫北地区和海岱地区社会上层的殷人贵族进行了较为彻底的革命，社会结构转变为社会上层的周人势力统领社会下层的殷遗人群。

西周王朝的政治举措对于冀南豫北地区和海岱地区的影响还在体现在移风易俗方面，进而影响到物质文化层面。在分封卫康叔时，周公曾宣布了禁酒政策，尽管对社会上层的铜器墓影响有限，却对下层民众的陶器墓产生了深刻影响。殷墟、苏埠屯等地墓葬在殷墟文化时期随葬陶觚、爵，但西周早期墓葬已不见随葬陶觚、爵。

“分而治之”是西周王朝对待殷遗政策的核心。将殷商遗裔从安阳等地迁出，已瓦解了商王朝的社会基础，被迁往洛阳、丰镐及周原等地的殷遗在聚落内部又进一步被分而治之。在这样的举措下，殷商逐渐融入到了全新的社会结构之中。

然而周人对待殷人的策略并不仅仅局限于此。《论语·微子》记载：“微子去之，箕子为之奴，比干谏而死。孔子曰：‘殷有三仁焉。’”殷遗贵族的历史命运不尽相同，微子封于宋国，箕子远走朝鲜，比干身亡，微子和箕子的命运代表了周人对殷人的另一种策略。西周王朝选择了微子以延续商祀，建立了属于殷人的新国家。严格意义上说，宋国所在地域属于商人故地，但其自然及人文环境均逊于豫北冀南地区及海岱地区，并且处于中原王朝与淮夷地域的交界地带。宋国的分封一方面出于笼络人心，另一方面也应有战略前沿的军事意义。

第三节　王朝更替的基本特征

在前面的讨论中，本研究以殷墟文化第三期至西周早期为例，对中国早期王朝更替在考古学文化面貌上的反映进行了考察。刘绪曾指出："秦及以前的王朝实行的是宗族统治，即以宗族势力作为统治基础，具有原始社会末期的某些特点。在该王朝建立之前，以血缘为纽带的宗族集团已经存在，并且相当强大，有着自己的活动地域及统治手段。"① 就王朝更替本身而言，由于中国早期王朝通常是不同族群之间的征服战争，这些族群往往在大的考古学文化层面呈现出不同面貌，因而新王朝的文化面貌通常表现为征服者和被征服者的考古学文化结合体。从中国历史大势看，不论是商灭夏、周灭商、秦灭六国乃至于秦以后的历史时期，军事强势民族打败文化强势民族的历史事件一直不断在上演。军事征伐所遗留的文化遗存固然有少量保留，物质材料在考古学文化层面的表现，更多地体现在不同谱系的考古学文化如何进行有机整合。中国早期王朝更替在考古学文化面貌上的反映，即是原有文化格局被打破，如同熔炉般将多元文化因素有机一体地融合为新的广域文化。

基于上述认识，本研究尝试以"夏商文化分界"这一夏商周考古学界的经典议题为例进行验证，试图进一步探索中国早期王朝更替在考古学文化面貌上反映的规律性特征。

夏商周考古学界以往对于"夏商文化分界"这一议题展开了旷日持久的论战，取得了丰硕的研究成果。以往关于"夏商文化分界"的观点主要有二里头文化一、二期分界说②，二、三期分界说③，三、四期分界说④，四期早、晚段分界说⑤，二里头文化第四期与二里冈下层分界说⑥等。在这些不同的学术观点背后，反映的是研究

① 刘绪：《早商文化的考古学横向观察》，《远望集》（上），陕西人民美术出版社，1998 年。

② 郑光：《二里头陶器文化略论（代前言）》，《二里头陶器集粹》，中国社会科学出版社，1995 期。

③ 殷玮璋：《二里头文化探讨》，《考古》1978 年第 1 期。

④ 孙华：《关于二里头文化》，《考古》1980 年第 6 期。

⑤ 高炜、杨锡璋、王巍、杜金鹏：《偃师商城与夏商文化分界》，《考古》1998 年第 10 期。

⑥ 邹衡：《试论夏文化》，《夏商周考古学论文集》，文物出版社，1980 年。

者判断标准的差异（表6.1）：

表6.1　夏商分界意见及判断标准

观点	主要判断标准
①二里头文化第一、二期分界说	二里头遗址二号宫殿之下存在二里头文化第二期夯土
②二里头文化第二、三期分界说	二里头遗址一号宫殿的发现、陶鬲的出现
③二里头文化第三、四期分界说	新的文化因素出现及逐渐融合
④二里头文化第四期早、晚段分界说	偃师商城的文化面貌（陶器群、建筑朝向等）与二里头遗址的差异
⑤二里头文化第四期与二里冈下层分界说	二里头文化与"先商文化"并行发展，二里冈文化与"先商文化"有承袭关系

观点①、②主要依赖于考古发现中的个别遗迹、器类进行论证。不可否认，夯土基址及陶鬲是夏商周考古研究的重要对象，但如果缺乏考古学文化的整体视角，显然存在认识层面的风险。就目前的考古材料而言，二里头文化第二期、第三期、第四期（包括晚段）不断有新的夯土建筑兴建，究竟哪座才是商汤兴建的宫殿？二里头文化第三期至第四期早段遗存中的陶鬲，从器物形制上看应与辉卫文化[①]有关，越来越多的考古学者倾向于辉卫文化属于一支面貌独特的考古学文化，不能归入所谓"先商文化"。这些认识都对观点①、②形成冲击。

观点③强调文化因素的新出现与文化融合现象，但随着材料的丰富以及认识的进步，漳河型因素、岳石文化因素主要出现于二里头文化第四期晚段，与二里头文化第四期早段之间形成了较大差别，因而促成了观点④的产生。

观点⑤试图通过文化谱系探讨文化源流问题，得出"先商文化"与二里头文化（"夏文化"）属于两种并存的文化，此后的二里冈文化是由"先商文化"发展而来。此观点基于文化谱系的研究视角，成为学术界较为流行的观点之一。

观点④实际上建立在观点③的理论基础上，并援引偃师商城的材料进行更为精细的论证。观点④指出，偃师商城与二里头遗址距离如此之近，却属于两种面貌不同的考古学文化，这便是"夏文化"与"商文化"之间的差异。观点④一经推出，

---

① 张立东：《论辉卫文化》，《考古学集刊》第10集，地质出版社，1996年。

也成为学术界较为流行的观点之一。至此，观点④与观点⑤之间的差距，仅剩“二里头文化第四期晚段”这样的“半期”。

邹衡曾指出，二里冈下层 C1H9 阶段（包括南关外中、下层及 H62）与二里头文化第四期晚段相当[①]。根据当时郑州商城的考古材料，二里冈下层 C1H9 阶段的遗存数量较少，似乎尚未出现“王朝迹象”。邹衡持有二里头文化一至四期均为“夏文化”的观点，故认为夏商分界应发生于二里头文化第四期晚段（即二里冈下层 C1H9 阶段）与二里冈下层 C1H17 阶段之间。

然而，随着考古材料的日渐丰富，郑州商城的“王朝气象”似乎在不断提早[②]。郑州商城内城东北部的河务局家属院 T166M6[③] 所出铜鬲特征略早于二里冈下层 C1H9 阶段，黄委会青年公寓[④]和一号高层住宅楼[⑤]夯土墙 W22 以及北大街“商方向”夯土建筑[⑥]也可早至这一阶段。T166M6 所出铜鬲以及北大街发现的“商方向”夯土建筑都具有鲜明的商文化属性，表明郑州商城的“王朝气象”略早于二里冈下层 C1H9 阶段。

观点④的得出，主要是基于二里头遗址和偃师商城的发掘成果。在二里头遗址，二里头文化第四期晚段遗存中涌入了亦见于郑州地区的漳河型因素、辉卫文化因素和岳石文化因素，这些因素尽管所占比例较小，却属于较为鲜明的异质特征。偃师商城宫殿区“大灰沟”底层出土了年代大体相当于二里头文化第四期晚段的“商文化遗存”，但刘绪认为并不能据此说明作为都邑聚落的偃师商城可以早至此阶段[⑦]。

观点④与观点⑤之间的分歧，就是如何看待“二里头文化第四期晚段遗存”。这与本研究探讨的“文化融合阶段”的情况非常相似。

---

① 邹衡：《试论夏文化》，《夏商周考古学论文集》，文物出版社，1980 年。

② 李伯谦：《商文化考古学编年研究中的两个问题》，《古代文明研究通讯》第 55 期，2012 年。

③ 河南省文物考古研究所：《郑州商城新发现的几座商墓》，《文物》2003 年第 4 期。

④ 河南省文物研究所：《郑州黄委会青年公寓考古发掘报告》，《郑州商城考古新发现与研究》，中州古籍出版社，1993 年。

⑤ 河南省文物考古研究所：《河南郑州商城宫殿区夯土墙 1998 年的发掘》，《考古》2000 年第 2 期。

⑥ 河南省文物考古研究所：《郑州商城北大街商代宫殿遗址的发掘与研究》，《文物》2002 第 3 期。

⑦ 刘绪：《夏末商初都邑分析之一——二里头遗址与偃师商城遗存比较》，《中国国家博物馆馆刊》2013 年第 9 期。

周原礼村 LH8 与沣西 H18 的陶器群面貌具有相似性，但前者缺乏殷墟文化因素。考虑到沣西 H18 一类遗存普遍存在于沣西及漆水河中下游，具有较为广域的文化因素渗入，商周两系文化之间的藩篱已被打破。郑州商城黄委会青年公寓 T45⑥的情况稍显不同，由于郑州本地原本属于二里头文化分布区，漳河型与二里头文化因素的融合并非王朝更替所导致，而仅具有“汤始居亳”的历史意义。

由于郑州地区原本属于二里头文化分布区，郑州商城便难以作为考察夏商更替的最佳地点。偃师商城距离二里头仅有 7 公里，在距离如此之近的地点开挖“大灰沟”，但这条沟的最初用途尚不清楚。在以往讨论的二里头文化第四期晚段典型单位中，以二里头ⅢH23 和ⅤH53 最为重要，这其中又以ⅤH53 具有决定性意义。尽管并未直接打破一号宫殿，位于一号宫殿北墙外的空间位置已释放出强有力的信号：作为二里头都邑最重要的区域，在正常情况下不应出现这样的异质面貌文化遗存。此外，二里头遗址宫城以南的铸铜作坊在二里头文化第四期晚段出现了较为鲜明的岳石文化因素①，先进生产力应已被异质文化所控制。

外来文化人群对二里头遗址铸铜作坊的控制，直接体现在二里头文化第四期晚段的铜器产品之上，铜鼎、斝的出现均是受到了外来文化的影响，与此同时的郑州商城出现了河务局 T166M6，随葬二里头文化传统的铜盉和商文化特征的铜鬲（图 6.8），将陶鬲铜器化，并将两种文化传统的铜礼器随葬于同一墓中，显然应是控制了当时最先进的铜器铸造业之后才能够做到。

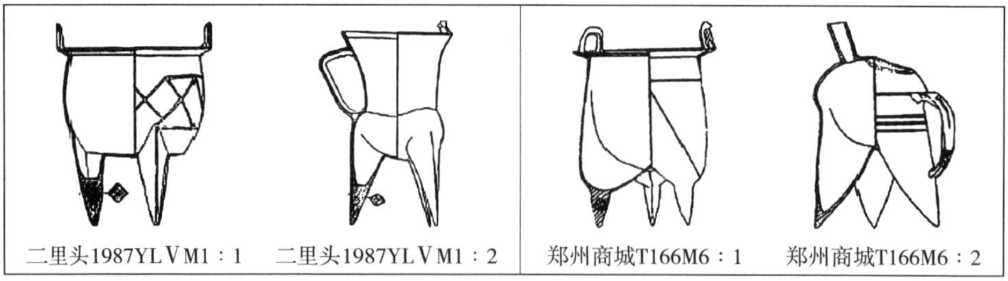

图 6.8　二里头遗址与郑州商城墓葬随葬铜器

反观殷墟文化第四期晚段，刘家庄北发现的高规格铜器墓 M1046 中出现了受周

① 中国社会科学院考古研究所二里头工作队：《河南偃师市二里头遗址城垣和道路 2012－2013 年发掘简报》，《考古》2015 年第 1 期。

文化影响的乳钉夔纹鼎、簋，殷墟西区 M1713 也出现了乳钉夔纹铜鼎，这样的情况与二里头文化第四期晚段ⅤH53、ⅢH23 以及 1987ⅤM1 的情况非常相似，即异质文化因素引人注目地出现在都邑内的敏感区域。与此同时，代表当时最高生产力水平的铜器产品却出现在了异质文化的核心区域，石鼓山 M3 的情况也与郑州商城河务局 T166M6 的情况非常相似。

在陶器群方面，由于郑州商城原本属于二里头文化分布区，外来文化的到来造成了两大文化之间的交融。沣西与之情况不同，原本并非殷墟文化分布区，殷墟文化因素的大量出现有可能意味着王朝更替已经发生。在《1997 年沣西发掘报告》之中，发掘者便使用这样的思路，“第二、三期遗迹中开始出现大量具有商文化因素的器物，如分裆鬲、殷式簋、豆等，这些器物应是周人灭商后，大量吸收商文化因素的反映。周人灭商后，尤其是平定武庚之乱后，对商人采取分而治之的政策，曾迁徙商人到周人的根据地——关中京畿一带。第一期极少商文化因素，第二期以后商文化因素急增，应是周人灭商这一历史事件在考古学文化上的反映”①。然而，沣西 H18 中已经出现了殷墟文化陶簋 H18：73，此类现象并非孤例，马王村 H11 中不但出土了相同特征的殷墟文化陶簋，还出土了更具典型特征的瓦楞绳纹罐。此外，马王村土壕还曾采集到殷墟文化第四期早段特征的典型商式簋（图 6.9）。

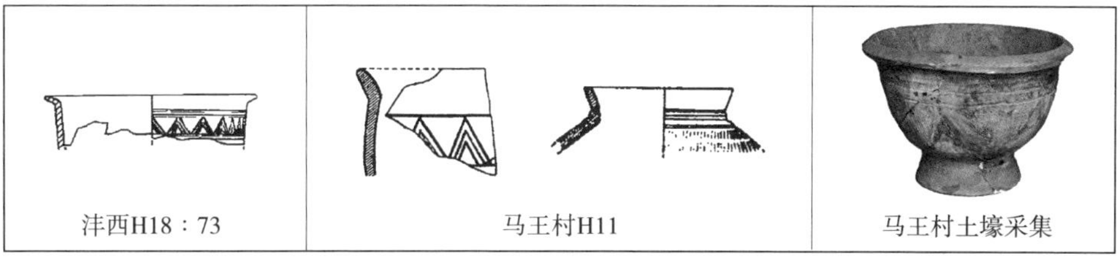

图 6.9　沣西“文化融合阶段”出现的殷墟文化因素陶器

可以想见，有学者会对如此少量的外来文化因素是否能够起到决定性作用提出质疑。文化因素分析法通常默认占据主要地位的文化因素起到决定性作用，然而在实际情况中并非决然如此。

相当于二里头文化第四期晚段，郑州商城出现了河务局 T166M6、北大街“商方向”夯土建筑等高规格遗存，但此时的陶器群面貌仍然具有较为浓厚的二里头文化

① 中国社会科学院考古研究所丰镐工作队：《1997 年沣西发掘报告》，《考古学报》2000 年第 2 期。

特征。发掘者曾将黄委会一号高层住宅楼发现的相当于二里头文化第四期晚段阶段的文化遗存按照文化因素分为三组：A 组为二里头文化因素，占 85%，B 组为漳河型因素，占 10%，C 组为岳石文化因素，占 5%。若认可此时的郑州商城已属于商人控制区，则必须承认商人曾在这一特殊历史阶段接受并使用了二里头文化传统器类。对于王朝更替之际文化面貌的考察，不能完全依照传统的文化因素分析法，以占据主要地位的文化因素决定遗存的年代及性质，而是要充分重视“战胜方”与“战败方”遗存中特质文化因素的彼此互现，并充分论证其对王朝更替在考古学文化面貌上的反映所起到的作用。

通过上述的对比考察，尽管夏商之际与商周之际在具体的地缘、文化发展阶段等方面存在各自的特点，但也具有非常明显的共性特点。据此可初步总结出中国早期王朝更替在考古学文化面貌上反映出的规律性特征：

第一，由于双方在灭国战争前处于敌对状态，故通过考古学文化面貌（特别是陶器群面貌）形成了鲜明可辨的族际边界；

第二，灭国战争的发生导致考古学文化呈现的族际边界被打破，出现文化因素彼此互现的特点，但在一般情况下，双方可能仍然保持更多的自身文化因素，也部分接受对方的文化因素，但上层文化已呈现出此消彼长的兴衰态势；

第三，与灭国战争直接相关的文化遗存较难寻找或辨识，王朝更替在考古学文化面貌上的反映较为明显地体现在社会上层文化的兴衰以及新王朝实施的全新政策措施所带来的文化变迁。

本研究提出这样的三点总结，希望能对相关研究起到一定的启示。

参考文献（按第一作者姓名音序排列）

中文部分

一 著作、报告

安徽省文物管理委员会、安徽省博物馆：《寿县蔡侯墓出土遗物》，北京：科学出版社，1956 年。

安阳市文物工作队、安阳市博物馆：《安阳殷墟青铜器》，郑州：中州古籍出版社，1993 年。

安阳市文物考古研究所：《安阳殷墟戚家庄东商代墓地发掘报告》，郑州：中州古籍出版社，2015 年。

宝鸡市考古工作队、陕西省考古研究所：《陇县原子头》，北京：文物出版社，2005 年。

宝鸡市周原博物馆：《北吕周人墓地》，西安：西北大学出版社，1995 年。

北京大学考古学系、山西省考古研究所：《天马—曲村》，北京：科学出版社，1999 年。

北京市文物研究所：《琉璃河西周燕国墓地》，北京：文物出版社，1995 年。

北京市文物研究所：《镇江营与塔照》，北京：中国大百科全书出版社，1999 年。

滨州地区文物志编委会：《滨州地区文物志》，山东友谊书社，1991 年。

布鲁斯·炊格尔著，蒋祖棣、刘英译：《时间与传统》，北京：三联书店，1991 年。

曹玮主编：《周原出土青铜器》，成都：巴蜀书社，2005 年。

曹玮主编：《周原甲骨文》，北京：世界图书出版公司北京公司，2002 年。

陈梦家：《西周铜器断代》，北京：中华书局，2004 年。

陈梦家：《殷虚卜辞综述》，北京：中华书局，1959 年。

陈昭容主编：《宝鸡戴家湾与石鼓山出土出土青铜器》，台北：历史语言研究所，2015 年。

杜金鹏：《殷墟宫殿区建筑基址研究》，北京：科学出版社，2010 年。

方诗铭、王修龄：《古本竹书纪年辑证》，上海：上海古籍出版社，2005 年。

弗雷德里克·巴斯主编：《族群与边界——文化差异下的社会组织》，北京：商务印书馆，2014 年。

甘肃省文物考古研究所：《崇信于家湾周墓》，北京：文物出版社，2009 年。

郜向平：《商系墓葬研究》，北京：科学出版社，2011 年。

宫长为、徐义华：《殷遗与殷鉴》，北京：中国社会科学出版社，2011 年。

郭宝钧：《商周铜器群综合研究》，北京：文物出版社，1981 年。

郭宝钧：《濬县辛村》，北京：科学出版社，1964 年。

郭妍利：《商代青铜兵器研究》，北京：社会科学文献出版社，2014 年。

国家文物局：《2009 中国重要考古发现》，北京：文物出版社，2010 年。

国家文物局：《中国文物地图集 · 陕西分册》，西安：西安地图出版社，1998 年。

河北省文物研究所：《邢台商周遗址》，北京：文物出版社，2011 年。

河北省文物研究所：《燕下都》，北京：文物出版社，1996 年。

河北省邢台市文物管理处：《邢台粮库遗址》，北京：科学出版社，2005 年。

河南省文物考古研究所、平顶山市文物管理局：《平顶山应国墓地 Ⅰ》，郑州：大象出版社，2012 年。

河南省文物考古研究所、周口市文化局：《鹿邑太清宫长子口墓》，郑州：中州古籍出版社，2000 年。

河南省文物考古研究所：《辉县孟庄》，郑州：中州古籍出版社，2003 年。

河南省文物考古研究所：《郑州商城》，北京：文物出版社，2001 年。

河南省文物考古研究院、郑州市文物考古研究院、荥阳市文物保护管理中心：《荥阳西司马墓地》，郑州：大象出版社，2016 年。

河南省文物研究所、长江流域规划办公室考古队河南分队：《淅川下王岗》，北京：文物出版社，1989 年。

湖北省博物馆、湖北省文物考古研究所、随州市博物馆：《随州叶家山：西周早期曾国墓地》，北京：文物出版社，2013 年。

湖北省文物考古研究所、湖北省黄石市博物馆、湖北省阳新县博物馆：《阳新大路铺》，北京：文物出版社，2013 年。

黄展岳：《古代人牲人殉通论》，北京：文物出版社，2004 年。

江西省文物考古研究所、江西省博物馆、新干县博物馆：《新干商代大墓》，北京：文物出版社，1997 年。

井中伟：《早期中国青铜戈 · 戟研究》，北京：科学出版社，2011 年。

雷兴山：《先周文化探索》，北京：科学出版社，2010 年。

李峰：《西周的灭亡》，上海：上海古籍出版社，2007 年。

李宏飞、王宁：《小双桥遗址的商与夷》，北京：中国社会科学出版社，2018 年。

李维明：《豫南及邻境地区青铜文化》，北京：线装书局，2009 年。

梁思永、高去寻：《侯家庄第二本 · 1001 号大墓》，台北：历史语言研究所，1962 年。

梁思永、高去寻：《侯家庄第三本 · 1002 号大墓》，台北：历史语言研究所，1965 年。

梁思永、高去寻：《侯家庄第四本 · 1003 号大墓》，台北：历史语言研究所，1967 年。

梁思永、高去寻：《侯家庄第五本 · 1004 号大墓》，台北：历史语言研究所，1970 年。

梁思永、高去寻：《侯家庄第八本·1550号大墓》，台北：历史语言研究所，1976年。

梁云：《战国时代的东西差别》，北京：文物出版社，2008年。

临汾市文物局：《临汾文物集萃》，太原：三晋出版社，2012年。

刘军社：《先周文化研究》，西安：三秦出版社，2003年。

刘士莪：《老牛坡》，西安：陕西人民出版社，2001年。

卢连成、胡智生：《宝鸡𢐗国墓地》，北京：文物出版社，1988年。

洛阳市地方史志编纂委员会：《洛阳市志·文物志》，郑州：中州古籍出版社，1995年。

洛阳市文物工作队：《洛阳北窑西周墓》，北京：文物出版社，1999年。

吕学明：《中国北方地区出土的先秦时期铜刀研究》，北京：科学出版社，2010年。

山西省考古研究所：《灵石旌介商墓》，北京：科学出版社，2006年。

陕西省古籍整理办公室、陕西省考古研究院：《陕西金文集成》，西安：三秦出版社，2016年。

陕西省考古研究所、陕西省文物管理委员会、陕西省博物馆：《陕西出土商周青铜器》（一），北京：文物出版社，1979年。

陕西省考古研究所、陕西省文物管理委员会、陕西省博物馆：《陕西出土商周青铜器》（二），北京：文物出版社，1980年。

陕西省考古研究所、陕西省文物管理委员会、陕西省博物馆：《陕西出土商周青铜器》（三），北京：文物出版社，1980年。

陕西省考古研究所、陕西省文物管理委员会、陕西省博物馆：《陕西出土商周青铜器》（四），北京：文物出版社，1984年。

陕西省考古研究所、商洛市博物馆：《丹凤古城楚墓》，西安：三秦出版社，2006年。

陕西省考古研究所：《高家堡戈国墓》，西安：三秦出版社，1995年。

陕西省考古研究所：《镐京西周宫室》，西安：西北大学出版社，1995年。

陕西省考古研究院、宝鸡市考古研究所、凤翔县博物馆：《凤翔孙家南头》，北京：科学出版社，2015年。

陕西省考古研究院、宝鸡市文物旅游局、上海博物馆：《周野鹿鸣：宝鸡石鼓山西周贵族墓出土青铜器》，上海：上海书画出版社，2014年。

陕西省考古研究院、北京大学考古文博学院、宝鸡市周原博物馆：《周原遗址东部边缘：2012年度田野考古报告》，上海：上海古籍出版社，2018年。

陕西省考古研究院、秦始皇兵马俑博物馆：《华县东阳》，北京：科学出版社，2006年。

陕西省考古研究院：《贾里村西周遗址》，北京：文物出版社，2017年。

陕西省考古研究院：《少陵原西周墓地》北京：科学出版社，2009年。

上海博物馆：《宝鸡六章：青铜器之乡的考古学叙述》，北京：北京大学出版社，2015年。

石璋如：《小屯第一本·遗址的发现与发掘乙编·殷墟建筑遗存》，台北：历史语言研究所，1959年。

宋新潮：《殷商文化区域研究》，西安：陕西人民出版社，1991年。

苏秉琦：《斗鸡台沟东区墓葬》，北平：国立北平研究院史学研究所，1948年。

随州市博物馆：《随州出土文物精粹》，北京：文物出版社，2009年。

王晖：《商周文化比较研究》，北京：人民出版社，2000年。

王明珂：《华夏边缘：历史记忆与族群认同》，台北：允晨文化，1997年。

吴晓筠：《商周时期车马埋葬研究》，北京：科学出版社，2009年。

武汉大学历史系考古教研室、襄樊市博物馆、随州市博物馆：《西花园与庙台子》，武汉：武汉大学出版社，1993年。

夏商周断代工程专家组：《夏商周断代工程1996－2000年阶段研究成果报告简本》，北京：世界图书出版公司，2000年。

许宏：《最早的中国》，北京：科学出版社，2009年。

杨泓：《中国古兵器论丛》（增订本），北京：文物出版社，1980年。

岳洪彬：《殷墟青铜礼器研究》，北京：中国社会科学出版社，2006年。

张礼艳：《丰镐地区西周墓葬研究》，北京：社会科学文献出版社，2015年。

张明东：《商周墓葬比较研究》，北京：中国社会科学出版社，2016年。

张天恩：《关中商代文化研究》，北京：文物出版社，2004年。

郑州大学历史学院考古系：《新乡李大召：仰韶文化至汉代遗址发掘报告》，北京：科学出版社，2006年。

郑州大学文博学院、开封市文物工作队：《豫东杞县发掘报告》，北京：科学出版社，2000年。

中国国家博物馆考古部：《垣曲盆地聚落考古研究》，北京：科学出版社，2007年。

中国国家博物馆田野考古研究中心、山西省考古研究所、运城市文物保护研究所：《运城盆地东部聚落考古调查与研究》，北京：文物出版社，2011年。

中国科学院考古研究所：《沣西发掘报告》，北京：文物出版社，1962年。

中国科学院考古研究所：《辉县发掘报告》，北京：科学出版社，1956年。

中国青铜器全集编辑委员会：《中国青铜器全集》第6卷，文物出版社，1997年。

中国社会科学院考古研究所：《安阳大司空——2004年发掘报告》，北京：文物出版社，2014年。

中国社会科学院考古研究所：《安阳小屯》，北京：世界图书出版公司，2002年。

中国社会科学院考古研究所：《安阳殷墟郭家庄商代墓葬》，北京：中国大百科全书出版社，1998年。

中国社会科学院考古研究所：《洛阳发掘报告》，北京：北京燕山出版社，1989年。

中国社会科学院考古研究所：《南邠州·碾子坡》，北京：世界图书出版公司，2007年。

中国社会科学院考古研究所：《滕州前掌大墓地》，北京：文物出版社，2005年。

中国社会科学院考古研究所：《武功发掘报告》，北京：文物出版社，1988年。

中国社会科学院考古研究所：《殷墟发掘报告》，北京：文物出版社，1987年。

中国社会科学院考古研究所：《殷墟青铜器》，北京：文物出版社，1985年。

中国社会科学院考古研究所：《张家坡西周墓地》，北京：中国大百科全书出版社，1999年。

周剑曙、郭宏涛：《偃师文物精粹》，北京：北京图书馆出版社，2007年。

周立、张剑：《洛阳史前与夏商周考古探索》，郑州：中州古籍出版社，2012年。

周原考古队：《周原：2002年度齐家制玦作坊和礼村遗址考古发掘报告》，北京：科学出版社，2010年。

邹衡：《夏商周考古学论文集》，北京：文物出版社，1980年。

二　论文、简报

《江汉考古》编辑部：《“随州文峰塔曾侯與墓”专家座谈会纪要》，《江汉考古》2014年第4期。

《司母辛 武父乙——郑振香先生访谈录》，《追迹：考古学人访谈录Ⅱ》，上海：上海古籍出版社，2015年。

A. Я. 勃留索夫：《考古学文化与族的共同体》，《考古》1961年第8期。

安徽省文物考古研究所、怀宁县文物局：《安徽怀宁县孙家城遗址H29发掘简报》，《江汉考古》2015年第2期。

安徽省文物考古研究所：《安徽省怀宁县孙家城遗址H29发掘简报》，《江汉考古》2015年第2期。

安阳市博物馆：《安阳铁西刘家庄南殷代墓葬发掘简报》，《中原文物》1986年第3期。

安阳市文物工作队：《1995－1996年安阳刘家庄殷代遗址发掘报告》，《华夏考古》1997年第2期。

安阳市文物工作队：《河南安阳郭庄村北发现一座殷墓》，《考古》1991年第10期。

安阳市文物工作队：《殷墟戚家庄东269号墓》，《考古学报》1991年第3期。

白川静：《周初殷人之活动》，《日本学者研究中国史论著选译》第三卷，中华书局，1993年。

白晓银：《陕西周原遗址新出土的青铜器》，《考古与文物》2014年第3期。

宝鸡市考古队、扶风县博物馆：《扶风县飞凤山西周墓发掘简报》，《考古与文物》1996年第3期。

宝鸡市考古队：《宝鸡市纸坊头遗址试掘简报》，《文物》1989年第5期。

宝鸡市考古工作队、宝鸡县博物馆：《宝鸡县阳平镇高庙村西周墓群》，《考古与文物》1996年第3期。

宝鸡市考古工作队：《陕西宝鸡高家村刘家文化墓地发掘报告》，《古代文明》第7卷，北京：文物出版社，2008年。

宝鸡市考古工作队：《陕西宝鸡高家村遗址发掘简报》，《考古》1998年第4期。

宝鸡市考古工作队：《陕西武功郑家坡先周遗址发掘简报》，《文物》1984年第7期。

宝鸡市考古研究所：《陕西宝鸡纸坊头西周早期墓葬清理简报》，《文物》2007年第8期。

保北考古队：《河北安新县考古调查报告》，《文物春秋》1990 年第 1 期。

北京大学考古实习队、昌乐县图书馆：《山东昌乐县邹家庄遗址发掘简报》，《考古》1987 年第 5 期。

北京大学考古文博学院、河北省文物局、邢台市文物管理处、临城县文化旅游局：《河北临城县补要村遗址南区发掘简报》，《考古》2011 年第 3 期。

北京大学考古文博院、山西省考古研究所：《天马——曲村遗址北赵晋侯墓地第六次发掘》，《文物》2001 年第 8 期。

北京大学考古系商周组、菏泽地区博物馆、菏泽市文化馆：《山东菏泽安邱堌堆遗址 1984 年发掘报告》，《考古学研究》（八），北京：科学出版社，2011 年。

北京大学考古系商周组、陕西省考古研究所：《陕西礼泉朱马嘴商代遗址试掘简报》，《考古与文物》2000 年第 5 期。

北京大学考古系商周组、陕西省考古研究所：《陕西耀县北村遗址 1984 年发掘报告》，《考古学研究》（二），北京：北京大学出版社，1994 年。

北京大学考古系商周组：《陕西扶风县壹家堡遗址 1986 年度发掘报告》，《考古学研究》（二），北京：北京大学出版社，1994 年。

北京大学考古学系、北京市文物研究所：《1995 年琉璃河周代居址发掘简报》，《文物》1996 年第 6 期。

北京大学考古学系、濮阳市文物保管所：《豫东北考古调查与试掘》，《考古》1995 年第 12 期。

北京大学中国考古学研究中心、宝鸡市考古研究所：《宝鸡市蒋家庙遗址考古调查报告》，《古代文明》（九），北京：文物出版社，2013 年。

北京市文物工作队：《北京房山县考古调查简报》，《考古》1963 年第 3 期。

北京市文物管理处：《北京地区的又一重要考古收获——昌平白浮西周木椁墓的新启示》，《考古》1976 年第 4 期。

北京市文物研究所、北京大学考古学系：《1995 年琉璃河遗址墓葬区发掘简报》，《文物》1996 年第 6 期。

滨城文物管理所、北京大学中国考古学研究中心：《山东滨州市滨城区五处古遗址的调查》，《华夏考古》2009 年第 1 期。

曹斌：《商周铜昜研究》，《考古与文物》2011 年第 3 期。

曹定云：《邢台西周卜辞乃周初召公占卜考——兼论周原卜辞“召卜曰”》，《三代文明研究》（一），北京：科学出版社，1999 年。

曹发展、景凡：《陕西旬邑崔家河遗址调查记》，《考古与文物》1984 年第 4 期。

曹明檀、尚志儒：《陕西凤翔出土的西周青铜器》，《考古与文物》1984 年第 1 期。

陈立信：《巩县发现西周早期青铜鬲》，《中原文物》1986 年第 4 期。

陈旭：《郑州小双桥遗址即隞都说》，《中原文物》1997 年第 2 期。

程长新、曲得龙、姜东方：《北京拣选一组二十八件商代带铭铜器》，《文物》1982 年第 9 期。

程长新：《北京市顺义县牛栏山出土一组周初带铭青铜器》，《文物》1983 年第 11 期。

仇士华、蔡莲珍、冼自强、薄官成：《关于所谓“夏文化”的碳十四年代测定的初步报告》，《考古》1983 年第 10 期。

淳化县文化馆：《陕西淳化史家塬出土西周大鼎》，《考古与文物》1980 年第 2 期。

德州地区文化局文物组、济阳县图书馆：《山东济阳刘台子西周墓地第二次发掘》，《文物》1985 年第 12 期。

德州行署文化局文物组、济阳县图书馆：《山东济阳刘台子西周早期墓发掘简报》，《文物》1981 年第 9 期。

杜传敏、张东峰、魏慎玉、潘晓庆：《1989 年山东滕州庄里西西周墓发掘报告》，《中国国家博物馆馆刊》2012 年第 1 期。

杜金鹏：《周原宫殿建筑类型及相关问题探讨》，《考古学报》2009 年第 4 期。

段绍嘉：《介绍陕西省博物馆的几件青铜器》，《文物》1963 年第 3 期。

鄂城县博物馆：《湖北鄂城县沙窝公社出土青铜爵》，《考古》1982 年第 2 期。

樊维岳：《蓝田出土一组西周早期铜器陶器》，《考古与文物》1987 年第 5 期。

方勤：《随州叶家山西周早期曾侯墓地的发现与研究》，《随州叶家山：西周早期曾国墓地》，北京：文物出版社，2013 年。

扶风县博物馆：《陕西扶风县新发现一批商周青铜器》，《考古与文物》2007 年第 3 期。

扶风县图博馆：《陕西扶风杨家堡西周墓清理简报》，《考古与文物》1980 年第 2 期。

阜阳地区博物馆：《安徽颍上王岗、赵集发现商代文物》，《文物》1985 年第 10 期。

傅永魁：《洛阳东郊西周墓发掘简报》，《考古》1959 年第 4 期。

甘肃省博物馆文物队：《甘肃灵台白草坡西周墓》，《考古学报》1977 年第 2 期。

甘肃省博物馆文物队：《甘肃灵台县两周墓葬》，《考古》1976 年第 1 期。

冈村秀典：《中国新石器时代的战争》，《华夏考古》1997 年第 3 期。

高次若、刘明科、李新泰：《宝鸡高家村发现刘家文化陶器》，《考古与文物》1998 年第 4 期。

高炜、杨锡璋、王巍、杜金鹏：《偃师商城与夏商文化分界》，《考古》1998 年第 10 期。

高西省：《扶风近年征集的商周青铜器》，《文博》1988 年第 6 期。

高振龙：《洛阳西周时期殷遗民墓葬的考古学观察》，中国社会科学院研究生院硕士学位论文，2014 年。

郜向平：《洛阳地区西周墓葬研究》，吉林大学硕士学位论文，2003 年。

巩启明：《西安袁家崖发现商代晚期墓葬》，《文物资料丛刊》第 5 辑，北京：文物出版社，1981 年。

谷建祥、尹增淮：《江苏沭阳万北遗址试掘的初步收获》，《东南文化》1988 年第 12 期。

固原县文化站：《固原出土西周早期铜器》，《固原师专学报》1982 年第 3 期。

固原县文物工作站：《宁夏固原县西周墓清理简报》，《考古》1983 年第 11 期。

郭宝钧、林寿晋：《一九五二年秋洛阳东郊发掘报告》，《考古学报》1955 年第 9 期。

郭克煜、孙华铎、梁方建、杨朝明：《索氏器的发现及其重要意义》，《文物》1990 年第 7 期。

郭明：《黄河流域商周时期建筑的考古学观察》，北京大学博士研究生学位论文，2013 年。

郭明：《周原凤雏甲组“宗庙说”质疑》，《中国国家博物馆馆刊》2013 年第 11 期。

国家文物局考古领队培训班：《山东邹县南关遗址发掘简报》，《文物》1991 年第 2 期。

韩嘉谷、纪烈敏：《蓟县张家园遗址青铜文化遗存综述》，《考古》1993 年第 4 期。

韩嘉谷：《从刘李店 78H1 说姬燕建国》，《北京文博》2001 年第 4 期。

韩伟、吴振烽：《凤翔南指挥西村周墓的发掘》，《考古与文物》1982 年第 4 期。

河北省文化局文物工作队：《磁县岳城水库上潘汪村 2 号遗址发掘记》，《文物》1960 年第 1 期。

河北省文化局文物工作队：《邢台尹郭村商代遗址及战国墓葬试掘简报》，《考古》1960 年第 4 期。

河北省文物复查队邢台分队：《河北邢台县考古调查简报》，《文物春秋》1995 年第 1 期。

河北省文物管理处：《磁县下七垣遗址发掘报告》，《考古学报》1979 年第 2 期。

河北省文物管理处：《河北元氏县西张村的西周遗址和墓葬》，《考古》1979 年第 1 期。

河北省文物管理委员会：《邢台曹演庄遗址发掘报告》，《考古学报》1958 年第 4 期。

河北省文物管理委员会：《邢台贾村商代遗址试掘简报》，《文物参考资料》1958 年第 10 期。

河北省文物研究所、保定地区文物管理所：《定州北庄子商墓发掘简报》，《文物春秋》1992 年增刊。

河北省文物研究所、保定市文物管理处、容城县文物保管所：《河北容城县上坡遗址发掘简报》，《考古》1999 年第 7 期。

河北省文物研究所、沧州地区文物管理所：《河北省任丘市哑巴庄遗址发掘报告》，《文物春秋》1992 年增刊。

河北省文物研究所、邯郸市文物管理处、永年县文物保管所：《永年县榆林遗址发掘简报》，《河北省考古文集》，北京：东方出版社，1998 年。

河北省文物研究所、邯郸市文物研究所、永年县文物保护管理所：《永年邓底遗址发掘报告》，《河北省考古文集》（四），北京：科学出版社，2011 年。

河北省文物研究所、河北文化学院：《武安赵窑遗址发掘报告》，《考古学报》1992 年第 3 期。

河北省文物研究所、隆尧县文物保管所：《隆尧县双碑遗址发掘报告》，《河北省考古文集》，北京：东方出版社，1998 年。

河北省文物研究所、邢台市文物管理处：《邢台南小汪周代遗址西周遗存的发掘》，《文物春秋》1992 年增刊。

河北省文物研究所:《河北邢台县东先贤遗址发掘简报》,《考古》2002 年第 3 期。

河南省博物馆:《河南省襄县西周墓发掘简报》,《文物》1977 年第 8 期。

河南省文化局文物工作队:《1957 年郑州西郊发掘纪要》,《考古通讯》1958 年第 9 期。

河南省文化局文物工作队:《河南孟县涧溪遗址发掘》,《考古》1961 年第 1 期。

河南省文化局文物工作队:《洛阳的两个西周墓》,《考古通讯》1956 年第 1 期。

河南省文化局文物工作队第一队:《河南上蔡出土的一批铜器》,《文物参考资料》1957 年第 11 期。

河南省文物考古研究所、信阳市文物管理委员会:《河南罗山县擂台子遗址发掘简报》,《华夏考古》2003 年第 2 期。

河南省文物考古研究所:《安阳市西高平遗址商周遗存发掘报告》,《华夏考古》2006 年第 4 期。

河南省文物考古研究所:《河南荥阳市关帝庙遗址商代晚期遗存发掘简报》,《考古》2008 年第 7 期。

河南省文物考古研究所:《河南郑州商城宫殿区夯土墙 1998 年的发掘》,《考古》2000 年第 2 期。

河南省文物考古研究所:《郑州商城北大街商代宫殿遗址的发掘与研究》,《文物》2002 第 3 期。

河南省文物考古研究所:《郑州商城新发现的几座商墓》,《文物》2003 年第 4 期。

河南省文物考古研究院、平顶山市文物局:《河南平顶山市蒲城店遗址西周遗存的发掘》,《考古》2016 年第 6 期。

河南省文物考古研究院、信阳市博物馆、罗山县博物馆:《河南罗山天湖商周墓地 M57 发掘简报》,《华夏考古》2016 年第 2 期。

河南省文物考古研究院:《河南淇县大李庄商代晚期墓葬发掘简报》,《考古》2018 年第 5 期。

河南省文物考古研究院:《河南荥阳小胡村墓地商代墓葬发掘简报》,《华夏考古》2015 年第 1 期。

河南省文物研究所、新乡地区文管会、孟县文管会:《河南孟县西后津遗址发掘简报》,《中原文物》1984 年第 4 期。

河南省文物研究所:《河南鹿邑栾台遗址发掘简报》,《华夏考古》1989 年第 1 期。

河南省文物研究所:《河南荥阳竖河遗址发掘报告》,《考古学集刊》第 10 集,北京:地质出版社,1996 年。

河南省文物研究所:《郑州黄委会青年公寓考古发掘报告》,《郑州商城考古新发现与研究》,郑州:中州古籍出版社,1993 年。

河南省信阳地区文管会、河南省罗山县文化馆:《罗山天湖商周墓地》,《考古学报》1986 年第 2 期。

贺梓城:《耀县发现一批周代铜器》,《文物参考资料》1956 年第 11 期。

侯若冰:《扶风新发现的铜鼎铜戈》,《考古与文物》1989 年第 2 期。

滹沱河考古队:《河北滹沱河流域考古调查与试掘》,《考古》1993 年第 4 期。

胡百川:《陇县梁甫出土西周早期青铜器》,《文博》1987 年第 3 期。

胡谦盈:《关于“殷人墓”的商榷》,《考古通讯》1956 年第 3 期。

胡谦盈：《试谈先周文化及相关问题》，《中国考古学研究——夏鼐先生考古五十周年纪念文集（二）》，北京：科学出版社，1986 年。

湖北黄冈市博物馆、湖北蕲春县博物馆：《湖北蕲春达城新屋塆西周铜器窖藏》，《文物》1997 年第 2 期。

湖北省博物馆：《汉阳东城浣纱帽山遗址调查》，《江汉考古》1987 年第 3 期。

湖北省文物考古研究所、随州市博物馆：《湖北随州市叶家山西周墓地》，《考古》2012 年第 7 期。

湖北省文物考古研究所、随州市博物馆：《湖北随州叶家山 M28 发掘报告》，《江汉考古》2013 年第 4 期。

湖北省文物考古研究所、随州市博物馆：《湖北随州叶家山 M65 发掘简报》，《江汉考古》2011 年第 3 期。

湖北省文物考古研究所、随州市博物馆：《湖北随州叶家山西周墓地发掘简报》，《文物》2011 年第 11 期。

湖北省文物考古研究所、随州市博物馆：《随州叶家山西周墓地第二次考古发掘的主要收获》，《江汉考古》2013 年第 3 期。

湖南省文物考古研究所、长沙市博物馆、长沙市考古研究所、望城县文物管理所：《湖南望城县高砂脊商周遗址的发掘》，《考古》2001 年第 4 期。

湖南省文物考古研究所、长沙市考古研究所、宁乡县文物管理所：《湖南宁乡炭河里西周城址与墓葬发掘简报》，《文物》2006 年第 6 期。

华平：《考古学文化·苏联大百科全书选译》，《考古通讯》1956 年第 3 期。

黄陂县文化馆、孝感地区博物馆、湖北省博物馆：《湖北黄陂鲁台山西周遗址与墓葬》，《江汉考古》1982 年第 2 期。

黄川田修：《齐国始封地考——山东苏埠屯遗址的性质》，《文物春秋》2005 年第 4 期。

黄川田修：《西周王朝周边文化年代的再认识》，《华夏考古》2004 年第 1 期。

黄铭崇：《从考古发现看西周墓葬的“分器”现象与西周时代礼器制度的类型与阶段》，《历史语言研究所集刊》第 83、84 集，2012 年。

黄曲：《周原遗址西周陶器谱系与编年研究》，北京大学硕士研究生学位论文，2003 年。

吉林大学边疆考古研究中心、河北省文物局：《河北邯郸薛庄遗址发掘报告》，《考古学报》2014 年第 3 期。

济南市考古研究所、章丘市博物馆、山东省文物考古研究所：《山东章丘马安遗址发掘报告》，《东方考古》第 5 辑，北京：科学出版社，2008 年。

济南市考古研究所：《济南市刘家庄遗址商代墓葬 M121、M122 发掘简报》，《中国国家博物馆馆刊》2016 年第 7 期。

济宁市文物考古研究室、济宁市任城区文物管理所：《山东济宁市张山洼遗址发掘简报》，《考古》2007年第9期。

济青公路文物考古队：《山东临淄后李遗址第三、四次发掘简报》，《考古》1996年第3期。

济青公路文物考古队宁家埠分队：《章丘宁家埠遗址发掘报告》，《济青高级公路考古发掘报告集》，济南：齐鲁书社，1993年。

江雨德：《国之大事：商代晚期中的礼制改良》，《殷墟与商文化》，北京：科学出版社，2011年。

解希恭：《山西洪赵县永凝堡出土的铜器》，《文物参考资料》1957年第8期。

近藤はる香：《关中地区西周青铜器生产体系研究》，北京大学博士研究生学位论文，2012年。

巨万仓：《陕西岐山王家嘴、衙里西周墓葬发掘简报》，《文博》1985年第5期。

拒马河考古队：《河北易县、涞水古遗址试掘报告》，《考古学报》1988年第4期。

康乐：《武功出土商周青铜器》，《文博》1986年第1期。

孔繁银：《山东滕县井亭煤矿等地发现商代铜器及古遗址、墓葬》，《文物》1959年第12期。

蓝蔚：《汉阳县发现陈子墩古文化遗址》，《江汉考古》1980年第1期。

雷兴山：《试论西周燕文化中的殷遗民文化因素》，《北京文博》1997年第4期。

雷兴山、种建荣：《周原遗址商周时期聚落新谈》，《大宗维翰：周原青铜器特展》，文物出版社，2014年。

李伯谦：《二里头类型的文化性质与族属问题》，《中国青铜文化结构体系研究》，北京：科学出版社，1998年。

李伯谦：《关于早期夏文化——从夏商周王朝更迭与考古学文化变迁的关系谈起》，《中原文物》2000年第1期。

李伯谦：《论文化因素分析方法》，《中国文物报》1988年11月4日。

李伯谦：《商文化考古学编年研究中的两个问题》，《古代文明研究通讯》第55期，2012年。

李伯谦：《试论吴城文化》，《文物集刊》第3集，北京：文物出版社，1981年。

李伯谦：《序二》，《殷墟宫殿区建筑基址研究》，北京：科学出版社，2010年。

李步青、林仙庭：《山东黄县归城遗址的调查与发掘》，《考古》1991年第10期。

李步青、林仙庭：《山东省龙口市出土西周铜鼎》，《文物》1991年第5期。

李发旺：《山西翼城发现青铜器》，《考古》1963年第4期。

李宏、孙英民：《从周初青铜器看殷商遗民的流迁》，《史学月刊》1996年第6期。

李宏飞：《“纣都朝歌说”的嬗变》，《安阳甲骨学会文集》，北京：文物出版社，2008年。

李宏飞：《安阳地区西周时期考古学文化分期研究》，《南方文物》2014年第3期。

李宏飞：《论宝鸡石鼓山M3的商器周用现象及其背景》，《三代考古》（七），北京：科学出版社，2017年。

李宏飞：《商代晚期的居与葬及其社会意义——以殷墟为例》，中国社会科学院研究生院硕士研究生学位论文，2012 年。

李宏飞：《试论邳州梁王城遗址发现的西周墓葬——兼论铜山丘湾社祀遗迹的年代》，《中原文物》2020 年第 1 期。

李宏飞：《小双桥遗址与白家庄期商文化研究三题》，《夏商都邑与文化》（二），北京：中国社会科学出版社，2014 年。

李宏飞：《小议两种商系绳纹》，《考古与文物》2018 年第 1 期。

李宏飞：《殷墟大司空村“商末周初”遗存浅析》，《三代考古》（六），北京：科学出版社，2015 年。

李宏飞：《殷墟西北冈西周遗存分析》，《中国国家博物馆馆刊》2016 年第 11 期。

李健：《湖北江陵万城出土西周铜器》，《考古》1963 年第 4 期。

李军：《邢台南小汪 28 号西周墓》，《文物春秋》2005 年第 2 期。

李晓峰、杨冬梅：《济南刘家庄商代青铜器》，《东南文化》2001 年第 3 期。

李学勤、李伯谦、朱凤瀚、刘绪、王占奎、陈振裕、张昌平、李天虹：《湖北随州叶家山西周墓地笔谈》，《文物》2011 年第 11 期。

李学勤、刘庆柱、李伯谦、李零、朱凤瀚、张学海、王恩田、王树明、方辉、郑同修、魏成敏、王青、靳桂云：《山东高青县陈庄西周遗址笔谈》，《考古》2011 年第 2 期。

李永迪、岳占伟、刘煜：《从孝民屯东南地出土陶范谈对殷墟青铜器的几点新认识》，《考古》2007 年第 3 期。

梁星彭、冯孝堂：《陕西长安、扶风出土西周铜器》，《考古》1963 年第 8 期。

梁星彭：《〈论先周文化〉商榷》，《考古与文物》1982 年第 4 期。

梁星彭：《壹家堡商周遗存若干问题商榷》，《考古》1996 年第 1 期。

梁星彭：《张家坡西周洞室墓渊源与族属探讨》，《考古》1996 年第 5 期。

林森：《宝鸡石鼓山西周墓地所见“分器”现象研究》，《边疆考古研究》第 17 辑，北京：科学出版社，2015 年。

临汾地区文化局：《洪洞永凝堡西周墓葬发掘报告》，《三晋考古》第 1 辑，太原：山西人民出版社，1994 年。

临沂文物收集组：《山东苍山县出土青铜器》，《考古》1965 年第 7 期。

麟游县博物馆：《陕西省麟游县出土商周青铜器》，《考古》1990 年第 10 期。

刘长荪、陈恒树：《湖北浠水发现两件铜器》，《考古》1965 年第 3 期。

刘东亚：《河南淮阳出土的西周铜器和陶器》，《考古》1964 年第 3 期。

刘富良：《洛阳西周陶器墓研究》，《考古与文物》1998 年第 3 期。

刘文锁：《论史前、原史及历史时期的概念》，《华夏考古》1998 年第 3 期。

刘晓燕、孙承晋:《山东荣成市学福村商周墓葬的清理》,《考古》2004 年第 9 期。

刘绪、赵福生:《琉璃河遗址西周燕文化的新认识》,《文物》1997 年第 4 期。

刘绪、赵福生:《围坊三期文化的年代与刘家河 M1 的属性》,《苏秉琦与当代中国考古学》,北京:科学出版社,2001 年。

刘绪、赵福生:《西周燕文化与张家园上层类型》,《跋涉集——北京大学历史系考古专业 75 届毕业生论文集》,北京:北京图书馆出版社,1998 年。

刘绪:《西周早期考古学文化与周初分封》,《文化的馈赠——汉学研究国际会议论文集·考古学卷》,北京:北京大学出版社,2000 年。

刘绪:《夏末商初都邑分析之一——二里头遗址与偃师商城遗存比较》,《中国国家博物馆馆刊》2013 年第 9 期。

刘绪:《早商文化的考古学横向观察》,《远望集》(上),西安:陕西人民美术出版社,1998 年。

刘延常、赵国靖、刘桂峰:《鲁东南地区商代文化遗存调查与研究》,《海岱考古》第 11 辑,北京:科学出版社,2014 年。

刘延常:《珍珠门文化初探》,《华夏考古》2001 年第 4 期。

刘友恒、樊子林:《河北正定出土商周青铜器》,《文物》1982 年第 2 期。

刘昭允:《河南商丘出土西周铜簋》,《文物》2013 年第 11 期。

琉璃河考古队:《1981—1983 年琉璃河西周燕国墓地发掘简报》,《考古》1984 年第 5 期。

琉璃河考古队:《北京琉璃河 1193 号大墓发掘简报》,《考古》1990 年第 1 期。

琉璃河考古队:《琉璃河燕国古城发掘的初步收获》,《北京文博》1990 年第 1 期。

琉璃河考古队:《琉璃河遗址 1996 年度发掘简报》,《文物》1997 年第 6 期。

楼朋林:《琉璃河遗址 2001 年度西周墓葬发掘简报》,《北京文物与考古》第五辑,北京:北京燕山出版社,2002 年。

卢建国:《铜川市城关出土西周青铜器》,《文物》1986 年第 5 期。

卢连成、尹盛平:《古夨国遗址、墓地调查记》,《文物》1982 年第 2 期。

路国权:《殷墟孝民屯东南地出土陶范年代的再认识及相关问题》,《考古》2011 年第 8 期。

路国权:《张家坡 M89 年代为西周说——论西周高领袋足鬲》,《文博》2009 年第 4 期。

罗平:《河北磁县下七垣出土殷代青铜器》,《文物》1974 年第 11 期。

罗平:《岳城水库英烈村西周遗址试掘》,《文物》1960 年第 3 期。

罗西章、吴镇烽、尚志儒:《陕西扶风县召李村一号周墓清理简报》,《文物》1976 年第 6 期。

罗西章:《扶风白龙大队发现西周早期墓葬》,《文物》1978 年第 2 期。

罗西章:《扶风出土的商周青铜器》,《考古与文物》1980 年第 4 期。

罗西章:《扶风齐家村西周墓清理简报》,《文博》1990 年第 3 期。

罗西章：《扶风新征集了一批西周青铜器》，《文物》1973 年第 11 期。

罗西章：《陕西周原新出土的青铜器》，《考古》1999 年第 4 期。

罗西章：《杨家堡出土的商周之际的铜器》，《文物》1977 年第 12 期。

洛阳博物馆：《洛阳北瑶西周墓清理记》，《考古》1972 年第 2 期。

洛阳市第二文物工作队：《洛阳五女冢西周墓发掘简报》，《文物》1997 年第 9 期。

洛阳市第一文物工作队：《洛阳瀍水东岸西周窑址清理简报》，《中原文物》1988 年第 2 期。

洛阳市文物工作队：《1975－1979 年洛阳北窑西周铸铜遗址的发掘》，《考古》1983 年第 5 期。

洛阳市文物工作队：《洛阳北窑村西周遗址 1974 年度发掘简报》，《文物》1981 年第 7 期。

洛阳市文物工作队：《洛阳北窑西周车马坑发掘简报》，《文物》2011 年第 8 期。

洛阳市文物工作队：《洛阳瀍河东岸西周墓的发掘》，《文物》2006 年第 6 期。

洛阳市文物工作队：《洛阳东车站两周墓发掘简报》，《文物》2003 年第 12 期。

洛阳市文物工作队：《洛阳东关五座西周墓的清理》，《中原文物》1984 年第 3 期。

洛阳市文物工作队：《洛阳老城北大街西周墓》，《文物》2010 年第 8 期。

洛阳市文物工作队：《洛阳林校西周车马坑》，《文物》1999 年第 3 期。

洛阳市文物工作队：《洛阳市东郊发现的两座西周墓》，《文物》1992 年第 3 期。

洛阳市文物工作队：《洛阳市唐城花园 C3M417 西周墓发掘简报》，《文物》2004 年第 7 期。

洛阳市文物考古研究院：《洛阳林校西周车马坑发掘简报》，《洛阳考古》2015 年第 1 期。

洛阳市文物考古研究院：《洛阳铁道・龙锦嘉园西周墓发掘简报》，《中国国家博物馆馆刊》2015 年第 11 期。

马连成、廖永民：《濮阳市郊区考古调查简报》，《中原文物》1986 年第 4 期。

马强、侯富任、马天行：《宁夏彭阳姚河塬商周遗址》，《2017 年中国重要考古发现》，北京：文物出版社，2018 年。

马赛：《聚落与社会——商周时期周原遗址的考古学研究》，北京大学博士研究生学位论文 2009 年。

孟宪武：《试析殷墟墓地“异穴并葬”墓的性质——附论殷商社会的婚姻形态》，《安阳殷墟考古研究》，郑州：中州古籍出版社，2003 年。

孟昭永、赵立国：《河北滦县出土殷商青铜器》，《考古》1994 年第 4 期。

南京博物院、邳州博物馆：《江苏邳州梁王城遗址西周墓地发掘简报》，《东南文化》2016 年第 2 期。

南京博物院、徐州博物馆、邳州博物馆：《邳州梁王城遗址 2006－2007 年考古发掘收获》，《东南文化》2008 年第 2 期。

南京博物院：《江苏铜山丘湾古遗址的发掘》，《考古》1973 年第 2 期。

南阳市博物馆：《南阳市博物馆馆藏的商代青铜器》，《中原文物》1984 年第 4 期。

内田纯子：《商末周初青铜彝器的断代及其制作地》，《殷墟与商文化》，北京：科学出版社，2011 年。

牛世山：《陕西武功县岸底商代遗存分析》，《考古求知集》，北京：中国社会科学出版社，1997年。

潘蛟：《试论凉山彝族社会等级制度的起源》，《中央民族学院学报》1990年第5期。

庞文龙：《岐山县博物馆藏商周青铜器录遗》，《考古与文物》1994年第3期。

裴琪：《鲁山县发现一批重要铜器》，《文物参考资料》1958年第5期。

平顶山市文管会：《河南平顶山市出土西周应国青铜器》，《文物》1984年第12期。

平顶山市文管会：《平顶山市新出土西周青铜器》，《中原文物》1988年第1期。

平凉地区博物馆：《平凉文物》，1982年。

平凉市地方志编纂委员会办公室：《平凉文物》，兰州：甘肃人民美术出版社，2007年。

齐浩、张天宇：《周原遗址新见京当型铜器墓浅识》，《中国国家博物馆馆刊》2015年第11期。

齐泰定：《河南辉县褚丘出土的商代铜器》，《考古》1965年第7期。

齐文涛：《概述近年来山东出土的商周青铜器》，《文物》1972年第5期。

祁延霈：《山东益都苏埠屯出土铜器调查记》，《中国考古学报》第2期，北京：商务印书馆，1947年。

岐山县博物馆：《岐山县北郭乡樊村新出土青铜器等文物》，《文物》1992年第6期。

岐山县博物馆：《陕西岐山近年出土的青铜器》，《考古与文物》1990年第1期。

岐山县博物馆：《陕西岐山新出土周初青铜器等文物》，《文物》1992年第6期。

岐山县博物图书馆：《岐山县北郭公社出土的西周青铜器》，《考古与文物》1982年第2期。

岐山县博物图书馆：《岐山县博物馆近几年来征集的商周青铜器》，《考古与文物》1984年第5期。

钱耀鹏、李成、魏女：《淳化县枣树沟脑遗址发掘的主要收获》，《西北大学学报》（哲学社会科学版）第38卷第4期，2008年。

桥北考古队：《山西浮山桥北商周墓》，《古代文明》第5卷，北京：文物出版社，2006年。

青州市博物馆：《青州市赵铺遗址的清理》，《海岱考古》第1辑，济南：山东大学出版社，1989年。

庆阳地区博物馆：《甘肃庆阳韩家滩庙嘴发现一座西周墓》，《考古》1985年第9期。

冉宏林：《琉璃河遗址西周时期的文化、聚落与社会》，北京大学硕士研究生学位论文，2013年。

任伟：《从考古发现看西周燕国殷遗民之社会状况》，《中原文物》2011年第2期。

任相宏、张光明、刘德宝：《淄川考古》，济南：齐鲁书社，2006年。

任雪莉：《宝鸡戴家湾商周铜器群的整理与研究》，北京：线装书局，2012年。

任亚珊、郭瑞海、贾金标：《1993－1997年邢台葛家庄先商遗址、两周贵族墓地考古工作的主要收获》，《三代文明研究》（一），北京：科学出版社，1999年。

山东大学东方考古研究中心：《大辛庄遗址1984年秋试掘报告》，《东方考古》第4辑，北京：科学出版社，2008年。

山东大学考古系：《山东长清仙人台遗址发掘简报》，《考古》1998年第9期。

山东大学历史系考古专业、邹平县文化局：《山东邹平县古文化遗址调查》，《考古》1989年第6期。

山东大学历史系考古专业：《山东邹平丁公遗址第二、三次发掘简报》，《考古》1992年第6期。

山东惠民县文化馆：《山东惠民县发现商代青铜器》，《考古》1974年第3期。

山东省博物馆：《山东益都苏埠屯第一号奴隶殉葬墓》，《文物》1972年第8期。

山东省博物馆：《山东长清出土的青铜器》，《文物》1964年第4期。

山东省昌潍地区文物管理组：《胶县西菴遗址调查试掘简报》，《文物》1977年第4期。

山东省文物考古研究所、北京大学中国考古学研究中心、山东师范大学齐鲁文化研究中心、滨州市文物管理处：《山东阳信县李屋遗址商代遗存发掘简报》，《考古》2010年第3期。

山东省文物考古研究所、广饶县博物馆：《广饶县五村遗址发掘报告》，《海岱考古》第1辑，济南：山东大学出版社，1989年。

山东省文物考古研究所、齐城遗址博物馆：《临淄东古墓地发掘简报》，《海岱考古》第1辑，济南：山东大学出版社，1989年。

山东省文物考古研究所、青州市博物馆：《青州市苏埠屯商代墓地发掘报告》，《海岱考古》第1辑，济南：山东大学出版社，1989年。

山东省文物考古研究所、山东大学历史系考古教研室、青州市博物馆：《青州市凤凰台遗址发掘》，《海岱考古》第1辑，济南：山东大学出版社，1989年。

山东省文物考古研究所、邹平县文管所：《山东省邹平县古文化遗址调查简报》，《华夏考古》1994年第3期。

山东省文物考古研究所：《山东高青县陈庄西周遗存发掘简报》，《考古》2011年第2期。

山东省文物考古研究所：《山东高青县陈庄西周遗址》，《考古》2010年第8期。

山东省文物考古研究所：《山东济阳刘台子西周六号墓清理报告》，《文物》1996年第12期。

山东省文物考古研究所：《山东章丘市王推官庄遗址发掘报告》，《华夏考古》1996年第4期。

山西省考古研究所、晋城市文化局、高平市博物馆：《长平之战遗址永录1号尸骨坑发掘简报》，《文物》1996年第6期。

山西省考古研究所：《灵石旌介发现商周及汉代遗迹》，《文物》2004年第8期。

山西省考古研究所：《山西屯留西里高遗址发掘》，《文物春秋》2009年第3期。

山西省考古研究所大河口墓地联合考古队：《山西翼城县大河口西周墓地》，《考古》2011年第7期。

山西省文物工作委员会、洪洞县文化馆：《山西洪洞永凝堡西周墓葬》，《文物》1987年第2期。

山西省文物管理委员会：《山西洪赵县坊堆村古遗址墓群清理简报》，《文物参考资料》1955年第4期。

山西省文物管理委员会：《山西长子的殷周文化遗存》，《文物》1959年第2期。

陕西考古所泾水队：《陕西邠县下孟村遗址发掘简报》，《考古》1960年第1期。

陕西省博物馆、陕西省文物管理委员会：《陕西岐山贺家村西周墓葬》，《考古》1976 年第 1 期。

陕西省博物馆、文管会岐山工作队：《陕西岐山礼村附近周遗址的调查和试掘》，《文物资料丛刊》第 2 辑，北京：文物出版社，1978 年。

陕西省考古研究所、宝鸡市考古队：《陕西省宝鸡市峪泉周墓》，《考古与文物》2000 年第 5 期。

陕西省考古研究所、北京大学考古实习队：《铜川市王家河墓地发掘简报》，《考古与文物》1987 年第 2 期。

陕西省考古研究所：《岐山贺家村周墓发掘简报》，《考古与文物》1980 年第 1 期。

陕西省考古研究所宝鸡工作站、宝鸡市考古工作队：《陕西岐山赵家台遗址试掘简报》，《考古与文物》1994 年第 2 期。

陕西省考古研究院、宝鸡市考古研究所、宝鸡市渭滨区博物馆：《陕西宝鸡石鼓山商周墓地 M4 发掘简报》，《文物》2016 年第 1 期。

陕西省考古研究院：《陕西武功岸底先周遗址发掘简报》，《考古与文物》1993 年第 3 期。

陕西省文物管理委员会：《凤县古文化遗址清理简报》，《文物参考资料》1956 年第 2 期。

陕西省周原考古队：《陕西岐山贺家村西周墓发掘报告》，《文物资料丛刊》第 8 辑，北京：文物出版社，1983 年。

陕西周原扶风文管所：《周原西周遗址扶风地区出土几批青铜器》，《考古与文物》1982 年第 2 期。

陕西周原考古队：《扶风黄堆西周墓地钻探清理简报》，《文物》1986 年第 8 期。

陕西周原考古队：《扶风刘家姜戎墓葬发掘简报》，《文物》1984 年第 7 期。

陕西周原考古队：《扶风云塘西周墓》，《文物》1980 年第 4 期。

陕西周原考古队：《岐山凤雏村两次发现周初甲骨文》，《考古与文物》1982 年第 3 期。

陕西周原考古队：《陕西岐山凤雏村西周建筑基址发掘简报》，《文物》1979 年第 10 期。

陕西周原考古队：《陕西岐山贺家村周墓发掘报告》，《文物资料丛刊》第 8 辑，北京：文物出版社，1983 年。

石从枝、李军：《河北邢台市南小汪发现西周墓》，《考古》2003 年第 12 期。

石鼓山考古队：《陕西宝鸡石鼓山西周墓葬发掘简报》，《文物》2013 年第 2 期。

石家庄地区文化局文物普查组：《河北省石家庄地区的考古新发现》，《文物资料丛刊》第 1 辑，文物出版社，1977 年。

史可晖、姚海灵：《甘肃灵台县又发现一座西周墓葬》，《考古与文物》1987 年第 5 期。

寿光县博物馆：《山东寿光县新发现一批纪国铜器》，《文物》1985 年第 3 期。

寿光县博物馆：《寿光县古遗址调查报告》，《海岱考古》第 1 辑，济南：山东大学出版社，1989 年。

宋新潮：《试论老牛坡商文化分期及特征》，《文博》1992 年第 2 期。

随州市博物馆：《湖北随县安居出土青铜器》，《文物》1982 年第 12 期。

随州市博物馆:《湖北随县发现商周青铜器》,《考古》1984 年第 6 期。

孙华:《关于二里头文化》,《考古》1980 年第 6 期。

孙华:《关中商代诸遗址的新认识——壹家堡遗址发掘的意义》,《考古》1993 年第 5 期。

唐际根、汤毓赟:《再论殷墟人祭坑与甲骨文中羌祭卜辞的相关性》,《中原文物》2014 年第 3 期。

唐际根、汪涛:《殷墟第四期文化年代辨微》,《考古学集刊》第 15 集,北京:文物出版社,2004 年。

唐山市文物管理处、迁安县文物管理所:《河北迁安县小山东庄西周时期墓葬》,《考古》1997 年第 4 期。

唐云明:《河北境内几处商代文化遗存纪略》,《考古学集刊》第 2 集,北京:中国社会科学出版社,1982 年。

唐云明:《邢台南大郭村商代遗址探掘简报》,《文物参考资料》1957 年第 3 期。

唐云明:《邢台西关外遗址试掘》,《文物》1960 年第 7 期。

陶荣:《甘肃崇信香山寺先周墓清理简报》,《考古与文物》2008 年第 2 期。

天津市文化局考古发掘队:《河北大厂回族自治县大坨头遗址试掘简报》,《考古》1966 年第 1 期。

滕县博物馆:《山东滕县发现滕侯铜器墓》,《考古》1984 年第 4 期。

滕州市博物馆:《山东滕州前掌大遗址新发现的西周墓》,《文物》2015 年第 4 期。

滕州市博物馆:《滕州前掌大村南墓地发掘报告(1998 - 2001)》,《海岱考古》第 3 集,北京:科学出版社,2010 年。

天津市历史博物馆考古部:《天津蓟县张家园遗址第三次发掘》,《考古》1993 年第 4 期。

田立振:《山东省济宁市出土一批西周青铜器》,《文物》1994 年第 3 期。

田学祥、张振华:《陕西长武县文化大革命以来出土的几件西周铜器》,《文物》1975 年第 5 期。

万树瀛、杨孝义:《山东滕县出土西周滕国铜器》,《文物》1979 年第 4 期。

王恩田:《鹿邑太清宫西周大墓与微子封宋》,《中原文物》2002 年第 4 期。

王光永:《陕西省宝鸡市峪泉生产队发现西周早期墓葬》,《文物》1975 年第 3 期。

王光永:《陕西省岐山县发现商代铜器》,《文物》1977 年第 12 期。

王桂枝、高次若:《宝鸡地区发现几批商周青铜器》,《考古与文物》1981 年第 1 期。

王桂枝、高次若:《陕西宝鸡上王公社出土三件西周铜器》,《文物》1981 年第 12 期。

王桂枝:《宝鸡下马营旭光西周墓清理简报》,《文博》1985 年第 2 期。

王桂枝:《眉县车圈村出土西周青铜器》,《文博》1991 年第 2 期。

王国维:《殷周制度论》,《观堂集林》,北京:中华书局,1959 年。

王进先:《山西屯留县城郊出土西周早期青铜器》,《考古》1982 年第 6 期。

王军:《山东邹城市西丁村发现一座商代墓葬》,《考古》2004 年第 1 期。

王力之:《周文化分区研究》,北京大学博士研究生学位论文,2003 年。

王世民、张亚初：《殷代乙辛时期青铜容器的形制》，《考古与文物》1986 年第 4 期。

王守谦：《河南辉县出土的商代祖辛卣》，《文物》1979 年第 7 期。

王思礼：《惠民专区几处古代文化遗址》，《文物》1960 年第 3 期。

王文强：《鹤壁市辛村出土四件西周青铜器》，《中原文物》1986 年第 1 期。

王言京：《山东省邹县又发现商代铜器》，《文物》1974 年第 1 期。

王鹰、王凤英：《陕西永寿县发现的先周文化遗存》，《考古与文物》2005 年第 6 期。

王臻：《鲍家遗址调查》，《海岱考古》第 1 辑，济南：山东大学出版社，1989 年。

王振、陈洪海：《陕西淳化枣树沟脑遗址 2008 年度发掘的主要收获》，《西北大学学报》（哲学社会科学版）第 40 卷第 6 期，2010 年。

潍坊市博物馆：《山东昌乐县商周文化遗址调查》，《海岱考古》第 1 辑，济南：山东大学出版社，1989 年。

潍坊市博物馆：《山东潍坊地区商周遗址调查》，《考古》1993 年第 9 期。

魏国：《山东新泰出土商周青铜器》，《文物》1992 年第 3 期。

温峰峰、张天宇：《岐山县周原博物馆近年新入藏青铜器选介》，《中国国家博物馆馆刊》2015 年第 11 期。

文启明：《河北新乐、无极发现晚商青铜器》，《文物》1987 年第 1 期。

吴晓筠：《中国的“原史时代”》，《华夏考古》2005 年第 1 期。

武陟县博物馆：《武陟县出土三件商代青铜器》，《文物》1989 年第 12 期。

西北大学文化遗产学院、陕西省考古研究院、淳化县博物馆：《陕西淳化枣树沟脑遗址 2007 年发掘简报》，《文物》2013 年第 2 期。

西北大学文化遗产与考古学研究中心、陕西省考古研究院、淳化县博物馆：《陕西淳化县枣树沟脑遗址先周时期遗存》，《考古》2012 年第 3 期。

夏名采、刘华国：《山东青州市苏埠屯墓群出土的青铜器》，《考古》1996 年第 5 期。

夏鼐、王仲殊：《中国大百科全书·考古学》，北京：中国大百科全书出版社，1986 年。

夏鼐：《关于考古学上文化的定名问题》，《考古》1959 年第 4 期。

夏鼐：《新中国的考古学》，《考古》1962 年第 9 期。

夏鼐：《再论考古学上文化的定名问题》，《夏鼐文集》，北京：社会科学文献出版社，2000 年。

夏商周断代工程朝歌遗址调查组：《1998 年鹤壁市、淇县晚商遗址考古调查报告》，《华夏考古》2006 年第 1 期。

咸阳市文物考古研究所、旬邑县博物馆：《陕西旬邑下魏洛西周早期墓发掘简报》，《文物》2006 年第 8 期。

襄樊市博物馆、谷城县文化馆：《襄樊市、谷城县馆藏青铜器》，《文物》1986 年第 4 期。

襄樊市博物馆:《湖北枣阳毛狗洞遗址调查》,《江汉考古》1988 年第 3 期。

向桃初:《湘江流域商周青铜文化研究》,北京:线装书局,2008 年。

肖琦:《陕西陇县八渡镇发现的西周青铜器窖藏》,《考古与文物》2002 年先秦考古增刊。

新乡市博物馆:《介绍七件商代晚期青铜器》,《文物》1978 年第 5 期。

信阳地区文管会、罗山县文管会:《罗山蟒张后李商周墓地第三次发掘简报》,《中原文物》1988 年第 1 期。

信阳地区文管会、罗山县文化馆:《河南罗山县蟒张商代墓地第一次发掘简报》,《考古》1981 年第2 期。

信阳地区文管会、罗山县文化馆:《罗山县蟒张后李商周墓地第二次发掘简报》,《中原文物 1981 年第 4 期。

信阳地区文管会、信阳县文管会:《河南信阳县浉河港出土西周早期铜器群》,《考古》1989 年第 1 期。

徐良高:《丰镐遗址内先周文化遗存的发现与研究》,《三代考古》(二),北京:科学出版社,2006 年。

徐良高:《周文化演进模式的考古学考察》,《苏秉琦与当代中国考古学》,北京:科学出版社,2001 年。

徐天进:《周公庙遗址的考古所获及所思》,《文物》2006 年第 8 期。

徐锡台:《早周文化的特点及其渊源的探索》,《文物》1979 年第 10 期。

徐旭生:《1959 年夏豫西调查“夏墟”的初步报告》,《考古》1959 年第 11 期。

许宏、刘莉:《关于二里头遗址的省思》,《文物》2008 年第 1 期。

许宏:《曲阜鲁国故城之再研究》,《先秦城市考古学研究》,北京:北京燕山出版社,2000 年。

许俊臣:《甘肃庆阳地区出土的商周青铜器》,《考古与文物》1983 年第 3 期。

阎宏斌:《宝鸡林家村出土西周青铜器和陶器》,《文物》1988 年第 6 期。

燕生东、魏成敏、党浩、胡长春、许志光:《桓台西南部龙山、晚商时期的聚落》,《东方考古》第 2 集,北京:科学出版社,2006 年。

杨宝成:《试论遗民文化》,《武汉大学学报》(人文科学版)2004 年第 6 期。

杨贵金、张立东、毋建庄:《河南武陟大司马遗址调查简报》,《考古》1994 年第 4 期。

杨澎:《河南临汝出土西周早期青铜器》,《考古》1985 年第 12 期。

杨锡璋:《殷人尊东北方位》,《庆祝苏秉琦考古五十五年论文集》,北京:文物出版社,1989 年。

杨勇:《试论可乐文化》,《考古》2010 年第 9 期。

姚生民:《陕西淳化县新发现的商周青铜器》,《考古与文物》1990 年第 1 期。

叶万松、余扶危:《中原地区西周陶器的初步研究》,《考古》1986 年第 12 期。

叶万松、赵振华:《洛阳市东郊西周墓》,《中国考古学年鉴 1987》,文物出版社,1988 年。

殷玮璋:《二里头文化探讨》,《考古》1978 年第 1 期。

殷墟孝民屯考古队：《河南安阳市孝民屯商代墓葬2003～2004年发掘报告》，《考古》2007年第1期。

殷墟孝民屯考古队：《河南安阳市孝民屯遗址西周墓》，《考古》2014年第5期。

殷之彝（张长寿）：《山东益都苏埠屯墓地和“亚醜”铜器》，《考古学报》1977年第2期。

尹俊敏：《南阳市博物馆收藏的商代铭文铜器》，《考古与文物》1996年第6期。

尹小燕：《迁安县发现商代器物》，《文物春秋》1996年第1期。

印群：《试析琉璃河遗址商代陶器分期及其殷遗民之来源》，《2004年安阳殷商文明国际学术研讨会论文集》，北京：社会科学文献出版社，2004年。

印群：《谈琉璃河遗址殷遗民墓之随葬车马坑》，《三代考古》（三），北京：科学出版社，2011年。

颍上县文化局文物工作组：《安徽颍上县出土一批商周青铜器》，《考古》1984年第12期。

应山县文化馆：《应山县发现商代铜鼎》，《江汉考古》1980年第1期。

余黎星、高南定、余扶危：《洛阳殷人墓与殷遗民墓葬俗研究》，《洛阳理工学院学报》（社会科学版）2011年第3期。

俞伟超：《楚文化的研究与文化因素的分析》，《俞伟超考古学理论文选》，北京：中国社会科学出版社，1996年。

岳改荣：《河北正定县新城铺出土商周青铜鼎》，《中国文物报》2013年2月13日。

岳连建：《商末周初青铜容器的整理与断代研究》，陕西师范大学博士学位论文，2014年。

张昌平：《论随州羊子山新出噩国青铜器》，《文物》2011年第11期。

张崇宁：《揭开古黎国的神秘面纱》，《发现山西》，太原：山西人民出版社，2007年。

张剑、蔡运章：《洛阳东郊13号西周墓的发掘》，《文物》1998年第10期。

张剑：《河南洛阳西周墓葬陶器初探》，《中原文物》1993年第1期。

张礼艳：《沣西地区殷遗民的社会地位及其变迁》，《考古与文物》2013年第2期。

张立东：《论辉卫文化》，《考古学集刊》第10集，北京：地质出版社，1996年。

张懋镕：《关于扶风红卫村出土列卣的思考》，《周秦文明论丛》第二集，西安：三秦出版社，2009年。

张懋镕：《金文所见商周之际诸兄地位的变迁——商周文化比较研究之三》，《古文字研究》第28辑，北京：中华书局，2010年。

张懋镕：《商周之际女性地位的变迁——商周文化比较之二》，《西部考古》第2辑，北京：科学出版社，2007年。

张懋镕：《商周之际字词的演变——商周文化比较研究之一》，《西部考古》第4辑，北京：科学出版社，2009年。

张懋镕：《西周青铜器断代两系说刍议》，《考古学报》2005年第1期。

张懋镕：《周人不用日名说》，《历史研究》1993年第5期。

张懋镕：《周人不用族徽说》，《考古》1995 年第 9 期。

张敏：《殷墟王陵上的晚期遗迹及早期盗掘坑年代辨析》，《中国国家博物馆馆刊》2011 年第 12 期。

张天恩：《石鼓山户氏青铜器相关问题简论》，《文物》2015 年第 1 期。

张天宇：《一墓多族徽与商周分界》，《江汉考古》2016 年第 6 期。

张应桥：《河南地区西周墓葬研究》，郑州大学博士学位论文，2006 年。

张长寿、梁星彭：《关中先周青铜文化的类型与周文化的渊源》，《考古学报》1989 年第 1 期。

张长寿、张光直：《河南商丘地区殷商文明调查发掘初步报告》，《考古》1997 年第 4 期。

张长寿：《沣西的先周文化遗存》，《考古与文物》2000 年第 2 期。

长水：《岐山贺家村出土的西周铜器》，《文物》1972 年第 6 期。

长治市博物馆：《陕西屯留县上村出土商代青铜器》，《考古》1991 年第 2 期。

赵康民：《临潼零口再次发现西周铜器》，《考古与文物》1986 年第 3 期。

赵佩馨：《安阳后冈圆形坑葬坑性质的讨论》，《考古》1960 年第 6 期。

赵永福：《1961—1962 年沣西发掘简报》，《考古》1984 年第 9 期。

正定县文物保管所：《河北灵寿县西木佛村出土一批商代文物》，《文物资料丛刊》第 5 辑，北京：文物出版社，1981 年。

正定县文物保管所：《河北正定县新城铺出土商代青铜器》，《文物》1984 年第 12 期。

郑光：《二里头陶器文化略论》（代前言），《二里头陶器集粹》，北京：中国社会科学出版社，1995 期。

郑洪春、穆海亭：《镐京西周五号大型宫室建筑基址发掘简报》，《文博》1992 年第 4 期。

郑洪春：《长安县河迪村西周墓清理简报》，《文物资料丛刊》第 5 辑，北京：文物出版社，1981 年。

郑振香、陈志达：《殷墟青铜器的分期与年代》，《殷墟青铜器》，北京：文物出版社，1985 年。

郑振香：《论殷墟文化分期及其相关问题》，《中国考古学研究》，北京：文物出版社，1986 年。

郑州市文物考古研究所：《郑州市董寨遗址发掘简报》，《华夏考古》2002 年第 3 期。

郑州市文物考古研究所：《郑州市铭功路东商代遗址》，《考古》2002 年第 9 期。

郑州市文物考古研究所：《郑州市洼刘村西周早期墓葬（ZGW99M1）发掘简报》，《文物》2001 年第 6 期。

郑州市文物考古研究所：《郑州洼刘西周贵族墓出土青铜器》，《华夏考古》2002 年第 3 期。

郑州市文物考古研究所、新郑市旅游文物局：《河南新郑市华阳城遗址的调查简报》，《中原文物》2013 年第 3 期。

郑州市文物考古研究院、荥阳市文物保护管理所：《河南荥阳西司马遗址晚商墓地发掘简报》，《中原文物》2009 年第 3 期。

郑州市文物考古研究院：《郑州黄河路 109 号院殷代墓葬发掘简报》，《中原文物》2015 年第 3 期。

中国科学院考古研究所、北京市文物管理处、房山县文教局琉璃河考古工作队：《北京附近发现的西周奴隶殉葬墓》，《考古》1974 年第 3 期。

中国科学院考古研究所安阳发掘队：《安阳洹河流域几个遗址的试掘》，《考古》1965 年第 7 期。

中国科学院考古研究所丰镐考古队：《1961—62 年陕西长安沣东试掘简报》，《考古》1963 年第 8 期。

中国科学院考古研究所沣西发掘队：《1960 年秋陕西长安张家坡发掘简报》，《考古》1962 年第 1 期。

中国科学院考古研究所沣西发掘队：《陕西长安鄠县调查与试掘简报》，《考古》1962 年第 6 期。

中国科学院考古研究所湖北发掘队：《湖北圻春毛家咀西周木构建筑》，《考古》1962 年第 1 期。

中国科学院考古研究所山东发掘队：《山东平阴县朱家桥殷代遗址》，《考古》1961 年第 2 期。

中国社会科学院考古研究所、北京市文物工作队琉璃河考古队：《1981－1983 年琉璃河西周燕国墓地发掘简报》，《考古》1984 年第 5 期。

中国社会科学院考古研究所：《河南安阳市殷墟刘家庄北地 2008 年发掘简报》，《考古》2007 年第 7 期。

中国社会科学院考古研究所安阳工作队：《1969－1977 年殷墟西区墓葬发掘报告》，《考古学报》1979 年第 1 期。

中国社会科学院考古研究所安阳工作队：《安阳大寒村南岗遗址》，《考古学报》1990 年第 1 期。

中国社会科学院考古研究所安阳工作队：《安阳殷墟刘家庄北 1046 号墓》，《考古学集刊》第 15 集，北京：文物出版社，2004 年。

中国社会科学院考古研究所安阳工作队：《安阳殷墟西区一七一三号墓的发掘》，《考古》1986 年第 8 期。

中国社会科学院考古研究所安阳工作队：《河南安阳市洹北商城宫殿区 1 号基址发掘简报》，《考古》2003 年第 5 期。

中国社会科学院考古研究所安阳工作队：《河南安阳市洹北商城宫殿区二号基址发掘简报》，《考古》2010 年第 1 期。

中国社会科学院考古研究所安阳工作队：《河南安阳市铁三路殷墟文化时期制骨作坊遗址》，《考古》2015 年第 8 期。

中国社会科学院考古研究所安阳工作队：《河南安阳市殷墟小屯西地商代大墓发掘简报》，《考古》2009 第 9 期。

中国社会科学院考古研究所安阳工作队：《河南安阳殷墟刘家庄北地殷墓与西周墓》，《考古》2005 年第 1 期。

中国社会科学院考古研究所二里头工作队：《河南洛阳盆地 2001～2003 年考古调查简报》，《考古》2005 年第 5 期。

中国社会科学院考古研究所二里头工作队：《河南偃师市二里头遗址城垣和道路 2012－2013 年发掘简

报》，《考古》2015 年第 1 期。

中国社会科学院考古研究所丰镐队：《1992 年沣西发掘简报》，《考古》1994 年第 11 期。

中国社会科学院考古研究所丰镐发掘队：《长安沣西早周墓葬发掘记略》，《考古》1984 年第 9 期。

中国社会科学院考古研究所丰镐工作队：《1984－85 年沣西西周遗址、墓葬发掘报告》，《考古》1987 年第 1 期。

中国社会科学院考古研究所丰镐工作队：《1997 年沣西发掘报告》，《考古学报》2000 年第 2 期。

中国社会科学院考古研究所沣西发掘队：《1967 年长安张家坡西周墓葬的发掘》，《考古学报》1980 年第 4 期。

中国社会科学院考古研究所沣西发掘队：《1976－1978 年长安沣西发掘简报》，《考古》1981 年第 1 期。

中国社会科学院考古研究所沣西发掘队：《1979－1981 年长安沣西、沣东发掘简报》，《考古》1986 年第 3 期。

中国社会科学院考古研究所沣西发掘队：《1984 年长安普渡村西周墓葬发掘简报》，《考古》1988 年第 9 期。

中国社会科学院考古研究所沣西发掘队：《陕西长安沣西客省庄西周夯土基址发掘报告》，《考古》1987 年第 8 期。

中国社会科学院考古研究所黄张发掘队、河南省文物管理局南水北调文物保护办公室：《河南安阳市黄张遗址两周时期文化遗存发掘简报》，《考古》2009 年第 4 期。

中国社会科学院考古研究所泾渭工作队：《陕西彬县断泾遗址发掘简报》，《考古学报》1999 年第 1 期。

中国社会科学院考古研究所洛阳唐城队：《洛阳老城发现四座西周车马坑》，《考古》1988 年第 1 期。

中国社会科学院考古研究所山东队、滕县博物馆：《山东滕县古遗址调查简报》，《考古》1980 年第 1 期。

中国社会科学院考古研究所山东工作队、邹县文物保管所：《山东邹县古代遗址调查》，《考古学集刊》第 3 集，北京：中国社会科学出版社，1983 年。

中国社会科学院考古研究所山西队、河南省文物局南水北调办公室：《河南淅川下王岗遗址西周遗存发掘简报》，《考古》2010 年第 7 期。

中国社会科学院考古研究所山西工作队：《晋南考古调查报告》，《考古学集刊》第 6 集，北京：中国社会科学出版社，1989 年。

中国社会科学院考古研究所武功发掘队：《1982—1983 年陕西武功黄家河遗址发掘简报》，《考古》1988 年第 7 期。

中美洹河流域考古队：《洹河流域区域考古研究初步报告》，《考古》1998 年第 10 期。

中美联合归城考古队：《山东龙口市归城两周城址调查简报》，《考古》2011年第3期。

种建荣、雷兴山、陈刚：《周原遗址姚家墓地结构分析》，《古代文明研究通讯》第73期，2017年6月。

种建荣、雷兴山：《试论周原遗址新发现的空心砖》，《文博》2012年第6期。

种建荣、张敏、雷兴山：《岐山孔头沟遗址商周时期聚落性质初探》，《文博》2007年第5期。

周到、赵新来：《河南鹤壁庞村出土的青铜器》，《文物资料丛刊》第3辑，北京：文物出版社，1980年。

周立、石艳艳：《洛阳西周早期大规模祭祀遗存的发掘》，《中国文物报》2011年6月17日第4版。

周原考古队：《2001年度周原遗址（王家嘴、贺家地点）发掘简报》，《古代文明》第2卷，北京：文物出版社，2003年。

周原考古队：《2002年周原遗址（齐家村）发掘简报》，《考古与文物》2003年第4期。

周原考古队：《陕西扶风县周原遗址庄李西周墓发掘简报》，《考古》2008年第12期。

周原考古队：《陕西周原遗址发现西周墓葬与铸铜遗址》，《考古》2004年第1期。

周原考古队：《周原遗址凤雏三号基址2014年发掘简报》，《中国国家博物馆馆刊》2015年第7期。

邹衡：《关于考古学理论和方法上的几个问题——与梁星彭同志讨论》，《考古与文物》1982年第6期。

邹衡：《河北省邯郸市峰峰矿区考古调查》，《夏商周考古学论文集》（再续集），北京：科学出版社，2011年。

邹衡：《论先周文化》，《中国考古学会第一次年会论文集1979》，文物出版社，1980年。

邹衡：《试论殷墟文化分期》，《北京大学学报》（人文科学）1964年第4、5期。

邹衡：《郑州小双桥商代遗址隞（嚣）都说辑补》，《考古与文物》1998年第4期。

左忠诚：《渭南南堡村存发现三件商代铜器》，《考古与文物》1980年第2期。

英文部分

Carr, Christopher. 1995. Mortuary Practices: Their Social Philosophical – religious Circumstantial and Physical Determinants. Journal of Archaeological Method and Theory, Vol2, No2.

Tang Jigen, 2004. The Social Organization of Late Shang China: A Mortuary Perspective. A Thesis Submitted to the University of London for the Degree of Doctor of Philosophy.

日文部分

近藤はる香：《「考古背景」法かまみむ殷周境界问题—王朝交替と「もの」・现象—》，《中国考古学》第14号，2014年。

武者章：《先周青銅器試探》，《東洋文化研究所紀要》第108册，東京：東京大学東洋文化研究所，1989年。

致　谢

首先感谢导师徐天进先生，承蒙不弃，忝入师门，谆谆教诲，获益匪浅。感谢商周考古教研组的李伯谦、刘绪、孙华、雷兴山、孙庆伟、董珊、曹大志等先生的关爱。感谢考古文博学院赵辉、杭侃、张弛、吴小红、赵化成、齐东方、张海、崔剑锋等先生的教导。感谢中国社会科学院考古研究所王巍、陈星灿、施劲松、许宏、徐良高、唐际根、岳洪彬、赵海涛、付仲杨等先生的支持和帮助。感谢河南省文物考古研究院、陕西省考古研究院、山西省考古研究所、山东省文物考古研究所、安徽省文物考古研究所、江西省文物考古研究所、四川省文物考古研究院、甘肃省文物考古研究所、山东大学、郑州大学、武汉大学、山西大学、河北师范大学、洛阳市文物考古研究院、郑州市文物考古研究院、宝鸡市考古研究所、荆州市文物考古研究所、新乡市文物考古研究所、安阳市博物馆、樟树市博物馆、铜陵市博物馆、滕州市博物馆、宝鸡市周原博物馆、岐山县周原博物馆、德安县博物馆、新干县博物馆、清水县博物馆诸位先生在相关参访中的热情接待。感谢施文博、陈冲、方笑天、秘密等老师在教务及图书借阅方面给予的帮助。感谢北京大学考古文博学院和中国社会科学院研究生院诸位同窗的大力支持，宋殷同学为论文校对付出了大量精力，还翻译了英文摘要，李楠同学担任了答辩秘书，巴哲同学制作了部分卡片。需要感谢的话千言万语，需要感谢的人挂一漏万，你们都在我的心里。

我要特别感谢南京师范大学的裴安平先生，若没有先生的知遇和启蒙之恩，就没有现在的我。

最后，我要感谢我的家人，是他们的理解和支持，使我可以为考古事业继续奋斗。

2016 年 6 月 1 日

本书是在作者的博士论文基础上修改而成。博士论文答辩时，北京大学考古文博学院商周考古教研组李伯谦、刘绪、孙华、雷兴山、孙庆伟、董珊、曹大志等先生，中国社会科学院考古研究所唐际根先生，中国科学院自然科学史研究所苏荣誉先生提出了宝贵的修改意见，特此致谢。

感谢师友们的鼓励，促使我将这并不成熟的研究成果修改付梓。非常幸运能够入选“考古新视野”丛书2018年青年学人出版扶助计划，感谢文物出版社诸位同仁的鼎力支持，感谢评审专家提出的宝贵修改意见。本书所用资料主要截止于2016年5月，在修改过程中又补充了2017～2018年相关重要考古新发现的部分资料。

2018年12月22日又及

考古新视野

考古新视野

青年学人系列

2016 年

彭明浩：《云冈石窟的营造工程》
刘　韬：《唐与回鹘时期龟兹石窟壁画研究》
朱雪菲：《仰韶时代彩陶的考古学研究》
于　薇：《圣物制造与中古中国佛教舍利供养》

2017 年

潘　攀：《汉代神兽图像研究》
吴端涛：《蒙元时期山西地区全真教艺术研究》
邓　菲：《中原北方地区宋金墓葬艺术研究》
王晓敏　梅惠杰：《于家沟遗址的动物考古学研究》

2018 年

王书林：《北宋西京城市考古研究》
肖　波：《俄罗斯叶尼塞河流域人面像岩画研究》
袁　泉：《蒙元时期中原北方地区墓葬研究》
李宏飞：《商末周初文化变迁的考古学研究》

2019 年

罗　伊：《云南地区新石器时代考古学文化研究》

赵献超：《二至十四世纪法宝崇拜视角下的藏经建筑研究》

2020 年（入选稿件）

周振宇：《水洞沟遗址石制品热处理实验研究》

张　旭：《内蒙古大堡山墓地出土人骨研究》